Wo finde ich welchen Notfall?

Wolfgang Goebel · Michaela Glöckler

KINDERSPRECHSTUNDE

Im Gedenken an den Arzt und Waldorfpädagogen

Eugen Kolisko (1893-1939)

und den Pionier der
anthroposophischen Kinderheilkunde

Wilhelm zur Linden (1896-1972)

Wolfgang Goebel · Michaela Glöckler

KINDER-SPRECHSTUNDE

Ein medizinisch-pädagogischer Ratgeber

Erkrankungen

Bedingungen gesunder Entwicklung

Gesundheit durch Erziehung

Urachhaus

Dr. med. Wolfgang Goebel, geboren 1932 in Ludwigsburg. Als Kind einer Pfarrersfamilie der Christengemeinschaft in Stuttgart aufgewachsen. Besuch der während der Nazizeit verbotenen und nach dem Zweiten Weltkrieg wiedereröffneten Freien Waldorfschule bis zum Abitur. Anschließend Medizinstudium in Freiburg, Innsbruck und Marburg. Weiterbildung zum Kinderarzt an der Universitäts-Kinderklinik in Tübingen. Assistent an der Ita-Wegman-Klinik in Arlesheim/Schweiz. Mitvorbereitung des Gemeinschaftskrankenhauses in Herdecke und von der Eröffnung 1969 bis 1995 als einer der leitenden Kinderärzte dort tätig.

Dr. med. Michaela Glöckler, geboren 1946 in Stuttgart. Besuch der Freien Waldorfschule bis zum Abitur. Studium der Germanistik und Geschichte in Freiburg und Heidelberg. 1972 bis 1978 Studium der Medizin in Tübingen und Marburg. Weiterbildung zur Kinderärztin am Gemeinschaftskrankenhaus in Herdecke und an der Universitäts-Kinderklinik in Bochum. Bis 1988 Mitarbeit in der Kinderambulanz am Gemeinschaftskrankenhaus in Herdecke und schulärztliche Tätigkeit an der Rudolf-Steiner-Schule in Witten. Seit Ostern 1988 Leitung der Medizinischen Sektion am Goetheanum, Freie Hochschule für Geisteswissenschaft in Dornach/Schweiz. Vortragstätigkeit im In- und Ausland.

ISBN 3-87838-395-9

14. Auflage (303.-353. Tausend) 2001

Umschlaggestaltung: Rudolf P. Gorbach, Gauting-Buchendorf.
Druck: Offizin Chr. Scheufele, Stuttgart

Inhalt

Grundbedingungen einer gesunden Entwicklung

Gesundheit durch Erziehung

Anhang

Vorwort zur 14. Auflage

Dieses Buch möchte insbesondere jungen Eltern helfen, Sicherheit zu gewinnen im Umgang mit ihrem gesunden und kranken Kind. Darüber hinaus wendet es sich an Erzieherinnen und Erzieher, in der Krankenpflege Tätige sowie an Therapeuten und Ärzte, denen es ein Anliegen ist, medizinische und pädagogische Fragen in ihrem Zusammenhang zu bearbeiten. Die salutogenetische – d.h. nach dem Ursprung der Gesundheit fragende – Forschung der letzten Jahrzehnte hat klar gezeigt, in wie hohem Maße sich ein liebevoller, altersentsprechender Umgang mit dem Kind auf die körperliche und seelische Gesundheit auswirkt, wie umgekehrt eine Medizin, die Krankheiten nicht nur als Störfall der Natur betrachtet, sondern als Entwicklungsmöglichkeit, die pädagogische Betreuung unterstützen kann. Zu den beiden bekannten Entwicklungsfaktoren Vererbung und Milieu ist längst ein dritter entscheidender Faktor getreten: die Qualität, die Besonderheit und Einmaligkeit einer menschlichen Beziehung. So möchte das Buch nicht nur Wege zeigen, was zur Stärkung der Persönlichkeit des Kindes in den verschiedenen Altersstufen getan werden kann zur Entwicklung sozialer Fähigkeiten. Vielmehr geht es auch darum, zentral menschliche Werte wie Ehrlichkeit, Partnerschaftlichkeit, gegenseitiges Sich-Ernstnehmen so zu pflegen, dass sie das Familienklima prägen können und das Kind sich angenommen fühlt.

Im ersten Teil des Buches werden Erkennung, Problematik und therapeutische Vorgehensweisen bei alltäglichen Krankheitssituationen geschildert. Anliegen ist es, die Eltern darin zu unterstützen, beim Beobachten und Begleiten ihrer kranken Kinder selbst abschätzen zu können, wann ein Arztbesuch vorsichtshalber oder unbedingt notwendig ist. Therapeutische Ratschläge haben wir jedoch überwiegend auf allgemeine Maßnahmen beschränkt, um nicht die Entscheidungsfreiheit des Arztes im Einzelfall zu beeinträchtigen oder einer unkritischen Verwendung von Heilmitteln Vorschub zu leisten.

Im zweiten Teil werden die Stadien der kindlichen Entwicklung dargestellt in Verbindung mit Hinweisen zur individuellen Förderung und zur Selbsterziehung des Erwachsenen. Es wird die Bedeutung des Rhythmus für die körperliche und geistige Gesundheit aufgezeigt, sowie Anregungen für altersentsprechendes Spielen, für Sinnespflege, Ernährung, Bekleidung und für einen gesunden Schlaf.

Der dritte Teil ist der Pädagogik und ihren therapeutischen Möglichkeiten gewidmet. Unsere Zeit braucht eine neue Familien-, Erziehungs- und Entwicklungskultur, in der man mit dem Zusammenhang von Erziehen und Heilen wieder rechnet. Allerdings bedarf es hierzu eines Menschenbildes, bei dem die Ergebnisse der Naturwissenschaft durch die Einsichten moderner Seelen- und Geistesforschung ergänzt werden, wie sie durch die Anthroposophie Rudolf Steiners und andere ganzheitliche Erkenntnisbemühungen in der heutigen Zeit möglich geworden sind.

Die Kindersprechstunde verdankt ihr Entstehen der Anfrage des Verlegers Johannes M. Mayer sowie den Eltern, die immer wieder den Wunsch äußerten, das in den Sprechstunden Beratene zuhause nochmals nachlesen zu können. Ihnen und all denen, die uns dann bei der Arbeit begleitet haben und uns ihre persönliche und fachliche Unterstützung bis heute zukommen ließen, möchten wir an dieser Stelle herzlichst danken. Ein besonderer Dank gilt den Mitarbeitern im Verlag Urachhaus für ihr stets konstruktives Entgegenkommen, ihre exzellente Arbeit und ihre Geduld beim Einarbeiten der Änderungswünsche, Ergänzungen und Korrekturen, wie sie bei jeder Neuauflage anfallen – insbesondere im Bereich des Impfkapitels und vieler wichtiger Bezüge zu aktuellen Ereignissen,

Problemen und Fragestellungen, die Einfluss haben können auf die kindliche Entwicklung.

Jetzt zu Beginn dieses neuen Jahrhunderts mit seinen trotz Globalisierung sich weiter verschärfenden Konflikten zwischen Reich und Arm sowie Ausbeutung und bewusster Pflege der Natur wird überdeutlich, was zu den wichtigsten Aufgaben in den kommenden Jahren gehört: zu lernen, was Heilung bzw. individuelle und soziale Gesundheit tatsächlich sind, und zu entdecken, dass Menschlichkeit und Menschenwürde nicht nur gefährdet sind, sondern in hohem Maße entwicklungsfähig.

Herdecke und Dornach
Ostern 2001

Michaela Glöckler
Wolfgang Goebel

Erkrankungen im Kindesalter und ihre Symptome

Freuden sind Geschenke des Schicksals,
die ihren Wert in der Gegenwart erweisen.
Leiden dagegen sind Quellen der Erkenntnis,
deren Bedeutung sich in der Zukunft zeigt.

RUDOLF STEINER

Schmerzzustände

Je kleiner die Kinder sind, um so schwerer ist es, herauszufinden, wo es ihnen weh tut. Daher wollen wir die häufig vorkommenden schmerzhaften Erkrankungen im Zusammenhang besprechen und dabei zeigen, wie weit es den Eltern möglich ist, deren Ursache zu erkennen. Zwei allgemeine Beispiele seien an den Anfang gestellt, um den Umgang mit kindlichen Schmerzzuständen zu charakterisieren.

• Ein Kind ist hingefallen und hat sich an Knien und Händen übel geschürft. Mit zusammengebissenen Zähnen wankt es von den Spielkameraden weg in Richtung Heimat und beschleunigt seinen Schritt, je näher es der Wohnung kommt. Unter den Augen der Mutter fängt es dann lauthals zu schluchzen an. Es schüttet buchstäblich seine kleine gestaute Seele aus.

• Ein fünf Monate alter Säugling war tagsüber schon etwas unruhig, hatte schlecht getrunken und fängt nun abends beim letzten Hinlegen zu schreien an. Das hat die Mutter bisher noch nicht erlebt, der Kleine hatte sich immer ruhig hinlegen lassen. Sie nimmt ihn wieder hoch, um das Bäuerchen noch einmal zu locken – spärliches Ergebnis. Die Windel ist bereits gewechselt worden; zudem war der Stuhlgang heute ganz normal. Obwohl das Kind sich nicht heiß anfühlt, misst die Mutter vorsichtshalber noch die Temperatur – natürlich im After – und stellt etwas mehr als 38° Fieber fest. Hingelegt, fängt der Kleine sofort wieder unbändig an zu schreien, jetzt noch lauter als vorher. Nun wird die Sorge der Mutter vordergründig – vielleicht hat er noch Durst? Der angebotene süße Tee wird verweigert. Sie nimmt ihn wieder auf, wiegt ihn im Arm – auch das nützt nichts mehr. Sie hopst ein bisschen mit ihm – das hat er doch sonst so gern gehabt, aber jetzt wird das Gebrüll unerträglich. Da beschließt die Mutter voller Unruhe, mit dem Kind zum Arzt zu fahren. Zögernd gibt sie ihr schreiendes Paket ab. An eine Untersuchung ist im Augenblick nicht zu denken. Hier hilft nur, das Kind auf dem Arm, mit ruhigem Schritt durchs Zimmer zu gehen, fast im Rhythmus des eigenen Atems. Langsam weicht die Spannung, auch bei der Mutter. Das Geschrei verstummt. Die gestaute Luft entweicht als großes Bäuerchen. Ermattet sinkt das Köpfchen. Noch ein paar Schluchzer und ein tiefer Seufzer.

Vorsichtig kann nun der Bauch durchgetastet werden. Keine schmerzhafte Reaktion – ebensowenig an den Ohren. Die übrigen in Frage kommenden Organe werden kurz untersucht – ohne krankhaftes Ergebnis.

Erfahrene Eltern hätten wahrscheinlich gleich den Kiefer abgetastet, wo sich vorne hinter der Unterlippe am Unterkiefer eine etwas geschwollene Stelle findet. Inzwischen hat die Mutter erkannt, um was es sich handelt.

Nachts wiederholt sich noch zweimal das Geschrei, doch bleibt die Mutter jetzt ruhig. Morgens schlafen beide ein wenig länger. Beim Wickeln ist alles wieder wie sonst – nur: die Mutter freut sich über den eben sichtbar gewordenen ersten Zahn!

Beide Beispiele zeigen, dass Schmerzäußerungen eines Kindes auch von der Umgebung abhängig sind, in der sie sich darstellen. Als Erwachsene sind wir deshalb aufgerufen, mit unserer Ruhe und Zuversicht dem Kinde beizustehen. Können wir das Geschehen tragen, so hält das Kind die Schmerzen anders aus, als wenn wir in Panik geraten. Unruhe, Ängstlichkeit und wortreiche Mitleidsäußerungen übertragen sich auf das Kind und verstärken seine Schmerzempfindung.

Kopfschmerzen

Beim Fieberanstieg

Häufiger Fall: Ein Kind klagt bereits am Vormittag über Kopfschmerzen und fühlt sich nicht wohl. Am Abend hat es dann 39,5° Fieber. Hier treten Kopfschmerzen vor oder während eines Fieberanstieges als vorübergehendes Symptom auf. Das kann im Rahmen eines grippalen Infektes oder einer anderen Krankheit geschehen. Ist das Fieber auf seinem Höhepunkt angelangt, so klingen sie meist ab. Frösteln, Gliederschmerzen, Bauchschmerzen und Brechreiz können zusätzlich auftreten.

Bei Hirnhautreizung und -entzündung

Bleiben die Kopfschmerzen über den Fieberanstieg hinaus bestehen und treten Übelkeit oder Erbrechen hinzu, so ist Folgendes zu überprüfen:

- Ob das Kind sich im Bett mit ausgestreckten Beinen aufsetzen und dabei die Arme in die Luft strecken kann oder ob es sich fortwährend nach hinten abstützen muss (sogenanntes Dreifuß-Zeichen, s. Abb. 1 und 2).
- Ob es – ebenfalls sitzend – mit seinem Mund das angezogene Knie berühren kann (sogenanntes Knieküsszeichen, s. Abb. 3).

Kann es beides, so ist eine ***Hirnhautentzündung*** so gut wie ausgeschlossen. Schafft es eine der Proben nicht oder ist es zu klein für diese Untersuchungen, so rufe man den Arzt an. Fehler in der Beurteilung können allerdings auftreten, wenn die Eltern ängstlich fragend, bittend oder wortreich erklärend dem Kind diese Aufgaben stellen. In solchen Fällen kann das Kind blockieren, weinen und sich sträuben, als könne es das nicht. Hat man in Zweifelsfällen den Arzt aufgesucht, so wird dieser feststellen, ob es sich um einen ***Reizzustand der Hirnhäute*** bei hohem Fieber handelt oder ob der

Verdacht auf eine Hirnhautentzündung besteht. Auch eine ***Entzündung der tiefen Halslymphknoten*** oder ein ***Muskelhartspann*** können sich hinter dieser Symptomatik verbergen.

Von Viren[2] hervorgerufene Hirnhautentzündungen (sogenannte aseptische Meningitis) – wie zum Beispiel beim Mumps – sind meist harmlos, wenn auch für das Kind unangenehm. Ist an eine eitrige beziehungsweise bakterielle[3] Hirnhautentzündung zu denken, sollte in einer Klinik oder beim Kinderarzt ohne Zeitverlust mit einer feinen Nadel Rückenmarksflüssigkeit für weitere notwendige Untersuchungen entnommen werden (Lumbalpunktion). Es kann daraufhin eine rasche und gezielte antibiotische Behandlung erfolgen, die bleibende Schäden sehr oft verhütet. Eine solche Behandlung ist aber dann Sache der Klinik.

Ist eine Hirnhautentzündung ausgeschlossen, so bietet man dem Kind schluckweise etwas Tee mit Traubenzucker an und handelt in der Folge so, wie es bei der Behandlung des Fiebers besprochen ist (s. S. 70 f.). Länger als acht Stunden anhaltende Kopfschmerzen oder Erbrechen ohne Besserungstendenz sollten in jedem Fall mit dem Arzt besprochen werden.

Bei Migräne

Kopfschmerzen ohne Fieber sind vieldeutig und bedürfen ärztlicher Abklärung. In unregelmäßig anfallsartiger Ausprägung mit oder ohne Übelkeit und Erbrechen können sie eine kindliche Migräne darstellen. Ihre Behandlung erfolgt durch den Arzt. Sie ist individuell, je nach Gesamtkonstitution. Generell hat sich folgendes bewährt:

- Leicht verdauliche und ungehärtete Fette, nicht zuviel Eiweiß, reichlich Gemüse und Salat, Vorsicht mit Süßigkeiten!
- Lieber vier bis fünf kleinere Mahlzeiten als drei übergroße!
- Regelmäßiger, nicht überlanger Schlaf und möglichst gleiche Aufstehzeiten, auch sonntags!
- Ausreichende körperliche Aktivität und viel frische Luft!

• Beim Migräneanfall Ausschlafen im abgedunkelten Zimmer, nichts zu essen geben, allenfalls etwas trockenes Knäckebrot und Tee mit ein wenig Zitrone. Geduld und Ruhe in jeder Beziehung unterstützen das Abklingen des Schmerzanfalls.

• Medikamentös hat sich uns Kephalodoron 5 %, Tabletten kurmäßig über mindestens drei Monate täglich morgens und mittags 2 Tabletten vor dem Essen bewährt. Dabei ist das Ziel, dass die Kopfschmerzanfälle seltener und schwächer werden. Da die Tabletten kein Schmerzmittel, sondern Quarz in homöopathischer Potenz und Eisensulfat nach einer besonderen Zubereitung enthalten, brauchen Tablettenabhängigkeiten nicht befürchtet zu werden. Im Anfall selbst können deshalb ruhig auch häufigere Dosen, z.B. halbstündlich 2 Tabletten, versucht werden. Entscheidend ist aber die regelmäßige Gabe auch an den schmerzfreien Tagen. Dasselbe gilt für die ebenfalls bewährten Kügelchen Ferrum/Sulfur comp. Glob., 3 x tgl. 5-7.

Bei Fehlsichtigkeit

Tritt der Kopfschmerz nur beim Lesen auf, so ist ein Besuch beim Augenarzt anzuraten. Meist verbirgt sich dahinter Kurz-, Weit- oder eine andere Fehlsichtigkeit.

In der Schule

Wird über Kopfschmerzen vor, zum Ende oder nach der Schule geklagt, so spricht man zunächst einmal mit dem Lehrer, bei hartnäckiger Wiederholung mit dem Arzt. Denn Kinder – besonders zwischen dem neunten und zwölften Lebensjahr – leiden nicht selten an Kopf- oder Bauchschmerzen in der Schule.

Als Ursachen kommen in Frage: Lustlosigkeit, Lärm, schlechte Luft, unerkannter Hunger (z. B. fehlendes oder zu hastiges Frühstück), gestörter Schlaf und Ähnliches. Auch kann die Durchblutung bei starkem Wachstum vorübergehend instabil sein und im

Kopf oder Bauch bei Bewegungsarmut nicht ausreichen. Meist hilft dann frische Luft und etwas Bewegung, manchmal auch ein Apfel und Schulbrot oder Joghurt, oder aber ein kurzes Ausruhen auf einer Couch oder Liege.

Am Wochenende daheim

Treten Kopfschmerzen überwiegend daheim und ganz besonders am Wochenende auf, ist einmal die Familiensituation zu überdenken. Liegt es vielleicht daran, dass am Sonntag der gewohnte Rhythmus von Aufstehen, Essen, Betätigen und Schlafengehen nicht eingehalten wird? Es hat sich bei derartigen Kopfschmerzen immer wieder gezeigt, dass ein regelmäßiger Tageslauf, auch am Wochenende, hilfreich ist. Insbesondere ist zu vermeiden, dass zwischen den Mahlzeiten Süßigkeiten genascht werden. Auch sollte auf einen regelmäßigen Stuhlgang geachtet werden. Gegebenenfalls vorhandene Blähungen sollten behandelt werden. Wichtig ist auch, dass das Kind nicht sofort zum Familienmittelpunkt wird, wenn es über Kopfschmerzen klagt. Es sollte vielmehr erleben, dass es dann in sein Bett gebracht und eher »abgestellt« wird. Gestaltet man das Kopfschmerzereignis zu attraktiv, so wird das Kind leichter jede Lustlosigkeit in den Kopf projizieren und den Erwachsenen als Gesellschafter einspannen. Auf keinen Fall jedoch sollte die »gute Schmerztablette der Nachbarin« ohne ärztlichen Rat gegeben werden.

Beim Hinlegen des Säuglings

Schmerzäußerungen beim Hinlegen des Säuglings und allgemeine Unleidlichkeiten deuten auf *Zahnungsbeschwerden, Ohren-* oder *Kopfschmerzen* hin. Sie werden im Liegen durch die vermehrte Füllung der venösen Blutgefäße im Kopf ausgelöst. Die beiden ersten Diagnosen kann man durch Untersuchung bestätigen, die Kopfschmerzen nach Ausschluss anderer Ursachen nur vermuten. Fieber kann bei allen drei Ursachen bestehen und ist bei einer Mittelohrentzündung die Regel.

Zahnungsschmerzen

Eine durchgehend helle Schleimhautkante an der Zahnleiste schließt Zahnungsschmerzen aus. Dagegen sprechen das Verstreichen dieser Kante, eine Anschwellung oder sogar vermehrte Rötung sowie das Durchschimmern der Zähne deutlich dafür. Das Beißenlassen auf einer sogenannten Veilchenwurzel kann hilfreich sein. Auch das Massieren der Zahnleiste mit Mundbalsam flüssig (1:20 verdünnt) oder Wundwasser (ca. 1:100 verdünnt) oder Ratanhia-Tinktur (ca. 1:100 verdünnt) hat sich bewährt. Die Zähne kommen häufig in der Reihe des Alphabets im Schema:

G	E	F	C	B		B	C	F	E	G
G	E	F	D	A		A	D	F	E	G

A und B bedeutet mittlerer Schneidezahn, C und D seitlicher Schneidezahn, F Eckzahn, E und G Mahlzahn. Für den Arzt, der ein Interesse an der Gesamtentwicklung seines Patienten hat, ist es für manche Fragestellungen im späteren Leben auch wichtig, zu wissen, in welchem Alter welcher Zahn gekommen ist und ob Stellungs- und Bildeanomalien bestanden.

Wir haben deshalb am Schluss des Buches einen Gesundheitspass mit Zahnpass beigefügt, der von Eltern geführt und von Zahnärzten ergänzt werden kann.

Ohrenschmerzen

Ohrenschmerzen erkennt man an der Abwehr des Kindes beim Druck auf den vorderen Ohrknorpel (sog. »Tragus-Schmerz«, s. auch Abb. 4). Das häufige Wischen mit der Hand im Ohrbereich deutet dagegen eher auf Beschwerden im Mund als auf Ohrenschmerzen hin. Für eine Mittelohrentzündung (Otitis media) spricht ein dabei vorangegangener Schnupfen. Besonders heftig sind die

Schmerzen bei der sog. *Grippe-Otitis*, bei der sich in kurzer Zeit Blasen auf dem Trommelfell bilden. Wenn diese aufplatzen, entleert sich ein Tropfen Sekret, oft blutig verfärbt. Die Schmerzen dauern etwa einen Tag an. Bei der *eitrigen Mittelohrentzündung* kann es zu einem Eiterdurchbruch nach außen kommen. Dies geschieht in etwa 10-20 % der Fälle. Nach dem Durchbrechen des Eiters hören die Schmerzen rasch auf. Ohne Durchbruch verschwinden sie meistens nach ein bis zwei Tagen. Halten sie länger an, so ist oft das zweite Ohr nachträglich betroffen. Eine gute Schmerzlinderung ist in allen genannten Fällen mit einem *Kamillen-* oder *Zwiebelsäckchen* zu erreichen (s. S. 601 f.).

Das Fieber sollte innerhalb von drei Tagen deutlich sinken. Hält es länger an, so untersucht der Arzt wieder, um Komplikationen auszuschließen. Fiebersenkende Mittel sind für die Heilung nicht sinnvoll. Mittelohreiterungen nach außen dauern meist fünf bis zehn Tage. Auch länger »laufende« Ohren brauchen keinen bleibenden Hörschaden nach sich zu ziehen. Regelmäßige Kontrollen sind selbstverständlich notwendig. Manchmal fängt *bei einem Säugling* ein Ohr ohne Vorzeichen an zu laufen und heilt ebenso wieder ab. Auch hier sind sorgfältige Nachuntersuchungen angezeigt und warme Kleidung und Mützchen zu empfehlen, da es beim Säugling leicht zu Rückfällen mit weniger gutem Ausgang kommen kann. Eine Trommelfelldurchstechung zur Eiterentleerung (Paracentese) ist unserer Erfahrung nach nur selten notwendig. Zu rasch trocken werdende Ohren neigen eher zu Rückfällen, und zwar dann, wenn eine Verklebung eintritt und der Eiter sich dahinter staut. In solchen Fällen steigt die Temperatur meist wieder über 38° C an, und der Arzt sollte aufgesucht werden.

Ein Loch im Trommelfell heilt in der Regel gut wieder zu. Bei den seltenen Ausnahmen, wenn es zu chronisch laufenden Ohren kommt, liegt fast immer eine angeborene Schwäche der Schleimhäute vor. Wir halten aufgrund unserer Erfahrungen und der Literatur (s. Literaturempfehlung S. 32) die Mittelohrentzündung für eine Erkrankung, die nur ausnahmsweise einer antibiotischen Behandlung bedarf. Hilft man dem Organismus durch geeignete Mittel, sich aktiv mit der Krankheit auseinanderzusetzen, so hat dies eine allgemeine Kräftigung zur Folge. Rezidive, d.h. Krankheitswiederholungen, treten dann seltener auf.

Therapie:
Die Behandlung der Mittelohrentzündung ist immer Aufgabe des Arztes. Dabei werden die oberen Luftwege bzw. der Schnupfen oder vorhandene »Polypen« (adenoide Vegetationen, d.h. drüsenähnliche Wucherungen der Rachenmandeln) mitbehandelt.

Uns haben sich für die unkomplizierte Mittelohrentzündung in den meisten Fällen Levisticum Rh D 3 stündlich 10 Tropfen sowie Erysidoron 1 (d.h. Apis D 3 und Belladonna D 3) 4 – 6 mal täglich je nach Alter 5-10 Tropfen verdünnt oder alternativ Apis/Levisticum D 3/D 4 Kügelchen stündlich 5 Kügelchen bewährt. Für chronische Fälle ist Levisticum aus der Wurzel als Kur zu empfehlen: aus einem Teelöffel getrocknete Wurzel (Levistici radix Droge), zerdrückt und aufgebrüht, fünf Minuten ziehen lassen, eine Tasse täglich schluckweise über den Tag verteilt. *Es gibt aber auch viele andere bewährte Behandlungsweisen.*

Ein ganz *harmloses »laufendes Ohr«* ergibt sich, wenn Tränen oder Waschwasser in den Gehörgang gelangen und das Ohrenschmalz (Zerumen) so aufweichen, dass es läuft und wie Eiter aussieht. Ebenso ist ein bräunlich-»blutiger« Fleck auf dem Kopfkissen manchmal nur ein aufgeweichter, herausgelaufener Ohrschmalzpfropf.

Erbrechen gehört nicht zur einfachen Mittelohrentzündung und ist ein Grund, den Arzt zu befragen.

Beim *Ohrenreinigen* sollten mit dem Wattestäbchen nur die Ohrmuscheln und der sichtbare Teil des Gehörganges ausgewischt werden. Tieferes Eindringen stört den Selbstreinigungsvorgang des Gehörgangepithels, das von sich aus vom Trommelfell weg nach außen wandernd wächst und meist das alte Ohrenschmalz mit befördert. Wird das Ohrenschmalz zu fest, reicht zur Auflösung meist ein Tropfen Salatöl täglich in den Gehörgang in Seitlage.

Empfohlene Literatur für Ärzte:

Bachmann / Ewerbeck u. a.: *Pädiatrie in Praxis und Klinik*. Band III, Stuttgart [2]1990.
Buchheim, F. L. van u. a: *Therapy of acute Otitis media: Myringotomy, Antibiotics or neither?* Lancet, 1981, S. 883.
Friese, K. H. u.a.: *HNO* 44, 1996, S. 462.

Augenschmerzen: Die Bindehautentzündung

Wenn Augenschmerzen ein- oder beidseitig auftreten, ist in jedem Fall der Augenarzt aufzusuchen. Eine Ausnahme machen hier die sogenannten Bindehautentzündungen, die zu den häufigsten Problemen im Bereich der Augen gehören. Man erkennt sie an der Rötung der Bindehaut (d. h. der über das Weiße der Augen und die Innenseite der Lider ziehenden Schleimhaut) in Verbindung mit Lichtscheue, Fremdkörpergefühl, evtl. Juckreiz. Starke Schmerzen gehören nicht zur Bindehautentzündung und sind ein Anlass, gleich zum Augenarzt zu gehen. Die Entstehungsursachen sind vielfältig: kalter Wind, Allergien, Infekte, Masern etc. Beim Neugeborenen folgt die Entzündung meist der mancherorts noch üblichen Gonorrhoe-Prophylaxe nach Credé (mit 1 Tropfen Argentum nitricum-Lösung in jedes Auge). Eine gesetzliche Pflicht zu dieser Maßnahme gibt es jedoch nicht mehr.

Für die Beurteilung zu Hause sind folgende Formen zu unterscheiden:

- *Beim Neugeborenen ein- oder beidseitige eitrige Entzündungen. Behandlung* mit Calendula D4 Augentropfen nach ärztlicher Kontrolle.

- *Tränenfluss*, ständig über viele Wochen, stammt von Verklebungen des zur Nase ziehenden Tränenganges. Oft treten Eitertröpfchen im nasenseitigen Augenwinkel aus.

Prüfung auf Hirnhautreizung:

Abb. 1: Dieses Kind hat mit Sicherheit keine Hirnhautentzündung: es kann mit gestreckten Knien, gebeugten Hüften und nach vorne gekrümmtem Rücken ohne Schmerzen die Arme vorstrecken.

Abb. 2 (oben): Nach der Aufforderung, sich hinzusetzen, stützt sich das Kind bei gestreckten Knien hinten ab und behält den Kopf etwas nach hinten gestreckt. Es gelingt ihm auch nicht ohne Schmerzen, die Arme nach vorn zu bringen. Hier ist eine Hirnhautentzündung wahrscheinlich.

Abb. 3 (links): Nach der zusätzlichen Aufforderung, ein Knie an das Kinn zu bringen oder das Knie zu küssen, gelingt dies trotz Armhilfe wegen der auftretenden Rücken- und Kopfschmerzen nicht. Die Hirnhautentzündung oder wenigstens -reizung ist noch wahrscheinlicher und eine ärztliche Untersuchung rasch angezeigt.

Ohrentzündung

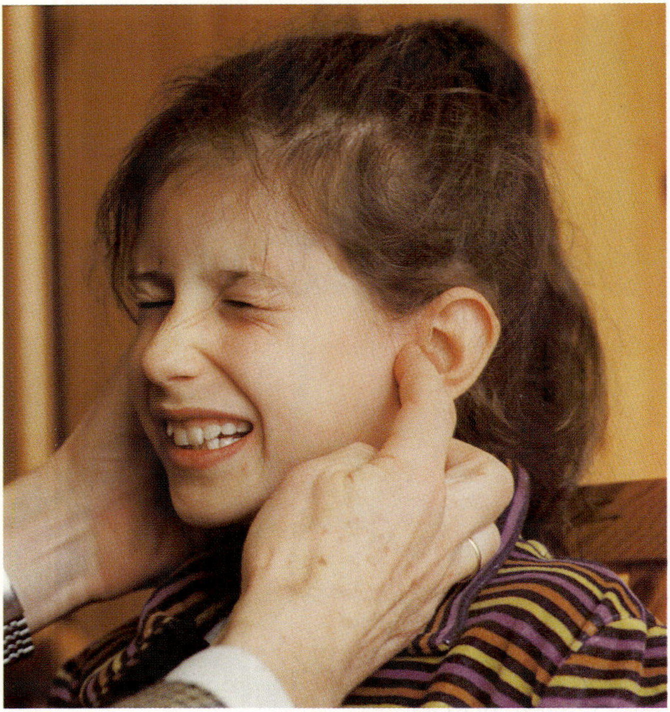

Abb. 4: Prüfung auf Entzündungen im Ohr: Bei Fieber lässt ein kurzer Druck auf den kleinen vorderen Ohrknorpel jede Ohrentzündung erkennen. Die Kinder verziehen das Gesicht und neigen den Kopf weg oder fangen im Säuglingsalter an zu weinen (sogenannter Tragusschmerz).

Behandlung: Gelegentlich helfen vorsichtige Druckmassagen mit dem sauberen Kleinfinger auf die Gegend des dort verlaufenden Tränennasenweges und Calendula D4 Augentropfen. Selten sind Sondierungen dieses feinen Ganges durch den Augenarzt notwendig.

- *Beidseitige Rötung mit eitriger Absonderung* nach der Neugeborenenperiode, Verklebungsneigung der Lider, starke Rötung der Bindehaut und Lichtscheu.

Behandlung: Säubern der Lider mit sterilem Mulltupfer und abgekochtem, lauwarmen Wasser (besser sterile Kochsalzlösung 0,9% aus der Apotheke). Keine Kamille, da reizende Schwebestoffe im Tee vorhanden sind und Allergiegefahr besteht! Calendula D4 oder Echinacea/Quarz comp. Augentropfen, stündlich 3–4 Tropfen in jedes Auge (Durchspüleffekt). Ohne Besserung nach zwei bis drei Tagen zum Augenarzt gehen.

- *Beidseitige Rötung und Tränenfluss ohne eitrige Absonderung:* Meist handelt es sich um Empfindlichkeiten gegen Wind, Staub oder Rauch oder eine Begleiterscheinung des Heuschnupfens.

Behandlung: Euphrasia-Augentropfen, in der gleichen Dosierung wie oben beschrieben. Bei Heuschnupfen Gencydo 0,1 % – oder Euphrasia-Augentropfen, je einen Tropfen mehrmals täglich.

- *Einseitige Rötung mit oder ohne Eiterung:* Hier ist Vorsicht geboten, da es sich um Fremdkörper oder Begleiterscheinungen einer Entzündung der Hornhaut handeln kann. Am besten geht man damit gleich zum Augenarzt.

Halsschmerzen: Schluckschmerzen und Schmerzen am Hals

Ein fieberndes Kleinkind liegt weinerlich im Bett. Auf die Frage, wo es weh tut, deutet es auf den Bauch. Es hat heute nichts gegessen und nur wenige Schlucke Tee getrunken.

• Bei allen Schmerzen mit Nahrungsverweigerung untersuchen die Eltern nach dem Bauch zunächst mittels Löffelstiel oder Finger den ganzen Mund und Rachen, soweit sie es sich zutrauen. (Dabei kann man den Würgereflex geschickt zum Anschauen des Rachens und der Mandeln benützen, wenn man kurz und energisch mit dem Löffelstiel oder Holzspatel den hinteren Teil der Zunge nach abwärts drückt; s. Abb. 5. Man muss nur schnell wieder loslassen!) Denn Halsentzündungen sind die häufigsten Ursachen dieses Zustandes. Sie können ganz unterschiedlich aussehen und verlaufen.

• Am häufigsten ist der Befund einer ***virusbedingten Mandelentzündung***: glasigrote Stippchen wie feine Sagokörner am Gaumenrand, mehr oder weniger gerötete Mandeln, Fieber bis über 40 Grad, eine belegte Zunge und Neigung zu Erbrechen. Diese Infekte sind meist harmlos.

• Findet man den hinteren Gaumen und die Mandeln hochrot, evtl. mit weißen Stippchen besetzt, so handelt es sich meist um eine ***eitrige Mandelentzündung*** (sogenannte Angina lacunaris oder »Stippchen«-Angina); die beteiligten Bakterien sind häufig Streptokokken. Glücklicherweise hat diese Krankheit heute in der Regel einen milderen Verlauf als früher. Als Komplikationen sind Mittelohrentzündungen (s. S. 29 ff.) und Impetigo contagiosa (s. S. 129) bekannt, selten gibt es eine Nierenentzündung (Glomerulonephritis), sehr selten ein akutes Gelenkrheuma mit Herzentzündung (Karditis; s. Scharlach S. 151). Für die Mehrzahl der Ärzte sind dies die Gründe, strikt auf der Verwendung von Antibiotika zu bestehen und ihr Auslassen als Kunstfehler anzusehen. Deshalb ist es selbstverständlich, dass immer ein Arzt zugezogen wird und eine Behandlung ohne Antibiotika beidseitiges Einverständnis voraussetzt.

Zu bedenken ist, dass die Halsbeschwerden vor den genannten seltenen Komplikationen oft nur gering sind oder ganz fehlen und dass diese auch nach früher und regelrecht durchgeführter Antibiotikagabe auftreten können. (So Berichte aus den USA über Rheumaerkrankungen trotz Penicillinbehandlung.) Der einzige in zehn Jahren bei uns vorgestellte Patient mit einer Herzentzündung war ebenfalls antibiotisch vorbehandelt worden. Zudem konnte man feststellen, dass die Streptokokken auf den Mandeln bei vielen Personen in der Umgebung gefunden werden, ohne dass diese erkrankten oder andere ansteckten. Zum Beispiel fand man zwischen 5 bis 30 % Streptokokken-positive Abstriche bei gesunden Kindergartenkindern. Rechnet man deren Geschwister- und Erwachsenenumgebung hinzu und die möglichen Neubesiedlungen der Tonsillen mit Streptokokken kurz nach Ende einer antibiotischen Behandlung, dann wird klar, dass die Auslösung einer streptokokkenbedingten Komplikation durch noch so breit gestreute Penicillinbehandlung nicht mit Sicherheit verhindert werden kann.

Wir befürworten deshalb auch hier individuelle Entscheidungen zwischen Eltern und behandelndem Arzt und in jedem Fall eine sorgfältige und schonende Behandlung und Betreuung der Erkrankten: Bettruhe bis wenigstens drei Tage über den Fieberabfall hinaus, alle zwei bis drei Tage Kontakt mit dem behandelnden Arzt bis zur Entfieberung des Kindes, Kontrolle des Ergehens zwei bis drei Wochen nach Abklingen der Krankheitserscheinungen und auf jeden Fall bei mangelhafter Erholung. Die Mehrzahl der von uns Behandelten brauchten keine Antibiose.

• Dickere Beläge auf hochroten Mandeln sollten von einem Arzt rasch abgeklärt werden. Meist steckt ein ***Pfeiffersches Drüsenfieber*** (S. 157), sehr selten eine ***Diphtherie*** (S. 156) dahinter.

• Ein ***Mundpilz*** (Soor) liegt mehr der Wangenschleimhaut an und verursacht keine Schmerzen (s. S. 126; Mundfäule s. S. 159).

Die Haustherapie der beginnenden hochfieberhaften ***Mandelentzündung*** besteht in kühlen Zitronenhalswickeln (s. S. 603), bei den anderen akuten Fällen nimmt man Quark (s. S. 605f.), bei leichteren Verläufen »heiße« Zitronenwickel (s. S. 604). Als Alternative kann noch der Halswickel mit Zitronenscheiben (s. S. 605) gemacht werden. Außerdem schlückchenweise gut warmen Salbeitee mit Honig und Zitrone geben und mit starker Salbeitee-Abkochung oder Ähnlichem gurgeln. Manchmal ist eine Schwitzpackung (s. S. 627) günstig. Eine chemische Munddesinfektion ist sinnlos. Dagegen sind Echinacea comp. Mundspray® oder Gurgeln mit Bolus Eucalypti comp.® bewährte Anwendungen, die als hilfreich empfunden werden. Innere Medikamente sollten je nach Untersuchungsergebnis vom Arzt verordnet werden. Solange diese Möglichkeit fehlt, empfehlen wir Zinnober comp. 4 x tgl. 1 Msp. oder Apis/Belladonna c. Mercurio 5 x tgl. 5-7 Glob. Bei *chronischen Mandelentzündungen* oder häufigeren Erkältungen dieser Art hat sich auch eine vierzehntägige Kur mit Senfmehlfußbädern sehr bewährt (s. S. 621).

- Der selten vorkommende ***Mandelabszess***, auf oder hinter oder unter den Mandeln sitzend, kündigt sich an im Rahmen einer Angina durch hohe, oft schwankende Temperaturen, starkes Krankheitsgefühl und Unfähigkeit, den Mund richtig zu öffnen. Er gehört rasch in ärztliche Behandlung.
- Anders ist es bei der ***Halslymphknotenentzündung*** (Lymphadenitis colli, im Volksmund Halsdrüsenentzündung). Hier tastet man eine knollige, druckschmerzhafte Schwellung im seitlichen Halsbereich, die mehr nach außen orientiert ist, und hat durchaus Zeit, zunächst zu beobachten (über den Halswickel z.B. mit Eucalyptuspaste oder Archangelicasalbe s. S. 602f.).

Es gibt *zwei Heilungsverläufe:* Oft geht die Knotenbildung langsam zurück und hinterlässt oft monatelang tastbare, etwas derbere Lymphknoten, die allmählich kleiner werden. In anderen Fällen bemerken die Eltern eine täglich zunehmende Vergrößerung und Verhärtung der schmerzhaften Knoten, schließlich auch eine Rötung der darüberliegenden Haut mit Verbackung der Lymphknoten. Das ist ein Anzeichen dafür, dass sich ein Lymphknotenabszess gebildet hat, der entweder spontan aufgehen wird oder aber chirurgisch eröffnet werden muss. Dabei bleibt nur eine feine kleine Narbe zurück. Bei beiden genannten Heilverläufen ist es der Organismus selbst, der aktiv die Heilung besorgt. Das hat zur Folge, dass die Kinder meist für den Rest ihrer Kindheit gegenüber eitrigen Erkrankungen eine gute Abwehrlage gewonnen haben. Daher lohnt es sich unserer Erfahrung nach, die Erkrankung ohne antibiotische Therapie – zuweilen auch in stationärer Behandlung – zu überwinden.

- Fast bei jedem Kind sind ***kleinere Halslymphknoten*** tastbar, die im Rahmen von harmlosen Infekten oder auch ohne jede Krankheitssymptomatik auftreten können. Hiermit geht man nur zum Arzt, wenn eine zunehmende schmerzlose Vergrößerung über Wochen festgestellt wird.
- Schmerzen im Nacken und Halsbereich können auch von einem ***Hartspann*** herrühren. So nennt man eine verspannte Muskelpartie, die ähnlich schmerzhaft ist wie ein Hexenschuss. Die Beschwerden dauern einige Tage an und erfahren eine deutliche Linderung bei örtlicher Wärmeanwendung. Dazu verwendet man durchblutungsfördernde Salben oder warme Ölwickel, die noch mit einem Wolltuch abgedeckt werden. Außer einfachem Sonnenblumen- oder Olivenöl bewährt sich Lavendelöl 10 %.

Brustschmerzen

- Schmerzen ***beim Atmen und Husten*** beruhen meist auf einer Reizung der Luftröhrenschleimhaut. Behandelt werden sie mit warmen Dämpfen zum Einatmen und Hustentee mit Honig sowie Ölwickeln um die Brust (s. S. 610). Bewährt haben sich für solche Ölwickel 10%iges Lavendel- oder Eukalyptusöl. Man kann es sich selber herstellen aus dem reinen ätherischen Öl mit neun Teilen Olivenöl verdünnt.

• Schmerzen ***in der Brustwand*** beim Atmen können auftreten, wenn es im Rahmen besonderer grippaler Erkrankungen zu lokalisierten Muskelreizungen kommt, die an Muskelrheuma erinnern. Die Patienten können dann nicht richtig durchatmen, haben aber genug Luft und auch keinen Husten. Sind solche Orte in Herznähe, sprechen die Patienten oft von Herzschmerzen. Der Beginn ist meist plötzlich, der Schmerz stechend. Auch hier behandeln wir mit warmen Ölwickeln.

• Eine andere Art von ***linksseitigen Schmerzen*** beim Durchatmen beruht auf Luftansammlung im Darm unter der linken Zwerchfellkuppe. Auch hier können die Patienten schlecht durchatmen, haben aber auch zwischendurch einen dumpfen Druck auf der linken Seite in der Herzgegend. Hier wirken Kümmeltee und andere entblähende Maßnahmen lindernd. Man kann auch vorsichtig mit warmer Hand im Uhrzeigersinn den Leib durchtasten und so versuchen, die angestaute Luft in Bewegung zu bringen. Manchmal lassen sich die Schmerzen mit Hilfe der Bauchpresse vom Patienten selbst wegdrücken.

• ***Vom Herzen ausgehende Schmerzen*** sind im Kindesalter äußerst selten. Eine schwere Allgemeinstörung, eine schwere Vorkrankheit, Pulsrasen oder Sich-Hinkauern sowie die Neigung, sich hinzulegen, sind Anzeichen einer ernsten Störung und immer Grund, den Arzt aufzusuchen.

• ***Schmerzen im Brustkorb*** mit hohem Fieber und *anstoßender, stufenförmiger Ausatmung* sind selten, aber deutliche Hinweise für eine *Rippenfellentzündung*. Meist geht diesem Zustand eine Lungenentzündung voran. Die Behandlung wird in der Klinik durchgeführt.

• ***Seitenstechen*** kommt meist von einer Verkrampfung der seitlichen Bauchwandmuskulatur beim Gehen mit vollem Bauch. Man kann sie wegdrücken, indem man die Luft anhält, den Druck zur Bauchpresse steigert, mit den Unterarmen quer in den Oberbauch drückt und gleichzeitig in die Hocke geht.

Bauchschmerzen

Gerade im Säuglingsalter führen unterschiedlichste Beobachtungen der Eltern zu dem Verdacht auf Bauchschmerzen. »Mein Kind verkrampft sich so«, »es schreit immer wieder, zwischendurch ist es ruhig«, »der Bauch ist so prall und hart«, »es sieht so blass aus«, »im Bauch gluckst es so«, »es hat schon zweimal erbrochen«, »es will nichts essen«, »es hat seit gestern keinen Stuhlgang« usw. Fragen dieser Art führen oft in die Sprechstunde. Wenn die Eltern jedoch in aller Ruhe einige Untersuchungen durchführen, so können sie oft die harmlosen Störungen von den gefährlichen unterscheiden lernen und sich in vielen Fällen selbst helfen.

Blähungen

Beispiel: Ein Säugling im Alter von wenigen Wochen schreit nach jeder Mahlzeit, seltener während des Trinkens. Wenn er nicht zu wenig oder zu viel getrunken hat, die Nahrung nicht zu kalt und nicht zu dick für den Sauger war, das Bäuerchen ausgiebig gekommen ist, dann sind meist Blähungen oder eine überstarke Darmbewegung die Ursache. Mögliche Begleitsymptome sind: etwas Spucken, ein etwas prallerer Bauch, ein angestrengtes Auspressen des festen, normalen oder spritzenden Stuhles. Die sogenannte »Schreistunde«[4] abends zwischen 18 und 21 Uhr hat allerdings nichts mit Blähungen zu tun.

Nicht dazu gehören Erbrechen (das heißt mehr als ein bis zwei Mundvoll), ein blasses Gesicht, praller Bauch, Durchfall (das heißt mehrere dünne Stuhlentleerungen zwischen den einzelnen Mahlzeiten), Gedeihstörungen oder plötzlich auftretendes vernichtendschmerzhaftes Schreien. Diese Vorkommnisse müssen in jedem Fall ärztlich abgeklärt werden.

Auch bei gestillten Kindern gibt es nicht selten Blähungen, zum Beispiel wenn die Mutter viel Vollkornbrot, Hülsenfrüchte oder Kohl isst.

Bei nicht gestillten Kindern sollte der Versuch einer Nahrungsumstellung mit dem Arzt besprochen werden (s. auch S. 317 ff.).

Lindernd und beruhigend wirken:

- Wärme: Lokal mittels angewärmtem Tuch oder feucht-warmer Bauchkompresse mit Kamillen, Schafgarben- oder Melissentee (s. S. 614 f.). Außerdem haben sich Einreibungen des Bauches im Uhrzeigersinn mit Melissen-, Kamilleninfus- oder Kümmelöl 10%, evtl. 1:2 verdünnt bewährt. Schafwollunterhemden, die über den Bauch reichen, wärmere Wickeltechnik und eventuell eine Wärmflasche, noch besser ein gewärmtes Kirschkernsäckchen, sind zu empfehlen. Auch die Knie müssen gut warm gehalten werden.
- Innerlich einige Teelöffel gut warmen Fencheltees direkt vor der Mahlzeit (sogenannte Carminativa als Tropfen helfen meist nicht besser).
- Nach dem Bäuern zehn Minuten im Tragetuch tragen. Bewährt hat sich auch folgendes Vorgehen: Man setzt das satte Kind rittlings auf den Oberschenkel, seinen Rücken an die eigene Brust gelehnt und macht eine leichte Knet-Massage der Füße, Fersen und der Unterschenkel, indem man die Füße des Kindes mit jeweils einer Hand umfasst. Oft beruhigen sich die Kinder auch schon, wenn ihre Füße beim Strampeln in der Hand des Erwachsenen auf Widerstand treffen.
- Kontrolle der Nahrungsmenge (s. S. 310).
- Wer stillt, sollte selbst mit grobem Brot und rohen Haferflocken vorsichtig sein. Sie wirken oft stärker blähend als ein Stück Kernobst, das durchaus erlaubt ist.
- Alltagshetze, Examensstress, eiliges Essen, ständiges Abgelenktwerden oder Unzufriedenheit der Mutter wirken sich verstärkend auf die Beschwerden des Säuglings aus.

Zum Trost sei vorausgesagt: Nach acht bis zwölf Wochen verschwinden solche Bauchschmerzen schließlich auch von alleine.

»Blinddarmentzündung«

Meist erst vom Kleinkindalter an sind über Stunden langsam zunehmende Dauerschmerzen, die sich immer mehr in den rechten Unterbauch des Kindes konzentrieren, typisch für eine Entzündung des Wurmfortsatzes (Appendizitis). Meist treten Unlust, Übelkeit, belegte Zunge, Abneigung gegen die angebotene Wärmflasche und Schmerzen beim Gehen und Hüpfen hinzu.

Maßnahmen:

- Das Kind nüchtern halten, auch nichts zu trinken geben.
- Temperaturmessung unter der Achsel fünf Minuten (Sitz des Thermometers kontrollieren, eine Decke über die Schulter geben) und eineinhalb Minuten im After, beide Werte notieren (s. S. 68).
- Aufsuchen eines Arztes.

Blinddarmentzündungen bei Kleinkindern sind oft schwer zu beurteilen. Sie bieten gelegentlich nur geringe und uncharakteristische Krankheitszeichen oder gleich den hochdramatischen »akuten Bauch« (s. S. 44).

Auch für Ärzte ist die Diagnose oft nicht einfach, möchte man doch eine unnötige Operation vermeiden. Warnen müssen wir vor dem Rat, anstelle der Operation eine Behandlung mit kalten Abgüssen und Medikamenten durchzuführen. Dieses Vorgehen ist lebensgefährlich und kann auch bei Überleben zu schweren Schäden führen. Angebliche Erfolge einer operationsfreien Behandlung beruhen sicher überwiegend auf einer Verwechslung mit den unzähligen fraglichen oder wahrscheinlichen Reizungen des Wurmfortsatzes oder der Bauchlymphknoten.

Nabelkoliken

Bei den sogenannten Nabelkoliken handelt es sich um plötzlich auftretende starke Schmerzen in der Gegend des Nabels, bei denen sich das Kind freiwillig ins Bett legt. Meist klingen die Schmerzen innerhalb einer Stunde wieder ab und treten dann vorerst nicht wieder auf. Dabei sind die Kinder blass, haben jedoch keinen umschriebenen Druckschmerz im Bauchraum. Die Diagnose sollte jedoch vom Arzt nach Ausschluss aller anderen Ursachen festgestellt und mit den Eltern besprochen werden (s. auch S. 44 u. 107, acetonämisches Erbrechen). Handelt es sich wirklich um diese harmlosen, aber unangenehmen Beschwerden, so hilft meist eine kurmäßige Anwendung warmer Bauchkompressen mittags und abends nach der Mahlzeit über vier bis sechs Wochen (s. S. 614).

Würmer

Madenwürmer (Oxyuren) sind ca. 1-2 cm lange fadendünne, leicht zerstörbare Tierchen, die im Enddarm hausen und nachts ihre Eier vor dem After ablegen. Der verursachte Juckreiz, manchmal auch ein entstehendes Ekzem am After, führen zum Kratzen der Kinder. Dadurch wird über Fingernägel und Handtücher die Infektion auf andere Kinder übertragen. Der Nachweis der Eier gelingt leicht vom morgens noch ungewaschenen After mittels Tesafilm-Abklatsch auf Objektträgerglas und anschließender mikroskopischer Untersuchung.

Spulwürmer (Askariden) sind bei uns schon erheblich seltener. Sie sind etwa 20 cm lang (die Männchen deutlich kleiner als die Weibchen) und können Bauchschmerzen verursachen. Die Übertragung geschieht durch Salate und Rohgemüse, das mit Abortjauche gedüngt wurde. Die Larven entwickeln sich 30 bis 40 Tage im Ei, gelangen nach Aufnahme in den Darm erst einmal über Pfortader, Leber und Herz in die Lunge, wo sie nach acht Tagen durch die Lungenbläschen durchbrechen und über die Bronchien und den Rachen endgültig wieder den Darm erreichen, um dort heranzuwachsen. Bei dieser komplizierten Wanderung können vielfältige – auch allergische – Symptome entstehen. Wurmeier sind erst nach Abschluss dieses Entwicklungszyklus im Stuhl nachweisbar.

Therapie:
Bei Madenwürmern hat sich uns die Einnahme von Allium/Cuprum sulfuricum compositum (Weleda), je nach Alter 3 mal täglich 5 bis 10 Tropfen verdünnt, bewährt neben einer sorgfältigen Handwaschhygiene mit Seife, Nagelbürste und persönlichen Handtüchern. Bei Spulwürmern kann zusätzlich Quarz 50% (3 mal täglich eine Messerspitze bis zu 1/3 Teelöffel) versucht werden. Der Erfolg ist nach etwa drei Wochen erkennbar am Fehlen von Wurmeiern in einer vom Arzt untersuchten Stuhlprobe.

Die meisten Eltern bevorzugen heute eine chemische Eintagestherapie.

Harnwegsinfekte

Bauch- oder Rückenschmerzen mit oder ohne Fieber, Blässe und allgemeiner Schwäche und Appetitlosigkeit oder Einnässen und Brennen beim Wasserlassen können Hinweise auf einen Harnwegsinfekt sein. Dabei kann es sich entweder um eine ***Blasen-***, oder aber um eine ***Nierenbeckenentzündung*** handeln. Das Brennen ist manchmal so stark, dass die Kinder den Urin zurückhalten. Dabei ist es wichtig zu wissen, dass im Krankheitsverlauf das Brennen schneller verschwindet als die Entzündung. Bei derlei Beschwerden sollte der Urin untersucht werden. Auch leichtere Harnwegsinfekte sind aus der Urinuntersuchung zu erkennen. Allerdings täuschen manchmal Verunreinigungen oder äußere Entzündungen im Genitalbereich einen krankhaften Befund vor. Wenn Harnwegsinfekte häufiger oder chronisch auftreten, können sie schwere Folgeschäden für die Niere nach sich ziehen. Aus diesem Grunde ist Beurteilung und Behandlung dieser Krankheitsgruppe stets Sache des Arztes. Zusätzlich sind warme Blasenkompressen zu empfehlen (s. S. 617).

Der Leistenbruch

Der Leistenbruch wird durch Betrachten und Betasten der Leistengegend des Kindes entdeckt. Dort entsteht eine haselnuss- bis apfelsinengroße Vorwölbung (s. Abb. 6). Sie enthält meist ein Stück Darm. Beim Mädchen handelt es sich oft um den nach vorne gerutschten Eierstock. Beim Jungen kann der Bruch bis in den Hodensack reichen. Jede ***schmerzhafte Schwellung in diesem Bereich bedarf sofortiger ärztlicher Beurteilung***: Neben einer ***Einklemmung des Bruches*** kommen auch eine ***Hodendrehung*** oder ***-entzündung*** in Frage. Das mehr oder weniger schwierige Zurückschieben eines Bruches sollte man sich vom Arzt zeigen lassen. Im Unterschied zu den ***Nabelbrüchen,*** die meist von alleine zurückgehen – auch ohne Pflaster – ist bei Leistenbrüchen die Heilung ohne Operation seltener (Wasserbruch s. S. 51).

Die akute Erkrankung im Bauchraum

Kolikartige oder kontinuierlich heftige Bauchschmerzen mit Erbrechen, Blässe und einem Tastbefund im Bauchraum – meist einer schmerzhaften Straffung der Bauchdecken (»brettharter Bauch«) – sind Zeichen für einen »akuten Bauch«. Auch ein unvermittelt plötzlicher heftiger Schmerz mit entsprechendem Schreien und häufig auch Erbrechen ohne harten Bauch und mit scheinbarer Besserung innerhalb von Stunden gehört hierher (Invaginations-Verdacht, d. h. Darm-in-Darm-Einstülpung).

Diese Kinder bedürfen unverzüglich einer qualifizierten ärztlichen Beurteilung. Am besten steuert man gleich eine Klinik an, bei der die Möglichkeit kinderchirurgischer Eingriffe gewährleistet ist.

Die Verwechslung mit dem harmloseren ***acetonämischen Erbrechen*** ist möglich, so lange man dieses bei einem Kind noch nicht erlebt hat (s. S. 107).

Bauchschmerzen bei grippalen Infekten

Bauchschmerzen können neben Frösteln, Unlust, Kopf- und Gliederschmerzen den Beginn einer Grippe anzeigen. Auch Erbrechen kann in dieser Phase auftreten. Meist verschwinden die Schmerzen nach einem kräftigen Fieberanstieg. Der Unterschied zur Appendizitis (sogenannten Blinddarmentzündung) ist folgender: Es besteht kein lokalisierter Druckschmerz im Bauchraum, der Temperaturunterschied zwischen After und Achsel beträgt nicht mehr als 0,5 °C, das heißt fünf Teilstriche. Rascher Fieberanstieg auf mehr als 38,5 Grad ist untypisch für Blinddarmentzündung. Kühle Arme und Beine deuten darauf hin, dass der Fieberanstieg noch nicht zu Ende ist. Eine Wärmflasche auf dem Leib wird als angenehm empfunden (bei Appendizitis *nicht* erwünscht und nicht erlaubt; s. S. 41).

Bauchschmerzen anderer Ursachen

- Muskelkater der Bauchdecken nach sportlicher oder spielerischer Überanstrengung.
- Bauchschmerzen mit Durchfällen (s. S. 103 ff.).
- Es wird über Bauchschmerzen geklagt. Ein Blick in den Mund zeigt oft eine Mandelentzündung (s. S. 34). Die Kinder projizieren den Schmerz in den Bauch, oder sie sind im Fieberanstieg, oder die Lymphknoten des Bauchraumes sind auch geschwollen.
- Kolikartige Leibschmerzen können Stunden bis halbe Tage lang vor dem Ausbruch eines acetonämischen Erbrechens auftreten (s. S. 107). Hier helfen warme Bauchkompressen mit Oxalis-Essenz oder Schafgarbentee, eventuell kurmäßig.
- Unbegründeter Durst und vermehrte Urinausscheidung über mehrere Tage mit und ohne Bauchschmerzen sind verdächtig auf *Zuckerkrankheit* (Diabetes mellitus).
- Bauchschmerzen vor oder in der Schule deuten auf Überanstrengung oder auf seelische Spannungen hin, die zuerst mit dem Leh-

rer besprochen werden sollten. Manchmal kann der Arzt zur Aufklärung des Problems beitragen oder durch harmlose Maßnahmen helfen. Chemische Beruhigungsmittel oder Schmerzmittel sind in der Regel nicht angezeigt.

- Weitere Ursachen können sein: Kindergeburtstage mit ihren Torten und Aufregungen, bakterielle Nahrungsmittelvergiftungen, Wutausbruch eines Elternteiles oder Lehrers, nervöse Ungeduld, Ehrgeiz und Eifersucht des Kindes und Ähnliches.

Auch empfiehlt es sich, den Tageslauf des Kindes daraufhin durchzugehen, wieweit man selbst in das Zustandekommen von Bauchschmerzen miteinbezogen ist. Zwei Beispiele mögen es illustrieren:

1) Mutter: »Ich muss jetzt den Stephan füttern.«
Kind: »Mama, darf ich einen Apfel essen?«
Mutter: »Du musst nicht immer denken, dass du etwas essen musst, wenn Stephan etwas bekommt.«
Kind: »Mama, du wolltest mir doch noch die Geschichte weiter vorlesen.«
Mutter: »Lass mich bitte in Ruhe, wir müssen jetzt erst mit dem Essen fertig werden, und dann muss der Stephan ins Bettchen.«
Kind: »Mama, ich hab' Bauchweh ...«
Mutter: »Oh, Gott, schon wieder, das ist aber wirklich schlimm ...«

2) Mutter: »Dieser Nimmersatt hat schon wieder Hunger, bitte, Claudia, hol dem Stephan die warmgestellte Flasche.« Claudia bringt das Fläschchen.
Mutter: »Und jetzt such' mal in der Küche den geschälten Apfel. Ich bin gespannt, ob du ihn findest. Der ist für dich.« Claudia kommt fröhlich mit dem Apfel zurück.
Mutter singt vor sich hin: »Jetzt gibt es was zu essen.« Der Säugling trinkt seine Flasche, die Claudia futtert ihren Apfel.
Mutter: »Wie schmeckt er? Darf ich mal probieren? Mm…«
Mutter: »Wenn der Stephan fertig ist, gehe ich schnell einkaufen.«
Claudia: »Ich will mit.«

Mutter: »Heute nicht, weil es schon so spät ist. Aber du darfst auf den Stephan aufpassen, dass ihm die Sonne nicht direkt ins Gesicht scheint. Wenn er sehr schreit, läutest du bei Frau Huber nebenan, ich sage ihr noch Bescheid. Die versprochene Geschichte gibt es dann heute nachmittag beim Spaziergang.«
Claudia freut sich, dass sie schon so groß ist und dass Stephan ruhig ist und nicht schreit.

Im ersten Beispiel kann sich die Mutter nicht voll mit ihrem Tun identifizieren, sie läuft sozusagen ihren Pflichten hinterher und kämpft vergeblich um einen Freiraum. Wahrscheinlich ist sie übermüdet. Vielleicht steht sie auch unter der Kritik eines Angehörigen. Ihre Beziehungen zu den beiden Kindern sind wie seelische Seile, an denen die Kinder ziehen können. Ist es zur Bauchwehäußerung gekommen, so kann man wie folgt versuchen, pädagogisch wieder Herr der Lage zu werden:

Kind: »Mama, ich hab' Bauchweh.«
Mutter: »Du hast Bauchweh? Dann füll dir geschwind die Wärmflasche mit heißem Wasser, du weißt, so mittelheiß und leg dich in dein Bett, ich komme dann gleich und schaue nach dir.« Und dann weiter:
Mutter: »So, jetzt bist du ganz mollig. Ist es denn schon besser? Ich sage der Frau Huber kurz Bescheid, dass sie auf euch aufpasst ...«
Ohne dass die Mutter aus eigener Initiative entgegenkommt, geht es nicht. Erst dann kann sie auch wieder eine Grenze setzen. Von ihrem ursprünglichen Vorhaben sollte sie sich jedoch nicht abbringen lassen – echte Krankheitsfälle ausgenommen. Kinder sagen: »Ich hab' Bauchweh«, aber ihr Inneres meint: »Du hast mich heute noch nicht richtig wahrgenommen«, oder: »Du arbeitest so hastig und lustlos«, oder: »Ich weiß nicht, was ich tun soll«, oder aber: »Du baust eine Mauer auf«. Die zweite Mutter unterscheidet sich von der ersten durch Initiative und Phantasie, sie geht auf ihr Kind zu und schafft Geborgenheit über den körperlichen Bereich hin-

aus. Die erste Mutter, die an den Bauchschmerzen zu lernen bereit ist, fängt noch einmal bei der körperlichen Wärme an, durchdringt diese jedoch mit seelischer Wärme und Nähe. Bald ist die Wärmflasche dann überflüssig geworden.

Die Frage, ob das Kind die Bauchschmerzen »nur vorspiegelt«, kann man mit gutem Gewissen mit Nein beantworten, außer wenn das Kind früh Vorbilder unehrlichen Verhaltens kennengelernt hat. Die Kinder erleben ihre Umwelt so stark, dass sich seelische »Unverdaulichkeiten« direkt körperlich niederschlagen können, wenn ein gewisses Maß überschritten ist. Ob die vorhandenen Schmerzen dann mehr oder weniger bewusst benutzt werden, um etwas zu erreichen, hängt ganz von der Umgebung ab, in der die Probleme gedeihen. Moralisch zu werten sind sie jedenfalls nicht.

Schmerzen bei Bewegungen

Ursachen und Erscheinungsformen sind so unterschiedlich, dass wir nur wenig Allgemeingültiges hier vermitteln können. Unabhängig davon, ob ein Unfall vorgelegen hat oder die Schmerzen spontan aufgetreten sind, ist es entscheidend, dass sich die Eltern über die Vorgeschichte ein möglichst vollständiges Bild zu machen versuchen. Auch sollte die Temperatur vor dem Arztbesuch gemessen werden. Wichtig ist die Feststellung neu auftretender oder vorübergehender Schwellungen oder Überwärmungen in den schmerzhaften Bezirken. Art und Zeitpunkt des Auftretens dieser Erscheinungen können für den später untersuchenden Arzt nützliche Hinweise sein. Handelt es sich doch bei diesen Symptomen oft um schwerwiegende Grunderkrankungen wie Rheuma, Knochenmarksentzündung (Osteomyelitis) u. a. Diese Krankheiten werden hier nicht besprochen, da ohnehin eine gründliche ärztliche Untersuchung nötig ist und sie glücklicherweise nicht zu den häufigen Erkrankungen gehören.

Halsentzündung

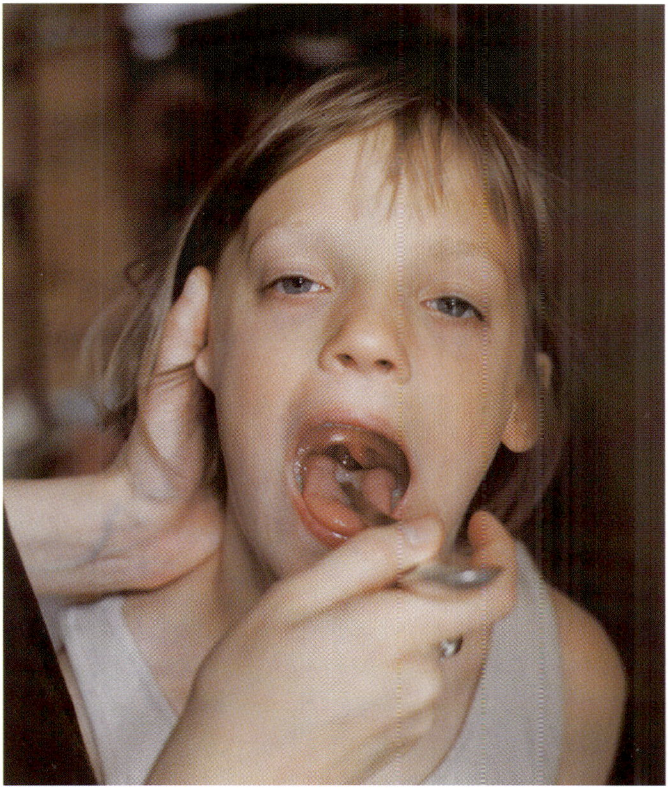

Abb. 5: Einblick in den Rachen: Bei fiebernden Kindern können die Eltern vor dem Anruf beim Arzt in den Mund schauen. Ist die Zunge belegt, sind auf den Schleimhäuten Fleckchen, Bläschen oder Beläge sichtbar? Schließlich lässt man »A« sagen oder drückt mit einem Löffelstiel etwa 2/3 der Zunge kurz und kräftig nach unten. Durch den momentanen Würgereiz werden die Mandeln und die Rachenhinterwand kurz sichtbar. Sind sie gerötet oder belegt oder nur verschleimt? Bei fehlender Stimme oder Luftnot und bei schwerkranken Kindern überlässt man diese Untersuchung dem Arzt. (Sehr zu empfehlen ist, auch in gesunden Tagen einmal in den Mund zu schauen, um zu wissen, was bei Kindern normal ist.)

Leistenbruch

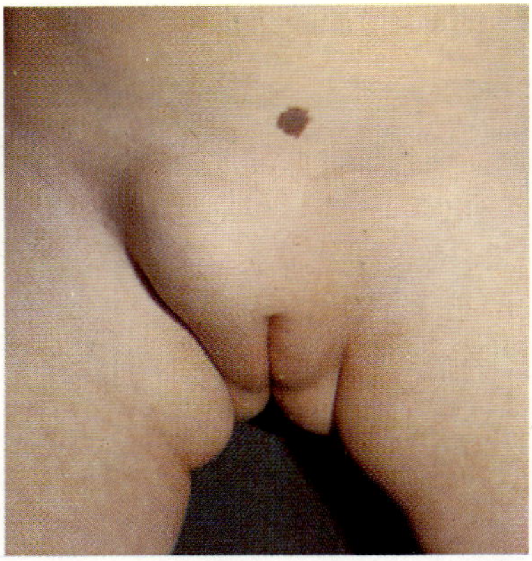

Abb. 6: Man sieht die leichte Vorwölbung über der rechten Leistenbeuge des Kindes. Beim Mädchen schlüpft oft ein Eierstock in den Bruchsack. Deshalb ist die Operation auch ohne Beschwerden hier bald angezeigt.

Hautkrankheiten

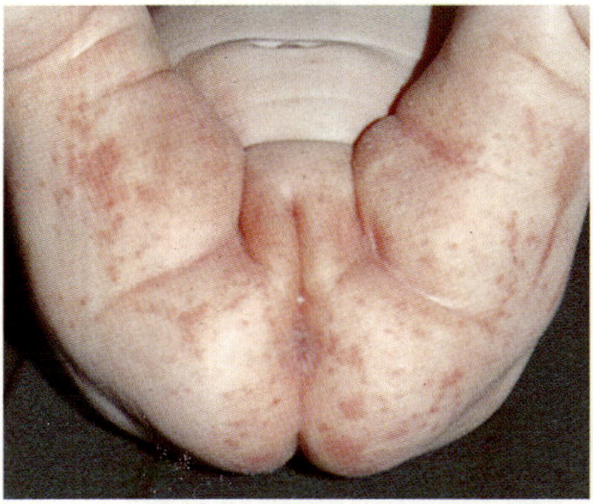

Abb. 7: Wundsein im Windelbereich, schon länger bestehend.

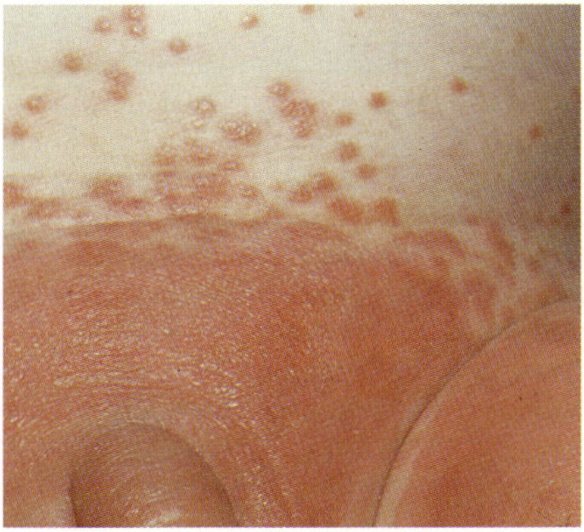

Abb. 8: Windelwundsein mit Schüppchen spricht für Soor-Pilzbefall. Meist wachsen die Herdchen in die Breite.

Der Schlüsselbeinbruch des Neugeborenen

Ein Neugeborenes, das beim Umlegen oder Bewegen der Schultern schmerzhaft reagiert, hat nicht selten während der Geburt einen Bruch seines Schlüsselbeines erlitten. Der Befund kann einer ärztlichen Untersuchung anfangs entgehen, wird jedoch später durch eine Schwellung im Bereich der Heilungszone deutlich sichtbar. Der Knochen heilt immer von alleine wieder zusammen. Die Beschwerden sind nach wenigen Tagen vorbei. Man achtet auf Wechsellagerung, damit das Köpfchen sich nicht verformt (s. Säuglingslagerung S. 275).

Der muskuläre Schiefhals

Hält ein Säugling den Kopf immer zu einer Seite geneigt und hat sein Kinn etwas zur Gegenseite gedreht, dann liegt meist ein muskulärer Schiefhals vor. Er wird vom Arzt an einer kleinen Schwellung im Kopfnickermuskel der Neigungsseite erkannt. Es handelt sich um einen anlässlich der Geburt entstandenen kleinen Einriss im Muskel. Schmerzen treten beim stärkeren Dehnen des Muskels auf. Eine vorsichtige ärztliche oder krankengymnastisch überwachte Dehnungsbehandlung führt meist zum Ausgleich. Ohne Behandlung kommt es zur Kopfverformung (s. S. 275).

Hinkende Kleinkinder

Ehe der Arzt aufgesucht wird, sollte man sich die Füße des kleinen Kindes selbst ansehen. Vielleicht findet sich eine Schwiele, Druckstelle oder eine Verletzung am Fuß, vielleicht hat sich ein Nagel durch die Sohle des Schuhs gebohrt oder Ähnliches. Möglicherweise gibt es auch ein hinkendes Beispiel in der Umgebung? Auch ein Muskelkater nach ungewohnter Belastung kann Ursache für ein Hinken sein.

Prellungen, Zerrungen, Verstauchungen

Bei diesen Unfällen ist der Ausschluss von Bänderrissen oder Knochenbrüchen Sache des Arztes. In den übrigen Fällen helfen die bekannten Arnica- oder Calendula-Umschläge oder Einreibungen.

Phimose – Wasserbruch – Hodenhochstand

Die folgenden Befunde am männlichen Genitale bereiten nur ausnahmsweise Schmerzen. Dennoch gewähren wir ihnen hier einen Platz, da sie zum Teil einer chirurgischen Behandlung bedürfen.

Vorhautenge (Phimose)

70 % aller Jungen haben bei der Geburt eine Vorhautenge, das heißt, die Vorhaut lässt sich nicht über die Eichel zurückstreifen. Ohne Behandlung sind es nach einer dänischen Statistik in der Pubertät noch 4 %. So kann man in den allermeisten Fällen zuerst einmal abwarten. Ausnahmen sind Knaben, bei denen immer wieder eine schmerzhafte Vorhautentzündung auftritt, die dann ihrerseits zur narbigen Verengung führt. Ebenso kann durch unsachgemäßes Dehnen oder durch feine chronische Reizzustände der Vorhaut eine narbige Verengung auftreten. In diesen Fällen ist zur operativen Vorhautverkürzung in Allgemein-Narkose zu raten (Zirkumzision). Über das nähere Vorgehen ist der mit Kindern erfahrene Chirurg oder Urologe zu befragen.

Teilweise Verklebungen der Vorhaut mit der Eichel können zu Smegma-Verhaltung[5] und schließlich zu eitriger Entzündung führen. Bei diesem Befund löst sich das Vorhautblatt oft von alleine ab, oder der Arzt löst es mittels einer Knopfsonde. Solche Verklebungen können aber auch jahrelang ohne jede Störung bestehen und stellen dann keinen Grund zum Eingreifen dar. Regelmäßige Reinigung der Eichel empfehlen wir erst zur Zeit der Pubertät oder wenn sich beträchtlich Smegma bildet.

Gelegentliche Erektionen mit und ohne Phimose gibt es schon vom Säuglingsalter an. Manchmal geben die Kinder Schmerzen oder Spannungsgefühle an. Mit Onanieren (s. S. 484) haben sie primär nichts zu tun. Sie treten besonders morgens im Schlaf auf.

Wasserbruch

Darunter versteht man einen flüssigkeitsgefüllten Sack seitlich oder oberhalb des Hodens. Beim Abstieg der Keimdrüse aus dem Bauchraum durch den Leistenkanal in den Hodensack nimmt der Hoden das Bauch»fell« mit, das heißt, die feine Auskleidung des Bauchinnenraums. In dieser Hülle kann er auch beim sogenannten Pendelhoden auf- und niedersteigen. Bevor diese Ausstülpung ganz verwächst, können noch blasenartige Reste erhalten bleiben, die sich dann bei irgendwelchen Reizungen mit Flüssigkeit füllen.

Im Säuglingsalter verschwinden diese »Hydrozelen« meist von alleine und sollten deshalb in der Regel in Ruhe gelassen und beim Wickeln nicht gequetscht werden. Bleiben sie bestehen, werden sie im Kleinkindalter operiert, besonders, wenn gleichzeitig ein Leistenbruch vorhanden ist.

Der Hodenhochstand

Wenn ein Hoden nicht im Hodensack zu tasten ist, spricht man vom Hodenhochstand. Wenn der Hoden im warmen Bade nach unten sinkt in den Hodensack und nur bei Kälte oder beim Waschen hinaufrutscht, handelt es sich um einen sogenannten ***Pendelhoden***, der keiner Operation bedarf. Alle übrigen Formen bedürfen ärztlicher Beurteilung und oft der Operation.

Von vielen Kinderärzten und Chirurgen wird vor einer Operation eine Hormonbehandlung empfohlen (bei jüngeren Knaben meist mit LH-RH-Nasentropfen, bei älteren auch mit HCG-Spritzen). Diese Behandlung bewirkt eine hormonelle Anregung der Fortpflanzungsorgane, die derjenigen ähnlich ist, die vom Organismus in der Vorpubertät selber eingeleitet wird. Daher geht diese

Behandlung auch mit seelischen Veränderungen einher, die bis zu aggressiven Wesensveränderungen führen können. Der Hodenabstieg ins Skrotum (Hodensack) wird zwar gefördert (wenn nicht mechanische Gründe, wie Taschenbildungen im Gewebe, ihn daran hindern), doch ist dieser Abstieg oft nur von kurzer Dauer. Das ganze Gewebe wird gelockert, was manche Operateure erleichternd für eine dennoch notwendige Operation ansehen. Der Penis wird meist etwas größer und bildet sich nach der Behandlung nicht mehr auf die ursprüngliche Größe zurück. Wir empfehlen diese Behandlungsweise nicht, da es sich um einen unnötigen Eingriff in die hormonelle Regulation handelt mit Nebenwirkungen für die leibliche und seelische Verfassung des Kindes. Statt dessen kann vor einer Operation eine Konstitutionsbehandlung mit anthroposophischen bzw. homöopathischen Medikamenten versucht werden. Tritt der gewünschte Erfolg nicht ein, so steht die Frage der Operation an. Dafür gelten gegenwärtig folgende Gesichtspunkte: Aufgrund von Tierexperimenten sowie Samen- und Gewebsuntersuchungen aus menschlichen Hoden anlässlich einer Operation gilt von kinderchirurgischer Seite, dass jeder echte Hodenhochstand bis zum Alter von zwei Jahren operiert werden sollte. Sonst, so wird angenommen, besteht die Gefahr einer späteren Unterfunktion, die bei einseitigem Hodenhochstand auch den anderen bereits abgestiegenen Hoden betreffen kann. Andererseits stellt eine frühe Operation auch einen Eingriff in das leiblich-seelische Gefüge des Kindes dar, dessen Auswirkungen sehr unterschiedlich sein können. Auch lassen die genannten Untersuchungen nicht die Wirksamkeit der Operation beim einzelnen Individuum voraussagen. Mit dieser Einschränkung empfehlen wir die Operation in der Regel, wenn die Konstitutionsbehandlung im zweiten Lebensjahr erfolglos geblieben ist.

Einiges aus dem Bereich von Erster Hilfe und Unfallverhütung

Allgemeines zu Unfällen

Unfälle im Kleinkindalter ereignen sich zumeist dann, wenn das Kind seiner Entdeckungsfreude nachgeht. Das oft schockierte Kind findet in Gegenwart eines die Situation sachlich überschauenden Erwachsenen am schnellsten wieder zu sich. Rasches Handeln und ruhiges Verhalten sind die wichtigsten Voraussetzungen, um wirksam helfen zu können. Vorwürfe oder übertriebene Mitleidsäußerungen erschweren dem Kind die Lage. Sie sind auch dann in der akuten Situation nicht angebracht, wenn beim älteren Kind Unachtsamkeit oder gar Vorsätzlichkeit mit im Spiele waren.

Wir empfehlen an dieser Stelle den Leserinnen und Lesern, an einem Erste-Hilfe-Kurs teilzunehmen. Die hier gegebenen Ratschläge können einen solchen keinesfalls ersetzen.

Zu weiteren Notfallsituationen siehe die Hinweise im vorderen Einbanddeckel.

Plötzliche Leblosigkeit im Säuglingsalter (sog. plötzlicher Kindstod)

Sofortmaßnahmen

- Liegt das Kind ohne sichtbare Zeichen der Atmung blass und reglos im Bett, so bettet man es so rasch wie möglich auf eine harte Unterlage (Tisch, Bank, Boden).
- Suche nach Erbrochenem oder nach festerem Schleim im Mund, der die Atemwege verlegen kann. Unverzügliches Auswischen des Mund- und Rachenraumes mit dem kleinen Finger.
- Sofortiger Beginn mit Herzmassage und der Beatmung von Mund zu Mund. Die Herzmassage wird folgendermaßen durchgeführt: Man gibt mit dem Handballen oder mit den beiden ne-

beneinandergelegten Daumen fünf kurze kräftige Druckstöße auf das Brustbein von etwa zwei Stößen pro Sekunde, die der Elastizität des Säuglingsbrustkorbes angemessen sind. Dann erfolgt die Atemspende: Den Kiefer des Kindes nach vorne oben drücken, mit den eigenen Lippen den offenen Mund des Kindes samt seiner Nase umschließen und zweimal behutsam aufblasen, so dass sich der Brustkorb unter der Beatmung zweimal leicht dehnt und wieder zusammenzieht. Unmittelbar danach erfolgen wieder fünf Druckstöße auf das Brustbein zur Herzmassage, dann wieder die zweimalige Atemspende usw.
Erfolgreich können diese Bemühungen nur sein, wenn das Ereignis des Atemstillstands noch nicht lange zurückliegt. Sobald der Herzschlag oder der Puls tastbar werden, nur noch mit der Atemspende weitermachen, solange, bis die Spontanatmung wieder einsetzt.

- Den Notarzt rufen lassen. Dabei sind folgende Angaben notwendig: Name und genaue Adresse mit Angabe des Stockwerkes, wo das Kind liegt.

Bemerkungen zur Durchführung der Sofortmaßnahmen

Der Wiederbelebungsversuch wird erleichtert dadurch, dass zwei Menschen sich in die Herzmassage und in die Atemspende teilen. Voraussetzung für sicheres effektives Helfen ist jedoch, dass man die Technik der Beatmung und gegebenenfalls auch der Herzmassage in einem Erste-Hilfe-Kurs gelernt hat. Dennoch sollte auch derjenige, der es nicht gelernt hat, es sogleich versuchen, weil es das Einzige ist, das dem Kind die Chance gibt, wiederum ins Leben zurückzukehren. In Situationen äußerster Gefahr, wie der genannten, tut jeder das ihm Mögliche in eigener Verantwortung. Eine mögliche Komplikation kann sein, dass der Magen sich mitaufbläht, weil Luft über die Speiseröhre in den Magen gelangt. In diesem Fall sollte man zwischendurch versuchen, die Luft mit der Hand aus dem Bauch wieder herauszudrücken.

Andere Komplikationen können ein Lungenriss infolge zu kräftiger Beatmung oder aber Rippenbrüche infolge zu kräftig durchgeführter Herzmassage sein. Dass solche Komplikationen auftreten können, darf jedoch nicht davon abhalten, den Wiederbelebungsversuch zu wagen, wenn keine Aussicht besteht, dass der Notarzt sogleich zur Stelle sein kann.

Atmet das Kind noch schnappend oder unregelmäßig, so kann man durch Klopfen auf die Wangen und den seitlichen Brustkorb und Rücken Anregungen zur Atmung geben und sehen, ob die Situation sich bessert. In jedem Fall (auch bei rascher Besserung und Rückkehr des normalen Zustandes) sollte so bald wie möglich fachliche Beratung hinzugezogen werden.

Plötzliche Luftnot, drohendes Ersticken

Zum Beispiel:

- Wenn Erbrochenes in die Luftröhre kommt (sogenannte Aspiration). Dies tritt meist nur beim jungen Säugling oder beim bewusstseinsgetrübten Kind auf.
- Wenn Spielzeugteilchen oder Nussstückchen »verschluckt« werden, das heißt, wenn sie in die Luftröhre statt in die Speiseröhre geraten – selten auch bei Säuglingen, wenn sie von ihren Geschwistern »gefüttert« werden.

Behandlung:
Wenn das Kind keine Luft hat, nicht husten kann und tiefblau wird:

1)

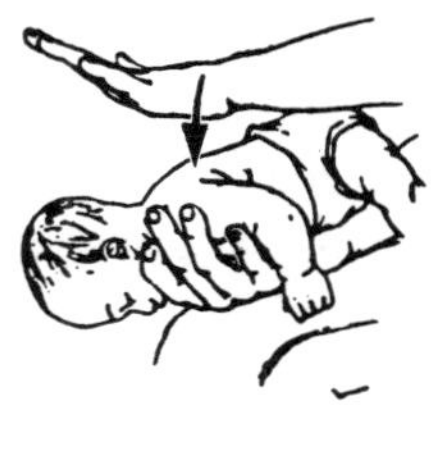

- Handelte es sich um einen *runden* (nicht spitzen!) Fremdkörper, so führt man nacheinander folgende Handgriffe aus: Das Kleinkind bäuchlings auf den Unterarm legen, die tragende Hand hält den Kopf (*Zeichnung 1*).

2) 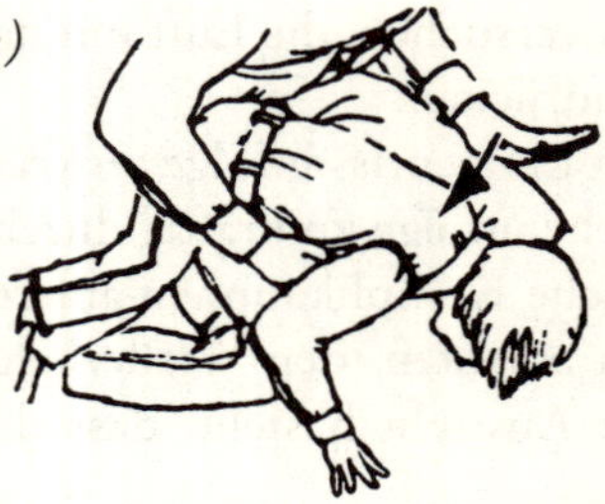

Das größere Kind bäuchlings über die Knie legen, eine Hand stützt den Kopf (*Zeichnung 2*). Rumpf und Kopf sind deutlich geneigt.

Mit der freien Hand werden vier flache Schläge auf den Rücken zwischen den Schulterblättern verabfolgt. Wenn der Fremdkörper nicht herausfällt, vorsichtig das Kind bei gleicher Neigung auf den Rücken drehen. Wieder vier flache Schläge mit der Hand auf den vorderen Brustkorb. Anschließend im Mund vorsichtig nach dem Fremdkörper suchen, herausfallen lassen oder mit einem Löffel entfernen.

• Wenn das Kind hustet, Luft hat, höchstens kurz etwas blau wird: Beruhigen, Arme hoch, etwas den Rücken klopfen.

Bei *anhaltendem Atemnebengeräusch* oder bei *vertiefter Atmung* noch nach Stunden: Fahrt in eine Kinder- oder HNO-Klinik, wo eine Luftröhrenspiegelung (Bronchoskopie) durchgeführt werden kann. Meist findet sich dabei ein tiefsitzender Fremdkörper, der mit Spezialinstrumenten entfernt werden muss.

Vorbeugung:

Kleinkindern nur *gemahlene* Nüsse zu essen geben, keine Erdnüsse bis zum Alter von fünf Jahren, nur große Murmeln zum Spielen und keine kleinen oder abbeißbaren Spielsachen. Auch sollte man beim Essen nicht zu sehr albern und Witze machen. Verschlucken kann gefährlich werden.

Außerdem sollte man wissen, dass kleine Kinder sich versehentlich mittels einer Schnur oder Kette strangulieren können. Auch Plastiktüten sind kein Spielzeug (Erstickungsgefahr).

Wichtig: Verbote und Ermahnungen reizen nur zur Ausführung. Selbst wachsam bleiben und Umgebung sichern!

Ertrinkungsunfall

Durch Kopftieflage kurz das Wasser ablaufen lassen, jedoch, wenn die Spontanatmung nicht gleich wieder einsetzt, keine Zeit damit verlieren, sondern sogleich Mund-zu-Mund-Beatmung und so schnell wie möglich reine Sauerstoffbeatmung durchführen. Eventuell Herzmassage. Die Technik hierfür ist in einem Erste-Hilfe-Kurs sorgfältig zu lernen.

Verhalten bei Verkehrsunfällen

- Atmet der Verletzte noch, spricht oder bewegt er sich, so lege man ihn warm eingehüllt auf die Seite und bleibe bei ihm, bis Hilfe kommt. Meist bestehen ***Blässe*** und evtl. Erbrechen durch ***Schock***.
- Ist der Verletzte bewusstlos, atmet jedoch noch, so lässt man ihn liegen, wo er ist, bis geschulte Helfer zur Stelle sind. Man decke ihn an der Unfallstelle warm ab und bleibe möglichst dabei.
- Nicht atmende Verletzte werden sofort durch Mund-zu-Mund Beatmung versorgt. Ist auch der Puls- oder Herzschlag nicht tastbar, wird außerdem Herzmassage durchgeführt, insoweit man die Technik beherrscht.

Spritzende oder fließende Blutungen werden mit möglichst sauberen Tüchern abgedrückt, nicht abgebunden. Kleinere Blutungen hören von alleine auf.

Stark schmerzende Körperteile: Man lässt sie in der Stellung, in der sie sind. Insbesondere bei Rückenschmerzen. Verlagerung kann schaden.

In harmloseren Fällen fordert man das Kind zur eigenen Bewegung aller Gliedmaßen auf und hilft vorsichtig dabei. So bekommt man am schnellsten heraus, wo etwas verletzt ist.

In allen geschilderten Fällen ist für raschen Transport in die nächste Unfall-Klinik zu sorgen.

Kollapszustände

Bei langem Stehen, in stickiger Luft, bei grippalen Infekten, bei Schmerzen oder beim Anblick von Blut können Ohnmachtszustände auftreten. Man legt den Bewusstlosen auf den Boden, beengende Kleidung und Gürtel werden gelockert, die Beine hochgelagert. Man hält ein Riechtüchlein vor die Nase oder macht eine kühle Kopfabreibung mit Wasser. In engen Stuhlreihen lässt man den Ohnmächtigen auf dem Platze, klappt seinen Oberkörper nach vorne, wobei der Kopf möglichst tief heruntergedrückt werden muss. (Durch diese Bauchpresse strömt das Blut zum Herzen und wieder in den Kopf.) Das Bewusstsein kehrt wieder, und erst dann kann man den Patienten nach einigen Minuten zu zweit hinausbegleiten.

Wegschreien/Affektkrämpfe

Es gibt Kinder, die *bei Schmerz oder Ärger* sich momentan »wegschreien« und bewusstlos werden. Meist hilft hier ein kalter Waschlappen über das Gesicht gestrichen rasch. Wichtig ist, dass der Erwachsene innerlich ruhig bleibt und nicht in Panik gerät. Je mehr er sich aufregt, umso eher wiederholt sich das Ereignis, weil das Kind instinktiv spürt, welchen Eindruck es auf den Erwachsenen macht. Eventuell ist eine kurze Mund-zu-Mund Beatmung sinnvoll. Ein Arztbesuch ist bei mehrfacher Wiederholung angezeigt.

Vergiftungen und Verätzungen

***Augenverätzungen** mit Säuren oder Laugen* (z. B. Kalkspritzer): Erst unter fließendem Wasser ca. 10 Minuten spülen bei gut geöffnetem Lidspalt. Dann sofort in die Klinik.

Hautverätzungen: Kleidung rasch entfernen. Gründlich unter fließendem Wasser abspülen. Anschließend ist die Behandlung dieselbe wie bei einer Verbrennung (s. S. 60).

Bei ***Verschlucken von Säuren oder Laugen*** darf kein Erbrechen herbeigeführt werden, da die ätzende Flüssigkeit sonst ein zweites

Mal die Speiseröhre schädigt. Dieses gilt auch für Polituren, Spritzmittel, Benzin und eine Reihe ätzender Putzmittel. In diesen Fällen gibt man *sofort reichlich Wasser oder Tee* zur Verdünnung zu trinken.

Bei ***Pillen*** oder ***Alkohol*** und allen ***nicht ätzenden Giften*** wird so schnell wie möglich Erbrechen provoziert. Ist die nächste Klinik nicht rasch zu erreichen, so sollte man es zu Hause versuchen. Dabei empfiehlt sich die nachstehende Reihenfolge:

- Reichlich (1/2–1l) Wasser, zur Geschmacksverbesserung (wenn greifbar) mit Himbeer- oder Fruchtsaft vermischt, zu trinken geben.
- Kleine Kinder zum Erbrechen über das Knie legen, größere in Seitenlage bringen.
- Mit der einen Hand die Wange zwischen die Zähne pressen und mit dem Zeigefinger der anderen Hand den Gaumen- und Rachenring berühren, oder aber einen Löffelstiel in den Hals stekken, bis Erbrechen eintritt.

Bei ***ungewöhnlicher Schläfrigkeit oder Erregung*** ist immer auch an eine Vergiftung zu denken! Bei entsprechendem Verdacht fährt man am besten so schnell wie möglich in die Klinik oder ruft zumindest den Arzt an.

Beratungsstellen für Vergiftungserscheinungen können direkt angerufen werden:

in Deutschland:	Berlin (0 30) 192 40
in Österreich:	Wien (01) 406 43 43
in der Schweiz:	Zürich (01) 251 51 51

In jedem Fall sucht man die Umgebung nach leeren oder angebrochenen Medikamentenpackungen, Flaschen mit Lösungsmitteln, unbekannten Pflanzenteilen und Ähnlichem ab. Dies sowie Erbrochenes nimmt man mit in die Klinik.

Vorbeugung:
Gefährliche Flüssigkeiten, Gifte und Medikamente gut verschlossen außer Reichweite von Kindern aufbewahren!

Über Giftpflanzen und -tiere informiert Horst Altmann: »Giftpflanzen – Gifttiere«, München 1997.

Verbrühungen und Verbrennungen

Sofort kaltes Wasser über die betroffenen Körperpartien gießen (auch durch die Kleidung und evtl. in die Schuhe!) und immer weiter schütten oder tauchen, minutenlang, bis die Schmerzen nachlassen. Dann das Kind ausziehen und nachsehen, wo Schäden aufgetreten sind. Wenn man Glück hat und schnell handelt, können mit Hilfe des kalten Wassers die Folgen einer Verbrühung, das heißt Blasenbildung und Gewebszerstörung verhindert werden.

Bei Verbrennungsflächen von mehr als 5 % der Körperoberfläche ist im Kindesalter eine klinische Behandlung erforderlich, da es im Verlauf der nächsten Tage zu Allgemeinstörungen kommen kann. (Zur Orientierung: Die Handfläche des Kindes entspricht etwa 1 % seiner Körperoberfläche.) Entstandene Blasen mit sauberen, wenn möglich sterilen Tüchern abdecken und den Arzt aufsuchen. Bei kleineren Verbrennungen behandelt man zu Hause durch konstantes Feuchthalten der Wunde mit Combudoron® oder Brandessenz nach Vorschrift mit abgekochtem Wasser verdünnt (s. S. 618). Nach ein bis zwei Tagen an der Luft trocknen lassen und trocken einbinden.

Die kleineren Verletzungen, Unfälle und Überraschungen

• ***Der Sturz vom Bett oder Wickeltisch: Gehirnerschütterung?***
Was tun, wenn ein Säugling vom niederen Bett der Mutter auf den Teppichboden rollt? Er schreit sofort, erbricht nicht, beim Abtasten des Kopfes – sofort und nach 1/2 Stunde – lassen sich keine

flachen, kissenartigen Schwellungen im Bereich des Schädels tasten. Nach Überwindung des Schreckens ist das Kind wieder ganz munter: Hier ist nicht unbedingt ein Arztbesuch notwendig.

Anders dagegen, wenn der Sturz vom Wickeltisch, Kinderstühlchen oder von einem Schemel mit dem Kopf auf Stein oder anderen harten Fußboden erfolgt. Diese Kinder sollte man sicherheitshalber immer dem Arzt zeigen. Tritt eine auch nur kurze Bewusstlosigkeit, Erbrechen (d.h. Gehirnerschütterung) oder gar eine flache Schwellung im Bereich des Schädels auf (d.h. Verdacht auf Schädelbruch), so sollte man gleich in die nächste Klinik fahren.

• ***Schädelprellung:***
Sofort den Handballen oder einen kalten Waschlappen fünf Minuten fest auf die betroffene Stelle drücken.

• ***Eingeklemmter Fingernagel:***
Den eingeklemmten Fingernagel usw. drei bis fünf Minuten unter fließendes kaltes Wasser halten. Dann je nach Schweregrad mit Arnika-Essenz-Feuchtverband versorgen oder sogleich dem Arzt vorstellen.

• ***Nasenbluten:***
Das Kind angelehnt, aber mit leicht nach vorn gebeugtem Kopf sitzen lassen und die beiden Nasenflügel mit zwei Fingern fest aufeinanderpressen in dem Bereich, wo kein Knochen behindert. Nach fünf Minuten (Uhr!) loslassen, schneuzen lassen und abwarten, ob neues Bluten beginnt (in diesem seltenen Fall wiederholt man den Vorgang). Ist die Blutung innerhalb von zehn Minuten nicht zum Stehen gekommen, unbedingt den Arzt aufsuchen. Ebenso, wenn die Blutung durch Sturz auf die Nase entstanden ist, der Nasenrücken anschwillt oder eine Verformung der Nase auftritt.

• ***Vollständig herausgebrochene Zähne:***
Sofort mit dem Kind *und* dem Zahn zum Zahnarzt.

• ***Bagatellverletzungen:***
Kleinere blutende Wunden lässt man zunächst etwas bluten und verbindet dann mit einem sterilen Pflaster oder Mull.

Das ***abgeschürfte Knie*** sollte mit abgekochtem Wasser vorsichtig gereinigt werden unter Zuhilfenahme von sterilem Verbandsmaterial oder einem gebügelten Tuch. Davor sollte man selber die Hände gut waschen und mit einem frischen Handtuch abtrocknen. Man lässt die Schürfwunde möglichst an der Luft trocknen und trägt anschließend dick Wundpuder auf, z. B. Wecesin®. Zum Schutz vor reibender Kleidung oder vor erneuter Verletzung wird meist ein Verband benötigt. Es reicht, wenn man ihn zwei- bis dreimal wöchentlich erneuert, sofern er nicht durchschlägt, zu riechen beginnt, scheuert oder Entzündungszeichen auftreten. In diesem Fall täglich ein bis zweimal Verbandwechsel.

Leicht nässende Wunden werden ebenfalls mit Puder behandelt, stark nässende Wunden vorübergehend mit einem 2 x tgl. gewechselten dicken Wund-Salben-Bett, um das Kleben der Wunde am Verbandmaterial zu vermeiden.

Splitter, Stacheln und ***Zecken*** sollten sobald wie möglich aus der Haut entfernt werden. Bei Zecken empfiehlt es sich, sie sanft mit der Fingerbeere oder einem Zündholz »herauszutrudeln«[6] oder mittels einer Zecken-Pinzette (aus der Apotheke) im Gegenuhrzeigersinn herauszudrehen. Gelingt eine Entfernung nicht vollständig, so sucht man den Arzt auf (vgl. S. 246 FSME-Impfung und S. 168 Borreliose).

Bei ***klaffenden*** oder ***Stichwunden*** oder ***Tier-*** und besonders ***Menschenbissen*** grundsätzlich sofort den Arzt aufsuchen.

Bei ***Insektenstichen*** im hinteren Mund- und Rachenbereich gibt man kalte Getränke oder Eis und fährt sofort zum Arzt.

• Die ***Wundstarrkrampfprophylaxe*** ist bei nicht geimpften Kindern mit verschmutzten Wunden angezeigt oder aber, wenn ein Kind von einer Wespe oder einem anderen Insekt, das viel mit der Erde Kontakt hat, gestochen worden ist. Näheres dazu sollte in dem Kapitel über die Tetanusimpfung nachgelesen werden (S. 233).

• Nach ***verschluckten Fremdkörpern,*** wie z. B. Murmeln, Münzen, Nadeln u. a. sollte sorgfältig in den nächsten Tagen im Stuhl gefahndet werden. Dazu löst man den Stuhl im Topf mit etwas Wasser auf. Gegenstände ab der Größe eines Markstückes bleiben häufig stecken, meistens in der Speiseröhre. Hier ist unter Umständen eine Röntgenaufnahme angezeigt, ebenso bei strahlendichten Fremdkörpern, die nach 48 Stunden nicht im Stuhl erschienen sind. Verschluckte Kleinbatterien können zu starken Verätzungen des Magens führen. Sorgfältige Abklärung ist notwendig.

• Beim ***Kindergarten- und Schulunfall*** müssen vom behandelnden Arzt der öffentlichen Unfallversicherungen wegen bestimmte Formalitäten erfüllt werden. Der Erwachsene, der das Ganze beobachtet hat, sollte sich sachlich und ruhig verhalten – ohne Vorwürfe zu erheben – und den Hergang dokumentieren. Solch eine Selbstbeherrschung ist wohltuend und wirkt als Vorbild.

Seelische Schmerzen

Es gibt Kinder, die bitterlich weinen oder Angst haben, wenn sie merken, dass die Eltern abends noch ausgehen wollen. Andere Kinder erleben Ungerechtigkeiten und Züchtigungen oder leiden unter Konflikten zwischen den Eltern. Wieder andere sehen sich in Kindergarten oder Schule zum Außenseiter werden und in die vorhandenen Freundschaften und Gruppen nicht aufgenommen. Das kann soweit gehen, dass sie regelrechten Peinigungen seitens solcher Gruppen ausgesetzt sind. Auch das Gehänseltwerden wegen Kleidung, Aussehen oder Unfähigkeiten gehört hierher. Bei den älteren Kindern können Gewissensqualen, Schamgefühle, abgrundtiefe Traurigkeit, Hoffnungslosigkeit und Verzweiflungszustände auftreten. All dies sind seelische Schmerzen. Kinder aller Altersstufen erleben sie, und mit ihnen beginnt der Teil der Biographie, der sich wie ein Schatten den frohen und guten Erlebnissen zugesellt.

Schmerz deutet immer auf ein Getrenntsein von etwas hin. Die Seele wird daran gehindert, sich harmonisch in die Umwelt einzugliedern, sich freudig den ihr verbundenen Menschen gegenüber aufzuschließen. Schmerzen wirken im Kindesalter viel tiefgreifender als bei Erwachsenen, die ja zuweilen meinen, Kinder hätten gar keine wirklichen Probleme. Ist doch der Erwachsene in der Lage, sich von den Problemen auch distanzieren zu können, sie zu durchdenken, sie zu bearbeiten. Anders die Kinder! Je kleiner sie sind, umso mehr sind sie den Ereignissen unmittelbar preisgegeben. Ihr Leid ist von einer besonderen Vehemenz, weil sie es nicht wirklich durchschauen und verstehen und sich nicht davon lösen können. Ihnen hilft zunächst nur das Vergessen oder Abgelenktwerden. Bei älteren Kindern kann das Gespräch mit dem Erwachsenen bei der Verarbeitung helfen. Von seiner Haltung dem Ereignis gegenüber hängt dann sehr viel ab. Einseitige Mitleidsäußerungen oder Schimpfen über das Ereignis, das den Schmerz auslöste, helfen nicht, wohl aber, wenn der Erwachsene dem Kind mit oder ohne Worte zu verstehen gibt, dass er den tiefen Kummer wahrgenommen hat und ganz ernst nimmt. (Vgl. auch das Kapitel über den Umgang mit chronisch kranken Kindern, S. 174 ff.)

Vor dem zehnten Lebensjahr ist ein Kind zu bewusster Verarbeitung seelischer Not noch nicht in der Lage. Erlebt es aber, dass der Erwachsene mit dem Problem umgeht, es annimmt und nicht verdrängt, so hat es das unbestimmte Gefühl, dass sein Schmerz doch irgendeinen Sinn hat und gleichsam eine Aufgabe bedeutet. Es empfindet, dass solch schlimme Dinge zwar vorkommen können, dass sie aber in einem größeren Lebensatem aufgehoben sind und der Erwachsene sie kennt und damit umgehen kann. Erlebt ein angstgequältes Kind zum Beispiel einen Erwachsenen, der sich ein tiefes Schicksalsvertrauen errungen hat, so pflanzt sich bewusst oder unbewusst in der Seele des Kindes die Sehnsucht ein, auch so zu werden. Es wird später leichter lernen, an seiner ängstlichen Einstellung zur Welt zu arbeiten. Auch hier gilt, was wir schon beim Umgang mit körperlichen Schmerzen gemerkt haben: Dem

Erwachsenen fällt die Aufgabe zu, anstelle des Kindes den Teil der Last in sein Bewusstsein aufzunehmen, zu bewältigen und zu verarbeiten, den das Kind noch nicht erfassen kann. Letztlich ist das Universalheilmittel für alle seelischen Schmerzen das warme echte Interesse für den Betroffenen, das heißt Verständnis, Liebe.

Fieber und seine Behandlung

Die Wärme des Fiebers entsteht durch erhöhte Stoffwechselaktivität in der gesamten Körpermuskulatur, die Erhöhung der Temperatur durch Drosselung der Hautdurchblutung. So ist das Kind zu Beginn eines Fieberanstieges blass und kühl und schüttelt im Extremfall mit seiner gesamten Muskulatur, bis das Fieber die vom Organismus angestrebte Höhe erreicht hat. Für viele Krankheiten, bei denen der Körper herausgefordert ist, etwas zu überwinden und zu verarbeiten, ist Fieber die entscheidende Hilfe, dieses Ziel zu erreichen. Andere Körperfunktionen wie Essen, Verdauen, Sinneswahrnehmung, Interesse für die Umwelt, Spiel usw. werden zugunsten der Fiebererzeugung herabgedämpft beziehungsweise eingeschränkt. Bevor weiter auf die Bedeutung des Fiebers für den kindlichen Organismus eingegangen wird, sollen typische Fieberverläufe, die häusliche Beurteilung und Behandlung des Fiebers und die sogenannten Fieberkrämpfe angeschaut und besprochen werden.

Typische Fieberverläufe

• Den ganzen Tag war der Vierjährige noch draußen und hatte gespielt. Als die Mutter ihm abends die Jacke auszieht, bemerkt sie, dass der Kleine kühle Hände hat und etwas blass ist. Zum Abendbrot isst er wenig und geht ausnahmsweise gern ins Bett. Gegen 21 Uhr schläft er etwas unruhig und wälzt sich in den Kissen. Als die Eltern gegen 23 Uhr nochmals nachsehen, fühlen sie, dass er »glühend« heiß ist. Er spricht sogar im Schlaf, wird aber schnell wach und schaut etwas verwundert, als er ins große, kühle Bett der Eltern darf. Das Fieberthermometer klettert auf 40°. Einige Fragen der Eltern beantwortet er anders als sonst, als ob er schon ein wenig älter und reifer wäre. Die Stimme ist ganz lieb, aber dünner und etwas vibrierend. Die Eltern kennen den Zustand schon, auch, dass das Kind leicht ins Phantasieren kommt. – Es laufen die üblichen Prozeduren ab: kühle Wadenwickel, etwas Tee. Dann legen sich alle zur Ruhe. Der Junge schläft sofort ein. Im günstigsten Fall hat sich das Fieber bis zum Morgen ausgetobt und ist wieder gefallen.

- Ein anderes Kind fühlte sich schon am Tage nicht wohl, es war quengelig, fror und erbrach schließlich das Mittagessen, das es vor einigen Stunden ohne Genuss gegessen hatte. Jetzt hat es Kopf- und Leibschmerzen und verlangt selbst nach der Wärmflasche auf den Bauch. Ein solches Kind schläft dann vielleicht ein wenig und hat anschließend 38,5° Fieber. Jetzt friert es nicht mehr und fühlt sich etwas besser. Vom angebotenen Tee nimmt es einige Schlucke, sonst will es nichts. Am nächsten Tag steigt das Fieber auf 39°. Der Mutter fällt dann beim Arzt ein, dass das Kind seit drei Tagen nicht so ganz wohl ist. Es sei so weinerlich gewesen. Ein leichter entzündlicher Befund im Hals wird festgestellt, fiebersenkende Mittel und Antibiotika sind unnötig. Das Fieber dauert noch zwei Tage. In der nächsten Woche darf das Kind wieder in den Kindergarten (s. S. 83 f.).

- Wieder ein anderes Kind hatte zwei Tage zunehmend gehustet und am dritten Tag einen steilen Fieberanstieg. Es ist kurzatmig und hat etwas bläuliche Lippen, die Nasenflügel bewegen sich mit dem Atmen. Der Arzt hört das Kind ab. Er bespricht die Krankheit mit den Eltern und macht seine Verordnungen. Er beurteilt den Ausgang der Krankheit in diesem Fall günstig und kommt vielleicht ohne Antibiotika aus. Das Fieber dauert noch zwei bis fünf Tage. Schließlich hustet das Kind viel Schleim ab. Dann erholt sich der kleine Patient zusehends. – In der Erinnerung bleibt diese Krankheit als besonderes Ereignis im Leben des Kindes stehen. Die Eltern fühlen sich ganz schön strapaziert durch die vielen Brust- und Wadenwickel, die sie neben der medikamentösen Therapie machen mussten. In der Karte des Arztes steht als Diagnose: Bronchopneumonie, d. h. bronchiennahe Lungenentzündung (s. hierzu auch S. 97 f.).

• Ein anderes Kind hat plötzlich Leibkoliken in fast regelmäßigen Abständen. Dann beginnt es zu erbrechen, und das wiederholt sich, bis schließlich nach einem Tag hohes Fieber diesen Zustand ablöst. Jetzt behält es den angebotenen Tee mit Traubenzucker und wird etwas munterer. Es handelte sich um einen grippalen Infekt mit acetonämischem Erbrechen (s. S. 107).

Die angeführten Beispiele haben uns einige typische Fieberverläufe vor Augen geführt, zwei weitere folgen noch auf S. 72 f. Was ist zu tun? Zunächst ist Sicherheit nötig in der Beurteilung der Fieberzustände. Sie wächst mit der Erfahrung, der Einsicht und dem Vertrauen. Wenn sie fehlt, entsteht Angst, die für das Kind immer nachteilig ist. Daher sollte der Unsichere sich vom Arzt beraten lassen. Eines der befriedigendsten Erlebnisse in der kinderärztlichen Tätigkeit ist, zu sehen, wie die Sicherheit im Laufe der Zeit bei den Eltern wächst und sie den ärztlichen Rat immer seltener benötigen. Im folgenden wollen wir die wichtigsten Merksätze und praktischen Regeln für die Fieberbehandlung zusammenfassen.

Fiebermessen, Beurteilung und Behandlung

Fiebermessen geschieht zweckmäßigerweise bei Kindern *im After*. Man achtet darauf, dass das Kind bequem auf der Seite liegt und die Spitze des Thermometers vollständig im After verschwindet.

Säuglinge und Kleinkinder liegen auf dem Rücken. Eine Hand hält die Füße an den Sprunggelenken fest, die andere hält das Thermometer so wie einen Löffel und stützt sich mit der Außenseite des kleinen Fingers am Po des Kindes ab. So kann das Thermometer bei unbedachten Bewegungen das Kind nicht verletzen (s. Abb. 20).

Als Messzeit reichen ein bis zwei Minuten. Bei Verdacht auf entzündliche Erkrankungen im Bauchraum, wie z.B. eine Appendizitis, wird außerdem noch die Temperatur *unter der Achsel* gemessen, um die Differenz festzustellen. Man achtet darauf, dass die Thermometerspitze mitten unter der Achsel ist und der Oberarm am Brustkorb anliegt. Schulter und Arm sollen zugedeckt sein. Die Messzeit beträgt hier fünf Minuten. Dennoch sind die gemessenen Werte ungenauer. Die reale Körpertemperatur beträgt in der Regel fünf Teilstriche, das heißt 0,5° C mehr, als unter der Achsel gemessen wurde. Bei Appendizitis ist der Unterschied meist größer als 0,5° C.

Erwachsene messen gerne *im Mund*. Wir empfehlen dann ein zweites extra bezeichnetes Thermometer im Haushalt. Messzeit und Genauigkeit entsprechen denjenigen im After. Seit einigen Jahren gibt es auch eine Temperaturmessung im Ohr mittels Infrarot-Thermometer. Empfehlenswert sind dann vor dem »Ernstfall« Übungsmessungen: einige Tage je drei Messungen hintereinander, die einen Eindruck über die Genauigkeit der Einzelmessung vermitteln.

> *Temperaturen bis 37,5° C gelten als normal, darüber bis 37,9° C als erhöht und erst ab 38° C als Fieber.*

Überwärmung kann durch zu starke Wärmezufuhr von außen auftreten, wenn die Wärmeabgabe unzureichend ist. Beim Säugling verschwindet sie nach Abnehmen des Häubchens und des Windelpaketes rasch. Auch starke Bewegung kann die Temperatur auf über 38° C ansteigen lassen. Dann muss nach einer halben Stunde Liegen noch einmal gemessen werden.

Wie *hoch* darf die Temperatur sein? Das ist nicht allgemein zu sagen. Spezielle Ausnahmen sind: Ein Neugeborenes, das einige Stunden Fieber über 38° C hat, muss dem Kinderarzt vorgestellt werden; wenn es nicht trinkt oder schlecht aussieht sogar ohne Verzug. Fieber, das über 40,5° C steigt, oder Fieber, das (ohne chemische Fiebersenkung) mehr als 1,5° C ab und auf schwankt, bedarf ebenfalls ärztlicher Beurteilung. Sonst gilt die Vorgehensregel: Was kenne ich – was nicht?

Fieberzeichen und Behandlung

Ist ein Kind anders als sonst, »gefällt es einem nicht«, so beobachtet man es genauer: seine Bewegungen, Augen, Mimik, Nasenflügel und Atmung. Man fühlt die Wärme an Stirn, Nacken, Leib und Gliedmaßen. Man betastet den Leib. Man misst das Fieber wie beschrieben. Wenn man den beobachteten Zustand nicht kennt oder Sorge hat, ruft man den Arzt an. Dieser wird noch einiges fragen – z.B. nach Appetit, Erbrechen, Stuhlgang.

- Fühlt sich die *Haut an den Gliedmaßen kühl* an – besonders an den Waden – und zeigt das Fieberthermometer z.B. 38,5° C an, so kann man sicher sein, dass die Temperatur noch weiter ansteigen wird. Der Körper kann noch keine Wärme an die Peripherie abgeben. In dieser Phase darf man *auf keinen Fall* kühle Wadenwickel machen! Waden und Füße werden erst heiß, wenn der Fieberanstieg vorbei ist und der Körper von sich aus Wärme abgeben möchte. Bewährt sind *»heiße«* ***Pulswickel*** mit Arnica-Essenz (s. S. 619). Das Kind wird außerdem warm zugedeckt und bekommt etwas heißen Tee.

- Fühlt sich die *Haut heiß* an *bis zu den Waden*, so ist bei Temperaturen über 39° C der ***Wadenwickel*** angezeigt. Dieser unterstützt den Körper in seinem Bestreben, überschüssige Wärme über die Haut abzugeben (s. S. 620). In diesen Fällen, auch wenn die Haut – wie oben geschildert – noch nicht ganz heiß geworden ist, werden die nichtchemischen Fieberzäpfchen wie Chamomilla comp. oder Aconit/China comp. oder Viburcol wohltuend empfunden.

Kühle Abwaschungen sind nur angezeigt, wenn sie dem Kind angenehm sind. Es muss jetzt darauf geachtet werden, dass kein Wärmestau entsteht. Das Kind sollte ausreichend, aber nicht so warm wie zur Zeit des Fieberanstiegs zugedeckt werden.

> • *Bei Fieber über 40° C und immer noch kühler Haut sollte ebenso wie beim Krampfanfall stets der Arzt angerufen werden. Ist er nicht erreichbar, gibt man ein fiebersenkendes Zäpfchen (Paracetamol-haltig, in altersentsprechender Dosis) und fährt nach telefonischer Rücksprache in die Klinik.*

• Bei ***Fieberkrampf*** und heißer Haut ist Abkühlung durch Einwickeln mit feuchtem, zimmerwarmen Badetuch möglich. Im Übrigen siehe oben und S. 72 f.

• Im ***Fieberanstieg*** fühlen sich die Kinder unwohl und erbrechen leicht. Sie haben oft Kopf- oder Leibschmerzen, die nachlassen, wenn das Fieber seinen Höhepunkt erreicht hat. Daher sollte man den Kindern nichts zu essen aufdrängen, ihnen allenfalls auf Verlangen etwas warmen Tee geben.

• ***Ernährung*** bei hohem Fieber ohne Durchfall: viel Flüssigkeit (Tee oder Halbmilch mit etwas Zucker, evt. Sauerkirsch-, Schlehen- oder Zitrussaft halb verdünnt, lau oder kühl), leichte Kost ohne Kartoffeln, wenig Fett und Eiweiß. Auch keine Nüsse, Schokolade oder Ähnliches. Das Kind kann in dieser Phase nicht zunehmen. Was es abnimmt, holt es später schnell wieder auf.

• ***Bekleidung*** und ***Zudecke*** müssen der Zimmertemperatur und dem Fieber sorgfältig angepasst werden. Meist gelten die Regeln: Kein Luftzug, aber frische Luft. Bei offenem Fenster gut zugedeckt, evtl. Mütze und Pullover. In sommerlicher Hitze wenigstens mit Leintuch noch zudecken. In jedem Fall so, dass die Gliedmaßen warm sind und das Kind sich wohlfühlt.

• ***Unruhige Kinder***, die sich trotz des Fiebers ständig aufdecken, aufstehen oder herumtoben wollen, brauchen immer wieder einen beruhigenden Erwachsenen, der singt, summt, Geschichten erzählt oder still etwas tut.

• Hilfreich erweist sich ein *fahrbares Gitterbett*, das der Mutter bei ihren Tätigkeiten in der Wohnung folgen kann (s. Abb. 30). Zum Spielen einfache Gegenstände bevorzugen, die der Phantasie Raum lassen (s. S. 296 ff.).

Wie gefährlich sind Fieberkrämpfe?

Jede anfallsartige erstmalige Bewusstlosigkeit mit oder ohne Krampf ist ein Grund, den Arzt anzurufen und bei Fortbestehen schnellstmöglich zu ihm oder in die Klinik zu fahren (s. auch S. 58 Kollapszustände und Wegschreien).

Hier beschränken wir uns auf die infektbedingten Krämpfe:

• Ein Kind spielt wie üblich draußen. Vielleicht hat der Wind an diesem Tage gedreht. Vielleicht war es auch zu dünn angezogen. Auf dem Nachhauseweg wird es plötzlich blass, bewusstlos und steif. Die besorgte Mutter beobachtet einige Schmatzbewegungen mit dem Mund und trägt es schnell ins Haus. Da ist das Kind bereits wieder entspannt, behält aber noch die auffällige Blässe. Dann kommt es wieder zu sich. Es scheint zu frieren und schläft warm eingewickelt in seinem Bett schnell ein. Am Telefon sagt die Mutter dem Hausarzt, dass der Kleine kalt gewesen sei, also kein Fieber haben könne. Auf Anraten misst sie doch nach und wundert sich über die Temperatur von 39° (s. S. 68). Im Auto, auf dem Weg zum Arzt, schläft es ein. Wird bei der Untersuchung nichts Ernstes gefunden, so darf das Kind erst einmal ausschlafen. Sicherheitshalber wird ein krampflösendes Medikament für den Fall einer (seltenen) Wiederholung des Krampfes verordnet. Bei einer sogenannten Hirnhautentzündung hätte der Arzt die Klinikeinweisung veranlasst. So spricht er nur vom »Fieberkrampf«, will aber das Kind am nächsten Tag noch einmal sehen.

Erst etwa zwei Wochen später lässt er ein Hirnstrombild (EEG) machen (s. unten). Zum Zeitpunkt des Krampfes hatte das Kind wahrscheinlich nur eine Temperatur von 38–38,5°.

- Ein anderes Kind hatte schon mehr als 40° Fieber, als es plötzlich anfängt, im Gesicht zu zucken. In wenigen Sekunden zuckt der ganze Körper. Das Bewusstsein erlischt. Für die Mutter ein erschreckender Anblick. Aufatmen können die Eltern, wenn sich der Krampfanfall nach ein bis fünf Minuten von alleine löst oder wenn er mit Hilfe eines Medikamentes nach weiteren fünf Minuten aufhört. Geschieht dies nicht, sollte man so schnell wie möglich in die Klinik fahren.

In den meisten Fällen bedeutet ein Fieberkrampf nichts Schlimmes (s. auch S. 74). Nur bei 2 von 100 Kindern, die einmal einen Fieberkrampf bekommen haben, ist dieser erstes Symptom einer späteren Anfallskrankheit. ***Fieberkrämpfe erzeugen keine Epilepsie!*** Vielmehr gilt, dass bei der Anlage zu einer Anfallskrankheit diese sich bisweilen durch einen Fieberkrampf erstmals ankündigt. Damit ist zugleich klar gesagt, dass eine spätere Anfallskrankheit durch fiebersenkende Mittel, die einem Fieberkrampf vorbeugen sollen, in keinem Fall verhütet werden kann. Wir empfehlen daher sowohl für Kinder, die zu Krämpfen neigen, als auch für Kinder, die ein Anfallsleiden haben, eine auf die jeweilige Konstitution des Kindes abgestimmte vorbeugende Behandlung, wobei wir auch bei anfallskranken Kindern nicht in jedem Fall fiebersenkende Zäpfchen oder Tabletten verwenden. Der Fieberkrampf in den ersten Lebensjahren ist ein häufiges Ereignis, weil das kindliche Gehirn aufgrund seiner Unreife noch wesentlich empfindlicher auf Temperaturerhöhungen reagiert als später (man spricht von einer niedrigeren Krampfschwelle im Kindesalter). Daher kommt es auch, dass unmittelbar nach dem Fieberkrampf das Hirnstrombild (EEG) leichte bis mittelschwere pathologische Veränderungen zeigen kann, die sich jedoch innerhalb von 14 Tagen wieder vollständig zurückbilden. Bei Kindern mit einem solch einfachen Fieberkrampf empfehlen wir für den Umgang mit fieberhaften Infekten folgendes Vorgehen:

- aufzupassen, dass sie warm genug angezogen sind (damit die Frierphase des Fieberanstieges nicht überstürzt verläuft),
- mit einem entsprechenden Konstitutionsmittel anthroposophischer oder homöopathischer Herkunft Einseitigkeiten in der Reaktionslage des Organismus zu beeinflussen,
- bei hohem Fieber das Kind nicht durch irgendwelche Maßnahmen zu beunruhigen oder aufzuregen und den als erstes heiß werdenden Kopf mit einem nassen Waschlappen zu kühlen. Im Übrigen gilt das auf den Seiten 70 – 72 Aufgezeichnete.

Vom Sinn des Fiebers

Abschließend nochmals ein Wort zum tatsächlichen Risiko des einfachen Fieberkrampfes und dem (Un-)Sinn von Fieberzäpfchen:

Von hundert Kindern haben während ihrer ganzen Kindheitszeit etwa fünf einmal einen Fieberkrampf. Diese hundert Kinder haben zusammengezählt vielleicht 500 hochfieberhafte Infekte gehabt. Etwa 500mal müßte eine Krankheit chemisch manipuliert werden, um vielleicht fünf Fieberkrämpfen vorzubeugen. Ganz abgesehen davon haben wir im ersten Fieberkrampfbeispiel gesehen, wie das Fieber oft erst nach dem Krampf bemerkt wurde. In solchen Fällen kommt das Zäpfchen ohnehin zu spät.

Wer sich bei der Krankheitsbehandlung an der Entwicklungssituation des Kindes orientiert, wird das wahllose Verabreichen fiebersenkender Zäpfchen ebenso ablehnen wie deren prinzipielles Vermeiden. Während das eine Kind die Temperaturerhöhung »braucht«, um seine Stoffwechselaktivität steigern und an seiner körperlichen Verfassung »arbeiten« zu können, muss bei einem anderen Kind verhindert werden, dass es durch eine überschießende Fieberreaktion zu sehr geschwächt wird.

Es ist schön zu sehen, wenn in der Familie wieder Vertrauen in die Eigenkräfte eines Kindes eintritt, das nach einem ersten stattgefundenen Fieberkrampf seinen nächsten Infekt mit Fieber bis zu 40 Grad ohne zu krampfen übersteht. Es hat den Umgang mit dem Fieber »gelernt«. Wir hoffen, dass eine solche am einzelnen Kind orientierte, kritische Zusammenarbeit zwischen Eltern und Arzt wieder stärker um sich greifen wird.

Fieber stellt eine krisenhafte Veränderung im Wärmegefüge des Organismus dar. Hierfür gibt es ganz verschiedene Anlässe. Bei Kindern können es zum Beispiel Geburtstagsfeste, lange Reisen, eine Wetterfront, eine vorausgegangene Unterkühlung oder ein durchbrechender Zahn sein. All dies kann den Organismus beeinträchtigen und auch die Ansiedlung und das Eindringen von Krankheitserregern begünstigen. So wurde im Tierversuch festgestellt, dass Viren und Bakterien ein Temperaturoptimum zwischen 33° und 35° brauchen, das heißt eine Untertemperatur, um sich gut zu vermehren und den Organismus zu schädigen. Aus diesem Grunde ist es auch berechtigt von »Erkältungen« zu sprechen. Entsprechend gibt es für den Organismus ein Fieberoptimum (meist zwischen 39° und 40°), bei dem er die ihn beeinträchtigenden Viren und Bakterien am besten an ihrer Vermehrung hindern und abtöten kann.[7]

Fieber ist die natürliche Waffe des Organismus, um sich gegen die Krankheitserreger zu wehren.

Eine Vielzahl von für die Aktivierung der körpereigenen Abwehr wichtigen Reaktionen werden erst durch das Fieber in Gang gesetzt. Die Gabe von Antibiotika unterbricht diese Eigenaktivität, so dass sie nur dann sinnvoll eingesetzt werden sollen, wenn der Organismus der Infektion nicht standhalten kann – abgesehen davon, dass Antibiotika gegen die häufiger beteiligten Viren nicht wirksam sind.

Fieber und Wärmeregulation haben auch eine seelisch-geistige Seite. Wärme zeigt sich nicht nur als etwas, das mit dem Thermometer gemessen werden kann, sondern erscheint beim Menschen immer auch als Ausdruck seiner seelischen und geistigen Aktivität. Es wird uns »warm«, wenn wir einen guten Freund treffen oder eine Landschaft sehen, die uns von Kind an vertraut ist. Ebenso kann uns beim Aufblitzen einer guten Idee oder in der Begeisterung für ein Ideal die Wärme förmlich in die Glieder schießen. Im Schreck und in der Angst hingegen, ja schon im Umkreis von Hass, Neid, Unzufriedenheit oder auch bei schwerer Sorge »stockt« uns der Blutkreislauf förmlich in den Adern. Wir sprechen wohl auch von »eisiger Stimmung« oder »mich friert«. So wie eine behagliche Körpertemperatur von 37° unsere körperliche und seelisch-geistige Leistungsfähigkeit begünstigt und unterstützt, so können auch ein freudiges Erlebnis oder starke innere Konzentration und meditative Arbeit sich harmonisierend auf die Durchwärmung des Organismus auswirken. Der Blutkreislauf und seine Organversorgung reagieren empfindlich auf das Gefühls- und Gedankenleben – nicht nur auf körperliche Bewegung und Ernährung. Und so unterscheiden wir mit Recht körperliche, seelische und auch geistige Wärme – obwohl es auf allen drei Ebenen immer dieselbe Wärme ist – entweder mehr innerlich oder mehr äußerlich wirksam.

Die einheitliche Natur der Wärme bewirkt, dass der Mensch sich geistig-seelisch und körperlich in seiner Wärme als in sich geschlossenes Wesen fühlen kann. Daher können wir auch den Wärmeorganismus insgesamt als physischen Träger unseres Selbst, des menschlichen »Ich« ansprechen. Da jede Krankheit auch mit einer Veränderung im Wärmeorganismus einhergeht, ist dieses Ich, unser Selbst, stets direkt mitbetroffen und mit »engagiert«.

Wir verdanken es den menschenkundlichen Forschungen Rudolf Steiners, diesen Zusammenhang erkannt und für Pädagogik und Medizin fruchtbar gemacht zu haben. Denn es ändert sich die ganze Einstellung zur Krankheit, wenn sie mit der Eigenaktivität und dem Eigenwollen des Kindes, das heißt seines Ich, in Zusammenhang gesehen wird. So gibt es zum Beispiel die Eigenarten: Das eine Kind, das »nie« Fieber hat, das andere Kind mit längeren, leichten Fieberanstiegen, das Kind mit den kurzen, hoch fieberhaften Attacken. Es gibt ganze Familien, deren Kinder regelmäßig zuerst »auf der Nase« liegen, während die Nachbarskinder noch in den Pfützen spielen. Dann tauschen sie die Rollen, und manchmal macht der später Erkrankte den Infekt besonders gründlich durch. Bei den Erwachsenen gibt es noch andere Eigenheiten. So hat möglicherweise jemand, der hart, aber im Rhythmus und gern arbeitet, viel seltener einen grippalen Infekt als einer, der öfter einmal »ausspannen« muss. Starke Ich-Beteiligung und Arbeitsfreude wirken anregend auf den Wärmeorganismus und damit auch »immunisierend«. Inzwischen wurde dies auch durch die psycho-neuroimmunologische Forschung bestätigt: Positive Gefühle wie Mut, Begeisterung, Vertrauen und Liebe wirken immunstimulierend, wohingegen Stress, Ärger, Angst, Lustlosigkeit und Deprimiertheit das Immunsystem schwächen.[8] So wäre angesichts der hochfieberhaften Infekte des Kindesalters zu fragen: Kann Fieber auch der Versuch sein, das Eingreifen des Seelisch-Geistigen in den Körper vorübergehend zu stärken oder Ersatz zu schaffen für zu wenig seelische Aktivität? Diese Frage erfährt durch viele interessante Beobachtungen ihre Antwort.

Sprechend ist folgendes Beispiel: »Ganz der Großvater!«, heißt es angesichts eines Neugeborenen. Später stellt man vielleicht fest, dass es »jetzt aber mehr der Mutter ähnlich sieht«. Schließlich finden die Eltern nach einer fieberhaften Krankheit einen neuen Zug an ihrem Kind, der sich nicht mehr in der Verwandtschaft wiederfinden lässt. Sie freuen sich, jetzt die Eigenpersönlichkeit ihres Kindes deutlicher zu sehen. Das Fieber hilft dem Ich des Kindes, sich selbst den ererbten Leib »passender« zu machen, sodass es sich durch ihn besser zum Ausdruck bringen kann. Es ist auch bekannt, dass veranlagte Erkrankungen wie beispielsweise das Säuglingsekzem oder Asthma nach einer schweren fieberhaften Erkrankung besser werden können. Physiologisch mag diesem unter anderem zugrunde liegen – das haben immunologische und genetische Forschungen der letzten beiden Jahrzehnte gezeigt –, dass das Erbgut in Form der Gene keine statische Größe darstellt, wie man früher noch annahm, sondern eine dynamische, die sich unter verschiedenen Umständen auch verschieden äußern kann. Inzwischen ist längst erforscht, dass das System unserer Gene und ihrer Funktionen nicht nur dem Immunsystem gegenüber offen ist und zeitlebens beeinflussbar bleibt, sondern auch seelisch-geistigen und psychosozialen Prozessen gegenüber.[9]

Rein äußerlich gesehen zeigt das rasche Wiederaufholen des fieberbedingten Gewichtsverlustes an, dass hier ein organischer Umbau des eigenen Körpers stattfand. Das Kind hat etwas von seinem vererbten Körper abgebaut und unter der Eigenregie seiner Wärmeorganisation neu wieder aufgebaut. Wir haben diese Erfahrung in der Sprechstunde ungezählte Male gemacht. Sie hat uns gezeigt, wie eine hochfieberhafte Grippe, eine sorgfältig behandelte Lungenentzündung oder gar die Masern eine neue, stabilere Phase in der kindlichen Entwicklung eingeleitet haben. In den selteneren umgekehrten Fällen einer längeren Krankheitsreihe zeigt sich, dass noch eine weitere Aufgabe zu lösen ist.

Die Wirkung des Fiebers im Körper ist mit einer guten Pädagogik vergleichbar: Das Kind hat durch eigenes Bemühen etwas gelernt. Unpädagogisch wäre es zum Beispiel, ständig zu sagen: »Tu dies, tu das – lass das sein, das darfst du nicht.« Leider wird immer noch zu häufig bei den fiebrigen Infekten eben dies getan: Kaum steigt die Temperatur über 38,5°, bekommt das Kind ein Zäpfchen. Und wenn ein entzündlicher Befund festgestellt wird, kommt gleich noch ein Antibiotikum dazu. Für einen eigenen Umgang mit der Krankheit bleibt dem Organismus dabei nur wenig Möglichkeit, sich frei zu engagieren. Hinzu kommt, dass einem solchen Organismus im Ernstfall die »Elastizität« und »Übung« fehlen, mit schwereren Aufgaben fertigzuwerden, als es die fieberhaften Infekte des Kindesalters sind.[10]

Dass es bei Krankheiten dramatisch überschießende Reaktionen geben kann, wie die beschriebenen Fieberkrämpfe, und dass es auch Krankheitsverläufe gibt, die bleibende Schäden zurücklassen können, ist bekannt. Diesen Verläufen rechtzeitig entgegenzutreten ist das eigentliche Anliegen der Medizin. Um die – seltenen – Komplikationen rechtzeitig zu erkennen, bedarf es der Begleitung durch den Arzt.

Behinderungen der Atmung

Für die Unterscheidung und Behandlung der Atemwegserkrankungen ist der Ort der Störung entscheidend. In einer ersten Gruppe fassen wir die Erkrankungen der oberen Luftwege zwischen Nase und Rachen und die katarrhalischen Infekte zusammen. In einer zweiten Gruppe werden die Krankheiten der unteren Luftwege von Kehldeckel, Luftröhre, Bronchien bis in die Lungenbläschen, dem Ort des Gasaustausches mit dem Blut, vorgestellt. Die Erkennungszeichen dieser Krankheiten finden sich auf Seite 88 ff. aufgelistet.

Schnupfen

Der *Schnupfen **bei ganz jungen Säuglingen*** ist nicht harmlos und wird deshalb vom Arzt kontrolliert und behandelt. Da die Kinder etwa in den ersten drei bis vier Wochen noch nicht gelernt haben, durch den Mund zu atmen, sondern bei verstopfter Nase nur im Schreien durch den Mund zu Luft kommen, kann ein Schnupfen zu schweren Atembehinderungen führen bis hin zur bläulichen Verfärbung der Haut (Zyanose). Besonders deutlich wird das beim Trinken an der Brust. Hungrig fasst der Säugling zu, saugt einige Schlucke, verschluckt sich am Nasenschleim oder macht erfolglose Atembewegungen, lässt die Warze los, schreit – wird dadurch wieder rosig, fasst erneut zu usw., bis das Kind erschöpft ist. Die Nase muss deshalb freigemacht werden.

Behandlung:

- Durch *Wasserdampf* angefeuchtete frische Zimmerluft verhindert das Austrocknen der Schleimhäute, so dass der Nasenschleim besser durch Niesen und Schlucken aus den Engpässen heraus kann. Bei Zentral- und Bodenheizung benützt man am besten zusätzliche Verdampfer oder hängt feuchte Tücher im Raum auf, die oft gewechselt werden müssen (s. Gerätehinweis S. 635).

• Bei mit Schafwolle mollig warm bekleideten und gut zugedeckten Säuglingen (eventuell auch mit Wärmflasche am Fußende) wirkt die *frische Luft des offenen Fensters* sehr beruhigend.

• An der inneren Nasenschleimhaut sind nur *wasserlösliche Medikamente* angezeigt. Oft reicht eine vorsichtige, tropfenweise Nasenspülung mit 1%iger bzw. physiologischer Kochsalzlösung aus, die man sich selbst herstellen kann. Hierzu nimmt man einen Teelöffel Kochsalz (ca. 4,5 g) auf 1/2 l Wasser, kocht die Lösung ab und gibt davon etwas in ein sauberes Gläschen (Haltbarkeit etwa zwei Tage, Pipette täglich auskochen). In der Apotheke gibt es entsprechende Lösungen. Nicht immer lassen sich abschwellende Nasentropfen vermeiden. Man sollte jedoch darauf achten, dass sie für Säuglinge bestimmt sind und kein Ephedrin enthalten. Sie sollten nicht länger als einige Tage benutzt werden. Ölige Nasentropfen und Salben sollten nur für den Naseneingang benützt werden.

• *Bei älteren Kindern* ist die Verwendung von schleimhautabschwellenden Tropfen fragwürdig: Ein Schnupfen hat seine Ursache, seinen gesetzmäßigen Verlauf und sollte in Ruhe ausheilen. Das medikamentös bewirkte Zusammenziehen der Schleimhautgefäße mit anschließender Erschlaffung stört den natürlichen Verlauf der Heilung. Häufige Anwendung solcher Tropfen kann zudem zu Austrocknung und Schädigung der Nasenschleimhaut führen, was später Ursache einer sogenannten Stinknase (Ozaena) sein kann. Wir empfehlen im akuten Stadium Inhalationen mit Kamillentee (vgl. S. 628). Außerdem hat sich bei älteren Kindern bewährt, aus einer Tasse mit lauwarmer, etwa 2%iger Kochsalzlösung (2 g Kochsalz auf 100 ml abgekochtes Wasser) die Flüssigkeit durch die Nase aufzuziehen und durch den Mund auszuspucken. Da die Salzlösung konzentrierter ist als der Nasenschleim, werden die Schleimhäute auf natürliche Weise zum Abschwellen gebracht und die Eingänge zu den Nasennebenhöhlen gereinigt. Es ist dies zwar nicht ganz angenehm, hat jedoch eine außerordentlich gute Wirkung. Bei trockener und wunder Schleimhaut am Naseneingang empfiehlt sich ein in der Apotheke erhältlicher Nasenbalsam.

• Manchmal bleibt nach dem ersten Schnupfen eines Säuglings ein monatelang anhaltendes ***Schniefen und Schnarchen*** bestehen. Wenn das Kind dadurch nicht behindert ist, kann man das auf sich beruhen lassen. Es verschwindet mit der Zeit von alleine. Viele Schnupfen-Erkrankungen würden sich vermeiden lassen, wenn die Kinder eine Mütze über Kopf und Ohren tragen würden (s. S. 273 u. 633).

• Durch ***Niesen*** befreit sich der junge Säugling von Krümeln und Borken. Es hat im Allgemeinen nicht die Bedeutung des beginnenden Schnupfens – im Gegensatz zu später. Solch trockene Borken in der Nase rühren oft weniger von Entzündungen der Schleimhäute als von trockener Zimmerluft her.

Katarrhalische und grippale Infekte

Meist tritt Schnupfen zu Beginn oder im Rahmen eines sogenannten ***katarrhalischen Infektes*** auf. (Katarrh heißt »Herabfluss«.) Dazu können Entzündungen und Verschleimungen der Nebenhöhlen treten: *Siebbeinzellen, Kieferhöhlen, Stirnhöhlen* (die sich erst im Schulalter bilden), Paukenhöhlen (d.h. Mittelohr) oder gelegentlich der Felsenbeinknochen hinter den Ohren. Immer ist der Rachen mit seinem »lymphatischen Apparat« beteiligt: den *Mandeln* am Gaumen und oben im Rachen sowie den lymphatischen Gewebssträngen an der Rachenseiten- und -hinterwand. Diese *lymphatischen Organe* sind die wichtigsten Orte der Auseinandersetzung zwischen Körper und Umwelt. Beim katarrhalischen Infekt kommt es oft auch zur Entzündung der *Luftröhrenschleimhaut* und der *Bronchien*. Ist der Eingang der Luftröhre, der Kehlkopf, beteiligt, wird man heiser; sind tiefere Abschnitte betroffen, entsteht Husten. Bei diesen Infekten besteht ein bis drei Tage lang mehr oder weniger hohes Fieber. Zum ***grippalen Infekt*** gibt es fließende Übergänge. Wir sprechen davon, wenn zu Beginn der Erkrankung zusätzlich *Glieder- und Kopfschmerzen* auftreten. Manchmal gehen diese Infekte auch mit dem für Viruskrankheiten typischen Fieber-Doppelgipfel einher. Das heißt, einem kurzen, oft noch unbemerkten Temperaturanstieg innerhalb von etwa zwei Tagen folgt nach einem Tag Pause ein erneuter, höherer Fieberanstieg über etwa drei Tage. Bei Fieber über 38,5°, das drei Tage oder länger anhält, muss man daran denken, dass der ursprüngliche Infekt in eine ernstere Erkrankung übergegangen ist. Jetzt sollte man den Arzt unbedingt in Anspruch nehmen.

Unter den vielen grippalen Infekten fallen in der Kindersprechstunde die ***echten Influenza-Erkrankungen*** kaum auf. Manchmal sind sie an ihrem etwas intensiveren Verlauf zu erkennen (s. auch Grippeschutzimpfung S. 246, nicht zu verwechseln mit Hib-Erkrankungen, s. S. 235). Eltern sollten wissen, dass die allermeisten dieser katarrhalischen Infekte bei guter Pflege ohne jede Behandlung in wenigen Tagen komplikationslos abklingen. Alle Behandlungsarten, die während solcher Tage die Symptome nur unterdrücken, wie Fiebermittel, Hustendämpfer, Schnupfenmittel und Antibiotika gegen mögliche Keimbesiedlung, bedeuten eine unnötige, zusätzliche Belastung für den Organismus. Ein sonst gesundes Kind wird mit solchen Infekten selbst fertig und erwirbt sich für einige Zeit einen eigenen Infektionsschutz (s. auch S. 76).

Geradezu typisch ist die Klage der Eltern von Kindergarten-Neulingen: »Nur ein paar Tage im Kindergarten – und schon liegt er wieder auf der Nase!« Hier sei zum Trost gesagt: Einen Winter und vielleicht auch noch den nächsten machen die Kinder das so mit, und dann *können* sie es und brauchen die Infekte nicht mehr in diesem Maße und in dieser Häufigkeit durchzumachen. Ihr Immunsystem, das heißt, die Infektabwehrmöglichkeit hat sich gekräftigt. Es spielt sich also ein Lernprozess in Richtung gesundheitlicher Stabilität ab. Aus einem solchen »Infektwald« ragen die bekannten Kinderkrankheiten wie ein paar besonders kräftige Bäume heraus. Bisweilen können sie auch eine Infektreihe zu einem Abschluss bringen. Jüngere Geschwister werden zu Hause oft mit angesteckt. Das gibt manchmal Anlass zur Sorge, weil diese Kinder noch wenig Abwehrkräfte besitzen. Tatsächlich sind sie jedoch später die Stabileren, Gesünderen, weil sie sich besonders intensiv mit den Infekten auseinandersetzen mussten. Jeder, der drei oder mehr Kinder hat, kann das bestätigen. Als Infektursache müssen allerdings nicht nur Abwehrschwäche und Ansteckungsmöglichkeit gelten. Kinder erkranken oft am Tag nach einem Treppensturz, einem Kindergeburtstag, einer längeren Autofahrt oder einem Kinobesuch. Im ersten Fall fragen die Eltern oft besorgt, ob das miteinander zusammenhängen könne. (Natürlich muss ein Arzt feststellen, ob nach dem Sturz eine Kopfverletzung doch unerwartete Folgen hat.) In der Mehrzahl der Fälle handelt es sich nur um die Antwort des Organismus auf ein Erlebnis, das ihn zunächst überforderte. Er »ergreift« dann die Krankheit, um dies auszugleichen. Man kann daraus ein Bild entwerfen, das viele Erscheinungen im Kindesalter besser verstehen hilft. Normalerweise lebt das Kleinkind an seine Umgebung seelisch hingegeben und sich mit ihr identifizierend.

Jedes der oben genannten Erlebnisse, auch ein Zornausbruch oder eine unkontrollierte Züchtigung, stoßen das Kind schmerzvoll auf sich selbst zurück. Das ist ein Strapazieren des seelischen Erlebens im Leib, eine Einengung, die zu einem seelischen Frieren führt, dem die kindliche Konstitution nicht gewachsen ist. Körperliches und seelisches Anwärmen sind für solche Situationen in gleicher Weise heilsam. Jede Maßnahme, die dem Kind zum körperlichen Wohlbehagen verhilft, unterstützt seine Sympathie zur Umwelt. So wirkt das liebevolle Zugehen auf das Kind auch körperlich erwärmend und kräftigend. Wenn wir es so sehen, können wir anders an die Behandlung der Infekte herangehen: Die Symptome werden nicht medikamentös unterdrückt, sondern der Krankheitsverlauf wird lindernd begleitet. Das Geschehen wird als Aufforderung verstanden, etwas zur Kräftigung und Harmonisierung der kindlichen Konstitution zu tun.

Hilfreiche äußere Maßnahmen und Anwendungen:

- Frische, nicht zu trockene Luft im Zimmer. Eventuell Wasserverdampfer (s. S. 635)
- Etwas Eucalyptusöl oder Olbas auf ein Tuch spritzen oder auf einer Untertasse auf die Heizung stellen.
- Dampfinhalation bei Schnupfen (s. S. 628)
- Brustwickel mit Ölen (s. S. 610)
- Rumpfeinreibungen z. B. mit 10%igem Lavendel- oder Malvenöl oder Brusteinreibungen (s. S. 611) mit oder ohne Dampfkompressen bei Husten.
- Bei Frösteln ist das Kind warm zu halten, eventuell mit »heißem« Tee und dickem Einmummeln ausgiebig zum Schwitzen zu bringen. Danach kommt es ins wohltuend kühle Bett der Eltern.

Kranke Kinder dürfen viel schlafen, sollten keine Aufregungen haben und keine mechanischen Spielzeuge bekommen (vgl. auch S. 296 ff.). Ein Püppchen oder ein Zwerg, die unter der Decke hervorgucken oder auf der Decke Bergsteiger spielen, reichen für Stunden aus. Zur Fieberbehandlung s. S. 68 ff.

In vielen Familien ist es Brauch, noch ein bewährtes Hausmittel für die Infekte einzusetzen. Meist handelt es sich um Kombinationspräparate naturheilkundlicher oder homöopathischer Zubereitung. Wir empfehlen, eine der vielen Möglichkeiten in Absprache mit dem behandelnden Arzt zu wählen. (Einige Hustensäfte s. S. 644.)

»Polypen« (Adenoide Vegetationen) und große Mandeln

Die chronische Luftnot im hinteren Nasenbereich ist im Kindesalter meist Folge einer Wucherung des lymphatischen Gewebes am Rachendach. Sie im Röntgenbild nachzuweisen ist wegen der Strahlenbelastung nicht angezeigt. Die klinische Symptomatik ist jedoch eindeutig. In ausgeprägten Fällen sieht man den Kindern mit dem typischen, etwas verschlafenen Gesichtsausdruck, dem offenen Mund, der verstopften Nase und dem oft gestörten Gehör sofort an, dass Polypen, das heißt lymphatische Gewebsverdickungen, die Ursache für ihre Beschwerden sind.

Diese lymphatischen Wucherungen und auch die vergrößerten Gaumenmandeln haben die Neigung, später von selbst kleiner zu werden, doch bewirken sie oft, dass die erhoffte Stabilität gegenüber Infekten im Alter von fünf Jahren nicht erreicht wird. Dieses schlecht belüftete Gebiet und der immer offene Mund sind für weitere Infekte die besten Vorbedingungen. Mittelohr-, Nasennebenhöhlenentzündungen oder Bronchitiden treten immer wieder aufs Neue auf. Zum Teil hören die Kinder schlecht, weil die Wucherungen die Eingänge der Tuben (Verbindungsgänge zwischen oberem Rachen und Mittelohren) verlegen und damit die Belüftung der Paukenhöhle verhindern. Das kann dann auch eine Verzögerung der Sprachentwicklung zur Folge haben.

Ein konservativer Behandlungsversuch lohnt sich immer. Man kann ihn auch allein beginnen, zum Beispiel mit zwei- bis dreimal wöchentlich durchgeführten Meersalz- oder Solebädern, zweimal täglichen Dampfinhalationen sowie dreimal täglich einer Tasse Schachtelhalmtee innerlich und Senfkompressen auf den Fußsohlen. Hierzu wird ein Brei aus Senfmehl angerührt und auf einer etwa handtellergroßen Kompresse so lange auf die Sohle des Mittelfußes gelegt, bis es zu brennen beginnt. Anschließend werden warme Wollsocken angezogen. Das Ganze führt man vier bis sechs

Wochen durch. Empfohlen wird auch, mit den Kindern viel zu singen und zu summen. Ist keine Besserung zu beobachten, so sollte man den Arzt hinzuziehen. Oft wirkt auch ein Ferienaufenthalt an der See heilsam. In schweren Fällen ist die Operation der Rachenmandel nicht zu umgehen. Sie ist immer angezeigt, wenn die Beschwerden das Kind körperlich und seelisch beeinträchtigen. Dieser Eingriff wird oft ambulant durchgeführt. Nicht selten kommt es jedoch zum Nachwachsen der Wucherungen. Die Gaumenmandeln als wichtige Organe der Abwehr sollte man nur in wirklich zwingenden Fällen mit entfernen lassen und sich nicht wegen einiger Mandelentzündungen ängstigen.

Heuschnupfen

Am häufigsten liegt bei Heuschnupfen eine Allergie gegen blühende Gräser, Bäume oder Blumen vor. Oft sind es Tierhaare oder auch nur die Ausscheidungen der Hausmilbe im Hausstaub, die eine Reizung der Schleimhäute von Augen und Nase zur Folge haben. Schließlich können Bakterien und Pilze dieselben Erscheinungen hervorrufen. Die oftmals sehr geplagten Träger dieses lästigen Schnupfenreizes sind, besonders bei zusätzlichen asthmatischen Beschwerden, bestrebt, Behandlungen mit nachhaltigem Erfolg zu erhalten. Bekannt ist die gute Wirkung der allergenarmen Seeluft. Bei wiederholten Aufenthalten am Meer wirkt sie auch allgemein kräftigend.

Drei mögliche Behandlungsweisen:

- Die *Hypo- oder Desensibilisierung* besteht aus regelmäßigen Einspritzungen von speziell hergestellten Allergenextrakten, die in steigender Dosis in die Hautoberfläche eingebracht werden. Der Patient wird zuvor getestet, wogegen er allergisch ist. Ganz gute Wirkungen erreicht man bei definierten Pflanzenallergien, nicht so gute bei mehreren Allergenen oder dem unvermeidlichen Hausstaub. Ein Nachteil dieser mindestens über drei Jahre durchzuführenden Behandlung ist das häufige Spritzen und ein gewisses Risiko, dass der Patient darauf stark allergisch reagiert. Auch kommt es häufig vor, dass während oder nach der erfolgten Hyposensibilisierung ein sogenannter Allergenwechsel eintritt, das heißt, die Erscheinungen kehren wieder, weil man gegen etwas anderes allergisch geworden ist.

- Eine andere Möglichkeit besteht in der regelmäßigen täglichen Gabe von einem Löffel Honig – möglichst Rohhonig aus natürlichen Bienenwachswaben – aus der Gegend des Wohnsitzes. Dabei muss der Honig über das ganze Jahr gegeben werden.
- Regelmäßiges Einspritzen oder Inhalieren eines Extraktes aus Zitrone und Quitte, als Gencydo 0,1 % oder andererseits Citrus e fruct./Cydonia e fruct. D2/2 im Handel. Auch lokal haben sich Gencydo 0,1 Augentropfen bewährt, sowohl in die Augen als auch in die Nase. Meist wird dabei noch eine konstitutionelle Zusatzbehandlung gemacht. Viele Patienten sind bei dieser Behandlung zufrieden und kommen im nächsten Jahr wieder, um die erlebte Besserung noch zu festigen. Diese Therapie muss wie auch die beiden anderen konsequent und regelmäßig durchgeführt werden. Es empfiehlt sich, mit der Gencydo-Behandlung schon im Frühjahr zu beginnen, um dem Auftreten der Erscheinungen vorzubeugen.

Wir empfehlen die zweite und dritte Art der Behandlung.

Krankheitsbilder der unteren Luftwege

Zur besseren Verständigung seien zuerst die krankhaften Atemgeräusche und deren Herkunft erläutert.

***Husten*:**

Der Husten ist eine Abwehrreaktion des Körpers gegen Schleim, entzündliche Reizung in Luftröhre oder Bronchien und selten einmal auch gegen einen eingeatmeten Fremdkörper (s. S. 55 f. u. 63).

Bellender Husten:
Husten wie ein bellender Hund mit Luftnot und juchzender Einatmung (Stridor) infolge Schwellung im Stimmlippenbereich zeigt den so genannten Pseudokrupp des Kehlkopfes an (s. S. 92).

Heiserkeit bis zur Stimmlosigkeit:
Entzündliche Reizung der Stimmbänder entsteht auch durch Überanstrengung der Stimme. Chronische Heiserkeit kann durch Stimmbandknötchen entstehen und wird vom HNO-Arzt diagnostiziert.

Beim Einatmen juchzendes Geräusch mit Luftnot, Einziehung der Zwischenrippenräume und des mittleren Halsgrübchens:
- nach Verschlucken heißt, dass kleine Nahrungsteile die Stimmlippen zu reflektorischem Verschluss bringen: Man beruhigt, klopft auf den Rücken (s. S. 56).
- Pseudokrupp (s. S. 92).
- Calciummangel gelegentlich im Alter von drei Monaten bis eineinhalb Jahren bei Rachitis. Siehe dort, Tetanie (S. 252 f.). Arztbesuch dringend!

Kloßiges Geräusch beim Ein- und Ausatmen:
Tritt dieses Symptom bei luftarmer Stimme, hohem Fieberanstieg, Halsschmerzen und schwerem Krankheitsgefühl auf, oft mit Speichelfluss verbunden sowie bald auftretender Blaufärbung von Lippen und Nägeln, so liegt eine *entzündliche Schwellung des Kehldeckels* vor (s. auch S. 235). Dies erfordert eine sofortige Fahrt in die nächste Kinderklinik. (Das Kind darf dabei sitzen, wenn es so besser Luft bekommt!) Ein Frühzeichen kann plötzliche schmerzbedingte Nahrungsverweigerung sein.

Schnarchendes Geräusch beim Einatmen:
Die erschlaffte Zunge liegt auf dem unteren Rachen, das Symptom verschwindet in Seitenlage.

Schnorchelnde, schleimige Geräusche beim Einatmen:
Diese sind harmlos, wenn nicht hohes Fieber und »Nasenflügeln« gleichzeitig bestehen. Es hat sich irgendwo im Rachen Schleim angesammelt.

Feines, singend-fiependes Geräusch bei der Ausatmung:
Wenn dies mit einer Verlängerung der Ausatmung gegenüber der Einatmung verbunden ist, handelt es sich um eine spastische oder Asthma-ähnliche Bronchitis (s. S. 94 ff.).

»Nasenflügeln«: Die seitlichen Nasenbegrenzungen blähen sich beim Einatmen auf und gehen bei Ausatmung zusammen:
Dies bedeutet Luftmangel, das heißt, die Zufuhr von Luft ist behindert, oder Teile der Lunge sind durch irgendwelche Krankheiten von der Atmung ausgeschaltet. Im Zusammenhang mit vertiefter Atmung, hohem Fieber, Husten und dunklen Lippen bei Fehlen besonderer Atemgeräusche ist das Nasenflügeln oft ein Hinweis auf eine Lungenentzündung (s. S. 97).

Einseitig deutlich abgeschwächte Atembewegung des Brustkorbes:
Der Krankheitsherd liegt auf der bewegungsärmeren Seite. Mit hohem Fieber und Nasenflügeln spricht dies Zeichen für eine Lungen- oder Rippenfellentzündung. Bei letzterer fällt außerdem oft eine anstoßende Ausatmung auf.

Auch ein eingeatmeter Fremdkörper kann zur einseitigen Abschwächung der Atembewegung führen. Ärztliche Behandlung ist in all diesen Fällen angezeigt.

Erscheinungsformen des Hustens

Zur Behandlung der einfachen Bronchitis im Zusammenhang mit einem katarrhalischen oder grippalen Infekt siehe Seite 81 ff. Husten, der dies Ereignis ein bis zwei Wochen überdauert, ist in den allermeisten Fällen noch als normal zu bezeichnen und wird einfach weiterbehandelt wie bisher. Hustendämpfende Medikamente sind hier wie sonst kaum angezeigt. Zu empfehlen ist ein lindernder Hustentee.

Husten, der ***länger als zwei Wochen*** besteht, bedarf der Überwachung. Es sollte während einer Woche morgens und abends Temperatur gemessen und dann bei unverändertem Fortbestehen der Arzt zu Rate gezogen werden.

Husten, der ***zunehmend anfallsartig*** auftritt in einer Dauer von etwa einer halben Minute und in mehr als halbstündigem Abstand, ist verdächtig auf Keuchhusten (s. S. 162).

Husten, Schnupfen und etwas Temperatur zehn bis dreizehn Tage ***nach Ansteckung mit Masern:*** Dieses spricht aller Voraussicht nach dafür, dass das Kind ebenfalls Masern bekommt. Daher sollte man es mit anderen masernempfänglichen Kindern nur dann zusammenkommen lassen, wenn es deren Eltern ausdrücklich wünschen (s. S. 149; Besuche beim Arzt vorher anmelden!).

Stundenlanger Husten, oft nur nachts ***ohne weitere Beeinträchtigung:*** Es handelt sich oft nur um leichte Reizzustände der Luftröhre. Behandlung mit Luftanfeuchtung (s. S. 80 f.), im Übrigen wie beim Katarrh (s. S. 85). Die Kinder sind oft besser dran als die in ihrem Schlaf gestörten Erwachsenen.

Plötzlicher Hustenanfall, besonders tags ohne Vorboten, eventuell mit Würgereiz, Luftnot, juchzender Einatmung oder Geräusch bei Ein- und Ausatmung mit spastischem Fiepen, besonders beim Ausatmen: Dies legt den Verdacht auf eine Fremdkörper-Einatmung nahe. Das sind häufig Erdnussstückchen, Kettenperlen, Plastikteilchen von Spielsachen. Besonders gefährlich sind kleine Murmeln (Klicker), da sie die ganze Luftröhre versperren können (s. Erste-Hilfe-Behandlung S. 55 f.). Bei dünnen und scharfen Gegenständen wie Nadeln hat das beschriebene Klopfen keinen Wert und ist nur gefährlich. Bei Nüssen und Ähnlichem lohnt sich ein Versuch immer. Bei Fremdkörperverdacht in der Lunge ruft man immer die nächste Kinderklinik an.

Der Pseudokrupp, akute Kehlkopfentzündung

Der laut bellende Husten und das »Juchzen« beim Einatmen (Stridor) sind die sicheren Zeichen einer entzündlichen Schwellung der an die Stimmlippen anschließenden Schleimhaut. Der Name Pseudokrupp sagt aus, dass es sich um einen »falschen Krupp« handelt, womit früher eine Unterscheidung zu dem gefürchteten diphtherischen Krupp (s. S. 157) getroffen wurde. Beteiligt daran sind Grippe- oder andere Viren.

Meist beginnt dieser typische Pseudokrupp-Husten aus dem Schlaf heraus zwischen 23 und 1 Uhr nachts, seltener am Tage. Vorausgegangen sind manchmal Ostwind-Spaziergänge, Aufregungen oder ein Wetterumschlag. Im November häufen sich die Krankheitsfälle. Besonders sind Kinder zur Zeit des Sprechenlernens betroffen, was unter dem Gesichtspunkt der starken Beanspruchung ihres Sprachorganes verständlich ist.

Oft haben sie Erstickungsangst, so dass man sie erst einmal auf den Arm nimmt und beruhigt.

Wenn man die Situation schon kennt, kontrolliert man die Schwere der Luftnot gleich und nach etwa zehn Minuten. Wenn man zu zweit ist, holt inzwischen der eine ein paar feuchte Tücher, die er um das Bett hängt, einen Topf heißes Wasser, den er an sicherer Stelle auf den Boden stellt, oder einen Wasserverdampfer (s. S. 635). Auch die im Bad aufgedrehte heiße Dusche kann vorübergehend als Dampferzeuger dienen. Dann wird Fieber gemessen, und es werden die vom Arzt früher eventuell als Reserve verordneten Medikamente gegeben, bei ausgeprägten Fällen, falls vom Arzt schon verordnet, eine Epinephrin-Pumpspray-Anwendung. Danach Angebot von Tee oder verdünntem Saft. Schließlich legt man das Kind wieder ins Bett. Ein Erwachsener schläft in dieser Nacht im selben oder angrenzenden Zimmer bei offener Türe.

Tritt ein solcher Pseudokrupp-Anfall *zum ersten Mal auf, packt man das Kind am besten ins Auto und fährt zur nächsten Kinderklinik oder zum Arzt*. Dort lernt man dann die folgende Stadieneinteilung, die einem in der Zukunft die Beurteilung der Schwere des Zustandes leicht erlaubt. Stadium 1: bellender Husten. Stadium 2: leichter Stridor (s. oben) in Ruhe, stärker bei Aufregung. Stadium 3: stärkerer Stridor in Ruhe, Nasenflügeln. Einziehungen im mittleren Halsgrübchen und zwischen den Rippen, Anspannung der Atemhilfsmuskulatur. Stadium 4: die Symptome von Stadium 1 bis 3 haben zugenommen, hinzu kommt eine starke Unruhe des Kindes, eine Blauverfärbung der Lippen und Fingernägel, ein Pulsanstieg auf 150/Min. oder höher, eventuell Kollaps.

Stadium 1 und 2 können bei entsprechender Erfahrung unbedenklich zu Hause behandelt werden. Bei höherem Fieber sollte jedoch auch dann immer ein Arzt zugezogen werden. Wenn Stadium 3 länger als 10 Minuten besteht oder in Stadium 4 übergeht, wird das Kind unverzüglich in die nächste Kinderklinik gebracht. Dort kann durch intensivere Maßnahmen oft noch eine Besserung erzielt werden. Bei zunehmender Verschlechterung, im Stadium 4 sofort, wird intubiert, d. h. in Narkose ein Plastikröhrchen durch Nase oder Mund in die Luftröhre gesteckt und dadurch die Enge überwunden. Bei der auf S. 89 beschriebenen Kehldeckelentzündung muss dieser Eingriff jedoch sofort durchgeführt werden, weil die Gefährdung sonst zu groß ist.

Zur Therapie:

Die medikamentöse Therapie ist selbstverständlich Sache des behandelnden Arztes und seiner Erfahrung. Eine große Erleichterung bei der Notfallbehandlung ist die genannte Epinephrin-Vernebelung, weil sie in wenigen Minuten hilft. Die Gabe von Corticoiden tritt dadurch in den Hintergrund. Nach unseren Erfahrungen sind sie fast immer vermeidbar.

In die häusliche medikamentöse Behandlung gehören auf keinen Fall stärker wirkende Beruhigungsmittel, da sie den Zustand verschleiern können und Unruhe ein Zeichen von Stadium 4 sein kann. Wichtig ist, dass die Umgebung so ruhig und sachlich engagiert wie möglich bleibt. Dann beruhigt sich auch das Kind am ehesten.

Es ergibt sich aus der Brisanz dieser Erkrankung, dass fernmündliche Beratung und Behandlung hier noch weniger zu verantworten sind als in anderen Fällen. Andererseits kann der Arzt mit etwas Übung auch am Telefon aus der Atmung und dem Husten des Kindes am anderen Ende der Leitung gut erkennen, ob es sich um einen gefährlichen Zustand handelt. Wenn man mit Hilfe der übrigen Krankheitsschilderung durch die Mutter eine längere Autofahrt mitten in der Nacht vermeiden kann, hat sich der Anruf schon gelohnt. Wahrscheinlich werden sich aber nur erfahrene Kinderärzte bei ihnen auch sonst bekannten Patienten zu einer solchen Beratung am Telefon bereitfinden. Eine Rachitis müsste mit Sicherheit ausgeschlossen sein (s. S. 252 f., Tetanie bei Rachitis).

Hat mein Kind Asthma oder Spastische Bronchitis?

Diese Frage begegnet einem häufig in der Sprechstunde, wenn ein Kind viel hustet oder häufig Bronchitis bekommt. Daher wollen wir die spastische Bronchitis und das Asthma ein wenig ausführlicher behandeln.

Bei der sogenannten ***spastischen***, besser ***obstruktiven Bronchitis*** atmet das Kind mühsam verlängert aus und liegt oder sitzt mit geblähtem Brustkorb und Nasenflügeln matt da. Vor der Nase ist ein Gemisch von leise fiependen und feinstblasigen Geräuschen während der Ausatmung hörbar, erinnernd an das Sieden von Wasser oder an die asthmatische Atmung älterer Menschen. Bei dieser Krankheit, die mit und ohne Fieber einhergehen kann, handelt es sich um eine Atembehinderung durch Verlegung der Bronchien infolge Schleimhautschwellung, Bildung von zähem Schleim und ab dem Kleinkindalter auch durch Verkrampfung der Bronchialmuskulatur. Auslösend ist meistens ein harmloser Infekt der oberen Luftwege, ausgehend von einem Schnupfen oder einer Rachenentzündung, die absteigend auch die Atemwege erfassen können. Es ist wichtig zu wissen, dass längst nicht alle Kinder, bei denen eine Bronchitis in eine obstruktive Bronchitis übergeht, später Asthmatiker werden! Vielmehr betrifft die obstruktive Bronchi dickere Säuglinge im Winter und in der Übergangszeit un sich dann im Laufe der späteren Jahre.

Beim erstmaligen Auftreten dieser Krankheitssymptome sollte man den Arzt konsultieren, um den Zustand beurteilen zu lernen. Es gibt leichte Erscheinungsformen, bei denen das Allgemeinbefinden kaum beeinträchtigt ist. Im Gegenteil, die Säuglinge sind quicklebendig und zu Späßchen aufgelegt. In anderen Fällen pfeifen sie mit ihrer Atmung schwer, können kaum trinken und zeigen eine leicht bläuliche Verfärbung. Diese Kinder gehören in ärztliche Behandlung, in schweren Fällen auf die Kinderstation.

Wichtigstes Hausmittel: der *Ingwer-* oder *Senfmehlwickel.* Wer einmal deren wohltuende Wirkung erlebt hat, scheut die Mühe nicht, sie zu machen. Sie sind eine intensiv wirkende Maßnahme, die nur angewendet werden sollte, wenn die Technik der Anwendung beherrscht wird und der behandelnde Arzt damit einverstanden ist. In Frage kommen dabei Kinder ab dem vierten Lebensmonat, deren Haut nicht zu empfindlich ist und bei denen keine Allergiebereitschaft besteht. Die Wirkung des Senf- oder Ingwermehlwickels beruht auf einer starken Durchblutungsanregung der Haut des Brustkorbes und einer daraus reflektorisch folgenden Atemanregung, Sekretverflüssigung (danach kann leichter abgehustet werden) und Entkrampfung der Bronchialmuskulatur. Dabei wird Ingwer milder und wärmer empfunden als Senf. (Beschreibung der Wickel s. S. 606 u. 609.) Frische Luft ist wichtig, oft auch eine Freiluftbehandlung sehr nützlich – entsprechend warm eingepackt und gut beobachtet.

Das Erscheinungsbild des ***Asthma*** ist zunächst ganz ähnlich wie das der obstruktiven Bronchitis. Es kann überwiegend durch äußere Allergene wie z. B. Blütenpollen, Tierhaare oder Milben im Hausstaub ausgelöst werden oder durch Infekte, durch körperliche Anstrengungen in der Kälte oder aus rein seelischen Ursachen auftreten. Oft erlebt ein solcher Patient zu Beginn seines Anfalles ein Schweregefühl und dann erst die Bedrängnis, die Luft nicht mehr locker annehmen und abgeben zu können. Die Verbindung von innerem und äußerem Luftraum wird durch die entzündlich-allergischen Schwellungen in den Bronchien und durch Verspannung der glatten Muskelfasern eingeengt. Hin und wieder verschwindet es spontan in der Pubertät. (Vgl. auch S. 99 und S. 141.)

Zur Therapie:

- Die medikamentöse Akut- und Dauerbehandlung ist Sache des Arztes. Er muss entscheiden, ob er die heute in der Kinderheilkunde üblichen antiasthmatischen Medikamente (Bronchospasmolytica, Cortison und anderes) und/oder homöopathische oder anthroposophische Arzneimittel einsetzt. Nicht selten begegnet man einer Übertherapie mit der Gefahr hormoneller Nebenwirkungen oder chronischer Herz-Kreislaufbelastung. In anderen Fällen werden die Symptome heruntergespielt aus Angst oder Unlust gegenüber der Behandlung.
- In den letzten Jahren hat die so genannte Asthmaschulung einen hohen Rang in der Behandlung erreicht: Kinder und Eltern lernen die Schwere der Symptomatik und die jeweils notwendigen Massnahmen zu beurteilen. Ziel ist ein möglichst unbehindertes Zusammenleben in der Gemeinschaft mit normaler körperlicher Belastung. Im Gespräch mit dem vertrauten Kinderarzt oder in einer Schulungsgruppe ist eines der wichtigsten Elemente das Umgehenlernen mit der Angst. Das gilt ganz besonders auch für die Umgebung des Kindes. Denn so wie eine starke seelische Erregung ebenso wie eine Erkältungskrankheit einen Asthmaanfall auslösen kann, so können Beruhigung und vom Kinde selbst erlernte Atem- und Entspannungsübungen Entscheidendes zur Linderung eines Asthmaanfalls beitragen. Gelingt es ihm, im Annehmen und Umgehen mit dem Leiden diesen inneren »Sieg« über die Krankheit zu erringen, so trägt dieses entscheidend zur Besserung der Beschwerden bei.

Als ***Begleitbehandlung*** oft auch mit medikamenteneinsparender Wirkung haben sich uns bewährt:

- Senf- oder Ingwermehlwickel besonders bei den durch Infekte ausgelösten Anfällen. Bei den anderen sind Lavendelölwickel eventuell mit Dampfkompressen oder »heiße« Equisetum-Wickel zu versuchen (s. S. 610 ff.).
- Reichlich Flüssigkeit in Form von Tee oder Mineralwasser bei Anfällen.
- Massagen wie zum Beispiel Atemabstriche, Leib- und Wadenmassagen nach Wegman sind bei gekonnter Anwendung im Anfall sehr hilfreich.
- Kurmäßig hilft bei manchen Kindern die abendliche Auflage einer Kupfersalben-Nierenkompresse (Cuprum metallicum praep. 0,1 % Unguentum, oder Kupfersalbe, rot).
- Ebenso haben sich über längere Zeit bewährt: Morgens etwas gerbstoffhaltiger Eichenrinden- oder Salbeitee und abends etwas bitterer Veronicatee als Konstitutionshilfe für das Aufwachen bzw. Einschlafen. Wenn die Mutter mitmacht und sich lachend schüttelt, wenn sie den Tee schluckt – der am Anfang noch relativ verdünnt sein soll –, wollen es die Kleinen der Mutter gleich tun, viele nehmen diese Tees ausgesprochen gerne.

Lungenentzündung (Pneumonie)

Wenn bei einem grippalen Infekt oder einer Bronchitis nach drei Tagen das Fieber immer noch hoch ist, das Allgemeinbefinden deutlich schlechter wird und Kurzatmigkeit, Nasenflügeln und dunkelrote Lippen auftreten, so ist eine Lungenentzündung im Gange. Diese Diagnose hat für die Eltern meist noch viel Beängstigendes an sich, obwohl sie schon im Kindergartenalter und auch später in der Mehrzahl der Fälle keineswegs besonders gefährlich verläuft. Bei Säuglingen und geschwächten Kindern ist erhöhte Vorsicht geboten.

Diagnose und Behandlung sind immer Sache des Haus- oder Kinderarztes. Bei gefährdeten Kindern oder Unsicherheiten in der Pflege wird dieser die Aufnahme in die Klinik empfehlen. Wenn der behandelnde Arzt die entsprechende Erfahrung hat, wird er in vielen

Fällen ohne Antibiotika auskommen. In der Klinik und bei ambulanter Behandlung verwenden wir seit vielen Jahren Antibiotika nur bei erhöhten Risiken, sehr schweren Verläufen oder auf Wunsch der Familie. Nach unserer Erfahrung hat die antibiotika-freie Behandlung der Pneumonie den Vorteil, dass es kaum zu Wiederholungen der Krankheit kommt. Das Ziel ist, dass der Organismus durch eine solche Krankheit eine neue Stabilität erringt und er auf Umwelteinflüsse elastischer reagieren kann als bisher. Durch das rasche Abblocken des normalen Krankheitsverlaufes mit Hilfe der antibiotischen Behandlung wird dem Organismus die intensive Auseinandersetzungsmöglichkeit mit seinen eigenen Kräften genommen, so dass dieser nach Abklingen der Krankheitserscheinungen nicht gestärkt gegenüber neuen Infekten dasteht. Manchmal versucht es der Organismus nach einiger Zeit nochmal mit derselben Krankheit. Wer in der Krankheit nur etwas sieht, das möglichst schnell zu beseitigen ist, der wird die antibiotische Behandlung vorziehen. Wer jedoch in der Krankheit einen Lernvorgang des Organismus anerkennen kann, den dieser selbst herbeiführt, um seine Kräfte anzuspannen und die Auseinandersetzung zu üben, der wird zunächst eine den Krankheitsverlauf begleitende und lindernde, nicht aber eine ihn sofort unterdrückende Behandlung wählen. Solch eine begleitende Behandlung hat die Qualität der späteren Gesundheit im Auge und die Individualität des Kindes, dessen Kräfte und Möglichkeiten dann Hand in Hand mit der Behandlung gehen.

Als ***Haustherapie*** kommen dieselben Maßnahmen in Frage wie beim grippalen Infekt, jedoch abgestimmt auf das geschwächte Allgemeinbefinden. Wenn der Husten im Vordergrund steht, besonders bei dünnen Kindern, haben sich Öleinreibungen des Brustkorbes mit dem schon mehrfach erwähnten 10%-igen Lavendelöl bewährt oder Balsame, die andere ätherische Öle wie Kampfer, Eukalyptus oder Ähnliches enthalten. Bei starker Flüssigkeitsansammlung im Lungengebiet sind feuchtwarme Wickel z.B. mit Schachtelhalmtee oder aber dicke Quarkwickel angezeigt (s. S. 612 f.). Besteht zusätzlich eine spastische Atmung im Sinne des vorangehend Geschilderten, so ist der Senfmehl- oder Ingwermehl-Brustwickel angezeigt.

Zur ***Allgemeinbehandlung*** bitte im Kapitel über das Fieber nachlesen. (S. 68 ff.).

Atmung als Ausdruck seelischer Regsamkeit

Schon bei Säuglingen und Kleinkindern lassen sich im Einschlafen die weite Ausatmung und Erschlaffung und im Aufwachen die tiefe Einatmung erkennen. Im täglichen Leben der Kinder finden wir den Wechsel von verkrampfendem Schmerz, jauchzender Freude, hoffnungsvollem Aufatmen, erschlaffender Resignation, behender Lebendigkeit, plötzlichem Erstarren – alles getragen von der Atmungsschwingung mit einer sich den feinsten Seelenregungen anpassenden Dynamik. Nichts gibt uns so deutlichen Aufschluss über das augenblickliche seelische Befinden eines anderen, wie wenn wir seine Atmung beobachten. Im Wachen lebt die Seele eingezogen und eingesogen in den Körper, bereit zu Empfindung und Bewegung, Erlebnis, Tatendrang, Liebe und Hass. Im Schlafen lässt sie einen friedlich ruhenden »Rest« zurück: Erschlafft und schwer liegt der Körper da, die Atmung vollzieht sich nur noch als Teil der Lebensvorgänge in sanftem Auf und Ab. Sie trägt kein bewusstes Seelenleben mehr und vermittelt keine seelischen Äußerungen.

Betrachten wir die im vorigen geschilderten Möglichkeiten krankhafter Veränderung der Atmung, so haben wir Luftbewegungsstörungen vor uns, die die Seele an ihrem freien Wechselspiel mit der Umgebung hindern. Am eindrucksvollsten ist dies beim Asthma gegeben (s. S. 94 f.).

Daneben gibt es aber auch noch andere Störungen, die die Atmung beeinflussen, zum Beispiel feine Säuerungen oder Alkalisierungen des Blutes meist im Zusammenhang mit Herz-, Lungen oder Nierenkrankheiten. Schädigungen am Nervensystem oder auch Medikamente können den Atemtyp verändern, wie zum Beispiel Barbiturate, die abflachend auf die Atmung wirken.

So wie wir von einem Wärmeorganismus im Zusammenhang mit der Ich-Tätigkeit sprechen konnten (vgl. S. 76), so können wir den über die Atmung regulierten *Luftorganismus* im direkten Zusammenhang mit dem Seelenleben betrachten. Er steht einerseits über den Gasaustausch und verschiedene Puffersysteme des Blutes in Verbindung mit dem gesamten Stoffwechsel. Auf der anderen Seite gibt er dem Seelenleben des Menschen die Möglichkeit, sich körperlich auszudrücken. Gehört es doch zum Wesen des seelischen Erlebens, rhythmisch hin- und herzupendeln zwischen dem »Für-sich-sein-Wollen« und dem Sich-wieder-Öffnen für die Belange der Umgebung. Die Gesetze seelischen Lebens und seelischer Regsamkeit (Sympathie / Antipathie, Dynamik von Freude und Schmerz, Lachen und Weinen) entsprechen der Dynamik und Eigengesetzlichkeit der Luft: Druck und Sog, Konzentration und Verdünnung, die Tendenz, sich allseitig auszubreiten und bei entsprechenden Druckverhältnissen auch wieder entsprechend konzentrieren zu lassen. Dadurch kann die gesunde Atmung die freie seelische Äußerung unterstützen. Ebenso kann positiver seelischer Einsatz sowie das Erleben von Ruhe und Geborgenheit eine gestörte Atmung regulieren helfen.

Auch den Pendelschlag zwischen Wachen und Schlafen finden wir im Kleinen in jedem Atemzug wieder: in der hingebenden Ausatmung das Einschlafen und in der Einatmung, die die Luft aus dem Umkreis heraus gleichsam isoliert, das Wachen. Auch den großen Wechsel zwischen Geburt und Tod sehen wir an die Atmung gebunden: Mit dem ersten Atemzug zieht das Bewusstsein tragende Seelenleben in den zuvor noch schweren, dunkleren, eben geborenen Körper des Kindes ein. Im selben Moment wird die Haut rosig, die Augen öffnen sich, der erste Schrei ertönt. In der letzten unsäglich zarten und lang auslaufenden Ausatmung des Sterbenden erleben wir dessen endgültigen Auszug aus dem unbrauchbar gewordenen Leib.

Erbrechen, Durchfall und Verstopfung

Für die häusliche Beurteilung von Störungen am Verdauungstrakt sind die Symptome Erbrechen, Durchfall und Verstopfung die wichtigsten. Überwiegend schmerzhafte Erkrankungen des Bauches wurden schon im ersten Kapitel angesprochen. Einige konstitutionelle Verdauungsstörungen finden sich im Ernährungskapitel. Meistens bedürfen diese der ärztlichen Untersuchung und Beurteilung.

Von den drei hier abgehandelten Leitsymptomen können Erbrechen und Durchfall wichtige Selbstheilungsversuche sein, die den Organismus vor schädlichen Einflüssen bewahren wollen. Beide gehen aber mit Flüssigkeits- und Salzverlusten einher, so dass bald die Ursache der Störung erkannt und behandelt werden muss. Dagegen ist eine Verstopfung, ob krankhaft, organisch oder funktionell, immer belastend und steht im chronischen Fall auch in Wechselwirkung mit der seelischen Stimmungslage.

Zur besseren Verständigung zunächst die Erläuterung einiger Grundbegriffe:

Erbrechen:
Von der aufgenommenen Nahrung wird mindestens ein Viertel wieder herausbefördert.

Spucken:
Ein bis zwei Mund voll laufen wieder heraus.

Durchfall:
Hierbei interessiert die Häufigkeit (zum Beispiel sechs- bis zehnmal täglich), die Menge (einige Spritzer oder eine Tasse voll), die Farbe (gelb, grau, grün, braun, schwarz, blutig etc.) und die Konsis-

tenz (dünnflüssig, schleimig, zerfahren, breiig). So handelt es sich zum Beispiel bei zwei weichen Stühlen am Tag nicht um einen Durchfall.

Fieber:
Mit Fieber ist eine Temperatur über 38°, im Mund oder After gemessen, gemeint.

Erbrechen und Durchfall im Säuglingsalter

Gelegentliches Erbrechen

im Säuglingsalter kommt vor bei zuviel Nahrung, zuviel Luft im Bauch, Aufregungen, Genuss zu lang gelagerter Nahrung, bei Schnupfen, Gaumen-Rachenreizung, Zahnen und Ähnlichem. Man versucht, jeweils die Ursache herauszubekommen und füttert gegebenenfalls beim nicht gestillten Kind nur etwas Tee mit 5 % Traubenzucker nach. Seltener, aber besonders eindrucksvoll sind die folgenden Störungen:

Der Magenpförtnerkrampf (Pylorushypertrophie)

Den Magenpförtnerkrampf erkennt man daran, dass das Kind – etwa ab der dritten Lebenswoche – in hohem Bogen erbricht, zumal wenn die Symptomatik im Laufe der Tage zunimmt und in ausgeprägten Fällen ein Gewichtsverlust eintritt. Dabei besteht kein Durchfall und kein Fieber. Was tun? Zunächst zwei- bis dreimal wöchentlich Gewichtskontrollen durchführen, häufigere kleinere Mahlzeiten geben, der Mutter mehr Ruhe im Tagesablauf einräumen, Zeit lassen beim Bäuern. Bei Gewichtsstillstand bzw. -abnahme darf die Vorstellung beim Arzt nicht mehr aufgeschoben werden. Einige Kinder lassen sich durch warme Bauchwickel mit Kamillen- oder Melissentee oder Oxalis-Essenz oder Wärmfläschchen beruhigen. Andere benötigen Medikamente oder bedürfen letztlich doch der Operation, die zum Glück kein großer Eingriff ist. Allerdings sollte sich die Mutter in diesem Falle, wenn irgend möglich, stationär mitaufnehmen lassen.

Häufiges Erbrechen im Schwall

Erbricht das Kind oft im Schwall oder neigt es überhaupt zu häufigem Spucken in den ersten Lebenswochen, auch während des Trinkens, so ist dies verdächtig auf einen ungenügenden Ventilverschluss des Mageneingangs. Dabei schwappt die Nahrung mit der Peristaltik des Magens in die Speiseröhre zurück. Was tun? Nach Anweisung des Arztes Schräglagerung, das heißt man stellt den Boden der Wiege oder die Matratze des Bettchens schräg ansteigend, so dass der Kopf erhöht wird und die Beine tiefer liegen. Außerdem kann die Nahrung angedickt werden, z. B. mit Nestargel. Im Erbrochenen ist auf bräunliche Blutfäden zu achten. Diese wären Ausdruck für eine entzündliche Veränderung der Speiseröhre, die vom Magensaft bereits angegriffen worden ist, und sollten sogleich dem Arzt gemeldet werden (man darf sie jedoch nicht mit Bananenfasern verwechseln). Die Funktion des Mageneingangs reift meist im Laufe einiger Wochen nach. Eine Operation ist bei der angegebenen Lagerung nur selten notwendig.

Durchfall

Als Ursache für eine Durchfallerkrankung kommen in Frage: Zu lang gestandene Milch, andere Nahrungsmittel »an der Grenze«, lokale und allgemeine Unterkühlungen, Virusinfekte, bakterielle Infekte (z.B. besondere Koli-Keime oder Salmonellen) und anderes.

Bewusst verzichten wir hier auf eine eingehende Erörterung dieser möglichen Ursachen. Wichtig für zu Hause ist, Sicherheit darüber zu erlangen, was im leichten Erkrankungsfall zu tun ist und wann ein Besuch beim Arzt erforderlich wird:

• Durchfall im Säuglingsalter mit und ohne Erbrechen und Fieber ist zunächst immer Grund zum Aufsuchen des Arztes, weil Säuglinge erstaunlich rasch in einen ausgetrockneten, verfallenen Zustand kommen können.

• In einem Fieberanstieg trinken die Kinder nicht immer die vorgeschriebene Menge, reagieren auch leichter mit Erbrechen und haben vielleicht einen weichen Stuhl. Deshalb noch keine Panik! Entscheidend ist der Gesamteindruck: Wirkt das Kind nur irritiert oder ist es ganz verändert?

• *Wenn die Zunge trocken wird, Ränder um die Augen oder spritzende Stühle auftreten oder das Fieber auf 40° klettert, fährt man gleich in die nächste Kinderklinik.*

• Treten Blutbeimengungen im Stuhl auf, sollte sofort der Arzt verständigt werden.

• Ganz selten kann *nach* einem Durchfall blutiger Urin ohne erkennbaren Grund auftreten. Unter dem Verdacht auf einen plötzlichen Blutzerfall ist eine sofortige Untersuchung des Urins angezeigt und evt. die stationäre Aufnahme.

• Chronische Verdauungsstörungen mit weichen Stühlen führen immer zum Arzt. In der Diagnosestellung kann er eine wesentliche Hilfe bekommen, wenn die Eltern darauf achten, ob die täglichen Stuhlmengen zusammengenommen mehr als eine große Tasse voll ausmachen. Ferner ist es nützlich, wenn die Eltern mehrmals mit Hilfe eines Lakmus-Papiers feststellen, ob die Stühle sauer oder alkalisch reagieren. Damit lassen sich schon Hinweise auf das etwaige Bestehen einer Kleberunverträglichkeit (s. S. 321) oder einer solchen bestimmter Zuckerarten gewinnen.

• Selten kommen alle diese Ereignisse beim vollgestillten Kind vor. Geschieht das doch, so stillt man auf jeden Fall weiter und ersetzt das Verlorene durch Muttermilch oder Tee.

• Beim künstlich ernährten Kind und leichtem Verlauf des Durchfalls folgt man den diätetischen Anweisungen des Arztes, nach Rücksprache z.B. nach folgendem Schema:

1. Tag: Teegaben über die Dauer von zwei Mahlzeiten in Form von Fencheltee und 3 (–5) % Traubenzucker (d. h. 3 g auf 100 ml Tee; 1 Teel. enthält etwa 3 – 5 g Traubenzucker) und ein paar Körnchen Salz oder die vom Arzt verordnete Fertigmischung aus Traubenzucker und Salzen in niederer Konzentration. Diesen Tee gibt man in kleineren Mengen nach Bedarf, eventuell auch stündlich, solange das Kind wach ist. Am Abend allenfalls zur dritten Mahlzeit bekommt das Kind etwas Reisschleim (3 – 4 g Reisschleimpulver auf 100 ml Wasser bzw. ein vielfaches davon und 5 % Traubenzucker). Die Zugabe des Traubenzuckers in dieser Konzentration schadet nicht, weil er gut vom Darm aufgenommen wird. Das Kind entkräftet unter dieser Zugabe weniger schnell. Außerdem haben neuere Forschungen gezeigt, dass der Zuckerzusatz für die Regeneration der Darmschleimhaut von entscheidender Bedeutung ist.

2. Tag: Reisschleim wie oben, beim über drei Monate alten Säugling gemischt mit Karottengemüse in der Flasche oder als Brei (Zubereitung s. S. 325 ff.), wiederum unter Zusatz von etwa 5 % Traubenzucker. Das Karottengemüse wird in steigender Menge gegeben und kann mehrere Gläschen ausmachen. Bei Säuglingen unter vier Monaten, die noch nicht an das Karottengemüse gewöhnt sind, bleibt man bei Reisschleim, den man allenfalls etwas dicker herstellt. Einen Zusatz von stopfendem Heidelbeersaft kann man versuchen. An diesem Tag gibt es noch keine Milchprodukte. Das Erbrechen muss am zweiten Tag aufgehört haben, die Stühle sollten seltener geworden sein, bei Karottengaben sollen sie gebundener aussehen, wobei typischerweise die Karotten »so herauskommen, wie sie hineinkamen«. Ohne Karotten bleiben die Stühle meist zerfahren und etwas schleimig und haben wenig Substanz (so genannte Hungerstühle).

3. Tag: Bei ungestörtem Verlauf kann nun wieder mit etwas Milch begonnen werden, wenn das Fieber im Sinken begriffen ist. Bei festerem Stuhl oder schon fehlendem Stuhlgang setzt man zu jeder Karotten-Reisschleim-Mahlzeit etwa 1/4 bis 1/3 abgekochte Kuhmilch oder die früher gewohnte und vertragene Pulvermilch hinzu.

Jeden Tag wird 1/4 oder 1/3 Karotten-Reisschleimnahrung durch diese Milch ersetzt. Schließlich landet man bei der Nahrung, die das Kind davor auch vertragen hat. Unterstützend und Komplikationen mindernd können nach Anweisung des Arztes Medikamente eingesetzt werden, zum Beispiel Geum urbanum Rh D4 4–6 mal tgl. 10 Tropfen oder Geum urbanum e radice D3, Trinkampullen, 3 mal tgl. 1 Ampulleninhalt eingeben. Allerdings werden nach Durchfällen manchmal bestimmte Zucker in den Nahrungsmitteln (z. B. Milchzucker) zunächst nicht vertragen. Darauf muss dann unter Anleitung eines Arztes diätetisch Rücksicht genommen werden.

Erbrechen und Durchfall im Kleinkindalter

Der einfache Magen-Darm-Infekt

Treten Erbrechen und Durchfall ohne wesentliches Fieber, ohne Koliken bei weicher Bauchdecke auf, so kann man folgendermaßen vorgehen:

Behandlung:

- Das Kind kommt ins Bett, und die Maßnahmen sind etwa die gleichen wie beim Säugling.
- Am ersten Tag wird eine Teepause gemacht, allenfalls etwas Reisschleim oder Hafersuppe gegeben, leicht gesalzen.
- Am zweiten Tag sollte das Erbrechen bereits vorbei sein. Man gibt Tee, Karottengemüse, geriebene Äpfel, eventuell etwas geschlagene Banane, Reis- oder Haferschleim, Heidelbeersaft und in Wasser eingeweichten Zwieback.
- Am dritten Tag muss auch der Durchfall besser sein. Es gibt zur Nahrung Kartoffelbrei oder Grütze, Toastbrot oder Knäckebrot, eventuell schon etwas Butter, Milch und Quark, je nach Befund. Keine Negerküsse, keine Milchschokolade, keine Pommes, keine Hähnchen, keine Limonade! Viele Rückfälle ereignen sich an

diesem Tag, weil die kleinen Patienten andere Leute »gute Sachen« essen sehen.

- Wird am vierten Tage leichte Kost noch nicht wieder vertragen, sollte der Arzt zu Rate gezogen werden.
- »Alles essen« darf das Kind wieder, wenn es drei Tage weder Erbrechen, noch Durchfall, noch Fieber gehabt hat.
- Ganz selten wird etwa eine Woche nach einem solchen Magen-Darm-Infekt roter Urin bemerkt (ohne dass Rote Bete gegessen wurde). Dies ist ein Grund, sofort den Arzt aufzusuchen (s. auch S. 104).

Medikamentöse Unterstützung beim einfachen Magen-Darm-Infekt z. B. mit Geum urbanum rad. Rh D3 3-5 x tgl. 10 Tr. oder Veratrum album rad. D6 3-5 x tgl. 5 Tr. verdünnt, im weiteren Verlauf evtl. Birkenkohle comp. 3-5 x tgl. Inhalt einer Kapsel mit Tee aufgeschwemmt.

Das acetonämische Erbrechen

Die Bauchdecken sind weich und nicht druckschmerzhaft, doch können vor den Erbrechensattacken starke kolikartige Bauchschmerzen auftreten, manchmal Stunden vor dem eigentlichen Erbrechen. Aus unbekannter Ursache kommt es bei dazu veranlagten Kindern im Alter von etwa 2 bis 10 Jahren zu einer vorübergehenden Störung des Fettabbaues, bei der Aceton und Ähnliches entsteht. Menschen mit feiner Nase riechen das Apfelartige schon, wenn sie ins Zimmer kommen.

Behandlung:
Beim ersten Mal sucht man den Arzt auf. Später können die Eltern den Zustand selbst beurteilen. Die Kinder brauchen in diesem Moment dringend Zucker und Flüssigkeit, damit der Stoffwechsel wieder ins Gleichgewicht kommt. Alle 10 Minuten schluckweise Tee mit einem Zusatz von 5 % Traubenzucker (d. h. 1 Teel. voll auf 100 ml Tee). Der Zucker im Tee ist das Heilmittel für das acetonämische Erbrechen. Geeignet sind Fenchel-, Kamillen- oder dünner

Apfeltee, weniger geeignet Malven- oder Pfefferminztee. Auf den Bauch kommt ein warmer Kamillen- oder Oxaliswickel (s. äußere Anwendungen, S. 614 f.).

Bricht das Kind noch einige Male, so lässt man sich dadurch nicht stören, sondern beruhigt das Kind und sagt, es werde jetzt bald besser werden, es solle nur schon langsam den nächsten Schluck Tee nehmen. Etwas behält das Kind nämlich doch davon. Nach ein bis zwei Stunden kann die Trinkmenge langsam gesteigert werden, bis der Traubenzuckertee tassenweise vertragen wird. Statt des reinen Traubenzuckertees kann man Fachinger Wasser mit Traubenzucker verwenden oder ein entsprechendes Fertigpräparat als Tee-Salz-Zucker-Gemisch aus der Apotheke, das den Vorteil hat, den Salz- und Mineralverlust des Körpers auszugleichen. Vielfach üblich ist die Gabe von Coca-Cola und Salzstangen. Wir empfehlen diese nicht. Coca-Cola ist durch seinen Phosphat- und Coffeingehalt als stimulierendes Getränk für Kinder nicht geeignet, insbesondere für solche, die zum acetonämischen Erbrechen neigen und ohnehin schon vegetativ labiler sind als andere.

Zwischendurch wird der Bauch vorsichtig betastet, ob er auch weiterhin weich ist. Wenn das Erbrechen aufgehört hat, gibt man zusätzlich Zwieback, sonst an diesem Tage nichts. Am folgenden Tag gibt es leichte fettfreie Kost. Am dritten und vierten Tag ist die Ernährung noch fettarm.

Hält das Erbrechen trotz dieser Maßnahmen mehr als einige Stunden an, so ist es ratsam, den Arzt aufzusuchen, spätestens jedoch dann, wenn das Kind Ringe um die Augen und eine trockene Zunge bekommt.

Gelegentliches Erbrechen, eher zunehmend, meist zusammen mit Kopfschmerzen, macht eine neurologische Untersuchung durch den Arzt notwendig.

Erbrechen nach Kopfunfall ist immer ein Anlass, sofort die Klinik aufzusuchen.

Erbrechen nach Schreck: Beruhigen und warmhalten. In schweren Fällen zum Arzt gehen.

Chronische Verstopfung

Solange ein Kind gestillt wird, gibt es praktisch keine behandlungsbedürftige Verstopfung (s. S. 277). Einer Neigung zur Verstopfung bei nicht mehr gestillten Säuglingen kann mit den auf Seite 326 beschriebenen Ernährungsmaßnahmen begegnet werden. Bei mangelndem Erfolg muss ärztlicherseits nach der Ursache gesucht werden. Eine chronische Verstopfung ist auch beim Kleinkind oft die Folge von schmerzhaften Einrissen am After (Analfissuren). Konstitutionelle, selten auch organische und schließlich seelische Gründe müssen ebenfalls in Erwägung gezogen werden. Deshalb ist bei wiederholter langzeitiger Stuhlverhaltung, eventuell mit Schmierspuren in der Hose, der Besuch beim Kinderarzt notwendig.

Behandlungsrichtlinien für den Fall, dass nur eine akute, reisebedingte oder eine gewohnheitsmäßige Verstopfung vorliegt:

- Der total vollgepfropfte Dickdarm muss zuerst einmal entleert werden. Am besten und schonendsten wirken ein hoher Einlauf mit Kamillen-Tee oder Fertigklistiere (s. S. 630). Zur Not kann man auch Mikroklistiere oder Zäpfchen verwenden, doch führen sie oft nicht zu der erwünschten Stuhlerweichung. Wichtig ist, dass zunächst der ganze Dickdarm und nicht nur der Enddarm entleert wird. Durch Betasten des Bauches kann man sich selbst leicht von der Wirkung des Einlaufs überzeugen. Da jede abführende Maßnahme von unten allmählich zur Gewöhnung werden kann, ist es gut, mit dem Arzt zu verabreden, wie oft abgeführt werden darf.
- Die nächste Maßnahme liegt in einer sinnvollen Kostkombination. Manchmal helfen ein Honigbrötchen und Pfefferminztee anstelle der gewohnten Milch. Bei schon vorhandener schlackenreicher Kost mit Müsli und groben Vollkornbroten geht man einmal zur schlackenärmeren Ernährung über, besonders auch dann, wenn Blähungen und Bauchschmerzen häufig sind. Andererseits wird das »Nudel-Weißbrot-Schokoladen-Kind« zuerst einmal die Natur von ihrer kräftigeren Nahrungsseite her kennenlernen müssen.

Stopfende Nahrungsmittel sind Kakao, Bananen, Äpfel, Schwarztee, Heidelbeeren und Milch. ***Abführend*** wirken Rhabarber, eingeweichte Dörrpflaumen, Feigen, Buttermilch, Joghurt und Dickmilch, Mineralwasser und Leinsamen. Letztere sind als Universalmittel in gemahlenem Zustand bei Kindern verwendbar. Man kann davon zweimal täglich einen Teelöffel mit ein wenig Honig und drei Tropfen Zitrone anrühren oder sie in Dickmilch oder Suppe vor dem Essen reichen.

- Ein wichtiger Teil der Behandlung liegt jedoch in der Beachtung der *Familiensituation*. Da, wo bereits aus der vorigen Generation das Problem bekannt ist, wirkt der erste ausbleibende Stuhl auf die Familie ganz anders, als wenn die Eltern dafür nicht sensibilisiert sind. In beiden Fällen gilt jedoch immer und uneingeschränkt: Nichts wirkt verstopfender auf den Darm als die Sorge um den Stuhlgang! Dagegen wirkt das lebhafte Interesse an der Umwelt abführend. Wenn also der Tag noch kein mit Spannung erwartetes Ziel verspricht, so sollte eines auftauchen, auch wenn es nur eine kleine Überraschung ist, die man jemand anderem bereiten will. Das gilt auch für den Säugling und das Kleinkind, nur sind Spannung und Überraschung hier mehr durch die Art der Zuwendung zu erreichen.

Verdauen lernen

Erde, die uns dies gebracht,
Sonne, die es reif gemacht –
liebe Sonne, liebe Erde,
euer nie vergessen werde.
CHRISTIAN MORGENSTERN

Die besondere Anfälligkeit des kindlichen Magen-Darmtraktes gegenüber Störungen zeigt, dass die Verdauungsorgane sich ihre Funktionstüchtigkeit erst erobern müssen. Was muss dabei »gelernt«

werden, was bewirkt die Verdauung? Sie muss alles vernichten können, was die Eigentümlichkeit eines Nahrungsmittels ausmacht; das heißt, die Verdauung ist um so besser, je weniger dabei Fisch oder Radieschen bleiben, was sie waren. Nur nach ihrer vollständigen Zerstörung können Nahrungsmittel zum Aufbau menschlicher Substanz herangezogen werden. Sie müssen – als Produkte der Umwelt – »sterben«, um menschlicher Kraftentfaltung dienen zu können. Gelangt zum Beispiel nur ein wenig artfremdes Eiweiß in das menschliche Blut, so muss der Körper darauf hochakut mit Fieber und allergischen Symptomen reagieren. Treten Nahrungsunverträglichkeiten (wie zum Beispiel gegen Getreide-Kleber, Milcheiweiß oder bestimmte Zucker) auf, so ist der Organismus nicht mehr ausreichend in der Lage, das entsprechende Stück »Welt« in »Mensch« umzuwandeln.

Vorbild für jede Diät ist der Weg vom leichtest verträglichen wieder hin zu den schwerer verdaulichen Nahrungsmitteln. Es kann nötig sein, in bestimmten Krankheitsfällen gewisse Nahrungsmittel auszuschließen. Im geeigneten Fall sollte das Ziel jedoch sein, die gemiedenen Speisen wieder verdauen zu lernen. Wir sind um so kräftiger und willensstärker, je mehr unser Stoffwechsel in der Lage ist, alle Nahrungsmittel in menschliche Substanz zu verwandeln.

Es weckt Erstaunen, dass dieser körperlichen Verdauungsarbeit die »seelische« und »geistige Verdauung« polar gegenüberstehen: Gesunde Verdauung verwandelt mineralische, pflanzliche und tierische Substanz in körpereigene um. Eine gesunde seelisch-geistige Verdauung hingegen bewirkt das Umgekehrte. Hier gelingt Verarbeiten in Form von Verstehen und Erkennen nur in dem Maß, als ich in der Lage bin, mich an das, was ich verstehen und erkennen möchte, hinzugeben, mich in es gleichsam zu verwandeln »in der Sache drin zu sein«: Ich werde im Verstehen und Erkennen »Welt« und muss mich selbst, d.h. meine persönlichen Gefühle, Meinungen und Vorlieben überwinden, wenn sie »nicht stimmen«, das heißt nicht in Übereinstimmung mit der Wirklichkeit sind, die ich erkennen und verstehen möchte. In der Verdauung kommuniziert die Welt auf körperlicher Ebene mit dem Menschen: Welt wird Mensch. Die Welt opfert sich gleichsam, damit der Mensch sein kann. In der Erkenntnisarbeit kommuniziert der Mensch seelisch-geistig mit der Umwelt und lernt diese in ihrer Existenz verstehen – so wie sie ist, indem er sich selbst überwindet und seinen persönlichen Standpunkt oder seine irrigen Meinungen »opfert«: Mensch wird im Erkennen Welt. Eins unterstützt das andere – beides zusammen macht aber erst die volle menschliche Ernährung aus. Geistige und physische Ernährung sind immer zugleich auch Verwandlung, die Entwicklung ermöglicht. Daher ist verständlich, warum in einer Religion wie der christlichen, die den Entwicklungsgedanken im Zentrum hat, zugleich auch der Ernährungsvorgang in seiner wahren – sakralen – Bedeutung erscheint: in der heiligen Kommunion.

Steiner hat diesen Sachverhalt in einem Tischgebet formuliert, das auch Kinder gerne mitsprechen:

Es keimen die Pflanzen in der Erdennacht
Es sprossen die Kräuter durch der Luft Gewalt
Es reifen die Früchte durch der Sonne Macht

So keimet die Seele in des Herzens Schrein
So sprosset des Geistes Macht im Licht der Welt
So reifet des Menschen Kraft in Gottes Schein.

(Zitiert nach Rudolf Steiner: *Wahrspruchworte*, GA 40, S. 321, Dornach 1998.)

Empfohlene Literatur:

Enders, E. / Stahl, G. (Hrsg.): *Chemie in der Kindernahrung.* Landsberg/Lech 1995.

Needleman, H. L. / Landrigan, Ph. J.: *Umweltgifte: So schützen Sie Ihr Kind.* Stuttgart 1996.

Hauterscheinungen und Hauterkrankungen

An dieser Stelle sollen die wichtigsten Hauterkrankungen zur Sprache kommen, ausgenommen Kinderkrankheiten und Infekte. Was wir an der Haut sehen, ist Ausdruck der Befindlichkeit des ganzen Menschen. Ernährungszustand, Wasserhaushalt, Kreislauf, Leber, Niere, Nebenniere, Schilddrüse und Nervensystem sind an den vielfältigen Erscheinungen beteiligt. Die Tätigkeiten des lebendigen Organismus und des Seelisch-Geistigen können wir in manchen Symptomen unmittelbar erkennen, in vielen Symptomen vermuten. So ist bekannt, dass bei Stoffwechselstörungen von Niere und Leber Harnsäure und Bilirubin in der Haut abgelagert werden können und dass dies Juckreiz verursachen kann. Ebenso kennt jeder das Phänomen des Erblassens durch Schreck und bei Angst, das Auftreten der Schamröte sowie die feine Röte, die das Gesicht bei besonders freudigen Erregungen überzieht.

Im Folgenden wollen wir die Symptome und Krankheiten besprechen, bei denen eine Vorbeurteilung durch die Eltern die Entscheidung erleichtert, ob ein Arztbesuch notwendig ist oder nicht. Des Weiteren sollen auch solche Hauterkrankungen betrachtet werden, bei denen Pflege- und Behandlungsratschläge im Allgemeinen gegeben werden können.

Die Muttermale des Säuglings

Feuermale:
Angeborene flächenhafte Rötungen im Hautniveau deuten auf harmlose Erweiterungen der feinen Hautgefäße. Sind sie mittelständig oder symmetrisch an Stirn, Augenlidern, Augenbrauen oder im Nacken (dort auch »Storchenbiss« genannt), verschwinden sie meist im Laufe des ersten Lebensjahres. Dagegen bleiben die einseitigen Feuermale zeitlebens bestehen.

Blutschwämme:
Diese treten als weiche, rote, runde Gebilde über das Hautniveau hinaus. Blutschwämme entstehen und wachsen im Allgemeinen im ersten Lebensjahr und verschwinden vom zweiten Lebensjahr an langsam wieder.

Milchkaffee-farbene Flecken:
Meist sind diese wenig auffallenden Flecken einige Zentimeter groß, unregelmäßig begrenzt und bleiben als unveränderliche Merkmale bestehen. Beobachtet man mehr als fünf Flecken dieser Art oder bedecken sie große Anteile der Haut, so bespricht man sich mit dem Arzt.

Dunkle Pigmentflecken:
Auch diese Hauterscheinungen mit oder ohne Behaarung bleiben zeitlebens bestehen. Ihre unterschiedliche Größe und Form lässt eine gemeinsame Beurteilung hier nicht zu. Pigmentflecken, die sich verändern oder wachsen, sind der Beurteilung durch einen erfahrenen Arzt zu unterziehen.

Gelbfärbung / »Gelbsucht«

Gelbfärbung der Haut ohne Beteiligung des Weißen im Auge stammt beim Säugling gewöhnlich von der Karottennahrung und ist harmlos.

Ist das Weiße des Auges mitbetroffen, so handelt es sich um *Gelbsucht*. Diese kommt bei fast allen *Neugeborenen* leichter oder stärker ausgeprägt vor, da die Leber den nach der Geburt einsetzenden Abbau des fötalen Blutfarbstoffes verzögert aufarbeitet. Die Therapie besteht in ausgeprägten Fällen in *Lichtanwendung* (Neugeborene, die in Fensternähe liegen, sind weniger stark betroffen) und muss in schweren Fällen in der Klinik während der ganzen Nacht mit Speziallampen durchgeführt werden. Eine *Austauschtransfusion* ist fast nur bei *Blutgruppenunverträglichkeiten* zwischen Mutter und Kind mit sehr hohem Bilirubinanstieg notwendig.

Wenn beim gelben Neugeborenen die Stühle nach Abgang des schwarzen Kindspechs (Mekonium) nicht gelb, sondern grauweiß werden und der normalerweise fast farblose Urin stärker gelb wird, liegt eine *Gallenstauung* vor. Gelbsucht im späteren Alter spricht meist für eine *Lebererkrankung*. Beides bedarf sofortiger ärztlicher Abklärung.

Milien

Hierbei handelt es sich um stecknadelspitzgroße, weiße, derbe Pickelchen bei Neugeborenen. Sie befinden sich meist in Augennähe, enthalten einen Hornbestandteil (Keratin) und verschwinden von alleine wieder. Dasselbe gilt übrigens für bis linsengroße, mehr gelbliche Einschlüsse, die im Mundbereich, auf der Zahnleiste oder an der Grenze zwischen knöchernem und weichem Gaumen von den Eltern entdeckt und manchmal mit dem Soorpilz verwechselt werden.

Gneis

So nennt man derbe, fettige Schuppenbildungen, die plattenförmig am Schädel und an den Augenbrauen auftreten. Er kommt in den ersten Lebensmonaten vor und kann nach Aufweichen durch Öl mit dem Staubkamm vorsichtig abgehebelt werden. Dabei braucht man keine Angst zu haben, etwa die Fontanelle zu verletzen. Später läßt diese Erscheinung nach.

Wangenpickel in den ersten Lebenswochen

Wenn sich Pickel in den ersten Lebenswochen auf einer verdickten Wangenhaut derb anfühlen, so sind sie wie der Gneis häufig Erscheinungen im Rahmen der sogenannten seborrhoiden Dermatitis (vgl. unten) und Ausdruck der hormonellen Umstellung ähnlich wie in der Pubertät. Man muss sie von Eiterpustelchen unterscheiden (s. S. 123). Diese Pickel enthalten Talg und sind nicht eitrig oder ansteckend. Meist genügt es, die Wangen mit einer Fettcreme bzw. Unguentum Leniens aus der Apotheke zu pflegen. (Später auftretende Pickel s. unter Ekzem, S. 117 ff.)

Seborrhoide Dermatitis

Für diese Hauterscheinungen gibt es keinen brauchbaren deutschen Ausdruck. Mit seborrhoider Dermatitis wird eine Hautentzündung infolge unregelmäßigen Talgflusses bezeichnet. Es handelt sich um eine zu starke Lebenstätigkeit der Haut, die sich durch eine vermehrte Fettproduktion mit heftiger Schuppenbildung auszeichnet. Bei dieser Krankheit gehen die eben beschriebenen derben Pickel in einen stärkeren Reizzustand über. Im Windelbereich, an Körperfalten und am Nabel können so Entzündungsherde auftreten, die sich langsam ausdehnen und unter Umständen den ganzen Körper befallen. Bei solch einer generalisierten seborrhoiden Dermatitis bedarf die Haut sehr guter Pflege, damit es nicht zu einer Vereiterung der wunden Stellen kommt. Die Kinder haben keinen Juckreiz und sind in der Regel freundlicher Stimmung. Für den Arzt ist es nicht immer leicht, die Krankheit von einem Pilzbefall zu unterscheiden. Auch können sich beide Krankheiten leicht überlagern. Die seborrhoide Dermatitis heilt oft bis zum vierten Lebensmonat ab. Für die Behandlung eignen sich Ölbäder. (Schuppenbildung am Kopf s. Gneis, S. 116.)

Chronisches endogenes Ekzem, atopische Dermatitis oder Neurodermitis

Diese drei Namen beziehen sich auf ein und dieselbe Krankheit, nämlich eine konstitutionelle Ekzembereitschaft. Bei der Hälfte der Kinder liegt eine familiäre Belastung vor und bei vielen eine Allergiebereitschaft gegen Nahrungsmittel, Milch und anderes. Es bestehen genetische Beziehungen zu Heuschnupfen und Asthma. Das Erscheinungsbild dieser Ekzemform nimmt in den letzten Jahrzehnten stark zu. Die Ursache ist nicht allein einzelnen Umweltbelastungen wie Giften, Reizstoffen oder einzelnen Nahrungsmitteln zuzuschreiben, sondern auch den veränderten Lebensbedingungen und -gewohnheiten insgesamt (vgl. S. 140 ff.) sowie erblicher Veranlagung.

Hervorstechendes Merkmal ist der starke Juckreiz, der oft bis zum Blutigkratzen führt. Die Haut ist bei Säuglingen meist mehr am Kopf und im Schulterbereich betroffen, später mehr im Stamm- und Gliedmaßenbereich, schließlich bevorzugt das Ekzem die Falten der großen Gelenke und die Handrücken. Die ganze Haut ist meist trocken, typisch sind die derben juckenden Knötchen, teilweise in Gruppen und dadurch fleckig erhaben erscheinend. Sie können durch Flüssigkeitsaustritt wie Wundsein imponieren oder verkratzt und dadurch krustig belegt sein. Solche krustigen, manchmal sehr verdickten Stellen werden an Wangen und Schädel häufig als Milchschorf bezeichnet. Der Begriff ist jedoch übertragen und ungenau.[11]

*Oft zeigt sich **Verschlechterung durch Nahrungsmittel**:* Manche stillende Mutter bemerkt, dass das Ekzem sich unter bestimmten Nahrungsmitteln, die sie selbst zu sich nimmt, verschlechtert und lässt diese dann weg. Hat die Mutter selbst eine Ekzemneigung, so lässt sie schon vorsorglich Kuhmilchprodukte weg. Nur in seltenen schweren Fällen muss vorzeitig abgestillt werden. Oft tauchen die Erscheinungen erst mit dem Einsatz von *Kuhmilch* auf. In der Regel stellen sie sich dann innerhalb von Tagen ein.

Hat das Kind jedoch in den ersten Lebenstagen vorübergehend etwas Kuhmilch bekommen, so muss bei einem Kind aus einer Ekzematikerfamilie die *erneute Kuhmilchgabe mit Vorsicht* geschehen, am besten zunächst nur tropfenweise und unter kinderärztlicher Überwachung oder erst nach einer Blutuntersuchung auf Kuhmilch-Antikörper. Ein so vorbelastetes Kind könnte mit schockartigen Symptomen auf die erneute Kuhmilchgabe reagieren. Hat sich unter Kuhmilch jedoch im Laufe von Tagen nur ein geringer ausgeprägtes Ekzem gebildet, so bleibt es eine individuelle Entscheidung, ob diese Hautsymptome tolerierbar sind und Kuhmilch, zum Beispiel in Form von mildem Joghurt, weiter gegeben wird oder ob man auf eine sojahaltige Ersatznahrung übergeht oder auf teurere Stuten- oder Ziegenmilch oder -joghurt.[12]

Abraten möchten wir von einem ständigen Wechsel und Probieren von Grundnahrungsmitteln. Meist kann im Laufe des zweiten Lebensjahres mit einer ***deutlichen spontanen Besserung*** der nahrungsbedingten Ekzeme gerechnet werden. Dennoch reagieren viele Ekzematiker auch später noch empfindlich auf Zitrusfrüchte und überhaupt auf Saures, häufig auch auf Nüsse und gelegentlich auf Fisch und Ei. Sauermilchprodukte werden hingegen oft schon vertragen, wenn die frische Milch noch ekzemauslösend wirkt. Zucker,

Honig und Süßigkeiten können das Ekzem verschlechtern, ohne dass eine echte Allergie gegen sie bestehen muss. Hat ein Kind mit Ekzem einmal einen Brechdurchfall, so können die Eltern auf jeden Fall den dann dringend nötigen Traubenzuckertee geben, auch wenn sich das Ekzem gelegentlich etwas verschlechtert.

***Die Therapie** sollte sowohl äußerlich wie innerlich auf das einzelne Kind abgestimmt sein.* Kortisonhaltige Salben empfehlen wir nicht. Wir verwenden sie nur, wenn die Eltern oder das Kind den zeitlichen Mehraufwand der alternativen Therapie nicht leisten können. Die nachstehenden Hinweise sind als Überbrückungshilfe gedacht.

- Bei trockener Haut hat sich folgende Salbe bewährt:

Equisetum Oleum 10 % (Weleda)	50,0
Aqua dest.	75,0
Eucerinum anhydricum	ad 200,0

- Bei starkem Juckreiz kann folgende Salbe Verwendung finden:

Decoctum aquos. Equiseti 10 %	100,0
Eucerinum anhydricum	ad 200,00

- Bei einem Juckreizanfall empfiehlt sich ein warmes Bad mit Zusatz von Schachtelhalmtee (1 Handvoll auf 1 l Wasser, 10 Minuten kochen und dem Bad zufügen). Anschließend wird die Haut neu eingecremt.

- Bei stark nässenden Ekzemen sind nasse, kühle (!) Kompressen mit Schachtelhalmtee angebracht (s. S. 626).

- Die juckenden Stellen müssen mit Baumwollwäsche bedeckt werden, am besten in Form eines einteiligen Overalls, der auch die Hände miteinschließt und den die Mutter der Größe des Kindes entsprechend selbst anfertigt (s. Schnittmuster S. 631). Dieses Kleidungsstück wird geliebt, weil es von der Mutter kommt. Wenn man es mit Sonne, Mond und Sternen bestickt oder an den Handteilen freundliche Gesichter aufmalt, freuen sich die Kinder oder spielen stundenlang mit ihren »Handpuppen«, ohne weiter zu kratzen.

• *Wichtig ist, dass es den Eltern gelingt, sachlich zu bleiben.* Oft wird der starke Juckreiz zur Belastungsprobe für die ganze Familie. Die Mutter ist am Rande der Verzweiflung und am Ende ihrer Kräfte, weil sie keine Nacht mehr Ruhe bekommt. Das Kind merkt, dass es mit dem Kratzen schließlich alles erpressen kann: Es schläft nicht mehr in seinem Bett, will immer das Gegenteil von dem, was die anderen wollen, und wird vom Augapfel der Familie zum Tyrannen. Hier hilft nur, gerade dieses Kind so »normal« wie möglich zu behandeln. Zum Beispiel werden die oben angegebenen Maßnahmen in aller Ruhe nacheinander durchgeführt, und anschließend wendet man sich ohne weitere Sonderbeachtung dem Tagesablauf zu.

• Seelische Aspekte: Die Haut des Ekzematikers erscheint in ihrer Trockenheit einerseits unlebendiger und abgeschlossener, andererseits aber empfindlicher reagierend und beim feuchten Ekzem zu lebendig und offen. Gibt man diesen Kindern eine Hülle durch äußere Anwendungen, z. B. Umschläge oder Salben, und eine geeignete Kleidung und öffnet sie seelisch, indem man ihr Interesse weckt an den Vorgängen der Außenwelt, so hilft man ihnen, sich von ihrem Leib ab und seelisch mehr nach außen zu wenden. Lässt man sie dann auch in eindeutiger Weise »ihre Grenzen« erleben, das heißt, wissen die Eltern, was sie wollen und was in dem betreffenden Augenblick zu tun ist, dann kann sich die Persönlichkeit des Kindes daran stärken und ihr Verhältnis zur Welt neu bestimmen.

Dies wirkt positiv auf den Verlauf der Krankheit und trägt deutlich zur Beruhigung der Hauterscheinungen bei.

Empfohlene Literatur:

Nickel, Gisela: *Wenn mein Kind allergisch ist.* TB, Freiburg 1996.

Soldner, Georg / Stellmann, Michael: *Individuelle Paediatrie.* Stuttgart 2001. (In Vorbereitung bei der Wissenschaftlichen Verlagsanstalt)

Marmorierte Haut

Blauverfärbung der Haut an den Lippen und Fingernägeln oder an den Füßen oder eine marmorierte Haut (melierte Röte oder Bläue ganzer Körperregionen) kann bedeuten, dass es dem Kinde zu kalt war oder ist. Auch im Fieberanstieg kann man solche Flecken beobachten. Nach einer größeren Mahlzeit sind die Kinder in dieser Hinsicht auch empfindlicher. Je nach Situation zieht man dem Kinde Wollwäsche an oder packt es sonst warm ein. Im Zusammenhang mit schneller Atmung oder zu schnellem oder zu schwachem Puls und geschwächtem Allgemeinbefinden kann eine Blauverfärbung auf eine Lungen- oder Herzerkrankung hinweisen und ist dann Grund zum Besuch des Arztes.

Wenn Kleinkinder zu lange unbeweglich in der Kälte waren, können sehr schmerzhafte Erfrierungen ersten Grades auftreten. Das sind rötliche, teigige Schwellungen, besonders in der Umgebung der Finger- und Zehengelenke. Zu intensive Wärmeanwendung von außen ist dann genauso falsch wie das früher übliche Abreiben mit Schnee. Am besten gibt man dem Kind heißen Tee mit Honig und packt es dick in Schafwolldecken oder Federbetten.

Wangenrötungen

Gerötete Wangen können viele Ursachen haben: Fieber, Zahnen, Scharlach, frische Luft, Aufregung. Gelegentlich sind sie Folge einer zu langen Kälteeinwirkung anlässlich eines Spazierganges im Wind. Besonders bei pausbäckigen, etwa halbjährigen Säuglingen kann es auch da zu wochenlang sichtbaren leichten Erfrierungen kommen. Unter der etwas dunklen Rötung der Wangenhaut tastet man derbe Gewebsverdichtungen. Die betreffende Haut ist dann noch längere Zeit überempfindlich gegen Kälte und muss besonders geschützt werden mit Fettsalbenklecksen, gegebenenfalls wird etwas Mull daraufgepackt.

Einseitige, zunehmende, schmerzhafte Schwellungen dagegen bedürfen rascher ärztlicher Behandlung.

Blässe

Sind die Schleimhäute der heruntergezogenen Augenlider, die Lippen, Ohrläppchen und Fingernägel gleich rosig wie bei anderen Kindern, besteht trotz Blässe keine Blutarmut. Sind diese jedoch auch blass oder bestehen außerdem Schlappheit und Lustlosigkeit, so ist der Arzt aufzusuchen. – Eine medikamentöse Eisengabe ist nur bei echter Eisenmangelanaemie angezeigt.

Nabelentzündungen

In der dritten Woche des Neugeborenen kann der Nabel noch feucht sein oder wieder feucht werden, manchmal auch etwas bluten. Ist die Hautumgebung rot und geschwollen, so geht man gleich zum Arzt. Befinden sich nur ein paar Reizpickelchen in der Umgebung, so hat man noch etwas Zeit. Meist handelt es sich um ein sogenanntes Nabelgranulom, das nichts anderes ist als »wildes Fleisch«, wie man es bei langsam heilenden Wunden zu sehen bekommt. Die Wunde ist in diesem Falle die nur noch 2-3 mm große Stelle, an der die Nabelschnur hing. Die Behandlung besteht in Betupfen mit einem Argentum-nitricum-Stift durch den Arzt. Nachbehandlung zu Hause, wie von ihm verordnet oder wie folgt: Reinigen mit 70%igem Alkohol oder einem anderen Hautdesinfektionsmittel, trocknen lassen oder abtupfen, dann pudern, z.B. mit Wecesin. Dieses ein- bis zweimal täglich. Die Nabelbinde lässt man im Allgemeinen weg, da die frischen Mullwindeln genauso sauber sind und öfter gewechselt werden. Bei dieser Behandlung verschwinden auch die kleinen Pickel in der Umgebung. Desinfektionsmittel und Alkohol können nach einigen Tagen reizen und sollen deshalb nicht länger als drei bis vier Tage gebraucht werden. Schmiert dann der Nabel immer noch, muss der Arzt eventuell noch einmal mit dem Silberstift behandeln. Weitere Nachbehandlung mit Öl.

Im Allgemeinen sind die Mütter aus verständlichen Gründen nicht geneigt, am Nabel viel zu machen. Die Angst, in den Bauch hineinzukommen, ist jedoch unbegründet. Sekrete, Borken, Puderreste können im Nabel reizen und auch zu feinen Blutaustritten führen. Also etwa ab der dritten Woche ruhig kräftig reinigen mit ölgetränktem Watteträger oder Nabeltupfer!

Eiterpusteln und Bläschen beim jungen Säugling

Im Gegensatz zu den mehr spitzen, derben, gelblichen Knötchen bei der seborrhoiden Wangenveränderung fallen die etwas flacheren, meist wenige Millimeter großen, grünlichgelb-gefüllten Bläschen in die Gruppe der eitrigen Hauterkrankungen. Wir handeln sie an dieser Stelle ab, weil sie im Säuglingsalter anders aussehen und anders behandelt werden. In dem Eiter lassen sich Staphylokokkenbakterien nachweisen. Die Pustelchen treten einzeln oder in Grüppchen, meist an der harten Kopfhaut, unter den Achseln oder im Windelbereich auf. Sie können jedoch auch an allen übrigen Körperstellen vorkommen. In den seltenen Fällen, wo innerhalb von Stunden zentimetergroße Eiterblasen aufschießen, muss man gleich zum Arzt fahren. Bei den kleinen Pusteln ist ärztliche Behandlung auch anzustreben, doch ist die Situation, wenn es dem Kinde sonst gut geht und kein Fieber besteht, nicht so dramatisch. Die Zeit bis zum Arztbesuch kann man schon einmal nutzbringend damit verwenden, die Pflege des Kindes auf mögliche Keimverschleppung hin zu überprüfen: täglicher, vollständiger Wäschewechsel beim Kind und seiner Umgebung, einschließlich aller Trockentücher, die die Eltern benutzen; Reinigung des Pflegeköfferchens, eventuell Wechsel der Pflegemittel, Salbenentnahme nur noch aus frischen Gefäßen mittels Holzspatel, den man anschließend wegwirft; gründliches Waschen der Hände mit Seife und Bürste vor und nach der Pflege des Kindes. Solche Hauterscheinungen treten nicht nur bei mangelhaft gehandhabter Hygiene auf, sondern auch bei Familien, die unnütz von Desinfektionsmitteln Gebrauch machen. Dadurch wird die normale Hautflora zerstört und eine erhöhte Anfälligkeit für Keimbesiedlungen hervorgerufen. Wichtig ist zu wissen, dass infolge der konstitutionellen Abwehrschwäche der Säuglinge diese Krankheit sehr leicht auf andere junge Säuglinge übertragen werden kann. Außerdem kann es zu einer Brustdrüsenentzündung bei der Mutter kommen. Deswegen sollten die Eltern in dieser Zeit bei sich auf kurzgeschnittene Fingernägel achten, um eine gründliche Reinigung zu ermöglichen, und aufpassen, dass die Haare nicht über das Kind streichen und so zu »Bakteriendepots« werden. Unter Anleitung des Arztes kommt man in der Behandlung meist mit äußerlich desinfizierenden und trocknenden Maßnahmen aus.

Was tun bei Wundsein?

Im praktischen Sprachgebrauch bezeichnen wir damit alle entzündlichen Hauterscheinungen im Bereich der Windeln (s. Abb. 7). Eine plötzliche, *flammende Rötung* (einfaches Wundsein) um den After, meist nicht über die Pofalten hinausgehend, kommt oft von einem Stuhlgang, der länger in den Windeln lag, oder von einem etwas schärferen Stuhlgang, zum Beispiel nach Apfelsinensaft oder Äpfeln, bei leichteren Verdauungsstörungen (gehäuft in der Periode des Zahnens) oder einfach von einem beginnenden Durchfall. Behandlung: Erst mit Wasser, dann mit Öl reinigen, austrocknende, gut haftende, fettende Cremes verwenden (zum Beispiel Zinkpaste mit Lebertran), häufig wickeln.

Kleine rote Pickelchen mit einem feinen weißen Schuppenkranz am Rand sind *verdächtig auf Soorpilzbefall.* Sie treten oft zuerst um den After oder das Genitale herum auf, schließen sich zusammen und können endlich den ganzen Windelbereich bis zum Nabel befallen. Am Ende findet sich eine derb rote Fläche, die leicht nässt (vgl. S. 126 ff.).

Eine *Ammoniakdermatitis* brauchen wir hier nicht zu behandeln, da die Leser dieses Buches ihre Kinder ausreichend oft wickeln. Diese Art der Windeldermatitis entsteht aufgrund der Zersetzung des Urins und der durch Ammoniak entstehenden Hautreizung.

Auch die schon erwähnte *seborrhoide Dermatitis* kann den Windelbereich befallen. Man verwendet die erwähnte Fettsalbe und deckt anschließend noch mit Zinkpaste ab. Auch hier gilt, möglichst mit Öl zu reinigen.

Hautreizungen in den Leistenbeugen während der ersten Lebenswochen können vom ungenügenden Säubern oder auch zu grobem Reinigen dieser noch zarten Hautstellen herrühren. Pflege: Mit viel Öl abtupfen und mit fetten, zusatzfreien Salben behandeln. Puder krümelt und reizt! Im selben Bereich können nach einiger Zeit derbere, gräuliche, der Falte entlangführende Hautverdickungen auftreten. Dann hat sich die oberflächliche Hautschicht mit dem Pflegemittel inkrustiert. Unter Baden und Ölen verschwindet dieser Belag innerhalb einer Woche.

Treten *bandförmige Hautreizungen am Nabel oder an den Schenkeln* auf, so liegt das an den Rändern der Plastikeinmalwindeln. Behandlung mit trocknenden Salben und Wechsel der Wickeltechnik (vgl. S. 279 u. 640).

In den ersten Lebenswochen sieht man gelegentlich mehr oder weniger dicht *rasenförmige Pickel* oder *bläschenförmige Ausschläge* überwiegend im Windelbereich, jedoch auch am Oberkörper. Nicht immer lassen sie sich als eitrig oder pilzbedingt einordnen. Es ist erfahrungsgemäß eine rasche Rückbildung zu erleben, wenn man nur einfach das Weichspülmittel weglässt und die gesamte Wäsche noch einmal ohne dieses spült.

Wir raten allen Eltern überhaupt zur konventionellen Wäsche

ohne Weichspülmittel, spätestens dann, wenn Hautreizungen am Körper auftreten. (Die Ergebnisse großer Doppelblindstudien sind bekannt, dennoch bleibt aufgrund unserer nicht blind gewonnenen Erfahrung die Empfehlung bestehen, keine Weichspülmittel zu verwenden und selbst im Umgang damit Erfahrungen zu sammeln. Den Unterschied in der Trocknungseigenschaft unbehandelter und weichgespülter Frottiertücher kann man ja auch deutlich bemerken.) Darüber hinaus ist es manchmal notwendig, die Windeln von Hand nachzuspülen, wenn die Waschmaschine mit zu wenig Wasser arbeitet bzw. einen zusätzlichen Spülgang einzuschalten.

Pilzerkrankungen

Einige dieser Hautkrankheiten haben nach dem Siegeszug der synthetischen Kleidungsstoffe eine unglaubliche Verbreitung gefunden. Andere sind erst durch die Verdrängung bakterieller Entzündungen mit Hilfe antibiotischer Behandlung dazu gekommen. Was früher als Krankheit besonderer Berufe mit Nässebelastung oder als Krankheit sozial schwacher Schichten galt oder bei besonders geschwächten Patienten auftrat, ist heute eine ganz gewöhnliche, in jeder Familie bekannte Erscheinung, auch wenn man nicht gerne darüber spricht. Dabei lässt der weltweit zunehmende Verbrauch antibiotischer Pilzmittel etwa abschätzen, wieviel diese zur Eindämmung der Pilzkrankheiten insgesamt leisten. Der Pilz ist jedenfalls, ob gefördert oder verfolgt, auf dem Vormarsch.

Soor in Mund- und Windelbereich

Im Mund sieht man feine oder gröbere, netzförmige oder krümelige weiße Beläge, besonders an den Wangeninnenseiten der Zunge. Manchmal reicht ein pelziger Belag bis an den Lippenschluss. Ein weißer Zungenbelag allein ohne befallene Wangenschleimhaut beweist jedoch nicht, dass ein Soor vorliegt.

Die Erscheinungen in der Umgebung des Afters bestehen anfangs aus mehr punktförmigen, oft nässenden Knötchen, die sich jedoch rasch ausbreiten, teils zusammenfließen und an deren Rand sich einwärts feine Schuppenkränze zeigen (s. Abb. 8). Zuerst siedelt der Pilz sich meist im Mund an und wandert dann durch den Darmtrakt in die Analregion. Er ist dementsprechend auch im Stuhl nachzuweisen. Bei gleichzeitiger Behandlung mit einem Breitbandantibiotikum oder bei sehr geschwächten Kindern setzt er sich hier besonders hartnäckig fest. Die Stühle riechen dann nach Hefe.

Behandlung:

- Im Allgemeinen ist damit zu rechnen, dass eine **lokale Behandlung** im Mund und am Po mit etwas Geduld zum Erfolg führt. Das gilt z. B. auch für solche Fälle, die vorher nur mit vorübergehendem Erfolg antimykotisch behandelt wurden (meist mit Nystatin oder Miconazol). Das Prinzip ist einfach: Im Mund schleimhautstabilisierende »Pinselungen« mittels Watteträgern, getränkt mit verdünntem Mundwasser oder -balsam (s. S. 642), mit denen man gleichzeitig einen Teil der Pilzbeläge herausstreift. Dass der Pilz nicht so schnell verschwindet wie bei einem Antimykotikum, ist nicht unbedingt ein Nachteil. Rückfälle sind dafür seltener.
- Für den Pilzbefall im Windelbereich gilt Folgendes: Pilze wachsen, wo es feucht und schattig ist, die einen mehr in der Wärme, die anderen mehr in der Kühle. So kann man sich selbst ausmalen, was jetzt zu tun ist. In Öl, besonders wenn es mit ätherischem Öl versetzt ist, können sie nicht wachsen. Man wird also die Haut zwar mit Wasser, aber dann mit einem einfachen Sonnenblumenöl reinigen (Sonnenblumenöl deswegen, weil es in diesen Mengen wesentlich billiger ist als das kommerzielle Babyöl) und anschließend ein Öl auftragen, das zweckmäßig ***ätherisches Öl*** enthält, wie z. B. 10%iges Lavendelöl, Calendulaöl oder Mischungen davon. (Thymianöl und Eucalyptusöl reizen zu stark und sind deshalb nicht geeignet.) Darüber kommt eine abdeckende Creme (siehe Anhang S. 641).

• Wichtig ist, dass die Kinder jetzt ***so oft wie möglich gewickelt*** werden, auch nachts ein- bis zweimal. Die Feuchtigkeit des Urins und dessen Zersetzungsprodukte wirken allen Heilungsmaßnahmen entgegen. Wir empfehlen Mullwindeln und zum Aufsaugen der Feuchtigkeit Windelhosen aus grobgestrickter, wenig vorbehandelter Schafwolle (s. Strickanleitung S. 632). Das Kind sollte in dieser Zeit nur gewaschen und allenfalls kurz gebadet werden, damit die Haut nicht aufweicht und die Pilze somit tief eindringen.

• Nach jeder Wasseranwendung muss die Haut sorgfältig ***abgetrocknet*** werden, evtl. mit dem Haarfön. Anschließend wird gut eingeölt. Besserungen dürfen nach drei bis vier Tagen erwartet werden, auch wenn anfangs noch einige Herde neu aufschießen. Bis zur völligen Abheilung vergehen aber zwei bis drei Wochen.

• Wenn wider Erwarten keine Besserung eintritt, so muss die Diagnose noch einmal überprüft werden. Auf jeden Fall hilft schließlich die ***offene Behandlung:*** Quer über die Mitte der Wiege wird ein kleiner Holzstab eingeklemmt, das Kind wird nur am Oberkörper angezogen, der Po liegt auf einigen Windeln. Über die Wiege und den Stab legt man eine Decke so, dass sie vom Kind nicht weggezogen werden kann und dass der Raum darunter schön warm bleibt. Im Allgemeinen muss man jetzt das Zimmer stark überwärmen, eventuell noch zusätzlich unter die Matratze eine Wärmflasche legen, damit keine Unterkühlung eintreten kann.

Der Fußpilz

Fußpilze (Epidermophytien) werden an der krümeligen oder lamellenartigen Hautabschilferung zwischen den Zehen oder am ähnlich aussehenden trockenen Befall der Schwielen an den Fußsohlen erkannt.

Behandlungsprinzipien: Soviel Luft und so wenig Wasser und Seife wie möglich (aber soviel wie nötig, wegen der sonst auftretenden geruchsbedingten Isolation…). Nach dem jetzt kürzeren Duschen oder dem kurzen Fußbad in Salbei- oder Eichenrindentee werden die betroffenen Stellen und ihre Umgebung sehr gut abgetrocknet, bzw. trocken gefönt. Dann wird die Haut mit den obengenannten Ölen oder einfach einem Massageöl eingerieben, das keine Reizstoffe, sondern nur natürliche ätherische Ölzusätze enthält. So oft wie möglich barfuß oder in Strümpfen oder offenen Sandalen gehen. Synthetikstrümpfe meiden, stattdessen Socken aus Schafwolle oder Baumwolle, die täglich gewechselt werden. Synthetisch gefütterte Schuhe oder Gummischuhe nur so kurz wie möglich anziehen.

Eitrige Hautentzündungen

Wundrose (Erysipel)

Scharf, aber unregelmäßig begrenzte, flächig sich ausbreitende, hochrote heiße Flecken bei Fieber und Abgeschlagenheit sollten sogleich dem Arzt gezeigt werden. Es ist selten möglich, hier ohne Antibiotikum auszukommen.

Ansteckende Hautvereiterung (Impetigo contagiosa)

Hierbei zeigen sich juckende, einzelne Pusteln, die sich rasch flächig ausdehnen und meist mit dicken gelben Krusten belegt sind. Das Kratzen sorgt für Verbreitung. Meist beginnt die Erkrankung an gereizten Hautstellen, zum Beispiel bei Schnupfen unter der Nase. Die Krankheit tritt vorwiegend bei Kleinkindern im Sommer auf, ist sehr ansteckend und ohne desinfizierende Behandlung schwer in den Griff zu bekommen. Die früher angewandten quecksilberhaltigen Präparate werden mit Recht nicht mehr genommen. Eine ärztliche Behandlung ist jedenfalls erforderlich. Bei Rückfällen denke man auch einmal an den – vielleicht alten? – Sand im Sandkasten als mögliche Infektionsquelle.

Haarbalgentzündungen (Follikulitis oder auch Staphylodermie genannt)

Man erkennt sie an den kleinen Eiterpusteln, in deren Mitte manchmal ein Haar zu sehen ist. Man begegnet diesen Entzündungen häufiger bei fetter Haut, bei vermehrtem Schwitzen, bei Dreckbelastungen, bei zuviel Fett in der Nahrung (Schweinefleisch und Wurst), bei Verdauungsunregelmäßigkeiten einschließlich Verstopfung, bei unzweckmäßiger Hautpflege und in der Pubertät. Letztere gebietet abzuwarten, die anderen Einflüsse müssen entsprechend gemindert werden.

Furunkel und Karbunkel

Etwas größere, tiefer in der Haut liegende eitrige Entzündungen bezeichnet man als Furunkel, ganz große als Karbunkel. Tritt die Entzündung unter den Achseln an den Schweißdrüsen auf, so spricht man von Schweißdrüsenabszessen.
Zu behandeln sind diese Eiterungen ähnlich wie die abszedierenden Lymphknoten am Hals oder in der Leiste, die wir im Zusammenhang mit den Halsentzündungen besprochen haben. Wenn sich eine Eiterbildung anbahnt, werden solche Abszesse vom Arzt geschnitten. Die Vorteile dieser Behandlung ohne Antibiotika wurden schon bei der Halslymphknotenentzündung beschrieben.

Treten solche Entzündungen mehrfach auf oder kehren wieder, was mehr im Kleinkind- und Schulalter der Fall ist, so sollte eine Konstitutionsbehandlung eingeleitet werden. Bei diesen Entzündungen bildet der Körper selbst einen abgrenzenden Schutzwall, in dem der Eiter eingeschlossen bleibt. Eine sich ausbreitende Gewebsentzündung ohne solche Wallbildung nennt man eine Phlegmone. Sie kommt selten vor und muss rasch in der Klinik behandelt werden.

Entzündungen an der Hand (Panaritien und Paronychien)

Durch besondere Gewebsspalten der Finger und des Handtellers ist dort leicht eine Ausbreitung einer ***eitrigen Entzündung*** in die Tiefe möglich. Bei zunehmenden und klopfenden Entzündungen an der Hand möglichst sofort den Chirurgen aufsuchen! Verzögerungen am ersten Tag können schon bleibende Schäden verursachen oder gar den Finger kosten. Beim fortschreitenden sogenannten Nagelumlauf verfährt man ebenso.

Beim jungen Säugling treten von allein oder durch zu frühes Nägelschneiden leicht ***Nagelbettentzündungen*** auf. Sie heilen meist in einem Heilsalbenbett aus, doch sollte auch hier der Arzt einen Blick darauf werfen, wenn die Entzündung sich auf das Endglied ausbreitet.

Der Verband sieht so aus: Auf den betroffenen Finger kommt ein Heilsalbenklecks. Dann wird über alle Finger ein sauberes Mulltüchlein geschlagen und am Handgelenk befestigt. Darüber kommt eine Art Handschuhsäckchen, das am Handgelenk locker verknotet wird. Dieser Verband wird ein- bis zweimal täglich erneuert. Heftpflaster ist in diesem Alter nicht erlaubt (es kann ein Finger abgeschnürt oder das Pflaster verschluckt werden). Auch im späteren Alter ist bei Eiterungen das Heftpflaster meist unzweckmäßig.

Die so genannte »Blutvergiftung«

Die eitrige Lymphgefäßentzündung (Lymphangitis) ist allbekannt und mit Recht gefürchtet, wenn sie nicht sofort behandelt wird. Nach einer meist kleinen Verletzung, die man nicht besonders beachtete, oder nach Wiederaufkratzen solcher Verletzungen bilden sich plötzlich rote Streifen, z. B. an der Innenseite des Armes oder Beines. Schnell schwellen und schmerzen auch die Achsellymphknoten. In dieser Situation ist der sofortige Arztbesuch notwendig. Meist wird die betroffene Gliedmaße durch eine Schiene ruhig gestellt und mit feuchten desinfizierenden Umschlägen versorgt. Oft erfolgt bei dieser Gelegenheit auch eine Auffrischung des Wundstarrkrampf-Impfschutzes. Bei Fieber ist besondere Vorsicht geboten.

Fieberbläschen (Herpes labialis)

Diese treten meist an den Lippen auf, sind nicht eitrig, sondern werden von dem gleichen Virus verursacht, das auch die so genannte Mundfäule hervorruft (s. S. 159). Man erwarte nicht vom Arzt, dass er sie wegzaubert. Man kann sie mit austrocknenden Pasten behandeln oder mit einem Melissenextrakt, zum Beispiel Lomaherpan-Creme. Virostatische Cremes verkürzen den Verlauf, verhindern aber auch nicht die Rückfälle.

Sonnenbrand

Einen Sonnenbrand kann man mit den bei der Verbrennung (s. S. 60) beschriebenen, verdünnten Lösungen behandeln, wenn nicht eine Arnica-Allergie besteht. Die nassen Umschläge sollen oft gewechselt oder die betroffenen Stellen immer wieder betupft werden. Auch eine Quarkkompresse wird als angenehm empfunden und trägt sehr gut zur Heilung bei. (Nicht beim Ekzematiker verwenden, wenn er auf Kuhmilch allergisch ist.)

Es sollte aber alles getan werden, um einen Sonnenbrand und auch eine Überdosis an Licht zu vermeiden. Die Schwellendosis für einen Sonnenbrand wird heute durch die dünnere Ozonschicht in der Stratosphäre schneller erreicht als früher, was besonders im Hochgebirge und an der See zu beachten ist. Wie jedes Heilmittel kann auch Licht schaden, wenn es im Übermaß angewandt wird. Die Sonnenempfindlichkeit der kindlichen Haut ist größer als die der Erwachsenen. So können sie unter Umständen schon eine Überdosis Sonne auf der Haut haben, wenn sich noch kein Sonnenbrand zeigt. Manchmal zeugen die Erscheinungen eines Sonnenstichs davon: Die Kinder bekommen am Abend oder am folgenden Tag Schüttelfrost und Fieber bis zu 40 Grad, erbrechen und haben Kopfweh. Bei diesen Erscheinungen muss immer der Arzt aufgesucht werden, da es sich auch einmal um eine Hirnentzündung handeln kann. In breitem Maße wird von Hautärzten heute vor übermäßiger Sonnenbestrahlung im Kindes- und Jugendalter gewarnt, da hierdurch die Anlage zu bösartigen Hautkrankheiten im späteren Lebensalter gefördert wird.

Woran erkennt man die Grenze, an der das Licht zum Gift wird? Diese Grenze kann ja noch unterhalb der Sonnenbrand- oder Sonnenstichschwelle liegen, besonders, wenn man ultraviolettfilterhaltige Creme verwendet hat. Hier kann nur das eigene Gefühl die sichere Antwort geben, das mit Aufmerksamkeit geschult werden muss.

Empfehlung: In der prallen Sonne dem Kind immer einen Krempenhut und ein Hemdchen zum Schutz von Gehirn und Rückenmark anziehen. Nie in der Sonne schlafen lassen! Das Kind, wenn es ermüdet, in den Schatten bringen. Für das Kind ist es viel gesünder, über einige Wochen täglich kleinere Sonnenperioden zu erleben. Man muss immer daran denken, dass zuviel Sonne die geistige Regsamkeit mindert. Statt der bisherigen chemischen UV-Filter werden heute mineralische Mikropigmente (Titandioxyd, Zinkdioxyd) empfohlen, da sie rein physikalisch wirken und nicht allergen sind.

Insektenstiche und Hautparasiten

Bienen- und Wespenstiche: Beim Bienenstich sofort den Stachel mittels Nadel oder Messerspitze ausheben, jedoch nicht auspressen! Wenn vorhanden, eine frisch aufgeschnittene Zwiebel schnell auf den Stich drücken. Sonst feuchte Umschläge, eventuell mit verdünntem Brennessel-Arnica-Extrakt (Combudoron, s. S. 624) machen. Wenn das Insekt in ein Blutgefäß gestochen hat oder eine Allergie besteht, können Allgemeinreaktionen auftreten. In diesem Fall gleich zum Arzt! Beim Wespenstich an den Tetanusimpfschutz denken (s. S. 233).

Mückenstiche gibt es nur an unbedeckten Körperregionen. Bei Juckreiz helfen sich manche durch Abtupfen mit Spucke oder Wasser mit oder ohne Seife. Bei starker Reaktion hilft der oben genannte verdünnte Extrakt. Zur Vorbeugung von Mückenstichen mit mehrstündiger Wirkung empfehlen sich Zubereitungen aus ätherischen Ölen zur äußeren Anwendung, die in der Apotheke als Fertigpräparat in wäßriger Emulsion (z.B. Zedan o.ä.) erhältlich sind. Für die Nacht empfiehlt sich in mückenreicher Umgebung, ein Fliegennetz über das Bett zu spannen.

Krätze wird von Milben verursacht und zeigt sich in entzündlich veränderten Hautstellen, von denen einige als millimeterlange Gänge erkennbar sind. Die Parasiten selbst sieht man fast nie. Meist sind auch andere Familienmitglieder von der Krankheit befallen. Durch Spuren des Milbenkotes können Ekzemherde noch wochenlang bestehen. Die Kleidung muss gekocht, chemisch gereinigt oder vier Tage herausgehängt werden. Die Behandlung erfolgt durch den Arzt.

Flohbisse sind heutzutage eine Rarität, da der Menschenfloh ausgestorben sein soll. Manchmal verirren sich aber Hundeflöhe oder solche von Igeln zum Menschen. Verdächtig sind kleine Stellen in Reihen, z. B. den Hosenbund entlang. Gibt es in der Wohnung Flöhe, sollte sie mit einem natürlichen Pyrethrum besprüht werden, da dieses relativ unschädlich ist. Getragene Wäsche und Bettwäsche werden vorher über der vollen Badewanne ausgeschüttelt.

Kopfläuse sind ein ganz häufiges Ungeziefer geworden. Durch den Juckreiz am behaarten Kopf wird man aufmerksam auf sie. Mit etwas Erfahrung findet man dann rasch die Nissen und oft auch die verschieden großen und erstaunlich behenden Tierchen.

***Behandlung**: (Es empfiehlt sich, die ganze Familie zu behandeln!)*

• Präparate mit natürlichem Pyrethrum (z.B. Goldgeist forte) sind leider nicht mehr zuverlässig wirksam. Gegenwärtig erscheint Permethrin, ein synthetischer Abkömmling des Pyrethrum, schnell und sicher zu wirken. In vielen Ländern werden jedoch auch damit schon Resistenzen beobachtet (Experten vom Umweltbundesamt und Bundesinstitut für Verbraucherschutz lehnen laut Arzneitelegramm 06/00 diese Präparate strikt ab und halten den Pyrethrumextrakt noch für den Goldstandard). Deshalb sind Alternativen von Interesse wie z.B. ein toxikologisch überprüfter Neemextrakt (NeemAzal).[13] Tägliches Haarewaschen und tägliches Absuchen über eine Woche sind dabei notwendig. Schließlich kann auch tägliches Haarewaschen mit Essigzusatz eine Woche lang und tägliches Absuchen und Ausschneiden der nissentragenden Haare ohne jeden anderen Zusatz Erfolg haben.

• Nach vorschriftsmäßiger Behandlung wird nach dem Trocknen der Haare noch einmal bei allen Familienmitgliedern nach Nissen gefahndet. Sie finden sich bei frischem Befall etwa 1 cm über dem Haarboden. Sind sie weiter als 3 cm entfernt, kann man sicher sein, dass sie alt oder leer sind. Im Zweifelsfall kann man das unter dem Mikroskop erkennen. Mit dem in der Apotheke erhältlichen Nissenkamm muss man die Haare deshalb dicht am Haarboden aufgreifen. Angenehmer ist das einzelne Herausschneiden der befallenen Haare.

• Gleich nach Entdeckung des Läusebefalls werden ungeniert die Eltern der Spielfreunde, der Kindergarten und der Klassenlehrer informiert mit der Bitte, dass alle nach weiteren Befallenen suchen. Denn Läuse sind sehr sozial, sie lieben bestimmte Menschen außerordentlich. Mit Unsauberkeit hat das nichts zu tun! Nur durch solche Öffentlichkeit können die Ausbreitungswege gestoppt und Rückansteckungen vermieden werden, denn die eigenen Kinder sind zwar nach entsprechender Behandlung nicht mehr ansteckend, aber sie können schon am nächsten Tag je nach Art der Behandlung aus Kindergarten oder Schule wieder eine Laus mit nach Hause bringen. Eine solche Rückansteckung kann auch aus dem eigenen Bett oder der Kleidung erfolgen, wenn man nicht sorgfältig alle Wäsche auswechselt und sicherheitshalber für zwei Tage in ein überwärmtes Zimmer legt. (Die unterwegs befindlichen Larven krabbeln sich in der Wärme rasch zu Tode.)

- Gesetzlich ist vorgeschrieben, dass niemand, der verlaust ist, Gemeinschaftseinrichtungen betreten oder an entsprechenden Gemeinschaftsveranstaltungen teilnehmen darf. Sind ganze Kindergruppen oder Schulklassen betroffen, so sind Sorgfalt, Ruhe und Humor angebracht. Selten wird man gleich am nächsten Tag das Gesundheitsamt zur Kontrolle der Klasse herbeirufen können. Besser ist, wenn schon vor einem solchen Ereignis anlässlich eines Elternabends einvernehmlich der Auftrag an einige erfahrene Eltern geht, im Falle des Läusealarms diese Kontrolle durchzuführen. Aber Vorsicht, ein vorwurfsvolles Telefongespräch kann den ganzen Klassenfrieden stören. Sind mehrere Kinder befallen, dann ist in Verbindung mit dem Gesundheitsamt auch an die vorübergehende Schließung der Klasse zu denken. Kann man sich dazu nicht entschließen, so sind wöchentliche genaue Kontrollen aller Kinderköpfe notwendig, bis die Plage ausgerottet ist.
- Die Befallenen sollen erst wieder in die Schule kommen, wenn sie eine Bescheinigung über *»Nissenfreiheit«* haben, das heißt, wenn man auf ihren Köpfen keine Nissen mehr findet. Das ist zwar keine amtliche Vorschrift, aber aus folgendem Grund zweckmäßig: Ein Kind kann frei von Läusen sein, aber noch einige leere oder abgestorbene Nissen im Haar haben. Nach zwei Wochen gibt es neuen Läusealarm in der Klasse. Dann fällt erstens der Verdacht auf den Nissenträger, dass er die Läuse wieder eingeschleppt hat, und zweitens wissen (ohne Mikroskop) auch die Eltern dieses Kindes nicht, ob es noch die alten oder schon wieder neue Nissen sind.

Warzen

Warzen können erhaben an den Fingern oder flach am Fuß auftreten. Sie sind übertragbar und werden oft im Schwimmbad erworben. Man kann sie mit Kohlensäureschnee vereisen oder chirurgisch entfernen lassen. Hühneraugenpflaster helfen nicht, meist aber eine scharfe Tinktur, die vom Arzt verordnet wird. Wir bevorzugen eine Salbe, die Wismut und Stibium enthält (s. S. 640). Darauf sprechen die meisten Warzen an, diese Behandlung erfordert jedoch Geduld über ein bis drei Monate. Schließlich werden Warzen auch »besprochen«. Damit haben wir keine eigene Erfahrung.

Dellwarzen

Dellwarzen treten meist in der Vielzahl, besonders an weichen Hautstellen auf. Sie sind etwa stecknadelkopfgroß, derb, hornartig und sitzen als Knötchen mit zentraler Delle auf der Haut. Man kann sie ausquetschen oder abtragen lassen oder ebenfalls mit der obengenannten Salbe behandeln. Die Verbreitung geschieht durch Kontakt, auch in Schwimmbädern.

Allergische Hautreaktionen

Die Vielzahl synthetischer Substanzen, die sich in Putzmitteln, Weichspülern, Handcremes, Kosmetika, Stoffimprägnierungen und anderem befinden, haben zu einer Fülle allergischer Hautreaktionen geführt. Diese sind in ihren Erscheinungsformen so vielgestaltig, dass man fast sagen kann, dass es keine Hauterkrankung gibt, die von einem allergischen Geschehen nicht nachgeahmt werden könnte. Bei entsprechendem Verdacht kann man versuchen, ob durch das Weglassen einer bestimmten Substanz die Hauterscheinungen zurückgehen. Bekannt ist auch, dass Nahrungsmittel wie Erdbeeren oder Heilpflanzen wie Arnica gelegentlich allergische Hautreaktionen hervorrufen. Eine besondere Gruppe von Hautallergien sind diejenigen, die nach Einnahme bestimmter moderner Medikamente (besonders Antibiotika und sulfonamidhaltige Substanzen) eintreten. Sie gehören zu den unerwünschten Nebenwirkungen von Arzneimitteln und machen häufig das Absetzen eines bestimmten Medikamentes nötig. Außerdem kann der Körper auch auf einen Krankheitserreger allergisch reagieren. In solchen Fällen kommt es im Rahmen einer Grippe oder eines anderen Infektes zu einem sogenannten infektallergischen Ausschlag. Auch hier ist das Erscheinungsbild sehr vielgestaltig (feine bis mittlere Flecken, eventuell erhaben und flächig wie Brennessel-Quaddeln). Alle Hautstellen können befallen werden.

Zur Behandlung:

- Bewährt hat sich bei allen allergischen Hautausschlägen das Baden in Schachtelhalmtee (s. S. 629).
- Bei trockener Haut wird nach dem Bad eine feuchtigkeitshaltige Salbe aufgetragen, z. B. folgender Zusammensetzung:

Urtica dioica 10 % infus.	80,0
Eucerin. anhydric.	ad 200,0

- Normale oder eher fettige Haut wird nach dem Bade lediglich bei starkem Juckreiz mit einem juckreizstillenden Puder behandelt.
- Je nach Gesamtbild kann dann auch noch die Aktivität von Leber und Niere oder anderer Stoffwechselfunktionen durch ein Konstitutionsmittel angeregt werden.

Wiesengräserdermatitis

Im Sommer nach Spaziergängen oder Gartenarbeit kann nach manchmal unbemerktem Berühren eines bestimmten Doldengewächses (Bärenklau-Art) ein Krankheitsbild auftreten, das sehr an eine Verbrennung erinnert mit Hautrötung und Blasenbildung. Die Behandlung ist die gleiche wie beim Sonnenbrand.

Nesselfieber (Urticaria)

Die meisten Menschen kennen von den Brennesseln oder einem »Bremsen«-Stich solche Hauterscheinungen, die man *Quaddeln* nennt. Sie sind erhaben, bläßlich auf rotem Grund oder gerötet auf normalem Grund, unregelmäßig verstreut, stark wechselnd. Es besteht ein ausgeprägter Juckreiz. Die Patienten kratzen jedoch nicht, sondern reiben nur. Die Erscheinungen können unterschiedlich lange bestehen, manchmal sind sie am nächsten Tag bereits verschwunden, in anderen Fällen bestehen sie über Wochen. Die Ursachen bleiben meist ungeklärt, in strengem Sinne liegt auch keine Allergie vor. Leichtere Formen behandelt man zu Hause mit einem juckreizstillenden Puder. Bei Allgemein-Symptomen ärztliche Behandlung!

Strophulus

Wenige Millimeter große, ähnlich wie Nesselausschläge anzufühlende, rötliche oder helle Erhebungen der Haut findet man oft anstelle der Urticaria im Kleinkindalter. Die Ursachen sind ebenso unbestimmt.

Neugeborenen-Ausschlag

Hiermit bezeichnet man unregelmäßig verstreute, stecknadelkopfgroße gelbliche Knötchen, die von einem relativ großen, unregelmäßig begrenzten roten Hof umgeben sind. Die einzelnen Stellen wechseln innerhalb einiger Stunden, und alles verschwindet von alleine nach einigen Tagen. Auch hier ist die Ursache unbekannt.

Allergische Reaktionsbereitschaft als moderne Zivilisationserscheinung

Immunreaktion als Lernprozess

Viele Eltern fragen: Wie ist es zu verstehen, dass Allergien heutzutage immer mehr zunehmen? Zweifellos bilden hierzu die zahlreichen neuen Reiz- und Fremdstoffe manchen Anlass. Warum sich jedoch das Immunsystem (siehe auch S. 228 f.) vieler Kinder und Erwachsener an die neuen Stoffe nicht mehr zureichend anpassen kann, ist eine andere Frage. Welche Einflüsse schwächen das Immunsystem und seine Funktionen? Wie kann der immunologische Lernprozess unterstützt werden?

Der Begriff »Allergie« wurde zu Beginn unseres Jahrhunderts von dem Kinderarzt Clemens von Pirquet geprägt. Er bedeutet sinngemäß gesteigerte Reaktionsbereitschaft. Die körpereigene Abwehr tritt sogenannten Allergenen (allergieauslösende Fremdsubstanzen in der Nahrung, in Medikamenten, in der Luft oder beim Berühren von Pflanzen oder Tierhaaren) gegenüber stark in Kraft. Anstatt dass der Organismus die Verarbeitung bestimmter Stoffe »lernt«, findet Abwehr statt. So kommt es zu Ausschlägen auf der Haut, Juckreiz, Schwellung der Schleimhäute, Durchfall und anderem. Im Blut aber, oder an bestimmten Gewebszellen bilden sich spezifische und oft auch unspezifische »Antikörper« (Abwehrsubstanzen) gegen diese Allergene. Da sich die Antikörper vom Blut getragen überall im Organismus verteilen, können zum Beispiel schon bei bloßer Berührung eines allergieauslösenden Nahrungsmittels mit der Hand Schwellungen an den Lippen und Rötungen im Gesicht auftreten.

Was bei den Infektionskrankheiten erwünscht ist und bei der so genannten stillen Feiung sich unbemerkt vollzieht – die Antikörperbildung als Grundlage der Immunität –, wird hier zum Problem. Sie erfolgt überschießend und mit anderen Prozessen verbunden, die dann in ihrem Zusammenwirken die allergischen Symptome hervorrufen.

Es kommt jedoch immer wieder vor, dass der zur Allergie neigende Organismus den Umgang mit diesen ihm zunächst fremden Stoffen im Laufe der Jahre doch lernt. Anlässe hierzu können Klimawechsel sein, die vom Organismus Umstellung und Anpassung verlangen, so dass er insgesamt flexibler wird. Auch Kinderkrankheiten, die mit hohem Fieber einhergehen und so das gesamte Immunsystem stark in Anspruch nehmen, können dieses stärken und funktionstüchtiger machen. Es ist auch Ziel der medikamentösen Konstitutionsbehandlung, dieses im Laufe der Jahre zu erreichen, auch wenn es nicht immer möglich ist. Die häufigsten allergischen Erkrankungen im Kindesalter sind neben der Nahrungsmittelallergie das chronische Ekzem (s. S. 117), das Asthma (s. S. 94), der Heuschnupfen (s. S. 87) und das Nesselfieber (s. S. 139). Durch Bienen- oder Wespenstiche (s. S. 133 f.) können gelegentlich sogar allergische Schockzustände hervorgerufen werden.

Es ist mehr als nur eine Analogie, dass wir in der Medizin gewöhnt sind, die immunologischen Vorgänge mit Worten zu beschreiben, die verschiedenen Schritten des Lernens entsprechen: »Wahrnehmen und Erkennen« von schädigenden Substanzen, »Auseinandersetzung« mit dem fremden Stoff, Unterscheiden von »Selbst« und »Nicht-Selbst«, immunologisches Gedächtnis und Ähnliches.

Lernfähigkeit als Gesundheitsvorsorge

Es gehört zu den aktuellsten Forschungsergebnissen Steiners, den Zusammenhang der Selbstheilungskräfte des Organismus und damit auch der Steuerung der immunologischen Vorgänge mit der Gedankentätigkeit entdeckt zu haben. Er beschreibt die Wirksamkeit des ätherischen Organismus in seiner polaren Funktionsweise zum einen als Träger von Vererbung, Fortpflanzung, Wachstum und Regeneration, und zum anderen als Träger des Gedankenlebens (s. S. 378). So ist auch die Funktion des Immunsystems nicht nur abhängig von der Vererbung, sondern auch von der seelischen und geistigen Leistungsbereitschaft und Begeisterungsfähigkeit (s. S. 77). Von medizinisch-wissenschaftlicher Seite aus wird dieser Zusammenhang heute durch die Ergebnisse der psychosomatischen Forschung bestätigt. So wurde zum Beispiel im Bereich der Krebsheilkunde festgestellt, dass das Immunsystem eines Krebspatienten bei der Krankheitsbewältigung besser arbeiten kann, wenn der Erkrankte lernt, seine bisherige Lebensgeschichte und seine Konflikte sinngebend zu verarbeiten, sodass er sich wieder mit sich selbst und seiner Lebenssituation identifizieren kann. Auch wurde erkannt, dass Menschen mit wirklichen Lebensidealen durchweg bessere immunologische Voraussetzungen haben zum Überwinden von Krankheiten.

So gesehen wäre zu fragen: Wie müssen die körperlichen, seelischen und geistigen Lernvorgänge begleitet und angeregt werden, damit sie die Arbeit des Immunsystems unterstützen? Und was steht dem entgegen?

Auf körperlicher Ebene wird durch den Einsatz von Impfungen und Antibiotika dem Körper ein Großteil der Arbeit des aktiven Lernens, mit den Krankheitserregern umzugehen, abgenommen. Nahrungsmittel enthalten viel mehr Fremd- und Begleitstoffe als früher, was den Organismus überfordern kann. Raffinierung und Denaturierung der Nahrung durch die Art der Verarbeitung sowie Konservierung machen sie für den Organismus oft leichter verdaulich, sodass er sich weniger anstrengen muss (zum Beispiel polierter Reis, Weißmehlprodukte, in Büchsen konserviertes Gemüse, zu lange Kochzeiten, Tiefkühlkost usw.).

Auf seelischer Ebene geschieht vieles ohne echte Gefühlsbeteiligung: Wohlstand, eine Überfülle an Spielsachen, mangelnde Zuwendung und fehlendes Interesse für die Bedürfnisse des Kindes bewirken, dass sich auch hier keine starken Identifikations- und Verarbeitungsprozesse abspielen können. Hinzu kommen viele Einflüsse durch die Medien, die Anregungen bieten, die das Kind sich nicht wirklich aneignen kann und die daher »fremd« bleiben müssen.

Auf geistiger Ebene zeigt sich ein Mangel an Idealismus, an Möglichkeit, dem Leben Sinn und Richtung zu geben. Das Kind hört und sieht vieles von dem, womit die Erwachsenen selbst nicht zurechtkommen oder sich nicht identifizieren können. Ratlosigkeit, Zweifel, Gleichgültigkeit, Hetze, aneinander vorbei leben, sich nicht viel zu sagen haben, nicht wirklich Anteil nehmen an den brennenden Fragen der Zeit bis hin zu Resignation und Depression werden erlebt.

Auf diese Weise unterbleiben viele notwendige Lernprozesse und damit auch der Erwerb von Fähigkeiten als Grundlage einer gesunden körperlichen, seelischen und geistigen Identität.

So kann die *Entwicklung der Immunkompetenz* dadurch gefördert werden, dass das Kind von Anfang an Freude am Lernen erlebt. Freude am Lernen und die Bereitschaft, auch altvertrauten Dingen immer wieder neue Seiten abzugewinnen sowie negative Erfahrungen positiv zu verarbeiten, werden umso leichter gelernt, je deutlicher diese zu Hause vorgelebt und in Kindergarten und Schule geübt werden.

Hier kann selbstverständlich eingewendet werden: Allergische Erkrankungen wie Asthma oder die im Säuglingsalter schon auftretende Neurodermitis sind doch überwiegend erblich bedingt, sind also schon da, bevor die Erziehung ihnen vorbeugen könnte.

Dem ist entgegenzuhalten, dass auch die vererbte Allergiebereitschaft sich entwickelt hat und weiterhin entwickelt. Es lebt heute schon die dritte und vierte Generation von Menschen, die den Wertezerfall in Folge der sich ausbreitenden materialistischen Weltanschauung miterleben und daran kranken. Hinzu kommt die Angst vor dem Leben und Sterben, der Zweifel am Sinn der Existenz, Entsetzen angesichts des wachsenden Massenelends. All dies trägt zur Schwächung der »Selbst-Annahme«, das heißt Identifikation des Menschen bei und fördert die weltweit beobachtete Zunahme allergischer Erkrankungen. Der ätherische Organismus als Träger der Denk- und Lebensvorgänge sowie der Vererbung erlebt dies mit, prägt es dem Erbgut ein und gibt diesen Mangel an Identifikation weiter als Veranlagung für die nächste Generation. Beugen wir dem vor durch Erarbeitung einer neuen Lebenshaltung, so kann dies mit dem Umdenken beginnen, mit der Überwindung materialistischer Vorurteile und der Suche nach geistiger Identität als Quelle der Menschlichkeit.

Praktische Konsequenzen:

- liebevolle Identifikation mit dem Kind,
- Förderung seiner Identifikationsbereitschaft, z.B. durch wenige Spielsachen, an denen es viel erlebt,
- Unterstützen seiner Aufmerksamkeit durch Pflege der Sinneseindrücke (vgl. S. 299 f.),
- Schaffen von Sicherheit und Vertrauen durch Rhythmus und Regelmäßigkeit im Tagesablauf und durch Pflege religiöser Werte.
- Setzen klarer Grenzen: Das gesunde Kind grenzt Fremd und Eigen voneinander ab. Das allergische Kind kann dies auf körperlicher Ebene nicht. Wird es auf seelischer Ebene gelernt, so wirkt es ordnend auf die körperlichen Funktionen zurück. Alles zu erlauben oder überschießend strenges Verbieten missachtet diese gesunde Grenzziehung im Seelischen.
- Klarheit in der Entscheidung bei gleichzeitiger Bereitschaft, sich an die konkreten Situationen des Lebens liebevoll anzupassen und sich an ihnen zu orientieren, das ist es, was sich als besonders hilfreich im Begleiten der allergischen Kinder erweist.
- Gesunde, einfache Ernährung.

Empfohlene Literatur:

Enders, E. / Stahl, G. (Hrsg.): *Chemie in der Kindernahrung.* Landsberg/Lech, 1995.

de Jong, Vreni: *Kinderernährung, gesund und lecker.* Stuttgart 1993.

Mohr, Christian: *Neurodermitis-Kinder.* Reinbek 1996.

Needleman, H. L. / Landrigan, Ph. J.: *Umweltgifte: So schützen Sie Ihr Kind.* Stuttgart 1996.

Nickel, Gisela: *Wenn mein Kind allergisch ist.* TB, Freiburg 1996.

Bekannte Infektionskrankheiten

Die so genannten Kinderkrankheiten und andere wichtige ansteckende Krankheiten

Bei der ersten Erkrankung des ersten Kindes wird kaum ein Elternteil ganz frei von Unsicherheit und Angst gewesen sein. Das Kind ist plötzlich anders, verändert, empfindlich, reizbar, quengelig oder auch ungewöhnlich ernst und still – und es glüht im Fieber.

Von den Erfahrungen im Umgang mit den ersten Infekten hängt es dann im Weiteren ab, ob Vertrauen in die Heilungskräfte des Kindes entsteht. Jeder weiß, dass er eine Kindheit ohne solche Prüfungen – Infekte, Fieberschübe und Kinderkrankheiten – nicht erwarten darf. Und so sollte es, wenn Kinder krank werden, nicht nur als Problem angesehen werden, sondern auch in seinem Sinnbezug für die spätere gesundheitliche Stabilität des Kindes.

Im Gegensatz zu den vorangehend besprochenen allergischen Erkrankungen handelt es sich bei den Infektionskrankheiten um ein erstaunlich präzis aufeinander abgestimmtes Zusammenspiel von »Eindring«- und »Abwehr«-Vorgängen in zeitlich gesetzmäßiger Abfolge bis zur Heilung. Wegen dieser »Zeitgestalt« nennt man diese Krankheiten auch »selbstlimitierend« oder selbstbegrenzend. Dabei sind die sichtbaren Hauptsymptome häufig Zeichen der Eigenanstrengung des Körpers zur Überwindung der Infektion, so das Fieber, die meisten Ausschläge, die Lymphknotenschwellungen oder das Erbrechen. Alle diese Erscheinungen sind Teile der körperlichen Reaktion und bereiten die Überwindung der Krankheit vor, das heißt einen neuen Gleichgewichtszustand auf einer höheren Stufe der Immunität. Diese Gegensätzlichkeit zu den Allergien macht auch verständlich, dass letztere sich gelegentlich nach den Kinderkrankheiten bessern und z.B. Asthma seltener in Bevölkerungsteilen auftritt, in denen die kleinen Kinder viele Infekte durchgemacht haben.

Viele der heutigen Erwachsenen verdanken die Stärke und Flexibilität ihres Immunsystems noch der Tatsache, dass sie während ihrer Kindheit im Umgang mit Krankheitserregern lernen durften, die akuten Krankheitserscheinungen ohne chemische Fiebersenkung, Antibiotika oder Impfungen zu überstehen. Wie es den zukünftigen Erwachsenengenerationen gehen wird, deren Kindheit nicht mehr annähernd von solchen Erfahrungen geprägt war, ist noch ungewiss. Es gibt jedenfalls zu denken, dass jetzt weltweit Schwächen und Funktionsstörungen des Immunsystems bemerkbar werden, die sich in epidemisch zunehmenden Überempfindlichkeiten der Oberflächenorgane Haut, Lunge und Darm in Form von Allergien der verschiedensten Art äußern. Auch kann man heute nicht mehr so sicher von Kinderkrankheiten sprechen, da die Möglichkeit der Impfungen, aber auch die wachsende Isolation der Menschen in der industrialisierten Welt zu einer Verlagerung der früher typisch für die Kindheit geltenden Infektionskrankheiten führt – z.B. Masern oder Windpocken jetzt ihren Haupterkrankungszeitpunkt auch im Jugend- und Erwachsenenalter haben können.

Wir möchten unseren Lesern ein möglichst anschauliches, unnötige Ängste auflösendes Bild von Verlauf, Risiko und Komplikationen der Krankheiten vermitteln.

Im Kapitel »Krankheitsvorbeugung« sind die Basisinformationen zu finden für eine eigenverantwortliche und kritisch-abwägende Entscheidung über die möglichen Impfungen (s. S. 247 ff.).

Da es nicht Zufall ist, sondern zum Schicksal des Kindes gehört, mit welchen Erkrankungen es sich in welcher Form auch immer auseinandersetzen muss, ist es unser Anliegen, die akuten Krankheitserscheinungen im Kindesalter so zu beschreiben, dass dadurch ein möglichst vertrauensvolles unterstützendes Begleiten des Kindes möglich wird. Aus diesem Grunde wurde auch ein Abschnitt über den Sinn solcher Krankheitserscheinungen angefügt.

Masern

Symptome: Erst Schnupfen, Husten, gerötete Augen und mäßiges Fieber zwischen 10. und 13. Tag. Vom 12. bis 14. Tag weiße Pünktchen und »Spinnwebstreifen« in der Wangenschleimhaut (sog. Koplik-Flecken). Erneut hohes Fieber ab 14. Tag, feinfleckig-zusammenfließender roter Ausschlag hinter den Ohren, sich ausbreitend über Kopf, Körper und Gliedmaßen. Starkes Krankheitsgefühl. Nicht selten Durchfall. Abklingen innerhalb 5 Tagen nach Ausschlagbeginn. Der Husten besteht noch länger.

Inkubationszeit (d. h. Zeitpunkt von der Ansteckung bis zu den ersten Krankheitszeichen): 10–11 Tage.

Übertragbarkeit: Sehr hoch ab 9. Tag nach Ansteckung bis 4. Tag nach Ausschlagbeginn. Übertragung der Viren durch Tröpfchen in der Ausatemluft über viele Meter.

Immunität: Nach Masern lebenslänglich. Wenn die Mutter Masern hatte, besteht Nestschutz für das Neugeborene über 4 Monate voll und noch einige Monate teilweise. Ist die Mutter nur geimpft, wird der Nestschutz unsicher.

Begleitkrankheiten und Komplikationen: Nicht selten Mittelohr-, Nebenhöhlen-, Lungenentzündungen, selten Hirnentzündung (Enzephalitis) und auch Todesfälle!

Pflege: Bettruhe, ruhiges, nicht zu helles Zimmer, Fieberkost, vorwiegend flüssig.

Meldepflicht: Seit Inkrafttreten des neuen Infektionsschutzgesetzes am 1.1.2001 sind Masernverdacht und -erkrankung meldepflichtig.

Das volle Krankheitsbild der Masern ist sehr eindrücklich: Mit gedunsenem rotfleckigem Gesicht kaum aus den geröteten schlitzförmigen Augen schauend, begegnet man dem unter den Decken sich verkriechenden, jetzt so matten und lichtscheuen Masernkind

– statt einer Begrüßung ertönt nur ein tiefverschleimter Hustenanfall. Vier Tage vorher hatte es mit einem harmlosen »Erkältungsinfekt« angefangen. Dabei trat leichtes Fieber auf und gestern beim Arzt war es eigentlich schon besser gewesen. Der Arzt hatte in den Mund des Kindes geschaut und zarte weiße Punkte und Streifen an der Wangenschleimhaut als erstes beweisendes Zeichen der Masern erkannt. Nachmittags hatte das Kind dann kalte Gliedmaßen gehabt und abends hohes Fieber. Gleichzeitig blühte ein Ausschlag auf, beginnend mit bis zu zentimetergroßen Flecken hinter den Ohren und am Kopf, die sich rasch von oben nach unten vermehrten, zusammenflossen und nun auch Arme und Beine erreichten (Abb. 9 u. 10). Jetzt, wo das Kind schwer krank wirkt, ist es wichtig, mehrmals täglich Puls und Atmung zu zählen und nach dem »Nasenflügeln« zu schauen (s. S. 90) sowie die gemessenen Fieberwerte aufzuschreiben und mit dem Arzt täglich in Kontakt zu sein. Um den dritten Tag nach Ausschlagbeginn sollte eine deutliche Besserung des Allgemeinbefindens eintreten. Der Husten besteht noch eine Woche oder länger.

Ohrenschmerzen (s. Abb. 4) deuten auf den Beginn einer Mittelohrentzündung, Nasenflügeln auf eine Lungenentzündung. Ein erneuter hoher Fieberanstieg mit Krampfanfällen zeigt eine Enzephalitis an. Dagegen ist ein Fieberkrampf im Beginn der Krankheit meist harmlos.

Die ärztlichen Untersuchungen sollten möglichst zuhause stattfinden. Unvermeidliche Transporte – zum Beispiel in die Klinik – nur streng liegend.

Die Diagnose Masern sollte immer ärztlich bestätigt werden. Chemische Fiebersenkung empfehlen wir nicht, wohl aber die im Fieberkapitel empfohlene Begleitbehandlung (s. S. 70 ff.).

Während der gesamten Krankheitszeit hat das Kind ein starkes Ruhebedürfnis, das unbedingt berücksichtigt werden muss. Auch sollten die kleinen Patienten nicht gegen das Licht oder eine grellgemusterte Tapete schauen müssen und vor allem keiner Musik- oder anderer Medienberieselung ausgesetzt sein.

Wichtig ist: Die Abwehrkräfte sind einige Wochen geschwächt in Abhängigkeit von der Schwere der Erkrankung. Daher sind ausreichend lange Erholungszeiten – am besten in Absprache mit dem Arzt – einzuräumen.

Alle Kinder, die in der möglichen Übertragungszeit Kontakt hatten, sind angesteckt und können in der Nähe bleiben. *Ist der Verdacht auf Masern gegeben, ruft man vor dem Besuch in der Praxis an, damit nicht ungewollt andere Kinder angesteckt werden.* Andererseits wünschen sich manche Eltern von ungeimpften Kleinkindern, dass diese möglichst Masern bekommen, da sie im früheren Kindesalter harmloser sind als im späteren Schulalter. Zum Impfschutz und den Erwachsenenmasern siehe unter Masernschutzimpfung.

Kinder mit den genannten Komplikationen bedürfen besonderer Ruhe und sorgfältiger Behandlung. Dann werden diese in den zivilisierten Ländern selten zum Problem. Allerdings ist Erfahrung im Umgang mit der Krankheit gut und Vorsicht angezeigt. In den Tropen und in Bezug auf Hygiene, Lebensstandard und Krankenversorgung in wenig entwickelten Ländern ist die Gefährlichkeit der Masern unvergleichlich höher. Dort sind hinsichtlich Vorbeugung und Behandlung die örtlichen Erfahrungen zu berücksichtigen. Bedeutsam erscheint eine Erfahrung aus Afrika, wo die Sterblichkeit bei Masern während einer Epidemie ganz zurückging, nachdem allein auf die fiebersenkenden Mittel verzichtet wurde.[14]

Die Häufigkeit einer Enzephalitis wurde in den Impfempfehlungen mit 1 : 1.000 bis 1 : 2.000 nachweislich zu hoch angesetzt. Die Erfahrung aus der Praxis ergab eine Berechnung von etwa 1 : 10.000 Masernerkrankungen, ein Fachmann schätzte sie im Kleinkindalter auf 1 : 15.000. Dennoch ist nicht ausgeschlossen, dass die leider zur Routine gewordene Gabe fiebersenkender Mittel dazu beiträgt, dass Hirnentzündungen bei Viruserkrankungen häufiger auftreten (s. S. 75 und Anm. 20). Nach heutiger Kenntnis muss bei etwa 1/6 der an Masern-Enzephalitis erkrankten Kinder mit dem Tode gerechnet werden; etwa 1/4 der Enzephalitis-Patienten wird bleibende neurologische Schäden zum Teil schwerer Art behalten. 1960 galt die Prognose noch in der Regel als gut.[15] Kinder, die ihre bisherigen Infekte ungestört durchlaufen und Übung bekommen haben, mit einer Infektionskrankheit umzugehen, werden die Masern auch besser überstehen als andere. Tritt dennoch eine Enzephalitis auf, so wirkt sich einerseits die kontinuierliche stützende Anwesenheit eines Elternteiles im Krankenhaus und andererseits eine medikamentöse Therapie des Hirnödems und eine komplementär-arzneiliche Behandlung auf den Verlauf unter Umständen positiv aus.[16]

Röteln

Symptome: Feinfleckiger roter Ausschlag. Beidseits im Nackenbereich vergrößert tastbare Lymphknoten. Fieber.
Inkubationszeit: Ausschlag 2–3 Wochen nach der Ansteckung

Empfänglichkeit: geringer als z.B. bei Masern, Übertragung der Viren durch Tröpfchen. Öfters stille Feiung (d.h. Bildung von Antikörpern ohne sichtbare Krankheitszeichen). Übertragbar angeblich ab eine Woche vor bis 10 Tage nach Hautausschlagbeginn (unsicher!)

Immunität: Nach ausgeprägter Krankheit lebenslänglich.

Komplikationen: Im Kindesalter nicht. Bei Röteln im Jugend- und Erwachsenenalter kommen rheumatische Erkrankungen vor. Zum Problem in der Schwangerschaft s. unten.

Behandlung: Bettruhe solange Fieber besteht.

Diese harmlose Krankheit lässt 2–3 Wochen nach der Ansteckung einen Ausschlag entstehen, der auf den ersten Blick masernähnlich aussieht. Die Flecken sind jedoch regelmäßiger über den Körper ausgebreitet, bevorzugen den Stamm und fließen kaum zusammen. Das dabei bestehende Fieber kann hoch sein, ist aber unproblematisch. Charakteristisch sind die geschwollenen Lymphknoten im Hals-Nacken-Hinterkopfbereich.

Macht eine Frau in den ersten vier Monaten einer Schwangerschaft Röteln durch, kann es zu Missbildungen des Kindes oder zu einer Totgeburt kommen (etwa 25–35 %, höchstens 50 % der werdenden Kinder erkranken, obwohl alle angesteckt werden). Zur möglichen Schutzimpfung siehe Seite 239 f.

Scharlach

Symptome: Rascher Fieberanstieg, evtl. Schüttelfrost, Kopfschmerzen und einmaliges Erbrechen. Feinstfleckiger dichter rötlicher Ausschlag wie eine rote Gänsehaut, bevorzugt in Leisten- und Achselgegend (s. Abb. 11). Rote Wangen mit ausgespartem Munddreieck. Schluckschmerzen, unterschiedlich ausgeprägte Rötung und Schwellung von hinterem Gaumenrand, Zäpfchen und Mandeln. Bildung eines weißen Zungenbelages, der sich bis zum 3. Tag pellt und eine hellrote, spitzpapelige Zungenoberfläche hinterlässt (sog. Himbeer- oder Scharlachzunge, Abb. 12). Halslymphknotenschwellungen.

Rückgang des Fiebers bei antibiotischer Behandlung sofort, ohne diese unter Umständen erst zwischen 4. und 7. Tag. Dann gelegentlich ein »zweites Kranksein« am Ende der 2. Woche: erneuter Fieberanstieg, stärkere Lymphknotenschwellungen. Hautschuppung ab der 2. Woche, in der 3. evtl. grobe Hautfetzen an den Handflächen und Fußsohlen.

Inkubationszeit: 2–5 (bis 7) Tage.

Empfänglichkeit: Sehr unterschiedlich. Nur etwa 10 % aller Menschen erkranken in ihrem Leben ein- oder mehrmals an Scharlach. Säuglinge sind nicht empfänglich, Kinder zwischen 3. und 8. Lebensjahr am meisten.

Übertragung: Durch Sekrete, Berührung, Gegenstände und Ausatmung (sog. Schmier- und Tröpfcheninfektion), meist aber nur durch engere Kontakte bei gemeinsamer Wohnungs- oder Raum-

benutzung. Erreger sind verschiedene Stämme von (beta-hämolysierenden) Streptokokken der Gruppe A.
Ansteckung ist möglich, solange Symptome (auch geringe) bestehen.

Immunität: Rückfälle gibt es innerhalb weniger Monate, oft auch nach einem Jahr, bei antibiotischer Behandlung häufiger.

Begleitkrankheiten und Komplikationen: *Mittelohr-Entzündung* besonders im 2. Kranksein, *Impetigo contagiosa* (s. S. 129), Mundwinkelrhagade oder Naseneingangs- und Nasenschleimhaut-Entzündung. *Nieren-Entzündung* (Glomerulonephritis) tritt selten 1 – 3 Wochen nach Scharlach auf (auch nach Halsentzündungen durch gleichartige Keimgruppe s. S. 34). *Rheumatisches Fieber:* In Europa sehr selten, mit Gefahr der Herzbeteiligung.

Behandlung / Zulassung zu Gemeinschaftseinrichtungen: Immer ärztliche Behandlung wegen möglicher Komplikationen.

- Bei ***antibiotischer*** Behandlung: Eine erst am 3. oder 4. Erkrankungstag begonnene Behandlung mindert angeblich Rückfälle ohne Vermehrung der Komplikationen. In NRW dürfen symptomfreie Angehörige schon einen Tag nach Absonderung des Patienten oder einen Tag nach Beginn seiner Penicillinbehandlung Gemeinschaftseinrichtungen besuchen, der Patient nur, wenn er symptomfrei ist und nach mindestens 48-stündiger Behandlung, mit ärztlicher Bescheinigung.

- Bei ***antibiotikafreiem*** Behandlungsversuch – was nur bei elterlicher und ärztlicher Übereinstimmung möglich ist – wird in Abhängigkeit vom Krankheitsverlauf mit sorgfältiger Bettruhe und anderen Medikamenten behandelt. Diese Kinder dürfen frühestens nach 3 Wochen und Symptomfreiheit Gemeinschafteinrichtungen besuchen. Für angesteckte Geschwister gibt es keine Vorschriften. Sinnvoll ist aber, sie vom Erkrankten zu trennen und einige Tage zu warten, ob Symptome auftreten.

Masern

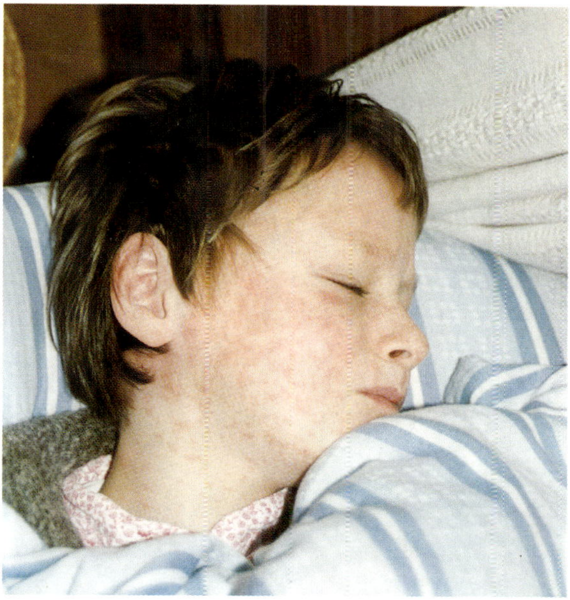

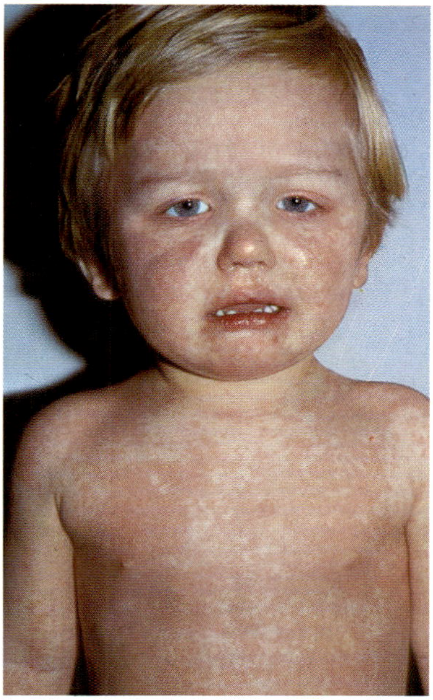

Abb. 9 und 10: Typisch für den Masernausschlag sind die unregelmäßigen, schnell vom Kopf nach unten sich ausbreitenden Flecken, die leicht zusammenfließen. Immer bestehen davor schon Bindehautentzündung, Schnupfen und Husten. Das Fieber hat nach einer kurzen Pause jetzt seinen Höhepunkt erreicht.

Scharlach

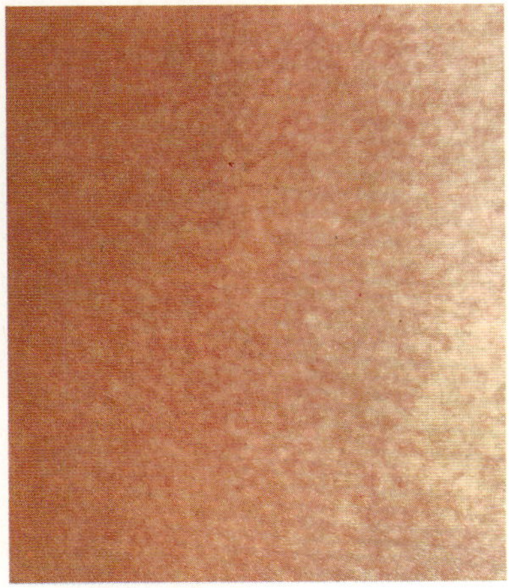

Abb. 11: Typisch für den Scharlach ist ein feinfleckiger Ausschlag, der wie eine rote »Gänsehaut« aussieht, bevorzugt um die Leistengegend, oft nur sehr flüchtig.

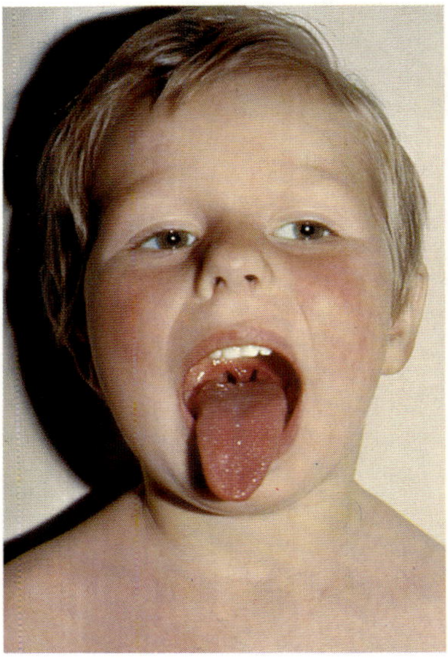

Abb. 12: Zuerst bildet sich beim Scharlach ein dicker weißer Belag auf der Zunge, nach zwei Tagen ist er verschwunden und hinterlässt eine himbeerrote, mit feinen »Beerchen« übersäte Zungenoberfläche. Gaumen und Mandeln sind oft flammend rot entzündet, ebenso finden sich nicht selten weiße Stippchen und Beläge auf den Mandeln. Die Wangen sind gerötet, um den Mund bleibt ein blasses Dreieck.

Windpocken

Abb. 13: Innerhalb von zwei bis drei Tagen entsteht bei den Windpocken das Bild einer Sternkarte auf der Haut. Eben beginnende rote Knötchen stehen neben frischen Bläschen und älteren Krusten. Betroffen sind auch der Haarboden und oft die Schleimhäute von Mund, Darmbereich und Genitale.

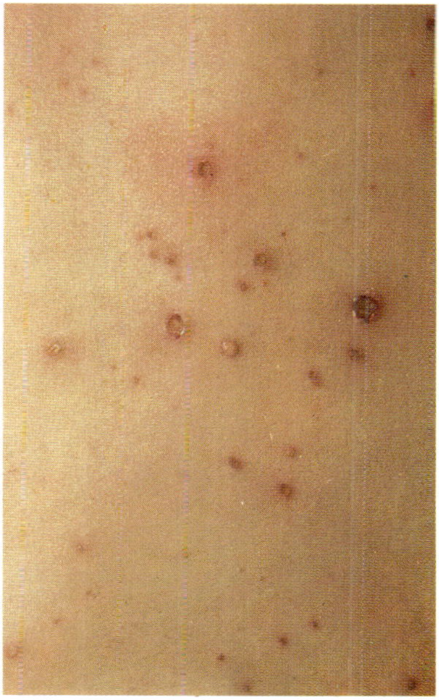

Abb. 14: In diesem Alter verlaufen Windpocken meist unproblematisch. Bei Immunschwäche oder schwerem Ekzem sollte allerdings vorsorglich ärztlicher Rat eingeholt werden.

Mundfäule

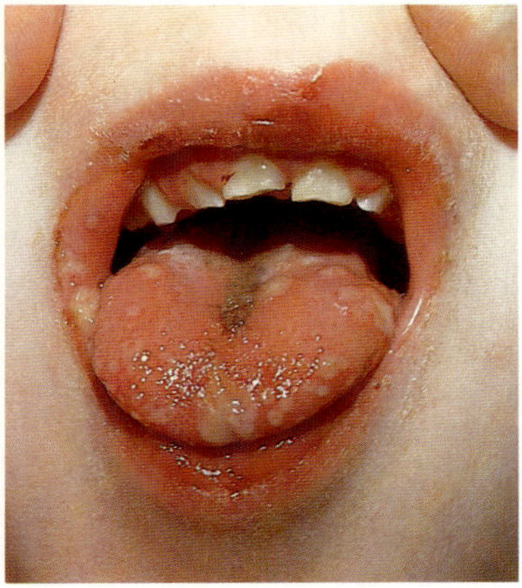

Abb. 15: Bei der sogenannten Mundfäule treten viele schmerzhafte Aphten im Mund auf mit Rötung der Schleimhaut.

Mumps

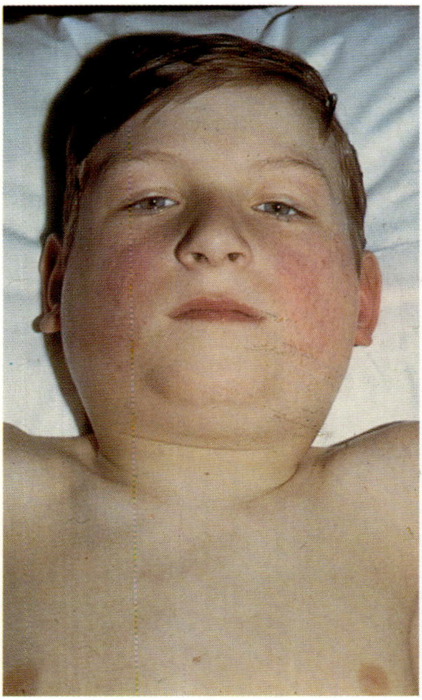

Abb. 16: Die druckschmerzhafte Schwellung beim Mumps betrifft die hinteren Wangenteile bis unter die Ohren, so dass die Ohrläppchen abstehen.

In der Regel verläuft der Scharlach in den letzten 40 Jahren milde bis fast zur Unerkennbarkeit. Dafür neigt er viel häufiger als früher zu Rückfällen.

Hält das hohe Fieber über den 4. Tag der Krankheit an, handelt es sich manchmal um ein so genanntes Kawasaki-Syndrom, das mit Scharlach nichts zu tun hat und anders behandelt werden muss.

Auch bei mildem Scharlach kann über etliche Wochen noch eine gewisse Blässe und Schwäche des Kindes auffallen, ohne dass bei gründlicher Untersuchung etwas Besonderes gefunden würde. Dies zeigt an, dass der Scharlach mit einem stärkeren Abbau einhergeht, das heißt mit einer Tendenz zur Organbeteiligung oder gar -»verletzung«. Daraus ergibt sich die Empfehlung, nach der Krankheit eine lange Rekonvaleszenz einzuhalten (mindestens 3 Wochen), während der die Kinder noch geschont werden sollen. Wir empfehlen dies auch bei antibiotisch behandelten Kindern. Kontrolluntersuchungen sind bei verlängerten oder neuen Beschwerden wie z.B. Ohrenschmerzen angezeigt, sowie abschließend nach 3 Wochen für eine Herz- und Urinuntersuchung.

Symptome einer *Nierenentzündung* sind: wenig blutiger Urin, Blässe, Ödembildung und evtl. Blutdruckanstieg. Das Krankheitsbild lässt sich durch eine antibiotische Behandlung nicht verhüten und ist gegenwärtig in Mitteleuropa selten. In der Regel heilt es voll aus.

Das *rheumatische Fieber* ist eine schwere, in Mitteleuropa sehr selten gewordene Erkrankung, die vor allem wegen der häufigen Herzentzündung mit nachfolgenden Herzfehlerbildungen gefürchtet ist. In weniger wohlhabenden Verhältnissen, besonders den Ländern der Dritten Welt, ist sie weit häufiger. Die Mehrzahl der Fälle hat allerdings nicht den Scharlach als Auslöser, sondern Halsinfekte, bei denen die Beteiligung der Streptokokken nicht vermutet wurde.

In unserer Kinderambulanz wünschen viele Eltern eine *antibiotikafreie Behandlung* ihrer Kinder, besonders wenn diese schon mehrfach wegen Scharlach Penicillin bekommen haben. Nach unserer Erfahrung ist dies in den meisten Fällen möglich bei guter Zusammenarbeit. Und wir bieten diese Behandlungsart auch als Möglichkeit primär – freilassend – an. Dies gilt aber nur in Situationen, in denen die Familien auf die Krankheit ausreichend eingehen können und nicht bei Ansammlung vieler Menschen in Heimen oder Lagern oder in unterentwickelten Ländern.

Familienangehörige stecken sich in der Regel innerhalb einer Woche an. Ob sie dann Scharlach bekommen, ist eine andere Frage. Will man ein Familienmitglied vor der Ansteckung bewahren, so quartiert man es am besten aus oder versucht mit Isolierungsmaßnahmen wie Krankenzimmerschutzkittel und Händewaschen eine allerdings fragwürdige Abschirmung zu erreichen. Kräftiges Gurgeln mit Bolus Eucalypti comp. oder Olbas ist zu empfehlen, besonders für Erwachsene, die beruflich mit Kindern zu tun haben. Bekommen solche Erwachsene Halsweh, so sollten sie sich vom Arzt behandeln lassen. Wird auf Wunsch die ganze Familie vorsorglich mit Penicillin behandelt, tritt oft nach kurzer Zeit wieder Scharlach in der Familie auf.

Häufig erleben wir, dass Eltern nach erfolgter Rekonvaleszenz über eine positive Veränderung ihrer Kinder berichten: ein individueller Gesichtszug, eine neue Fähigkeit, neue Interessen, mehr gesundheitliche Stabilität können auftreten. Zum Beispiel malte ein fünfjähriges Mädchen plötzlich viel differenzierter ihr Haus, fand sich selbst jetzt »erwachsen« und nässte nicht mehr ein. Ein anderes mit neun Jahren rief nach ihrer zweiten Scharlacherkrankung verblüfft aus: »Die ganze Welt ist ja wie frisch gewaschen.« Sie nahm mit einem Mal alle Farben viel intensiver wahr als früher. Solche Beobachtungen gehen natürlich unter, wenn nicht darauf geachtet wird. Eltern, die zu den Kinderkrankheiten positiv eingestellt sind, können sie machen und sich darüber freuen.

Dreitagefieber – Exanthema subitum – HHV6-Infektion

Symptome: Plötzlicher hoher Fieberanstieg, nicht selten mit Infektkrampf. 3 Tage hohes Fieber um 40° ohne große Schwankung. Rascher Fieberabfall und jetzt feinfleckiger roter Ausschlag.

Inkubation: 1–2 Wochen.

Empfänglichkeit: Gering, etwa ab 7. Monat bis Ende des 2. Lebensjahres.

Übertragung: Tröpfcheninfektion mit Viren der Herpes-Gruppe Typ 6. Ansteckungsweg fast immer unbekannt.

Komplikationen: In der Regel keine.

Im Gegensatz zu den bisher beschriebenen Kinderkrankheiten zeigt sich beim »Dreitagefieber« der Ausschlag erst am Ende der Krankheit. Entsprechend dem plötzlichen und hohen Fieberanstieg kann es anfangs leicht zu einem Fieberkrampf kommen, der aber meist harmlos verläuft. Chemisch fiebersenkende Maßnahmen führen hier nur zu stundenweisen Erfolgen und zwingen das Kind, erneut Kraft für das Wiederherstellen der hohen Temperatur aufzubringen.

Andere Infekte mit Hautausschlägen

Auch bei anderen grippeähnlich verlaufenden Krankheiten können zum Ende hin feine fleckige Ausschläge auftreten. Typisch ist der Telefonanruf beim Kinderarzt: »Vorgestern hatte mein Kind Fieber, Schnupfen usw., gestern war es etwas besser, heute hat es einen Ausschlag, aber kein Fieber mehr.« Wenn *nichts* anderes hinzukommt, und das ist hier eigentlich die Regel, muss die Mutter mit ihrem Kind nicht kommen. Der Ausschlag signalisiert sozusagen das Ende der Krankheit. – Bei vielen dieser Infekte sind auch Viren der Herpes-Gruppe beteiligt.

Diphtherie

Symptome: Deutliches bis schweres Krankheitsgefühl, dabei eher niedriges Fieber. Mandel- und Rachenentzündung und/oder Schnupfen und Kehlkopfbeteiligung (s. Krupp). Schmutzigweiße Beläge auf den Mandeln, zunehmend auf den Gaumen übergreifend mit süßlichem Geruch – diese fehlen jedoch heutzutage oft. Halslymphknotenschwellungen.

Inkubation: 2–5 Tage.

Empfänglichkeit: Vor Einführung der Impfungen in der Epidemie 5–10 %.

Übertragung: Bakterien durch Tröpfchen- oder Schmierinfektion. Übertragung auch durch gesunde Bakterienträger, auch durch geimpfte Personen möglich.

Immunität: Zweiterkrankungen sind möglich.

Komplikationen: Herz- und Nierenversagen durch das Bakteriengift. Gaumensegellähmungen vorübergehend. Diphterischer Krupp.

Behandlung: Nur stationär. Das früher obligate Diphtherieserum ist in Deutschland seit Mai 2000 nicht mehr lieferbar (s. S. 234). Penicillin ist wirksam gegen die Bakterien, nicht gegen das schon gebildete Gift und seine gefährliche Wirkung. Darüber hinaus empfehlen wir auf jeden Fall Zinnober comp. sowie Argentum met. präp. D 30.

Die Diphtherie zählte noch im ersten Drittel dieses Jahrhunderts zu den gefährlichsten Kinderkrankheiten mit hoher Sterblichkeit. Seit etwa 50 Jahren wurde sie in den reichen Ländern zu einer sehr seltenen Erkrankung, sodass es kaum noch Ärzte gibt, die Erfahrung damit haben. 1987 – 1990 bahnte sich im Osten, hauptsächlich in den ehemaligen Sowjetrepubliken, insbesondere unter Erwachsenen eine Diphtherie-Epidemie an. Sie ist im Wesentlichen seit 1995 gebannt, infolge intensiver Impfprogramme. Zu keinem Zeitpunkt erhöhten sich die Erkrankungszahlen in Deutschland. Mit wenigen Ausnahmen sind die Erkrankten nicht vollständig gegen Diphtherie geimpft gewesen.

Der diphterische Krupp ist die äußerst bedrohliche Variante des Pseudokrupp. Das Auffallende an der Diphterie ist im ausgeprägten Fall die darniederliegende Eigenkraft: Die Patienten sind eher blass, erreichen kein so hohes Fieber, haben einen schnellen, weichen Puls und einen eher niedrigen Blutdruck. Das Krankheitsbild erscheint wie eine innere Vergiftung, die Kreislauf und Nervensystem besonders ergreift.

Pfeiffersches Drüsenfieber

(Epstein-Barr-Virus = EBV-Infektion Mononukleose)

Symptome: Hochfieberhafte Mandelentzündung mit meist ausgedehnten weißen Belägen, nicht auf den Gaumen übergreifend. Dicke Lymphknotenschwellungen. Gelegentlich leichter Hautausschlag.

Inkubation: 10–14 (–50) Tage.

Empfänglichkeit / Übertragung: Nur bei näherem Körperkontakt. Zimmerisolierung ist deshalb nicht notwendig. Kleinkinder machen die Krankheit meist leichter durch oder unbemerkt.

Ansteckungsfähigkeit: Per Intimkontakt noch mehrere Monate nach Erkrankung möglich.

Immunität: In der Regel beständig, bei Immunschwäche problematisch.

Neben den Lymphknoten schwellen auch Milz und Leber an. Im Blut finden sich bald besondere Reizformen der weißen Blutkörperchen. Komplikationen sind bei Kindern ungewöhnlich. Vorangehende und länger anhaltende Mattigkeit werden gelegentlich beobachtet. Impfungen sind für vier Monate nicht zu empfehlen, weil das Immunsystem erst dann wieder voll funktionsfähig ist.

Windpocken

Symptome: Bläschen verstreut nacheinander auftretend, verkrustend, Juckreiz. Fieber meist nur kurz. Dauer der Krankheit 5–10 Tage.

Inkubation: 11–21 Tage.

Empfänglichkeit: Sehr hoch. Die Ansteckung erfolgt »mit dem Wind« durch offene Türen und Fenster. Stille Feiung ist ungewöhnlich.

Übertragung der Viren durch Tröpfcheninfektion 1–2 Tage vor Beginn bis zum Eintrocknen der letzten Bläschen.

Immunität: Als Zweitkrankheit ist eine Gürtelrose möglich. Säuglinge haben Nestschutz für einige Monate, wenn die Mutter Windpocken gehabt hat.

Komplikationen: Selten. Ausgeprägte Krankheitsbilder bei Neurodermitisanlage. Gefahr besteht bei Immunschwäche und bei Neugeborenen, deren Mutter um die Geburt erst Windpocken bekommt (siehe auch unten).

Dass diese an sich harmlose Krankheit in Krankenhäusern gefürchtet ist, hängt mit ihrer Verbreitung durch den Luftzug und den im Krankenhaus oft stationierten immungeschwächten Patienten zusammen.

Innerhalb einiger Tage treten nacheinander ganz unregelmäßig verstreut zuerst Fleckchen auf, die sich rasch zu Bläschen mit wässrigem Inhalt umbilden, um dann mit einer Kruste abzuheilen. Infolge der verschiedenen Entwicklungsstadien der einzelnen Hauterscheinungen entsteht das Bild einer Sternkarte mit unterschiedlich großen »Sternen« (Abb. 13 und 14). Die Bläschen treten auch am behaarten Kopf, den Handflächen, im Mund und an den Genitalien auf. Manchmal deuten Leibschmerzen auf einen Befall der Darmschleimhaut hin. Eine Blinddarmentzündung ist dann nicht leicht auszuschließen. Nur wenn Fieber auftritt, ist Bettruhe angezeigt.

Die Behandlung beschränkt sich meist auf Pudern der befallenen Stellen evtl. mit Juckreiz stillenden Zusätzen. Hilfreich ist ein abendliches lauwarmes Bad mit Kamillentee oder Fichtennadelbadezusatz; nicht aber bei stärkerer Eiterung.

Die Eiterbesiedlung der Blasen lässt beim Abheilen kleine Narben entstehen, die jedoch im Laufe der Zeit meist wieder verschwinden. Neuerdings wird über ganz seltene, schwere eitrige Komplikationen durch besondere Streptokokkenstämme berichtet mit Befall von Bindegewebe, Muskeln und Knochen, bevorzugt nach Windpocken. Hohes Fieber mit schweren Krankheitssymptomen erfordert deshalb rasche klinische Behandlung.

Einige Menschen neigen später bei irgendeiner Schwächung zur Gürtelrose (Herpes zoster). Charakteristisch hierfür sind grübchenförmige derbe Bläschen, die nur in einem bestimmten halbgürtelförmigen Hautareal, das einem Hautnerven zugehört, auftreten. Oft bestehen Schmerzen und hohes anhaltendes Fieber. Am Herpes zoster, z.B. der Großmutter, können sich Kinder anstecken und Windpocken bekommen.

Mundfäule (Stomatitis herpetica)

Symptome: Auffallender übler Mundgeruch, *viele schmerzhafte Aphthen* (offene Schleimhautbläschen mit derbem Grund) im Mund, oft hohes Fieber und Lymphknotenschwellungen. Dauer 7 bis 9 Tage. Alter meist zwischen 10 Monaten und 3 Jahren.

Inkubation: 2–6 (bis 12) Tage

Empfänglichkeit: Für das Krankheitsbild gering, oft stille Feiung oder nur geringe Aphthenbildung. Übertragung durch Körperkontakt oder Tröpfchen.

Immunität: Nur teilweise. Bei manchen Menschen treten lebenslänglich immer wiederkehrend »Fieberbläschen« an bestimmten

Körperstellen auf, andere erleben dies nur anlässlich schwerer Erkrankungen wie z.B. einer Lungenentzündung.

Komplikationen: Bei Neurodermitis evtl. breite Hautbeteiligung und schwereres Krankheitsbild.

Als Aphthen bezeichnet man schmerzhafte, etwa bis linsengroße flache gräuliche Kraterbildungen in der Mundschleimhaut (Abb. 15). Bei der Mundfäule treten sie in großer Anzahl auf, evtl. auch um den Mund. Die Kinder verweigern oft jede Nahrung und müssen zum Trinken mühsam angehalten werden. Schwere Verläufe mit Austrocknungserscheinungen bedürfen klinischer Behandlung.

Häusliche Behandlung: Verdünntes Mundwasser (Weleda) und Zinnober comp. 5 x 1 Msp. oder Mundbalsam-flüssig und Apis/Belladonna cum Mercurio 5 x tgl. 5 Globuli lindern die Beschwerden, sofern das Kind schon spülen kann oder das Auspinseln zulässt. (Bei allen Anwendungen im Mund und auch Arzneien, die geschluckt werden, soll durch Verdünnung mit Wasser die Alkoholkonzentration auf weniger als 1 % gebracht werden.) Auch reiner Honig wirkt erleichternd, sodass die Kinder nach dem Honig einige Schluck trinken können. Die Gewichtsabnahme holen die Kinder später rasch wieder auf.

Einzelne Aphthen über wenige Tage bis Wochen haben mit der Mundfäule nur den Schmerz gemeinsam. Sie treten bevorzugt bei bestimmten Empfindlichkeiten auf, z.B. nach den Weihnachtsplätzchen.

Mumps (Ziegenpeter, Parotitis epidemica)

Symptome: Schmerzhaft anschwellende Ohrspeicheldrüsen mit abstehendem Ohrläppchen. Meist hohes Fieber, Dauer bis zu einer Woche.

Inkubationszeit: 2–3 Wochen.

Empfänglichkeit: Oft stille Feiung. Nestschutz besteht meist im Säuglingsalter.

Übertragung: Tröpfchen übertragen die Viren wahrscheinlich 24 Stunden vor bis 3 Tage nach Beginn der Erkrankung, obwohl sie aus dem Speichel schon etwa eine Woche vor bis 9 Tage nach Beginn der Erkrankung isoliert werden können.

Immunität: Am sichersten nach Erkrankung; nur selten Zweiterkrankung.

Komplikationen: Hirnhautentzündung (s. S. 25 f.), Hodenentzündung von der Pubertät an möglich. Selten Hörschaden, meist einseitig, meist bleibend. Sehr selten Hirnentzündung.

Die Krankheit kann sehr unterschiedlich verlaufen. Der Volksmund spricht vom »Ziegenpeter« oder »Wochendippel« wegen des hamsterartig geschwollenen hinteren Wangen-Ohr-Bereiches (Abb. 16). Der Verlauf ist meist mit hohem Fieber und starkem Krankheitsgefühl verbunden. Ein anderes Kind erbricht und hat kolikartige Leibschmerzen, weil die Bauchspeicheldrüse bevorzugt befallen ist. Ein drittes hat eine kurze Schwellung der einen oder beider Wangen und nach ein paar Tagen noch einmal ein erneutes Anschwellen, eventuell ohne Fieber. Ein viertes, und das zählt schon zu den Komplikationen, bekommt stark anhaltende Kopfschmerzen und will sich im Bett nicht hinsetzen. Bei ihm ist die Mitbeteiligung der Hirnhäute wahrscheinlich, die sogenannte Mumpsmeningitis. Es handelt sich dabei um eine oft auch unerkannte und glücklicherweise im Kindesalter so gut wie immer folgenlose Erscheinung. Oft kann man eine Klinikaufnahme umgehen, eine Lumbalpunktion fast immer. Eine antibiotische Behandlung wäre nutzlos, weil es sich um eine Viruskrankheit handelt. Zur Erkennung dieser Komplikation vgl. auch das Kapitel Kopfschmerzen (S. 25 f.). Erkranken männliche Jugendliche jenseits der Pubertät und Erwachsene, so machen sie nicht selten eine meist einseitige Hodenentzündung durch, die sehr schmerzhaft ist und zur Einbuße der Funktion der Samenzellen führen kann – wodurch jedoch niemand zum Eunuchen wird, auch nicht bei beidseitiger Entzündung. Eine ebenfalls mögliche Eierstockentzündung beim Mumps bleibt in der Regel ohne Folgen. Selten folgt dem Mumps eine Gehörlosigkeit (man sagt bei einem von 10–15 000 Fällen), noch seltener eine echte Hirnentzündung (Enzephalitis). Angaben über die Häufigkeit solcher Komplikationen sind immer kritisch zu werten. Unterschiedliche Angaben können konstitutionell, landschaftlich, zivilisatorisch bedingt sein, mit dem »Genius epidemicus« zusammenhängen oder mit einer unzweckmäßigen Behandlung. (Über die Impfung s. S. 240) Komplikationen und Ansteckungen können noch zwei Wochen nach Beginn der Erkrankung auftreten.

In der Hausbehandlung kommen Archangelica-Salben- oder warme Calendula-Öl-Kompressen in Frage. Dieser Verband sollte allerdings die Wangen und nicht den Schädel wärmen. Bei Leibschmerzen sind warme, feuchte Wickel mit Kamille oder Schafgarbentee angebracht. Auf fettfreie Diät sollte man achten und auch hohes Fieber nicht senken, sondern sich mit dem Hausarzt beraten. Das Fieber hat, wie schon gesagt, eine die Virusaktivität abschwächende Wirkung, weswegen es zugleich möglichen Komplikationen vorbeugt.

Immer wieder berichten Eltern, dass ihre Kinder gerade nach Mumps selbstständiger geworden sind.

Keuchhusten (Pertussis)

Symptome: Schnupfen, Husten, erhöhte Temperaturen über ca. 1 bis 2 Wochen, dann zunehmend anfallsartiger Husten, besonders nachts, etwa stündlich eine halbe Minute, oft mit Erbrechen am Schluss. Dauer insgesamt etwa 6–10 Wochen.

Inkubation: Etwa 7–14 Tage.

Empfänglichkeit: Je jünger umso höher; *kein Nestschutz!* Erwachsene erkranken uncharakteristisch.

Übertragung: Etwa ab 7. bis 10. Tag nach Ansteckung bis 4 Wochen nach Beginn des Anfallsstadiums.

Tröpfcheninfektion der Bakterien auf ca. 2 m auch ohne direkten Husten.

Immunität: Nach Erkrankung gut. Zweiterkrankungen kommen aber vor. Andere Erreger können Keuchhusten gelegentlich vortäuschen.

Komplikationen: Lungenentzündung. Bei Säuglingen in den ersten 3 Lebensmonaten sind Atemstillstand, Krämpfe und eine Art Hirnentzündung möglich. Ein Teil der Fälle von »plötzlichem Kindstod« wird heute auf eine unerkannte Keuchhustenansteckung zurückgeführt (vgl. S. 171).

Hört die Sprechstundenhilfe im Wartezimmer einen harten anfallsartigen Husten, dann wundert sich die Mutter dieses Kindes, wie rasch sie mit Kind in ein Isolierzimmer geschoben wird (s. S. 236 ff.).

Wie sieht ein typischer Keuchhustenanfall aus? Er bahnt sich meistens nachts in ein- bis halbstündlichen Abständen an und wird durch langsam in den Bronchien sich ansammelnden, zähen, glasigen Schleim ausgelöst, der dann durch kräftige, laute, harte, stakkatoartige Stöße ausgehustet wird. Das Kind holt zwischen den Hustenstößen keine Luft, es rutscht sozusagen mit dem Husten stoßartig in den »Keller« seiner Ausatmungsmöglichkeiten, wo es wirklich keine Luft mehr hat. Dabei wird die Zunge röhrenförmig um den Luftstrom gestreckt, das Gesicht schwillt an und verfärbt sich bläulich. Nach einigen Sekunden, die den besorgten Zuhörern immer viel zu lange werden, kommt dann eine lange, ziehend-juchzende Einatmung zwischen den verkrampften Stimmlippen zustande. Dasselbe wiederholt sich noch ein- bis zweimal, von Ärzten »Reprise« genannt. Zuletzt würgt das Kind dann den glasigen Schleim und möglicherweise auch die davor genossene Nahrung heraus und schläft ermattet rasch wieder ein. Zuvor kann man dem Kind etwas flüssige Nahrung anbieten, weil diese bis zum nächsten Anfall in frühestens 1/2 Stunde bereits vom Darm aufgenommen ist. Der Anfall selbst dauert nicht länger als 1/2 Minute.

Wie geht man damit um? Alles aufgeregte Beklopfen oder Hochreißen der Kinder macht die Situation nur schlimmer und trägt nie zur Abkürzung bei. Zu Beginn des Anfalls ist die Empfindlichkeit des Kindes auf einem Maximum angelangt. Wenn man das Wiedereinatmen erleichtern möchte, wird der Kopf an der Stirn ein wenig abgestützt und das Kind mit beruhigenden Worten begleitet: »Schön aushusten – so, jetzt wieder einatmen und kräftig weiter husten« oder ähnlich. Das Kind spürt, dass das jetzt alles so sein muss und gerät nicht in Panik. Oft reicht auch das ruhige Dabeisein. Kleine Kinder stützen sich unter Umständen aus der Bauchlage hoch, husten ihren Anfall durch und legen sich wieder hin. Am besten hat die Mutter oder der Vater die eigene Schlafstatt neben der des Kindes, um gegebenenfalls das Erbrochene wegzunehmen und eine neue Spuckwindel unterzulegen. Fieber gehört nicht zum konvulsiven Stadium. Deshalb sollte dann ein Arzt zugezogen werden.

Zur Vorbeugung:

Bedenklich ist der Keuchhusten bei Kindern in den ersten drei Lebensmonaten, weil sie es schwer haben, den Hustenanfall richtig zustande zu bringen und nicht selten eine Hirnkomplikation auftritt.

Alle werdenden Eltern müssen wissen, wie sie in diesem Alter eine Ansteckung ihres neugeborenen oder jungen Säuglings vermeiden können:

Hustende oder Infekte ausbrütende Erwachsene und Kinder sollten das Zimmer des jungen Säuglings meiden; die Eltern tragen dort einen Mundschutz, wenn sie selbst betroffen sind.

Bei Auftreten von Keuchhusten in Kindergärten oder Nachbarschaft sollten Mütter mit jungen Säuglingen gewarnt werden, deren Geschwister noch keinen Keuchhusten hatten. Der Haus- oder

Kinderarzt kann dann die nötigen Schritte einleiten. Bei frisch angesteckten Säuglingen kann er die Ansteckung abfangen durch Gabe eines spezifisch wirksamen Antibiotikums.

Vorgehen nach Ansteckung des jungen Säuglings:
Die Empfänglichkeit des Neugeborenen für Keuchhusten ist fast 100 % auch bei gestillten Kindern. Bei Verdacht eines beginnenden Keuchhustens in diesem Alter ist eine Überwachung unter kinderärztlicher Beratung notwendig, bei Ausbruch der Krankheit stationäre Behandlung. Dabei sollte die Mutter oder der Vater unbedingt mitaufgenommen werden, da dann mit einer wesentlichen Verbesserung des Verlaufs gerechnet werden darf.

Säuglinge vom 3. bis 6. Monat erkranken auch noch schwer, können aber meistens schon besser husten. Jenseits des ersten Lebensjahres sind Komplikationen bei sachgerechter Behandlung höchst selten. Dann entfallen die genannten vorsorglichen Schutzmaßnahmen, während sie im ersten Lebensjahr je nach Erfahrung und Umständen gehandhabt werden. Bei sonst gesunden Kindern haben wir sogar schon jenseits des dritten Monats oft auf die Antibiotikavorsorge verzichten können.

Bei Rachitis oder einer kalziumarmen Ernährung ist der Keuchhusten wesentlich gefährlicher. Eine ärztliche Untersuchung zu Beginn des Keuchhustens ist daher im ersten Lebensjahr immer zu empfehlen.

Noch nach Monaten kann ein Kind anlässlich eines neuerworbenen Infektes wieder keuchhustenartig husten. Es ist natürlich nicht mehr ansteckend für diese vergangene Krankheit. Dass ein Keuchhusten selten einer Asthmaanlage oder einer Allergie zum Durchbruch verhelfen kann, ist lange bekannt, mit der Zunahme dieser Krankheiten hat das nichts zu tun.

Im Anschluss an einen Keuchhusten beobachtet man besonders bei Kindern, die vorher schlechte Esser waren, dass sie plötzlich einen außerordentlich guten Appetit entwickeln.

Zur arzneilichen Behandlung:

Durch chemische Beruhigungs- und hustenstillende Mittel steigert man die Gefährlichkeit des Keuchhustens im Säuglingsalter und auch später. Der Husten wird seltener und kraftloser, der Schleim bleibt leichter in der Lunge, und es kann zu einer Lungenentzündung und Sauerstoffmangel im Gehirn kommen. Eine begleitende medikamentöse Behandlung, wie sie von homöopathisch oder anthroposophisch orientierten Ärzten angewendet wird, erscheint demgegenüber rationeller und ungefährlicher.

Linderung der nächtlichen Anfälle verschafft unter Umständen ein gut warmes Bad abends mit anschließend kurzem feuchtkühlem Hals- oder Brustwickel (nicht über die Wirbelsäule!).

Die Gabe von Antibiotika ist allenfalls bei geschwächten Kindern während einer zusätzlichen Lungenentzündung oder zur Verhütung der Ansteckung eines Säuglings angezeigt. Auf den Verlauf der Keuchhustenkrankheit selbst haben sie nur bei frühem Einsatz Einfluss, vermindern aber wahrscheinlich eine gute Immunisierung.

Infektiöse Gelbsucht Typ A (Hepatitis A)

Unter den verschiedenen Formen der Leberentzündung ist die Hepatitis A im Kindesalter die häufigste und harmloseste. Fachleute betonen, dass sie nie Dauerschäden (Zirrhosen) hervorrufe. Im Vorstadium der Krankheit sind die Patienten müde, appetitlos, manche haben Übelkeit oder Erbrechen, Bauchschmerzen, Durchfall und Fieber. Wenn die Gelbsucht auftritt, was nur bei etwa einem Drittel der Erkrankten zu erwarten ist, bilden sich die Beschwerden meist zurück. Mit der Gelbsucht wird der Urin abnorm dunkel und der Stuhlgang entfärbt. Die Ansteckung geschieht im Allgemeinen über die Darmausscheidungen. Sie lässt sich durch eine gute Toilettenhygiene mindern. Vom Zeitpunkt der Ansteckung bis zum Krankheitsausbruch vergehen 15 bis 50 Tage. Ein bis zwei Wochen vorher wird das Virus jedoch schon ausgeschieden, das heißt, man ist dann schon ansteckend. Die Abgrenzung von anderen Formen des Gelbwerdens (Ikterus) ist Sache des Arztes. (Zur Problematik der vorbeugenden Maßnahmen s. S. 244.) Jede Virushepatitis ist meldepflichtig.

Behandelt wird mit Bettruhe, warmen Leberkompressen mit Schafgarbentee (s. S. 616) sowie leichter Kost. Wir schätzen als Begleitbehandlung die Gabe von Hepatodoron-Tabletten aus Erdbeer- und Weinblättern, um der heute so strapazierten Leber auch für später noch eine Stärkung angedeihen zu lassen, ferner Taraxacum planta tota Rh D3, Tropfen oder Globuli, sowie Taraxacum Stanno cultum Rh D3.

Infektiöse Gelbsucht Typ B (Hepatitis B)

Die akuten Symptome einer Hepatitis B unterscheiden sich von denen der Hepatitis A nur wenig. Die Inkubationszeit beträgt allerdings eineinhalb bis sechs Monate. Man rechnet mit etwa 2 – 3mal soviel Infizierten als sichtbar erkrankten Menschen. Je jünger die Kinder sind, umso seltener sieht man etwas von der Krankheit, umso mehr neigt sie allerdings auch zu chronischen Verläufen. Die Besonderheit des Verhältnisses zwischen Mensch und Virus ist bei dieser Krankheit, dass einige Befallene das Virus nicht überwinden können und so ihr Blut unter Umständen lange Zeit für andere ansteckend bleibt. Entdeckt wurde diese Form der Leberentzündung durch Blutübertragungen; dieser Ansteckungsweg spielt heute kaum noch eine Rolle. Inzwischen weiß man, dass Sexualkontakte die häufigste Ansteckungsquelle sind. Entsprechend findet sich die höchste Erkrankungsrate in den Großstädten mit viel Promiskuität und hoher Rate an Drogenabhängigen. Sehr selten können Ansteckungen innerhalb der Familie, z.B. von virustragenden Adoptivkindern aus hochdurchseuchten Ländern ausgehen. Ebenso ist das Ansteckungsrisiko in Kindergärten sehr gering. Die Virusträger können über viele Jahre das Virus ohne Schaden beherbergen, evtl. auch überwinden oder aber mit einer chronischen Entzündung der Leber schleichend oder rasch eine Leberzirrhose entwickeln. Zur begleitenden Behandlung siehe Hepatitis A. Es gibt noch weitere Formen von Leberentzündungen, unter denen die Hepatitis C die häufigste ist. 10 – 15 % der Meldungen entfallen auf diesen Typ. Sie hat in 60 – 80 % der Fälle einen chronischen Verlauf.

Borreliose
(Erythema migrans - wandernde Hautrötung, engl. Lyme-Disease)

Um einen oft unerkannten Zeckenstich bildet sich manchmal innerhalb einiger Wochen eine Rötung, die langsam nach außen wächst und in der Mitte abblasst, sodass eine Art roter Girlande entsteht. Grippeähnliche Symptome können diese Erscheinung begleiten. Nach einigen Wochen klingen die Symptome ab. Früher wartete man einfach ab. Es stellte sich aber heraus, dass nach Wochen, Monaten oder auch Jahren schwere Folgezustände aufgrund einer chronischen Infektion auftreten können, so z.B. Gelenkrheuma, Nerven- und Hirnentzündungen oder chronisch entzündliche Haut-Atrophien (»Ernährungsstörung der Haut«). Die Erreger (Borrelia Burgdorferi) sind Bakterien, die beim Zeckenstich übertragen werden können. Eine Schutzimpfung gibt es noch nicht, doch ist sie in Entwicklung. Die Erreger sprechen auf eine antibiotische Behandlung an. Da nicht vorauszusehen ist, ob die Krankheit milde oder schwer verlaufen wird, behandelt man die Betroffenen in der Regel antibiotisch. Allerdings haben ein Viertel der Erkrankten die typische Hautrötung nicht gehabt. Dann lassen sich die genannten Krankheiten als Komplikationen nur erkennen, indem man im Blut Borrelien-Antikörper nachweist. Deshalb jedoch nach jedem Zeckenstich Antibiotika zu geben, ist gerade für die oft von Zecken besuchten Menschen nicht praktikabel.

Besondere Krankheitsprobleme

Das Kind im Krankenhaus

Je kleiner die Kinder sind, umso wesentlicher ist es, dass sie im Falle eines stationären Aufenthaltes von Mutter oder Vater oder einem vertrauten Menschen aus der nächsten Umgebung begleitet werden. Aus diesem Grund sind in den letzten Jahren in vielen Krankenhäusern »Mutter-Kind-Einheiten« eingerichtet worden, und wo solche noch nicht anzutreffen sind, sollten Eltern alles daran setzen, dass die Mitaufnahme eines Elternteils möglich wird. Im Vorschulalter sollte dies als wesentlicher Teil der medizinischen Versorgung angesehen werden. Und es ist sehr zu hoffen, dass in Zukunft kein Kinderkrankenhaus mehr konzipiert wird, ohne solche Unterbringungsmöglichkeiten zu berücksichtigen.

Nicht nur die Krankheit reißt das Kind aus seinem gewohnten Lebensrhythmus heraus, sondern auch die Aufnahme in das Krankenhaus mit seiner für das Kind völlig fremden Umgebung. In dieser Ausnahmesituation prägen sich alle Eindrücke noch viel tiefer in die kindliche Seele ein als sonst. Größte Sorgfalt und Liebe sind also nötig, um Schäden durch die Hospitalisierung zu vermeiden. Ärzte, Pflegende und Eltern sollten gemeinsam alles versuchen, dass die Krankenhauszeit für die Kinder möglichst als »schöne Zeit« in Erinnerung bleibt.

Wenn die Mitaufnahme der Eltern nicht möglich ist oder – im Falle älterer Kinder nicht notwendig –, so ist es doch entscheidend, dass eine offene Besuchszeit dafür sorgt, dass die Kinder jederzeit von ihren nächsten Angehörigen besucht werden können. Bei längerem stationärem Aufenthalt ist es wichtig, Anregungen zu altersentsprechendem Spielen und Lernen zu geben. Nicht immer verfügt das Krankenhaus über Beschäftigungstherapeuten oder gar eine Spielgruppe oder Krankenhausschule. So sind auch hier die Eltern gefordert, initiativ zu werden.

Große Wachheit sollte dafür bestehen, ob und wann ein Kind – im Falle einer schwerwiegenden oder gar lebensbedrohlichen Erkrankung – über seinen Zustand sprechen möchte. Hier sensibel zu sein und die Signale des Kindes ernst zu nehmen, erfordert eine gute Zusammenarbeit insbesondere mit den Pflegenden. Den Krankenschwestern und Krankenpflegern kommt nicht nur die pflegerische Hauptverantwortung für die Betreuung der Kinder zu, sondern sie sind es häufig selbst, die durch den engen täglichen Kontakt mit den kleinen Patienten manche Frage oder auch heruntergeschluckte Verzweiflung zu verstehen oder zu deuten in der Lage sind.

Grundsätzlich gilt gerade im Krankenhaus der möglichst sachliche Umgang mit der Krankheit ohne falsche Rücksichtnahme oder sentimentale Mitleidsbekundungen. Oft sind die Kinder auch dankbar, wenn man mit ihnen gerade nicht über die Krankheit spricht, sondern sie ablenkt, ihnen etwas vorliest und »so normal wie nur möglich« ist.

Wir empfehlen zur Beschäftigung im Krankenhaus alles, was Eigenaktivität und Besinnung fördert und Freude macht – nicht jedoch die Mitnahme oder den Gebrauch akustischer oder optischer Medien. Letztere unterstützen weder den Heilungsverlauf noch helfen sie dem Kind bei seiner »Selbstwerdung«. Im Gegenteil. Diese wird dadurch behindert (vgl. S. 569). Hingegen wirken Interesse und menschliche Zuwendung sowie Eigenaktivität (zum Beispiel ein Märchen oder eine Geschichte in einem schönen Heft selbst illustrieren) immer aufbauend und positiv.

Empfohlene Literatur:

Dhom, Christel: *Zauberhafte Märchenwolle*. Stuttgart 1998.
Kischnick, Rudolf / Haren, Wil van: *Der Plumpsack geht rum*. Stuttgart ²1993.
Werkbücher für Kinder, Eltern und Erzieher. – Siehe Literaturverz. im Anhang.
Wolk-Gerche, Angelika: *Zwergenreiche*. Stuttgart 1998.

Plötzliche Leblosigkeit und plötzlicher Kindstod

Mögliche Ursachen und Bedingungen

Der plötzliche Kindstod (international: sudden infant death – SID) betrifft etwa ein Drittel aller Todesfälle vom Ende des ersten Lebensmonats bis zum Abschluss des ersten Lebensjahres (zur Akut-Behandlung s. S. 53). In der Mehrzahl der Fälle werden die Kinder leblos im Bett aufgefunden.

Neuere Untersuchungen in vielen Ländern der Welt ergaben eine Reihe statistisch erfasster Risiken in der Vorgeschichte der Kinder:

- zu enge Wohnverhältnisse
- rauchende Erwachsene in Schwangerschaft und nach der Geburt
- nicht gestillte Kinder
- Bauch- oder Seitenlage
- Schlafen im elterlichen Bett (besonders wenn sie rauchen)
- Überwärmung des Zimmers und warme Mützen im Schlaf, stark wärmestauende Decken
- Decken, unter die das Kind rutschen kann
- Unterkühlung

Allein die Aufklärung der Bevölkerung über das Risiko der Bauchlage hat bereits in Nordrhein-Westfalen zu einem Rückgang der plötzlichen Todesfälle um etwa fünfzig Prozent geführt. Konsequenzen, die sich daraus für die Lagerung des Säuglings ergeben, finden sich auf Seite 275. In Holland führt man die niedrige SID-Rate auf die dortige Gewohnheit zurück, Kinder in Rückenlage im bis unter die Achsel reichenden Schlafsack schlafen zu lassen.

Außerdem gibt es statistische Untersuchungen, die auf einen Anteil von beginnendem unerkanntem Keuchhusten schließen lassen. In Einzelfällen wurde der Erreger bei den Verstorbenen auch gefunden (s. S. 163).

Wenn durch Wiederbelebungsmaßnahmen oder auch von allein

ein Kind wieder anfängt zu atmen und überlebt, so spricht man nicht von SID sondern von einer plötzlichen Leblosigkeit (englische Abkürzung ALTE = acute life threatening event).

Maßnahmen zur Früherkennung und Vorbeugung

In der Annahme, dass für SID eine besondere Veranlagung in Form von Atemregulationsstörungen oder anfallsartigen Ereignissen zugrunde liege, wurden aufwendige Speziallabors eingerichtet, in denen gleichzeitig Herz, Atmung, Hirnströme, Blutgaswerte und anderes über 24 Stunden untersucht werden (sog. Polysomnographie). Bei Verdacht auf gelegentliche überlange Atempausen kann in einer Klinik die Atmung elektronisch einige Tage überwacht werden und so eine gewisse Aussage ermöglichen.

Solche Untersuchungen werden heute bei allen Kindern, die ein medizinisches Risiko tragen, und bei allen Kindern, die eine plötzliche Leblosigkeit überstanden haben, durchgeführt.

Es ist aber zu bedenken, daß nur etwa 10 – 15 % der Kinder, die am plötzlichen Kindstod verstorben sind, solche medizinischen Risiken zeigen. Das heißt, dass die Gruppe der polysomnographisch untersuchten Kinder nur zum kleinen Teil übereinstimmt mit denen, die tatsächlich Risikokinder sind. Auch kommt es vor, dass trotz unauffälliger Polysomnographie ohne und mit anschließender konsequenter Monitorüberwachung ein plötzlicher Kindstod eintreten kann.

Gedanken zum Umgang mit diesen Ereignissen

Eine Mutter, deren Sohn gerettet werden konnte, schrieb uns Folgendes:

»Nachdem unser damals zwei Monate alter Sohn dieses Ereignis überlebt hatte, kamen bei uns Eltern viele Gedanken und Fragen auf, die sich auf das Schicksal und den Weg dieses Kindes bezogen. Eine befriedigende medizinische Erklärung gibt es für diese Sache ja wohl nicht. Sie ist vielmehr in anderen Bereichen zu suchen. Es wird uns immer klarer, dass die Todesnähe und das Zurückkommen in den eigenen Leib für diesen Menschen sicher von großer Bedeutung sind und sein Leben in gewisser Weise auch prägen werden. Unser Kind hat sich seitdem positiv verändert. Wachheit und Klarheit seines Gesichtsausdruckes und die große Ausstrahlung, die es seitdem verbreitet, vermittelten uns den Eindruck, als sei es ein zweites Mal geboren. Die Sorge um dieses Kind verflog langsam und wurde durch (technische) Sicherheit ersetzt.«

Die Mutter hatte dieses Kind leblos im Bett aufgefunden und die Atmung selber nicht wiederherstellen können. Diese setzte jedoch auf dem Transport zum Krankenhaus wieder ein, und das Kind konnte nach einer 14-tägigen Behandlung auf der Intensiv- und Säuglingsstation wieder nach Hause entlassen werden. Seither hat es eine Monitorüberwachung. Es ist dies einer der leider seltenen Fälle, wo eine plötzliche Leblosigkeit nicht zum Tode führt, sondern wieder ins Leben zurückweist.

Wer sein Kind jedoch durch dieses Ereignis verliert, steht vor Fragen, die nur auf geistiger Ebene weiterführend bearbeitet werden können. Warum hat das Kind seinen Leib wieder verlassen?

Wer den Lebenswillen von Säuglingen (und auch Frühgeborenen) kennt und erlebt hat, mit welchen Schwierigkeiten sie fertigwerden können, steht vor einem Rätsel. Es gibt Mütter, die ein Kind durch plötzlichen Kindstod verloren haben und kurz darauf wieder schwanger werden. Die einen haben das deutliche Empfinden, dass es dasselbe Kind ist, die anderen haben dies nicht. Wir sind noch sehr unwissend über das vorgeburtliche Leben (siehe auch S. 223 ff.). Wollen diese Kinder uns wachrufen, auf diese Schwelle zur geistigen Welt, wo Geburt und Tod sich die Hand reichen, mehr zu achten? Es gibt eine Vielzahl ergreifender Gedichte auf den Tod von kleinen Kindern, beispielsweise in dem Büchlein von Arie Boogert (s. u.). Diese Kinder hinterlassen Fragen an uns, an die Welt und insbesondere an jene Welt, in der sich die Verstorbenen und Ungeborenen begegnen. An diesen Fragen zu arbeiten, vertieft und bereichert unser Leben. Dies zu empfinden, ist zugleich auch ein wesentlicher Teil des Dankes für die kurze Zeit gemeinsamen Lebens, mit der uns diese Kinder beschenkt haben.

Empfohlene Literatur:

Boogert, Arie: *Beim Sterben von Kindern.* Stuttgart [2]1997.
Devold, Simon Flem: *Morten, 11 Jahre. Gespräche mit einem sterbenden Kind.* Stuttgart 1998.
Ott, Andreas: *Risiko plötzlicher Kindstod.* TB, Reinbek 1995.
Stellungnahme zum Thema »Vermeidbare Risikofaktoren für den plötzlichen Säuglingstod« in: *Kinder- und Jugendarzt,* 31. Jahrg. (2000), Nr. 11, S. 987 f.

Vom Umgang mit behinderten und chronisch kranken Kindern

Leben mit Behinderungen

Es gibt Kinder, die kommen blind zur Welt oder verlieren durch einen Unfall ihr Augenlicht. Ihr Erfahrungsraum ist um eine Dimension eingeschränkt: Licht und Farben sind ihnen verschlossen, und das Bildvorstellen der gegenständlichen Welt ist nur über den Tastsinn möglich. Um so intensiver und feiner gestalten sich jedoch die übrigen Wahrnehmungen – Hören und Tasten sind viel genauer und wacher als das der Sehenden. Die Gefühlserlebnisse, die sich daran anschließen, geben dem Gemütsleben mehr den Charakter des Offenseins für das, was im Klang der Sprache, in jeder tonlichen Äußerung sich an Innerlichkeit mitteilt. Stimmungen und feine seelische Regungen werden vom Blinden deutlicher empfunden, vom Sehenden dagegen im wahrsten Sinne des Wortes oft übersehen.

Andere Kinder können nicht hören. Früher dachte man, dass die Taubstummen zugleich auch schwachsinnig seien. Später entdeckte man, dass die Beschränktheit im seelisch-geistigen Ausdrucksvermögen daher kommt, dass die Kinder das Denken nicht am Sprechen erlernen konnten. Seitdem es die Taubstummensprache gibt, können sie sich zu normaler Intelligenz entwickeln. Die Seelenwelt des Tauben ist von tiefem Schweigen durchzogen. Für ihn tragen die Dinge ihr Wesen an der Oberfläche, und er hat es schwer, zu einer Verinnerlichung zu kommen. Seine Gefahr ist daher, misstrauisch zu werden, weil er spürt, dass ihm eine tiefer gehende Art seelischer Wahrnehmung verborgen ist. Ein vertrauensvolles Sichhingeben fällt ihm schwerer.

Manche Kinder können nicht riechen oder sind farbenblind. Welche Dimension des Erlebens ist ihnen verborgen, und welche seelischen Möglichkeiten haben gerade sie besonders? Wie erlebt ein Kind die Welt, das an den Rollstuhl gefesselt ist, das hinkt, nicht laufen kann oder anstelle des Armes nur einen Stummel mit einigen Fingern trägt? Bei Kindern mit Einschränkungen der Bewegungsfähigkeit finden wir oft eine überdurchschnittliche seelische Energie. Als ob der Wille, der sich nicht in körperliche Aktivität umsetzen kann, gleichsam zurückgestaut, nun als seelisches Potential zur Verfügung stünde. Dieses Phänomen zeigt sich auch bei Kindern mit offenem Rachen oder der so genannten Hasenscharte. Kräfte, die zur Ausgestaltung des Skelettes nötig sind, haben aufgrund der genetischen oder einer anderen Disposition nicht die Möglichkeit gefunden, sich körperlich zu engagieren, und bleiben daher für seelische Aktivität aufgespart. Deshalb sind solche Kinder nicht immer leicht zu erziehen. Sie neigen dazu, über die Stränge zu schlagen oder »aus allen Nähten zu platzen«, da sie noch nicht gelernt haben, mit ihren »Überschusskräften« umzugehen.

Wieder andere Kinder haben es mit angeborenen oder erworbenen Schäden der inneren Organe zu tun. So kommt zum Beispiel ein elfjähriges Mädchen wegen Wachstumsstillstands, Blässe und Müdigkeit zum Arzt. Er stellt fest, dass die Nieren kaum mehr arbeiten – es handelt sich bei diesem Kind um eine angeborene Nierendegeneration, die in absehbarer Zeit zu einer völligen Funktionslosigkeit führen wird. Wie sieht ein Leben mit der künstlichen

Niere aus? Was bedeutet eine Organtransplantation? Was ist der Sinn einer solchen Krankheit?

Wie geht man mit Kindern um, die einen Herzfehler haben oder die an jugendlichem Diabetes, an kindlichem Rheuma, Asthma, Schuppenflechte, Krebs leiden? Bei der Bewältigung dieser schwerwiegenden Fragen kann das Grundmotiv dieses Buches weiterhelfen: Erziehung und Krankheitsbewältigung haben etwas miteinander zu tun. So ist in jeder Krankheit eine Aufgabe verborgen, eine Entwicklungsmöglichkeit gegeben, die nur durch sie so ergriffen und gelernt werden kann. Diese Aufgabenstellung sehen zu lernen ist der erste Schritt zu einer Bewältigung des Problems. Da diese Aufgabenstellung jedoch stets individuell erlebt und gefunden werden muss und sich nicht verallgemeinern lässt – man kann zum Beispiel nicht sagen, dass alle Blinden die oder die Aufgabe zu lösen hätten –, möchten wir an dieser Stelle einige Grundgedanken entwickeln, die im Einzelfall eine hilfreiche Orientierung geben können.

Praktische Hinweise

Angesichts einer Krankheit oder Behinderung müssen zunächst einmal Schreck, Angst und Sorge bis zu einem gewissen Grad bearbeitet werden. Dabei kann die Frage helfen: Was erlebt und erfährt ein krankes oder behindertes Kind gerade durch seine Einschränkung an der Welt anders und vielleicht einmalig? Wie kann ich ihm helfen, aus seinen Erfahrungen Wesentliches zu lernen? Gelingt eine solche Besinnung, so fallen einem viel eher hilfreiche Gedanken für die Bewältigung der Situation des Kindes ein.

Eine nächste wichtige Überlegung ist die, dass Kinder im Vorschulalter zum Beispiel ihre Behinderung nur in dem Maße erleben, wie die Erwachsenen sie es fühlen lassen. Sie werden oft überhaupt erst durch unsachgemäße Schonung darauf aufmerksam oder durch Gespräche über das Krankheitsbild in ihrer Gegenwart, durch Verwöhnen in Verbindung mit Äußerungen des Bedauerns und des Mitleids. Tut man jedoch nüchtern und selbstverständlich das, was für die Pflege im Einzelfall notwendig ist, und behandelt im Übrigen das Kind genauso wie die anderen, so erlebt es sich selbst als »normal«. Es kann sich mit seiner Situation identifizieren, sich in ihr zurechtfinden und bekommt nicht das Gefühl, dass es eigentlich anders sein sollte, als es ist. So kann der Grund gelegt werden für die innere Sicherheit, die es später ganz besonders brauchen wird. Wenn dann Schockerlebnisse kommen und zum Beispiel ein schielendes oder hinkendes Kind auf der Straße gehänselt wird oder im öffentlichen Verkehrsmittel die Menschen sich wegsetzen, weil sie meinen, dass ein Ekzem ansteckend sei – so ist es ganz besonders wichtig, dass auch hier die Eltern dem Kind die Sicherheit vermitteln, dass schon alles »recht« ist: Das Zwei- bis Vierjährige kann noch abgelenkt werden durch eine Geschichte oder Tätigkeit oder indem man ihm etwas zeigt. Später kann man sagen: »Der Junge kennt dich eben gar nicht richtig – wenn der wüsste, wer du bist, würde er das nicht machen.« Oder: »Weißt du, jeder Mensch hat etwas, worüber sich andere lustig machen können und was ihnen nicht so gut gefällt – das regt uns nicht auf.« Älteren Kindern kann man auch das Märchen vom hässlichen jungen Entlein erzählen oder vom »Bärenhäuter«, wo geschildert wird, wie sich das Unansehnliche und Hässliche, wenn man es eine Zeit ausgehalten und zu tragen gelernt hat, in etwas besonders Schönes und Wertvolles verwandelt. Man kann auch davon sprechen, welche Schmerzen die Muschel hat, wenn ein Fremdkörper in sie eindringt und sie Perlmutt absondert, um ihn unschädlich und glatt zu machen. Am Ende haben wir die glänzenden rosaweißlichen Perlen!

Mit den Schulkindern wird man je nach Situation und Reife offen über die Behinderung sprechen und zumindest im Zusammenleben immer wieder deutlich machen, dass man – zum Beispiel im Falle eines Diabetikers – seine im Umgang mit der Krankheit gewonnene Fähigkeit zum Einhalten bestimmter Regeln und seine Disziplin anerkennt. In solchen Gesprächen taucht dann hin und wieder auch die Frage nach der Gerechtigkeit auf, warum es andere Kinder so viel leichter haben usw. Diese Fragen, warum einer herrlich und in Freuden lebt und ein anderer in bitterer Armut, warum ein Mensch ferne Länder bereisen und vieles lernen und erfahren darf, während bei einem anderen das alles durch äußere oder innere Umstände verhindert wird – sie fordern ja nicht nur den Kranken oder Behinderten, sondern auch den Gesunden heraus. Diese Auseinandersetzung mit den Fragen nach dem eigenen Schicksal bleibt niemandem erspart. Wir werden darauf im Kapitel über den Sinn der Kinderkrankheiten noch eingehen (s. S. 190 ff.).

Wie real ist die Idee der Wiederverkörperung?

Jedes schwer oder schwerst behinderte Kind stellt unausgesprochen diese Frage an uns. Wie lässt sich ein Schicksal verstehen und bejahen, in dem ein Mensch vielleicht keinen Beruf erlernen, oder keine Familie gründen, oder sein Leben nicht auf irgendeine Weise selbst in die Hand nehmen kann? Alles, was über das menschliche Ich und sein Schicksal vorgebracht werden kann (s. S. 190 ff.), müsste ja wieder in Frage gestellt werden, wenn hier die Antwort lautete: »Bei den schweren Behinderungen ist kein Sinn zu finden – hier findet ja gar keine Entwicklung statt. Kinder mit solchen Behinderungen dürften eigentlich nicht geboren werden.« Wir wollen an dieser Stelle die andere Frage stellen: »Welche Gesichtspunkte können uns hier weiterführen?« Im religiösen Bereich spricht man von Gottes unergründlichem Ratschluss, von seiner Gnade, die im Jenseits ausgleichen kann, was im Diesseits versagt blieb. Beides gewinnt jedoch eine Konkretisierung durch den Gedanken individueller Entwicklung in *wiederholten Erdenleben* (*Wiederverkörperung)*. Wir möchten zwei Beispiele anführen, wie Kinder selbstverständlich diesen Gedanken aussprechen können, auch wenn sie seitens der Erwachsenen noch nie davon gehört haben:

- Ein achtjähriges Mädchen, das schwer an Leukämie erkrankt

war und von dem die Mutter wusste, dass es bald sterben würde, tröstete diese eines Tages mit den Worten: »Sei doch nicht so traurig – ich komme doch wieder!«

- Die viereinhalbjährige Cousine kommt zu Besuch. Vor acht Monaten war der zweieinhalbjährige Vetter gestorben. Über das schreckliche Unglück war in beiden Familien seither viel gesprochen worden. Nachmittags hört nun die Mutter des hinterbliebenen zweijährigen Schwesterchens, wie die Cousine begeistert zu diesem sagt: »Was bist du schon groß! Wenn Gunter – der verstorbene Bruder – wieder runter kommt, der freut sich aber, wie du geworden bist!«

Wie kommen Kinder dazu, so etwas zu sagen? Im erstgenannten Fall bestand nicht einmal eine religiöse Erziehung zu Hause. Solche Erfahrungen decken sich mit dem Erleben mancher Menschen, wenn ein nahvertrauter Mensch gestorben ist und sie unmittelbar wissen, dass dieser noch da ist auf seelisch-geistige Weise. Auch das Erleben, das Mütter haben, wenn sie die außerordentliche Verschiedenheit ihrer Kinder sehen und darüber staunen, wie unterschiedlich die Fähigkeiten und Begabungen sind, die diese mitbringen, legt ihnen den Gedanken an eine Wiederverkörperung nahe. Natürlich erheben sich hier auch Einwände. Der eine wird vielleicht sagen: »Das klingt mir alles irgendwie zu einfach – so nach Wunschdenken.« Der andere mag einwenden: »Ich kann so etwas erst denken und ernst nehmen, wenn es bewiesen ist.« Die Frage nach dem Fortbestand des eigenen Wesens ist jedoch von solcher Art, dass sie einem nie befriedigend durch äußere Beweise oder verlockende Aussichten allein beantwortet werden kann. Entscheidend ist hier vielmehr, ob die *eigenen Lebenserfahrungen* so geartet sind, dass man diesen Gedanken *selbst* für wahr halten kann und ihn einsieht. Ja, dass man *erlebt,* wie vieles im Leben dunkel und unverständlich bleiben muss, wenn dieser Gedanke nicht zutreffen würde. Jeder kann sich die Frage stellen: *Erweist sich der Gedanke an die wiederholten Erdenleben als hilfreich, um Schicksale zu verstehen und positiv zu begleiten, wie es die schwerstbehinderter*

Menschen sind? Wird dies bejaht, so erlebt man die Wirksamkeit und damit auch die Wirklichkeit dieses Gedankens unmittelbar.

Zwei Beispiele mögen es verdeutlichen:

- Stellen wir uns ein Kind vor, das weder sprechen noch laufen kann. Liegend oder im Rollstuhl sitzend ist es ganz auf die Hilfe der Umgebung angewiesen. Es empfängt ein Leben lang, bringt Laute des Behagens oder Unbehagens vor – »tut« jedoch nichts.
- Ein Sechzehnjähriger arbeitet gerne unter Anleitung und ist geradezu unermüdlich. Sein Kopf ist ganz schmal und lang, die Gestalt massig, seine Sprache schwerfällig, der Blick gutmütig und offen. Im Heim, wo er wohnt, tut er jeden Tag die gleichen Dinge im Haushalt und hilft im Garten mit. Dabei werden diese einfachen Tätigkeiten mit einer Freude ausgeführt, die im krassen Gegensatz steht zu der Art, wie ein »Gesunder« die alltägliche Arbeit oft verrichtet, der vielleicht lieber etwas ganz anderes machen würde.

Geht man nun mit der Frage an diese Schicksale heran: Was kann der Mensch in solch einem Leben lernen? Welche Fähigkeiten wollen sich hier für ein späteres Erdenleben vorbereiten? – so wird die Aufmerksamkeit in eine außerordentlich fruchtbare Richtung gelenkt. Im erstgenannten Fall kann uns der Gedanke kommen, dass hier eine Erfahrung das ganze Leben hindurch gemacht wird, nämlich die, dass es im Leben nicht nur das »Geben«, sondern auch das »Empfangen« gibt; dass wir alles, was wir an Möglichkeiten haben, den anderen Menschen, der Welt, in der wir lernen und tätig sind, verdanken. Dass unser Eigenes erst da beginnt, wo wir entscheiden, wofür wir das Erworbene einsetzen wollen. Wird ein Kind wiedergeboren, das im vorigen Leben gar nicht anders konnte, als nur zu empfangen und der Umgebung hingegeben zu sein, so wird es während seines jetzigen Lebens nicht in den Irrtum verfallen können, dass es die anderen Menschen vielleicht nicht nötig hätte. Es wird nicht dazu neigen, egoistisch an sich zu ziehen, was ihm nützlich ist, und fallen zu lassen, was es nicht braucht. Undankbarkeit, Überheblichkeit und Selbstüberschätzung werden sicher nicht zu seinen Charaktereigenschaften gehören.

Der andere, der ein Leben lang freudig und regelmäßig arbeitet, vollbringt dadurch eine besonders intensive Willensschulung. Denn nichts stärkt den Willen mehr als mit voller Sympathie ausgeführtes, regelmäßiges Tun. So, wie der Muskel am Reck nur durch tägliches Üben erstarkt, so bedarf das gesamte Willensleben des Menschen ständiger Übung, um kräftig zu werden (vgl. S. 218 und 445). Angesichts der Lustlosigkeit und Willensschwäche, die man heute an vielen Menschen bemerken kann, ist es ein Lichtblick, sich vorzustellen, wie ein Mensch im nächsten Leben zupacken kann, der eine so außergewöhnliche Willenserziehung durchgemacht hat.

Pädagogen, Heilpädagogen, Ärzte und Therapeuten, die mit einer solchen Lebenseinstellung arbeiten, haben reichere Möglichkeiten, Behinderten und chronisch kranken Kindern und ihren Eltern zur Seite zu stehen.

Der Wiederverkörperungsgedanke ist demnach alles andere als eine Art »Vergeltungsideologie«. Vielmehr gibt er einem die Möglichkeit, angesichts eigener Fehler und Irrtümer den Impuls zu fassen, diese zu korrigieren und so an der Weiterentwicklung seiner selbst und der Welt zu arbeiten. Diesen zukunftsorientierten Aspekt des Wiederverkörperungsgedankens hat der Pädagoge Michael Bauer einmal so formuliert: »Der Wiederverkörperungsgedanke ist ein Postulat der Liebe. Wer wirklich helfen will, wird nicht schon in einem Erdenleben müde.« Nicht das Verhängnisvolle steht im Vordergrund, sondern der *freie* Wille, aus der gegebenen Situation etwas Sinnvolles zu machen, was auch für die Mitwelt Bedeutung hat.

Wiederverkörperung und Gnade

Oft wird von kirchlicher Seite eingewendet, dass Gedanken wie die hier vorgebrachten nicht vereinbar seien mit dem Erlösungsgedanken der christlichen Kirche und vor allem nicht mit dem Wesen der christlichen Gnade. Diesem Einwand gegenüber möchten wir fragen: Ist es nicht gerade der stärkste Hinweis auf die Realität der Gnade, dass wir immer und immer wieder neu die Möglichkeit bekommen, aus Ohnmacht und Versagenszuständen aufzustehen und unsere Entwicklung erneut in die Hand zu nehmen? Und ist es nicht die denkbar menschenwürdigste Form, sich das »göttliche Gericht« so zu denken, dass wir nach dem Tode in der geistigen Welt eine Beurteilung unseres Lebens in allen Einzelheiten erfahren und damit auch ein Zurechtrücken beziehungsweise »Richten« alles dessen, was wir von unserem subjektiven Erdenstandpunkt aus *nicht richtig* gesehen oder getan haben? Ist es nicht Gnade, wenn wir die Lehren aus diesem Gericht, aus dieser Lebensbeurteilung als starke Impulse zum Weiterlernen in einem nächsten Erdenleben mitnehmen und auf Erden noch einmal *selber* wiederfinden und in freie Handlungen umsetzen dürfen? Wenn wahr ist, was im Johannes-Evangelium steht: »Ihr werdet die Wahrheit erkennen und die Wahrheit wird euch frei machen« – so muss diese Prophetie der menschlichen Entwicklung für jeden Menschen gelten, nicht nur für ein paar hochbegabte. Wenn diese Prophetie jedoch für alle gilt, brauchen wir dafür viel Zeit und damit auch das wiederholte Leben auf der Erde, um durch Gottes Gnade, die Hilfe anderer und auch durch eigene Kraft dieses Ziel zu erreichen.

In den Kreis dieser Überlegungen gehört auch die Tatsache, dass wir nicht nur Krankheiten und Behinderungen gegenüber die Schicksalsfrage stellen müssen, sondern auch unseren Genialitäten und Begabungen gegenüber. Begabungen und Fähigkeiten nehmen wir oft sehr selbstverständlich hin. Wissen wir aber, auf welche Weise wir sie errungen haben? Könnte es nicht so sein, dass gerade etwas, worauf man bei sich selbst stolz ist oder das man an anderen bewundert, auf eine Behinderung beziehungsweise Krankheit in einem früheren Leben zurückzuführen ist?[17]

In der Regel werden Fragen dieser Art von dem Kranken leichter verstanden. Eltern und Ärzte erleben es immer wieder, dass die von einer chronischen Krankheit oder Behinderung betroffenen Menschen anders damit umgehen als der bemitleidende Umkreis. Sie spüren oft in ihrem Inneren, dass dieses Leiden letztlich doch zu ihnen gehört und so auch gegenwärtig Teil des Ausdrucks ihrer Persönlichkeit ist. Bisweilen geht das sogar so weit, dass sie diejenigen sind, die ihre mitleidende Umgebung noch trösten. Ein solcher »Sieg« über die Krankheit ist ein Zeichen für das instinktive Verständnis, das jeder Mensch im Unterbewusstsein seinen Schicksalsnotwendigkeiten gegenüber hat. Andererseits gibt es natürlich auch die Wut, das sich Auflehnen und Hadern mit der Erkrankung. Dieses kann umso schwerer bearbeitet und überwunden werden, je mehr man durch Erziehung und Leben zu der Auffassung gebracht wurde, dass Krankheit und Leiden sinnlose Begleiterscheinungen des Lebens sind. So sehen wir es als eine wesentliche Aufgabe der Erziehung an, zu einer Lebenseinstellung beizutragen, die den Alltag in seiner Vielgestaltigkeit zu einem sinnvollen Erfahrungsfeld macht und auch problematische Ereignisse auf dasjenige hin beurteilt, was man aus ihnen lernen kann.

Empfohlene Literatur:

Bock, Emil: Wiederholte Erdenleben. Stuttgart [7]1996.
Glöckler, Michaela: *Begabung und Behinderung*. Stuttgart 1997.
Holtzapfel, Walter: *Seelenpflege-bedürftige Kinder*. Dornach, Bd. I [5]1995 und Bd. II, [3]1995.
Korselt, Trude: *Matthias – unser mongoloides Kind*. Stuttgart 1987.
Totzeck, Helga: *Wer ist dieser Mensch?* Stuttgart 1993.

AIDS – Krankheit und Aufgabe unserer Zeit

Seit Anfang der 80iger Jahre dieses Jahrhunderts ist die erworbene Immunschwäche (Acquired Immune Deficiency Syndrome = AIDS) bekannt. Auch wenn das Virus HIV (Human-Immune-Deficiency-Virus) für die Infektion verantwortlich ist, gilt auch hier, was generell für Infektionskrankheiten gilt: dass nicht nur der Krankheitserreger, sondern insbesondere die Vorschädigung beziehungsweise Schwäche des Immunsystems den Körper für die Virulenz des Krankheitserregers empfänglich macht. So sind insbesondere die Menschen gefährdet, deren körpereigene Abwehr gemindert oder – wie beim Neugeborenen – noch nicht zureichend entwickelt ist. Dabei reagiert der Körper auf das Virus jeweils ganz individuell, und es sind immer zusätzliche Faktoren (als Ko-Faktoren bezeichnet) notwendig, um letztlich den Ausbruch der Krankheit zu bewirken. Eine eindeutig wirksame Therapie oder gar Impfung gibt es derzeit noch nicht, jedoch eine Reihe von Therapieansätzen, die den Verlauf günstig beeinflussen und sich gegenüber den Folgeerkrankungen wirksam zeigen.

Mit Bezug auf das Auftreten der Erkrankung, ihre Verbreitung, ihren Verlauf und ihre Behandlung sei auf die angegebene Literatur (S. 189) verwiesen. An dieser Stelle möchten wir nur einen Aspekt hervorheben, der helfen kann, mit dieser Krankheit umzugehen, gerade wenn man es mit Kindern zu tun hat, die – unter der Geburt oder z.B. infolge von infizierten Gerinnungskonzentraten bei der Bluterkrankheit – erkrankt sind. Wie lässt sich ein solches Schicksal verstehen und begleiten? Wie kann hier so weit wie möglich geholfen werden? Generell gilt für die Behandlung, was an verschiedenen Stellen dieses Buches über die Stärkung des Immunsystems ausgeführt ist. Besonders empfohlen sei jedoch der Einsatz von Heileurythmie, wie sie in den letzten zehn Jahren durch viele Behandlungen erprobt und ausgearbeitet wurde.[18] Sie kann schon vom Säuglingsalter an geübt werden und die Konstitution gegenüber der Erkrankung stärken.

Die Begleitung AIDS-kranker Kinder stellt für Eltern und Lehrer eine große Herausforderung dar. Kinder in das Leben zu begleiten, für das Leben zu erziehen, die vom Tode gezeichnet sind, erfordert eine Bewusstseinserweiterung über die Schwelle des Todes hinaus (s. S. 173). Es fordert dies aber auch einen verständnisvollen Zugang zum Sinn dieser Erkrankung, damit das Kind in einer Atmosphäre aufwachsen kann, wo es sich – gerade so wie es ist – voll und ganz aufgenommen und verstanden fühlen kann.

Welche Aufgabe stellt sich der Gesellschaft durch diese Krankheit? Wie lässt sich ihr Sinn erfassen?

Der gesunde Leib des Menschen ist tatsächlich – im Sinne des ersten Buches Mose – »Ebenbild Gottes«. Der aufgerichtete, freibeweglich über all seine körperlichen Möglichkeiten verfügende Mensch ist souverän und zeigt die umfassenden Entwicklungsmöglichkeiten und Fähigkeiten des Menschen. Krankheiten hingegen bedeuten immer Einschränkung dieser Vollkommenheit. So wie man sagen kann, dass der gesunde Leib Bild des zukünftigen, gottähnlichen Menschen ist, *so kann jede Krankheit zum Bild einer Aufgabe werden,* durch die der Organismus im Ringen um Gesundheit der Gottebenbildlichkeit aus eigener Anstrengung wieder näherkommt.

Auch der Gesunde kann bemerken, wie wenig er noch von dem aus eigener Anstrengung heraus erreicht hat, wovon sein Körper bereits reales Bild ist. Zum Beispiel geht er frei und aufrecht – ist er es aber auch? Wie schwer realisieren sich wirklich innere Freiheit im Überwinden all der tausend Abhängigkeiten und echte Aufgerichtetheit, das heißt »Aufrichtigkeit«. Der Gesunde ist frei, sich seiner Unvollkommenheiten bewusst zu werden, sich Aufgaben für die eigene Entwicklung zu stellen, und es hängt von ihm ab, ob er überhaupt etwas in dieser Richtung unternehmen will. Beim Kranken ist dies anders. Hier ist die Freiheit bereits eingeschränkt und durch die Erkrankung eine klare Aufgabe gewiesen, an der zu arbeiten ist (vgl. die Ausführungen über Freiheit und Notwendigkeit im Schicksal, S. 198).

Von welcher Aufgabe, an der Gottebenbildlichkeit zu arbeiten und etwas von ihrer Vollkommenheit zu erringen, ist nun die Krankheit AIDS Bild? Als Krankheitsbild zeigt sie auf körperlicher Ebene das Schwächerwerden des Immunsystems mit allen dadurch bedingten Folgeerscheinungen. Da wo körperliche Abwehr, Selbstschutz, Erhaltung der biologischen Identität war, begegnet uns jetzt Schritt um Schritt das Nachlassen dieser Fähigkeiten bis hin zum Verlust der eigenen biologischen Identität und seiner Aufrechterhaltung. Die Krankheitserscheinungen gehen im weiteren Verlauf dahin, dass sich die Strukturen des Leibes zunehmend auflösen infolge von Entzündungen, Geschwüren, Geschwülsten und Störungen im Bereich der Nervenfunktionen. Die menschliche Persönlichkeit kann sich in diesem Leib – auch wenn das Bewusstsein noch voll erhalten ist – immer weniger ihr gemäss ausdrücken. Der Leib wird gleichsam zum Bild organischer Selbstaufgabe oder auch »Selbstlosigkeit«. Erscheint hier im Bilde der Krankheit eine Aufgabe, die sich unserer Zeit stellt wie wohl keine sonst? Noch nie im Laufe der Menschheitsentwicklung hat der Einzelne, aber auch die Gesellschaft, bewusst so viel Egoismus geltend gemacht wie gegenwärtig. Politik und Wirtschaft sind nicht so veranlagt, dass die Rücksicht auf den Lebensraum der Erde mit ihren Naturreichen, der Respekt vor den Lebensgewohnheiten und Kulturen der Völker im Vordergrund stehen. Und so zeigt sich im Großen, was überall auch im Kleinen bis in die persönlichen Familienzusammenhänge hinein spürbar wird: eine nur schwer beherrschbare Neigung, die egoistischen Möglichkeiten von Ehrgeiz und Machtbestreben auszuleben und immer mehr Geld und Zeit in immer noch raffinierteres Genießen zu investieren. Und mitten im Zuge dieser Kulmination egoistischer Neigungen im persönlichen und sozialen Leben tritt nun plötzlich eine Krankheit auf, die das krasse Gegenbild davon ist, indem sie auf körperlicher Ebene das Bild der Offenheit und Hingabe der Persönlichkeit zeichnet. Die Krankheit bringt ins Bild, was heute weltweit zu lernen ist, wenn es einen entschiedenen Kulturfortschritt geben soll. Die von der Krankheit Betroffenen erleben und bringen es körpersprachlich zum Ausdruck, was Aufgabe für uns alle ist: an der Überwindung des Egoismus zu arbeiten. So gesehen sind AIDS-Kranke »Stellvertreter« für uns alle. AIDS ist eine Stellvertreter-Krankheit. Wer sie durchleidet, erlebt auf körperlicher Ebene die Überwindung des Egoismus, das heißt das Wesen der Selbstlosigkeit. Er lernt körperlich und damit »gezwungenermaßen«, was aus freien Stücken zu lernen heutige Kulturaufgabe ist. Für den AIDS-Patienten, der an dieser Krankheit verstirbt, bedeutet dieses, dass er auf körperlicher Ebene – unbewusst – dem für die heutige Menschheit wichtigsten Ideal nahegekommen ist: der Selbstlosigkeit. So wird er diese Fähigkeit im nächsten Erdenleben zunächst unbewusst-instruktiv als Veranlagung mitbringen zu einer altruistischen Lebenseinstellung und einem großen Interesse für die Weltverhältnisse.

Die AIDS-Kranken bereiten sich durch ihr Leiden vor, im folgenden Erdenleben in der immer stärker von Egoismus geprägten materialistischen Kultur zu segensreichen Helfern zu werden.

Krankheit als unbewusste spirituelle Erfahrung (Initiation)

Wer der vorangehenden Betrachtung gefolgt ist, steht vor der Frage, wie nahe das Erleben von Krankheit und Schmerz mit der geistigen Entwicklung, ja dem geistigen Fortschritt der Menschheit verbunden ist. Erziehen und Heilen erscheinen einander komplementär. Was auf der einen Ebene – der körperlichen – gelingt, ist auch für die geistige Entwicklung bedeutsam und umgekehrt. Krankheit erscheint – so gesehen – als die physische Projektion geistiger Erfahrung, oder, wie es Steiner einmal formuliert hat: als *die physische Imagination* (Bild) *vom geistigen Leben.*[19] Wie ist solches zu verstehen? Was bedeutet eine derartige Überlegung für unsere Auffassung vom Entstehen einer Krankheit? Wie kommt ein Krankheits*bild* wie AIDS zustande? *Bildet* Krankheit tatsächlich etwas *ab*? Wie aber geschieht das? Woher kommen die für das Auftreten der Krankheit erforderlichen Bildekräfte? Der Schlüssel zum Verständnis dieser komplizierten Fragestellung liegt in der Eigenart der ätherischen Organisation (s. S. 112, 191 und 378) begründet und ihrer Zusammenarbeit mit den anderen Wesensgliedern. Dies sei im Schaubild auf der nächsten Seite noch einmal verdeutlicht:

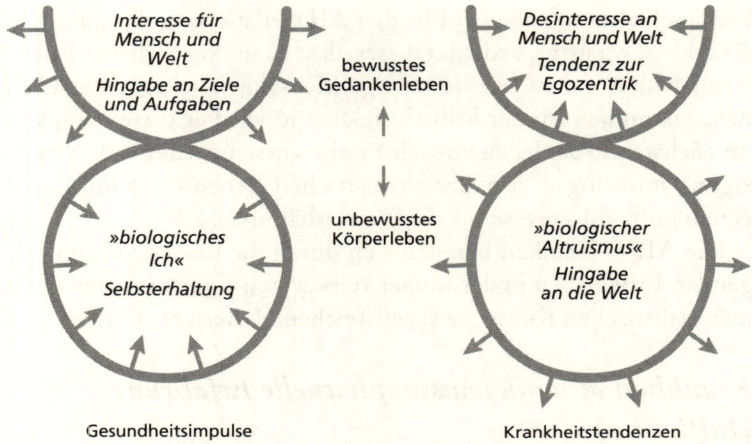

Der gesunde Leib erscheint als Ebenbild der alles verbindenden und miteinander in Einklang bringenden Gottheit. Der kranke Leib macht Aufgaben und Anforderungen der geistigen Entwicklung sichtbar, die dem einzelnen Menschen und der Menschheit gestellt sind. Krankheit erscheint so als unbewusste Initiations-(Einweihungs-)erfahrung und zeigt damit deren Bedeutung im Gang der wiederholten Erdenleben an (s. S. 178 ff.). Denn alles, was der Mensch durchmacht und erlebt, ist unverlierbarer Bestandteil seiner weiteren Entwicklung. Was in einem Erdenleben als Krankheitserfahrung in der Unfreiheit durchlitten wird, zeigt sich in einem folgenden als angeborene Begabung zu einer seelisch-geistigen Möglichkeit, die – bewusst ausgebildet – Freiheitserleben und Selbstbewusstsein erhöhen.

Vom Umgang mit AIDS

Das Vermeiden von Lebensbedingungen, die zur Ansteckung führen können, ist eine äußere Möglichkeit der Vorbeugung. Sie baut allein auf die Angst vor der Ansteckung und kann damit nur das Einzelindividuum schützen, der Gesellschaft jedoch nicht dazu verhelfen, an einer Änderung der egoistischen Lebenseinstellung zu arbeiten. Aus dem oben Gesagten geht jedoch hervor, dass unsere Gesellschaft gerade dieses nötig hat: die Stärkung der körpereigenen Abwehr durch Arbeit an einer neuen Lebenseinstellung, die das Wohl unseres ganzen Erdenraumes im Auge hat und nicht nur nach dem persönlichen Vorteil und Profit schaut.

Wir hoffen, dass aus den dargestellten Gesichtspunkten eines deutlich geworden ist: AIDS ist nicht eine Erkrankung bestimmter Randgruppen unserer Gesellschaft, sondern ein Problem, mit dem wir uns alle zu identifizieren haben. Die tatsächlich Erkrankten sind Symptomträger eines Leidens, an dem wir alle leiden. Sie stehen stellvertretend für uns und rufen uns gleichsam auf, alles zu tun, was in dieser Situation hilfreich sein kann. Es ist daher eine selbstverständliche menschliche Verpflichtung, die Kranken in unserem Umkreis diese Tatsache fühlen zu lassen. Das heißt, dass betroffene Kinder besonders liebevoll in Kindergarten und Schule aufzunehmen und zu betreuen sind. Die immer wieder aufbrechende Angst von Eltern gegenüber einer Ansteckung ihrer eigenen Kinder ist sachlich unbegründet. Hier bedarf es einer guten Zusammenarbeit von Arzt, Erziehern und Elternhaus.

Empfohlene Literatur:

Straube, Martin: *AIDS-Sprechstunde*. Stuttgart 1996.
Vogel, Christina: *Es ist wunderbar, leben zu dürfen. Der Lebensweg einer jungen AIDS-kranken Mutter*. Basel 1992.
Warum ich. Aidskranke über sich selbst. Stuttgart 1993.

Vom Sinn der Krankheit

Welchen Sinn haben die »Kinderkrankheiten«?

Bisweilen tauchen in der Sprechstunde Fragen auf, zu deren Beantwortung viel Zeit nötig ist, weil sie in einem größeren Zusammenhang stehen, der dabei mit einbezogen werden muss. Hierzu gehört die Frage nach dem Sinn einzelner Krankheiten. Wir möchten diese Frage hier im Hinblick auf die Kinderkrankheiten aufgreifen.

Sinnfrage und Entwicklung

Im Unterschied zum Menschen ist es dem Tier nicht möglich, durch Leid und Schmerz Erfahrungen zu sammeln, die sein Leben bereichern oder ihm eine neue Entwicklungsrichtung weisen können. Tiere sind – wenn sie ausgewachsen sind – in ihrem Verhalten nahezu »perfekt«. So ist es auch nicht möglich, dass ein Löwe in Folge einer durchgemachten Krankheit oder durch das Erleiden von Schmerzen »löwiger« oder ein Hund »hundiger« wird. Der Mensch hingegen kann immer »noch menschlicher« werden und sich zeitlebens weiter entwickeln. Dabei sind ihm Schmerz und Leid weckende Begleiter. Schon von alters her hat man daher auch leidenden Tieren den Gnadentod gegeben, wenn man ihnen nicht rasch wirksam helfen konnte. Umso bedenklicher mag es stimmen, wenn gerade diese Todesart zunehmend auch für den Menschen als »humanes Sterben« propagiert wird. Sich den »sanften Tod« oder den »Gnadentod« zuzufügen oder zufügen zu lassen zeugt von einem tiefen Missverständnis bezüglich der geistigen Natur des Menschen und dem Sinn von Leid und Schmerz in der menschlichen Biographie (vgl. S. 174 ff.). Auch wenn es die ärztliche Aufgabe ist, alles zu tun, um Leid zu lindern und Schmerzen erträglich zu machen und einer Heilung zuzuführen, ist doch das Durchgehen durch solche Erfahrungen wesentlicher Bestandteil menschlicher Existenz.

So können wir auch beim Menschen nach dem Sinn einzelner Erkrankungsformen fragen. Denn jede Krankheit betrifft andere Bereiche und Prozesse des menschlichen Organismus und führt zu unterschiedlichen Erfahrungen des damit verbundenen individuellen seelisch-geistigen Wesens.

Wesensglieder und Krankheitsgeschehen

So wie die Ich-Tätigkeit über die Wärme und das Gefühlsleben über die Luft im Organismus wirksam werden, so stellen sich die individuellen Lebensprozesse im Flüssigen dar und der individuell geformte physische Leib im Festen. Es sind die Gesetzmäßigkeiten des Festen, Flüssigen, Gasförmigen – der Aggregatzustände also – und der alles durchdringenden Wärme, durch die der Mensch sein Wesen differenziert zum Ausdruck bringen kann. Steiner nannte diese vier bei jedem Menschen individuell wirksamen Gesetzeszusammenhänge Wesensglieder. Folgende Übersicht möge das Gesagte nochmals zusammenfassen:

Gesetzeszusammenhang der festen Strukturen: »Physischer Leib«
Er vermittelt Form und Gestalt.

Gesetzeszusammenhang der im Flüssigen wirksamen Funktionen: »Lebensleib« oder »Ätherleib«
Er vermittelt die Lebenserscheinungen und zeitlichen Ordnungen und Abläufe.

Gesetzeszusammenhang der in der Luft wirksamen Funktionen: »Seelenleib« oder »Astralleib«
Er vermittelt individuelle seelische Äußerungen und Bewegungsfähigkeit sowie die Erscheinungen des Bewusstseins.

Gesetzeszusammenhang der durch die Wärme wirksamen Funktionen: »Ich-Organisation«
Er vermittelt Intensität und Willensentfaltung als Träger des individuellen Menschengeistes.

Welche Bedeutung diese Gesetzeszusammenhänge für das Seelen- und Geistesleben haben, wird in diesem Buch verschiedentlich angemerkt. Hier soll mehr die körperliche Seite zur Sprache kommen. Denn es geht im Kindesalter darum, dass sich das seelisch-geistige Wesen des Kindes in seinem Körper »inkarniert« und sich darin »zu Hause« fühlen lernt. Dies ist umso leichter möglich, je besser dieser Körper zu ihm passt, das heißt, im Laufe der Entwicklung passend gemacht wird. Wieviele Menschen leben heute, die sich in ihrem Körper nicht recht wohlfühlen, sich durch ihn nicht ausdrücken können oder sich irgendwie fremd sind. Aufgabe von Medizin und Pädagogik ist es, Bedingungen zu schaffen für eine möglichst gesunde Inkarnation. Dabei spielen die so genannten Kinderkrankheiten eine wichtige Rolle. Sie helfen, bestimmte Bereiche des Körpers durchzuarbeiten und zu individualisieren.

Bei den *hochfieberhaften Erkrankungen* ist es vor allem das Ich in seiner Wärmetätigkeit, das sich in die Lebenstätigkeit einschaltet und über das normale Maß hinaus die Stoffwechselvorgänge ergreift und nachhaltig bis in die fieberbedingte Immunstimulierung hinein beeinflusst. Beim *Keuchhusten* dagegen werden in erster Linie die Atmungsorgane und deren Funktionen neu erobert. Bei den Krankheiten, die mit starken Lymph- und Drüsenschwellungen einhergehen, wird ein neues Ergreifen der Lebenstätigkeit bewirkt. Die *Windpocken* bergen in ihren wassergefüllten Bläschen körpereigene Substanz, die aus dem Lebensbereich ausgeschieden werden soll. Die physische Form wird hier von den Blasenbildungen an bis hin zu den kleinen erwähnten Narbenbildungen fein verändert. Dabei geht die Stoßrichtung der Krankheitserscheinungen entweder mehr nach außen – die Krankheit zeigt sich an der Haut – oder mehr nach innen – sie manifestiert sich im Blut bzw. in einzelnen

Organstörungen. Am deutlichsten tritt dieser Unterschied hervor beim Vergleich der heute ausgestorbenen echten Pocken (Blattern) und der Diphtherie.

Jede Auseinandersetzung mit einer solchen Krankheit stellt eine Einseitigkeit dar, die das *Ich* des Kindes zur Neuordnung des Zusammenspiels seiner Wesensglieder aufruft. Sieht man bloß auf die »Krankheitserreger« und hält deren Auftreten für die Ursache und deren Verschwinden für die Heilung, so bleiben wichtigste Fragen offen: Welche Beziehung hat die Krankheit zum Wesen gerade dieses Menschen? Warum wird gerade nur er so von ihr betroffen, ein anderer nicht oder ganz anders? Welche Beziehung hat ein Krankheitserreger zum Wesen der Krankheit? Wenn man die Krankheitsvorgeschichte verschiedener Menschen genauer anschaut, so findet man, dass keine der anderen gleicht. Der eine hat die Masern schwer und den Scharlach leicht durchgemacht, der andere umgekehrt. Der eine bekommt keinen Keuchhusten, der andere keinen Mumps usw. Gerade in diesem individuellen Ergreifen von Erkrankungsmöglichkeiten zeigt sich etwas vom Wesen des betreffenden Menschen, auf das wir nur für gewöhnlich nicht achten. Die Frage ist nur, auf welchem Wege sich die spezifische Anfälligkeit für eine bestimmte Krankheit bildet. Diese Frage hat Steiner geisteswissenschaftlich erforscht. Da diese Forschungen auch das nachtodliche Leben und das Gesetz von der Wiederverkörperung des Menschengeistes mit einschließen, werden wir auch darauf Bezug nehmen.

Das nachtodliche Leben

Rudolf Steiner beschreibt, wie der Mensch im Tode seinen physischen Leib ablegt, wie dann in den ersten drei Tagen und Nächten (während derer mancherorts die Totenwache gehalten wird) sich der Lebensleib langsam ablöst. Da dieser den lebendigen Zusammenhang der ganzen Entwicklung vom Mutterleib an bis zum letzten Atemzug umfasst und gedankenartiger Natur ist (vgl. S. 378), wird seine Herauslösung als ein grandioses Erinnerungstableau erlebt, als Rückblick auf das gesamte Erdenleben. Alle Einzelheiten des Lebenslaufes stehen einem nochmals vor Augen. Nach den drei Tagen und Nächten fügt sich der Ätherleib in das allgemeine Gedankenleben der Welt in ähnlicher Weise ein, wie sich die Stoffe des Leichnams in die Gesamtheit der materiellen Erde hinein auflösen. Aus diesem Lebensrückblick verbleibt dem Menschen nach dem Tode wie eine Art Extrakt alles, womit er sich in seinem Wesen wirklich hat verbinden können. Alles, was in irgendeiner Weise »äußerlich« oder »unverbindlich« blieb, entschwindet. Dann schließt sich die Herauslösung des Seelenleibes an, der während des Erdenlebens im Luftorganismus gewirkt hat. Das ist ein längerer Prozess, der sich auf etwa ein Drittel der gesamten Lebensdauer des betreffenden Menschen beläuft – entsprechend der Zeit, die er während des Lebens schlafend verbracht hat. Diese Epoche des nachtodlichen Lebens wird in verschiedenen religiösen Offenbarungen und Dichtungen als Läuterungszeit oder auch als »Fegefeuer« bezeichnet. Hier erlebt der Mensch noch einmal alles, was er während seines Lebens seelisch durchgemacht hat. Es geschieht dies jedoch nicht in der Weise, wie es im Leben war. Vielmehr geschieht es jetzt so, dass man – so wie es unbewusst auch jede Nacht geschieht – alles dasjenige erfahren muss, was die *anderen* an *uns* erlebt haben. Ein Mensch, der z.B. in gerechtem Zorn einen anderen öffentlich bloßgestellt hat, wird jetzt nach dem Tode nicht seine eigene Genugtuung und die »Gerechtheit« seines Zornes wieder erleben, sondern vielmehr in allen Einzelheiten die Empfindungen kennenlernen, die während dieses Ereignisses in dem anderen gelebt haben. Die Erfahrungen der Läuterungszeit dienen nicht nur einer Objektivierung der vergangenen Seelenerlebnisse, sondern sind zugleich auch Ausgangspunkt für die Schicksalsgestaltung im folgenden Erdenleben.

Hat man einem Menschen aus Unkenntnis des Gesamtzusammenhanges Unrecht getan, so nimmt man sich jetzt vor, diese Tat in einem nächsten Leben wieder auszugleichen. Man nimmt in seine ganze Schicksalsgestaltung die Möglichkeit auf, diesem Menschen wieder zu begegnen und ihm Gutes zu tun. Diese Art der Schicksalsbildung hat auch ihre Konsequenzen für die zukünftigen Krankheitsdispositionen. Hat ein Mensch zum Beispiel sein Leben so verbracht, dass er überwiegend lieblos an anderen Menschen und Dingen vorbeiging, so empfindet er das nach dem Tode als einen Mangel. Er erfährt jetzt, wie dieses Verhalten auf andere Menschen gewirkt hat und welche Schmerzen es bei ihnen auslöste. Diese Erfahrung prägt sich tief in sein Wesen ein. Auf Erden hatte er Gründe für seine Verschlossenheit. Sie erscheinen ihm jetzt in einem anderen Licht. Er erblickt sie objektiv und sieht das Unzulängliche und Begrenzte seiner nur selbstbezogenen »irdischen« Perspektive. In religiösen Überlieferungen wird hierbei auch von »Gericht« gesprochen, das als ein »richtig« Sehen verstanden werden kann. Dieses neue Verständnis ist es, das sich einprägt und das auf dem weiteren Wege zwischen dem Tod und einer neuen Geburt auch zu einer bestimmten Krankheitsveranlagung führen kann.

Krankheit und Schicksal

Zwei Beispiele einer Krankheitsdisposition aus Erfahrungen früherer Leben seien hier zur Verdeutlichung genannt. Rudolf Steiner schildert die Anlage zur Pockenerkrankung als mögliche Folge von anhaltender Lieblosigkeit. Wie ist das zu verstehen? Inwiefern kann diese Krankheit, zu der wir fast alle veranlagt sind, zum Ausgleich dieser engen Seelenhaltung auftreten? Der durch die Pocken bewirkte körperliche Auflösungsprozess stellt gleichsam ein »Aus-sich-heraus-Wollen« dar. Was seelisch sich im früheren Leben nicht entwickeln konnte, wird jetzt auf körperlicher Ebene nachgeholt. Die frühere Lieblosigkeit wird im Durchleiden dieser Krankheit überwunden, geheilt. Stirbt der Mensch in der Auseinandersetzung mit dieser Krankheit, so steht dem Ich die errungene Fähigkeit erst für das nächste Leben als Veranlagung zur Verfügung.

Zur Diphtherie führt Steiner aus, wie ein Leben, das stark von

Affekten und Emotionen bestimmt war, nun zu einer Krankheitsanlage führt, bei der sich der Kampf mit der Krankheit ganz ins Innere des Körpers verlagert – als ob die Kräfte, die sich früher in den Affekten zu stark nach außen entluden, sich jetzt im Inneren stauen und dort bewältigt werden müssen. Auch hier steht am Ende des Kampfes die Heilung – auch wenn der betreffende Mensch die dadurch gewonnenen neuen Möglichkeiten des sich Zurücknehmens und im Inneren Bewegens erst in einem künftigen Erdenleben einsetzen kann. Gerade so schwerwiegende schicksalbestimmende Krankheiten wie Diphtherie und Pocken erscheinen somit als Ergebnisse eines eigenen vorgeburtlichen Entschlusses.

Eine Betrachtung wie diese wird sicher manchem Leser hergeholt erscheinen, vielleicht auch problematisch, weil Krankheit mit moralischem Versagen (Lieblosigkeit, Emotionalität) in Verbindung gebracht wird. Wir möchten es dennoch wagen, diesen Ansatz zu einem spirituellen, evolutionären Krankheitsverständnis von verschiedenen Aspekten her zu beleuchten, weil die materialistische Deutung der Krankheit als Irrtum der Natur oder als sinnlosen Störfall mit der Würde des sich entwickelnden Menschen unvereinbar ist. Andererseits darf eine solche Betrachtung nicht dazu verführen, den Kampf mit der Krankheit und das Ringen um Heilung aufgrund des spirituellen Sinnbezugs weniger ernst zu nehmen. Liegt doch der ärztliche Auftrag ausschließlich in der Unterstützung und Wiederherstellung von Gesundheit und dem freien Gebrauch der Fähigkeiten hier und jetzt – im Leben. Krankheit hat immer und überall nur den einen Sinn: geheilt zu werden.

Ähnlich, wenn auch nicht so schwerwiegend wie bei den Pocken und der Diphterie, liegt es mit der Veranlagung zu bestimmten Kinderkrankheiten. Durch sie gelingt es dem Menschen nicht nur, wie wir schon darstellten, sein Wesensgliedergefüge neu zu ordnen und den Leib zu einem besseren Instrument des eigenen Wollens zu machen, sondern sie stellen zugleich auch die Möglichkeit dar, eine Erfahrung zu machen und etwas zu bewältigen, was noch aus einem früheren Leben als unbewältigt zurückgeblieben ist.

Gesundheit und die Fähigkeit zu lieben

»Gesund« haben wir den Menschen genannt, der interessevoll und offen den Erscheinungen der Welt gegenübertreten kann. Demgegenüber gibt es zwei Abirrungsmöglichkeiten: der Mensch, der sich immer mehr von der Welt zurückzieht, zu grübeln beginnt und meint, die Wahrheit, nach der die Welt verändert werden müsste, nur in sich allein finden zu können; auf der anderen Seite der Mensch, der ganz dem Sog des Alltagslebens verfällt, sich selbst zunehmend verleugnet und wie ein Blatt im Wind von den Ereignissen getrieben wird. Was als Hingabefähigkeit auf der einen Seite und innere Standhaftigkeit auf der anderen Seite zu den positiven Charaktereigenschaften des Menschen gehört, ist hier aus dem Gleichgewicht geraten. Zur Gesundheit gehört, dass man sich seiner Möglichkeiten situationsgerecht und frei bedienen kann. »Spiel« nannte Schiller dieses elastische Umgehen des Menschen mit seinen Fähigkeiten. Von Krankheit können wir erst in dem Moment sprechen, wo der Mensch sich selbst entgleitet oder sich so in sich verkrampft, dass er aus eigener Kraft diesen Zustand nicht mehr ändern kann; wo sein Verhältnis zur Welt so gestört ist, dass er entweder sich oder die Welt nicht mehr genügend ernst nehmen und achten kann. Sowohl der sich selbst preisgebende als auch der sich egoistisch zurückziehende Mensch hat die Fähigkeit verloren zu lieben. In der Liebefähigkeit aber liegt die innere Gesundheit des Menschen begründet: einerseits in dem Vermögen, sich mit den Belangen der Welt interessevoll zu verbinden, das heißt die Menschen und Vorgänge des Umkreises in der eigenen Seele leben zu lassen; und andererseits in der Fähigkeit, sich zurückhalten und die anderen Menschen freilassen zu können.

Im Christentum wird die Liebe als Ziel menschlicher Entwicklung genannt und als »neues Gebot« bezeichnet (Joh. 13, 34). Wie schwer dessen Erfüllung ist und wie weit der Weg dorthin, zeigen die vielen Erkrankungsmöglichkeiten, denen wir ausgesetzt sind. Die Seele pendelt unaufhörlich zwischen den Gefahren des Egoismus und der Selbstaufgabe hin und her auf der Suche nach ihrer Menschlichkeit. Man kann eine solche Tatsache als eine Art Verhängnis empfinden, dem der Mensch ausgesetzt ist, und auch die Frage haben, wie weit ein Mensch denn überhaupt für seine Verirrungen verantwortlich gemacht werden kann. – »Müssen wir denn nicht so sein und handeln, wie wir *sind?*« – »Wer kann denn schon aus seiner Haut?« Hier wird die Frage nach der menschlichen Freiheit wiederum sehr vordergründig. Es spricht vieles dafür, die Schuld für sein Unvermögen und seine Probleme den Verhältnissen, der körperlichen Verfassung oder den anderen Menschen – nur nicht sich selbst – zuzuschreiben.

Freiheit und Notwendigkeit im Schicksal

Freiheit als individueller Spielraum aufgefasst, etwas zu tun oder zu lassen, ist geknüpft an die Fähigkeit, auch etwas tun oder lassen zu *können*. Sie bezieht sich auf den *Umgang* mit unseren Möglichkeiten, nicht auf den mühevollen Lernprozess des Erlangens von Fähigkeiten. Wer fühlt sich nicht »unfrei« in Bezug auf die Bedingungen, unter denen er etwas lernen muss? Wie viele Unfreiheiten sind beispielsweise mit einer Examensvorbereitung verbunden? Wer hat Rechnen gelernt, ohne die mathematischen Gesetze zu achten? Ist das Examen jedoch bestanden und das Rechnen gelernt, dann hat sich unser Spielraum vergrößert, die Handlungsfähigkeit erweitert. So ist es auch mit jeder Schicksalsnotwendigkeit. Sie stellt gleichsam nur die Bedingungen her, die zum Erwerben einer bestimmten Fähigkeit nötig sind. Ist diese jedoch erworben, so hat der Mensch sich einen neuen Freiheitsgrad errungen, der ihn reicher und vollkommener macht. Individuelle Freiheit setzt daher »individuelle Notwendigkeiten«, das heißt ein persönliches Schicksal mit seinen besonderen Bedingungen voraus. Das zu erkennen ist zentrales Anliegen des Christentums, dessen Substanz sich in den beiden Idealen *Freiheit* als Ergebnis von Lernprozessen und *Liebe* als Ergebnis von Interesse und Offensein für den anderen wie in einem Brennpunkt zusammenfassen lässt. So gesehen stellt auch jede Erkrankung eine Notwendigkeit dar, eine Bedingung, unter deren Einfluss etwas gelernt wird, über das man später frei verfügen kann. Krankheit kann in diesem Licht gesehen als »Privatstunde« beim Herrn und Begleiter unseres Schicksals – bei Gott selbst – aufgefasst werden. Bei der Behandlung der Krankheit gilt es, alles zu tun, dass diese Erfahrung zum Wohl des Kranken durchlebt wird, und er – wenn irgend möglich – der Heilung zugeführt werden kann. Ist doch der einzige Sinn von Krankheit, wieder – mit neuem Bewusstsein und erweiterten Fähigkeiten – gesund zu werden: leiblich, seelisch und geistig. Dabei zu helfen ist die Aufgabe.

Empfohlene Literatur:

Bock, Emil: Wiederholte Erdenleben Die Wiederverkörperungsidee in der deutschen Geistesgeschichte, Stuttgart [7]1996.

Glöckler, Michaela: Leben nach dem Tod, Gesundheitspflege initiativ, Bd. 16, Esslingen 1998.

Steiner, Rudolf: Die Offenbarungen des Karma, GA 120, Dornach [8]1992.

– *:* »Theosophie«, GA 9, Dornach [31]1987.

Ethische Fragen

Aus den bisherigen Betrachtungen geht hervor, dass es weder ein lebensunwertes Leben noch eine sinnlose Krankheit geben kann. Nur unsere Vorstellungen, unsere persönlichen Wünsche und Verständigungsmöglichkeiten können begrenzt sein, sodass die Frage nach dem Sinn nicht recht gestellt oder beantwortet werden kann.

Kaum eine Frage führt so tief in Schicksalszusammenhänge hinein wie die nach der guten Handlung. Das aus dem Griechischen kommende Wort Ethik steht für die Lehre vom guten Verhalten und guten Handeln. Und gerade hier ist die wissenschaftliche Diskussion insbesondere auf medizinischem Gebiet in den letzten Jahrzehnten zunehmend in Schwierigkeiten geraten. Während nach dem Zweiten Weltkrieg – vor allem in Deutschland nach den Erfahrungen des Nazi-Regimes – die Gesetzgebung in schärfster Weise darauf hinarbeitete, Euthanasie in jeder Form zu ächten, sieht dies heute weltweit und auch in Deutschland bereits ganz anders aus. Wissenschaftliche, rechtliche und wirtschaftliche Gründe werden ins Feld geführt, um den Sinn schwerer unheilbarer Krankheitszustände und Behinderungen sowie längerdauernde Verwirrtheits- und Schwächezustände im Alter infrage zu stellen. Zugleich sind aber auch wesentlichste Schicksalsfragen gestellt: Was bedeutet zum Beispiel ein Schwangerschaftsabbruch für das ungeborene Kind, die Mutter und den ausführenden Arzt? Was geschieht auf körperlicher, seelischer und geistiger Ebene beim Hirnversagen, bei einer eventuellen Organentnahme oder beim Empfang eines Spenderorgans? Was bedeuten die Umstände des Todes für das nachtodliche Leben? Wie stellt sich der Verwirrtheitszustand im Alter dar, wenn man ihn nicht nur vom materialistischen Standpunkt aus betrachtet? Denn in dem Augenblick, da sich die Perspektive auf Mensch und Leben erweitert und das Wesen des Menschen nicht nur physisch, sondern auch seelisch und geistig über Geburt und Tod hinausgehend gedacht wird, verwandelt sich die ethische Frage in die Frage individueller Verantwortung dem eigenen Schicksal und dem Schicksal anderer Menschen gegenüber. Da tritt dann ganz in den Vordergrund, was wir als »Motiv einer Tat« am treffendsten umschreiben können. Ist es doch insbesondere das real vorhandene Motiv, welches über die Qualität der Tat entscheidet. Was sind die *tatsächlichen Gründe*, die für oder gegen eine Impfung, eine bestimmte Therapie, die Formen der sogenannten Sterbehilfe oder einen Schwangerschaftsabbruch sprechen? Welche persönlichen, gesundheitlichen oder beruflichen Motive liegen hier vor? Eine Ethik, die Seele und Geist des Menschen ernst nimmt, fragt nie nur nach der Tat als solcher, sondern immer auch nach den Motiven, die zu einer Handlung führen, und nach der Art und Weise, wie der Mensch zu den Folgen seiner Taten steht. Nicht nur Einsicht und Erkenntnis sind es, sondern auch tiefgründige Ängste, Sorgen, Argwohn, Liebe, Vertrauen oder Hoffnung, die die ethische Realität mitgestalten und die Qualität einer Handlung prägen. Die Folgen aber, die sich aus den entsprechenden Handlungen ergeben, sind das Schicksal der Kinder und Erwachsenen.

Wer zum Beispiel sein Kind gegen Masern impfen lässt, aus Angst vor einer Hirnentzündung, sollte wissen, dass es auch andere Krankheitserreger gibt, die eine Encephalitis auslösen können.[20] Es kommt in erster Linie darauf an, *wie* wir das Kind mit unseren besten Kräften begleiten, *wie* wir Vertrauen in sein Schicksal entwickeln und ihm helfen wollen, seinen Weg in den Körper und in das Leben zu finden. Die Gedanken und Gefühle, mit denen wir es umgeben, wirken sich unmittelbar stärkend auf sein Existenzerleben und seine gesundheitliche Verfassung aus. Jede Entscheidung aber, die gefällt wird, kann sowohl positive als auch negative Folgen haben. Denn es gibt so gut wie nichts, was »nur gut« ist. Habe ich zum Beispiel Gesichtspunkte, ein Kind gegen Masern zu impfen, indem ich hoffe, dadurch möglichen Schädigungen vorzubeugen, so erscheint eine solche Motivation selbstverständlich gut. Andererseits nehme ich dem Kind durch die Impfung die Möglichkeit, sich intensiv mit dieser Erkrankung auseinanderzusetzen und sich dadurch eine längeranhaltende Immunität zu erwerben sowie ein passenderes »Inkarniertsein« (s. S. 192). Es kommt in jedem Fall einer Entscheidung darauf an, wie wir mit deren Folgen leben, wie weit es uns gelingt, das Positive unserer Handlungsweisen in seiner Wirksamkeit zu unterstützen und den möglichen negativen Folgen entgegenzuwirken und sie auszugleichen.

Ethik – so gesehen – kann sich immer weniger an gegebenen Wertsetzungen und Normen orientieren. Sie wandelt sich vielmehr von einer »Normethik« zur »Individualethik«. Denn unabhängig vom jeweils geltenden Recht muss jede Tat immer auch individuell beurteilt und verantwortet werden. Auch wenn – wie in den Niederlanden – Euthanasie juristisch unter bestimmten Voraussetzungen erlaubt ist, leben dessenungeachtet Arzt, Angehörige und Patient mit den Folgen ihrer Taten in persönlicher Verantwortung weiter – denn *sie* haben es *getan*. Ebenso gilt dies für die juristische Regelung der Organtransplantation. Auch wenn das Hirntodkriterium die juristische Möglichkeit zur Organentnahme bietet, treten doch ganz objektiv der Spender, die handelnden Ärzte und der Empfänger in konkrete Schicksalsbeziehungen miteinander ein, die individuell durchlebt und mit Bezug auf die Folgen im Schicksal der Betroffenen zu gestalten sind.

So steht uns beispielsweise noch lebhaft vor Augen ein Mädchen aus unserer Sprechstunde, welches im Alter von elf Jahren von seiner eineiigen Zwillingsschwester eine gesunde Niere verpflanzt bekam. Ohne diese Organspende hätte das an einer schweren Zystenniere leidende Kind nur noch wenige Wochen oder Monate leben können. Eine solche Lebendspende ist natürlich einfacher zu überschauen als die Organspende eines Sterbenden. Umso nötiger ist es, dass wir alle als potentielle Organspender oder -empfänger bewusst daran arbeiten, die Vorgänge und Umstände des »Spendertodes« sowie der »Empfänger-Lebensverlängerung« zu verstehen. Wer das mögliche Spender- oder Empfängerwerden durch begründete Überlegung in sein Schicksal integriert, lebt anders mit den Folgen dieser Entscheidung, als wer dies nur als Opfer juristischer

Möglichkeiten oder ärztlicher Entscheidung erlebt. Entscheidendes Kriterium zur ethischen Beurteilung einer Handlung wird im Sinne der Individualethik immer sein, ob durch die betreffende Handlungsweise menschliche Werte und Entwicklungen gefördert oder aber behindert werden. Dieses aber bedarf der individuellen Prüfung da, wo die Tat und die Folgen der Taten persönlich erlebt und verantwortet werden müssen.

Fragen an die Humangenetik

Wir kennen heute eine ganze Reihe von Erbkrankheiten und angeborenen Missbildungen, die mit Hilfe der vorgeburtlichen Chromosomenanalyse und Diagnostik festgestellt werden können. So kann dann mit Hilfe der meist in der 16. bis 18. Schwangerschaftswoche durchgeführten Fruchtwasseruntersuchung (Amniozentese, Zellzüchtung und Chromosomenanalyse) bis zum Zeitpunkt des bei schwerwiegenden Erbkrankheiten gesetzlich noch erlaubten Schwangerschaftsabbruches in der 22. Woche klar sein, ob das wachsende Kind davon betroffen ist oder nicht. Die Argumente für die vorgeburtliche Diagnostik liegen auf der Hand. Es wird hervorgehoben, dass aufgrund der neuen Möglichkeit der Früherkennung von schwerwiegenden Erkrankungen viel mehr Eltern den Mut zur Schwangerschaft hätten, und da die Anzahl der tatsächlich erkrankten Kinder und der damit verbundenen Schwangerschaftsabbrüche höchstens 3 % betrage, kämen diese Möglichkeiten letztlich doch den Kindern zugute. Außerdem sei das Risiko, dass ein gesundes Kind durch die Fruchtwasserpunktion geschädigt oder die Schwangerschaft dadurch infolge Fehlgeburt beendet werde, ja doch nur im Bereich von 1 %. Hinzu kommen die volkswirtschaftlichen Erwägungen, die angesichts der Kostenexplosion im Gesundheitswesen zunehmend Gewicht bekommen.

Angesichts dieser Argumentationsweisen müssen wir die Frage stellen, ob Statistiken und Überlegungen dieser Art dem individuellen Schicksal der Menschen gerecht werden können. Ist es doch so, dass nur wenige Menschen tatsächlich zu dem Zeitpunkt sterben, an dem ihre statistisch errechnete Lebenserwartung erfüllt ist. Jedes Leben und Schicksal eines Menschen ist nur aus dessen ganz besonderen Bedingungen heraus zu werten und zu verstehen. Könnte man die Schicksale der ungeborenen gesunden Kinder wahrnehmen und verfolgen, die sich in der »Schadensquote« von 1 % verbergen, würde man sicher anders sprechen. Und wenn die vorgeburtliche Diagnostik empfohlen wird, um zu verhindern, dass erbkranke, missgebildete oder sonst schwerstbehinderte Kinder geboren werden, so steht dahinter die Meinung, ein solches Leben sei nicht menschenwürdig. Erkennt man hingegen die vorgeburtliche Existenz des Menschen an und den Sinn, der im Durchleben einer Biographie auch als Schwerbehinderter oder Kranker liegt (s. S. 174 ff.), wird man sich eine solche Entscheidung nicht so leicht machen können. Es liegt nicht in der Absicht dieses Buches, Richtlinien vorzugeben, was in diesem Zusammenhang »allgemein« ethisch vertretbar oder was »noch« oder »nicht mehr« erlaubt ist. Wir möchten vielmehr mit diesen Überlegungen Gesichtspunkte in die Ethikdebatte einbringen, die auch das vorgeburtliche und nachtodliche Leben sowie Fragen der Schicksalsgestaltung miteinbeziehen. Ethische Fragen sind in Wirklichkeit Schicksalsfragen (vgl. S. 200).

Und so gibt es auch die Mütter, die sich – dank der vorgeburtlichen Diagnostik – schon während der Schwangerschaft bewusst auf ihr behindertes Kind einstellen und dieses dann auch erwarten und zur Welt bringen. Die oft verzweifelt gestellte Frage: »Warum bekomme gerade *ich* ein behindertes oder missgebildetes Kind?« zieht unter dem Schicksalsaspekt andere Fragen nach sich: »Warum brauchst du gerade mich, warum bin ich dir verbunden, was kann ich für dein weiteres Schicksal tun? Was danke ich dir und deinem Leid für meine eigene Lebenserfahrung und meine Einsichten?«

Wir leben gegenwärtig in einer Zeit, in der ein Missverhältnis entstanden ist zwischen Wissen und Machbarkeit auf der einen und verantwortlichem Handeln und ethischer Sensibilität auf der anderen Seite.

Es ist dies jedoch nicht nur ein Problem der Experten. Wir sind alle davon betroffen. Auch wenn es bequemer ist, die Entscheidung über das Für und Wider bezüglich der vorgeburtlichen Diagnostik, der künstlichen Befruchtung, den Zuchtexperimenten und den genetischen Manipulationen Fachleuten, der Kirche oder dem Staat zu überlassen, so müssen diese grundsätzlichen Welt- und Lebensfragen doch heute von jedem mündigen Bürger bearbeitet werden. Nur so kann sich ein auf persönliche Einsicht gegründetes Verantwortungsgefühl entwickeln, als Grundlage einer neuen Moralität im Sinne von Individualethik oder – wie Steiner es nennt – eines ethischen Individualismus.[21]

Empfohlene Literatur:

Bauer, Dietrich / Hoffmeister, Max / Görg, Hartmut: *Gespräche mit Ungeborenen. Kinder kündigen sich an.* Stuttgart ⁴1994.

Bavastro, Paolo (Hrsg.): *Individualität und Ethik.* Stuttgart 1997.

Glöckler, Michaela: Fragen zur Organtransplantation, in: *Medizin an der Schwelle.* Dornach 1993.

Glöckler, Michaela / Schily, Otto / Debus, Michael: *Lebensschutz und Gewissensentscheidung. Diskussion über den § 218.* Stuttgart 1992.

Hoffmeister, Max: *Die übersinnliche Vorbereitung der Inkarnation.* Basel ²1991.

Jonas, Hans: *Technik, Medizin und Ethik. Praxis des Prinzips Verantwortung.* Frankfurt 1987.

Leeuwen, Christa van/Maris, Bart: *Schwangerschaftssprechstunde.* Stuttgart 1995.

Maris, Bart: (Hrsg.): *Die Schöpfung verbessern? Möglichkeiten und Abgründe der Gentechnik.* Stuttgart 1997.

Schmidt, Kurt W.: *Therapieziel und Menschenbild. Zur ethischen Problematik therapeutischer Eingriffe und deren Zielsetzungen. Eine Auseinandersetzung aus evangelischer Sicht.* Münster 1996.

Krankheitsvorbeugung – Gesundheitsförderung – Aufgaben von Präventivmedizin und Salutogenese

Unter dem Thema »Krankheitsvorbeugung im Kindesalter« wird überwiegend verstanden, dass im Rahmen der vorgesehenen Vorsorgeuntersuchungen auch die empfohlenen Impfungen, die Kariesprophylaxe, die Rachitisvorsorge, grundlegende Hinweise zur Ernährung sowie allgemeine hygienische Maßnahmen besprochen werden. Darüber hinaus gibt es aber noch das weite Feld konkreter Gesundheitsforschung und -förderung, welches erfreulicherweise gegen Ende des 20. Jahrhunderts zunehmend diskutiert wurde. So wurde der Frage nachgegangen, ob es zum Beispiel nicht wichtiger ist, herauszufinden, auf welche Weise sich der Organismus gesund erhalten kann, anstatt primär zu erforschen, unter welchen Belastungen er erkrankt. Diese neue gesundheitsorientierte Forschung hat den Namen Hygiogenese[22] bzw. Salutogenese bekommen.[23] Die anthroposophische Medizin und Pädagogik arbeitet in diesem Sinn mit einem konsequent salutogenetischen Ansatz. Schon 1919 hat Steiner die Lehrer der Waldorfschule in Stuttgart auf ihren salutogenetischen Auftrag hingewiesen, indem er sie aufmerksam darauf machte, was es heißt, Kinder im Wachstumsalter täglich über viele Stunden zu unterrichten, also in der Entwicklungsphase, in der der physische Leib aufgebaut wird.[24] Denn alles, was in diesem Wachstumsalter körperlich, seelisch und geistig an das Kind herankommt und von ihm verarbeitet werden muss, ist zugleich ein gesundender oder kränkender »Reiz« aus der Umgebung, der das Wesensgliedergefüge in seinem Zusammenspiel beeinflusst (vgl. »Gesundheit durch Erziehung«, S. 407 ff.).

Aufschlussreich ist in diesem Zusammenhang das Ergebnis einer schwedischen Studie,[25] bei der Waldorfschüler und Kinder von öffentlichen Schulen im Hinblick auf Lebens- und Erziehungsgewohnheiten untersucht wurden. Dabei wiesen die Waldorfschüler signifikant weniger allergische Erkrankungen auf. Auch hatten diese Waldorfschüler nur wenige Impfungen erhalten und bedeutend weniger Antibiotika als die Vergleichsgruppe. 61 % der Waldorfschüler hatten die Masern durchgemacht gegenüber 1 % der zu 93 % geimpften Vergleichsgruppe. Offen bleibt bei dieser Arbeit, inwieweit sich auf dieses positive Ergebnis auch der waldorfpädagogische Erziehungsstil ausgewirkt hat. Hier gilt es an entsprechenden Methodologien zu arbeiten, die es möglich machen, auch solchen Fragestellungen wissenschaftlich nachzugehen.

Wie entsteht Gesundheit?

Erkranken bei einer Grippeepidemie knapp 30 % der Bevölkerung, so sprechen die einen davon, dass sie sich angesteckt haben. Ein anderer Teil der Erkrankten überlegt sich, wieso er wohl disponiert war, sich anstecken zu lassen. Diese Menschen fragen damit auch, warum 70 % der Bevölkerung in ihrem Umkreis gesund geblieben sind, obwohl sie derselben Ansteckungsgefahr ausgesetzt waren wie die Erkrankten. Erst wenn dem Infektionsmodell der Krankheitentstehung ein gleichberechtigtes Dispositionsmodell an die Seite gestellt und nach den Ursachen für das Gesundbleiben gefragt wird, können sich Krankheits- und Gesundheitsforschung sinnvoll ergänzen. Die reduktionistische Sicht des Menschen wäre dann durch eine ganzheitliche komplementäre ergänzt. Denn wenn ernsthaft gefragt wird, wie Gesundheit eigentlich entsteht und trotz Belastungen aufrecht erhalten werden kann, muss sich der Blick von vornherein auf den Menschen als Ganzheit richten – einschließlich seines sozialen Umfeldes. Dann kann nicht mehr der Krankheitserreger in den Mittelpunkt gestellt werden, sondern die Frage, welche körperlichen, seelischen oder geistigen Faktoren letztlich für die immunologische Schwäche verantwortlich gemacht werden können, aufgrund derer die Krankheitsdisposition bzw. Empfänglichkeit für den Erreger entstand. Zum Beispiel sind dies:

- auf körperlicher Ebene genetische Ursachen, Fehl- oder Unterernährung sowie zu wenig Schlaf und/oder Bewegung, Unterkühlung und anderes
- auf seelischer Ebene Stress, Überforderung, Angst, Langeweile, Depression, Schockzustände, Unzufriedenheit, Beziehungsstörungen und anderes
- auf geistiger Ebene Mangel an Idealismus, Motivation, geistiger Nahrung und Anregung.[26]

Der Medizinsoziologe Aaron Antonovsky[27] nennt drei Hauptursachen für das Entstehen und Aufrechterhalten von Gesundheit:

• Überwinden von »Heterostase«, d.h. von Ungleichgewichten im Stoffwechsel, wie sie infolge von Ernährung, Bewegung, Ruhe, Klimawechsel und anderen Störungen der Homöostase auftreten. Jeder Organismus, jedes Organ, jede einzelne Zelle befindet sich ständig in einem so genannten Gesundheits- /Krankheitskontinuum, in Folge dessen in jedem Augenblick neue Gesundheit entsteht durch Überwinden von Störfaktoren bzw. Krankheitstendenzen.

• Aufbau des so genannten Kohärenzgefühls (sense of coherence) im Laufe von Kindheit und Jugend. Damit ist das Erkennen der Möglichkeit gemeint, alles was einem begegnet, sinngebend zu verarbeiten und in das eigene Lebensgefühl und Umweltverständnis zu integrieren. Antonovsky benützt hier in seinen Schriften auch das deutsche Wort »Weltanschauung«. Denn je sinnvoller sich die verschiedenen Erfahrungsebenen des menschlichen Lebens zu einem Gesamtbild ordnen lassen, das offen und evolutionär ist, in dem es sich durch jede neue Erfahrung wandeln und ergänzen kann, um so gesünder ist der Mensch, um so tragfähiger und inspirierender seine »Weltanschauung«, d.h. die Art und Weise, die Welt zu sehen.

• Erfolgreiche Auseinandersetzung mit Stressoren und Widrigkeiten des Lebens aufgrund vorhandener so genannter Widerstandsressourcen. Widerstandsressourcen stellen den Zusammenhang der Kompensationsmöglichkeiten und Bewältigungs- (Coping-) Strategien dar, die ein Mensch besitzt, um größere und kleinere Probleme und Sorgen im Leben und in der Arbeit positiv zu bewältigen. Mit Hilfe solcher Verarbeitungsmöglichkeiten wird verhindert, dass ein Mensch unter Belastung, Angst, Stress, Verlust, Ausgrenzung bis hin zur Extremsituation wie Gefängnis und Folter völlig zusammenbricht. Im Rahmen der Heilpädagogik spricht man hier von Resilienzforschung[28] (von englisch »resilient«: abprallend, elastisch), das heißt, man stellt die Frage, was Kinder widerstandsfähig macht und sie gesund aufwachsen lässt, obwohl ihr häusliches Milieu von Chaos, Alkoholismus, Gewalt oder anderen Stressfaktoren geprägt ist. Als entscheidende Faktoren, welche die Widerstandskraft erhalten und stützen können, werden angeführt:

- das Geliebtwerden durch einen Menschen
- der Glaube an Gott
- das Vertrauen in die Entwicklung, die Zukunft
- dem eigenen Schicksal Sinn geben können, indem Probleme und Konflikte in das eigene Leben integriert und verarbeitet werden können
- äußere Sicherheit und hoher Lebensstandard
- ein stabiles soziales Netz.

Diese drei salutogenetischen Hauptfaktoren haben die Fähigkeit gemeinsam, sich mit Widerständen erfolgreich auseinandersetzen zu können: körperlich, seelisch und geistig.

So ist Gesundheit die Fähigkeit des Organismus, einseitige Belastungen ausgleichen und möglichen Krankheitstendenzen entgegenwirken zu können. Dabei gibt es genau so viele »Gesundheiten«, wie es Krankheiten gibt. Wie der jeweilige labile Gleichgewichtszustand zwischen den auflösenden und verhärtenden physiologischen Prozessen hergestellt wird, wie die Wärmeregulation, die zureichende Sauerstoffversorgung und das entsprechende

Nahrungsangebot zusammenstimmen müssen, das ist für jeden Menschen eine spezifisch zu lösende Aufgabe und bedarf ebenso der Pflege und Unterstützung wie das Aufbauen und Unterhalten seelischer und geistiger Verarbeitungsmöglichkeiten.

Des Weiteren ist Gesundheit das geregelte Zusammenspiel körperlicher und seelisch-geistiger Funktionen und Tätigkeiten. Wie ist es möglich, dass gute Gedanken tatsächlich helfen, ja heilen können? Woher kommt es, dass friedliche Gefühle den Schlaf fördern und körperliche Schmerzen mildern können? Warum wirkt eine positive Lebenseinstellung erfrischend und appetitfördernd? *Dass* dies so ist, wurde durch umfangreiche psychoneuroimmunologische Forschung belegt (s. S. 77 und Anm. 8) und durch die Salutogeneseforschung dokumentiert. *Wie* dies aber konkret zu verstehen ist, muss so lange im Dunkeln bleiben, bis die Realität geistiger und seelischer Gesetzmäßigkeiten und ihr konkreter Zusammenhang mit den körperlichen Funktionen Interesse findet und man sich nicht nur auf den naturwissenschaftlichen Erklärungsansatz beschränkt.

Gesundheitsförderung auf seelischer und geistiger Ebene

Motivation und Meditation

Im zweiten und dritten Teil dieses Buches werden eine Vielzahl praktischer Hinweise für die Gesundheitsförderung in Kindheit und Jugend gegeben. An dieser Stelle möchten wir Beispiele dafür geben, was der Erwachsene für sich und im Sinne seiner Vorbildfunktion indirekt auch für Kinder tun kann.

Das wichtigste und jederzeit »greifbare« krankheitsvorbeugende Mittel ist: gerne zu arbeiten. Die Freude an der Arbeit lässt seelische Wärme entstehen, die den Organismus gesund erhält (s. S. 74 ff.). Es ist daher entscheidend, die tägliche Arbeit so einzurichten oder zu betrachten, dass Freude daran möglich wird.

Im Ärger, im Hader, im Nicht-überschauen-Können von Zusammenhängen, in Hetze und Stress liegt etwas direkt Destruktives, Zehrendes, das der Gesunderhaltung entgegenwirkt. Nimmt man solche Einflüsse über längere Zeit unaufgelöst mit in die Nacht, so verliert der Schlaf seine erquickende Wirkung. Man wird anfälliger gegen Infektionskrankheiten und »baut ab«.

Fast jeder kennt diese Art »seelischer Pathologie« aus eigener Beobachtung. »Psychosozialer Stress« – das heißt die Kombination persönlicher und sozialer Probleme – lässt sich nur wirksam bearbeiten, wenn man sich entschließt, einen Weg zur Selbstentwicklung zu gehen, Methoden zur Konfliktlösung zu verfolgen. Hierzu gibt es im Rahmen von Psychotherapie, Biographiearbeit, kirchlich-religiösen Empfehlungen u. a. vielseitige Angebote. Im Kontext dieser meditativen, konzentrierenden und entspannenden Techniken möchten wir an dieser Stelle auch auf die meditative Schulung der Anthroposophie hinweisen. Sie hat zwar nicht die Gesunderhaltung primär zum Ziel, sondern die Suche nach Selbsterkenntnis und einem geistigen Verständnis der Welt. Dennoch hat diese Suche – wie alles ehrlich-geistige Bemühen – eine unmittelbar positive Auswirkung auf die Gesundheit. So kann man zum Beispiel beim Lesen von Wortmeditationen Steiners unmittelbar die ordnende Wirkung und das Wohltuende erleben, das davon ausgeht. Es ist hilfreich, sich hin und wieder im Laufe des Tages oder vor wichtigen oder schwierigen Ereignissen an Motive und Worte dieser Art zu erinnern beziehungsweise sie sich durch die Seele ziehen zu lassen.[29]

Es ist tief berechtigt, nicht nur von körperlicher Hygiene im Sinne regelmäßigen Waschens, sauberer Kleidung und entsprechender Wohnverhältnisse zu sprechen, sondern auch von seelischer und geistiger Hygiene. Pflegen wir unser Seelen- und Geistesleben genau so sorgfältig, wie wir unseren Körper pflegen? Könnte nicht eine morgendliche und abendliche kurze Meditation oder die Schulung von Konzentration und Aufmerksamkeit durch entsprechende Übungen einem genauso zum Bedürfnis werden wie das Zähneputzen?

In den Ausführungen Steiners zum Thema Nervosität und Ichheit oder zur praktischen Ausbildung des Denkens[30] werden eine Reihe sehr wirksamer Übungen zur Schulung von Aufmerksamkeit, Gedächtnis, Wahrnehmung und Konzentrationsfähigkeit gegeben. Auch gehört es zu den zentralen seelenhygienischen Fragen, wie wir über andere Menschen denken und fühlen und ob wir realisieren, dass auch der Umgang mit Gedanken und Gefühlen für uns selbst und andere destruktiv oder konstruktiv-förderlich sein kann. Je nach dem, wie wir denken und fühlen, wird das »Klima« in dem Haus, in der Wohnung, wo wir leben, mitgestaltet und von Kindern und Jugendlichen erlebt und beurteilt.

Empfohlene Literatur:

Bühler, Walther: *Meditation als Heilkraft der Seele*. Bad Liebenzell ^{7}1993.

Covey, Stephen R.: *Die sieben Wege zur Effektivität*. Frankfurt/New York 1996.

Glöckler, M., Denger, J., Schmidt-Brabant, M.: *Sind wir überfordert? Schulungswege in Heilpädagogik und Sozialtherapie zwischen Selbstfindung und Dienst am anderen*. Dornach 1993.

Steiner, Rudolf: *Wie erlangt man Erkenntnisse der höheren Welten?* GA 10, Dornach ^{24}1993.

Wirkung der Kunst

Ein sehr erfreuliches Gebiet zur Gesundheitsförderung ist die künstlerische Tätigkeit. Wie weitreichend gerade sie – auch im Kindes- und Jugendalter – zur gesundheitlichen Stabilisierung beiträgt, wird im dritten Teil dieses Buches dargestellt. Wir möchten hier nur das Prinzipielle andeuten und im Übrigen auf die Literatur am Ende dieses Kapitels verweisen. Wir verdanken es den Forschungen Steiners, auch für dieses Gebiet genaue menschenkundliche Ansätze zu haben. So entspricht die schöpferische Tätigkeit des Modellierens, Plastizierens, Schnitzens und Bildhauens der plastisch-bildsamen Funktionsweise des ätherischen Organismus und wirkt sich auch unmittelbar anregend und regulierend auf diesen aus.

Die musikalischen Gesetze und ihre Beziehung zur Luft als Laut- und Schallvermittler entsprechen denjenigen des Astralleibes. Diese sind musikalischer Natur. Ist doch der menschliche Organismus bis ins Kleinste geordnet nach bestimmten Zahlenverhältnissen und Proportionen, nicht nur mit Bezug auf seine Gestalt, sondern auch mit Bezug auf die Rhythmen seiner physiologischen Funktionen und deren Maßverhältnisse. Armin Husemann hat in seinem Buch: *Der musikalische Bau des Menschen* einen Ansatz zur umfassenden Erarbeitung dieser musikalischen Gesetze des menschlichen Körpers gemacht. Jede gesangliche und musikalische Betätigung (aber auch das Umgehen mit Farbklängen und Stimmungen in der Malerei) wirkt sich harmonisierend auf die Tätigkeit des Astralleibes aus. Der Erfolg ist ein seelisches mit sich In-Übereinstimmung-Kommen und ein Zurückwirken dieser harmonisierten seelischen Stimmungslage auf die körperlichen Funktionen.

In der sprachlichen und sprachtherapeutischen Tätigkeit wird die Ich-Organisation unmittelbar aktiviert. Spricht doch der Mensch im wahrsten Sinne des Wortes sich selber aus, wenn er über sich oder über die Art, wie er die Welt versteht, etwas sagt.

In der Eurythmie und Heileurythmie haben wir eine Integrationskunst vor uns, die plastische, musikalische und sprachliche Gesetzmäßigkeiten auf die Körperbewegung überträgt. Daher kann diese Kunst in umfassender Weise ordnend auf die körperlichen Funktionen wirken und auch das Zusammenspiel der Wesensglieder untereinander regulieren helfen (vgl. hierzu auch das Kapitel über Heileurythmie, S. 514).

Empfohlene Literatur:

Heide, Paul von der: *Therapie mit seelisch-geistigen Mitteln.* Dornach 1997.
Husemann, Armin-J.: *Der musikalische Bau des Menschen.* Stuttgart [3]1993.
Treichler, Markus: *Mensch – Kunst – Therapie.* Stuttgart 1996.
Anthroposophische Kunsttherapie. Wissenschaftliche Grundlagen – Arbeitsansätze – Therapeutische Möglichkeiten. Stuttgart 2000. Bd. I: Golombeck, E.: *Plastisch-Therapeutisches Gestalten.* Bd. II: Mees-Christeller, E./Denzinger, I./Altmaier, M./Künstner, H./Umfried, H./Frieling, E./Auer, B.: *Therapeutisches Zeichnen und Malen.* Bd. III: Felber, R./Reinhold, S./Stückert, A.: *Musiktherapie und Gesang.* Bd. IV: Denjean-van Stryk, B./von Bonin, D.: *Therapeutische Sprachgestaltung.*

Hygienische Maßnahmen

Hygiene im bakteriologischen Sinne umfasst die Isolierung von Patienten, die Krankheitskeime ausscheiden, das Desinfizieren von Räumen und Gegenständen, das Tragen von Schutzkleidung, gegebenenfalls von Handschuhen, Mundschutz und Brille sowie Wasser- und Nahrungsmittel-Vorschriften und -Kontrollen. Ohne konsequenten Einsatz dieser Art Hygiene wären die Erfolge heutiger Chirurgie und Seuchenbekämpfung nicht möglich gewesen, und auch die Mütter- und Kindersterblichkeit in den Krankenhäusern wäre nicht von den hohen Prozentzahlen des vorigen Jahrhunderts heruntergegangen. Dennoch weiß jede Mutter, dass eines Tages der Übergang von dem wohlbehüteten, auf dem Wickeltisch möglichst sauber behandelten Säugling zu dem Kind stattfindet, das auf dem Boden rutscht, über den andere mit Straßenschuhen laufen.

Was wirkt auf die Dauer prophylaktisch? Dass das Kind vor den Keimen behütet wird oder dass es mit ihnen umgehen lernt? Das Problem setzt sich ja nahtlos fort in die Frage, ob jede bakterielle Krankheit antibiotisch zu behandeln ist oder nur die, bei der man weiß, dass das Kind die Auseinandersetzung alleine nicht schaffen würde. Zur beruhigenden Orientierung folgende Erfahrung: Das erste Kind einer Familie ist in der Regel nicht oft krank, da es allein aufwächst. Allenfalls dann, wenn die Eltern selbst Infekte durchmachen, hat es auch seinen Schnupfen. Dann kommt es in den Kindergarten, und wir können erleben, dass für das Kind wenigstens zwei infektreiche Winter hintereinander hereinbrechen. Es bringt sozusagen »jeden« Infekt mit nach Hause und ist im Winter mehr zu Hause als im Kindergarten. Beim zweiten Kind geht es noch ähnlich zu, aber beim dritten wird es anders: Es wird schon als Säugling von seinen Geschwistern laufend angesteckt und macht tatsächlich die Infekte und unter Umständen auch die klassischen Kinderkrankheiten sehr früh durch, oft auch unangenehm schwer und für die Eltern belastend. Oft wird dieses dritte Kind jedoch später das Gesündeste und Kräftigste von allen. Eine solche immer wiederkehrende Erfahrung spricht für sich und kann für manche kinderreiche Familie tröstlich sein.

Zur häuslichen Hygiene gehört auch die Pflege der Böden, Möbel und Fenster mit umweltfreundlichen Reinigungsmitteln. Es ist gut, wenn Kinder schon früh lernen, dass es nicht gleichgültig ist, welche Wasch- und Pflegemittel verwendet werden und wie mit Abfällen umzugehen ist.

Abhärtung und Klimawechsel

Zweifellos kann eine allgemeine Neigung zu Infekten dadurch gemindert werden, dass man zum Beispiel jeden Morgen kalte Abwaschungen durchführt. Auch ist ein Teil der Wirkung von Klimakuren so zu verstehen, dass eine gewisse Robustheit gegenüber rauhen Witterungsverhältnissen ausgebildet wird. Bei solchen Maßnahmen kann man unterscheiden zwischen dem, was sie direkt bewirken sollen, und dem, was sonst noch Folgen dieser Maßnahmen sind. Was zum Beispiel die Kälteanwendungen betrifft, so würde man diese sicher unterlassen, wenn bekannt wäre, dass dadurch im späteren Leben die Anlage zur Arteriosklerose oder zum Rheuma gefördert wird. Die früher vorbildliche Gesundheit von Landkindern ist nicht dadurch entstanden, dass sie kalt geduscht wurden, sondern dass sie, warm angezogen, Kältebelastungen ausgesetzt waren. Damit ist natürlich nicht gesagt, dass Kälteanwendungen in bestimmten Fällen nicht eine indizierte Therapie sein können. Wir empfehlen die systematisch betriebene Abhärtung im Kindesalter nicht, weil durch Missachtung individueller Gegebenheiten und der offenen Frage, wie sich das auf die Gesundheit im Alter auswirkt, viel Unheil angerichtet werden kann. Gerade im Wachstumsalter bedeutet diese »Abhärtung um jeden Preis« eine gezielt in das organische Gefüge des Kindes eingreifende Maßnahme.

Verwendet man statt einer kalten Dusche zum Beispiel morgens eine Abwaschung mit einer verdünnten Rosmarin-Emulsion, die gerade so kühl sein darf, wie das Kind es noch gern hat, so hat dies im Laufe der Zeit auch eine kräftigende und stabilisierende Wirkung. Auf jeden Fall ist hier eine dem Erleben des Kindes angepasste Erfrischung und Pflege geschehen.

Anders sind Klimakuren zu beurteilen. Im Allgemeinen sind sie mehr Therapie als Prophylaxe. Im privaten Improvisieren solcher Kuren werden heutzutage viele Fehler gemacht. Eine Klimakur muss folgende Kriterien erfüllen: Beim ersten Aufenthalt in einem starken Reizklima wie zum Beispiel der Nordsee muss die Kur mindestens sechs Wochen dauern. Schrittweise muss das Kind unter zunehmender Luftbelastung an das Klima gewöhnt werden. Bis zur vollständigen Akklimatisation vergehen drei bis vier Wochen. Der Rest der Zeit dient der Stabilisierung. Kürzere Kuren führen eher zur Schwächung und zum so genannten »Rückkehr-Infekt«.

Zur richtigen Klimakur gehört warme Schafwollkleidung für jede Jahreszeit. Gesicht, Hände und Füße können zuerst belastet werden. Das Kaltwerden der Hände und Füße zeigt an, dass die Grenze der gegenwärtigen Belastbarkeit erreicht ist. Mindestens bis zum Schulalter sollten die Kinder nicht ohne eine vertraute Person zur Kur fahren. In Einzelfällen gilt das noch für wesentlich ältere Kinder. Im Übrigen sollten sich die Eltern, wenn sie nicht mitfahren, vergewissern, ob das ganz andere Milieu im Kurheim der Entwicklung des Kindes förderlich ist.

Was einmalige Mutproben anbelangt, wie zum Beispiel barfuß durch den Schnee zu gehen, so ist dies ganz sicher eine feine Sache, solange bei den Eltern keine Erwartungen dahinterstehen oder Enttäuschungen wegen »Feigheit« geäußert werden. Solche einfach aus Spaß oder Freude durchgeführten Mutproben haben jedoch mit Abhärtung nichts zu tun.

Der vielerorts üblich gewordene Besuch der Sauna ein- bis zweimal wöchentlich ist eine sehr nützliche Maßnahme, um einen bewegungsarmen und in den vollklimatisierten Räumen verweichlichten Organismus wieder zu kräftigen.

Beachtung und Pflege der Rhythmen

Warum ist insbesondere in der frühen Kindheit die Pflege der Rhythmen so wichtig? Weil zum einen alle Lebensvorgänge an bestimmte Rhythmen und Zeitstrukturen gebunden sind, und weil zum anderen die rhythmische Funktionsordnung des Säuglings noch unausgebildet ist und der Prägung und Anregung bedarf.

Hinzu kommt, dass der Mensch sich Kraft seiner autonomen Verstandestätigkeit aus dem Naturzusammenhang isolieren und die lebentragenden Rhythmen weitgehend missachten kann. Dadurch kann er in eine Vielzahl von Krankheits- und Kraftlosigkeitszuständen herein kommen, wenn nach jahre- oder jahrzehntelangem Verstoß gegen seine rhythmische Funktionsordnung die Elastizitätsgrenze überschritten ist und das System zusammenbricht. Hingegen kann die bewusste Pflege der wichtigsten Rhythmen die Belastungsfähigkeit des Organismus für die Anforderungen des Lebens vorbereiten und aufbauen.

Was ist das Besondere einer rhythmischen Zeitstruktur?

- Rhythmus wiederholt ähnliche Vorgänge in vergleichbar ähnlichen Verhältnissen. Urbild des Rhythmus ist die Atmung: Kein Atemzug gleicht dem anderen mit Bezug auf Tiefe und Länge, wenn man ihn ganz genau misst. Dennoch ist jeder Atemzug dem vorangegangenen ähnlich.
- Jeder Rhythmus gleicht Polaritäten aus. Überall, wo in der Natur Gegensätze aufeinanderstoßen, können Rhythmen regulierend auftreten. So zeigen sich z.B. rhythmisch gegliederte »Lämmerwölkchen« am Himmel, wenn ein Hoch- und Tiefdruckgebiet aneinander grenzen. Wir sehen die rhythmisch geordneten Wellenlinien am Strand, da wo das bewegliche Wasser auf das feste Land auftrifft. Entsprechend kommen beim obengenannten Atmungsvorgang die Polaritäten Ruhe und Bewegung rhythmisch zum Ausgleich.
- Rhythmen sind die Grundlage für jeden Anpassungsvorgang.

Dadurch, dass jede rhythmische Wiederholung nie exakt der ersten gleicht, sondern immer ein feines Spiel um ein Mittelmaß darstellt, haben rhythmische Vorgänge die Eigenschaft zur elastischen Anpassung, wohingegen ein starrer Takt ganz unflexibel wäre, ohne jede Kapazität, etwas auszugleichen, zu integrieren.

- Rhythmus ersetzt Kraft. Alles, was regelmäßig geschieht, braucht einen geringeren Kraftaufwand, als wenn es außerhalb der gewohnten Zeit oder der gewohnten Umstände als einmalige Aktion geschieht.
- Regelmäßig und rhythmisch durchgeführte Tätigkeiten führen zur Gewohnheitsbildung. Gewohnheiten aber sind das Grundgerüst jeder Persönlichkeits- und Charakterbildung. Wer sich daran gewöhnt hat, für regelmäßige Essens- und Schlafenszeiten zu sorgen, wer gewöhnt ist, den Tag sinnvoll zu gliedern, so dass Arbeit und Erholung, Anspannung und Entspannung in einem sinnvollen Verhältnis zueinander stehen, steht zuverlässig und leistungsfähig in den Belastungen des täglichen Lebens. Solange wir ohne eigenes Zeitmaß stark von den äußeren Verhältnissen oder unseren momentanen Neigungen abhängig sind, kommen wir leicht in die Gefahr, uns im Falle von Anforderungen zu überschätzen und uns zu erschöpfen. Es fehlen die nötige Elastizität zur Anpassung, die nötige Kraft zum Durchhalten und der Sinn für gesunde Lebensmaßstäbe.
- Jede bewusst vorgenommene Wiederholung stärkt den Willen und damit auch die Leistungsbereitschaft.
- Rhythmen sind es, durch die Natur und Mensch in Beziehung stehen im Wechsel der Jahreszeiten, in der Abfolge von Tag und Nacht und in den vielfältigen Bewegungsabläufen der Planeten vor dem Fixsternhintergrund. All die Rhythmen und Zahlenverhältnisse, durch die der Wandel der Planeten in unserem Sonnensystem geregelt ist, finden sich auch in den Lebensvorgängen von Pflanze, Tier und Mensch wieder und zeigen den gemeinsamen Ursprung und Lebenszusammenhang der uns bekannten Schöpfung an.[31]

Die Erforschung der biologischen Rhythmen und Zeitstrukturen ist erst im 20. Jahrhundert zu einem eigenen Wisssenschaftszweig geworden: der Chronobiologie, gefolgt von Chronomedizin und Chronopharmakologie. Die folgenden Abschnitte geben eine Übersicht über die wesentlichen Rhythmen, die den Lebensvorgängen zugrunde liegen und diese »tragen«.

Wir möchten mit diesen Hinweisen zum Tages-, Wochen-, Monats- und Jahresrhythmus Mut machen zum Aufbau einer neuen, die Rhythmen wieder berücksichtigenden Familienkultur. Eine stabilere Gesundheit der Kinder sowie eine bessere Anpassungsfähigkeit bei Belastungen ist der Dank für diese Mühe.[32]

Pflege des Tagesrhythmus

Alles, was sich beim Erwachsenen, durch den Zeitgeber Sonne synchronisiert, in schöner Regelmäßigkeit vollzieht – als 24-Stunden-Rhythmus seiner Temperaturkurve (morgens 0,5° weniger als abends), als tagesrhythmische Schwankung des Blutzuckerspiegels, der verschiedenen Hormone und Blutsalze und anderer Stoffwechselvorgänge –, ist beim Neugeborenen noch nicht einrhythmisiert und synchronisiert. Der Aufbau typischer Maxima und Minima im Wechsel von Tag und Nacht muss erst erlernt werden.

Die Art und Weise, wie dieses noch so offene und lernbereite »rhythmische System« des Säuglings durch die vielen kleinen Handlungen im Zusammenhang mit essen, pflegen, spielen und schlafen geprägt wird, bestimmt dessen Aufbau, Elastizität und Anpassungsbereitschaft für das spätere Leben. Denn alle Organe, insbesondere die großen Stoffwechsel- und Verdauungsorgane müssen sich in ihren Funktionen aufeinander abstimmen und die optimale Zusammenarbeit erst lernen. Dafür ist der möglichst regelmäßige Wechsel von Essenszeiten und Essenspausen, von Aktivität und Schlaf entscheidend. Daher ist es für die Ausbildung des 24-Stunden-Rhythmus hilfreich, wenn das Aufnehmen am Morgen und das Zu-Bett-Bringen am Abend – möglichst zu ähnlichen

Zeiten – eine besondere Pflege erfahren. Es kann dies mit einem Morgenlied geschehen und einem gemeinsamen Hinausschauen aus dem Fenster, wohingegen am Abend schon von Anfang an begonnen werden kann, eine Kerze anzuzünden und einige Töne zu singen, evt. mit Begleitung auf einer einfachen Kinderharfe oder Leier – möglichst in pentatonischer Stimmung[33] – und mit einem kurzen Abendgebet das Gute-Nacht-Sagen abzuschließen.

Je klarer sich dann im Laufe von Wochen und Monaten auch eine bestimmte Tagesgestalt herausbildet – morgens in der Wohnung und bei der Hausarbeit dabei sein, nachmittags draußen im Tragetuch getragen werden –, umso deutlicher erlebt das Kind den Tageslauf und den Unterschied von Tag und Nacht mit und kann mit seinem ganzen Organismus darauf reagieren (s. S. 308).

Der Wochenrhythmus

Die Namen der Wochentage weisen noch auf den in früheren Zeiten gepflegten Zusammenhang mit den am Himmel sichtbaren Wandelsternen hin – einschließlich des die Erde umkreisenden Mondes:

Sonntag	–	Sonne
Montag	–	Mond
Dienstag	–	Mars (französisch »Mardi«)
Mittwoch	–	Merkur (französisch »Mercredi«)
Donnerstag	–	Jupiter (französisch »Jeudi«)
Freitag	–	Venus (französisch »Vendredi«)
Samstag	–	Saturn (englisch »Saturday«)

So verschieden wie die Erscheinungsformen dieser Wandelsterne am Himmel – der ferne unscheinbare Planet Saturn, der leuchtendhelle Jupiter, der rötlich flackernde Mars, die warm am Abend- oder Morgenhimmel erstrahlende Venus, der zart und rasch für wenige Tage nur nahe vor Sonnenauf- und -untergang in der Morgen- oder Abenddämmerung erscheinende Merkur, der ständig seine Lichtgestalt wechselnde Mond und die alles überragende und überleuchtende Sonne – so unterschiedlich kann man auch die Qualität der Wochentage erleben und pflegen. Den Sieben-Tage-Rhythmus, hat die Rhythmusforschung als *den reaktiven und damit für Anpassungs- und Heilungsvorgänge entscheidenden Rhythmus entdeckt.*[34] So empfehlen wir, dem Gang der Woche ein bestimmtes rhythmisches Gepräge zu geben, so dass auch dieser 7-Tages-Rhythmus eine Unterstützung und Stabilisierung erfährt als Grundlage für ein elastisches Reagieren auf Belastungen und Verletzungen aller Art.

So kann beispielsweise der Sonntag einen mehr festlichen Charakter haben: Das Frühstück ist gemütlicher, wobei davor oder im Anschluss noch etwas gesungen oder vorgelesen werden kann. Jeder andere Wochentag kann dann auch sein besonderes Morgenlied haben oder durch bestimmte Vorhaben oder Tätigkeiten sein Gepräge bekommen. Die wöchentlichen Verpflichtungen können so verteilt werden, dass sie mit kleinen Kulturgewohnheiten – Besuche machen oder empfangen, vorlesen, Bilder anschauen oder Musik machen – freudig erwartet werden und dem Tag eine besondere Note geben. In den letzten Jahrhunderten haben sich die Menschen immer mehr von den Wochen-, Monats- und Jahreszeitenrhythmen emanzipiert und erleben nun an der zunehmenden Irritierbarkeit und Kraftlosigkeit (burn-out-Symptome) das die Gesundheit Untergrabende der Rhythmus- und Zeitlosigkeit. Das »Zeithaben« beginnt mit einer bewussten Pflege der Zeit, das heißt mit einer Rhythmisierung und Gestaltung ihrer Abläufe und Intervalle durch den Wechsel verschiedener Tätigkeiten und Pausen (vgl. S. 412 ff.). Für die Pflege des religiösen und meditativen Lebens gilt dasselbe: In der Regelmäßigkeit des täglichen oder in größeren Rhythmen verteilten inneren Arbeitens liegt das Geheimnis für ein Veranlagen und Ausbilden innerer Kräfte und Fähigkeiten.[35] Nicht unerwähnt soll bleiben, dass unter chronobiologischen Gesichtspunkten die Sechs-Tage-Woche für Schulkinder der Fünf-Tage-Woche entschieden vorzuziehen ist.[36]

Der Monatsrhythmus

Aus der Bäder- und Klimaheilkunde (Kurmedizin) ist bekannt, dass der Erholungswert eines vierwöchigen Kuraufenthaltes bedeutend höher ist als der eines zwei- oder dreiwöchigen (vgl. auch das über Klimakuren Ausgeführte, S. 215). Auch zeigt es sich, dass, wenn ein Mensch wirklich erschöpft ist, er eine zwei- bis dreimonatige Rekonvaleszenz braucht und es in der Regel nicht mit einem Urlaub von vier Wochen getan ist. Der Monatsrhythmus erweist sich als Rhythmus der tiefgreifenden Erholung, aber auch der Gewohnheitsbildung und Stabilisierung. Es braucht mindestens vier Wochen, bis eine neue Gewohnheit »sitzt«. In der Waldorfschule macht man sich diese Tatsache zunutze, indem man den Unterricht wenn irgend möglich in vierwöchigen Epochen erteilt.[37]

Zur Pflege des Monatsrhythmus kommen in Frage: Anschauen von Kalenderbildern, Singen von Monatsliedern, Beobachten der Lebensvorgänge im Wechsel der Jahreszeiten und der damit verbundenen Tätigkeiten in der Landwirtschaft und im Garten. Auch die Art der Kleidung ändert sich ja im Laufe der Monate.

Bei der Feriengestaltung empfehlen wir, wenn irgend möglich den Vier-Wochen-Rhythmus zu berücksichtigen, und raten von Kurzurlaub im Kindesalter ab, wenn es um Erholung gehen soll. Diese können den Erwachsenen zwar anregen und »auf andere Gedanken« bringen. Für Kinder bedeuten sie jedoch oft eher eine Strapaze. Nicht selten bringen sie sich dann auch einen Infekt von der Reise mit oder erkranken am Urlaubsort.

Der Jahresrhythmus

So wie es neun Monate und das erste Trimenon (die ersten drei Monate nach der Geburt) braucht, bis der physische Körper des Säuglings so weit ausgereift ist, dass das Kind mit dem Blick fixieren und mit den Händen greifen kann, so braucht es wiederum ein Jahr, bis es gehen und ein weiteres, bis es sprechen lernt und wiederum ein Jahr, bis die selbstständige Gedankentätigkeit einsetzt. Der physische Leib entwickelt sich auch später in Jahresrhythmen weiter und erfährt durch die jahreszeitlichen Klimaveränderungen und Lichtverhältnisse stimulierende Einflüsse für seine Veränderungen. Entsprechend haben auch Kinderkrankheiten ihre typischen Jahresmaxima und -minima. Auch gibt es eine jahresrhythmische Langzeitanpassung: Ist man länger als ein Jahr an einem Ort, das heißt, erlebt man eine Jahreszeit zum zweiten Mal, fühlt man sich »zu Hause«. Ist man länger als sieben Jahre da, beginnt das Heimatgefühl. So entspricht es auch einer guten Tradition, historische Ereignisse in Form von Gedenktagen zu feiern, ebenso wie Geburtstage und die sogenannten Jahresfeste (vgl. S. 530).

Empfohlene Literatur:

Glöckler, Michaela: Das Problem Stundenplan und die Ergebnisse der Rhythmusforschung; in: *Gesundheit und Schule*. Dornach 1998.

Hildebrandt, G. / Moser, M. / Lehofer, M.: *Chronobiologie und Chronomedizin*. Stuttgart 1998.

Schultz, Joachim: *Rhythmen der Sterne*. Dornach [3]1985.

Zu spät geboren? Von der Realität des vorgeburtlichen Lebens

Kinder bringen sich ihr Schicksal mit – das ist eine häufige Erfahrung. Durch das Kind werden mit einem Male Beziehungen in der Nachbarschaft angeknüpft, die vorher so gut wie nicht vorhanden waren, es kommt zum Kennenlernen der Altersgenossen in der Gegend, und es entwickeln sich ganz unterschiedlich geartete freundschaftliche oder auch problematische Beziehungen. In der Schule geht dies dann weiter, und es kommt zu den verschiedenen Konstellationen im Klassenverband, zu Einsamkeiten, Ausgrenzungen, Cliquenbildungen sowie Freundschaften und Feindschaften, die den Alltag der Kinder und Jugendlichen prägen. Wer denkt jedoch daran, wenn er Familienplanung betreibt, was es bedeutet, dass sein Kind unter Umständen drei oder fünf Jahre später geboren wird, als es ursprünglich in dessen Absicht lag? Ist es nicht wichtig – gerade in Kindheit und Jugend – einer bestimmten Altersgruppe anzugehören, um überhaupt mit bestimmten Menschen in engeren Kontakt zu kommen? Könnte es nicht auch so sein, dass manche Einsamkeit, manches sich irgendwie verloren und in seinem sozialen Umkreis oder seiner Klasse nicht angenommen und integriert Fühlen einfach daher rührt, dass man *zu spät geboren* ist? Dass die Schicksalsgenossen, mit denen man aus früheren Leben verbunden ist, schon zu alt sind, vielleicht der Schule schon entwachsen?

Das reiche Angebot der Möglichkeiten zur Empfängnisregelung, die Reform des Paragraphen 218 (Abtreibungsparagraph), die Möglichkeiten der extrakorporalen (außerhalb des Mutterleibes) Befruchtung (die sogenannte in vitro-Fertilisation mit Embryotransfer in die leibliche Mutter oder eine Leihmutter), die Möglichkeiten der Sterilitätsbehandlung, der Frühdiagnostik angeborener Missbildungen – all dies hat nicht nur Entscheidungsmöglichkeiten und Handlungsspielraum insbesondere der Frauen in hohem Maß erweitert, sondern es hat auch dazu beigetragen, das Bewusstsein auf die Frage zu konzentrieren: Wann und wie wünsche und plane ich ein Kind? Viel seltener werden in diese Handlungs- und Entscheidungsmöglichkeiten konkret die Kinder, die Ungeborenen, miteinbezogen.

»Gespräche mit Ungeborenen« – so heißt der Titel eines sehr lesenswerten Buches.[38] Darin sind viele Beispiele zusammengetragen, wie Kinder sich ihren Eltern oder auch Großeltern vor oder während oder nach der Empfängnis ankündigen. Dieses Buch bringt etwas an die Oberfläche des Bewusstseins, was viele Frauen, wenn sie darauf achten, deutlich spüren: ob ein Kind zu ihnen kommen möchte oder nicht. Dem Kinderwunsch der Eltern oder auch ihrem dezidierten Nicht-Wunsch kann ein ausgesprochener Elternwunsch oder Mutter/Vater-Wunsch eines Ungeborenen gegenüberstehen. Manche Frauen berichten auch, wie sie mehrere

Jahre ein Kind um sich gefühlt hätten und es dann verschwunden sei. Oft hinterlässt ein solches Erlebnis Traurigkeit – manchmal aber auch das gute Gefühl, dass es nun eine andere Lösung gefunden hat und jetzt Ruhe ist.

Wie schwierig und kompliziert das Zugehen auf eine neue Verkörperung von Seiten der Ungeborenen sein kann, sei an einem Beispiel aus Steiners Geistesforschung verdeutlicht: »Eine Seele, die sich anschickt, verkörpert zu werden, weiß zum Beispiel, dass sie zu ihrem nächsten Erdenleben eine gewisse Art von Erziehung braucht, eine gewisse Art von Kenntnissen, die sie aufnehmen muss schon in früher Jugend. Aber sie sieht nun: Ja, da und dort kann ich die Möglichkeit finden, solche Erkenntnisse zu gewinnen. – Aber das ist oftmals nur möglich, wenn man in der Zeit verzichtet auf ein solches Elternpaar, das einem ein glückliches Dasein in anderer Beziehung geben könnte, und wenn man seine Zuflucht nimmt zu einem Elternpaar, das einem vielleicht kein glückliches Leben gewähren kann. Würde man ein anderes Elternpaar vorziehen, so würde man sich sagen müssen: Gerade das Wichtigste kannst du nicht erreichen. – Man darf nicht alle Verhältnisse des geistigen Lebens sich so verschieden vorstellen von denen auf der Erde. So sieht man Seelen, die vor der Geburt in furchtbarstem Kampf sind, sieht zum Beispiel eine Seele, die sich sagt: Ich werde vielleicht in meiner Jugend misshandelt von einem rohen Elternpaar. – Wenn eine solche Seele in diese Lage kommt, dann gibt das furchtbare innere Kämpfe für sie. Und man sieht in der geistigen Welt vielen Seelen an, die an die Vorbereitung für die Geburt schreiten, wie sie sich diese ungeheuren Kämpfe bereiten. Dazu muss man nehmen, dass man in der geistigen Welt diese Kämpfe etwa wie eine Art von Außenwelt vor sich hat. In der geistigen Welt ist das, was ich jetzt schildere, nicht nur innerer Seelenkampf, nicht nur Kampf des Gemütes, sondern die Kämpfe projizieren sich nach außen, und man hat sie sozusagen um sich. Man sieht in aller bildlichen Anschaulichkeit die Imaginationen, die einem darstellen, wie diese Seelen innerlich gespalten zu ihrer nächsten Inkarnation schreiten müssen.«[39]

Wer die Realitäten des geistigen Lebens und der geistigen Welt in das tägliche Leben miteinbezieht, für den wird manches, was heute im Zusammenhang mit der Familienplanung selbstverständlich gehandhabt wird, wieder neu zur Frage. So wird er im Überdenken der eigenen Lebenssituation den Gedanken an die Ungeborenen miteinbeziehen und auf Einfälle sowie die Stimme seines Gewissens anders hören. Die eigene Lebenssituation, das, was man selbst oder der Partner braucht oder für richtig hält – es erfährt eine Veränderung, eine perspektivische Verschiebung durch die mögliche Nähe der Ungeborenen, die sich leichter bemerkbar machen können, wenn man an sie denkt, auf sie hört.

Eine hormonelle oder mechanisch betriebene Empfängnisverhütung wird das Ungeborene, das sich im Umkreis eines bestimmten Elternpaares aufhält, zunächst zum Warten veranlassen. Wenn das Ungeborene jedoch Gründe hat, einer ganz bestimmten Generation angehören zu wollen, so sieht es sich gezwungen, nach einer gewissen Zeit ein ähnlich geartetes Elternpaar oder ein solches, welches genau in der Gegend lebt, wo es bestimmte Eindrücke aufnehmen möchte und den ursprünglich ausersehenen Eltern begegnen kann, auszusuchen.

Die Schutzimpfungen

In fast allen Ländern der Erde wird heute empfohlen oder ist es gar Pflicht, alle Kinder während der ersten beiden Lebensjahre gegen Tetanus, Keuchhusten, Diphtherie, HiB, Hepatitis B, Poliomyelitis, Masern, Mumps und Röteln zu impfen. In einigen Ländern kommt noch die Schutzimpfung gegen Tuberkulose hinzu, und vereinzelt wird auch schon die Windpockenschutzimpfung empfohlen.

Eine allgemeine gesetzliche Impfpflicht gibt es in Deutschland auch im neuen Infektionsschutzgesetz nicht, sodass die Entscheidungsfreiheit der Eltern erhalten bleibt. Nutzen und Risiken der gegenwärtig empfohlenen Impfungen müssen – gerade auch in Bezug auf mögliche indirekte Wirkungen auf die Entwicklung der Immunität – offen diskutiert werden. Eltern und Ärzte sollten gemeinsam ohne Druck entscheiden dürfen, ob und welche Impfungen ihr Kind wann erhalten soll.

Wir möchten den Lesern Entscheidungshilfen und Urteilsgrundlagen für diese verantwortungsvollen Fragen geben. Wer den Abschnitt über den Sinn der Krankheiten und über ethische Aspekte gelesen hat, wird nicht erstaunt sein, an dieser Stelle die Impfungen in anderer Weise abgehandelt zu finden, als es sonst für die Beratungsliteratur typisch ist. *Wir stellen nicht den weltweit üblichen Impfkalender auf und werden auch nicht nur die Impfungserfolge aufgrund diskussionswürdiger Ergebnisse isolierter statistischer Untersuchungen hervorheben. Wir hoffen, dass dadurch Entscheidungen zustande kommen, die der individuellen Situation des Kindes und auf lange Sicht auch der Gesellschaft gerecht werden.* Allerdings setzen wir voraus, dass Eltern, die mit den Impfungen zurückhaltend sind, ihren Kindern während der eventuell dann auftretenden Krankheit auch die nötige Ruhe, Behandlung und Erholung angedeihen lassen. Dazu gehört zum Beispiel die Unterlassung von Reisen während einer Krankheit und das Einbeziehen einer ausreichenden Erholungszeit.

Allgemeines zu den Schutzimpfungen

Warum werden Impfungen empfohlen oder vom Gesetzgeber vorgeschrieben?

1. Weil sich die Menschheit durch seuchenartige Infektionskrankheiten bedroht fühlt;
2. weil die einzelnen Menschen vor Gefahren gewisser Infektionskrankheiten geschützt werden sollen.

Was geschieht durch eine Schutzimpfung?

Schutzimpfungen sollen bestimmten Infektionskrankheiten vorbeugen. Durch Spritzen, Einritzen oder Einnehmen von Impfstoffen wird der Organismus angeregt, Schutzstoffe zu bilden. Diese sind denen ähnlich oder gleich, die durch Überstehen einer Infektionskrankheit als so genannte Antikörper im Organismus gebildet werden. Die Impfungen bewirken so einen mehr oder weniger starken Schutz vor der Erkrankung für eine im individuellen Fall unbekannt lange Zeit. Es ist also ein Vorgang künstlicher, aktiver Immunisierung. Impfstoffe aus vermehrungsfähigen, aber abgeschwächten Erregern bezeichnet man als Lebendimpfstoffe, solche aus Spalt- oder Stoffwechselprodukten der Erreger als Totimpfstoffe. Daneben gibt es eine sogenannte passive Immunisierung, die auch als Serumgabe oder passive Impfung bezeichnet wird. Bei ihr werden Schutzstoffe anderer Menschen oder Tiere einem Krankheitsgefährdeten eingespritzt. (In diesem Buch bezeichnen wir beide Methoden kurz als Impfung.) Diese fremden Schutzstoffe werden im Organismus bald abgebaut, sodass höchstens zwei Monate lang ein nennenswerter Schutz besteht. Bei den aktiven Impfungen sollte dagegen der Schutz über Jahre anhalten.

Durch Impfungen kann die Sterblichkeit an bestimmten Infektionskrankheiten entscheidend gesenkt, die Anfälligkeit vermindert werden. Im Gegensatz zu anderen vorbeugenden Maßnahmen der Medizin will und kann eine Impfung nicht die Gesundheit eines Menschen stärken, wie wir das zum Beispiel von See- und Hochgebirgsaufenthalten erwarten. Impfungen sind sinnvoll, wenn sie für einen bestimmten Impfling oder für eine ganze Bevölkerungsgruppe eine Gefahr abwenden können. Sie sind jedoch nur vertretbar, wenn durch die Impfung keine neuen wesentlichen Gefahren (Impfschäden, Nachlassen der Immunität) auftreten. Der *Wert* einer Impfung kann anhand folgender Gegenüberstellung gemessen werden:

Einerseits: Gefährlichkeit einer Krankheit. Hierunter verstehen wir die Häufigkeit eines schweren Krankheitsverlaufes mit seinen

Komplikationen, das seuchenartige Auftreten einer Krankheit und die Sterblichkeit an dieser Krankheit.

Andererseits: Güte des Impfschutzes, das heißt Schutzdauer und Wirksamkeit, Seltenheit von Komplikationen, das heißt von allem, was an Schäden und Folgen durch die Impfung zu dieser Zeit bekannt ist.

Eine Impfung gilt dann als wertvoll, wenn die betreffende Krankheit oft gefährlich verläuft, der Impfschutz gut ist und lange anhält. Daher sollten Impfkomplikationen nur in Kauf genommen werden, wenn die Krankheit sehr gefährlich ist.

In die individuelle Bewertung, Entscheidung oder Wahl des Zeitpunktes einer Impfung fließen außer den offiziellen Empfehlungen noch andere Gesichtspunkte ein, von denen einige hier zu nennen sind:

- Das Ereignis Impfung kann als Auslöser oder Verstärker für andere Krankheiten wirken, die sonst stumm oder milder verlaufen wären. Dasselbe kann unvorhergesehen auch durch Schreck, Unfall oder zuvor durchgemachte Krankheiten geschehen.
- Oft tritt die Frage nach der Überforderung des Immunsystems durch die immer größer werdende Zahl der Komponenten eines Mehrfachimpfstoffes auf – zusammen mit den Begleitstoffen, die auf diesem Wege sonst nicht in den Körper gelangen. Die Antwort, dass alle diese Impfungen sicher und wirksam seien, entkräftet diese Frage nicht.
- Die Beeinflussung des Immunsystems durch Impfungen zur Entwicklung von Allergien oder Autoimmunerkrankungen lässt sich schwer nachweisen oder widerlegen, keinesfalls aber im Rahmen der obligatorisch durchgeführten Einführungsstudien erkennen. Ein Beispiel für diese fragliche Beeinflussung ist die noch unbekannte Ursache für die Zunahme des Diabetes mellitus bei Kindern in den industrialisierten Ländern.
- Das mit einer Impfung verbundene seelische Trauma ist besonders bei Kindern ohne familiäre Geborgenheit zu beobachten.
- Eine gesteigerte Angst vor Krankheiten findet sich unter Um-

ständen gerade bei Eltern planmäßig geimpfter Kinder infolge mangelnder Erfahrung der Selbstheilungskräfte ihres Kindes.

Im Folgenden zeigen wir das Wichtigste über *Herstellung, Zusammensetzung* und *Zusatzstoffe* der häufigsten Impfungen auf.

Tetanus- und ***Diphtherie-Impfstoffe*** enthalten die jeweilig krankmachenden Bakteriengifte (Toxine) in abgeschwächter Form als Toxoide, die den menschlichen Organismus zur Antikörperbildung anregen sollen. Bei der ersten Impfspritze gilt diese Anregung noch als schwach, bei der zweiten soll sie deutlicher sein und schutzgebend für ein bis zwei Jahre. Es gibt aber eine Untersuchung, die belegt, dass Säuglinge im frühen Alter von zwei Monaten nach der ersten Impfung noch keine Antikörper bilden, sondern im Gegenteil restliche Antikörper aus dem »Nestschutz« der Mutter verlieren. Auch nach der zweiten Impfung mit vier Monaten ist die Antikörperbildung noch ungenügend, und erst mit der dritten mit sechs Monaten entstehen meistens schutzversprechende Antikörpertiter.[40] Mit einer dritten (oder vierten) Impfung nach einer Pause von einem halben bis einem Jahr tritt dann meist eine starke Antikörperbildung auf, die einige Jahre anhalten kann. Begegnet der Geimpfte einige Wochen nach der zweiten oder dritten Impfung den Krankheitserregern und treten diese in den Organismus ein, so werden ihre Toxine von den vorhandenen oder sofort in großer Menge nachgebildeten Antikörpern meist unschädlich gemacht. Die Fähigkeit zu rascher Neubildung von Antikörpern wird in der Regel mit der dritten Impfung oder mit einem Erreger-Kontakt einige Wochen nach der zweiten Impfung erreicht. Man nennt diesen Effekt »boostern«.

Beim ***Keuchhusten-Impfstoff*** handelte es sich bis vor wenigen Jahren um abgetötete Ganzkeime. Er enthielt also nicht nur die Giftsubstanzen, sondern auch die übrigen Bakterien-Bestandteile. Die jetzt in Deutschland üblichen Präparate enthalten nur noch einige Komponenten der Keuchhustenkeime und sind deshalb besser verträglich.

Alle diese und der neue ***Impfstoff gegen Haemophilus-influenzae-b*** (s. S. 235) werden mit Formaldehyd oder Ähnlichem abgetötet, das aber in der Impfflüssigkeit nur noch in Spuren vorhanden ist. Auch der gentechnologisch in Hefezellen hergestellte ***Hepatitis-B-Impfstoff*** enthält dieses und außerdem Thiocyanat in noch geringeren Spuren. Alle Genannten enthalten als Konservierungsmittel eine Quecksilberverbindung in Dosen von 1/40 mg Quecksilber pro Ampulle. Da dies Überempfindlichkeiten hervorrufen kann, empfehlen Hautärzte, diese Substanz zu ersetzen. Die Wirkstoffe der genannten Impfungen werden an Aluminiumhydroxid oder -phosphat angelagert, weil sie so – fein verteilt – besser die Immunität anregen und besser verträglich sind. Die Aluminium-Dosis pro Ampulle beträgt zwischen ca. 1/5 bis 1/2 mg Aluminium. Aluminium gehört eigentlich nicht in den Körper und schon gar nicht auf diesem Wege. So reagiert der Organismus selten mit Granulom-Bildungen, das heißt kleinen Gewebsknoten, die sich um die Fremdkörper bilden. Geeignetere Substanzen sind angeblich bisher nicht gefunden worden. Für einen Zusammenhang solcher Aluminiumgaben mit der Alzheimerschen Erkrankung (vorzeitiger Altersabbau mit Aluminium-Ablagerungen im Gehirn) fand sich bisher kein Anhaltspunkt. Der spritzbare Totimpfstoff gegen *Kinderlähmung* enthält Spuren von Antibiotika und von Formaldehyd.

Die spritzbaren ***Masern-***, ***Mumps-*** und ***Röteln-Impfstoffe*** (MMR) bestehen aus vermehrungsfähigen abgeschwächten Viren. Sie und der Kinderlähmungs-Schluckimpfstoff werden in Zellkulturen aus Affennieren, Hühnerembryonen oder menschlichem Gewebe gezüchtet – bei Hühnereiweiß- oder spezieller Antibiotika-Allergie kann der hierfür unbedenkliche Schweizer Impfstoff Triviraten verwendet werden. Abgesehen von Spuren eines Antibiotikum enthalten sie als Nebenbestandteile hydrolysierte Gelatine, etwas Human-Albumin (nicht allergenes menschliches Eiweiß) und verschiedene andere Substanzen in Spuren. MMR-Impfstoffe bedürfen nur einer Injektion zur Entfaltung voller

Wirksamkeit (s. aber Wiederimpfungsempfehlung S. 240). Alle Lebendimpfstoffe können Reaktionen auslösen, die den Originalkrankheiten ähnlich sind, aber schwächer verlaufen sollten. Die Aufzählung seltener und fraglicher, eventuell auch schwerer Nebenwirkungen würde hier unverhältnismäßig verunsichern. Sie stehen vollständig in der Fachinformation, die dem Impfstoff vom Hersteller beigegeben wird. In der Regel dürfen die Eltern davon ausgehen, dass ihr Arzt bei den Impfungen, die er selbst durchgeführt hat, noch keine schweren Nebenwirkungen erlebt hat, deshalb über deren Art und Auftreten aber auch nicht mehr sagen kann, als in der Fachinformation steht. In jedem Fall empfiehlt es sich, bei beginnenden oder akuten Infekten die Impfungen zu verschieben. Über Impfabstände, Kombinationen und Gegenanzeigen bespricht man sich mit dem impfenden Arzt.

(Weitere Informationen s.: Goebel, Wolfgang: *Schutzimpfungen selbst verantwortet. Grundlagen für eigene Entscheidungen*, aethera, Herbst 2001.)

Die einzelnen Impfungen

Die öffentlichen Impfempfehlungen werden von einem Expertengremium herausgegeben, der ständigen Impfkommission beim Robert-Koch-Institut in Berlin (STIKO). Sie sind verbindlich für alle Bundesländer. Pflichtimpfungen gibt es in Deutschland nicht. Nur bei schweren Krankheitsverläufen und drohender Ausbreitung können sie für die Gefährdeten angeordnet werden. Auch bei Auftreten zum Beispiel von Hepatitis A oder B in einer Schule besteht keine Pflicht zu impfen.

Das hier zu den einzelnen Impfungen Dargestellte entspricht dem Stand der Handhabe bei Drucklegung dieses Buches (Anfang 2001). Es liegt in der Natur der Sache, dass sich die öffentlichen Empfehlungen – dem neuesten Stand gemäß – auch kurzfristig ändern können. Umso wichtiger ist es, die Impfentscheidung immer individuell gemäß der Situation des Kindes zu fällen.

Wundstarrkrampf-(Tetanus-)schutzimpfung

Nach einer verschmutzten Verletzung werden von den Ärzten weltweit diejenigen Patienten, die noch nicht aktiv geimpft sind, vorsorglich passiv immunisiert. Das heißt, es wird ein Abwehrstoffkonzentrat gespritzt, das von hochimmunisierten menschlichen Spendern gewonnen wird.

Zur *Vorbeugung* geeigneter ist die aktive Immunisierung, bei der der Organismus zur eigenen Antikörperbildung angeregt wird. Für einen Impfschutz von etwa zehn Jahren reichen zwei Injektionen im Abstand von etwa einem Monat und eine dritte nach einem halben bis einem Jahr aus, weitere Auffrischungen im Abstand von zehn Jahren. Ohne Diskussion wurden aber mit den frühen öffentlichen Impfempfehlungen ab neunter Lebenswoche drei Impfungen im Abstand von je ein bis zwei Monaten eingeführt, die Boosterimpfung mit einem Jahr beibehalten und mit sechs Jahren schon wieder eine Tetanustoxoid-Komponente zur Diphterieschutzauffrischung hinzugefügt.

Bei Verletzungen, die mehr als fünf Jahre nach der letzten Impfung eintreten, wird schon früher »aufgefrischt« durch eine einmalige Impfstoffgabe, bei stark verschmutzten Wunden oder schwer verletzten Patienten (Verbrennungen) auch noch früher. Diese zusätzlichen Auffrischungen entsprechen einem Sicherungsbedürfnis; ob sie notwendig sind, ist ungewiss. Häufigeres Nachimpfen kann zu Komplikationen führen.[41]

Die Impfung zählt zu den harmlosesten, die es gibt. Die unabgeschwächte Erkrankung ist eine der schwersten, die wir kennen, wobei etwa ein Drittel bis die Hälfte der Patienten daran sterben. Dennoch ist der Wundstarrkrampf (Tetanus) eine seltene Krankheit, weshalb viele Impfungen bei sehr vielen Menschen notwendig sind, um mit statistischer Wahrscheinlichkeit einen einzigen lebenslänglich vor dieser Erkrankung zu schützen. Merkwürdigerweise hinterlässt ein Wundstarrkrampf keine Immunität. Auch zurückhaltende Eltern lassen ihr Kind impfen, wenn sie mit ihm einen

Wundstarrkrampf durchlitten haben. In Mitteleuropa ist das Risiko, im ersten Lebensjahr an einem Wundstarrkrampf zu erkranken, außerordentlich gering. Aus diesem Grunde empfehlen wir die Impfung erst mit einem Jahr, beginnend mit der sechsten Vorsorgeuntersuchung, und nicht, wie sonst üblich, im dritten Monat. Wir tun dies, weil die Kinder mit einem Jahr körperlich wesentlich stabiler sind. Außerdem sind Impfreaktionen beim Säugling schwerer zu erkennen.

Diphtherieschutzimpfung

Die aus dem Osten berichtete zu 80% Erwachsene betreffende Diphtherie-Epidemie scheint gebannt zu sein infolge großer Impfaktionen. In Deutschland stieg die Anzahl der gemeldeten Diphtherie-Erkrankungen zu keinem Zeitpunkt an. Es ist aber eindeutig, dass nur wenige Erwachsene hier einen »ausreichenden« Diphtherie-Impfschutz haben.

Von alten erfahrenen Kinderärzten wurde immer wieder betont, dass die Diphtherie nach Einführung der Passiv-Schutzstoffe und der aktiven Impfung ihren Schrecken verloren habe. Im Falle einer Diphtherie war die Passivimpfung allerdings hinsichtlich allergischer Reaktionen keine ganz unbedenkliche Therapie, da dieser Impfstoff vom Pferd gewonnen wurde. Seit Mai 2000 ist er in Deutschland nicht mehr lieferbar »mangels geeigneten Ausgangsmaterials aus dem Ausland«. So kommt als Vorbeugung nur noch die vorsorgliche Aktivimpfung in Frage.

Diese Impfung besteht, wie die gegen Wundstarrkrampf, aus zwei Injektionen im Abstand von ein bis zwei (bis vier) Monaten und einer Auffrischung ein halbes bis ein Jahr später. Ein zusätzlicher Impftermin wurde im Zusammenhang mit der Empfehlung zur frühen Vielkomponentenimpfung eingeführt. Ab der zweiten und dritten Impfung gibt es öfter einmal Fieber, und es kann eine entzündliche Schwellung an der Impfstelle auftreten, besonders dann, wenn etwas Impfstoff vom Muskel zurück unter die Haut fließt. Komplikationen treten ganz selten auf. Der Schutz der Impfung wird für etwa fünf Jahre als befriedigend angesehen. Dann wird einmal aufgefrischt durch eine Injektion und später alle 10 Jahre. Ab dem sechsten Lebensjahr wird die Impfdosis wegen schlechterer Verträglichkeit auf ca. 1/10 der Kleinkinddosis verringert. Aus dem gleichen Grund wie bei der Wundstarrkrampfimpfung empfehlen wir in epidemiefreier Zeit bei den Kindern, deren Eltern die Diphtherieimpfung wünschen, diese erst mit einem Jahr durchzuführen.

Die Impfung gegen Haemophilus influenzae Typ-b-Bakterien

Haemophilus influenzae Typ-b-Bakterien (Hib) sind beteiligt bei der bedrohlichen akuten Kehldeckelentzündung (s. S. 89), oft auch bei einer eitrigen Hirnhautentzündung, nicht selten bei Mittelohrentzündungen im Kindesalter. Auch bei gesunden Kindern finden sich diese Keime in etwa 5 %. Etwa jeder 250. Säugling macht einmal eine schwere Hib-bedingte Erkrankung durch. Das heißt, die übrigen Kinder immunisieren sich unbemerkt. Das gleiche geschieht auch durch harmlose Darmbakterien, z. B. einige Colistämme, da sie die gleichen Antikörper hervorrufen, die zum Schutz vor Hib nötig sind. Angeblich starben in der ganzen Bundesrepublik jährlich etwa 100 Kinder an einer der schweren Formen dieser Erkrankungen, ebenso viele behielten vielleicht einen bleibenden Schaden. Das Risiko wird bei niedrigem Sozialstatus höher eingeschätzt, am höchsten bei angeboren oder durch schwere Krankheit immunschwachen Kindern. Entgegen einigen Informationen schützt die Hib-Impfung nicht vor der Krankheit Meningitis (Hirnhautentzündung), sondern nur vor einem von mehreren Meningitis-Erregern. Sie schützt auch nicht vor den vorläufig noch selteneren Haemophilus-Keimen a, c, d, e und f sowie vor den sogenannten unverkapselten Typen. Die Erkrankungszahlen sind seit Einführung der Impfung stark zurückgegangen, mit ihnen auch die anfangs noch beobachteten gelegentlichen Impfversager.

Die Impfstoffe gegen Hib wurden nur wirksam durch Kopplung der Substanzen an das Eiweiß anderer Bakterien. Da Kinder unter 18 Monaten als am meisten gefährdet gelten, ist eigentlich nur eine Frühimpfung sinnvoll. Offiziell sind jetzt im ersten Halbjahr drei Impftermine empfohlen, wegen einiger Versager bei nur zwei frühen Impfungen zusammen mit einer Keuchhustenkomponente; eine Auffrischung findet mit einem Jahr statt. Der Impfstoff ist mit der Keuchhusten-, Tetanus-, Diphtherie-, Polio- und Hepatitis B-Impfung im neuen 6-fach-Impfstoff enthalten.

Bei starker Verbreitung der Impfung und allgemeiner vermehrter antibiotischer Behandlung kann die durchschnittliche Immunität in Zukunft absinken. Wahrscheinlich haben die an den Wildkeimen Immunisierten den besten Schutz. Wir raten zu individueller Entscheidung der Eltern auf dem Hintergrund ihrer nach breiter Information gewonnenen allgemeinen Einstellung zu den künstlichen Immunisierungen.

Keuchhustenschutzimpfung

Seit den zwanziger Jahren dieses Jahrhunderts gibt es einen Ganzkeim-Totimpfstoff zum Schutze vor Keuchhusten und seit wenigen Jahren verschiedene »azelluläre«, nur noch zwei bis vier Antigene enthaltende Impfstoffe. Fast ausschließlich werden sie in Kombination mit Diphtherie- und Wundstarrkrampf-Impfstoffen angewendet. Der Ganzkeimimpfstoff stand unter dem Verdacht, schwere Komplikationen in Form von Hirnschäden oder Anfällen bis zu tödlichen Verläufen zu erzeugen. Es wurden umfangreiche Studien durchgeführt, die je nach Studienkriterien entweder keine oder nur ganz seltene spezifischen Hirnkomplikationen zur wissenschaftlichen Anerkennung brachten. Einige Experten vertreten auf Grund ihrer Erfahrungen dennoch die Ansicht, dass diese Impfung den Ausbruch oder den Verlauf neurologischer Krankheiten beeinflusst.[42]

Dass im Säuglingsalter vom dritten Lebensmonat an in Abständen von vier bis sechs Wochen drei Injektionen gegeben werden sollen, beruht auf Erfahrungen mit dem Keuchhustenganzkeimimpfstoff, der wegen deutlicher Nebenwirkungen nicht höher dosiert werden sollte, aber in der dann tolerierten Dosis drei Injektionen für einen »Mindestschutz« erforderte. Die spätere Injektion nach einem halben bis einem Jahr soll dann zur so genannten Boosterung führen, die einen vieljährigen Schutz bieten sollte. Es gibt aber genügend Beispiele, dass solche dreimal oder auch viermal geimpften Kinder mit fünf Jahren ihren Keuchhusten regulär durchgemacht haben.[43]

Die eigentlich zu schützende Gruppe sind die frühgeborenen und jungen Säuglinge bis zum Alter von drei bis sechs Monaten. Wie schon erläutert, können diese durch die Impfung nicht erreicht werden. Die Empfehlungsstrategie zielt aber auf die Verminderung der Ansteckungsmöglichkeiten durch Geschwister. Tatsächlich nehmen Keuchhustenerkrankungen im Kindesalter in hochdurchgeimpften Bevölkerungen deutlich ab. Die Strategie hat jedoch Löcher, weil wie schon gezeigt der Keuchhusten dadurch nicht ausgerottet werden kann. Je mehr geimpft wird, umso deutlicher treten Erwachsene als Ansteckungsquelle für kleine Säuglinge auf. Meist haben jene nur einen lästigen, über mehrere Wochen anhaltenden Husten.

Für eine Gesamtbeurteilung ist noch die folgende Gegenüberstellung aufschlussreich. In Großbritannien wurde nach weitgehender Durchimpfung der Bevölkerung und Verhinderung der Zirkulation des Keuchhustens über etliche Jahre die Impfung wegen Bedenken ihrer Schädlichkeit zurückgezogen. Nach einigen Jahren trat eine große Epidemie auf mit vielen schweren Verläufen. In Deutschland war die Durchimpfung nie so hoch, der Wiederanstieg von Erkrankungen nach Rücknahme der Impfempfehlung nicht so deutlich und nicht zu einer höheren Sterblichkeit führend als in den Jahren davor (fast immer unter zehn pro Jahr für die alte Bundesrepublik). Die noch in den dreißiger Jahren viel höhere Sterblichkeit an Keuchhusten und ihr Abfall nach dem zweiten Weltkrieg hatten also andere Gründe als die fehlende oder konsequent durchgeführte Impfung. Nach unserer Erfahrung spielt gerade bei den früh Befallenen die Mutter, die jetzt im Krankenhaus beim Kind bleiben darf, eine entscheidende Rolle.

Die Impfung kann bei bestimmten Lungen- und Herzkrankheiten als sinnvoll angesehen werden – oder auch aus sozialer Indikation in Lagern und engen Wohnverhältnissen mit vielen Kindern. (Zur Gefährlichkeit von Säuglingskeuchhusten s. S. 163.)

Poliomyelitis-(Kinderlähmungs-)schutzimpfung

Die epidemische Kinderlähmung ist in den zivilisierten Ländern so gut wie ausgestorben infolge der seit etwa 30 Jahren propagierten Impfungen. Mit zunehmender Zivilisation und Hygiene waren die Epidemien gefährlicher und größer geworden. In den USA beispielsweise musste man in Epidemiejahren mit mehr als 25.000 Lähmungsfällen rechnen. Dennoch sind diese Erkrankungszahlen im Verhältnis zu anderen epidemischen Krankheiten wie Ruhr, Cholera oder Grippe gering. Wenn in Epidemiezeiten in einer Stadt von 600 000 Einwohnern im Laufe zweier Jahre 40 Menschen erkrankten, so galt dies schon als größere Epidemie. Ein großer Teil der Bevölkerung erwarb sich in der gleichen Zeit unbemerkt eine Immunität gegen diese Polioviren. Das Heimtückische der Krankheit mit ihren plötzlichen Lähmungen und teilweise lebensgefährlichen Verläufen war der Grund für die Entwicklung der Schutzimpfungen.

Es gibt zwei verschiedene Impfstoffe: einen spritzbaren Totimpfstoff (IPV nach Salk) und den bei uns bekannten Schluckimpfstoff (OPV nach Sabin). Letzterer hat den Vorzug des natürlichen Infektionsweges und den Vorteil der Schmerzlosigkeit, aber den Nachteil der Gefahr einer Impflähmung (nach einer Angabe 1 : 1 - 4.000.000 Impfungen). Diese kann auch als Ansteckung eines ungeimpften nahen Angehörigen auftreten. Der injizierbare Totimpfstoff hat den Nachteil, dass die Darmschleimhaut nicht immun wird, der so Geimpfte also Polioviren im Darm tragen, vermehren und ausscheiden kann und dadurch für andere Ungeimpfte anstekkend bleibt.

Wir haben früher die Schluckimpfung empfohlen. Da in den zivilisierten Ländern in den letzten Jahren jedoch fast nur noch Lähmungsfälle im Zusammenhang mit der Schluckimpfung aufgetreten sind, hat die STIKO im Januar 1998 die öffentliche Impfempfehlung geändert: Statt der geschluckten Lebendimpfung ist eine gespritzte Totimpfung (IPV) empfohlen. Für die Frühimpfung im dritten Lebensmonat steht sie als Vier-, Fünf- und Sechsfachimpfung zur Verfügung zusammen mit Tetanus-, Diphterie-, Keuchhusten- und Hib- und evtl. Hepatitis B-Komponenten. Für spätere Impfungen gibt es sie als Einzelimpfstoff oder in Kombination mit Td. Ob der Immunschutz einer frühen Vielfachimpfung mit zusätzlicher subkutaner Injektion eines Polio-Impfstoffes gleich guten Schutz verspricht oder das Immunsystem letztendlich doch überfordert wird, lässt sich noch nicht sagen.

Rötelnschutzimpfung

Seit mehr als 28 Jahren gibt es eine spritzbare Lebendimpfung gegen Röteln. Sie hat ausschließlich den Sinn, Mädchen im Hinblick auf eine zukünftige Schwangerschaft zu immunisieren, damit ihre Kinder durch eine Rötelnerkrankung in den ersten Schwangerschaftsmonaten nicht geschädigt werden können. Für Schwangere bedeutet es eine große seelische Belastung, wenn sie mit Röteln angesteckt werden und erfahren, dass sie keine Antikörper besitzen. Denn Röteln in der Schwangerschaft führen bis zur 12. Schwangerschaftswoche häufig zu verschiedenen Missbildungen des Kindes. Die Impfung ist öffentlich empfohlen ab zwölftem Lebensmonat, nochmal ab sechstem Lebensjahr und im Alter von zehn bis fünfzehn Jahren, die ersten beiden in Kombination mit der Masern- und Mumpsimpfung, die dritte isoliert und nur für Mädchen.

Diese Empfehlungen sind verfehlt. Vom epidemiologischen Gesichtspunkt aus ist die Impfung möglichst spät zu machen, damit die natürliche Durchseuchung nicht gestört wird. Aus Erfahrung weiß man inzwischen, dass durch die bisherigen Massenimpfungen die Geimpften im gebärfähigen Alter im Durchschnitt niedrigere Antikörper haben als die Ungeimpften – sofern diese Gelegenheit zur Ansteckung hatten und durch diesen Wildviruskontakt jetzt geschützt sind. Die Gruppe der Geimpften neigt viel eher zur Wiederinfektion in der Schwangerschaft als die genannte zweite Gruppe. Die zweite Gruppe ist selbst bei niedrigeren Antikörpern besser geschützt als die geimpfte erste. Eine Wiederimpfung nützt auch weniger als eine Wildvirus-Ansteckung. Dem Argument, dass durch die Massenimpfung die Anzahl der zur Welt kommenden durch das Virus geschädigten Kinder erheblich zurückgegangen sei, muss entgegengehalten werden, dass eine unbekannte Anzahl davon auf Verdacht einer Schädigung hin abgetrieben wurde. – Die Röteln-Impfung wie auch die Röteln selbst können rheumatische Gelenkerscheinungen – meist vorübergehender Art – hervorrufen, im Erwachsenenalter und bei Wiederimpfung häufiger als bei Kindern.

Mumpsschutzimpfung

Seit etwa 28 Jahren gibt es auch eine spritzbare Lebendimpfung gegen Mumps. Ihr Ziel kann nur sein, die Dauerschäden des Mumps zu verhindern. Ähnlich wie beim Keuchhusten werden auch Argumente laut wie etwa: »Man darf nicht vergessen, dass Keuchhusten und Mumps für die Familien eine starke Belastung sind durch wochenlange Ruhestörung« usw. Solchen Argumenten kann nur entgegnet werden, ob es denn ein Ideal sein kann, den kindlichen Organismus für seine Umgebung möglichst störungsfrei zu manipulieren. Auch die Hirnhautentzündung bei Mumps kann nach dem gegenwärtigen Krankheitsverlauf nicht zum führenden Argument für die Impfung gemacht werden, da sie im Kindesalter in den allermeisten Fällen folgenlos abheilt (vgl. die Darstellung der Mumpserkrankung S. 160). Motive für die Impfung können nur die bleibenden Schäden sein, die in der Unfruchtbarkeit nach Hodenentzündung und in der seltenen, glücklicherweise meist einseitigen Hörstörung liegen. Öffentlich empfohlen ist die Mumpsimpfung zusammen mit der Masern- und Rötelnimpfung (MMR).

Es ist wiederum ziemlich schwierig, das tatsächliche Risiko einer Hodenentzündung ohne und mit Impfung abzuschätzen. Abgesehen von Epidemieunterschieden in Schwere der Erkrankungen und Empfänglichkeit, müsste nach dem gegenwärtig Bekannten folgende Überlegung angestellt werden: Nehmen wir an, für ein eineinhalbjähriges Kind tritt die Frage der Mumpsimpfung auf. In den meisten Fällen durfte bis zur Einführung der Impfung mit einer Ansteckung in den Kindheitsjahren bis zum fünfzehnten Lebensjahr gerechnet werden. 70–90 % der Erwachsenen haben Antikörper und waren vor der Impfära gefeit. Nehmen wir an, das Kind gehöre nicht zu diesen und würde seine Mumpsempfänglichkeit als Erwachsener beibehalten, so tritt wieder die Frage auf, ob dieser bei einer Wildvirusansteckung tatsächlich erkranken oder sich nur still feien würde. Im Erkrankungsfall würde in 10–14 % der Fälle mit einer einseitigen Hodenentzündung zu rechnen sein. Von diesen Hodenentzündungen würde dann wiederum etwa ein Drittel zur *einseitigen* Funktionslosigkeit führen. Genaueres kann auch der Mediziner gegenwärtig nicht sagen. Der Laie sollte dieses für die Impf-Entscheidung wissen, weil die einfache Aussage: »Der Mumps kann eine Hodenentzündung mit bleibender Unfruchtbarkeit verursachen«, das tatsächliche Risiko nicht zutreffend charakterisiert.

Eine bleibende Innenohrschädigung ist ebenfalls meist nur einseitig und wird häufig erst spät diagnostiziert. Deshalb sind die Häufigkeitsangaben auch unsicher. Man rechnet mit einem schweren Hörschaden auf 15.000 unkomplizierte Mumpsfälle. Uns ist während etwa dreißigjähriger kinderärztlicher Tätigkeit erst ein solches Kind begegnet. Wenn jetzt vermehrt geimpft wird, so muss damit gerechnet werden, dass sich der Erkrankungsgipfel bei den Ungeimpften mehr zum Erwachsenenalter hinneigen wird, wo solche Komplikationen häufiger sind.

Eine seltene (über die Häufigkeit gibt es unterschiedliche Angaben) Hirnentzündung (das heißt Encephalitis – hier nicht zu verwechseln mit der häufigen und meist folgenlosen Hirnhautentzündung) kann mit Spätschäden einhergehen in Form von bleibenden Nerven- und Hirnschäden. Der Verlauf soll günstiger sein als der bei den Masern. Uns ist ein solcher Patient noch nicht zur Beobachtung gekommen. Die Dauer des Impfschutzes ist unbekannt. Seit 1993 wird in Deutschland schon ab sechs Jahren eine Auffrischungsimpfung empfohlen (s. Röteln und Masern). Bei der gegenwärtigen Impfstrategie wird mit Sicherheit der früher hohe Immunisierungsgrad im Erwachsenenalter nicht mehr erreicht. Die allgemeine Empfehlung der Impfung halten wir für verfehlt.

Masernschutzimpfung

Auch seit etwa 28 Jahren ist die spritzbare Lebendimpfung zusammen mit der Mumps- und Rötelnimpfung öffentlich empfohlen. Sie wird jetzt schon ab dem zwölften Lebensmonat verabfolgt, da die Wirkungsabschwächung durch mütterliche Antikörper, die das Kind bei der Geburt mitbekommen hat, nicht mehr so lange anhält wie früher. In Ländern mit hoher Durchimpfung gibt es bei Masernausbruch vermehrt schwere Säuglingsmasern, weil geimpfte und nicht erkrankte Mütter ihren Kindern weniger oder keine Schutzstoffe mitgeben können. Die Masernschutzimpfung wurde als einmalige Impfung für einen lebenslänglichen Schutz eingeführt. In vielen Ländern, und auch bei uns, ist inzwischen eine Wieder- oder Nachimpfung mit sechs Jahren und im Jugendalter empfohlen, um die erfolglos Geimpften und Ungeimpften oder die mit schwacher Reaktion noch zu erfassen.

Gründe für die Masernimpfung sind in den Tropen und Ländern mit niedrigem Lebensstandard die hohe Sterblichkeit insbesondere durch die Lungenkomplikationen. In den reichen Ländern der gemäßigten Zonen sind es selten, aber auch eher die Lungen-Herzkomplikationen, noch seltener die Encephalitis (zu deren Häufigkeit s. S. 149).[44] Ziel der Weltgesundheitsorganisation und ihrer Regionalgruppen ist die stufenweise weltweite Ausrottung der Masern.

Bekannt ist, dass in freiheitlichen Ländern wie zum Beispiel der Schweiz eine auf die Spitze getriebene Impfpropaganda die Impfbereitschaft der Bevölkerung wieder senkt. Allen Verantwortlichen muss deshalb klar sein, dass die geplante Ausrottung zuletzt nur durch Zwangsmaßnahmen zu erreichen ist, nämlich gesetzliche Pflichtimpfungen und Isolierungen. *Bleibt das Verhältnis der Ungeimpften zu den Geimpften jedoch ähnlich wie in Deutschland, so können sich bei möglichst geringer Isolierung der Angesteckten die Geimpften einen zusätzlichen Schutz immer wieder holen und die Freiheit der Impfentscheidung bleibt dennoch gewahrt. Zu bedenken ist jedoch, dass bei jeder Masernepidemie immer auch einige Todesfälle vorkommen können.*

Schließlich bleibt noch ein wichtiger Faktor im seelischen Bereich als Folge der Impfungen zu bedenken. Eltern, die ihre Kinder viel impfen und auch gegen Masern, haben in der Regel mehr Angst vor dieser und anderen Krankheiten. So kam es vor, dass im Kindergartenalter die Ungeimpften nicht mehr im selben Auto fahren durften wie die Geimpften. Dabei wäre es für die Geimpften sehr sinnvoll, ihren beschränkten Schutz durch einen Wildviruskontakt noch etwas zu bessern. Sollte aber die Impfung nicht wirksam gewesen sein, so wäre ein Masernausbruch beim Geimpften in diesem Alter noch weit weniger gefährlich als später.

Nach dem Vorgenannten scheint uns eine elterliche Entscheidung, nicht gegen Masern zu impfen, meistens vertretbar, und wir können diese Entscheidung stützen. Andererseits wird die Tatsache der Impfmöglichkeit im Einzelfall und bei Vorliegen besonderer Risikofaktoren dankbar benutzt. Im Schulalter sollte zwischen neun und zwölf Jahren die Frage der Impfung beim nicht geimpften und bisher nicht erkrankten Kind dann nochmal erwogen werden, da die Risiken bei der Erkrankung im späteren Alter zunehmen.

Tuberkuloseschutzimpfung (BCG-Impfung)

Die Tuberkuloseschutzimpfung bietet nach neueren Erfahrungen keinen sicheren Schutz vor Ansteckung und Erkrankung, auch nicht, wie immer wieder zitiert, vor den schweren Verläufen. Zur allgemeinen Eindämmung der Tuberkulose spielt sie erst recht keine große Rolle. Wichtiger sind in dieser Hinsicht

- die Erkennung, Behandlung und Überwachung offen-tuberkulöser Patienten,
- deren Isolierung von kleinen Kindern,
- die Impfungen der Kühe und Pasteurisierung der Milch, wenn sie aus Ställen stammt, die nicht mit Sicherheit tuberkulosefrei sind.

Ein Tuberkulose-Erkennungstest (Tuberkulintest) fällt bei Geimpften und Erkrankten positiv aus, so dass es bei Geimpften schwerer ist, eine »Dennoch-Infektion«, das heißt einen »Impfdurchbruch« festzustellen. Wenn in der Umgebung eines Neugeborenen ein Offen-Tuberkulöser vermutet wird, so müssen in erster Linie Isolierungsmaßnahmen durchgeführt werden.

Seit 1998 hat die STIKO die Impfempfehlung wegen mangelnder Wirksamkeit des Impfstoffs ganz zurückgezogen.

Hepatitis A-Vorbeugung

Treten in Kindergärten oder Schulen heutzutage Fälle von Gelbsucht auf, so wird für die noch nicht Erkrankten eine Riegelungsimpfung mit dem aktiven Hepatitis A-Impfstoff empfohlen.
Wir empfehlen eine sorgfältige Toilettenhygiene und eine individuelle Entscheidung. Eine aktive Hepatitis A-Impfung ist ansonsten

in Deutschland für Kinder vor Reisen in Länder mit hoher Gelegenheit zur Hepatitis A-Ansteckung von der STIKO empfohlen. Zur Grundimmunisierung gehören zwei Injektionen im Abstand von vier Wochen, sowie eine dritte nach sechs bis zwölf Monaten. Eine Auffrischimpfung wird schon nach fünf bis zehn Jahren empfohlen.

Hepatitis B-Schutzimpfung

Seit 1996 ist die Hepatitis B-Impfung, die bis dahin nur für besonders ansteckungsgefährdete Personen gedacht war, von der STIKO ab Beginn des dritten Lebensmonats und besonders für Jugendliche allgemein empfohlen. Die Gründe sind die Verbreitung der Krankheit im Jugend- und Erwachsenenalter und die chronisch Kranken und Ansteckenden (s. S. 167).

Der Impfstoff enthält ein nicht vermehrungsfähiges Oberflächenantigen des Hepatitis B-Virus und regt dadurch zur Antikörperbildung an. Drei Impfungen werden für erforderlich gehalten. Nach verschiedenen Angaben sprechen etwa 95 % der Geimpften auf die Impfungen an. In Deutschland wird eine Auffrischungsimpfung im Schulalter nicht mehr empfohlen. Der Impfstoff wird in den Muskel injiziert. Kombinationsstoffe sind in Entwicklung. In den Einführungsempfehlungen werden die möglichen Nebenwirkungen der Impfung nicht erwähnt. Sie können in den Beipackzetteln zum Impfstoff nachgelesen werden.

Die STIKO erhofft sich durch die erweiterte Impfempfehlung auf lange Sicht die Ausrottung der Hepatitis B. Dazu müssten allerdings über 90 % der Bevölkerung geimpft werden, was kaum realistisch ist. Auch sind die zwar seltenen, aber schweren Nebenwirkungen zu bedenken. Für die ganz Kleinen ist es ein Impffaktor mehr, und das in einem Alter, in dem sie ihr Immunsystem normalerweise gegenüber der Außenwelt aufbauen und nicht gegenüber Substanzen, die plötzlich – als Inhalt der Impfampulle – in ihren Muskeln auftauchen. Außerdem ist das Risiko, im Kleinkindalter zu erkranken, in Mitteleuropa sehr gering. Selbstverständlich versuchen wir ein Neugeborenes, dessen Mutter Hepatitis B ansteckend ist, vor dieser Krankheit durch passive und aktive Impfung zu schützen. Ansonsten sind wir mit dieser Impfung im Säuglings- und Kindesalter zurückhaltend, wenn kein besonderes Risiko vorliegt.

Grippe-(Influenza-)Schutzimpfung

Alle zehn bis zwanzig Jahre treten – meist von China ausgehend – schwere Grippeepidemien auf. Die schwerste war 1918, die letzte große im Jahr 1977. Ausgelöst werden diese Epidemien durch eine sehr variationsfähige Virusgruppe. So müssen die Impfstoffe – aus abgespaltenem Antigen – jährlich neu nach dem jeweils auftretenden Virustyp zusammengestellt werden. Dabei bleibt immer eine Unsicherheit bestehen, ob die sich durchsetzenden Antigene in dem jeweiligen Impfstoff mit enthalten sind. Empfohlen wird die Grippe-Schutzimpfung für besonders gefährdete Patienten-, Alters- und Berufsgruppen.

Zecken-Encephalitis-Schutzimpfung

Bei der Frühsommer-Meningo-Encephalitis (FSME), einer Hirnhaut- und Hirnentzündung, handelt es sich um eine durch Zecken übertragene Viruskrankheit. Sie kommt in einem breiten Gürtel von Mitteleuropa bis in den Osten Asiens vor, der auf speziellen Landkarten veröffentlicht wird, die bei Gesundheitsämtern und in ärztlichen Praxen eingesehen werden können.

Die Impfung wird für Land- und Forstarbeiter sowie Urlauber und Freizeitaktive in den bekannten Risikogebieten empfohlen. Für einen ausreichenden Schutz bedarf es dreier Impfungen im Abstand von einem halben bis drei Monaten und neun bis zwölf Monaten oder im Schnellverfahren am 1., 7. und 21. Tag mit einer Auffrischung ein Jahr später. Bei ständigem Aufenthalt in den Risikogebieten sollte die Impfung alle drei Jahre aufgefrischt werden, bei Ferienreisenden spätestens acht Jahre nach der letzten Injektion. Dabei ist jedoch das Auftreten von hohem Fieber nach der Impfung nicht selten. Ein Impfstoff musste daher kurz nach Einführung für Kinder wieder zurückgenommen werden. Eine mögliche Passivimpfung nach Zeckenstich darf wegen schwerer FSME-Erkrankungen bei Kindern nicht mehr angewendet werden.

Kinder erkranken selten schwer bzw. behalten selten bleibende Schäden. Die Häufigkeit, in einem deutschen Hochrisikogebiet zu erkranken, wurde 1999 mit 1:1000 bis 1:2000 Zeckenstichen angegeben.

Der Zeckenbefall kann weitgehend verhindert werden durch körperbedeckende Kleidung und zeckenabweisende Mittel (z.B. Nelkenöl/Aetheroleum caryophylli).

Individuelle und kritische Impfempfehlungen

Eltern haben einen Entscheidungsfreiraum für oder gegen eine Impfung und tragen damit auch Verantwortung. Da der Staat bzw. das Expertengremium bei uns nur öffentliche Empfehlungen ausspricht, liegt letztlich die Verantwortung bei den Eltern und dem impfenden Arzt, denen die Kinderschicksale anvertraut sind. Auch handelt es sich bei den Impfungen nicht um ein ärztliches Tun in einer Krankheitssituation, sondern um vorbeugende Maßnahmen, denen eine Auffassung von Gesundheit und Krankheit zugrunde liegt, die diskussionswürdig ist und nicht unbesehen hingenommen werden sollte. Der Arzt kann in keinem Fall die letzte Sicherheit geben, ob die Impfung oder die Erkrankung dem Kind schaden oder nicht schaden werden. Seine Aufgabe ist, gemeinsam mit den Eltern nach der Lösung zu suchen, die im Einzelfall als vertretbar erlebt wird, und dem Kind auf seinem Wege durch Krankheit und Gesundheit hindurch entwicklungsfördernd zur Seite zu stehen.

Eltern, die gegenüber Impfungen zurückhaltend sind, suchen meist bei Ärzten homöopathischer, naturheilkundlicher und anthroposophischer Orientierung Rat oder auch in den Kinderabteilungen der Gemeinschaftskrankenhäuser Herdecke, Filderklinik oder Berlin-Havelhöhe.

Im Folgenden fassen wir zusammen, wie die Kinderärzte dieser Abteilungen vorgehen und was auch wir vertreten bzw. empfehlen:

- In den ärztlichen Aufklärungsgesprächen wird zunächst versucht, auf die Vorstellungen der Eltern einzugehen, Vorurteile und Fehlinformationen beiseite zu räumen, grundsätzliche, den Gesichtskreis erweiternde Aspekte einzubringen und keinen moralischen Druck auszuüben. Dann geht es darum, zu einem dem individuellen Einzelfall gemäßen Impfentscheid zu kommen.
- Werden wir von den Eltern um Entscheidungshilfe gebeten, so raten wir ihnen zur vorsorglichen Wundstarrkrampf- und Diphtherie-Impfung etwa ab dem 12., manchmal auch ab dem 9. Lebensmonat, meistenteils auch zur Kinderlähmungsimpfung.
- Bei der Keuchhustenimpfung wird klar gesagt, dass diese in den ersten drei Lebensmonaten – wo der Keuchhusten die größte Gefährdung für das Kind darstellt – gerade keinen Schutz bietet. Auf Wunsch wird geimpft.
- Bei der Hib-Impfung wird auf die Besonderheit schwerer Hib-Erkrankungen aufmerksam gemacht und ebenfalls auf Wunsch geimpft.
- Die Rötelnimpfung wird bei allen Mädchen in der Pubertät empfohlen, teilweise aber erst nach negativ ausfallender Antikörperbestimmung.
- Die Masernimpfung wird zunehmend im späteren Schulalter verlangt und durchgeführt, in besonderen Fällen und auf Wunsch auch schon ab dem 12. Lebensmonat. Ähnlich verhält es sich mit der kombinierten Masern-Mumps-Röteln-Impfung (MMR).
- Die Hepatitis A-Impfung wird – abgesehen von seltenen Reise-

indikationen – nicht empfohlen, weil die Krankheit im Kindesalter so gut wie immer gutartig verläuft.

- Von den Passiv-Impfstoffen gegen Wundstarrkrampf oder Windpocken wird bei besonderer Gefährdung Gebrauch gemacht
- Das Neugeborene einer an Hepatitis B erkrankten Mutter wird sofort aktiv und passiv gegen Hepatitis B geimpft, da nur so bei den meisten die Ansteckung abgefangen wird. Die vorsorgliche Hepatitis B-Impfung wird bei besonderer Gefährdung empfohlen, die notwendige Aufklärung wird in der Pubertät über die Ansteckungsrisiken gefördert.
- Liegen schwere angeborene oder erworbene Herz-, Lungen- oder andere Erkrankungen und Syndrome vor, werden die Eltern auf die hier wichtigen und möglichen Impfungen hingewiesen.

Empfohlene Literatur:

Ratgeber Impfungen der Arbeitsgruppe für differenzierte Impfungen. Stiftung für Konsumentenschutz, Postfach CH-3000 Bern 23, Tel:+4131.3074040, Fax 3720027

Lienhard, Alfred: *Impfen? Nutzen und Risiken für Kinder und Erwachsene.* TB, Winterthur ²1998.

Goebel, Wolfgang: *Schutzimpfungen selbst verantwortet. Grundlagen für eigene Entscheidungen.* aethera, Stuttgart 2001.

Schützen Fluoride vor dem Zahnverfall?

Bekannt ist die Beobachtung, dass Karies in vulkanischen Gebieten mit ihrem fluoridhaltigen Wasser nicht vorkommt. Aber auch in anderen Gegenden trat die Karies erst mit dem erhöhten Konsum von raffiniertem Zucker auf. Das schilderte eindrucksvoll der Schweizer Arzt Roos für ein Walliser Hochtal anlässlich dessen Erschließung und den damit veränderten Ernährungsgewohnheiten.[46]

Besonders kariesfördernd sind zuckerhaltige Bonbons, Limonaden sowie das gewohnheitsmäßige Nuckeln aus der Flasche mit gesüßtem Tee. Es lässt sich nachweisen, dass die Oberfläche der Zähne durch Einlagerung des Fluorids widerstandsfähiger gegenüber Säuren wird. Besonders schädlich sind solche Säuren, wenn sie in Zahnbelägen bei der bakteriellen Zuckerzersetzung entstehen. Über die Oberflächenwirkung hinaus erhofft man sich durch erhöhtes Fluoridangebot in der Zeit der Zahnbildung eine widerstandsfähigere Struktur auch des gesamten Zahnschmelzes.

Von den Kinderärzten (Deutsche Akademie für Kinderheilkunde und Jugendmedizin) werden empfohlen:

- die Verwendung von fluoridiertem Speisesalz,
- in den ersten drei Lebensjahren zusätzlich 0,25 mg Fluorid/Tag in Tablettenform, dies aber nur, wenn keine andere ausreichende Fluoridaufnahme stattfindet. Hierzu zählen fluoridierte Trink- oder Mineralwässer, fluoridierte Nahrung oder Zahnpasten. Die Letzteren werden (im Gegensatz zu den Zahnärzten) als Fluoridangebot in den ersten drei Lebensjahren abgelehnt wegen möglichen Missbrauchs durch die Kinder.

Der Fluoridgehalt des Leitungswassers kann beim Wasserwerk erfragt werden. Die Amerikanische Akademie für Kinderheilkunde empfiehlt die Fluoridtabletten nur bei Fluoridkonzentrationen unter 0,3 ppm (was etwa 0,3 mg pro Liter entspricht) und erst ab 6 Monaten. Eine Fluoridüberdosierung kann später unter Umständen an einer weißlich gesprenkelten Zahnverfärbung erkannt werden.

Interessant ist, dass die Natur beim gestillten Kind sehr sparsam mit den Fluoriden umgeht. Die Muttermilch enthält außerordentlich wenig davon (bei 0,2 mg Fluorid pro Liter Trinkwasser nur 0,01 mg pro Liter Muttermilch).[47] Der mütterliche Organismus schirmt also das Kind vor höherer Fluoridaufnahme ab. Da sich bisher die Muttermilch immer als Leitbild für die beste Säuglingsernährung erwiesen hat, messen wir auch diesen Mengenverhältnissen mit Bezug auf die Fluoridaufnahme eine hohe Aussagekraft zu und sehen darin eine Art Naturvorbild für die Behandlung des Kindes in den ersten Lebensjahren.

Wir empfehlen eine ausgewogene Ernährung bei weitgehendem Verzicht auf raffinierte Nahrungsmittel wie Fabrikzucker und Weißmehlprodukte. Das Zähneputzen empfiehlt sich mit Kurzkopfzahnbürste. Dabei werden die Zähne in leicht kreisender Bewegung um die Zahnfleischzahngrenze herum sanft, aber intensiv gebürstet, außerdem entlang der Kauflächen. Das Zahnfleisch wird dadurch gründlich mitbehandelt. Nach nicht süßen Zwischenmahlzeiten empfiehlt sich wenigstens eine Mundspülung. Wichtig ist, dass auch in Kindergärten und Schulen die Gelegenheit zum Zähneputzen gegeben wird. Wer fluoridhaltige Zahncreme benutzt, sollte sie nur zweimal täglich verwenden.

Rachitis-Vorbeugung

Rachitis ist eine Lichtmangelkrankheit. Da sie überwiegend in den Industriezentren der gemäßigten Zonen auftritt, ist sie zugleich eine Zivilisationskrankheit. Als Folge des Lichtmangels treten Störungen des Kalzium- und Phosphatstoffwechsels auf, die bei Nichtbehandlung zu schweren Knochenverbiegungen, Mineralisierungsstörungen der Zähne, Wachstumsstörungen und Infektions-Abwehrschwäche führen. Schwere Formen werden heute nur noch in Fällen starker Vernachlässigung oder angeborener Stoffwechselstörungen gesehen. Von einer Rachitis können jedoch alle Kinder befallen werden, wenn sie lange vom Licht abgesondert sind und nichts zum Ausgleich getan wird. Gefährdet und betroffen sind überwiegend Säuglinge im ersten Winter. In der industriellen Frühzeit des vorigen Jahrhunderts waren Licht- und Lebensverhältnisse auch für Ältere noch so katastrophal, dass sie ebenfalls rachitisgefährdet waren. (Der Name Rachitis bedeutet eigentlich Rückgratentzündung und beruht auf einer Verwechslung verschiedener Krankheitsbilder. Er hat sich jedoch so eingebürgert, dass man ihn nicht ersetzte. Möglich und richtig wäre die Bezeichnung »Lichtmangelkrankheit«.) Im Zusammenhang mit der Rachitis treten Kalziummangelzustände im Blut auf, die so zunehmen können, dass sich Krämpfe zeigen (rachitogene Tetanie). Diese Komplikation steht heute im Mittelpunkt des Interesses neben den nur noch selten vorkommenden schweren knöchernen Deformationen.

Erkennung: Der Verdacht auf eine beginnende Rachitis ergibt sich zumeist aus einem *zunehmenden Schwitzen des Kindes über Wochen ohne erkennbaren anderen Grund* wie Fieber, Trinken oder zu warme Kleidung. Typisch ist das Feuchtwerden an Hinterkopf, Händen und Fußsohlen. Ein beginnender *Kalziummangel* kündigt sich meist durch *zunehmende unerklärliche Unruhe* tags und nachts bis zu Zeichen von Schreckhaftigkeit schon bei leisen Geräuschen an. Diese Vorzeichen einer Tetanie bedürfen rascher ärztlicher Abklärung. Mit Hilfe einer gründlichen ärztlichen Untersuchung lässt sich die Situation sofort klären.

Vorsorge-Maßnahmen

- Die in der Anwendung einfachste Methode besteht in der routinemäßigen Gabe von 500 Einheiten Vitamin D3 an 4 Tagen in der Woche, d.h. 2.000 Einheiten pro Woche, und zwar für alle Säuglinge vom Neugeborenenalter bis über den zweiten Winter. Diese gegenüber langjährigen Gewohnheiten in Mitteleuropa noch verminderte Dosis wird in vielen anderen Ländern schon lange eingehalten. Pulvermilchernährte Kinder brauchen in der Regel überhaupt keine zusätzlichen Vitamin D-Gaben, da in einem Liter trinkfertiger Nahrung etwa 400 Einheiten Vitamin D3 enthalten sind.

Diese Dosierung reicht, wenn Regelmäßigkeit gewährleistet ist und nicht schon eine beginnende Rachitis oder ein Kalziummangel bestehen. Verwendet man die Tabletten mit 500 Einheiten, so werden sie unmittelbar in den Mund gegeben. (Gibt man die Tablette in die Flasche, so wird die Aufnahme des Präparates unsicher, weil die Substanz an der Glaswand hängenbleiben kann.)

• In ähnlicher Dosierung konnte bis vor kurzem die Rachitisvorsorge mit Lebertrankapseln durchgeführt werden. Nachdem das letzte Handelspräparat mit ausreichend hohem Vitamin D-Gehalt aus Heilbuttleberöl aus dem Handel gezogen wurde, bleiben nur noch handelsüblicher Lebertran oder aus diesem hergestellte Kapseln mit niedrigem Vitamin D-Gehalt übrig. Für die meisten Ärzte, die bisher Lebertran verordneten, ist das Verhältnis von Wirkungssicherheit zu sicherer Unbedenklichkeit hinsichtlich Schadstoffen nicht mehr ausreichend, um diesen Lebertran im Kleinkindalter noch als Rachitisvorsorge zu empfehlen. Auch die Bestrahlung mit künstlichem Ultraviolett-Licht ist heute weitgehend verlassen.

• Wer auf Vitamin D verzichten will – aus Gründen, die wir noch besprechen –, kann dies unter folgenden Bedingungen versuchen:

– Vierwöchige Kontrollen bei einem Arzt, der mit diesem Vorgehen Erfahrung hat.

– Sooft wie möglich das Köpfchen dem blauen Himmelslicht aussetzen (s. S. 271). Man beginnt ab der dritten Woche mit zehn bis fünfzehn Minuten und steigert bis zu zwei Stunden täglich und länger. Ist der Stadtdunst nicht zu dicht, so reicht diese Zeit bei gutem Wetter aus, um eine Rachitis sicher zu verhüten. Man muss nur darauf achten, dass die Stirne frei ist und sich zwischen Gesicht und Himmel weder Federbett, Verdeck noch Schleier, Fensterscheiben oder Balkonüberdachungen befinden, die den Weg zum blauen, möglichst zenit-nahen Himmel versperren. (Der dunstige Horizont-Himmel lässt kein Ultraviolett-Licht durch.) Direkte Sonnenstrahlung ist nur zu empfehlen, solange das Kind auf dem Arm ist. Nur so hat man ein Gefühl dafür, wann es zuviel wird. Ein Zuviel an UV-Licht im Hinblick auf die schwindende Ozonschicht ist bei diesem Vorgehen in Industriebezirken noch nicht zu befürchten. Im Gebirge und an der See war schon immer Vorsicht geboten vor zuviel Sonne bzw. UV-Licht.

– Mindestens ein halbes Jahr lang stillen, wenn möglich länger (s. S. 307). Denn gestillte Kinder bekommen währenddessen selten eine Rachitis und nie eine schwere. Eine Tetanie (Krampfanfälle wegen Kalziummangel im Blut) haben wir während der Voll-Stillperiode noch nicht gesehen. Beides kann die Kinder aber treffen, wenn sie abgestillt werden.

– Bei künstlich, nicht mit Pulvermilch ernährten Kindern sorgfältig auf Über- oder Unterernährung achten. Überernährte Kinder neigen vermehrt zur Rachitis, da mit der Körperfülle auch der Vitamin D-Bedarf steigt. Unterernährte sind dagegen mehr für die Tetanie disponiert. Deshalb mache man keine Experimente mit milchfreier oder kalziumarmer Nahrung! Bei mehr als einem halben Liter Milchverbrauch über längere Zeit oder deutlich weniger als 350 ml Kuhmilch raten wir zur Korrektur in den Bereich von 400 bis 500 ml pro Tag (s. S. 324 ff.). Bei rein pflanzlicher Kost ist regelmäßig dringend auf einen Kalkmangel zu achten (auch bei Verwendung von Butter).

– Mütterliche Zuwendung – sich die Zeit nehmen, das Kind öfter »anzustrahlen« und mit ihm zu spielen. Denn menschliche, liebevolle Zuwendung spendet ebenfalls Licht, wenn auch inneres, beseligendes. Wir sehen eine beginnende Rachitis viel öfter bei Kindern berufstätiger Mütter oder wenn kein Elternteil zu Hause ist. In der Angabe »Ich gehe jeden Tag mit ihm spazieren« können sich erstaunliche Fehler verbergen hinsichtlich des Umgangs mit Wärme, Wind, Licht, Geräuschen und anderen Wahrnehmungen. Zum Beispiel gleißende Mittagshitze auf der Terrasse oder schneidender Ostwind im Januar oder Spaziergänge im Kinderwagen mit hochgezogenem Verdeck und Ähnliches.

– Eventuell ärztliche Behandlung mit einem den Lichtstoffwechsel anregenden Konstitutionsmittel. Dabei werden häufig auch äußere Anwendungen wie Bäder und innerliche Medikamente als Vorsorge verordnet. Hat man Erfahrung damit, so sind Versager selten.

– Vorsicht ist geboten, wenn es sich um Kinder handelt, bei denen man nicht alle genannten Bedingungen einhalten kann. Hier ist das Risiko einer Rachitis größer. Man muss besonders wachsam sein und gegebenenfalls auf Vitamin D ausweichen. Diese Entscheidung sollte dann zwischen Mutter und Arzt je nach Situation gefällt werden.

Probleme der Rachitisvorsorge

Mit der Entdeckung und Synthese des so genannten Vitamin D aus bestrahltem Ergosterin war Ende der zwanziger Jahre dieses Jahrhunderts eine hochwirksame Therapie für rachitische Kinder gefunden worden. Damals wurde es zur Gewohnheit, allen Säuglingen im ersten Lebensjahr dreimal 5 bis 15 mg Vitamin D in der sogenannten Stoßform zu verabfolgen (1 mg entspricht 40000 Einheiten). Obwohl der anthroposophische Kinderarzt Dr. Wilhelm zur Linden[48] schon früh davor warnte, solche sklerosefördernden Maßnahmen im Kindesalter durchzuführen, wurden die Vitamin-D-Stöße über 20 Jahre lang weiter gegeben. Dann war in den sechziger Jahren der Vitamin-D-Stoß plötzlich vom Tisch wegen jetzt anerkannter Gefäßschäden. Als offizielle Empfehlung galten jetzt 1000 Einheiten täglich über zwei Jahre. Es dauerte nochmals dreißig Jahre, bis sich auch bei uns die Meinung durchsetzte, dass ***wöchentlich 2000 E bei Lichtmangel ausreichen.*** Dennoch können wir auch jetzt noch voll diejenigen unterstützen, die ihren Säuglingen auch hier nur den natürlichen Vorbeugungsweg wünschen. Es müssen dann nur die beschriebenen Umgebungsbedingungen stimmen und die Eltern müssen wissen, dass es ganz selten Säuglinge gibt, die keinerlei Rachitis- oder Tetanievorzeichen hatten und doch plötzlich krampfen. Eine Schnäuzchenstellung der Lippen und Pfötchenstellung der Hände gibt dann zuweilen den Hinweis auf Kalziummangel. In jedem Fall müssen solche Zustände sofort klinisch abgeklärt und einer Behandlung zugeführt werden.

Zu beachten ist auch, dass durch Phytin, einem Stoff, der in allen Getreidearten vorhanden ist, besonders reichlich aber im Hafer, das Kalzium der Nahrung zum Teil unlöslich gemacht wird und mit dem Stuhl wieder abgeht. Das ist bei der Rachitisvorsorge zu berücksichtigen. (In den Fertigmilchen fehlt das Phytin, und außerdem sind noch etwa 400–600 Einheiten Vitamin D3 pro Liter zugesetzt. 400 IE entsprechen 1 µg.) Hat der Körper genügend Licht oder Vitamin D erhalten, so schadet ihm das Phytin nicht, weil die Kuhmilch noch genügend Kalzium enthält, das aufgenommen wird. Bei mangelnden Lichtverhältnissen verschlechtert sich jedoch die Situation.

Vorbeugung schwerer Gerinnungsstörungen im frühen Säuglingsalter (Vitamin K-Prophylaxe)

Bei Neugeborenen, Frühgeborenen und bei Säuglingen in den ersten zwei bis höchstens drei Lebensmonaten kann es – obschon sehr selten – auch zu schweren Hirnblutungen kommen. Manchmal sind angeborene Defekte in der Fettverdauung und -aufnahme im Darm die Ursachen. In vielen Fällen ließ sich aber eine Ursache nicht feststellen. Meist handelte es sich um vollgestillte Kinder. Da Vitamin K die Blutgerinnung fördert, nahm man an, dass es sich in erster Linie um einen Vitamin K-Mangel handelte. Dieses Vitamin ist notwendig zur Bildung von Gerinnungsfaktoren in der Leber. Es kommt in der Muttermilch nur in geringer Menge vor, die jedoch für die allermeisten Kinder ausreicht. Das Problem wurde international auf Kongressen diskutiert, und man konnte feststellen, daß in Ländern, in denen eine prophylaktische hohe Vitamin K-Dosis an alle Neugeborenen und Säuglinge verabfolgt wurde, die Anzahl der Hirnblutungen wesentlich zurückging. Die anfangs angewandte intramuskuläre Injektion des Vitamins wurde inzwischen mit wenigen Ausnahmen verlassen, obwohl sich die Vermutung, dass dadurch bösartige Erkrankungen ausgelöst würden, nicht bestätigen ließ.

In Deutschland wird gegenwärtig empfohlen, allen Säuglingen

am ersten und etwa fünften Lebenstag und bei der dritten Vorsorgeuntersuchung nach vier Wochen einen Vitamin K-Stoß von je 2 mg, das sind 2 Tropfen des Fertigpräparates oder eine neue vorportionierte Zubereitung (s. u.), zu geben. In den Niederlanden wird nach der Geburt sofort 1 mg gegeben und ab der zweiten Woche für drei Monate tägliche 25 µg Vitamin K empfohlen und hat sich dort bewährt (Rezept s. S. 645). Diese Dosis kommt dem physiologischen Bedarf an Vitamin K wesentlich näher (1000 µg = 1 mg). In Deutschland ist eine solche verdünnte Vitamin K-Lösung nicht im Handel, da Hersteller und Experten Vitamin K als nichttoxisch ansehen und deshalb kein verdünntes Präparat entwickeln. Offenbar war die Wirkung der Vitamim-K-Stöße noch immer nicht ausreichend, so dass der Hersteller inzwischen ein mizelliertes Präparat herausgebracht hat. Hier ist der Wirkstoff in kleinste, durch die Darmwand auch ohne Gallensäuren einschleußbare Tröpfchen gebracht worden. Dadurch steigt der Blutspiegel an Vitamin K praktisch genauso stark an, wie wenn das Präparat gespritzt würde. Aber selbst unter diesem Präparat konnte eine Hirnblutung nicht mit letzter Sicherheit verhindert werden. Dagegen gab es in Holland mit dem einmaligen Stoß und darauffolgender täglicher Gabe keine Versager.

Eltern, die die unphysiologisch hohen Dosen an Vitamin K meiden wollen, können sich vom Apotheker Vitamin K-Tropfen herstellen lassen (Rezept s. S. 645, 1. Dosis am ersten Lebenstag!). Wir müssen aber betonen, dass diese Anwendungen nicht in Studien geprüft sind und nur von den Eltern verantwortet werden können.

Schließlich gibt es stillende Mütter, die auch diese Tropfen ablehnen. Sie können dann durch eigenen Genuss von Gemüse, insbesondere Blattgemüse, den Vitamin K1-Gehalt ihrer Milch deutlich anheben (während starke Abführmittel das Gegenteil bewirken würden).

In jedem Fall sollten Eltern mit ihrem jungen Säugling bei Blutungen aus Nabel oder Nase, Blutbeimengungen im Stuhl oder im

Gespuckten und Blutungsflecken in der Haut gleich zum Arzt gehen.

Bei einer Gallenabflussstauung kann es zu einer verlängerten, eher grünlichen Neugeborenengelbsucht kommen. Diese Störung ist mit demselben Risiko einer Blutungsbereitschaft verbunden und bedarf rascher Abklärung.

Grundbedingungen einer gesunden Entwicklung

Jede Erziehung ist Selbsterziehung, und wir sind eigentlich als Lehrer und Erzieher nur die Umgebung des sich selbst erziehenden Kindes. Wir müssen die günstigste Umgebung abgeben, damit an uns das Kind sich so erzieht, wie es sich durch sein inneres Schicksal erziehen muss.

Rudolf Steiner

Die ersten Lebensmonate

Zur Vorbereitung

- ***Wo soll entbunden werden, wenn es zu einer Frühgeburt kommt?*** Viele geburtshilfliche Abteilungen sind heute eng mit Frühgeborenenabteilungen verbunden, die in Abwandlung die so genannte minimaltraumatisierende Frühgeborenenbehandlung (nach der Neanatologin Marina Marcowich) durchführen: Frühgeborenen bis zu den niedrigsten Gewichten dürfen etliche Stunden des Tages auf dem Brustkorb der halbsitzenden Mutter oder des Vaters liebevoll geborgen im Haut zu Hautkontakt liegen. Dort hören sie den Herzschlag, fühlen den Atemrhythmus und schlafen viel ruhiger und erholsamer, oft messbar bis in den geringeren Sauerstoffbedarf (sogenannte Känguruhposition). In Kliniken mit entsprechender Erfahrung werden die Frühgeborenen auch viel früher an die Brust angelegt und lernen zum Teil trinken bei Gewichten von weit unter 2000 Gramm. Auch die Entlassung aus der Klinik kann dann häufig früher stattfinden. Es ist gut, sich schon zeitig in der Schwangerschaft zu erkundigen, an welchen Orten eine solche Versorgung möglich ist für den Fall plötzlicher Frühgeburtsbestrebungen.

- ***Das Rooming-in:*** Wer in der Klinik entbinden möchte, sollte sich möglichst bald erkundigen, ob er das Kind nach der Geburt ganz bei sich im Zimmer behalten darf (Abb. 17 und 18). Sind doch gerade die ersten Tage nach der Geburt besonders wesentlich für den Aufbau der Beziehung zwischen Mutter und Kind. In vielen Kliniken sind auch die Väter weitgehend integriert. Sie dürfen bei der Geburt mithelfen, indem sie gezeigt bekommen, wie sie ihren Frauen beistehen können, und dürfen das Neugeborene mit in

Empfang nehmen. Kann der Vater nicht dabei sein, sollte eine Freundin oder Verwandte stellvertretend dabei sein dürfen.

Unmittelbar nach der Entbindung liegt das Neugeborene am besten dort, wo es herkommt, das heißt auf dem Bauch der Mutter, natürlich mit angewärmten Frottiertüchern bedeckt. Nur bei Intensivversorgung ist das nicht möglich, doch auch hier sind neue Verfahren entwickelt worden, die Kinder, die noch eine Intensivversorgung brauchen, immer wieder stundenweise nach »Känguruhmanier« der Mutter zwischen die Brüste zu lagern.

Auch saugen die Kinder kurz nach der Entbindung meist viel kräftiger, als wenn sie erst viele Stunden warten müssen – eine Erfahrung die lange Zeit in Vergessenheit geraten war.

Für die Haut des Neugeborenen bedeutet die Käseschmiere einen guten Schutz. Baden ist nicht notwendig. Blutspuren können meist mit Tüchern abgetupft werden.

Auch in Deutschland werden immer mehr Anstrengungen unternommen, die Geburt in der Klinik wieder so menschlich zu gestalten, wie das zu Hause immer sein konnte. Der dort vorhandene technische Apparat braucht nicht so in den Vordergrund zu treten, dass dadurch die Stimmung kalt und unpersönlich wird. Die erfahrene Arbeitsgruppe der Klinik kann das Geschehen zurückhaltend begleiten und hat im Hintergrund für den Notfall die Operationsgruppe und den Kinderarzt bereit. Alle Beteiligten können, wenn sie das Bewusstsein von der Bedeutung einer Geburt wachhalten, die Ankunft des Kindes mitfeiern.

• Je menschlicher, natürlicher und ehrlicher der ganze Geburtsvorgang abläuft und begleitet wird, umso besser für Mutter und Kind. Das gilt insbesondere für die Hausgeburt, die heute wieder von mehr Eltern angestrebt wird. Denn trotz aller heutigen Technik, Überwachung und Kontrolle ist eine Geburt keine Krankheit, sondern ein aktiver Vorgang, der von Eltern, Arzt und Hebamme gemeinsam und partnerschaftlich beraten und durchgeführt werden sollte. Dabei ist jede Geburt einmalig – so wie jedes Kind.

So möchten wir betonen, dass Hausgeburten in der heute möglichen sorgfältigen Betreuung kein größeres Risiko mehr darstellen als Klinikentbindungen. Untersuchungen – wobei die Entbindungen mit gleichem Risiko verglichen wurden – haben dies erfreulicherweise belegt.

- Von nahezu allen Hebammen und in allen Entbindungskliniken wird unmittelbar nach der Geburt die so genannte ***Vitamin K-Blutungsprophylaxe*** durchgeführt (s. S. 256 ff.). Aus juristischen Gründen können sich die verantwortlichen Betreuer der Geburt dieser Maßnahme nicht entziehen.
- Zu den Vorsorgeuntersuchungen siehe Seite 266 f.

Empfohlene Literatur:

Hassauer, Werner: *Die Geburt der Individualität. Menschwerdung und moderne Geburtshilfe.* Stuttgart [3]1995.
Leboyer, Frédérik: *Geburt ohne Gewalt.* München [6]1990.
Sichtermann, Barbara: *Leben mit einem Neugeborenen.* TB, Frankfurt a. M. [19]1996.
van Leeuwen, Christa / Maris, Bart: *Schwangerschaftssprechstunde.* Stuttgart 1995.

Eindrücke nach der Entbindung

Der suchende Blick des Neugeborenen begegnet dem glücklichen und auch fragenden Blick der Mutter, die es immer wieder bei sich liegen hat. So klein und unerfahren es leiblich ist, so groß und offen scheint das Neugeborene seelisch zu sein. In den folgenden Tagen wird jede seiner kleinen Regungen besorgt und beglückt wahrgenommen: die Saugbewegungen im Schlaf, das Gähnen, das zarte Fingerspiel. Die Atmung, bisweilen kaum hörbar, wird ab und zu unterbrochen durch eine etwas tiefere Atemwellengruppe oder ein Knorzen beim Räkeln. Wenn die Mutter sich nah zum Kinde neigt, treten einige tiefere oder beschleunigte Atemzüge auf, weil es ihre Nähe spürt und diese freudig erwidert. Hat sie es bei sich, während es schläft, so kann sie durch die geschlossenen Augenlider manchmal das »Schwimmen« der Augäpfel beobachten. (Dieses ist bei Frühgeborenen auch bei offenen Augen sichtbar.) Die Übergänge zwischen Schlafen und Wachen sind noch fließend in dieser Zeit.

Der Blick des Kindes ruht noch nicht auf den Dingen, sondern zeigt ein seelisches Erleben an, dem sich jetzt erstmals sinnliche Lichteindrücke zugesellen. Unwillkürlich suchen wir als Erwachsene im Blick den Ausdruck der Persönlichkeit. Diese spricht sich beim Neugeborenen anders aus als später. Sind die Augen geöffnet, so suchen sie etwas im Umkreis der Mutter auf, an dem der Blick für Momente verweilt, bevor er sich wieder ermüdet verschließt. Nach kurzer Zeit gehen die Augen dann wieder auf und suchen das Etwas noch einmal zu fassen. Der Rhythmus des Sehens und Nichtsehens ist wesentlicher Anteil der ersten Selbsterfahrung. Das Kind erlebt die Gewissheit seiner irdischen Existenz durch die wiederkehrenden Sinneswahrnehmungen. Es findet sich selbst im Laufe der folgenden Monate immer deutlicher durch die Aktivität, die es im Zusammenführen der Wahrnehmungen aufwendet. Später, im Alter zwischen zwei und drei Jahren, fasst es dann dieses Erlebnis eigener Aktivität zusammen mit dem Wort »Ich«.

Das Begehren, sich durch die Sinne an der Umwelt zu erleben, durchzieht alle Regungen des Neugeborenen: Es genießt das Sattsein, verlangt im Hunger gierig nach der Brust und kann meisterhaft saugen. Es schläft hingegeben oder nimmt auf, was an Licht, Tönen, Geräuschen, Kälte und Wärme um es herum ist. Sein seelisches Erlebnis ist ganz an diesen Rhythmus des sich Öffnens und Verschließens, des Begehrens und Zufriedenseins gebunden. Dabei entsteht »seine Zeit«, lange bevor es ein Bewusstsein von ihr hat.

Eltern, die sich an den ersten Lebenstag ihres ersten Kindes zurückerinnern, sagen oft: Damals wussten wir, von jetzt an ist alles anders. Keine noch so gute Vorbereitung auf die Geburt eines Kindes kann das Erlebnis annähernd vermitteln, wenn dieses kleine Wesen in all seiner Hilflosigkeit weitgehend die Gefühle, Gedanken und Handlungsabläufe im Umkreis bewegt und bestimmt.

Zum Umgang mit Frühgeborenen

Im Umgang mit Frühgeborenen bahnt sich in den letzten zehn Jahren aufgrund der minimaltraumatisierenden Versorgung ein revolutionierender Wandel an (s. S. 261).

Ein empfehlenswertes Taschenbuch zum Umgang mit Frühgeborenen in der Klinik und zuhause ist: »Frühgeborene brauchen Liebe. Was Eltern für ihr ›Frühchen‹ tun können«. Die Autorin Kornelia Strobel schildert da ihre eigenen Erfahrungen mit ihren zwei frühgeborenen Kindern. Sie zeigt Wege auf und gibt Hilfestellungen, wie man mit den vielen Fragen, Ängsten und Sorgen umgehen lernt, so dass das »Frühchen« so unbehelligt und natürlich wie möglich gedeihen und *seinen* Entwicklungsweg gehen kann.

Empfohlene Literatur:

Strobel, Kornelia: *Frühgeborene brauchen Liebe. Was Eltern für ihr ›Frühchen‹ tun können*. München [4]1997.

Daub, Eveline: *Vorzeitige Wehentätigkeit. Ihre Behandlung mit pflanzlichen Substanzen.* Stuttgart 1989.

Zu den Vorsorgeuntersuchungen

Von der Mutter meist unbemerkt wird das Neugeborene sofort nach der Geburt auf seine Lebensfunktionen hin untersucht. Die Ergebnisse werden als Vorsorgeuntersuchung U 1 dokumentiert. Um einer Hirnblutung vorzubeugen, erhält es außerdem Vitamin K1 gleich nach der Geburt und bei der zweiten Vorsorgeuntersuchung, die zwischen den fünften und zehnten Lebenstag fällt (Informationen zum Vitamin K s. S. 256 ff.)

Diese Untersuchungen setzen sich bis zur neunten Vorsorgeuntersuchung im sechsten Lebensjahr fort (s. Tabelle). Sie wurden eingerichtet mit dem Ziel, krankhafte Störungen oder Entwicklungshemmungen körperlicher und seelischer Art rechtzeitig zu entdecken, einer Behandlung zuzuführen und zu kontrollieren. Ihre Durchführung wird in einem gelben Heft eingetragen, das die Eltern bei der Geburt erhalten. Diese Vorsorgeuntersuchungen sind eine gute Möglichkeit für den behandelnden Haus- bzw. Kinderarzt, die gesunde Entwicklung eines Kindes verantwortlich mit zu begleiten. Denn sonst geht man ja nur zum Arzt, wenn das Kind krank ist. Hauptthemen sind die *Früherkennung von Herzfehlern und Hüftdysplasien, Entwicklungs-, Sinnes-, Ernährungs- oder Stoffwechselstörungen*, die ganzen Möglichkeiten der *Krankheitsvorsorgen inklusive Schutzimpfungen, Rachitis- und Kariesvorsorge*, ferner *Kommunikationsstörungen*, ihre Ursachen und viele *pädagogische Fragen*. Die Untersuchungen und die damit verbundenen Gespräche mit den Eltern können Sicherheit und Vertrauen in die individuelle Entwicklung eines Kindes fördern.

U1:	unmittelbar nach Geburt
U2:	3. -10. Lebenstag
U3:	4. - 6. Lebenswoche
U4:	3. - 4. Lebensmonat
U5:	6. - 7. Lebensmonat
U6:	10.-12. Lebensmonat
U7:	21.-24. Lebensmonat
U8:	43.-48. Lebensmonat
U9:	60.-64. Lebensmonat

Die Zeiten, zu denen die Vorsorgeuntersuchungen durchgeführt werden, markieren wichtige Etappen in der Entwicklung des Kindes, wo Fortschritte und Fähigkeiten erkennbar werden, deren Ausbleiben auf Störungen oder Krankheiten hindeuten kann. Da sie auch mit den öffentlich empfohlenen, aber derzeit freiwilligen Impfungen verbunden sind, empfiehlt es sich schon vorher nachzudenken und eventuell nachzulesen, welche Impfungen das Kind haben soll und welche nicht (vgl. S. 226 ff.). Auch Laboruntersuchungen sind angezeigt, wenn sich der Verdacht auf eine krankhafte Abweichung aus der Untersuchung ergibt. Bei den beiden letzten Vorsorgen wird der Urin mit untersucht. Oft wird mit vier Jahren vor der Aufnahme in den Kindergarten auch eine Tuberkulinprobe durchgeführt.

Zur Pflege der ersten Sinneswahrnehmungen

Geräusche und Töne

Betreten wir einen Raum, in dem sich ein Säugling befindet, ändern wir unvermittelt unser Verhalten. Ohne dass das Kind auch nur einen Mucks macht, werden sich sogar sonst lebhafte und gern tobende Wildfänge leise und auf Zehenspitzen der Wiege nähern. Umgekehrt bringt ein schreiender Säugling mit unwiderstehlicher Gewalt seine ganze Umgebung schnell auf Trab. Zwischen diesen beiden Extremen entfaltet sich der Lebensbereich des Säuglings, in dem die Mutter in der Regel die Hauptrolle spielt. Worte und Töne der Wärme, Freude und die seelische Zuwendung der Eltern stehen in feinem Wechselspiel mit all den Tönen, durch die das Kind sich ihnen gegenüber bemerkbar macht.

Auch der noch ungeborene Organismus des Kindes lebt in dem Stimmklang und Geräuschraum der Eltern und wird durch seinen schon funktionierenden Gehörsinn tief geprägt. Wir empfehlen, das ungeborene und neugeborene Kind von allen vermeidbaren technischen Musik- und Geräuschquellen fernzuhalten. Denn alles, was wir in den ersten Jahren mit dem Kind vornehmen, hat einen besonders tiefprägenden Einfluss und veranlagt unter Umständen Gewohnheiten für das ganze Leben.

Alles, was an technischen Geräuschen herandringt, ist zunächst fremd und störend. Oft genug bemerkt man die Reaktion an der Atmung des schlafenden Kindes oder an der Beschleunigung des Herzschlages und des Pulses. Nicht nur die Baumaschine vor dem Fenster, auch Staubsauger oder Spülmaschine werden vom Kind wahrgenommen. Wir müssen also die Töne und Geräusche in seiner Umgebung daran messen, ob sie diesem Lebensalter gemäß sind. Im akustischen Bereich entwickelt sich das menschliche Leben zwischen absoluter Ruhe und der ganzen Fülle menschlicher, instrumentaler und technischer Laute. Das Kind wird später umso feiner in seiner Tonwahrnehmung differenzieren können, je sensibler und behutsamer seine Umgebung mit der akustischen Welt umgegangen ist.

Hat man als Kinderarzt eine Mutter am Telefon zu beraten, deren Säugling fiebert, so hat man manchmal zuerst das Bedürfnis, sie zu bitten, das laut im Hintergrund laufende Radio abzuschalten. In der Lebensepoche, bevor das Kind sprechen und denken lernt, hat es keinerlei Distanz zu den Eindrücken seiner Umgebung, und insbesondere nicht zu den Klangwahrnehmungen. Diese Distanzierungsmöglichkeit kann sich ja erst langsam entwickeln als Folge des Benennens und Bedenkens. *Das Kind ist insbesondere im ersten Lebensjahr ganz unfähig, innerlich »abzuschalten«, so dass es mit seinem ganzen, überaus sensiblen Körper alles mitmachen muss, was an Eindrücken auf es einwirkt.* Die feinen oder gröberen Änderungen im Rhythmus von Puls und Atmung sind ein empfindlicher Indikator für dieses Miterleben. Natürlich wird eine musizierende Umgebung jetzt nicht ganz verstummen, aber sie wird auf einen Abstand vom Kind achten und Auswahl und Art des Spielens ein wenig auf das Kind abstimmen. *Technische Geräusche und »akustische Berieselung« durch Medien wie Radio, Fernsehen, Video und Kassette sollten, wenn irgend möglich, vom kleinen Kind ferngehalten werden.*

Welch intensive Wirkung Geräusche und Töne auf Säuglinge haben, kann auch beobachtet werden, wenn man ihnen beim Spielen zuschaut: Gibt man ihnen eine Rassel in die Hand oder befestigt man an einem gespannten Gummi ein Geräuschgerät in der Wiege, so ist der Erfolg an den Bewegungen des Kindes abzulesen: Seine Strampelbewegungen bekommen die Tendenz des mehr nach Innenfahrens und sich Schüttelns. Ganz anders, wenn die Kinder einfache Holzklappern zum Spielen bekommen. Dann passen sich ihre Bewegungen der Klangwahrnehmung an und werden auffallend geführter und geordneter. In beiden Fällen wirken die Kinder jedoch freudig erregt beim Hören des Geräusches. Nur hat man bei dem letzteren den Eindruck, dass sie dabei stärker in sich ruhen und die Sinneseindrücke innerlich bewältigen.

Wieder anders ist die Wirkung einer einfachen Tonfolge, von Mutter oder Vater an der Wiege gesungen oder gesummt. Das Kind verharrt in Verwunderung, seine Bewegungen werden gelöster, und wenn es müde ist, schläft es bald ein; das Kind öffnet sich den Tönen und kann so auch seine Seele leichter und entspannter in den Schlaf entlassen.

Atemluft, Luftfeuchtigkeit und Gerüche

Einigkeit besteht darüber, dass die Luft »gut« sein soll. Doch wenn wir in der Großstadt das Fenster öffnen, müssen wir nehmen, was kommt. Die Luft darf kühl sein, es soll aber nicht ziehen. Auch aus diesem Grund ist ein Schleier über dem Schlafplatz des Kindes zweckmäßig. Ob und wie lange das Fenster geöffnet wird, hängt ja nicht nur von der Wärme, sondern auch von der Feuchtigkeit oder Trockenheit drinnen oder von den Geräuschen draußen ab. Es ist eine gute Lösung, mehrfach am Tag, wenn das Kind gerade nicht im Zimmer ist, die Fenster weit zu öffnen und anschließend wieder ganz zu schließen. Auf jeden Fall sollte vermieden werden, dass das Kind fortwährend Küchengerüche oder Zigarettenrauch einatmen muss. Zur Luftfeuchtigkeit ist zu sagen, dass die meisten Heizungstypen moderner Wohnungen wegen der mangelnden Feuchtigkeit für Kinder ungeeignet sind. Durch Wasserverdunster, die an der Heizung aufgehängt werden, lässt sich das Problem teilweise lösen – eigentlich müssten einige Liter pro Tag verdampft werden. Das ist nur mit elektrischen Geräten zu erreichen, die man jedoch aus anderen Gründen nicht so gern benützt (Geräuschentwicklung, bakterielle Besiedlung u. a.). Ist es jedoch aus gesundheitlichen Gründen (zum Beispiel wegen häufig vorkommender Katarrhe in der Familie) nötig, solch ein Gerät anzuschaffen, so sollte man darauf achten, dass es ein geräuscharmes, das heißt motorfreies ist, welches mit normalem Leitungswasser und ohne Filterpapier arbeitet. Das sind die Geräte, die durch zwei Elektrodenplatten das Wasser zum Kochen bringen (Hersteller s. S. 635). Andernfalls ist häufiges kurzes Lüften des Zimmers die beste Lösung, oder aber eine außer Reichweite des Kindes aufgestellte kleine Kochplatte, auf der Wasser bei kleinster Hitze am Verdampfen gehalten wird. Bei Infekten der Luftwege kann man die Feuchtigkeit noch qualitativ verbessern, indem man einige Tropfen Eukalyptusöl in dieses Wasser gibt. Auch die Wirkung von Reizstoffen wie Ozon und Stickoxiden auf die Atemwege wird so gelindert.

Sonnenlicht

Schon das Neugeborene öffnet im Halbdunkel seine Augen und scheint etwas zu suchen. Lässt man aber Licht in die Wiege fallen, so gehen die Augen gleich wieder zu. Nach wenigen Wochen ändert sich dieser Zustand, indem das Kind auch im helleren Zimmer, wenn es wach ist, in verschiedene Richtungen schaut. Jetzt ist es auch an der Zeit, es am offenen Fenster oder draußen schlafen zu lassen, von Wind und direkter Sonneneinstrahlung abgeschirmt. Wichtig daran ist, dass das blaue Himmelslicht das Gesicht des Kindes bescheint (s. Rachitisvorbeugung S. 251 f.). Man beginnt mit fünfzehn bis dreißig Minuten täglich, je nach Witterung, und steigert langsam bis zu zwei Stunden und länger. Natürlich schaut man gelegentlich nach dem Kind, auch wenn es schläft. Der Gedanke, das Kind mit drei bis vier Wochen schon unter blaues Himmelslicht zu legen, ist manchen Menschen unsympathisch, auch wenn die Kinder dabei warm zugedeckt sind und ein Mützchen auf dem Kopf haben. Diese Maßnahme ist jedoch in unseren Breitengraden eine der wichtigsten im Säuglingsalter. Dank seiner besonderen Struktur wirkt das blaue Himmelslicht gestaltend. Neben der Muttermilch ist es der wichtigste Anreger einer gesunden Knochenbildung.[49] *Wenn ein Säugling zwei Stunden täglich sein Gesichtchen mit freier Stirne unter dem blauen Himmel hat, kann sich keine Rachitis entwickeln.* Dass dies in

Industriestädten oder im Klima Nordrhein-Westfalens oft über Monate nicht eingehalten werden kann, ist der Grund, warum man weitere Maßnahmen zur Rachitisverhütung ergreifen muss. In den meisten Gegenden Süddeutschlands, im Bergland und in Küstennähe sind letztere häufig nicht nötig, weil dort viel mehr Licht einfällt. Von zu viel Licht in der ersten Lebenszeit und von Ganzkörper-Sonnenbädern im frühen Kindesalter ist dagegen dringend abzuraten. *Ein Zuviel an Licht bewirkt verfrühte Verhärtungstendenzen im Organismus und überfordert das Nervensystem.* Das kann jeder nachvollziehen, der seine Hautbeschaffenheit und sein geistiges Leistungsvermögen nach einem unvernünftigen Sonnenbad testet. Auch hier kommt es darauf an, jeweils das rechte Maß herauszufinden.

Wärme und Kälte

Die Wärmeregulation des Neugeborenen ist störanfällig und unreif (s. Rhythmus-Kapitel, S. 217 ff.). Bei Neugeborenen, die in eine zu kalte Umgebung hereingeboren werden, zeigt sich noch nach Stunden die Tendenz zur Untertemperatur, auch wenn sie gleich anschließend an die Geburt warm eingepackt worden sind. In der ersten Lebenszeit kann daher nicht zuviel getan werden, um das Kind gleichmäßig warm zu halten. Auch die Kinderheilkunde lernt gegenwärtig in dieser Hinsicht noch dazu. Man zieht heute die Frühgeborenen schon im Inkubator an oder legt sie wenigstens auf ein Schaffell. Früher lagen sie nackt auf dem Baumwolltuch im warmen Inkubatorwind, gaben jedoch viel zu viel Wärme ab. Es ist also richtig, wenn die Mutter in jeder Lebenssituation darauf achtet, dass das Kind nicht auskühlt. Nur als Beispiel sei hier angeführt, dass ein Wärmeventilator im Bad ungünstiger ist als ein Wärmestrahler, dieser aber nicht direkt über dem Kopf des Kindes angebracht sein soll. Eine marmorierte Haut des Kindes oder ein roter heißer Kopf zeigen die Fehler an. Dagegen sind im Freien kühle Wangen und kühle Hände auch beim warm angezogenen

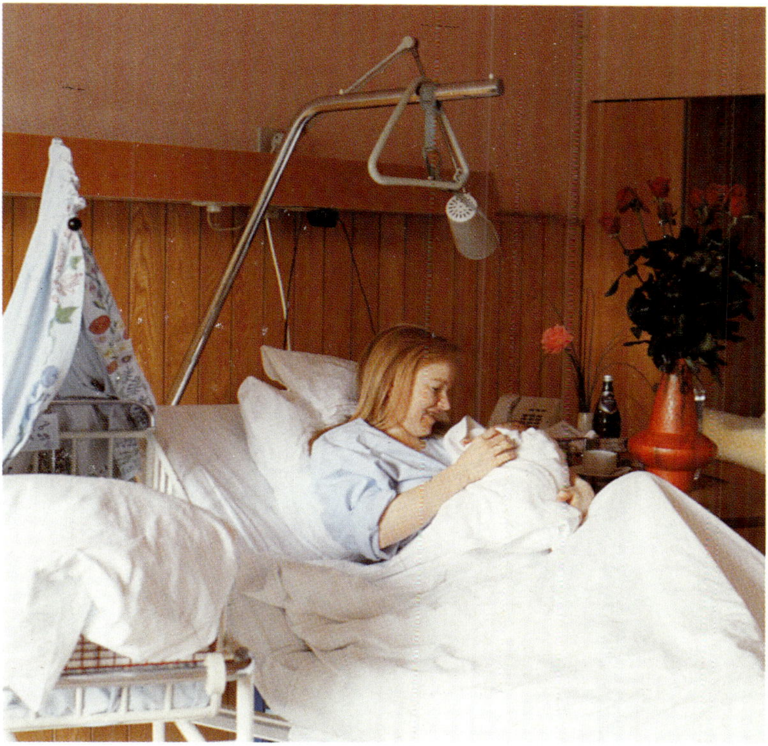

Abb. 17 und 18: Nach der Entbindung Mutter und Kind bleiben zusammen, auch in der Klinik.

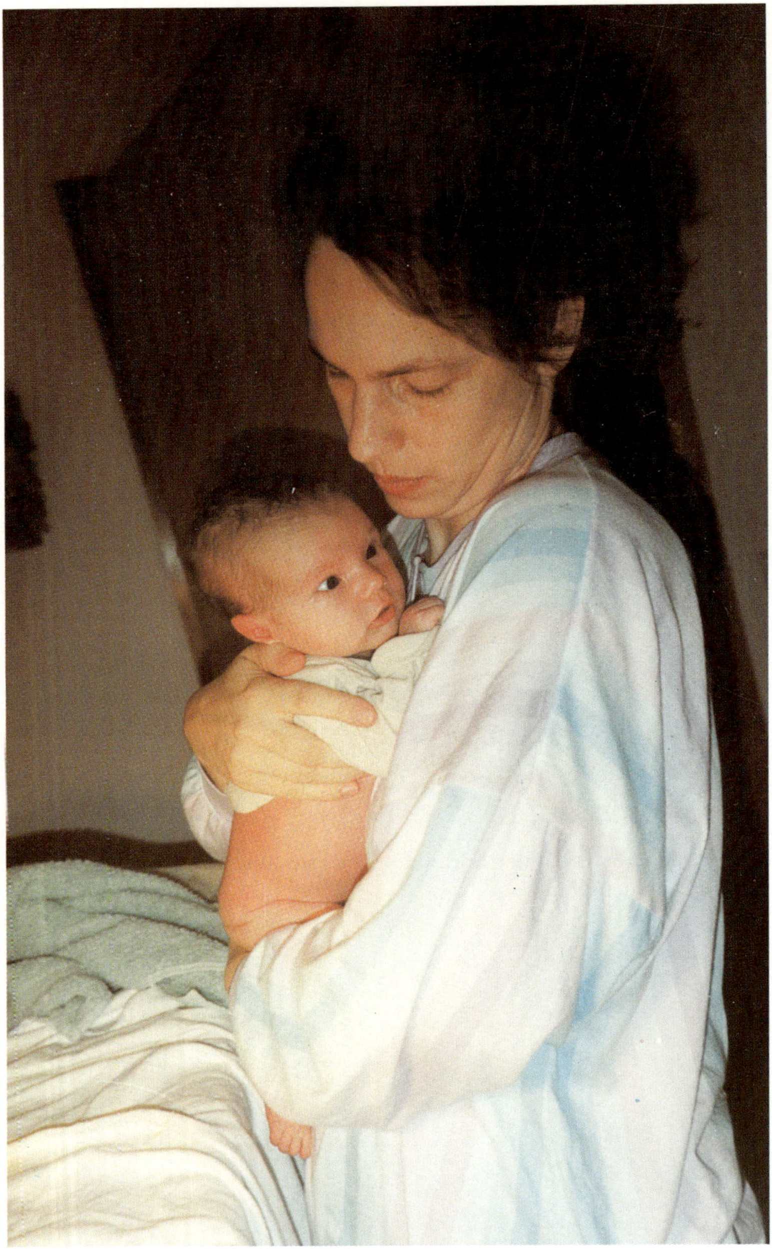

Baden und Temperaturmessen

Abb. 19: Exakte Sicherung des Kopfes. Die Hand hält den linken Oberarm des Kindes.

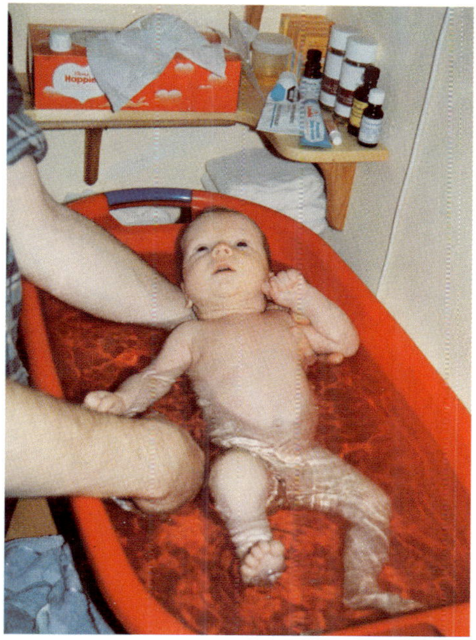

Abb. 20: Temperaturmessen bei Fieberverdacht: Die Mutter stützt ihre Hand an den Pobacken des Kindes ab; bei unvorhergesehenen Bewegungen bleibt so die Lage des Thermometers sicher.

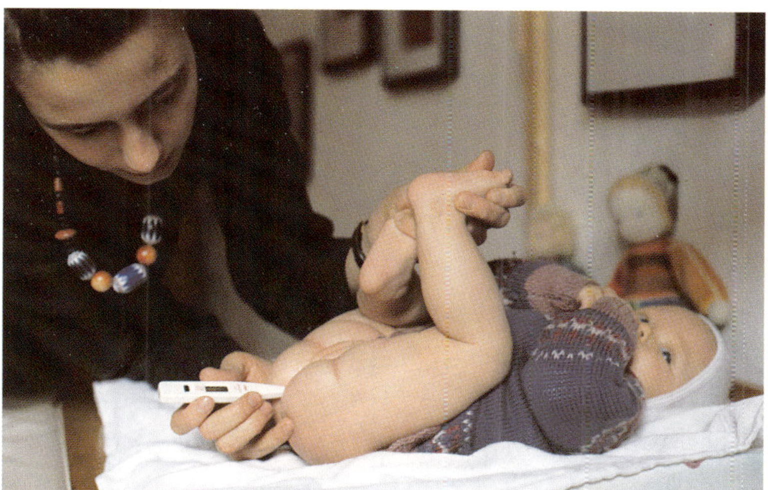

Abb. 21: Das Tragetuch.

Abb. 22: Das Verdeck des Wagens schützt vor zu starker Sonneneinstrahlung.

Abb. 23: Bequem für Urlaub und Alltag: die Rückentrage.

Abb. 24: Der ideale Kinderwagen hat gute Federung und ein hohes Fahrgestell.

Geschützt vor Sonne und Kälte

Abb. 25

Abb. 26

Abb. 27

Abb. 28

Sichere Spiel-Räume

Abb. 29: Der Laufstall als Arbeits- und Beobachtungsplatz.

Abb. 30: Das fahrbare Bett.

Säugling normal. Unter der Decke dagegen sollten Hände und Füße stets mollig warm sein. Der Kopf strahlt unbedeckt viel Wärme ab und sollte deshalb draußen ein dickes Mützchen aus Wolle, drinnen ein dünnes z. B. aus Seide bekommen – ausgenommen heiße Tage und Zonen, dort aber einen Sonnenhut (Abb. 25 – 28).

In den ersten Lebenswochen kann es notwendig sein, noch eine Wärmflasche ins Bett zu legen. Aber Vorsicht vor zu großer Hitze! Schon 40° an der Haut des Kindes werden nach einiger Zeit zu viel und führen zu »Verbrennungen«. Im kühleren Zimmer, oder wenn man ein Federbett nicht so gerne hat, kann über das gewickelte Kind noch ein wollener Schlafsack oder eine entsprechende Decke gebreitet werden.

Wenn ein Kind ohne besonderen Grund häufig kühle Hände hat, hilft in den meisten Fällen schon ein schafwollenes Unterhemdchen mit langen Ärmeln. Dieses kann beim Wickeln angelassen werden, auch wenn es am unteren Rand feucht geworden ist.

Wir empfehlen schafwollene Wäsche, wenn diese in genügend feiner Qualität hergestellt werden kann, sonst aber schafwollene Pullunder, Pullover, Jäckchen und Decken sowie Windelhosen und Strampelhosen. Dies aus dem Grunde, weil die Schafwolle eine einzigartige Eigenschaft besitzt: Sie kann bis zu 30 % ihres Eigengewichtes an Feuchtigkeit aufnehmen, ohne sich feucht anzufühlen. Die Feuchtigkeit kann durch die Wolle abdampfen, ohne dass die Verdunstungskälte sich auf der Haut bemerkbar macht. Das heißt, die Wärmeisolierung bleibt erhalten. Dadurch wird auch der aus der Haut austretende Schweiß besser aufgenommen und nach außen abgegeben und die Hitze weniger gestaut, als dies bei allen Synthetikgeweben der Fall ist. Auch die Beduinen in der Wüste tragen aus diesem Grunde Woll- oder Schaffellkleidung. – Abneigung gegen Schafwolle besteht bei den Menschen, die sie auf der eigenen Haut kratzig finden. Es kommt deshalb darauf an, genügend weiche Qualitäten ausfindig zu machen oder aber ein dünnes Baumwollhemdchen unterzuziehen. Die Wolle muss allerdings lauwarm und mit Wollwaschmittel gewaschen werden, damit sie nicht nachträglich verfilzt und kratzig wird. Bewährt haben sich bei sehr empfindlicher Haut auch Hemdchen und Mützchen aus Rohseide. Dieses Gewebe kommt den wärmeregulierenden Eigenschaften der Wolle nahe und trägt sich außerordentlich angenehm.

Reine Baumwollwäsche allein ist nur in der ganz warmen Jahreszeit zweckmäßig, wenn keine wesentlichen Temperaturschwankungen auftreten. Dagegen ist Synthetik in jedem Falle ungünstig, da es keine Feuchtigkeit bindet und die Wärme staut.

Wir haben das Thema Wolle deswegen so ausführlich behandelt, weil wir bei der kinderärztlichen Untersuchung allzuoft mit zu kühl angezogenen Säuglingen zu tun haben. Selten gibt es jedoch auch das andere Extrem: Unter unendlichen Wollschichten ein überwärmtes Kind, wo auch die Mütze noch bis zu den Augenbrauen reicht und nicht einmal die Stirn ihre Kühle haben darf. Gerade an diesen Extremen: Überwärmung einerseits – Unterkühlung andererseits kann man sich das Ideal »alles zu seiner Zeit und im rechten Maß« gut klarmachen. Zuviel Wärme verwöhnt den Organismus und verhindert die Ausbildung einer guten Eigenregulation. Zuwenig Wärme oder gar Kaltmaßnahmen in dieser Zeit schleifen Reflexe und Regulationsformen ein, die nicht den normalen Verhältnissen entsprechen, sondern überschießende Reaktionen provozieren. In beiden Fällen wird die Ausbildung elastischer, sensibler Reaktionsweisen auf Wärme- und Kältereize verhindert (s. auch S. 215 f.).

Schwerkraft: Zur Lagerung des Säuglings

Wir wissen aus der Art, wie wir ein Neugeborenes tragen, dass es seinen Kopf und Rumpf noch nicht entgegen der Schwerkraft halten kann (nur in Bauchlage vermag der Säugling schon seinen Kopf kurzfristig anzuheben, s. Abb. 31 und 32). Weniger bekannt ist dagegen die Tatsache, dass in den ersten drei Monaten die Schwerkraft auch direkt deformierend auf den Körper des Kindes einwirken kann. Ein Kind, das stets zur selben Seite den Kopf wendet, weil von dorther Licht und Menschen an sein Bettchen herankommen, wird an dieser Seite eine Abflachung des Schädels entwickeln. Diese Deformierung kann sich auch über den Rumpf bis hinunter zum Becken ausprägen. Wird das nicht rechtzeitig erkannt, ist nach dem dritten Monat der Lagerungsschaden nur noch teilweise korrigierbar. In einigen Fällen kann ein *Schlüsselbeinbruch* während der Geburt oder ein *muskulärer Schiefhals* (s. S. 49) oder eine *Kopfgeschwulst*[50] der Grund für die Bevorzugung der einseitigen Lage sein. Deshalb lagert man vorbeugend den Kopf abwechselnd zur einen und zur anderen Seite hin. Bei schon eingetretener Kopfdeformierung wird unter fachkundiger Anleitung vorübergehend nur zur vernachlässigten Seite gelagert.

Kann das Kind sich schon drehen und bevorzugt es vielleicht die Lichtseite, so muss man kurzerhand das Kopfende zum Fußende machen, damit das Licht jetzt von der anderen Seite einfällt. Bei Schiefhals und Kopfgeschwulst bedarf es einer Unterstützung durch zusammengerollte Windeln, um das Zurückgleiten zur »verbotenen Seite« wenigstens vorübergehend zu vermeiden. Natürlich wird in diesen Fällen auch Rücksprache mit dem Arzt nötig sein.

Zur Rücken-, Seiten- und Bauchlage: Die unter amerikanischem Einfluss vor etwa dreißig Jahren für den Säugling angepriesene Bauchlage ist nach neueren Untersuchungen ein wesentlicher Grund für die Zunahme des plötzlichen Kindstodes (s. S. 171). So gilt jetzt die allgemeine Empfehlung zur Schlaflagerung: In den ersten Monaten weder Bauch- noch Seitenlagerung, sondern

Rückenlage. Kein Kopfkissen. Bei Neigung zur Abflachung des Hinterkopfes oder weichem Schädel kann ein selbstgemachtes 20 × 20 cm großes, mit Hirse locker gefülltes Kissen das Schädelgewicht auf eine größere Fläche verteilen.

Im *Wachen* liegt das Kind entweder auf dem Rücken, beschaut sich Gesichter, Gegenstände und spielt mit seinen Händen. Oder es liegt auf dem Bauch und gibt so seinem Kopf und später Schultern, Armen und Händen die Möglichkeit sich aufzurichten. Ausgeprägte Rückenlieger sollten Gelegenheit bekommen, sich mehrfach am Tage mit den Eltern auch einmal in Bauchlage »zu unterhalten«. Säuglingen, die sich mit dem Einschlafen auf dem Rücken schwer tun, versucht man tagsüber im Tragetuch genügend Körperkontakt zu geben und legt ihnen eine zusammengewickelte Strickjacke oder Ähnliches von der Mutter ins Bettchen. Zudecken sind immer so zu sichern, dass in keinem Fall das Köpfchen unter sie rutschen kann.

Beobachtung der Ausscheidungen und anderer Funktionen des jungen Säuglings

Das Aufstoßen nach dem Trinken (»Bäuerchen«)

Da jeder Säugling besonders an der Flasche mehr oder weniger Luft schluckt beim Trinken, soll er, um anschließend nicht zu spucken und möglichst beschwerdefrei schlafen zu können, seine Luftblase im Magen nach oben entleeren können. Das Kind wird dafür auf den Arm genommen, das Kinn auf der Schulter des Erwachsenen unterlegt mit einer Spuckwindel. Leider wird dann oft in schneller Frequenz unermüdlich auf den Rücken geklopft. Bequemer und für das Kind angenehmer ist es, sich entspannt angelehnt hinzusetzen und ihm mit den flachen Fingern und sanftem Druck über das Köpfchen im Bereich der Fontanelle zu streichen.

Der Schluckauf (»Hicks«)

Er besteht aus ruckartigen Zusammenziehungen des Zwerchfells in rhythmischen Abständen. Beim jungen Säugling ist er leicht auslösbar, sei es durch kalte Luft am Bauch, ein zu rasches Hinlegen oder Umdrehen, durch ein starkes Bäuerchen oder auch ohne erkennbaren Grund. Beim jungen Säugling hat er durchaus eine Bedeutung: Die Eltern werden jetzt vergeblich auf das Bäuerchen warten, können aber auch sicher sein, dass ihr Kind jetzt nicht spucken wird, einfach weil der Mageneingang durch diese Zwerchfellzusammenziehungen zunächst einmal dicht ist. Durch ein warmes Tuch auf dem Bauch kann man dem Schluckauf etwas vorbeugen.

Beschaffenheit und Frequenz des Stuhlgangs

Wenn sich das schwarz bis dunkelgrünliche, schmierige Mekonium, das in den letzten Schwangerschaftswochen im Darm entstanden ist, entleert hat, stellen sich beim gestillten Kind die typischen aromatisch riechenden gelben oder auch einmal hellgrünen Stühle ein. Gelegentlich sind sie sehr flüssig, dunkelgelb und enthalten nur linsenförmige, quarkähnliche Einschlüsse. Die Häufigkeit liegt meist zwischen zwei und sechs pro Tag, doch darf ein voll gestilltes Kind auch zehnmal am Tag entleeren oder nur einmal in zehn Tagen, wenn es sonst beschwerdefrei ist und gedeiht. Beim Zufüttern ändert sich der Stuhlgang regelmäßig, er riecht jetzt weniger angenehm, sollte gelb bis bräunlich sein, eine breiig bis pastige Konsistenz haben, in der Regel zwei- bis viermal täglich kommen, spätestens aber einmal in zwei Tagen. Jetzt deuten ein Geruch nach Backstube auf Hefebesiedelungen, eine grüne Farbe bei zerfahrenem Stuhl auf eine leichte Fehlverdauung (Dyspepsie genannt). Blutspuren, auch in Form schwärzlicher Fäden (durch die Magensäure geschwärzt, Hämatin genannt; nicht verwechseln mit ähnlich aussehenden Bananenfasern!), oder entfärbte, grau-weißliche Stühle bei deutlicher Gelbsucht sollten schnell zur ärztlichen Beratung führen.

Die Urinausscheidung

In den ersten Monaten ist der Urin fast farblos und nur bei stärkerer Gelbsucht auch etwas gelber. Bleibt er länger in der Windel, so kann man besonders bei künstlich ernährten Kindern einen beißenden Ammoniakgeruch bemerken. Dies führt dann leicht zu Wundsein und sollte zu häufigerem Wickeln anregen bei guter Hautpflege nach Reinigung mit Wasser. Eine ziegelartige Farbe kann leicht einmal bei heißer Witterung auftreten, wenn das Kind nicht viel getrunken hat. Es handelt sich dabei um harmlose Phosphatsalz-Ausfällungen. Scheint das Kind beim Urinlassen Schmerzen zu haben, so deutet das oft auf einen Harnwegsinfekt (im Volksmund Blasenentzündung). Meist riecht dann auch der Urin auffallend anders als sonst und jedenfalls schlecht. Die Diagnose und Behandlung sollte vom Arzt durchgeführt werden. Ist die Windel einmal über zwei Mahlzeiten trocken geblieben, so muss man sich fragen, ob das Kind Fieber oder Durst hat, im Übrigen sich nach dem Ergehen des Kindes richten, ob man schon fremden Rat braucht.

Schwitzen

Es ist in den ersten Monaten selten, tritt bei Überwärmung, größeren Trinkmengen, Fieber oder meist nicht näher definierbaren vegetativen Störungen auf. Bei zunehmendem Schwitzen etwa ab der sechsten Woche ohne Grund muss die Rachitis-Vorsorge überprüft werden. Denn solches Schwitzen kann auf eine beginnende Rachitis hindeuten.

Rund um den Wickeltisch

Die Wickeltechnik und ihre Folgen

In den ersten Wochen wird das Kind mit Mullwindeln und schafwollenen Windelhosen oder Ähnlichem (s. Anhang S. 628) gewickelt. Darüber kommt noch ein großes Moltontuch, das – eingeschlagen um die Füße – die Strampelhose ersetzt. Sehr praktisch ist statt des großen Moltontuches auch eines aus Wolle. Je nach Jahreszeit kommt noch eine locker gestrickte Schafwolldecke darüber. Zunehmend verzichten Eltern in diesem Alter auch auf die Einmalwindeln, da die Kinder so am wärmsten bleiben und Müll gespart wird. Bei Kindern, die aus Beckenlage auf die Welt kommen, ist allerdings von Anfang an das breite Wickeln notwendig, weil sie zur Hüftunreife neigen. Ein zusätzliches bindenartig gefaltetes Moltontuch zwischen den Beinen reicht meist aus. Nach einigen Wochen beginnt das Kind dann von selbst sich aus diesem ***Puck*** freizustrampeln, so dass ein zwischen den Beinen zuknöpfbares Unterhemd, der sogenannte Body, zweckmäßig wird. Dann ist eine Dreieck- und eine Viereckmullwindel zu empfehlen, etwas später eventuell mit einem Windelpapier und darüber eine Windelhose aus ungebleichter Schafwolle. Darüber kommt tags die schafwollene und nachts die eventuell baumwollene Strampelhose. Letztere wird dann noch mit der erwähnten schafwollgestrickten Decke umwickelt, so dass das Kind trotz Strampelhose nicht ständig frei und ungehemmt strampeln kann.

Wer früh das ***Tragetuch*** (s. Abb. 21) benutzt, kann das Kind diagonal auf eine Schafwolldecke legen und zuerst die untere Ecke über die Beine, dann die seitlichen um den Körper schlagen. So liegt das ganze Kind dann weich und bis zu den Füßen warm im Tragetuch.

Die frühe dauernde Strampelfreiheit befürworten wir nicht. Denn schaut man auf die Fülle unwillkürlicher und reflektorischer Bewegungsabläufe in den ersten Lebensmonaten und nimmt dabei wahr, wie der Blick des Kindes dadurch gestört wird, so liegt es nahe, *das Kind bei der Tätigkeit des ruhigen Schauens zu unterstützen*. Dazu ist es nötig, eine Wickeltechnik zu wählen, die die ausfahrenden Strampelbewegungen der Beine bremst und dem Kinde da Halt gibt, wo es noch keine Kontrolle hat. Umso ruhiger und wacher wird sein Blick, und umso ungestörter lernt es mit den Händen umzugehen.

Das Kind sollte aber nie so fest gewickelt werden, dass nicht noch etwas *Bewegungsfreiheit für die Hüftgelenke* bleibt. Denn eine zu straffe Wickeltechnik kann sich auf die Ausbildung der Hüftgelenkspfannen negativ auswirken. Besonders zu beachten ist dies bei der unreifen Hüftpfanne der sogenannten Hüftdysplasie und bei der durch Bänderweichheit lockeren Hüfte. Bei diesen kann der Hüftkopf mit der Zeit nach hinten oben über den Rand des zu steilen Gelenkpfannendaches hinausgleiten, das heißt luxieren.

Liegt eine ***Hüftdysplasie*** vor, so muss diese so früh wie möglich vom Kinderarzt festgestellt und behandelt werden. Die Diagnose ist heutzutage meist durch die Ultraschalluntersuchung möglich ohne Röntgenstrahlenbelastung. Wird sie übersehen und wird die inzwischen entstandene Hüftluxation erst beim Laufenlernen an dem watschelnden Gang erkannt, so ist eine operative Korrektur nötig, der meist noch weitere Eingriffe folgen müssen. Eine verbleibende Fehlstellung und Fehlbelastung der Gelenke führt zur Früharthrose, die im Erwachsenenleben als schmerzhafte und mühevolle Behinderung auftreten kann und dann meist nur durch Implantation künstlicher Hüftgelenke behandelbar ist.

Waschen, Baden, Pflegemittel

Die Haut des Säuglings hat wie auch unsere eigene einen feinen Fettfilm, der in seiner Qualität durch nichts zu ersetzen ist. Es ist ganz unsinnig, diesen jeden Tag abzubaden und durch andere Fette zu ersetzen. In den meisten Fällen reicht einmaliges Baden in der

Woche aus (s. Abb. 19). Dafür wird das Kind täglich mit einem weichen Waschlappen und angenehm warmem Wasser ohne Seife im Gesicht, in den Hautfalten und im Windelbereich gewaschen. Überall, wo Gespucktes, Urin und Stuhl hingekommen sind, reicht meist auch die Reinigung mit klarem Wasser ohne Seifenzusatz oder stärkeres Reiben aus. Die noch verbliebenen fettlöslichen Reste von Cremes oder Stuhl werden mit Sonnenblumenöl entfernt, das für Reinigungszwecke billiger ist. Von den Kinderölen zur Hautpflege eignen sich am besten diejenigen mit Calendula- oder Kamillenölzusätzen. Auch die Hautfalten an Hals, Achseln, hinter den Ohren und im Windelbereich sollten dünn mit Öl gepflegt werden. Puder an diesen Stellen wird bei hinzutretender Feuchtigkeit leicht krümelig und reizt dann. Er ist nur angezeigt bei leicht gereizten Hautflächen wie Hitzepickeln am Rücken oder am Brustkorb. »Puderwolken« können das Kind zum Husten bringen und sind für die Lunge gefährlich.

Das Baden im Freien ist für Säuglinge mit wenigen Ausnahmen nicht zu empfehlen. Meist stellen die damit verbundenen Kälte- und Wärmeschwankungen, der Chlorgehalt oder die Verunreinigung des Wassers und das oft vorhandene Geschrei anderer Kinder eine Überforderung des noch so sensiblen Organismus dar.

Spaß auf dem Wickeltisch

Im Säuglingsalter vollzieht sich jede Eltern-Kind-Beziehung zu einem beträchtlichen Teil auf dem Wickeltisch. Da sind die Säuglinge satt, gut gelaunt und bewegungs- und kontaktfreudig. Diese Minuten während und nach dem Säubern, Waschen und Einölen sind Spiel und Zweck zugleich. Man summt, singt und spricht mit dem Kind, spielt mit den Händchen und Füßchen und darf nach einigen Wochen auf die ersten kontaktsuchenden Laute des Kindes warten (s. S. 366). Mit den Monaten wird das Spiel auf dem Wickeltisch immer lebhafter, weil das Kind hochgezogen werden will, sich dreht und schließlich anfängt zu krabbeln. Dann hat man seine liebe Not, dem Kind etwas Interessantes in die Hand zu geben, damit es einem nicht vom Wickeltisch fällt. Bei lebhaften Kindern ist es unter Umständen dann besser, sich mit dem Wildfang auf dem Boden weiterzubetätigen.

Von regelmäßigen, systematisch durchgeführten Massagen raten wir ab, auch wenn sie derzeit begeistert empfohlen werden. Ausnahme sind natürlich Massagen aus medizinischen Gründen. Die körperliche Zuwendung entspricht am besten der spontanen Begegnung mit ihren natürlichen Erfordernissen, sie sollte nichts Programmmäßiges an sich haben. Ein auf dem Arm oder im Tragetuch getragener Säugling hat schon eine Fülle von rhythmischen Tiefendruckwahrnehmungen am ganzen Körper, die er braucht, um sich in seiner Umgebung wohlzufühlen (s. auch S. 300). Alles andere besorgt das Kind durch seinen Bewegungs- und Entdekkungsdrang selbst.

Dabei erkennen wir einen Doppelaspekt: Bei jedem Blick, bei jeder Handberührung und Aufrichtebewegung und beim Krabbeln ergreift und »begreift« das Kind die Umwelt und sich selbst. In dem, was Erwachsene am Kind tun, wirkt die Gesinnung mit, in der es geschieht. Ängstliche Zurückhaltung, überschwängliches Übertreiben, bewusste oder unbewusste Erziehungsprinzipien, Angst vor Verweichlichung, Ehrgeiz zur Körperertüchtigung – all das sind Schatten, die jeder von uns ablegen muss, um dem gerecht zu werden, was vom Kinde auf uns zukommt. Nicht Ängste oder bestimmte Vorstellungen, sondern eine freudig liebevolle Stimmung und Geduld führen uns dazu, dem Kind für seine körperliche, seelische und geistige Kommunikation phantasievolle und hilfreiche Anregungen zu geben – eben das, wonach das Kind individuell und gerade jetzt verlangt.

Warum Wiege mit Schleier?

Wir empfehlen rundum einfarbig gefütterte Körbchen oder Wiegen mit einem zartrosa-violetten Schleier. Dieser schirmt irritierende Luftbewegungen ab und lässt ein angenehmes gedämpftes Licht hereinscheinen, bei dem die Kinder ruhig schlafen können. Er schützt vor direkter Sonneneinstrahlung am offenen Fenster und lässt natürlich auch keine Ultraviolettstrahlung durch. Das muss bedacht werden, wenn man das Licht zur Rachitisvorsorge braucht. In diesem Fall streift man den Schleier so zurück, dass die Sonne abgeschirmt bleibt, das blaue Himmelslicht jedoch das Köpfchen bescheinen kann. Ob man einen Wäschekorb auf einem wiegenden, selbstgemachten Gestell oder auf vier Rädern anbringt, ob man sich eine Bauernwiege zulegt, sich sonst irgendein Schiebe- oder Wiegegerät besorgt, entscheidend ist: Es muss neben das Bett der Mutter passen. Daran wird oft nicht gedacht, und dies hat zur Folge, dass die Mutter unzählige Male nachts aufstehen muss. Die Matratze für das Kinderbettchen ist am besten einteilig, flach und gut gefüllt. Rosshaar, Kapok und Seegras wären zu bevorzugen. Kein Kopfkissen, allenfalls ein flaches, mit Hirse gefülltes Kissen, das man selbst machen kann (s. S. 276). Es passt sich der Rundung des Kopfes an und kann die Atemwege nicht verlegen wie ein flauschiges Federkissen.

Geeignete Transportmittel

Zum Tragen des Kindes hat sich das Tragetuch (s. Abb. 21) von Anfang an als bestes Mittel bewährt – wenn es richtig gebunden und das Kind im Winter hierfür warm genug angezogen ist (Bezugsquellen S. 635). Dem Tragetuch und allen später infrage kommenden Tragegeräten (s. Abb. 23) gemeinsam ist, dass die Eltern ihre Kinder schon früh tragen können, wohin sie wollen. Das macht besonders die Mutter viel beweglicher, und das Kind kann etwas mehr von ihrem Leben und Tun miterleben. Allerdings ist dabei auf solche Sinneseindrücke zu achten, die für die erste Lebenszeit noch nicht wirksam werden sollten (vgl. S. 268).

Indem es mit dem gehenden Erwachsenen die rhythmischen Druck- und Tastwahrnehmungen in seiner Muskulatur und Haut erfährt, werden sein Selbst- und Geborgenheitsgefühl, aber auch die tätige Nachahmung für das spätere Gehen angeregt. Ein Kinderwagen dagegen bereitet mehr das spätere Autofahren vor!

Lässt sich ein Kinderwagen nicht mehr vermeiden, so ist auf ein hohes Fahrgestell und gute Federung zu achten (s. Abb. 24), damit das Kind weniger den bodennahen Autoabgasen ausgesetzt ist und auch auf Feld- und Waldwegen gefahren werden kann. Wichtig ist für das Kind, den schiebenden Erwachsenen zu sehen.

Zu den Kompromissen gehört auch das Auto.

Zum Säuglingsschwimmen

Wir empfehlen es für den gesunden Säugling nicht. Seine Bereitschaft, sich spontan zu bewegen, die Spielchen, die der Erwachsene mit ihm macht, der Stolz über jede neue Bewegung, die das Kind lernt, und die Freude an der Wiederholung sind genug Anreiz für die Bewegungsentwicklung. Wichtig ist allerdings, dass die Zeiten für solche Spiele und Beschäftigungen täglich gefunden werden und die Erwachsenen sich nicht mit dem Säugling auf dem Arm vor den Fernsehapparat setzen.

Beim Schwimmen kommt hinzu, dass das Baden in gechlortem Wasser nicht ideal ist, schon gar nicht für die zarte Haut des Säuglings. Ausserdem möchte er sich jetzt erst einmal mit der Schwerkraft auseinandersetzen, was mit dem Erwerb des aufrechten Ganges einen gewissen Abschluss findet.

Vom Säugling zum Kleinkind

Zum Tagesablauf

Der Übergang vom Säugling zum Kleinkind wird vollzogen, indem das Kind laufen lernt. Damit hat es nun die Möglichkeit, auf die Dinge zuzugehen. Seine Hände sind vom Vierfüßlergang befreit und können alles Mögliche anpacken, herunterziehen und begutachten. Nun bekommt auch der Tagesablauf ein ganz anderes Gesicht. Das Kind läuft von einem Zimmer ins andere, kann der Mutter aus der Küche ins Wohnzimmer folgen und seinen Platz am Esstisch der Familie einnehmen. Dabei erwächst auch der übrigen Familie eine Aufgabe. Sie muss nämlich lernen, das Kleine nicht ständig in den Mittelpunkt zu rücken, sondern es kindgemäß teilnehmen zu lassen. Denn in diesem Alter wird vieles veranlagt für den späteren Umgang miteinander. *Ein Glück für jedes Kind, wenn es erlebt, dass die Eltern seine tatsächlichen Bedürfnisse empfinden und ernstnehmen, seinen Launen mit Humor und Geduld begegnen, seinen manchmal chaotischen Ansprüchen ruhig Grenzen setzen und außer ihm auch noch anderes wichtig nehmen und in Betracht ziehen.*

Ebenso wandeln sich die Schlafgewohnheiten. Im ersten Lebensjahr schlafen die Kinder vormittags und nachmittags – auch draußen oder am offenen Fenster, im zweiten nur noch am Nachmittag. Da wird dann wichtig, dass sie vor oder nach dem Mittagsschlaf an die Sonne kommen und nicht gerade die allerschönste Zeit verschlafen. Am offenen Fenster oder unter blauem Himmel finden die Kinder jetzt oft keine Ruhe mehr. Abends schlafen sie natürlich umso besser ein, je früher der Mittagsschlaf gehalten wurde. Je pünktlicher und selbstverständlicher man die Essens- und Schlafenszeiten einhält, um so weniger wird das Kind mit Launen, Quengeligkeit und Leerlauf reagieren. *Kleine Kinder lieben nichts mehr als feste Gewohnheiten.* Das Erleben einer regelmäßig wiederkehrenden Abfolge von Tätigkeiten schafft Sicherheit und Vertrauen und gibt dem Kind inneren Halt. Es stärkt auch die Selbsterfahrung im Wiedererkennen (vgl. S. 294), und ist die beste Grundlage für die Willenserziehung (s. S. 445 ff.).

Ausscheidungen und Sauberkeitserziehung

Im zweiten Lebensjahr ist die Verdauung des Kindes hohen Belastungen ausgesetzt, da es jetzt alles Essbare versucht und noch schlecht kaut. So sind die Stühle meist »chaotisch«, reichen nicht selten bis zu den Schulterblättern mehrfach am Tag, sehen unverdaut aus und riechen meist sauer. Wenn dabei Wohlbefinden besteht und keine Gewichtsabnahme auftritt, spricht der Arzt nur von »irritablem Colon«. Etwas steuern lässt sich die Verdauung durch Regelmäßigkeit der Nahrungsaufnahme und Einschränkung von blähend-treibenden Nahrungsmitteln wie zum Beispiel groben Haferflocken, Körnern und Rohkost. Die Urinentleerungen werden seltener, ausgiebiger und riechen jetzt auch stärker. (Im übrigen siehe S. 278.)

Sobald sich das Kind frei im Raum bewegt, gehen die meisten Eltern heute zu Einmalwindeln über, weil sie einfacher sind. Es gibt aber auch erfahrene Mütter, die den dadurch entstehenden Müllberg sehen und mit Erfolg weiter Stoffwindeln und Wollhosen verwenden. Selbst wenn die Kinder toben, hält das »Paket« im Body ausreichend, das Duftsignal zeigt den fälligen Windelwechsel an, und die Haut bleibt frisch. Da die Kinder nicht mehr so oft, dafür aber kräftig die Windeln nass machen, sorgen sie durch entsprechende Signale selbst dafür, dass sie nicht zu lange im Nassen bleiben. Die Probleme der Unterkühlung einerseits und Hautreizung andererseits stehen nicht mehr im Vordergrund. Außerdem kennt man jetzt oft schon die »kritischen Zeiten« im Voraus und kann das Kind gleich im Anschluss wieder frisch wickeln.

Die Sauberkeitserziehung sollte in dieser Zeitepoche noch keine Rolle spielen. Am unkompliziertesten kommt sie in Gang, wenn man ein Hochstühlchen aus Holz hat, das ein Loch für den darunter zu stellenden Topf besitzt. Am besten eignen sich die klappbaren Stühle, die auch außerhalb der Essenszeit wieder am Boden benützt werden können. Mit Hilfe eines solchen Stühlchens ist es nicht schwer, nach den Mahlzeiten die Windeln rasch wegzunehmen und sich während der nächsten zehn Minuten mit den anderen Familienmitgliedern »gut zu unterhalten«. Hat man Glück, so tritt der Erfolg ein, und das Kind gewöhnt sich schon jetzt an feste Stuhlzeiten, die später auf dem Topf oder der Toilette beibehalten werden. Jedoch sollte man von diesem Erfolg ebenso wenig Aufhebens vor dem Kinde machen, wie wenn der Stuhl im Windelpaket landet. Je natürlicher und gewohnheitsmäßiger dieser Vorgang gehandhabt wird, umso besser – ganz gleich, wann das Kind letztlich »sauber« ist. Dieser Zeitpunkt stellt sich umso selbstverständlicher ein, je weniger er »ersehnt« wird oder durch bestimmte »Maßnahmen« herbeizudressieren versucht wird.

Kleidung und erste Schuhe

Schuhe haben für Kleinkinder eine große Anziehungskraft. Sie ziehen sie gerne an und aus. Später identifizieren sie mit den Schuhen die zugehörigen Menschen und versuchen mit großer Freude, in deren »Rolle« zu schlüpfen. Sie probieren nacheinander verschiedene Schuhe aus. Natürlich muss der Papa dann erkennen, dass jetzt die »Mama« oder die »Schwester« kommt.

Anfangs jedoch fällt das Anziehen der Schuhe schwer. Die Kinder verkrallen ihre Zehen sohlenwärts, anstatt sie in den Schuh hineinzustrecken. Deshalb sind die Schuhe für »Anfänger« beim Hineinschlüpfen bis weit nach vorne zu öffnen.

Schuhe sind nicht zum Laufenlernen da. Am besten entwickeln sich die Füße, wenn barfuß, in Strümpfen oder in Hüttenschuhen gegangen wird, die einzig die Funktion des Kälteschutzes haben. Günstig wirken draußen grasbedeckter Boden und drinnen ein Teppichbelag aus Sisal, Bast, Wolle oder Schweineborsten, weil hier die Fußsohle etwas zum Tasten hat. Schuhe dagegen verwöhnen den Fuß und machen ihn passiv. Plattfüße sind in der Kleinkindzeit normal. Die Fußwölbung entwickelt sich erst mit dem fünften Lebensjahr als Ergebnis der stattgehabten Auseinandersetzung mit der Schwerkraft. Wer aber nicht geht, entwickelt auch kein Fußgewölbe. Bei späteren echten Plattfüßen infolge Bindegewebsschwäche sind sich die Orthopäden heute einig, dass Einlagen nur da angebracht sind, wo man durch extreme Fehlstellung eine Störung in der gesamten Haltung des Skelettes befürchten muss. In den übrigen Fällen sind die oben erwähnte Anregung zur Eigenaktivität und das Üben des Zehengangs am besten. Eine Hilfe ist, diesen als »Vogelflug« zu bezeichnen und mit hocherhobenen, schwirrenden Händen oder »ganz leicht und zart wie die Elfen« zu einem kleinen Lied oder Vers – natürlich ganz unwillkürlich – auf den Zehen durch die Wohnung zu laufen. Das ist besser als die bewusste Aufforderung, bei der die Kinder bald die Lust verlieren.

Vom ***Material*** her gesehen sind ungefütterte Lederschuhe mit flachem Absatz am gesündesten. Synthetik- oder Lammfellfütterung kleidet meist nur die oberen und hinteren Teile des Schuhes aus und wärmt längst nicht so gut wie Wollstrümpfe, die den Fuß allseitig umgeben. Bei der Synthetikauskleidung können die Füße ihre Feuchtigkeit nicht abgeben, so dass die Neigung zu Schweißfüßen und Pilzbefall entsteht. Natürlich müssen die Schuhe groß genug gekauft werden, damit im Winter die dicken Wollsocken auch bequem darin Platz haben. Hinsichtlich Größe und Weite wird man in den Geschäften mit WM-Maßsystem gut beraten. Ein Schuh ist dazu da, dass der Bewegungsradius auf ungünstigen Böden und bei schlechter Witterung vergrößert werden kann. In Pfützen, auf Schnee, nassem Waldboden und im Geröll sind derbe Sohlen und

Absätze am besten. Auf Asphaltboden wird eine weiche Sohle als angenehm empfunden. Das heutige Schuhangebot erfüllt all diese Forderungen ganz gut.

Zusammengefasst: *Schuhe sind dazu da, den Fuß vor ungünstigen Umgebungseinflüssen zu schützen. Die gesunde Form und Funktion entwickelt der Fuß nicht durch den Schuh, sondern durch seine eigene Aktivität.*

In Bezug auf die ***Bekleidung*** wird man sich die Erfahrungen der ersten Lebensjahre zunutze machen. Wer bis jetzt die Vorzüge der Schafwolle erkannt hat, wird dem Kind auch in diesem Alter sein Wollhemd gönnen und auf Synthetik verzichten. Für die Nacht empfiehlt sich ein gestrickter wollener Schlafsack, wiederum aus ungebleichter Schafwolle (Bezugsnachweise S. 634), der das Kind vom ersten bis zum vierten, manchmal auch bis zum sechsten Jahr begleitet. Ist es doch die Zeit, in der sich die Kinder nachts aufdecken und sich noch nicht selbst wieder zudecken können. In diesem Schlafsack können sie ihre Schlafstellung verändern, wie sie wollen, und bleiben dennoch immer gleichmäßig warm.

Tageskleidung kauft man nach Zweckmäßigkeit, das heißt nach Bewegungsfreiheit, Strapazierfähigkeit, Wärme- und Feuchtigkeits-Eigenschaften. Darüber hinaus kann die Sympathie des Kindes zu einem schönen Kleidungsstück mithelfen, die richtige Sonntags-Stimmung hervorzulocken.

Was die ***Farbgebung der Kleidung*** betrifft, so machte Steiner auf die psychologische Wirkung der »Nachbilder« aufmerksam.[51] Der Blick auf eine rote Fläche erzeugt in uns eine grüne »Gegenfarbe«. Hat nun ein überaktives Kind die Neigung, »mit dem Kopf durch die Wand« zu wollen, so kann eine mehr in Rot gehaltene Kleidung harmonisierend wirken, weil es in sich ständig das beruhigende Grün erzeugt. Umgekehrt kann ein Kind, das stärker in sich zurückgezogen lebt, sei es aus Trägheit oder nur zu stiller Abgeschiedenheit, durch überwiegendes Blau in der Kleidung angeregt werden. Es erzeugt in sich das aktive Gelb/Orange als Gegenfarbe, das die Regsamkeit fördert.

Aufgrund der besonders innigen Verbindung, die im Kleinkindalter zwischen seelischem und körperlichem Leben besteht, ist auch dieses Erzeugen der Gegenfarbe ein Vorgang von stärkerer Intensität als im Erwachsenenalter. Er wirkt als solcher ebenso am Aufbau der körperlichen Verfassung mit wie die anderen Einflüsse in diesem Alter.

Sind Laufstall und Gitterbett Gefängnisse?

Der Laufstall als Aufenthaltsbereich steht zwischen der für den Säugling vertrauten Umgebung seines Bettchens und dem noch zu großen Zimmer (Abb. 29). Natürlich sollte es ein gutes Ställchen sein, aus Holz mit Gitterstäben und einem Boden, der möglichst 10 cm über dem Fußboden ist. Ist dieses nicht gegeben, so macht man noch eine niedrige Bespannung um den unteren Teil der Stäbe des Ställchens herum, damit der Luftzug vom Boden her abgehalten wird. Die Gelenke an der Umrandung werden mit Binden umwickelt, damit sich das Kind nicht klemmen kann. Wir stellen das Ställchen in der Wohnung so auf, dass die wesentlichen Arbeits- und Ruheplätze der Mutter gesehen werden können. Mit etwa einem halben Jahr kann man das gewickelte Kind bereits hineinlegen, so lange es wach ist, spielt und gelegentlich die Mutter sehen will. Diese geht dabei ganz einfach ihrer Hausarbeit nach oder setzt sich mit kleineren Tätigkeiten in seine Nähe. Auf diese Weise schleicht sich auch nicht die ungünstige Gewohnheit ein, dass die Mutter immer dann nach dem Kind sieht, wenn es »maunzt« oder quengelt. Das Kind nimmt so am Leben der Mutter teil und nicht umgekehrt. Dabei kann es sich ganz seinem Nachahmungstrieb hingeben, weil die Mutter immer etwas zu tun hat und weiß, was jeweils »dran« ist. Es kann sich an ihrem aufrechten Gang orientieren und seine ersten Aufstehversuche an den griffigen Gitterstäben des Ställchens vollziehen. Die meisten Kinder sind in den wachen

Morgenstunden im Ställchen zufrieden. Wird das Kind müde, so wird es zugedeckt oder ins Bettchen gebracht. Da es seine Mutter viel gesehen hat, ist es in dieser Hinsicht auch »satt« und lässt sich das ohne großen Protest gefallen. Nachmittags dagegen ist es gerne draußen. So ergibt sich von selbst, dass dann Spaziergänge und ähnliche Unternehmungen fällig sind.

Hat das Kind seine erste Fortbewegungsform gefunden, kommt natürlich eines Tages der entsprechende Moment, wo es das Ställchen als Grenze empfindet. Jetzt ist die Haltung der Mutter entscheidend. Wenn es zur Strafe wird, ins Ställchen zu müssen, dann ist es zum Gefängnis geworden. Wenn es aber der momentan notwendige sichere Aufenthaltsort ist, weil sie sonst ihre Arbeit nicht erledigen kann, so ist es eine Grenze, die durch die Lebensnotwendigkeit selbst gezogen ist. Ohne Ställchen hat das Kind zwar Bewegungsfreiheit, zwingt aber die Mutter immer wieder, ihre Arbeit zu unterbrechen und das behende auf dem Boden herumkrabbelnde Wesen von diesem und jenem Gegenstand wegzuziehen und wieder in Sicherheit zu bringen. Wer sich dennoch nicht für ein Ställchen entschließen kann, sollte wenigstens ein fahrbares Gitterbett (am besten mit festem Kopf- und Fußteil) wählen, über dessen Rand das Kind im zweiten Lebensjahr noch nicht steigen kann. Das ist auch im Falle von Schlafstörungen wichtig (s. dort S. 464) und im Krankheitsfall, wenn es samt Bett in die Nähe der Mutter gefahren werden kann. Ist es doch unmöglich, von einem Kleinkind zu verlangen, dass es allein in seinem Bett im Zimmer bleibt, während die Mutter sich in der übrigen Wohnung zu schaffen macht (Abb. 30). Dabei kann es sich sogar noch etwas frei bewegen und ist nicht wie auf dem Boden Zugluft und Schmutz ausgesetzt. Werden die Kinder dann im Bettchen müde, so legen sie sich von alleine hin.

Zur Gestaltung des Kinderzimmers

Nicht jedes Kind hat die Möglichkeit, ein eigenes Zimmer zu haben. Kann jedoch ein »Kinderzimmer« eingerichtet werden, so können entwicklungsfördernde Gesichtspunkte berücksichtigt werden. Da es zur Einrichtung des Kinderzimmers heute ganze Industriezweige gibt, möchten wir hier zwei Beispiele geben, von denen wir das zweite empfehlen:

- Ein Zimmer mit weißer Decke, buntbedruckter Tapete mit kleinen, immer wiederkehrenden Hampelmännern, Bällen und Segelbooten, ein praktischer PVC-Boden, ein ebenso praktischer Synthetik-Teppich. Die Gardinen mit stark kontrastierenden, lebhaften Farben, an der Wand der Kalender einer Säuglingsnahrung produzierenden Firma. Die Möbel sind aus abwaschbarem Plastik, orangefarben. Man sieht dem Zimmer an, dass die Ausstattung einiges gekostet hat.

- Decke und Wand sind mit einer hellen warmen Pastellfarbe gestrichen, eine Ecke und die schräge Decke sind mit billigen Profilhölzern verschalt. Der Linoleumboden ist mit einem Sisalteppich bedeckt, auf dem noch ein Flickenteppich und ein Schaffell liegen. Ein alter abgebeizter Kleiderschrank, ein nichtlackiertes Holztischchen in der Ecke mit Kinderstühlen, ein einfaches Etagenbett, ein Holzregal für die Spielsachen, ein paar Kästen zum Rutschen, Sich-darauf-Setzen oder auch zum Bauen. An der Wand hängt ein Bild, das die Mutter besonders gern hat, und über dem Bett des Kindes eine Engeldarstellung aus der Renaissancezeit. Farbe und Beschaffenheit der Vorhänge sind darauf abgestimmt, dass auch zur Mittagsschlafenszeit die notwendige heimelige Dunkelheit eintreten kann und kein schriller Kontrast zur Wandfarbe entsteht. Überhaupt sind die gesamten Farben des Raumes so gehalten, dass der Besucher sich angenehm aufgenommen fühlt. Für das Ordnung-Halten ist wichtig, dass nicht etwa Truhen und Reisekörbe das Spielzeug-Chaos aufnehmen. Wenn die Eltern sich gewöhnen, in den ersten Jahren täglich einmal mit Freude die Spielsachen wieder an ihren Platz ins Regal zu stellen – ohne jede Aufforderung an das Kind –, so wird es rein aus der Nachahmung heraus später am Aufräumen Freude haben.

Für das spätere Leben ist es von Bedeutung, ob sich das Kind in den ersten Jahren in Räumen aufhält, die ihm gemäß eingerichtet sind. Wer unsicher ist in der Auswahl von Farbe und Mobiliar, kann sich Folgendes zur Richtschnur machen. Er frage sich bei allem, ob denn die Gegenstände auch äußerlich ausdrücken, was sie innerlich sind. Ein unlackierter Holztisch entspricht in der Dicke der Platten und Stützen, in der Maserung und Verleimung und den Proportionen haargenau dem, was er an innerer Qualität hat und welchem äußeren Zweck er dienen soll. Dagegen verbirgt ein mit Holzdekor beschichteter Tisch die brüchige Spanplattenqualität und spiegelt etwas an der Oberfläche vor, was er im Innern nicht besitzt.

Und die Tapete? Die üblichen Bildmuster wollen »lustig« und »kindlich« sein. Wenn wir sie ernst nehmen, was bleibt dann übrig von ihnen? Wo auf der Welt gibt es denn im Gegenständlichen die unendliche gleichförmige Wiederholung, noch dazu unwahrer Bilder? Wo schweben zahllose Kätzchen, Bällchen und Rotkäppchen herum, ganz abgesehen von der karikatur- oder fratzenhaften Darstellungsweise (hierzu s. S. 296 f. zum Puppengesicht)? Eine einheitlich farbgebende Wand dagegen schließt den Raum zu einem Ganzen zusammen. Ein Muster drückt dieser Raumgrenze ein Element auf, das nichts mit ihr zu tun hat. Grelle Farbzusammenstellungen stumpfen das Gefühl für die Qualität einzelner Farben ab. Das kann man sich verdeutlichen, wenn man einmal die Eindrücke auf einer Autobahnraststätte vergleicht mit denen bei einem Spaziergang im Wald, wo sich feine Farbschattierungen zwischen Grün, Lila und Braun zeigen. Im ersten Fall wollen die Farben einem etwas aufdrängen, im anderen Fall locken sie die Seele nach draußen, so dass sie sich im Wahrnehmen aktiv entfalten kann. *Es ist ein großer Unterschied, ob ein Kind in dem Alter, wenn die Sinnesempfindungen noch eine so starke Wirkung auf die Organbildung haben, ständig Karikaturen, grelle, aufdringliche Farben, glatte Oberflächen wahrnehmen muss, oder ob es sorgfältig aufeinander abgestimmte, zarte Farbtöne erleben darf, die es seelisch atmen lassen.* Es kann auch zur lieben Gewohnheit werden, abends vor dem Schlafengehen noch einmal das Bild mit dem Engel anzuschauen.

Nicht zuletzt ist es für das Kind in seinem Zimmer wichtig, ob die Mutter auch gern darin ist oder nicht. Denn der Raum wird so lange nur Schlafzimmer bleiben, wie die Mutter stets anderswo ihre interessanten Tätigkeiten entfaltet und nicht Näharbeiten oder dergleichen auch einmal in das Kinderzimmer verlegt. Kleinkinder wollen und müssen in der Nähe der Mutter spielen dürfen.

Wohin in den Ferien?

Vielfach haben junge Eltern den Wunsch, so bald wie möglich wieder ihre früher gepflegten Urlaubsgewohnheiten aufzugreifen. Doch jetzt ist das Kind da und hat recht andere Bedürfnisse als der Erwachsene. Bedeutet doch für das Kind jeder Umgebungswechsel nicht nur ein Herausreißen aus seinem Lebensraum, sondern auch eine Krise für sein Selbstbewusstsein. Denn das kindliche Selbstbewusstsein bzw. Selbstgefühl stützt sich auf das Wahrnehmen vertrauter Gesichter und Gegenstände. Etwas *wieder*zusehen, was es schon gesehen hat, ist für das kleine Kind das gleiche, was für den Erwachsenen das Wiedererinnern eines bereits Gedachten ist. So wie der Erwachsene sich die Vorstellung seiner Seele in der Erinnerung bewahren kann und daher ein ununterbrochenes Selbstbewusstsein hat, so gelingt dies dem Kind nur auf dem Wege durch die Sinneserfahrung, weil das Denken und die damit verbundene Abstraktionsfähigkeit noch nicht entwickelt sind. Zwingen deshalb gesundheitliche Gründe oder das schlechte Klima des Wohnorts die Eltern dazu, öfter einen Ortswechsel anzustreben, so empfiehlt es sich, möglichst immer wieder denselben Ort aufzusuchen. Dasselbe gilt auch für die Wahl des Ferienortes. Wird mehrere Jahre hintereinander dieselbe

Gegend besucht und kennt das Kind bereits das Haus und die dortigen Lebensverhältnisse, so wird es sich viel schneller akklimatisieren und eine unbändige Freude am Wiedererleben und Wiedererkennen der bereits vertraut gewordenen Ferienwelt haben können. Und das stärkt das kindliche Selbsterleben und Selbstbewusstsein.

Ist eine Reise der Eltern oder ein Kuraufenthalt der Mutter nötig, so sollte das Kind entweder in seinem vertrauten Milieu von einer ihm bekannten Person zu Hause versorgt werden oder aber mit auf die Reise dürfen. Die gleichzeitige Trennung von der »Bezugsperson« und dem Milieu sollte dem Kind nur im äußersten Notfall zugemutet werden (s. auch S. 372 und S. 400 f.).

Zum Thema Sonnenbrille

Wenn nicht medizinische Gründe (Entzündungen oder Pigmentstörungen am Auge etc.) das Tragen einer Sonnenbrille nötig machen, empfehlen wir das Tragen einer Sonnenbrille im Kleinkind- und Kindergartenalter nicht. In dieser Altersgruppe sollte schon aus gesundheitlichen Gründen das Kind nicht extremen Sonnenbelastungen ausgesetzt sein. Mit einem guten Sonnenschutz auf dem Kopf (Hut mit Schirm oder Krempe) ist es für Spiel und Bewegung im Freien genügend ausgerüstet. Zum Sitzen sollte ohnehin ein schattiger Platz aufgesucht werden. Die Seh- und Funktionstüchtigkeit des Auges entwickelt sich am besten im freien Wechselverkehr zwischen Auge und Umwelt mit ihren natürlichen Farben. Auch verfügen die Augen schon im Kleinkindalter über eine ausgezeichnete Anpassungsfähigkeit an unterschiedliche Helligkeiten zwischen Morgen- und Abenddämmerung und extremer Sonneneinstrahlung in der Mittagszeit.

Im Schulalter oder während des Urlaubs, wenn ausgedehnte Gebirgswanderungen oder auch Spaziergänge anstehen oder auch stundenlanges Spielen am Strand empfiehlt sich das Tragen von Sonnenbrillen. Diese sollten dann aber wirkliche Lichtschutzbrillen sein, die auch vor seitlichem Lichteinfall schützen.

Altersentsprechendes Spielzeug

Angebot und Auswahl geeigneten Spielzeugs stellen sich heute als besonderes Problem dar. Die Kinder werden mit ausgeklügelten Industrieprodukten überschüttet, die für besonders kindgemäß gehalten werden. Wer jedoch jemals ein im Spiel versunkenes Kind beobachtet hat, erlebt, wie wenig seine Tätigkeit mit dem zu tun hat, was von diesem Spielangebot ausgeht (Abb. 88). Spiel ist die Neigung des Kindes, in seinem Umkreis tätig zu werden. Es tut, was es die anderen tun sieht. Mit Begeisterung rührt ein Zweijähriges mit einem Stöckchen auf dem Boden und kocht eine Suppe wie die Mutter. Es will an den »Knöpfen« drehen wie sie, wenn Küchengeräte zu bedienen sind. Es will auch »klick« machen, wenn der Vater in seiner Gegenwart fotografiert hat. Es will die Teller untersuchen, die vor dem Essen immer so munter klappernd aus dem Schrank genommen werden. In seiner Aktivität erlebt es die Erfüllung, nicht im Anschauen einer perfekten Plastikpuppe oder eines fratzenhaften Tieres. Bei einer Puppe ohne Gesicht, oder wenn nur drei Punkte das Gesicht andeuten, schafft sich die kindliche Phantasie das Fehlende hinzu (s. Abb. 61 – 63). Die Puppe lacht, weint, ist böse oder müde. Ewig lächelnde Puppengesichter oder gar »sprechende« erzeugen dagegen unwahre Nachbilder, die die Phantasie fixieren.

Was ist also ein geeignetes Spielzeug? Im ersten Jahr zum Beispiel eine Puppe in einfachster Machart: ein kleines Seidentuch, dessen Mitte mit Schafwolle ausgebeult und abgeschnürt den Kopf ergibt, während die geschnürten Tuchzipfel zu Händen werden. Später kann die Puppe aus Holz bestehen, das man stellen und legen kann, wiederum später aus einem weichen Flanelltuch usw. (siehe unter »Arbeitsmaterial« und »Werkbücher« im Literaturverzeichnis). Geeignetes Spielzeug ist jeder Gegenstand, der das Kind zu reger Aktivität aufruft und der selber so wenig darstellt, dass ihn das Kind in seiner Phantasie in immer neuer Weise ausstatten und bestimmen kann. Spielzeug kann ein Finger sein, an dem man beobachtet, wie er sich bewegt und was er alles kann. Ebenso eine Kissenecke, die man umknicken und einstülpen kann. Spielzeug ist eine Dose, die man auf- und zumacht und in die Dinge hineingelegt und wieder herausgenommen werden können. Spielzeug ist auch ein Holzstückchen, mit dem man auf den Tisch klopfen und das Geräusch studieren kann. Später ist es ein Wasserhahn oder ein Flaschendeckel, mit dem Wasser geschöpft und ein See angelegt werden kann; auch ein Kochtopf, der mit einem Löffel beklopft wird, ist interessant, ein buntgestrickter Ball, mit Schafwolle gefüllt, den man rollt, wirft, schiebt und umwickelt; kleine farbige Läppchen, mit denen alles Mögliche zu- und wieder aufgedeckt werden kann.

Warum ist es so wichtig, dass Vater, Mutter, Onkel und Tanten gute Spielzeuge schenken (z.B. von »purpur – Kunst und Spiel«, s. S. 634)? Weil die gängigen für Kinder ausgedachten, perfekten Spielsachen der kindlichen Phantasie keinen Spielraum lassen. Material, Farbe und Form verstoßen zudem meist gegen den Wirklichkeitssinn und das ästhetische Empfinden. Auch faszinieren die raffinierten Bewegungsmöglichkeiten und Leuchteffekte technischer Spielsachen und machen das Kind zum Beobachter, anstatt es selbst in Tätigkeit zu versetzen. Es geht beim Spiel darum, dem Kinde die Möglichkeit zu geben, sich körperlich durch Eigenaktivität und freie schöpferische Phantasietätigkeit gesund zu entwickeln. In seiner Schrift »Die Erziehung des Kindes vom Gesichtspunkte der Geisteswissenschaft« führt Steiner folgendes aus: *»Das Kind lernt eben nicht durch Belehrung, sondern durch Nachahmung. Seine physischen Organe bilden sich ihre Formen durch die Einwirkung der physischen Umgebung. Es bildet sich ein gesundes Sehen aus, wenn man die richtigen Farben und Lichtverhältnisse in des Kindes Umgebung bringt, und es bilden sich im Gehirn und Blutumlauf die physischen Anlagen für einen gesunden moralischen Sinn, wenn das Kind Moralisches in seiner Umgebung sieht. Wenn vor dem siebten Jahre das Kind nur törichte Handlungen in seiner Umgebung sieht, so nimmt das Gehirn solche Formen an, die es im späteren Leben auch nur zu Torheiten geeignet machen. Könnten die Menschen hineinschauen in das sich in seinen Formen* *aufbauende Gehirn, sie würden sicher ihren Kindern nur solche Spielzeuge geben, welche geeignet sind, die Bildungstätigkeit des Gehirns lebendig anzuregen. Alle Spielzeuge, welche nur aus toten, mathematischen Formen bestehen, wirken verödend und tötend auf die Bildungskräfte des Kindes, dagegen wirkt in der richtigen Art alles, was die Vorstellung des Lebendigen erregt.«*

Der Zusammenhang zwischen körperlicher Aktivität und der Ausbildung der Gehirnstrukturen ist auch naturwissenschaftlich schon lange belegt. So werden beispielsweise frühkindliche Hirnschäden durch Bewegungstherapie nach Bobath, Vojta u.a. behandelt. Sprachstörungen und Legasthenie beugt man am besten durch Geschicklichkeits-, Gleichgewichts- und Orientierungsübungen vor, sowie insgesamt durch die Schulung der Sinnestätigkeiten mit geeigneten Materialien.

Entwicklungsfördernde Gesichtspunkte dieser Art stehen oft im Gegensatz zu wirtschaftlichen Erwägungen und dem Aufspüren neuer Absatzmärkte im Umfeld des Kindes. Wenn hier Familien von sich aus zu der Einsicht kommen, was Kinder stärkt, so kann tiefgreifenden Schäden wie Phantasielosigkeit, mangelnder seelisch-geistiger Frische und innerer Leere vorgebeugt werden. Manche Eltern fragen heute schon, ob nicht die heute so um sich greifende Drogenabhängigkeit eine wesentliche Ursache darin hat, dass man von klein auf zur Abhängigkeit von interessanten Apparaten und »Unterhaltern« erzogen wurde und der befriedigenden Eigentätigkeit und Beschäftigung mit der Umwelt kaum Raum gegeben war. (Anregungen zur Unterstützung der Eigenaktivität finden sich z. B. in den Arbeitsmaterialien aus den Waldorfkindergärten, siehe Literaturverzeichnis, S. 653)

Sinneserfahrung – Selbsterleben – Selbstbewusstsein

Sinnesentwicklung und Leiberfahrung heißt das grundlegende Buch von Karl König, das er aus seiner therapeutischen Erfahrung als Arzt in der Heilpädagogik geschrieben hat. Es hängt weitgehend von dem Gebrauch der Sinne ab – insbesondere in den ersten drei Lebensjahren – zu welcher Art von Leiberfahrung und Selbsterleben das Kind angeregt wird, aufgrund derer es dann instinktiv diesen Leib handhabt.

In den letzten Jahren wurde der Sinnespflege immer mehr Aufmerksamkeit geschenkt, da erkannt wurde, in welch hohem Maß nicht nur Selbsterfahrung und Selbstbewusstsein, sondern vor allem auch bestimmte Intelligenzleistungen auf einer gut aufeinander abgestimmten Sinnestätigkeit beruhen (vgl. Legasthenie-Kapitel, S. 509 und Fernseh-Kapitel, S. 569 ff.). Daraufhin haben sich auch neue Therapieverfahren wie beispielsweise die sensomotorische Integrationstherapie entwickelt, durch die versucht wird, Mangel in Entwicklung und Pflege der Sinnesfunktionen durch intensives Training auszugleichen. Zu diesen Gesichtspunkten über die Bedeutung der Sinnespflege, insbesondere in der frühen Kindheit, tritt jedoch noch ein weiterer hinzu, den wir insbesondere den Forschungen Steiners verdanken: Es bilden sich nicht nur die Sinnesorgane mehr oder weniger gut aus, je nachdem, wie das Kind lernt, sie anhand der ihm gegebenen Vorbilder und Anregungen zu gebrauchen, *sondern es reagiert der Organismus aufgrund seiner Sinneseindrücke als ganzer auf alles, was geschieht. Wenn ein Kind sieht, hört, schmeckt oder riecht – so tut es dies mit seinem ganzen Leib.* So hüpft es auch vor Freude, wenn es etwas Schönes erlebt und reagiert hier ebenfalls ganzheitlich. Das heißt der Körper, der Leibaufbau als ganzer, empfängt die wesentlichen stimulierenden Anregungen über die Sinne. Damit kommt der Pflege dieses Bereiches im wahrsten Sinne des Wortes konstituierende Bedeutung zu – nicht nur für die seelische und geistige, sondern vor allem auch für die körperliche Entwicklung insgesamt. Selbsterfahrung und Selbstbewusstsein bilden sich dann aufgrund dieser frühkindlichen Sinneserlebnisse aus, gestützt auf die damit verbundenen Körperfunktionen. Daher möchten wir hier einige wesentliche Gesichtspunkte zur Sinnespflege und den durch sie vermittelten Erfahrungen zusammenstellen. Wir legen dabei die umfassende Sinneslehre Rudolf Steiners zugrunde, der zu den bereits bekannten Sinnen noch den Lebenssinn, den Wortsinn, den Gedankensinn und den Ich-Sinn erforscht und beschrieben hat[52] (s. Abb. 79 – 104).

Aus diesen Hinweisen kann auch deutlich werden, dass das Selbstbewusstsein des Menschen, das Erleben, »wer man eigentlich ist«, auf dieser zwölffachen Sinneserfahrung beruht. An Licht- und Farbeindrücken erleben wir unser eigenes Wesen als lichthaft und begabt mit den Erlebnisqualitäten der Farben. An der äußeren Wärme erwachen wir zu unserer inneren Wärme – ja dahin, dass wir selbst warm sind, Wärme haben. Ein gesundes Selbstbewusstsein strahlt aus von den zwölf Qualitäten, die durch die genannten Sinne vermittelt werden.

Der Tastsinn

vermittelt

Selbsterleben an der Körpergrenze durch Berührung.
Geborgenheit durch Körperkontakt. Existenzvertrauen

Hinweise zur Pflege	*Schädigende Einflüsse*
– Wechsel zwischen Alleinsein und Geborgensein; zärtlichem Körperkontakt und ruhigem sich selbst Überlassen-Sein; Loslassen-Können ist genau so wichtig wie auf den Arm nehmen.	– Äußere Versorgung ohne wirkliches inneres Annehmen des Kindes – Zuviel Geborgenheit oder zuviel Alleingelassensein – Berühren, das mehr der eigenen Lust dient als der Liebe zum Kind

Der Lebenssinn

vermittelt
Behaglichkeit, Harmonieerleben,
Empfinden, dass die Vorgänge zusammenstimmen

Hinweise zur Pflege

- Rhythmischer Tagesablauf
- Zuversichtliche Lebensstimmung
- Erleben von richtigem Maß und richtigem Zeitpunkt, das heißt von Ordnungen, die zusammenstimmen
- Freude beim Essen

Schädigende Einflüsse

- Streit, Gewalt, Ängstigung
- Hetze, Schreck
- Unzufriedenheit
- Maßlosigkeit
- Nervosität
- Beziehungslosigkeit der Handlungsabläufe zueinander

Der Eigenbewegungssinn

vermittelt
Wahrnehmung der eigenen Bewegung,
Freiheitserlebnis und Gefühl der Selbstbeherrschung
infolge Beherrschung des Bewegungsspiels

Hinweise zur Pflege

- Kinder selber tätig werden lassen
- Das Kinderzimmer so einrichten, dass alles angefasst werden kann und freies Spiel möglich ist
- Sinnvolle Bewegungsabläufe

Schädigende Einflüsse

- Kinder auf Schritt und Tritt mit bestimmten Verboten verfolgen
- Fehlende Anregung zum Tätigwerden durch Passivität oder Abwesenheit von Vorbildern
- Bewegungsstau vor dem Bildschirm
- Umgang mit automatischem Spielzeug, das die Kinder zu Zuschauern macht

Der Gleichgewichtssinn

vermittelt
Erleben von Gleichgewicht, Ausgleich, Ruhepunkte, Selbstvertrauen

Hinweise zur Pflege

- Bewegungsspiele, Wippen, Stelzenlaufen, Springen u. ä.
- Ruhe und Sicherheit im Umgang mit dem Kind
- Streben nach innerem Gleichgewicht seitens des Erwachsenen

Schädigende Einflüsse

- Bewegungsarmut
- Innere Unruhe
- Depression, Resignation
- Lebensüberdruss
- Ruhelosigkeit
- Innere Zerrissenheit

Der Geruchssinn

vermittelt
Verbundenheit mit dem Duftstoff

Hinweise zur Pflege

- Differenzierte Geruchserlebnisse aufsuchen an Pflanzen, Nahrungsmitteln, in Stadt und Land

Schädigende Einflüsse

- Schlecht belüftete Räume
- Geruchsbelästigungen
- Ekelerregende Eindrücke und Verhaltensweisen

Der Geschmackssinn

vermittelt süß, sauer, salzig, bitter.
Zusammen mit dem Geruchssinn differenzierte Geschmackskompositionen

Hinweise zur Pflege

- Eigengeschmack der Nahrungsmittel durch Art der Zubereitung hervortreten lassen
- »Geschmackvolle« Beurteilung von Menschen und Dingen
- Ästhetische Gestaltung der Umgebung

Schädigende Einflüsse

- Geschmacksvereinheitlichende Tendenzen (»Ketchup-Abusus« u.a.)
- Geschmacklose Bemerkungen
- Taktlosigkeit
- Unästhetische Umgebung

Der Sehsinn

vermittelt Licht- und Farberleben

Hinweise zur Pflege	*Schädigende Einflüsse*
– Aufmerksam machen auf die feinen Farbunterschiede in der Natur durch das Vorbild des eigenen Interesses daran – Harmonische Farbzusammenstellung bei der Bekleidung und Wohnungseinrichtung	– Fixierung durch destruktive oder »dumme« Bilder – Grelle Farben – Fernsehabusus – Düstere Stimmung – Interesselosigkeit – Farblos-triste Umgebung

Der Wärmesinn

vermittelt Wärme- und Kälteerleben

Hinweise zur Pflege	*Schädigende Einflüsse*
– Pflege des Wärmeorganismus durch altersentsprechende Bekleidung – Verbreiten seelischer und geistiger Wärme	– Übertriebene Abhärtungsmaßnahmen – Überheizte Räume – Unzureichende Bekleidung – Kalte, unpersönliche Atmosphäre – Übertrieben-verlogene »Herzlichkeit«

Der Hörsinn

vermittelt Tonerlebnisse
Erschließen des seelischen Innenraumes

Hinweise zur Pflege	*Schädigende Einflüsse*
– Beim Erzählen und Vorlesen von Geschichten die Geschwindigkeit des Sprechens der Aufnahmefähigkeit der Kinder anpassen – Singen und musizieren	– Akustische Überforderung insbes. durch Medien (zu laut, zu schnell, nicht persönlich-menschlich) – Oberflächliches oder verlogenes Reden – Unmenschlicher Tonfall

Der Wortsinn

vermittelt Gestalt- und Physiognomieerleben (Gestaltsinn) bis hin zum Erfassen der Lautgestaltung eines Wortes

Hinweise zur Pflege

- Warmer, herzlicher Tonfall
- Äußeres Verhalten in Gesten und Körpersprache
- Inneres Erleben in Übereinstimmung bringen mit den Äußerungen, da sonst unwahre Eindrücke entstehen
- Sinn für individuellen Ausdruck haben

Schädigende Einflüsse

- Abweisende Gesten
- Kühles, neutrales Verhalten, wo das Kind nie recht weiß, ob die Eltern nun fröhlich, traurig, zugewandt oder wirklich abwesend sind
- Jede Form von Lüge, wo Inneres und Äußeres nicht zur Deckung kommen

Der Gedankensinn

vermittelt unmittelbares Sinnerfassen eines Gedankenzusammenhangs

Hinweise zur Pflege

- Pflege der Wahrhaftigkeit und Stimmigkeit
- Bezug der Dinge und Vorgänge zueinander
- Erleben von Sinnzusammenhängen in der Umgebung

Schädigende Einflüsse

- Sinnlose Handlungen
- Verworrenes, unkoordiniertes Denken
- Verdrehen von Sinnzusammenhängen
- sinnloses Assoziieren

Der Ich-Sinn

vermittelt Wesenserfahrung. Unmittelbares Erleben der charakterlichen Konfiguration eines anderen Menschen

Hinweise zur Pflege

- Frühes Ertasten und Erleben der liebevollen Bezugsperson
- Liebe der Erwachsenen untereinander und zum Kind
- Begegnungs- und Besuchskultur
- Den Anderen wirklich wahrnehmen (das »Du« Martin Bubers[53])

Schädigende Einflüsse

- Desinteresse, Nichtachtung und andere Formen der Lieblosigkeit
- Medienkonsum und Umgang mit virtuellen Realitäten, bei denen keine reale Wesenserfahrung gemacht werden kann
- Materialistische Vorstellungen vom Menschen; sexueller Missbrauch

Wenn hier anhand der 12 sinnlichen Erfahrungsbereiche das Erwachen eines gesunden Selbstbewusstseins geschildert wird, so ist damit nicht gesagt, dass dieses Selbstbewusstsein aus der Sinnestätigkeit *hervorgeht*, sondern, dass es durch diese *bewusst wird*. Es gibt ein altes griechisches Sprichwort: »Wär' ich ein König und wüsst' es nicht, ich wär' kein König.« Das geistige Wesen des Menschen – sein Ich – ist ewiger Natur, »weiß« aber nur soviel von sich, als es sich seiner selbst durch das Leben im individuellen Körper auf der Erde bewusst geworden ist.

Weil nun dieses geistige Wesen des Menschen, sein »Ich bin ich«, hell *ist* und warm, sympathie- und antipathiefähig, begabt mit innerer Ruhe, Freiheitsfähigkeit, Harmonie und Vertrauen – kann es durch die Sinneserfahrungen an der Welt »zu sich« kommen und sich im Leib in seiner Einmaligkeit und Geschlossenheit erleben. Diese Erfahrung, den Grad des im und durch den Leib errungenen Selbstbewusstseins nimmt der Mensch dann im Tode als wesentliche Erdenerfahrung mit in die geistige Welt. Damit ist auch an den »Sinn« der Verkörperung bzw. des Lebens auf der Erde gerührt: Nicht im geistigen Dasein nur aufzugehen, sondern das auf der Erde erarbeitete Bewusstsein von sich selbst beim Eintritt in die geistige Welt zu bewahren.

Empfohlene Literatur:

Aires, A. Jean: *Bausteine der kindlichen Entwicklung*. Berlin 1992.

Brand, Ingelid/Breitenbach, Erwin/Maisel, Vera: *Integrationsstörungen. Diagnose und Therapie im Erstunterricht*. Würzburg 1997.

König, Karl: *Sinnesentwicklung und Leiberfahrung*. Stuttgart [4]1995.

Schuh, Ursula: *Die Sinne trügen nicht. Goethes Kritik der Wahrnehmung als Antwort auf virtuelle Welten*. Stuttgart 1999.

Steiner, Rudolf: *Zur Sinneslehre*. TB Themen aus dem Gesamtwerk 3. Stuttgart [4]1994.

– *Die Erziehung des Kindes vom Gesichtspunkte der Geisteswissenschaft*. Einzelausgabe, Dornach 1992.

Ernährung im Säuglings- und Kindesalter

Ernährungsfragen durchziehen zwar das ganze Kindesalter, haben aber ihre Hauptkonzentration im Säuglingsalter. In den letzten Jahrzehnten wurde einer wachsenden Zahl von Müttern wieder deutlich, dass Stillen etwas Wunderbares und für Gesundheit und soziales Miteinander des ganzen Lebens Entscheidendes ist. Auch für den Übergang zu einer kindgerechten Familienkost gibt es ganz unkonventionelle neue Möglichkeiten.

Diesen Themen sind die beiden ersten Teile des Kapitels gewidmet. Ein dritter Teil ist für Mütter gedacht, die aus welchen Gründen auch immer nicht stillen wollen oder können, aber dennoch auf industriell vorgefertigte pulverisierte Nahrung verzichten möchten. Hier werden altersgerechte Flaschenrezepte auf der Grundlage von Kuhmilchverdünnungen erklärt, mit Hinweisen, auf was dabei zu achten ist.

Anschließend besprechen wir die einzelnen Nahrungsmittel mit ihren Vor- und Nachteilen und ihrer Bedeutung für die kindliche Ernährung.

Ernährung ist aber beileibe nicht nur Energie- und Vitalitätszufuhr. Von der jeweiligen Einstellung zum Essen und Verdauen und zu den Entstehungsbedingungen der Nahrungsmittel hängt für die Gesundheit nicht nur der Menschen, sondern auch der Natur viel ab. Wir haben daher auch Gedanken über den Verdauungsvorgang selbst, die Industrialisierung, den Einsatz von Gentechnik und über das Verhältnis von Ernährung und Bewusstsein in dieses Kapitel mit aufgenommen.

Stillen

Noch zu Beginn der siebziger Jahre des 20. Jahrhunderts war Stillen in Deutschland so ungewöhnlich geworden, dass zum Beispiel das Institut für Kinderernährung in Dortmund sich an die im neu eröffneten Gemeinschaftskrankenhaus Herdecke entbindenden und stillenden Mütter wandte, um für seine Ernährungsstudien mit künstlicher Ernährung gestillte Kontrollkinder zu bekommen. Inzwischen hat sich sehr viel verändert. Eine neue Stillkultur ist entstanden mit umfassenden Beratungsmöglichkeiten durch Hebammen oder Stillberaterinnen. Diese verfügen über einen reichen Erfahrungsschatz und Literatur über alle Detailfragen. Dennoch wird auch heute insgesamt immer noch zu wenig gestillt, besonders in der sozial schwachgestellten Bevölkerung vieler Länder. In Deutschland haben inzwischen Verbände der Hebammen und Stillberaterinnen (s. S. 314) 1997 erreicht, dass dem Mutterpass Stillempfehlungen als Merkblatt beigefügt werden.

Wie schon immer führen wir die Gründe für das Stillen hier – jetzt noch erweitert – auf, damit die Mütter auch außerhalb der Bundesrepublik sich daran orientieren und in ihrem Umkreis leichter an der Aufklärungsarbeit für das Stillen beteiligen können.

Warum ist das Stillen so gut?

- Stillen schafft eine innige Beziehung zwischen Mutter und Kind und lässt auf natürlichste Weise erleben, dass wir Menschen einander brauchen und füreinander da sind.
- Muttermilch ist immer verfügbar, hygienisch einwandfrei und hat die richtige Temperatur.
- Muttermilch ist nach dem aktuellen Bedürfnis des Kindes zusammengesetzt.
- Stillen ist einfach, zeitsparend und billig.
- Stillen fördert die Rückbildung der Gebärmutter.
- Gestillte Kinder haben weniger Infekte und überstehen sie leichter.

- Gestillte Kinder sind gegen gefährliche Verdauungsstörungen mit Darmentzündungen und gegen Sepsis und Hirnhautentzündungen weitgehend geschützt.
- Ausschließliches Stillen in den ersten sechs Monaten kann das Kind vor Allergien schützen.

Praktische Fragen:
Wie lernt man das Stillen? Vom Kind! Abgesehen von den Handgriffen und Stillpositionen, die die Hebamme oder eine Stillberaterin zeigen (s. S. 314).

Stillzeiten:
In den ersten Tagen sollen Mutter und Kind möglichst nicht getrennt werden. Das Kind soll schon im Kreißsaal angelegt werden, es darf trinken, so oft es sich meldet, und bei Trinkbereitschaft auch in der Nacht angelegt werden. Auf diese Weise erhält es die wertvollen Tropfen der Vormilch, und die Milchbildung kommt am besten in Gang. Die Mutter sollte versuchen, sich zu entspannen, sich von kompetenter Seite helfen zu lassen und zwischendurch genügend Schlaf zu finden. Dabei sind Stillpausen von zwei Stunden sinnvoll. Legt man von Anfang an nur alle vier Stunden an und aus Angst vor Schrunden jeweils nur an einer Seite, so kommt die Milchbildung unter Umständen nicht genügend in Gang. Angemessen ist die Vorstellung, dass das Kind seinen Platz eigentlich an der Brust hat, wo es warm ist und die vertrauten Herzschläge der Mutter hören kann. Das gilt ganz besonders auch für Frühgeborene. Es geht ihnen dort sichtbar besser, als wenn sie allein liegen müssen. Inzwischen ist auch bekannt, dass die mütterliche und kindliche Herzfrequenz sich dabei aufeinander abstimmen und synchronisieren.

Mit zunehmender Trinkmenge macht das Kind von sich aus größere Pausen. Jetzt erst kann man allmählich von Mahlzeiten sprechen. Da ist es wichtig, dass die Mutter das Verhalten des Kindes richtig zu deuten lernt. Nicht jedes Räkeln oder jede Missbefindlichkeit ist ein Zeichen für Hunger. Wird es dabei jedes Mal angelegt, wird leider nicht so selten daraus eine Gewohnheit, und der Rhythmus kann sich nicht einstellen. Deshalb ist es sinnvoll, von der erwähnten Mindestpause von zwei Stunden ausgehend, gemeinsam mit dem Kind einen Rhythmus von drei bis vier Stunden anzusteuern. Etwa ab der siebten Woche ist dann auch eine längere Nachtpause bis zu etwa acht Stunden möglich.

Dauer der Stillmahlzeit:
Solange Kind und Mutter wollen. Beim kräftig trinkenden Kind bemisst sich die Dauer der Stillmahlzeit nach einigen Wochen auf etwa sieben bis zehn Minuten pro Brust, das heißt insgesamt fünfzehn bis zwanzig Minuten. Wenigstens eine Seite sollte ganz ausgetrunken, die andere mindestens entlastet sein.

Noch nicht genug Milch?
Bei frühem Stillbeginn und einer Entlastung im Haushalt treten Probleme des Milchmangels kaum mehr auf. Die Mutter achtet darauf, dass sie ausreichend trinkt, sich gut ernährt, Ruhe hat und Oberkörper und Arme bis über die Ellenbogen gut warmhält. Bevor man mit Zufüttern von Tee oder Nahrung beginnt, ist es besser, die Hebamme oder Stillberaterin hinzuzuziehen. Bei fehlendem Erfolg siehe Seite 317 ff.

Falsch sind kuhmilchhaltige Zubereitungen in den ersten Lebenstagen, wenn voll gestillt werden soll. Denn dadurch wird das Kind, wenn es die Anlage zu Allergien hat, möglicherweise gegen Kuhmilch sensibilisiert. Bekommt es dann nach längerer Pause, in der es nur Muttermilch erhielt, zum zweiten Mal kuhmilchhaltige Nahrung, so kann es zu starken allergischen Symptomen bis zum Schock kommen.

Vitamin K-Vorsorge
Auf diese Vorsorge wird die entbindende Mutter von der Hebamme oder dem entbindenden Arzt aufmerksam gemacht. Wir behandelten diese Frage auf Seite 256 ff.

Zunehmendes Gelbwerden

Die Mehrzahl der Neugeborenen wird einige Tage bis Wochen etwas gelb, insbesondere die gestillten Kinder, was in der Regel harmlos ist. Bei starker Gelbsucht siehe Seite 115.

Mangelndes Gedeihen?

Der erfahrene Blick einer Hebamme oder Kinderschwester ersetzt eigentlich die Waage. Wenn aber der Verdacht auf eine mangelnde Gewichtszunahme besteht, sollte wenigstens einmal vor dem Stillen nackt gewogen werden. Denn erst die zweite Wägung nach einigen Tagen zeigt dann an, ob das Kind tatsächlich genügend zunimmt. Es ist im Interesse des Kindes, wenn nicht erst nach vielen Wochen der Kinderarzt in die Ursachensuche einer Gedeihstörung einbezogen wird. Muss einmal die Tagestrinkmenge bestimmt werden, so wird das Kind in gewickeltem Zustand über einen Zeitraum von 24 Stunden vor und nach jedem Anlegen gewogen, zum Beispiel von der ersten Morgenmahlzeit bis zur letzten Nachtmahlzeit. Die Differenzen der einzelnen Wägungen zusammengezählt ergeben die Tagestrinkmenge. Die Angabe: »Ich habe nach dem Stillen immer noch Milch in der Brust« sagt allein noch nicht aus, dass das Kind auch genügend getrunken hat.

Wieviele Monate stillen?

Öffentlich empfohlen werden jetzt sechs Monate für das volle Stillen. Im zweiten Halbjahr stillen sich die meisten Kinder langsam ab. Abstillprobleme sind seltener bei gutem Körperkontakt in den ersten Lebensmonaten.

Schadstoffe in der Muttermilch?

Sie stammen sowohl aus der Nahrung, die die Mutter im Laufe ihres Lebens gegessen hat (sie wurden in ihrem Körperfett gespeichert), als auch aus dem, was sie aktuell zu sich nimmt oder einatmet. Ein Großteil dieser Stoffe geht unvermeidlich schon in das noch ungeborene Kind über. In den letzten Jahren haben die in Mitteleuropa in der Muttermilch gemessenen Schadstoffkonzentrationen im Mittel deutlich abgenommen, so dass es zur Zeit keine öffentlich empfohlene Stillbeschränkung mehr gibt.

Alles spricht dafür, dass den Heranwachsenden von Kindheit an möglichst schadstoffarme Nahrungsmittel geboten werden, damit später auch Muttermilch das sein kann, was sie von Natur aus ist.

Gründe gegen das Stillen
sind eine offene Tuberkulose oder eine HIV-Infektion der Mutter (s. S. 244 und 183 ff.), manchmal ein fortgeschrittener Brustdrüsenabszess.

Bei Infekten oder Verdauungsstörungen
des Kindes oder der Mutter mit und ohne Fieber: Immer weiter stillen. Die Milch enthält dann rasch die Antikörper der Mutter. Blähungen und Bauchschmerzen sind heutzutage leider auch bei gestillten Kindern nicht selten (s. S. 39 f.).

Wie oft Stuhlgang beim vollgestillten Kind?
Die Windel darf einmal in zehn Tagen oder zehnmal an einem Tag »vergoldet« werden. Das Wohlergehen der Brustkinder ist von der Häufigkeit und Beschaffenheit des Stuhlganges normalerweise unabhängig. Auch darf er gelegentlich grün aussehen, ohne dass dies etwas bedeutet.

Was darf die Mutter essen und trinken?
Eine normale, möglichst »gesund gewachsene« Kost, die nicht stopft und keine besonders blähenden Nahrungsmittel enthält. Als Getränke kommen in Frage Kräutertee, natriumarmes Mineralwasser, Kuhmilch, Buttermilch oder mildes Natur-Joghurt (diese Milchprodukte nur nicht bei eigener Ekzemneigung), evtl. eine 7 %-ige Mandelmusverdünnung. Bei Symptomen zu niedrigen Blutdrucks trinkt man viel und gönnt sich gelegentlich eine Tasse milden Kaffee. Selbst bei genügend Muttermilch kann der sogenannte Milchbildungstee, eine Mischung aus Anis, Fenchel und Kümmel – etwa drei Tassen pro Tag – getrunken werden, da er auch bei Blähungen der Mutter hilft und indirekt so dem Kinde guttut. Auch Obst darf

die Mutter essen oder Press-Säfte trinken, jedoch anfangs nicht zu viel auf einmal. Scheint das Kind mit vermehrten Blähungen oder Wundsein darauf zu reagieren, probiert man anderes und nach einigen Wochen dasselbe in kleinerer Menge noch einmal.

Nikotin bzw. Rauchen
hemmt schon in der Schwangerschaft das Gedeihen erheblich. Später schädigt es das Kind über die Muttermilch und die Atemluft. Es ist ein Risikofaktor für den Plötzlichen Kindstod (s. S. 171).

Alkohol
führt in der Schwangerschaft, in größerer Menge getrunken, zu körperlichen Bildungsstörungen mit geistiger Entwicklungshemmung und fördert in der Stillzeit und danach Abhängigkeiten. Wir empfehlen für Alkohol und Nikotin in der Schwangerschaft und Stillzeit vollständige Enthaltung.

Schrunden der Brustwarze
können durch korrekte Anlegetechnik in verschiedenen Stillpositionen – die von den erfahrenen Hebammen gezeigt werden – meist verhindert werden. Zur Pflege der Brustwarzen lässt man etwas Muttermilch antrocknen. Bewährt hat sich auch Johanniskrautöl. Salben und Brusthütchen sollten besonderen Situationen vorbehalten bleiben.

Bei Milchstau, auch leicht fieberhaftem, behandelt man mit »heißen« Kompressen (feucht, nicht nass!) oder einer Wärmflasche, die man auf die gestaute Brust zwanzig Minuten vor dem Anlegen legt, und massiert, während das Kind trinkt, die Brust noch zusätzlich aus. Danach bietet man, nach Wahl der Mutter weiter Wärme oder eine kühle Quarkpackung an. Bei tiefen Stauungen hat sich im Wasserbad erhitzte Eukalyptuspaste (S. 602 und 640) bewährt, die mittels eines Tupfers auf die Brust gebracht wird.

Bei Brustdrüsenentzündung, auch wenn sie hochfieberhaft verläuft (Mastitis), kann oft weiter gestillt werden. Hier ist jedoch ärztliche Behandlung notwendig.

Zahnbehandlung der Mutter
mit örtlicher Betäubungsspritze: Einmal oder zweimal nach der Behandlung die Milch abpumpen und verwerfen. Hat man viel Milch, so kann vorher auf Vorrat abgepumpt werden.

Medikamente der Mutter
Bei jeder medikamentösen Behandlung der Mutter fragt sie den verordnenden Arzt, ob dies dem Kind schaden kann. Wenn möglich sollte ein Arzneimittel gewählt werden, das nicht in die Muttermilch übergeht.

Jede gesunde Frau, die zuviel Milch hat, sollte versuchen, diese einem bedürftigen Kind zu schenken. Viele Frühgeborene oder kranke Säuglinge haben solcher Hilfe ihr Leben zu verdanken. Heute ist durch die AIDS-Gefahr eine große Unsicherheit entstanden, ob man dies dürfe. Dennoch gibt es einen Weg, um mit diesem neuen Problem fertig zu werden: die Empfängereltern lernen die Spenderin kennen, und diese ist bereit zu einem Bluttest auf HIV-Infektion.

Wie die Milch im Einzelfalle zum bedürftigen Kind kommt, hängt von den lokalen Gegebenheiten ab. In der Regel wird sie von den Eltern zweimal täglich abgeholt werden müssen. Eine gute hygienische Beratung ist unerlässlich, damit die Milch nicht verunreinigt zum Kinde gelangt.

Doch nicht genug Milch – zufüttern?
Nur wenige Mütter haben nicht genug Milch, vorausgesetzt sie wollen stillen, sind gut beraten und die sozialen Verhältnisse gestatten es ihnen uneingeschränkt. Hat die Stillberatung nicht das erhoffte Ergebnis, oder ist die Mutter aus anderen Gründen zum Beifüttern gezwungen und lehnt sie eine industriell hergestellte Pulvermilch ab, so kann sie das Rezept 1 auf S. 324 verwenden. Dabei ist zu hoffen, dass unter den Ärzten, Hebammen oder Stillberaterinnen sich auch solche finden, die Erfahrungen mit natürlichen Ernährungsformen auf Kuhmilchbasis haben und nicht nur industriell hergestellte Pulvernahrung anbieten.

Je weniger eigene Milch zur Verfügung steht, umso mehr nähert sich der Nahrungsaufbau dem des nicht gestillten Kindes. Zu der oft empfohlenen hypoallergenen Pulvernahrung siehe Seite 318.

Empfohlene Literatur:

Benkert, Brigitte: *Alles über Stillen*. Ravensburg 1995.
Exportinteressen gegen Muttermilch. Dokumentation der Arbeitsgruppe Dritte Welt, Bern. Reinbek 1976.
La Leche League International: *Handbuch für die stillende Mutter*. Zürich [2]1990.
Lothrop, Hanna: *Das Stillbuch*. München [21]1996.
Mitchell, Ingrid: *Stillen*. Reinbek 1990.
Siebert, Wolfgang u. a. (Hrsg.): *Stillen – einst und heute*. München 1997.

Stillberatungen vermittelt:

Arbeitsgemeinschaft freier Stillgruppen, Tel. 0931 / 57 34 93, Fax 57 34 94
La Leche League Deutschland e.V., Postfach 650096, 81214 München, Tel./Fax 06851 / 25 24

Beikost des gestillten Kindes

Dank des längeren Stillens gibt es neue Erfahrungen und Ratschläge zum Zeitpunkt und zur Art der Beikost. Dabei gilt als Basis aus ernährungsphysiologischer und allergologischer Sicht:

- das berechtigte Vertrauen in die Muttermilch als alleiniger optimaler Nahrung im ersten Halbjahr,
- die Verzögerung des Einsatzes von Kuhmilch und ihren Produkten und statt dessen
- Aufbau einer vielseitigen Beikost aus Gemüse, Obst und Getreide ab dem zweiten Halbjahr.

Gemäß dieser Grundsätze wird beim vollgestillten Kind auf jegliche Beikost auch in Form von Obst- und Gemüsesäften im ersten Halbjahr verzichtet, auch auf das früher empfohlene teelöffelweise Füttern von Orangen- oder Möhrensaft. Ab dem siebten Monat wird bei gleichbleibendem Stillangebot anschließend an die Brustmahlzeit etwas Gemüse, Obst, Getreide oder getreideähnliche Nahrung langsam steigernd angeboten. Allerdings sollte pro Woche nur eine Neuigkeit eingeführt werden. Äpfel können, roh gerieben oder gekocht, Birnen und Steinobst gekocht, Beeren pur oder durchgepresst und auch als Zusatz zum Getreidebrei angeboten werden. Sobald eine Obst- oder Gemüsesorte gedünstet vertragen wird, kann man dem Kind ein Stück davon roh in die Hand geben. Dadurch entstehen neue Erfahrungen im Tasten, Beißen, Schmecken und Schlucken, die das Kind in seiner Initiative und Selbstständigkeit beim Essen fördern. Gemüse werden gedünstet und mit einem Teelöffel guten Speiseöls angereichert. Nitratreiche Sorten (s. S. 342) wird man nicht zu oft und möglichst frisch, aber keinesfalls wieder aufgewärmt anbieten. Für Breie eignen sich in diesem Alter die glutenfreien aus Reis, Buchweizen, Mais oder Hirse, wenn sie mit kochendem Wasser erst überbrüht und abgetropft wurden, sowie ab dem zweiten Lebensjahr Quinoa, das ebenfalls gewaschen, eventuell auch mit kochendem Wasser überbrüht wird, um einen bitteren Geschmack zu beseitigen. Bei glutenhaltigem, das heißt backfähigem Getreide (Weizen, Dinkel, Hafer und Gerste, später auch Roggen) kann es in seltenen Fällen (ca. 1 : 1000) zu einer Unverträglichkeit kommen, der Zöliakie (s. S. 321). Alle diese Breie werden bei gestillten Kindern in der Regel nur mit Wasser gekocht, ohne Salz und Zucker. Ihren natürlichen Geschmack variiert man mit Obst- oder Gemüsezusätzen. Etwas Fruchtsaft zum Hirsebrei soll helfen, dessen Eisengehalt besser auszunutzen. In allen Fällen raten wir, die Nahrungsmittel soweit wie möglich aus *biologisch-dynamischem Anbau* zu beziehen (»Demeter-Qualität«, s. S. 333 und Literatur S. 338). Wo das nicht möglich ist, sollte man ökologischen Anbau bevorzugen.

Bei dieser Ernährung aus mehreren Obst-, Gemüse- und Getreidesorten ist ein Vitaminmangel in keiner Weise zu erwarten, auch wenn man zeitenweise industriell zubereitete Karotten und andere Gemüse verwendet. Eine EG-Beikostverordnung fordert jetzt von den Kindernahrungsherstellern eine zusätzliche Vitaminierung aller Beikost für Kinder von fünf Monaten bis drei Jahren.[54] Zum Beispiel werden alle Getreide für diese Altersgruppe von den Herstellern mit Vitamin B_1 angereichert (z. B. Reisschleim, Dinkelbrei, Kinderkekse usw.). Diese in den USA und anderen Ländern schon lange üblichen künstlichen Vitaminierungen sind nur bei drohendem Vitaminmangel wegen einseitiger Ernährung angezeigt. Für die mitteleuropäischen Verhältnisse sind sie unsinnig und erschweren nur den Herstellern, die sich auf naturbelassene Produkte eingestellt haben, den Markt. Wer für diese Altersgruppe künstlich vitaminierte Nahrung vermeiden will, kann sie aus unbehandelten Rohstoffen selbst herstellen oder auf nicht speziell für Kleinkinder ausgewiesene Produkte ausweichen.

Bei zunehmendem Interesse des Kindes an diesen Nahrungsproben können einzelne davon am Anfang der Mahlzeit angeboten werden und die Brust nur noch als »Nachtisch« oder umgekehrt. Auf diese Weise hat das Kind bis zum Alter von acht Monaten schon eine ganze Palette von Nahrungsmitteln kennengelernt. Die Mutter weiß, was es gerne isst und gut verträgt, und beginnt bei abnehmender Muttermilchmenge mit Kuhmilchprodukten. Zunächst wird etwas mildes Naturjoghurt in den Getreidebrei gemischt, wenn das vertragen wird, auch Vollmilch. Ist die Muttermilch etwa auf die Hälfte zurückgegangen, so müsste ein Kuhmilchangebot von täglich 200 ml ausreichen, um einen Eiweiß- oder Kalziummangel zu verhindern. Neigt sich das Stillen dem Ende zu, so ist ein Kuhmilchangebot von 400 ml pro Tag ausreichend.

Den Eltern bei den Mahlzeiten von seinem Stühlchen aus zusehend, hat das Kind schon manche Brotkanten, Karotten und andere Gemüsestückchen und Äpfel mit seinen Schneidezähnen angenagt. Ungemahlene eingeweichte Körnergerichte, auch gekochte, sind in diesem Alter nicht zu empfehlen, da dem Kind noch die Mahlzähne fehlen. Besser eignen sich Grützen aus gebrochenen Körnern.

Bei wirklich ***allergiegefährdeten Kindern*** wird heute im ersten

Lebensjahr Abstand genommen von Kuhmilch, Ei, Fisch und Nüssen. Wer als allergiegefährdet anzusehen ist, wird allerdings oft zu weit ausgelegt. Mit Ausnahme von Kindern aus Allergiker-Familien halten wir das oben beschriebene Ausprobieren von Kuhmilch für die beste Lösung.

Das empfohlene längere Stillen ist für die *Kieferausformung* gut und beugt auch der Essfaulheit vor, da die Kinder ihre Nahrung nur mit weit größerer Anstrengung erreichen, als wenn sie die Flasche bekämen. Die Mehrzahl der so ernährten Kinder lernt die Flasche nicht kennen, sondern übt das Trinken aus der Tasse am Tisch.

Probleme: Argumente,wie zum Beispiel »ohne Fleisch gibt es einen Eisenmangel, ohne Kuhmilch einen Eiweißmangel«, treffen nach unserer Erfahrung bei den vielseitig ernährten Kindern nur selten zu. *Ein echter Engpass kann aber im Kalziumangebot entstehen, wenn die Muttermilch zurückgeht und die kalziumreiche Kuhmilch noch gemieden wird.* Problemverstärkend wirkt dann unter Umständen das Phytin im backfähigen Getreide, insbesondere im Hafer, das das Kalzium der Nahrung unlöslich macht, ferner ein Rachitis auslösender lichtarmer Winter (s. S. 251 ff.). Wachsamkeit ist daher immer angezeigt. Den Stillberaterinnen wächst hier eine verantwortungsvolle Aufgabe zu, da es sich um eine Altersgruppe handelt, in der Beratungen seltener in Anspruch genommen werden und manche Familien nicht so gern zum Arzt gehen.

Ernährung nicht gestillter Kinder

Jede andere Ernährung als Muttermilch gilt im Säuglingsalter als künstlich. Sie ist ein Kompromiss und unter primitiven Lebensverhältnissen gefährlich. Weltweit haben sich industriell hergestellte Pulvermilchen eingebürgert, die einfach zu handhaben sind und meist gut vertragen werden. Dass sie in sozial schlechtgestellten Ländern mit einer deutlich erhöhten Säuglingssterblichkeit gegenüber gestillten Kindern einhergehen, hat ihre Verbreitung leider kaum einschränken können.

Ein Blick auf die Zusammensetzung der Pulver-»Milchen« zeigt, wie sorgfältig versucht wurde, deren einzelne Bestandteile der Muttermilch anzugleichen (sogenannte adaptierte Nahrung). Ferner finden sich alle erdenklichen Spurenelemente, Vitamine und Mineralien in ausreichender Menge, dazu einige Stoffe, die das Aussehen, die Haltbarkeit und den Geschmack verbessern, damit das Produkt konkurrenzfähig ist. Es wird aber auch deutlich, dass diese vielen Bestandteile nicht in einem inneren Lebenszusammenhang stehen. Für viele Eltern ist dies ein Grund, eine überschaubare »natürliche« Nahrung selbst herzustellen. Dieses Ansinnen möchten wir unterstützen, wegen der Unsicherheit, dass vielleicht die heutige Pulvernahrung auch eines Tages wie ihre Vorgänger überholt oder sogar als schädlich angesehen wird. Aber auch die Tatsache, dass die meisten Nahrungsmittelallergien nicht älter sind als die Erfindung des Milchpulvers, gibt zu denken.

In den letzten Jahren reagierten Forschung und Hersteller auf die vielen Unverträglichkeiten mit weitgehender Aufspaltung der Eiweißbestandteile ihrer Pulvernahrungsprodukte (Proteinhydrolyse). Diese »hypoallergenen« Nahrungsmittel sind manchmal besser verträglich – aber auf Kosten des Geschmacks! (Alternativen S. 320.)

Bestandteile der Flaschennahrung

Die Basis der meisten Flaschennahrungen ist ab der zweiten bis dritten Lebenswoche immer noch die Kuhmilch – ausgenommen bei Kindern in ausgesprochenen Allergiker-Familien. Allerdings sollte sie, wo immer möglich, erst nach einer möglichst sechsmonatigen Stillperiode eingesetzt werden. Wegen ihres hohen Eiweißgehaltes *muss* sie in den ersten neun Monaten verdünnt werden, der Milchzucker- und Fettgehalt muss dagegen durch Zusätze erhöht werden. An Mineralsubstanzteilen enthält die Kuhmilch fast viermal mehr als Muttermilch, darunter relativ große Mengen an Kalzium und Phosphor. – Stutenmilch ist der menschlichen Milch am ähnlichsten (hoher Milchzuckergehalt, wenig Kasein), bedarf aber als alleinige Dauernahrung eines Ölzusatzes von ca. 2,5 g/100 ml. Sie ist schwerer zu gewinnen und nur von einigen spezialisierten Stutenhöfen tiefgekühlt zu erhalten (s. Anm. 12 und S. 634 f.). Wegen ihres hohen Preises kommt sie als Hauptnahrung kaum infrage, wohl aber als Überbrückungshilfe bei Muttermilchmangel, bei Frühgeborenen und bei Ekzematikern.

Milchzusammensetzung

NAHRUNGS-SUBSTANZEN (Mittelwerte)

g/100 ml	reife Frauenmilch	Kuhmilch	Stutenmilch	Ziegenmilch
Milchzucker	*7,0*	*4,8*	*6,2*	*4,2*
Fett	*4,0*	*3,7*	*1,5*	*3,9*
Eiweiß ges.	*1,0*	*3,3*	*2,2*	*3,7*
Casein	*0,25*	*2,7*	*1,2*	*2,9*
Minerale	*0,21*	*0,74*	*0,36*	*0,8*

Sichtbar wird im Vergleich der Milchen bei der Kuhmilch ein zu hoher Eiweiß- und Mineralgehalt; bei Verdünnung resultiert ein zu niedriger Milchzuckergehalt. Die Stutenmilch ist der Frauenmilch ähnlicher, hat auch einen geringen Mineralgehalt, benötigt aber einen Fettzusatz. Die Ziegenmilch kommt der Kuhmilch nahe.

IMMUNGLOBULINE (Ig, Mittelwerte)

mg/100 ml	Neugeborenes	Vormilch	reife Frauenmilch	Kuhmilch
Ig A	*2*	*620*	*100*	*3*
Ig G	*1030*	*30*	*11*	*60*
Ig M	*11*	*38*	*4*	*3*

Erkennbar ist, dass die Muttermilch diejenigen Immunglobuline enthält, die dem Neugeborenen noch fehlen.

Milchqualität:
Am günstigsten ist, wenn die Milch möglichst frisch und unbehandelt, am besten vom Demeterhof oder von einem anderen Hof bezogen wird, wo die Tiere verantwortungsbewusst gehalten werden. Ist eine solche Milch unerreichbar, so kommt die frischest mögliche Vorzugsmilch oder pasteurisierte Handelsmilch infrage. Uperisierte H-Milch oder sterilisierte Milch sind nicht zu empfehlen. Nicht pasteurisierte Kuhmilch muss für Säuglinge möglichst gleich auf etwa 80° Celsius erhitzt und dann gekühlt werden. Besonders im Sommer gibt das den nötigen Schutz vor bakterieller Zersetzung.

Milchunverträglichkeiten
sind infolge der starken Neurodermitis-Zunahme nicht mehr selten, oft aber nur vorübergehend in den ersten zwei Jahren. Für die betroffenen Kinder kommen Ziegen- oder Stutenmilch (s. Anm. 12 und S. 634 f.) oder Soja-Säuglingsnahrung oder schließlich hypoallergene Fertignahrung (s. S. 318) in Betracht. Mehrfachallergien müssen mit dem Arzt besprochen werden. Unter Umständen kann dann eine Nahrung mit Stutenmilchmischungen Hilfe bringen.

Fettzusätze:
Hier hat sich Mandelmus bewährt, da in ihm das Fett schon in einer Emulsion enthalten ist. Beim hellen Mandelmus der Firmen Granovita und Rapunzel handelt es sich um kalifornische Bittermandel-freie Sorten, die hinsichtlich Schadstoffen geprüft und unbedenklich sind. Auch pflanzliche Öle können zugesetzt werden, sind aber schwerer ohne Schaumbildung zu emulgieren und bleiben dann leicht in der Flasche als Öltropfen hängen.

Schleimzusätze:
Die früher üblichen Getreideschleime gelten für die Anfangsnahrung der ersten vier Monate als unangemessen und sollen nicht mehr verwendet werden. Ab dem fünften Monat kann man aber mit Reisschleim als Zusatz beginnen. Die übrigen Getreide sollten erst allmählich im zweiten Lebenshalbjahr eingesetzt werden.

Vor - und Nachteile der einzelnen Getreideschleime:
Reisschleim ist sehr leicht verdaulich, die Stühle werden etwas fester. Bei Durchfällen ist er ausschließlich zu empfehlen.
Haferschleim macht etwas dünnere Stühle, *Gerstenschleim* ist gut verträglich, *Weizenschleim* (Mehl, möglichst aus Vollkorn, gesiebt) ist weniger üblich. Stattdessen wird meistens Gries genommen, möglichst ohne Vanillegeschmack. *Hirseflöckchen* werden wegen ihres Eisengehaltes empfohlen und zum Teil auch schon ab fünftem Monat eingesetzt. Wir empfehlen wiederum Produkte aus biologisch-dynamischem Anbau (Demeter, s. S. 333 und Literatur S. 338). Instantprodukte haben zunehmend die selbst zubereiteten Schleime verdrängt, was weder geschmacklich noch von der Konsistenz von Vorteil ist.

Getreideunverträglichkeit (Zöliakie):
Bei etwa jedem tausendsten Kind entsteht im ersten Lebensjahr nach dem Genuss von kleberhaltigem Getreide (Weizen, Gerste, Hafer, Dinkel und Roggen) innerhalb einiger Wochen ein Krankheitsbild mit schlechtem Gedeihen bei aufgetriebenem Bauch, massigen Stühlen – mehr als eine große Tasse voll pro Tag –, Blutarmut und Misslaunigkeit. Aufgrund der heute längeren Stilldauer und des späteren Getreideeinsatzes sind diese Krankheitsbilder seltener und verlaufen weniger typisch. Mittels Antikörperbestimmung und Biopsie der Dünndarmschleimhaut können sie dennoch erkannt werden. Diese Kinder sind empfindlich gegenüber dem Gluten im Getreide-Kleber, welches ihnen die Darmschleimhaut zerstört. Beim Verdacht auf diese Krankheit sollte immer der Kinderarzt gefragt werden, da zum sicheren Erkennen die sorgfältige Diagnostik notwendig ist.

Nahrungsmengen (s. auch nachfolgende Tabellen):
In den ersten zwei Lebenswochen gewöhnt man das Kind mit langsam ansteigenden Mengen an die gewählte Nahrung. Anschließend wird nach Bedarf oder mit Tagesmengen von etwa 1/7 bis 1/6 des jeweiligen Körpergewichtes solange gefüttert, bis das Kind ein Ge-

wicht von 6.000 Gramm erreicht hat. Dann bleibt man etwa bei dieser Tagesmenge meistens bis zum Ende des ersten Lebensjahres stehen, das heißt, es gibt zwischen 800 und 1000 g bzw. ml Nahrung pro Tag. Der Kuhmilchanteil beträgt dann maximal 400 (bis 500) ml (s. Tabellen und Rezepte S. 324 ff.). Zusätzliche Getränke sind nicht nötig. Wenn sie gereicht werden, sollte es in der Regel zu den Mahlzeiten sein.

Beikost:

Wie aus unserem graphischen Beispiel ersichtlich ist, fängt man bei künstlicher Ernährung früher als bei gestillten Kindern mit Obst- und Gemüsesäften in einer Menge von 1 bis 4 (bis 10) Teelöffeln täglich an und führt auch früher, langsam einschleichend, eine Gemüse- bzw. Obstmahlzeit ein.

Zur Flaschen- und Saugerpflege:

Flaschen und Sauger sollten in den ersten Lebensmonaten täglich einmal ausgekocht werden. Man stellt sie zum Trocknen auf ein sauberes Küchentuch.

Im Übrigen lässt man nach jedem Gebrauch eine gründliche Reinigung mit Flaschenbürste und fließendem heißem Wasser folgen. Wenn Spülmittel notwendig sind, müssen sie durch fließend heißes Wasser entfernt werden. Ebenso ist die Flaschenbürste zu reinigen. Sie sollte danach rasch trocknen können. Den Sauger kann man zwischendurch mit Kochsalz reinigen. Desinfektionsmittel sind nicht zu empfehlen.

Wissenswertes zur Milch

- *Bakterielle Zersetzung:* Fäulnisbakterien wachsen bei Temperaturen über 5 °C. Damit die Milchflaschen im Kühlschrank nicht zu lange in lauwarmem Zustand stehen, ist die Vorkühlung der zubereiteten Nahrung im Wasserbad wichtig. Die Aufbewahrung geschieht bei Temperaturen knapp über dem Gefrierpunkt. Jedes Einbringen von größeren Mengen ungekühlter Nahrungsmittel kann den Kühlschrank für Stunden über den gewünschten Kältepunkt anwärmen.

• *Pasteurisieren oder Abkochen:* Dabei gehen die meisten Bakterien zugrunde, unter anderem auch die Tuberkulose-Bakterien. Die Milch ist dann zwar nicht mehr so wertvoll, dafür jedoch sicher hinsichtlich infektiöser Durchfälle, besonders im Sommer. Schnelles Anwärmen und Abkühlen ist schonender. Für den Hausgebrauch reicht es aus, wenn die Milch nur auf 75 Grad gebracht wird.

• *Sterilisieren oder Uperisieren:* Das Sterilisieren geschieht durch längere Erhitzung über 100 °C, das Uperisieren durch ganz kurze Erhitzung auf 140 °C. Beide Behandlungen machen die Milch garantiert keimfrei und dadurch lange haltbar, jedoch auch unlebendig. Deshalb sind diese Milchzubereitungen nicht zu empfehlen. Außerdem fanden sich in ihnen bei Kontrollen wiederholt sogenannte Bakterienleichen in großer Zahl.

• *Homogenisieren:* Das Fett der Milch wird in kleinere Tröpfchen gespalten. Die Milch rahmt dann nicht mehr auf. Zweckmäßig ist das für den Verkauf, jedoch nicht unbedingt für den Verbraucher. (Es gibt eine schwer zu beweisende Theorie der Arteriosklerose-Entstehung, die auf das Homogenisieren als Ursache hinweist.)

Milchzubereitungen

Zum Schutz vor Fehlernährung dürfen laut EG-Richtlinien für Kinder bis zum vollendeten vierten Lebensmonat außer der zugelassenen Anfangsnahrung (d.h. pulverisierte »Vollnahrungsmittel«) keine Nahrungsmittel mehr in Verkehr gebracht werden. Die Verwendung der hier aufgeführten Nahrungsmittel und die Zusammensetzung der Rezepte beruht auf fünfzehnjährigen guten Erfahrungen und entspricht im Eiweiß-, Fett- und Kohlehydratgehalt etwa den sonst auch üblichen Nahrungsformeln, allerdings ohne Vitamin- und Mineralienzusätze. Wegen des fehlenden Vitamin D ist parallel zu dieser Ernährung eine Rachitis-Vorsorge nach Rücksprache mit dem Arzt durchzuführen.

Rezept 1:

1/3-Milch mit Mandelmus und Milchzucker

	Tagesmenge		
	600 ml	750ml	900 ml
1 Teil Kuhmilch	200 ml	250 ml	300 ml
2 Teile Wasser	400 ml	500 ml	600 ml
4 % Mandelmus	24 g**	30 g	36 g
6 % Milchzucker*	36 g**	45 g	54 g
	Auf 6–4 Fl. verteilen	Auf 5–4 Fl. verteilen	Auf 5 Fl. verteilen

* Entspricht dem Gehalt in der Muttermilch und ist nicht durch andere Zucker ersetzbar. Einen Milchzucker aus Molke, der noch Vitamin B2 enthält, gibt es im Reformhaus.

** Einmal mit der Briefwaage abwiegen und ausprobieren, wieviele Teelöffel gewohnter Füllung diese Menge ergeben.

Herstellung: Mandelmus mit wenig warmem Wasser anrühren, Restwasser, Milch und Milchzucker hinzufügen und zusammen kurz aufkochen (mindestens 80 °C). Durch ein Sieb auf die Flaschen verteilen. Die für den Vorrat bestimmten Flaschen kommen nach Vorkühlung im Wasserbad verschlossen in den Kühlschrank. Wo dieser nicht vorhanden ist, muss jede Mahlzeit einzeln zubereitet werden. Die Flaschen sollen nicht mehr Nahrung enthalten, als dem Kinde zusteht: Das sind, wie schon erwähnt, als gesamte Tagestrinkmenge nicht mehr als 1/7 bis 1/6 des Körpergewichtes.

Mandelmus der Firmen Granovita und Rapunzel sind auf Bittermandeln und Schadstoffe hin geprüft.

Diese Zubereitung eignet sich für Säuglinge bis zum Alter von etwa drei Monaten. Vitamin C mangelt allen Kuhmilchzubereitungen und sollte deshalb spätestens ab der sechsten Lebenswoche in Form von Obstsäften zugesetzt werden (S. 327).

1/2-Milch mit Mandelmus und Milchzucker

Ab dem Alter von drei bis vier Monaten kann das Rezept 1 auch als 1/2-Milch gereicht werden, das heißt Milch und Wasser im Verhältnis 1 : 1, dafür das Mandelmus auf 3 % herabgesetzt.

Ein Schleimzusatz empfiehlt sich dann, wenn das Kind von Rezept 1 nicht mehr genügend satt wird und mengenmäßig schon genug bekommt. Nach den heutigen Empfehlungen beginnt man damit nicht mehr vor Vollendung des vierten Monats, obwohl Reisschleim so gut wie immer vertragen wird.

Rezept 2:

*½-Milch mit Mandelmus, Milchzucker und Getreideschleimpulver**

	Tagesmenge	
	600 ml	800 ml
1 Teil Kuhmilch	300 ml	400 ml
1 Teil Wasser	300 ml**	400 ml
2 % Schleimpulver	12 g***	16 g
3 % Mandelmus	18 g***	24 g
4 % Milchzucker	24 g***	32 g
	Auf 4–5 Fl. verteilen	Auf 5–4 Fl. verteilen

* oder Instantpulver (ohne Milchpulver)

** Am Ende des Kochvorgangs müsste bei genauer Beachtung der Konzentrationen der verkochte Wasseranteil ersetzt werden (ca. 10 %).

*** Siehe Anmerkung auf S. 324.

Herstellung: Der Wasseranteil wird mit Reisschleimpulver (z.B. Holle) kurz aufgekocht – oder nach Packungsanweisung. Dann werden Milch, Mandelmus und Milchzucker wie auf S. 324 beschrieben dazugegeben und noch einmal kurz auf 80° C gebracht.

Mit fünf bis sechs Monaten gehen wir auf eine ⅔-Milch über (Rezept 3), bei mangelndem Gedeihen eventuell schon etwas früher.

Diese ⅔-Milch wird etwa bis zum zehnten Monat verwendet und dann erst durch Vollmilch ersetzt. Bei dieser können dann Schleim und Zucker ganz weggelassen werden. Spätestens im zweiten Lebensjahr wird die Flasche durch Milch aus der Tasse und Brotstückchen ersetzt.

Treten einmal unter der vorangehend beschriebenen Nahrung Beschwerden auf, so sind folgende Änderungen möglich:

Bei *Verstopfung* kann ein Teil der Zuckermenge durch Milchzucker oder Malzextrakt ersetzt werden. Auch etwas Orangensaft kann hilfreich sein. Wahrscheinlich am besten ist aber der Ersatz eines Anteils der Kuhmilch durch ein mildes Joghurt aus pasteurisierter oder selbst erhitzter Milch.

Rezept 3:

2/3-Milch mit Getreideschleimpulver und Zucker, evt. noch Mandelmus*

	Tagesmenge		
	750 ml	500 ml	250 ml
2 Teile Kuhmilch	500 ml	330 ml	165 ml
1 Teil Wasser	250 ml*	170 ml	85 ml
2,5 % Schleimpulver	19 g	12 g	6 g
3 % Zucker	22 g	15 g	7,5 g
(1 % Mandelmus)	(8,5 g)	(5 g)	(2,5 g)
	Auf 4–3 Fl. verteilen	Auf 3–2 Fl. verteilen	1 Flasche

* Siehe Anmerkung S. 325.

Herstellung: entsprechend Rezept 2.

Das Schleimpulver kann bis 2,5 % gesteigert werden. Bei selbstgemahlenem (und fein gesiebtem) Getreide oder anderen nicht vorbehandelten Schleimen muss es 3-5 Minuten gekocht und zum Quellen evtl. noch stehen gelassen werden.Das Mandelmus kann auch entfallen. Der Zucker kann als Vollrohrzucker (s. S. 345) oder bei älteren Säuglingen als Malzextrakt oder Honig dazugegeben werden.

Das Eiweißangebot liegt in der linken Spalte des Rezeptes 3 mit 500 ml Kuhmilch etwas über dem täglichen Bedarf (von etwa 400 ml Kuhmilch pro Tag im ganzen ersten Lebensjahr), in der mittleren Spalte mit 330 ml Kuhmilch etwas knapp. Durch Zugabe von etwa 70 ml Kuhmilch oder etwas Quark zum Obstbrei ist der Bedarf wieder gedeckt. Die rechte Spalte zeigt die Mengen für eine Flasche, die gerne morgens noch gereicht wird.

Bei *zu dünnen Stühlen* wird der Milchzucker durch 3 % Kochzucker bzw. Vollrohrzucker ersetzt und der Mandelmusanteil *vorübergehend* reduziert.

Bei *ungenügender Sättigung* kann man früher auf Rezept 3 übergehen.

Bei *Spucken und Blähungen* handelt es sich nicht immer um eine Unverträglichkeit der Nahrungsbestandteile, sondern oft auch um andere Faktoren (s. S. 39 ff. u. 101 ff.). Bei *Blähungen* infolge zu starker Gärung des Milchzuckers kann dieser durch Haushalts- oder Vollrohrzucker mit 3–5 % ersetzt werden. Bei Verdacht auf *Unverträglichkeit des Mandelmuses* kann stattdessen Sonnenblumenöl in gleicher Teelöffelanzahl verwendet werden (gründlich einrühren bzw. gut schütteln, unmittelbar vor dem Verfüttern!). Bei *Kuhmilch- oder Getreideunverträglichkeit* siehe S. 118, 320 und 321. Im Allgemeinen sollte ein erfahrener Arzt bei Änderungen beraten.

Zufüttern von Gemüse, Obst und Brei

Beim künstlich ernährten Kind (nicht bei substituierten Pulvermilchen) gibt man etwa von der sechsten Lebenswoche an täglich teelöffelweise Obst- und Gemüsesaft. Im Allgemeinen werden gegeben: 1–3 Teelöffel reiner schwarzer Johannisbeersaft oder andere frische Beerensäfte, oder 3–4 (–10) Teelöffel Apfelsinensaft – wenn er kein Wundsein verursacht, und 1–4 Teelöffel Karottensaft (roh gerieben, eventuell mit einer Prise Zucker zum Entsaften gebracht und durchs Sieb gedrückt). Diese Gewohnheit behält man mindestens bis zum Einführen der Gemüse- beziehungsweise Obstmahlzeit bei.

Die verwendeten Orangen sollten möglichst ungespritzt, das heißt naturbelassen sein und die Karotten aus biologisch-dynamischem Anbau (s. S. 333) stammen. Sanddorn-, Schlehen- und andere Elixiere enthalten meist viel Zucker und in der kleinen Menge, die das Kind erhält, wenig Vitamin C. Zum Süßen kommen sie in

Frage, wenn man den Zuckergehalt kennt. Reagiert das Kind auf Fruchtsäfte mit Wundsein, so hört man einige Tage auf und beginnt mit kleineren Mengen von neuem. Beim vollgestillten Kind verschieben sich diese Zeitangaben in das zweite Halbjahr (s. Tab. I, nach S. 327).

Bereitung der Gemüsemahlzeit

Das Gemüse wird weich gekocht und passiert, im zweiten Halbjahr gedünstet und zerdrückt, zunächst Karotten, später einmal pro Woche auch Kürbis, Zucchini, junge Kohlrabi, Blumenkohl, Fenchel, Spinat oder Salatbrei. Die drei letzteren gelten als Nitratspeicherpflanzen und sollen nicht zu häufig und nie wieder aufgewärmt angeboten werden. Die Karotten müssen und können anfangs lange gekocht werden, ohne Schaden zu nehmen. Bald empfiehlt sich aber für die entsprechenden Gemüse nur noch kurzes Dünsten. Das Flaschenkind erhält sie löffelweise vor der Milchmahlzeit, eventuell mit etwas Flaschennahrung gemischt oder auch in der Flasche. Das gestillte Kind bekommt die ersten Gemüseangebote nach dem Stillen. Reif zum Gefüttertwerden mit dem Löffel ist das Kind erst im zweiten Halbjahr. Manchmal muss etwas Banane, Agavendicksaft oder Zucker vorübergehend helfen, den neuen Geschmack zu tolerieren. Langsam wird auf eine halbe bis volle Gemüsemahlzeit ohne Salz (aber mit etwas Butter oder Sonnenblumenöl) gesteigert. Alle Kinder dürfen im zweiten Halbjahr bei vorhandenen Zähnen auch an geeigneten rohen Stückchen der ihnen bekannten Gemüsesorten nagen. Fleisch und andere Zusätze empfehlen wir nicht (vgl. S. 346 ff.). Demeterprodukte sind zu bevorzugen. Die Verwendung von Gläschen stellt oft einen Kompromiss dar, am ehesten zu empfehlen sind Kürbis, Karotten oder andere Einfachgemüse im Gläschen aus biologisch-dynamischem Anbau.

Die Bereitung der Obstmahlzeit

Ein bis zwei Scheiben Zwieback, möglichst Demeterqualität, wer-

Nahrungsaufbau im ersten Lebensjahr

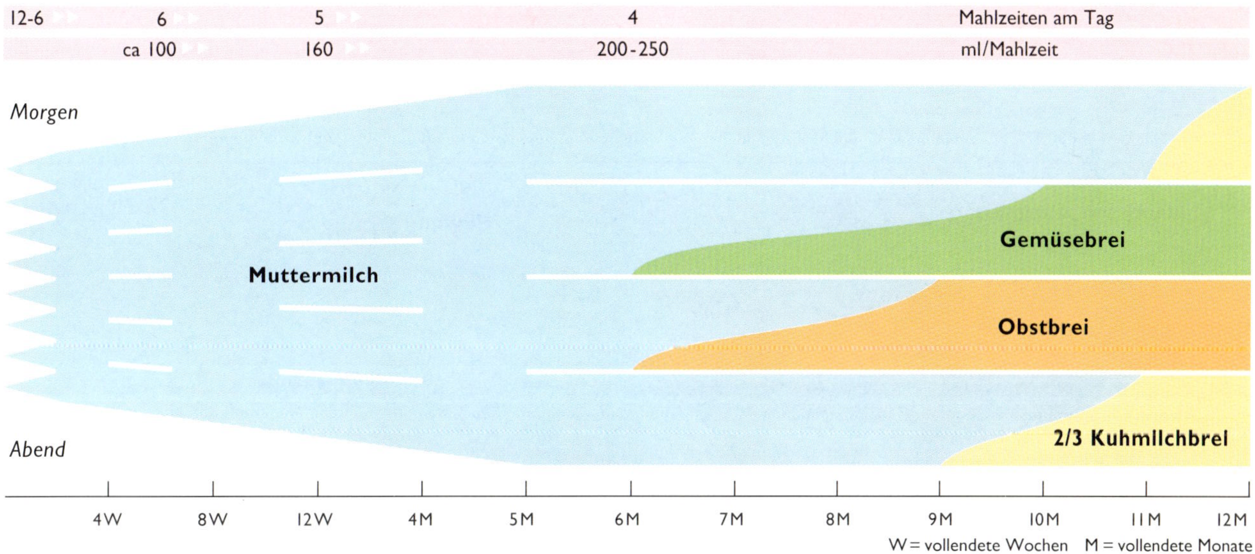

Tabelle 1: Beispiel eines voll gestillten Säuglings.
Von links nach rechts wird das Kind älter. Die Tageszeit ist von oben nach unten zu lesen, wobei die Nächte immer weniger dazugehören. Die liegenden Unterteilungen deuten auf die meistgebrauchte Anzahl der Mahlzeiten. Die Tagesmenge endet bei 800 bis maximal 1000 ml. Im Alter zwischen sechs und zehn Monaten werden allmählich Obst- und Gemüsemahlzeiten mit Getreidezusätzen angeboten. Kuhmilchzubereitungen werden vom Zeitpunkt der nicht mehr ausreichenden Muttermilchmenge eingesetzt. Ab neun Monaten stillt sich das Kind meist selbst ab. Flaschenkost ist hier nicht nötig. (Siehe Tabelle S. 630.)

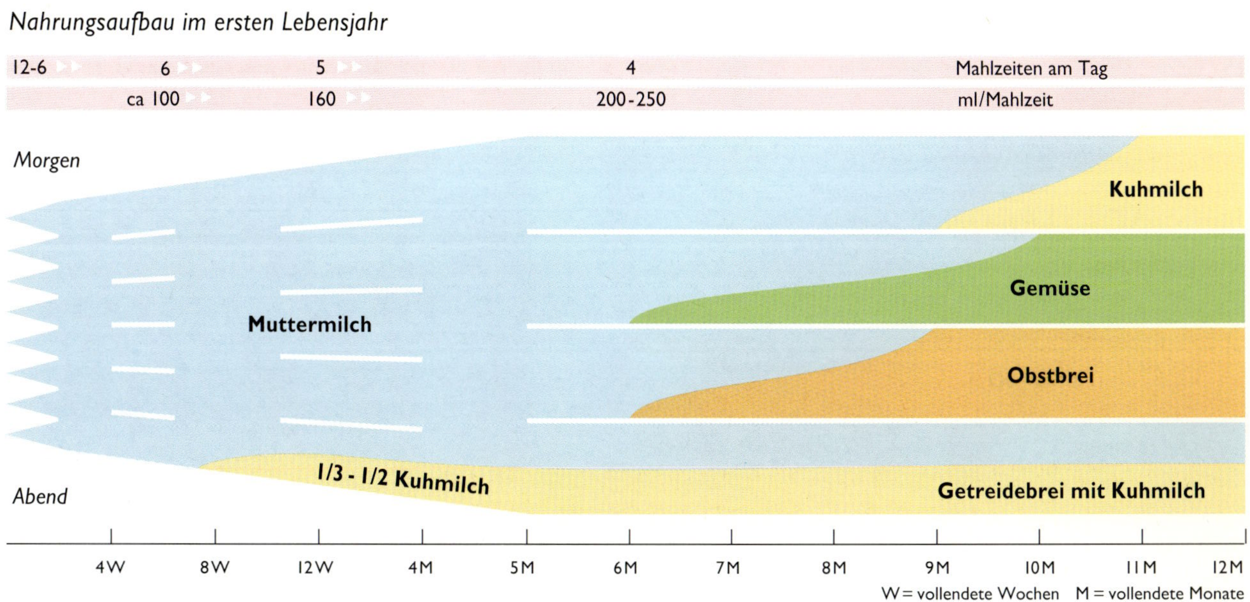

Tabelle 2: Bei unzureichendem Gedeihen trotz Stillberatung empfiehlt sich das Zufüttern von etwas Beikost aus verdünnter Kuhmilch, und zwar zunächst meist nur abends. Dadurch werden Stillmenge und Stillrhythmus am wenigsten gestört.

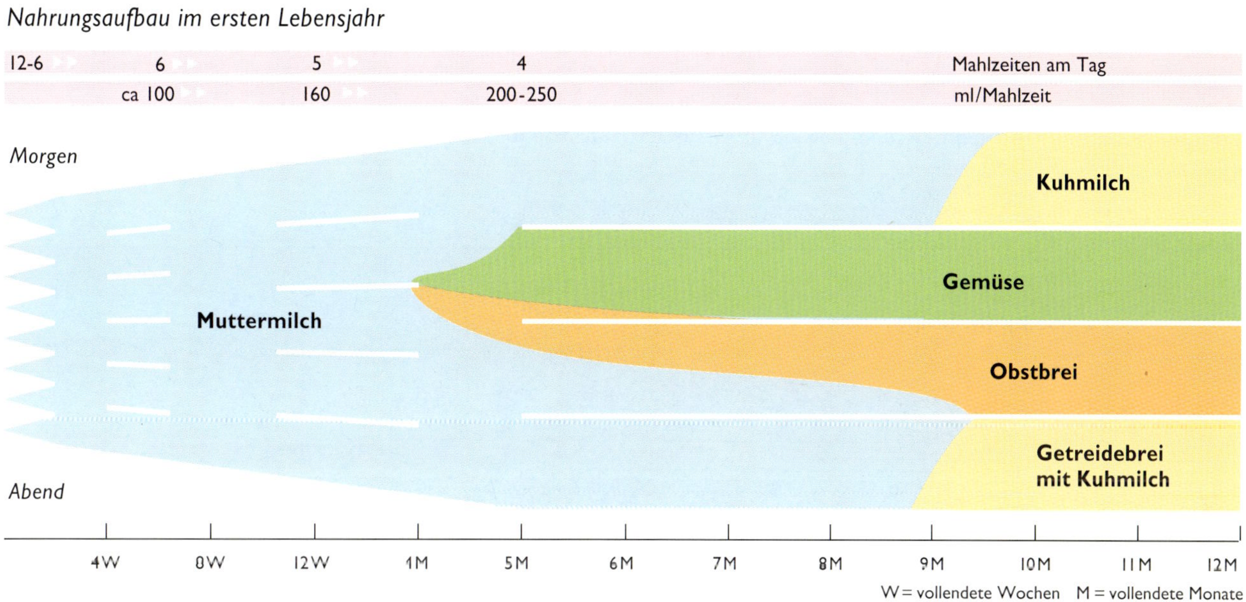

Tabelle 3: Dieses Beispiel zeigt die Ernährung eines Säuglings, dessen Mutter nach fünf Monaten wieder halbtags arbeitet. Mit vier Monaten bietet sie teelöffelweise steigernd Karottengemüse und abwechselnd Apfelkompott mit Reisschleim und etwas Öl an. So kann sie ab fünf Monaten die zweite Mahlzeit dem Partner oder der Tagesmutter überlassen. Ihre eigene Milch reicht in diesem Fall bei der dritten Mahlzeit nicht mehr aus, so dass sie dann den Obstbrei nachmittags einsetzt. Das Kind stillt sich in diesem Fall mit neun Monaten ziemlich rasch selbst ab, was aber nicht sein muss. Zwischen sechs und neun Monaten ist hier der Kalziumgehalt der Nahrung relativ knapp. Durch Einsatz von ca. 100 ml Naturjoghurt oder Kuhmilch im Obst- oder Gemüsebrei ab sechs Monaten wäre der Kalziumbedarf ausgeglichen.

Nahrungsaufbau im ersten Lebensjahr

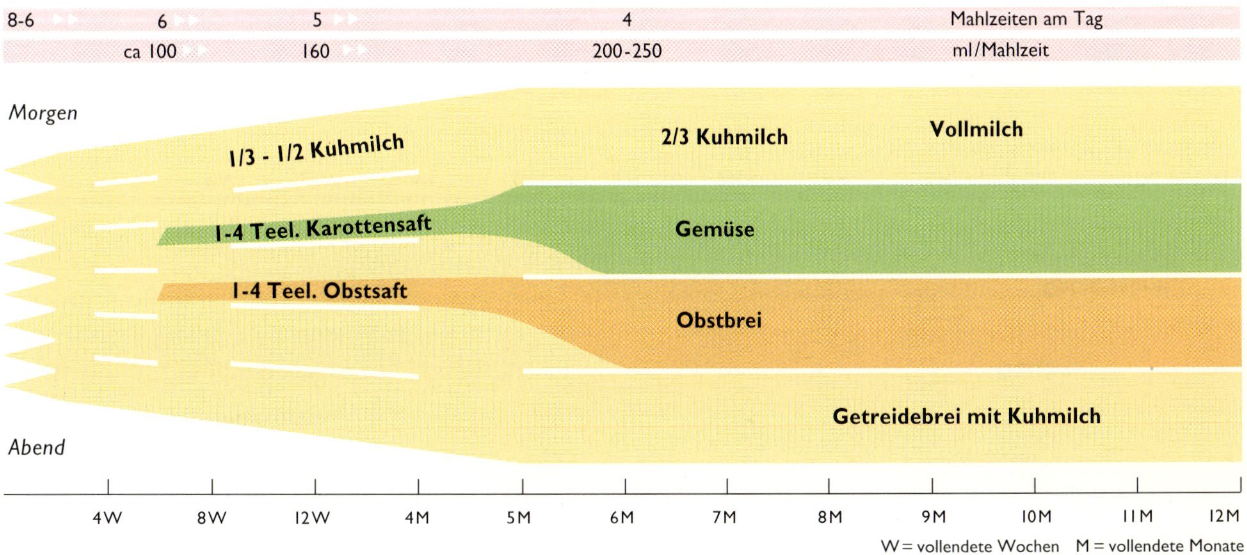

Tabelle 4: Ernährung eines nicht gestillten Kindes. In den ersten ein bis zwei Wochen sollte statt einer Kuhmilch-Zubereitung Stutenvollmilch gegeben werden, evt. mit 2 g Sonnenblumenöl auf 100 ml angereichert.

Das Schema baut auf den Rezepten dieses Buches auf und entspricht ungefähr der Zusammenstellung bei Verwendung kuhmilchhaltiger Pulvernahrung. Allerdings fehlt hier der Zusatz von Vitamin D; eine entsprechende ärztlich betreute Vorsorge ist notwendig.

den in abgekochtem Wasser oder mildem Joghurt eingeweicht und ein auf einer Glasreibe geriebener Apfel (gewaschen, geschält und entkernt) evtl. unter Zusatz von etwas Zucker oder Honig daruntergemischt. Neben Äpfeln kommen je nach Jahreszeit Himbeeren, Johannisbeeren (letztere durch ein Sieb gedrückt), Pfirsiche, Bananen und Erdbeeren, eventuell auch Fruchtsäfte in Frage. Bei älteren dünnen Säuglingen können auch einige Löffel Sahnequark hinzugefügt werden. Man fängt immer mit kleinen Mengen an und steigert langsam auf eine volle Mahlzeit. Auch hier empfiehlt sich im zweiten Halbjahr für alle Kinder das Nagen an geeigneten Obststückchen.

Milchbrei-Zubereitung

Der Milchbrei kann bei künstlich ernährten Kindern etwa mit fünf Monaten die Abendflasche ablösen. Bei gestillten Kindern kann er nach dem Abstillen die Flasche überhaupt ersetzen. Man verwendet die gleichen Milchverdünnungen, die man auch in der Flasche genommen hätte, und kocht im Wasseranteil nach eigener Wahl Grieß oder feine Haferflocken, Gerstenschleim, später auch Hirseflocken oder andere Getreidezubereitungen wie z. B. Thermogetreide[55] (keine Kleie!), dazu etwas frisches Obst. Die in den Breien verwendeten Milchmengen müssen natürlich in die Berechnung des Tagesverbrauches mit einbezogen werden.

Apfelgrießbrei

Manche Eltern strecken die Breimahlzeit schon im fünften Monat mit etwas Apfelkompott oder geriebenem Apfel. Bei Kindern, die großen Appetit haben und zu stark gedeihen, ist dies ein guter Ausweg.

Zusätzliche Getränke im Säuglingsalter?

Wollte ein Erwachsener im Verhältnis zur übrigen Nahrung genauso viel Flüssigkeit zu sich nehmen wie ein halbjähriger Säugling pro Tag, so müsste er 10 l in der Nahrung aufnehmen. Der Säugling erhält also in seiner normalen Kost schon erheblich mehr Flüssigkeit als ältere Menschen. Die immer wieder zu vernehmenden Ratschläge, dass man Kindern und besonders Säuglingen viel zu trinken geben müsse, weil diese einen »hohen Bedarf« hätten, schießen meist über das Ziel hinaus und verleiten zu ungünstigen Trinkgewohnheiten. Zusätzliche Flüssigkeit ist allenfalls bei heißem und trockenem Wetter oder Fieber angezeigt und natürlich bei Durchfall und Erbrechen (vgl. auch S. 101 ff. und 333 ff.).

Übergang zum zweiten Lebensjahr

Zu Beginn des zweiten Lebensjahres vollzieht sich langsam der Übergang von der Säuglingsnahrung zur Kleinkindkost. Diese besteht anfangs noch aus den gewohnten Nahrungsmitteln, die aber nun auf dem Hochstühlchen am Tisch mit den Erwachsenen zusammen eingenommen werden. Sehr bald bemerkt man, wie die Kinder nicht mehr nur aus Hunger, sondern auch aus Nachahmung essen. Dann schiebt man ihnen schon einmal ein Brotstückchen zu oder einen Brotkanten zum Einspeicheln. Irgendwann wollen sie dann auch einen eigenen Löffel haben, und so vollzieht sich langsam über manche Schmiererei und Pantscherei der Übergang zum selbständigen Essen. Dabei sollte dieser Übergang zur Vielfalt der Erwachsenenkost nicht zu rasch vollzogen werden.

Qualitätsfragen

Mit Qualität ist stets das *Wie* einer Sache charakterisiert, ihre ganz spezifische Eigenart im Naturzusammenhang. Es ist nicht die quantitative Analyse gemeint, die besagt, *wieviel* Eiweiß, Fett, Kohlehydrate, Vitamine und Spurenelemente zum Beispiel im Weizenmehl sind, sondern vielmehr, wie die Besonderheiten und Unterschiede ihres Vorkommens in der Kartoffel, im Reis und in den Hülsenfrüchten zu sehen sind. Auch steht die Frage nach dem Wie von Anbau, Lagerung und Zubereitung im Vordergrund. Die unterschiedliche Qualität von Stärke im Getreidekorn und in der Kartoffel beispielsweise ergibt sich schon aus deren unterschiedlichen Lebens- und Wachstumsbedingungen sowie der Gesamtheit aller sich daran anschließenden Verarbeitungsprozesse. Die Gesamtqualität der Ernährung ist das wechselnde Zusammenspiel der einzelnen Qualitäten verschiedener Nahrungsmittel untereinander. So ist es sinnvoll, Nahrungsmittel verschiedener Pflanzenbestandteile zu kombinieren, das heißt die Organe Wurzel, Stengel, Blatt, Blüte und Frucht. In jedem dieser Pflanzenteile findet während des Wachstums und der Entwicklung eine andere Wechselwirkung der Pflanze mit den Kräften ihrer Umgebung statt. Erde, Wasser, Luft, Licht und Wärme wirken in Wurzel, Blatt und Blüte unterschiedlich zusammen. Ob Stärke in der Wurzel, im Blatt oder in der Frucht abgelagert wird, ist qualitativ ein großer Unterschied, auch wenn die quantitative Analyse dies nicht erfassen kann. Dem menschlichen Organismus werden unterschiedliche Kraftwirkungen angeboten, je nach dem, ob eine Substanz in Wärme, Luft und Licht oder zum Beispiel unter der Erde im Wurzelbereich gebildet wurde. Denn die Kraft, die wir einsetzen müssen, um die besondere Eigenart eines Nahrungsmittels zu vernichten und es zu verdauen, steht uns, indem wir sie aufbringen, zugleich auch zur Verfügung. Je abwechslungsreicher eine Kost ist, desto differenzierter sind die Kräfte, die bei der Verdauung aufgebracht werden müssen. Sie regen dann in entsprechender Weise alle Funktionen des Organismus an: Muskelkraft ebenso wie Vorstellungsvermögen, Phantasie, Instinkte und Triebe mit den sich daran anschließenden Sympathien und Antipathien. In welcher Art diese unterschiedlichen Anregungen zu denken sind, geht aus einer menschenkundlichen Betrachtung Steiners hervor, bei der er Mensch und Pflanze miteinander vergleicht und die polare Entsprechung ihrer Organsysteme beschreibt.

Dabei entsprechen die Nerven-Sinnesprozesse der Aktivität einer Pflanzenwurzel, die die Stoffe und Salze des Bodens wahrnimmt und aufsaugt. Die Stoffwechselfunktionen und das Fortpflanzungsgeschehen dagegen haben ihre Entsprechung in der Region von Blüten- und Fruchtbildung. Die vermittelnden rhythmischen Funktionen (Kreislauf und Atmung) korrespondieren hingegen mit den atmungsaktiven Blattorganen der Pflanze. Dieser Zusammenhang macht verständlich, warum zum Beispiel der Genuss von Wurzelgemüse oder Säften und Tee aus Wurzeln vorzugsweise die Tätigkeit des Nerven-Sinnes-Systems unterstützt. Wer dagegen mehr die Stoffwechselfunktionen anregen möchte, greift schon von altersher zu Blütentees, Äpfeln und anderen Früchten.

Es sollte daher jede Einseitigkeit in der Ernährung vermieden werden, damit dies nicht auf Dauer zu Defiziten und funktionellen Schwächen in den mit zu wenig Anregung versorgten Organsystemen führt.

Eine andere Qualitätsfrage ist die nach den Bedingungen, unter denen eine Pflanze oder ein Tier gedeiht. Ein Schwein zum Beispiel, das artgemäß leben darf und nicht medikamentös stimuliert und künstlich bewegungsarm aufgezogen wird, gibt dem Kotelett oder der Wurst andere Kräfte mit als eines, das einseitig gemästet wurde, ohne Berücksichtigung der anderen Lebensbedürfnisse dieses Tieres. Ähnlich ist es bei den Pflanzen. Durch Stickstoffdüngung getriebene Radieschen oder Spinat haben einen hohen Wassergehalt, schmecken dementsprechend etwas fader als ihre nicht gedüngten Genossen, zeichnen sich durch schlechtere Haltbarkeit, höheren Nitratgehalt (Spinat) und atypische Wachstumstendenzen aus (dies lässt sich besonders gut an den Radieschen sehen, die einen anderen Wurzeltyp zeigen als die nicht gedüngt gewachsenen). Außerdem hat sich gezeigt, dass so gedüngte Pflanzen verspätet oder gar nicht zum Blühen und zur Fruchtbildung kommen, weswegen außer dem Stickstoffdünger auch noch Kalium und Phosphor in Salzform in den Boden gegeben werden müssen, um wiederum das rechtzeitige und ausreichende Blühen zu garantieren.

Aus diesem Grunde empfehlen wir pflanzliche und tierische Produkte, die einem Anbau entstammen, der die *Gesundheit von Boden, Pflanze und Tier* unterstützt. Eine Anbauweise, die den Boden immer mehr verarmen lässt an Mineralien, jedes Jahr mehr anorganischen Dünger für die Bodenbearbeitung braucht und außerdem durch einseitige Fruchtfolgen zusätzlichen Raubbau treibt, trägt nichts Zukunftsweisendes in sich. Ebensowenig eine Aufzucht von Pflanze und Tier, bei der quantitative Gesichtspunkte im Vordergrund stehen und alles darauf abzielt, materielle Gewinnmaximierung zu erreichen. Eine derartige Einstellung der Natur gegenüber muss auf die Dauer für alle Beteiligten schädlich sein. Die *biologisch-dynamische Wirtschaftsweise* verfolgt am konsequentesten das Ziel einer Gesunderhaltung von Boden, Pflanze, Tier und Mensch durch das Einbeziehen der Lebenszusammenhänge. Ihre zum Teil ganz neuartigen biologischen Düngemethoden, ihre Erfahrungen mit optimaler Fruchtfolge, Schädlingsbekämpfung, Pflanzenzucht und Tierhaltung sind in der auf S. 338 angeführten Literatur beschrieben. Das Zukunftsweisende dieser landwirtschaftlichen Methode liegt darin, dass sie auch bei armen Böden angewendet werden kann und bei solchen, die jahrelangem Raubbau ausgesetzt waren. Sie bewirkt bei diesen Böden nach einigen Jahren zunehmende Regeneration und eine Neubesiedelung mit hilfreichen Bodenbakterien und Kleintieren. Auch möchten wir in diesem Zusammenhang auf Saatzuchtexperimente hinweisen, die eine heilsame Alternative zum gentechnisch manipulierten Saatgut darstellen (vgl. S. 352 ff.).

Die Nahrungsmittel im Einzelnen

Geeignete Tees

Im Säuglings- und Kleinkindalter und auch später bei Magen-Darm-Verstimmungen sind Fenchel- und Kamillentee allgemein üblich. ***Fencheltee*** wird durch Zermörsern der Samen ergiebiger. Er wird nur kurz aufgegossen und bei schwach gelber Farbe durchgesiebt. ***Kamillentee*** sollte nicht aus Beuteln, sondern aus selbst getrockneten oder gekauften Blüten bereitet werden. Weniger bekannt, aber auch sehr gut verträglich sind ***Apfelschalen-*** und ***Hagebuttentee.*** Letzterer wird aus den von Härchen befreiten Hagebuttenkernen hergestellt (im Schwäbischen daher auch »Kernlestee« genannt). Man kocht die Hagebuttenkerne etwa zehn Minuten oder lässt sie über Nacht einweichen und kocht dann nur noch drei bis fünf Minuten. Die Hagebutten-Beuteltees ergeben durch ihren Hibiscus-, das heißt Malvenanteil ein roten säuerlichen Tee. Der reine Kernlestee hingegen ist ein angenehm mildes, erfrischendes Getränk.

Gerne wird von Kindern auch ***Pfefferminz-*** oder ***Melissentee*** getrunken. (Bei Erkrankungen mit Erbrechen ist der erstere jedoch nicht geeignet.) ***Lindenblütentee*** hat einen etwas süßlichen Geschmack, der nicht von allen geliebt wird. Mit einigen Tropfen Zitrone und Honig wird er jedoch von fast jedem Kind gern genommen. Er eignet sich besonders gut als Schwitztee und kann bei Erkältungen und beim Fieberanstieg gute Dienste tun. Ein guter Hustensaftersatz ist ein Tee aus je ***1/3 Huflattichblüten, Spitzwegerich und Salbei*** mit Honig und Zitrone versetzt. Viele Kräuterbücher enthalten weitere brauchbare Vorschläge.

Vom Kindergartenalter an kann man im warmen Sommer morgens eine große Kanne ungesüßten Tees hinstellen, den man vielleicht mit etwas Obstsaft geschmacklich aufbessert. Von diesem Tee dürfen die Kinder dann trinken, wenn sie durstig sind, und man läuft nicht Gefahr, dass sie dadurch den Appetit zum Essen verlieren. Dagegen sollten Getränke aus dem Kühlschrank und alle Limonaden verschwinden. In den übrigen Jahreszeiten ist es besser, das Trinken auf die Mahlzeiten zu beschränken. Eine vor etwa vierzig Jahren sich ausbreitende Trinkpropaganda, gern unterstützt von Getränkeherstellern, stützte sich auf das Argument »Kinder brauchen mehr Flüssigkeit« und die Erziehungstendenz »Lass' sie doch gewähren«. Unzählige bleibend zerstörte Gebisse waren die Folge. Nachdem der Zucker aus den Getränken entfernt war, blieb immer noch die Störung des Ernährungsrhythmus, und diese bereitet unter vielen anderen Reiz- und Abstumpf-Einflüssen ein leises Abhängigkeitsverhältnis vor, das dann später über Limonaden noch andere Anregungsquellen sucht. Kinder, die von früh an ihre Trink- und Essbedürfnisse in gewohnten Abständen zusammen mit Erwachsenen befriedigen dürfen, sind beim Essen interessierter und wenden sich zwischen den Mahlzeiten mit ungestörter Intensität anderen Dingen zu. Werden die inneren Organe als weisheitsvolles Regulationssystem für die in der Körperflüssigkeit ablaufenden Lebensvorgänge angesehen, so ist man eher geneigt, diesen rhythmisch ablaufenden Funktionen durch einen Rhythmus von außen entgegenzukommen (s. auch S. 475).

Milch

Kuhmilch ist eines der wichtigsten Nahrungsmittel unserer Kultur geworden. Stutenmilch ist zwar der menschlichen Milch ähnlicher, jedoch nur von Spezialhöfen zu bekommen und sehr teuer.[56]

Neben der Kuhmilch hat noch ***Ziegenmilch*** eine Bedeutung für Ekzematiker-Familien. Geeignet ist sie nur, wenn gute Fütterung und Auslaufmöglichkeiten vorhanden sind. Die Verarbeitung entspricht der Kuhmilch einschließlich Erhitzung. Bei längerem ausschließlichen Gebrauch kann es zu einer Blutarmut kommen (Folsäuremangel).

In den letzten Jahren mehren sich wieder Beobachtungen von schweren *Kalkmangelzuständen* bei Kindern im ersten und zweiten Lebensjahr, zum Teil mit Deformierungen der Knochen und Krämpfen (vgl. S. 251 ff.). Diesen Fällen ist gemeinsam, dass die Eltern aus Angst vor Allergien, Radioaktivität oder einfach aus überzeugter Ablehnung und infolge von Fehlberatungen die Kuhmilch ganz gemieden haben.

Was die ***Milchmenge für Säuglinge*** betrifft, so sollte man bis auf etwa 400 ml Vollmilch pro Tag in den vorgeschriebenen Verdünnungen steigern, vorübergehend höchstens auf 500 ml. Bei der Ausweitung der Ernährung auf andere Milchprodukte wie Quark, Joghurt, Kefir und später Käse gibt es keine Mindestmenge mehr.

Zuviel Milch verdirbt den Appetit und fördert Infekte.

Nicht ganz selten tritt etwa vom dritten Lebensjahr an eine ***Verdauungsstörung bei Kuhmilchnahrung*** auf, die auf einem erworbenen Mangel an milchzuckerabbauendem Enzym (Lactasemangel) beruht. Menschen mit Abneigung gegen Kuhmilch mangelt es oft an diesem Enzym.

Gelegentlich sind so genannte ***Kalkseifenstühle*** (pastige, graue Stühle) Ausdruck einer zu milcheiweißreichen Ernährung (z.B. bei viel Quark).

Unsere Vorstellung von Milch orientiert sich überwiegend an der weißen Kuhmilchflasche. Dies verdeckt die Tatsache, dass Milch in der Natur eigentlich unsichtbar bleibt. Was wir am Saugen der Kälber und am Stillen des Säuglings wahrnehmen, ist intensive Tätigkeit, Begegnung, Befriedigung und Gedeihen. Steiner nennt dieses Geben und Nehmen eine »leibliche Erziehung«, denn der werdende kindliche Organismus lernt im Verdauen der warmen lebendigen Muttermilch, mit den menschlichen Wachstums- und Bildekräften umzugehen. Diese Anregung der Lebenstätigkeit des Säuglings, die die Leibbildung für das ganze Leben veranlagt, ist durch kein anderes Nahrungsmittel der Welt zu ersetzen. Wenn möglich sollte sie keinem Kind vorenthalten werden.

Kuhmilch für den Menschen bedarf einer gekonnten und liebevollen Zubereitung und Ergänzung durch andere Nahrungsmittel, ist aber ein weitaus passenderes Angebot als einerseits größere Mengen Soja und Getreide, andererseits frühe Fleisch- und Eigaben. (Zu den so genannten hypoallergenen Nahrungsmitteln aus hydrolysierten Kuhmilchbestandteilen s. S. 318, Stutenmilch s. S. 318 f.)

Fette

Im Säuglings- und Kleinkindalter haben Öle bevorzugte Bedeutung als Zusatz zu Gemüsemahlzeiten – zum besseren Aufschließen der fettlöslichen Vitamine und zum Sättigen. Unter den Ölen sind die kaltgepressten zu bevorzugen. In Frage kommen hier vor allem Sonnenblumen-, Oliven- und Keimöl.

Das hauptsächlich im Kindesalter verwendete Fett ist die Butter. In seltenen Fällen nur muss man aus gesundheitlichen Rücksichten auf bestimmte Diätmargarinen übergehen. Von Hartfetten ist abzuraten, weil sie keine stoffwechselaktiven ungesättigten Fettsäuren enthalten. Diese Fette finden sich aber in vielen Süßigkeiten, die man auch aus diesem Grunde wo immer möglich vermeiden sollte.

Getreide

Die ersten Getreide sind in der altpersischen Kultur um 5000 v. Chr. durch sorgfältige Auslese von Gräsern gezüchtet worden. Sie bildeten seither zusammen mit dem Reis im Fernen Osten und dem Mais in Amerika die Grundlage für den Ackerbau und gaben der Menschheit die Gelegenheit, ihre weiteren Kulturen unter völlig anderen Umständen zu entwickeln, als dies durch Jagen und Sammeln allein möglich war. Mit dem Übergang zum Ackerbau und der Viehzucht trat der Mensch erstmals aktiv-verändernd in die historisch greifbare Welt ein: Er bearbeitete die Erde und schuf neue Grundnahrungsmittel und neue Wohn- und Lebensverhältnisse.

Qualitativ zeichnen sich die Getreidearten dadurch aus, dass sie besonders stark der direkten Sonneneinwirkung ausgesetzt sind. Wird das Korn dann zu Brot verarbeitet, so wird beim Backen außer Wasser und Luft auch ganz besonders das Feuer mitbeteiligt. Dabei ist der Backvorgang zugleich eine Art Vorverdauungsprozess, denn er hilft, das Getreide aufzuschließen. Dadurch, dass die menschliche Arbeit noch ganz entscheidend den Naturvorgang weiterführt, entsteht ein Nahrungsmittel besonderer Qualität. In diesem Zusammenhang ist es interessant, dass gerade das Brot in allen Kulturen, die es einführten, besonders beachtet wurde. Dies reicht hin bis zur sakramentalen Weihe des Brotes.

Der *Getreideverbrauch* ist in der neueren Zeit stark zurückgegangen, was einerseits an einer Zunahme des Fett- und Eiweißverbrauches und andererseits an dem steigenden Kartoffelgenuss liegt. In den letzten vierzig Jahren kam es zu einer Gegenbewegung, die sich für das Selberbacken von Brot und für die Wiederaufnahme verschiedenster Getreidegerichte in den Speiseplan einzusetzen begann. Die vielfältigsten Versuche wurden angestellt im Mischen des Getreides, im Ansetzen von Sauerteig oder im Ausprobieren anderer Gärungsmethoden wie zum Beispiel Honig-Salzferment. Hier entstand ganz ohne Lobby eine neue Back- und Esskultur.

Das Verdienst von Udo Renzenbrink und seinen Mitarbeitern war, die Möglichkeiten der *Getreideverwendung für den Mittagstisch* wieder aufgezeigt zu haben. Wie man sie praktisch in die Familie einführt, ist von Vreni de Jong in dem Buch »Kinderernährung« hervorragend beschrieben.

Es ist ein Missverständnis, dass Vollkornbrot ganz grobes Brot sein müsse. Schon im so genannten 1700-Mehl ist das ganze Korn vermahlen, das im Backverfahren aufgeschlossen wird und zu einem *leicht verdaulichen Vollkornbrot* führt. Grobes Brot dagegen ist ein Diätetikum für Erwachsene, die an chronischer Verstopfung leiden.

Wir halten eine stärkere Beachtung des Getreides bei der Nahrungsauswahl für sinnvoll, da Getreide als Samen den Organismus nicht einseitig anregt wie Wurzel-, Blatt- oder Blütennahrung (vgl. S. 332 f.), sondern das harmonische Zusammenwirken der Körperfunktionen unterstützen.

Empfohlene Literatur:

Appel, Jürgen: *Unkrautregulierung ohne Herbizide.* Darmstadt 1982.

Jong, Vreni de: *Kinderernährung.* Stuttgart 1993.

Koepf, Herbert H.: *Was ist biologisch-dynamischer Landbau?* 4. Aufl. Dornach 1985.

– : *Biologisch-dynamische Forschung. Methoden und Ergebnisse.* Stuttgart 1997.

Kühne, Petra: *Ernährungssprechstunde.* Stuttgart 1993.

Pokorny, Ada: *Backen von Brot und Gebäck aus allen sieben Getreidearten mit dem Spezial-Backferment.* Arbeitskreis für Ernährungsforschung, Bad Liebenzell [3]1989.

Renzenbrink, Udo: *Zeitgemäße Getreideernährung.* Dornach [5]1983.

Die Kartoffel

Die Heimat der Kartoffel liegt im Westen Südamerikas. Besonders im Hochland der Anden wurde sie schon vor 2000 Jahren angebaut. Nach Mitteleuropa kam sie über Italien. Um 1700 wurde sie noch gegen den Widerstand der Bauern durch Zwangsmaßnahmen der Regierung in Württemberg eingeführt. In Preußen setzte Friedrich der Große den Anbau in größerem Umfang durch. Das brachte Änderungen für die Fruchtfolge mit sich und machte den verstärkten Einsatz von Düngemitteln nötig, um die Bodenfruchtbarkeit zu erhalten. Bald wurden jedoch auch die Vorteile des Kartoffelanbaues erkannt. Abgesehen von Ernteausfällen durch Pilze, erwies sich die Kartoffel im Vergleich zum Getreide als wesentlich widerstandsfähiger.

Qualitativ gesehen ist von Bedeutung, dass die Kartoffel zu den Nachtschattengewächsen gehört. Die meisten dieser Gewächse sind Giftpflanzen. Auch die Kartoffel selbst enthält eine kleine Menge des Giftes Solanin, dessen Konzentration durch Bakterienbefall, Belichtung oder Vergrünung zunimmt, sodass es zu Vergiftungen kommen kann.

Vergleicht man die Kartoffel mit dem Getreide, so zeigen sich geradezu entgegengesetzte Tendenzen. Während die Getreidekörner ganz den Einflüssen von Licht und Luft hingegeben sind, wachsen die Kartoffeln als Sprossknollen unter der Erde. Wie im Abschnitt über die Qualitätsfrage der Nahrung (s. S. 330 ff.) dargestellt, ist es nicht gleichgültig, ob ein Pflanzenorgan unter der Erde oder im Licht-Luft-Bereich gedeiht. Bei der Kartoffel ist dies besonders interessant. Wächst aus dem Samen einer Kartoffelfrucht ein Keimling, so richtet sich der Hauptspross zwar nach oben, aber schon die Achselsprossen der Keimblätter neigen sich nach unten und streben in den Erdboden. Wurzeln und andere Nahrungsträger unter der Erdoberfläche haben nun ihre Entsprechung zum Nerven- und Sinnessystem, wogegen Samen und Früchte mehr das Stoffwechselsystem anregen. Die Kartoffelpflanze erreicht aber den Boden – im Gegensatz zu den Rüben und Wurzelknollen – durch eine teilweise Umkehrung des »Sprossprinzips«. Im Zusammenhang mit der Giftbildetendenz hebt sie sich deshalb sehr deutlich ab als Ausnahmepflanze unter den Speicherpflanzen in der Erde. Daher wirkt die Kartoffel als »Sprossknolle« in einseitiger Weise auf die Nervenorgane. Steiner bemerkt hierzu, dass durch überwiegenden Kartoffelgenuss das meditativ-verinnerlichende Denken geschwächt werde zugunsten eines mehr verstandesmäßig-reflektierenden. Damit werde ein auf das Materialistische reduziertes Vorstellungsleben gefördert. So gesehen ist es nicht verwunderlich, dass unsere sich ganz an eine oberflächliche Sinneswahrnehmung anlehnende materialistische Denkweise auch zusammenfällt mit der Verbreitung der Kartoffel als einem der Hauptnahrungsmittel. (Das soll natürlich nicht besagen, dass darin die einzige Ursache für die Ausbreitung des Materialismus liegt! Es soll nur auf einen möglichen unterstützenden Zusammenhang hingewiesen werden.)

Welche Konsequenzen kann man aus diesen Hinweisen ziehen? Man kann versuchen, Schritt für Schritt den Kartoffelgenuss zugunsten von Getreide, Wurzeln und Gemüse einzuschränken. Die Kartoffeln selbst kann man abwechslungsreicher zu schmackhaften Salaten, Klößen, Puffer oder selbstgemachten Frites verarbeiten. Beim Kauf von Kartoffeln sollte auf gute mineraldüngerfreie Qualität geachtet werden, damit die Vorteile dieses Nahrungsmittels (der hohe Eiweiß- und Vitamingehalt) zum Tragen kommen und nicht zusätzliche Nachteile entstehen.

Man wird ein bis zwei Monate nach einer solchen Kostumstellung durchaus eine Zunahme gedanklicher Frische und Beweglichkeit sowie eine größere Wachheit beobachten können.

In der Schwangerschaft und im ersten Lebensjahr, wenn das Großhirn die entscheidenden Schritte seiner Ausreifung noch vor sich hat, raten wir von regelmäßigem Kartoffelgenuss ganz ab. Ebenso bei Nervenkrankheiten und krebsartigen Erkrankungen.[57]

Gemüse und Salate

Jeder weiß und sagt es den Kindern, dass Gemüse und Salate gesund sind. Wie wir schon sahen (S. 330 ff.), liegt ihr Wert nicht nur in den Inhaltsstoffen allein, sondern in der Verbindung mit den verschiedensten Kräften der lebendigen Natur. Und erst in Zeiten einseitiger Ernährung, wie bei bestimmten Diäten oder in Notlagen, bekommen ihre Spurenelemente und Vitamine eine wesentliche Bedeutung.

Einige Einzelheiten sind für die Säuglingsernährung wichtig. Das Karottenmus war für künstlich ernährte Säuglinge – ausreichend lange gekocht – etwa vom vierten Monat an so gut wie immer verträglich. Davor führte es zu Blähungen. Der rohe Saft wurde schon früher meist ab der sechsten Woche empfohlen. Dieses galt bis in die siebziger Jahre. Seither gibt es zunehmend Unverträglichkeiten und Allergien, die die Karotten an die erste Stelle der Gemüseallergene gebracht haben. Auch dies kann nur mit der Art des Anbaus zusammenhängen und/oder einer allgemein zunehmenden Schwäche der Verdauungsfunktionen. Säuglinge mit Neurodermitis sollten sie deshalb versuchsweise erst im zweiten Halbjahr bekommen, gestillte Kinder brauchen den Saft der Karotten sowieso nicht vorher.

Der unschädliche gelbe Farbstoff der Karotte wird teilweise im Körper abgelagert (s. S. 115) oder zu Vitamin A umgebaut. Das Karottengemüse hat die Eigenschaft, den Stuhlgang gut zu formen. So bietet es einen guten Schutz vor Durchfällen. Rohe geriebene Karotten kommen im wesentlichen erst im zweiten und dritten Lebensjahr und nicht als Durchfalldiät in Frage. Säuglinge bekommen im zweiten Halbjahr die ganze Palette der Gemüse erst einmal zum Probieren, noch ohne die Forderung, eine volle Gemüsemahlzeit zu essen.

Alle Säuglinge sollten im zweiten Halbjahr ihre Zähne schon an rohem Gemüse ausprobieren dürfen. Das entspricht ihrem Entdeckungsdrang und fördert ihr Kauinteresse.

Zu unterscheiden sind nitratarme Gemüse, wie zum Beispiel Blumenkohl, Kohlrabi, Zucchini, Auberginen, Kürbis – und nitratreiche, wie zum Beispiel Spinat, Fenchel, rote Bete und Blattsalat. Die Letzteren sollten nicht zu oft und nicht zu lange gelagert und keinesfalls wiederaufgewärmt zubereitet werden. Spinat ist entgegen früheren Vermutungen nicht besonders eisenreich und bindet durch seine Oxalsäure außerdem das Nahrungskalzium unlöslich, weswegen er nicht zusammen mit Milchprodukten gegeben werden sollte.

Fast alle Gemüse lassen sich auch als rohe Salate interessant und schmackhaft zubereiten, zum Beispiel auch einmal mit Joghurt, süßsauer mit Zitrone, mit Rosinen oder Mandarinenstückchen. Die Salate haben – abhängig von der Anbauweise – auch die Vorteile geringeren Mengenbedarfs, besseren Geschmacks und intensiverer Kauleistung.

Obst

Die meisten Kinder essen gern Obst. Wenn es nicht geliebt wird, so versteckt man es etwas geraspelt oder als frischgepressten Saft im Quark oder Müsli. Es muss gar nicht viel sein, was das Kind zu sich nimmt. Ein halber Apfel und etwas Zitronensaft am Tag reichen für Obstverächter aus. Wenn möglich sollten die Kinder unbehandeltes Obst bekommen, sodass sie es mit der Schale essen können. Wenn wir Kinder fragen hören: »Darf ich den Apfel mit der Schale essen, oder ist er gespritzt?« sollten wir aufhorchen. Was für ein Lebensgefühl, wenn Nahrungsmittel als etwas Gefährliches, Vergiftetes angesehen werden müssen und an Firmenetiketten abgelesen wird, ob man Vertrauen in das Produkt haben kann oder nicht. So sollte von den Erwachsenen immer ein überlegter, vertrauensvoller Umgang mit den Nahrungsmitteln vorgelebt werden – und Dankbarkeit dafür, dass wir nicht hungern müssen.

Bananen sind Früchte, die eigentlich von allen Kindern gern gegessen werden. Man sollte jedoch darauf achten, dass sie nicht zuviel davon zu sich nehmen. Sie enthalten zwar gute Nährstoffe, aber wenig belebende Kräfte. Sie sättigen vorzüglich, machen aber etwas träge und stopfen evtl. Außerdem ist der Nachreifungsvorgang der »grünreif« gepflückten Bananen nicht unproblematisch. Ganz anders Zitrusfrüchte, die von sich aus recht haltbar sind und eine erfrischende und belebende Wirkung haben. Auch hiervon müssen nicht große Mengen genossen werden. Wir empfehlen für die Kinder unbehandelte Zitrusfrüchte und Beeren und davon einige Schnitze oder Teelöffel am Tag.

Zucker, Honig und andere Süßungsmittel

Zucker ist insofern ein besonderes Nahrungsmittel, als er leicht Kristalleigenschaften annimmt, ohne ein Salz zu sein. Im Vergleich zu den bisher besprochenen Nahrungsmitteln neigt er dem Mineralisch-Toten zu. Als Industriezucker ist er unbegrenzt haltbar. Als Energieträgersubstanz wird er in den grünen Pflanzenteilen gebildet und in Wurzel, Blatt, Stengel, Blüte oder Frucht als Stärke oder Fruchtzucker gelagert. Auch für den Menschen stellt er eine Energiereserve dar, die dieser verwenden kann, ohne Verdauungsarbeit zu leisten. Zucker regt also nicht die Lebenstätigkeit der Organe an wie die frischen Pflanzenteile, sondern ersetzt dem Körper einen Stoff, den sich dieser bei voller Gesundheit in ausreichendem Maße selbst bilden kann. Ist der Organismus jedoch erkrankt, übermüdet oder erschöpft, so wirkt der Zuckergenuss als Energiespender und Ersatz für eigene Verdauungsarbeit. Das kann man besonders deutlich sehen, wenn ein schlaffes, schwaches Frühgeborenes von 800 g, von dem man noch nicht weiß, ob es überleben kann, im Brutkasten einen Tropfen Zuckerwasser auf die Lippen bekommt. Indem es den Süßgeschmack wahrnimmt, kommt Leben und Bewegung hinein, es scheint bis zu den Zehenspitzen »berührt« und streckt die Lippen vor, um noch mehr zu bekommen. Der Tropfen wird zum begehrten Wasser des Lebens. Auch wenn für uns das Schmecken nicht mehr eine solche den Leib ergreifende Tätigkeit ist, kennen wir doch auch das unmittelbare sympathische Berührtsein vom süßen Geschmack. Die Qualitäten sauer, salzig und bitter haben alle eine mehr weckende, aggressive Richtung. Das Süße dagegen tröstet, hüllt ein, beruhigt und unterstützt. Es stärkt auch unser Selbstgefühl unmittelbar, wir fühlen uns im Körper kräftiger und wohler. Diese Wirkung ruft die Neigung nach häufiger Wiederholung der Zuckeraufnahme hervor. Man genießt den momentanen Kraftzuwachs und bemerkt nicht die Verwöhnung, das heißt den später nachfolgenden Kraftzerfall, der wieder durch gesteigerte Zuckermengen auszugleichen versucht wird. Zucker-»süchtige« Kinder zeichnen sich durch Umtriebigkeit, Mangel an Ausdauer und Konzentration aus. Da wir seit der Einführung des Zuckers in der nachnapoleonischen Ära alle an zunehmender Überzuckerung leiden, haben sich im Zuge dieser Entwicklung auch entsprechende Zivilisationskrankheiten ausgebreitet. Es sind dies insbesondere der kariöse Zahnzerfall (s. S. 249) und die Zunahme der Zuckerkrankheit, des Diabetes mellitus.

Man kann auch bemerken, dass anhaltende seelische oder intellektuelle Überforderung in Kindheit und Jugend sich häufig in der Vorgeschichte von älteren Diabetikern findet. Auch die Vererbung spielt eine Rolle. Alles, was die leibliche und seelische Tätigkeit des Ich schwächt und daran hindert, im eigenen Hause Herr zu sein, fördert die Entgleisung des Zuckerstoffwechsels. Er ist Ausdruck der Ich-Tätigkeit im Blut und kann daher, wie oben beschrieben, dieses Ich bei Erschöpfungsneigung doch noch zu Höchstleistungen aufputschen. Wird das Ich jedoch durch zu häufigen Zuckergenuss daran gewöhnt, sich seinen Zucker nicht in eigener Verdauungstätigkeit aus Stärke selbst aufzubauen, und treten noch andere Ich-schwächende Faktoren aus Umwelt und Vererbung hinzu, so ist die Disposition für Diabetes und andere Stoffwechselschwächen gefördert, insbesondere aber für späteres Suchtverhalten. Der hieraus zu ziehende Schluss ist ganz sicher nicht, den Zucker überhaupt aus der Nahrung zu verbannen. Mancher zuckerlos ernährte Säugling, der nicht recht gedeihen wollte und ein blasses Hautkolorit hatte, konnte innerhalb weniger Wochen durch einen dreiprozentigen Zuckerzusatz zur Nahrung in ein frisches rosiges Kind verwandelt werden. Zucker ist eine hochwirksame Substanz, die je nach Temperament und Konstitution des Kindes maßvoll eingesetzt werden kann. Jede Familie muss da ihre eigene Form finden.

Welcher Zucker ist nun im Kindesalter zu bevorzugen? *Weißen Zucker* sollte man sparsam verwenden. Bei seiner Herstellung werden zwar keine Bleichmittel mehr eingesetzt, jedoch wird durch mehrfaches Umkristallisieren erreicht, dass alle Begleitstoffe ausgeschieden werden. Er ist also chemisch rein. Folglich fehlen ihm alle im Zuckerrohr- und Rübensaft noch enthaltenen Mineralien und Vitamine. In Naturprodukten sind in der Regel alle die Stoffe enthalten, die bei der Verdauung durch Mensch und Tier als Begleitstoffe benötigt werden. Zucker im Presssaft von Zuckerrüben oder -rohr sowie im Obstsaft bringt ausreichend Spurenelemente mit, die die Zuckerverarbeitung im Organismus unterstützen.

Vollrohrzuckerpräparate sind in Reformhäusern und Naturkostläden erhältlich (von Holle, Granovita und Naturata). Der einfache braune Zucker ist nicht geeignet. Bei ihm werden nur die letzten Schritte der Reinigung (Raffinierung) weggelassen. Dadurch behält er unkontrollierbare Rückstände aus dem gesamten Herstellungsverfahren. Auch Vollrübenzucker oder Agavendicksaft sind erhältlich.

Milchzucker ist nur im Säuglingsalter bewährt, weil er schwächer süßt. Fruchtzucker bietet normalerweise keine Vorteile. »Trauben«-Zucker (Glukose) führt zu raschem Blutzuckeranstieg, da er nicht verdaut werden muss. Bei Unterzuckerung zum Beispiel kann das sehr wichtig sein, in der Regel ist es für den Organismus unerwünscht.

Ist ein Vollrohrzuckerpräparat nicht zugänglich, so hilft man sich mit weißem Zucker in Kombination mit anderen gesunden Nahrungsmitteln. Gerne wird heute als Ersatz auch Agavendicksaft, Vollrübenzucker oder der teure Ahornsirup eingesetzt. Ferner kommen bei Süßigkeitsbedarf Trockenfrüchte wie zum Beispiel dunkle Aprikosen, Datteln, Feigen und Rosinen in Frage.

Honig sollte nicht einfach als Zuckerersatz genommen werden. Er entstammt einem komplizierten Prozess, der zum einen in den Pflanzenblüten bei der Nektarbildung und zum anderen durch die verarbeitende Tätigkeit der Bienen zustande kommt. Da er der Pflanzenblüte entstammt und durch die Stoffwechselleistung der Biene vollendet wird, steht er dem physischen Leib des Menschen nicht so neutral zur Verfügung wie der Zucker. Vielmehr ist er eine hochwirksame, den menschlichen Stoffwechsel anregende Substanz. Daher führt er im ersten Lebensjahr beim Säugling leicht zu Durchfällen. Rudolf Steiner empfiehlt ihn beim alternden, zur Sklerose neigenden Menschen und in kleinen Mengen zur Vorbeugung und Therapie der Rachitis sowie bei allergischen Erkrankungen. Wir empfehlen den Honig ab etwa dem zehnten Lebensmonat bis zu einem Teelöffel pro Tag in der Nahrung gelöst.

Den Gebrauch von *Süßstoffen* empfehlen wir nicht. Einerseits ist ihre Wirkung im menschlichen Organismus nicht unproblematisch, und andererseits sollte nicht ein Genuss angestrebt werden, den man nur um des Genusses willen (süßer Geschmack) und nicht der damit verbundenen Arbeit wegen (Verdauung) haben will.

Eier, Fleisch und Fisch

Seitdem gewisse Eiweißmangelkrankheiten aufgrund bestimmter fehlender Bausteine des Eiweißes, den sogenannten Aminosäuren, bekannt geworden sind, hat man der Eiweißversorgung außerordentlich viel Aufmerksamkeit geschenkt. Tatsächlich kann der menschliche Organismus nicht alle Eiweißbestandteile selbst aufbauen, sondern ist bei einigen, den sogenannten essentiellen, das heißt lebensnotwendigen Aminosäuren, darauf angewiesen, sie durch die Nahrung zu erhalten. Diese besonderen Eiweißbausteine sind reichlich in tierischen Fleischprodukten vorhanden, vollständig auch in der Milch, weniger in Hülsenfrüchten (z.B. in Sojabohnen), Mandeln und Nüssen. Daher besteht kein Grund, unbedingt Fleisch, Fisch und ganze Eier zu essen. Auch haben sich die Nahrungsgewohnheiten der Menschen über die Erde hin so entwickelt, daß die östlichen Völker mehr vegetarische Kost bevorzugen, wohingegen die Völker Nord- und vor allem Südamerikas den höchsten Fleischkonsum zu verzeichnen haben. Die Europäer liegen mit ihren Nahrungsgewohnheiten und -bedürfnissen etwa dazwischen.

Zur Entscheidung, wann mit Ei und Fleisch in der Kinderernährung begonnen werden soll, mag folgender Gesichtspunkt beitragen:

Zweifellos ist die Muttermilch mit ihrem niedrigen Eiweißgehalt (etwa 1/2 von dem der Kuhmilch) die beste Ernährung für die erste Lebenszeit. In dieser und der darauf folgenden bis etwa zum dritten Lebensjahr vollzieht sich die Reifung des Gehirns so weit, dass es Grundlage für die Denktätigkeit sein kann. (Im Gegensatz dazu steht zur Zeit des pubertären Wachstumsschubes die Entwicklung der Muskelmasse und Körperkraft im Vordergrund, die Entwicklung des Nervensystems und der Sinnesorgane ist längst abgeschlossen.) Wir empfinden es daher als folgerichtig, das durch die Natur angebotene Nahrungsmodell der Muttermilch mit sogenannter lactovegetabiler Kost, nämlich Milchprodukten, Getreide, Gemüse und Obst bis zum Ende des dritten Lebensjahres fortzusetzen. Beginnt zusammen mit dem ersten Ich-Sagen das Selbstbewusstsein aufzuleuchten, so regt sich jetzt auch der individuelle Instinkt für dieses oder jenes Nahrungsmittel stärker als bisher. In diesem Alter zeigt es sich bereits, ob ein Kind Vegetarier werden wird oder nicht. Denn einige Kinder lehnen das ihnen jetzt angebotene Fleisch oder auch das Ei ab, wogegen andere es sofort und spontan zu ihrem »Lieblingsessen« erheben.

In einer Familie mit fünf Kindern sah dies zum Beispiel so aus: Das erste Kind aß seit seinem dritten Geburtstag bei den Fleisch- und Eimahlzeiten ganz gerne maßvoll mit. Das zweite entwickelte eine unerklärliche Gier nach diesen Produkten und bettelte den anderen Tischgenossen die Gulaschstücke vom Teller. Es ließ für ein Stück Wurst, Fisch oder Ei alles andere liegen. Das dritte hatte sich an dieser älteren Schwester orientiert und wünschte sich zum dritten Geburtstag Fisch. Groß war die Enttäuschung: Es mochte ihn nicht. Auch Fleisch und Ei waren keine besonderen Attraktionen, obwohl es hin und wieder davon aß. Das vierte war ein ausgesprochener Vegetarier, dem schon der Geruch von Fleisch unangenehm war; es wünschte sich gar kein solches Essen zum Geburtstag. Das fünfte war so wie das erste. Man sieht an diesem Beispiel, dass nicht die Nachahmung, sondern wirklich der eigene Nahrungsinstinkt die Entscheidung herbeiführte.

Ein anderer Grund, Ei und Fleisch in den ersten Lebensjahren eher zu meiden, ist deren beschleunigende (akzellerierende) Wirkung auf Körperwachstum und Gewichtszunahme. Das Charakteristische der menschlichen Entwicklung ist aber gerade die gegenüber Tieren extreme Verlangsamung der körperlichen Entwicklung, um eine seelisch-geistige Entwicklung zu ermöglichen.

Zusammenfassend raten wir:

In der Kleinkinderzeit eine lactovegetabile Kost, im übrigen Kindesalter eine den individuellen Bedürfnissen angepasste, abwechslungsreiche, qualitativ einwandfreie Kost – in Bezug auf die Eiweißarten nie zu reichlich. Bei einseitigen Appetiten immer wieder versuchen, notfalls mit List untermischend, etwas anderes zusätzlich anzubieten.

Salz und Mineralwasser

Grundsätzlich erhalten Säuglinge noch ungesalzene Nahrung. Auch Kleinkinder sollten noch wenig gesalzene Nahrung zu sich nehmen. In Brot und Milch ist genug Salz enthalten. Gelegentlich neigt aber ein Kind zu ausgesprochenem Salzgenuss. Das schadet ihm dann nicht, kann jedoch für den Mediziner ein wichtiger konstitutioneller Hinweis sein.

Für Säuglinge und Kleinkinder wird gelegentlich auf Reisen nach geeigneten Mineralwässern gefragt zur Zubereitung von Nahrung oder zur Verwendung bei Durchfällen. Italienische Wässer eignen sich in der Regel gut und sind dort auch im Gebrauch für

Säuglinge. In der Bundesrepublik kommen nur wenige streng mineralarme Wässer in Frage (z. B. Bad Driburger, Caspar-Heinrich-Quelle). Die meisten deutschen Mineralwässer würden bei Säuglingen nach einiger Zeit zu Fieber und Ödemen führen, wenn die Pulvermilchen mit ihnen angerührt würden. Ihr Mineralgehalt ist zu hoch und kann von den Kindern dieses Alters noch nicht ausreichend verarbeitet werden.

Ernährung und Denktätigkeit

Die von verschiedenen Gesichtspunkten her schon angesprochene Qualitätsfrage gehört zu den Voraussetzungen, um den Zusammenhang von Ernährung und Denkbetätigung zu verstehen. Der in diesem Buch schon mehrfach geschilderte Ätherleib als Organismus der Lebensgesetzlichkeit ist nicht nur Träger der Lebenstätigkeit in Wachstum, Regeneration und Fortpflanzung, sondern auch Träger des bewussten Gedankenlebens, das heißt, der Gedankentätigkeit selbst (vgl. S. 378).

Einem Gespräch zwischen Rudolf Steiner und dem Chemiker Ehrenfried Pfeiffer verdanken wir die wegweisende Äußerung Steiners auf die Frage hin, wie denn das menschliche Denken wieder zu einer realen Anschauung der geistigen Welt hinfinden könne: »Das ist ein Ernährungsproblem«. Wie lässt sich ein solcher Zusammenhang verstehen? Auf Seite 331 wurde gesagt, dass der menschliche Organismus Kraft aufwenden muss, um die zugeführten Nahrungsmittel zu verarbeiten. Je naturbelassener, das heißt je »lebendiger« und im Falle tierischer Produkte »durchseelter« die Nahrungsmittel aufgebaut werden, umso mehr Kraft muss der Organismus aufwenden, diese wieder abzubauen und in menschliche Substanz umzuwandeln. So wie man auf der einen Seite den Organismus zu stark belasten kann dadurch, dass man alles möglichst roh verabreicht, so kann man ihn auf der anderen Seite auch zu wenig beanspruchen, indem die Nahrungsmittel schon so denaturiert und im wahrsten Sinne des Wortes abgetötet sind, so dass der Organismus nur noch wenig eigene Arbeit leisten muss, um die Nahrungsmittel selbst zu denaturieren und zu verarbeiten. In diese Richtung geht aber die gesamte moderne Nahrungsmittelzubereitung, wie sie in Fast Food-Ketten und konservierter Kost der verschiedensten Art angeboten wird.[58] So wie bei einseitiger Rohkostdiät die Gefahr besteht, dass der Ätherleib zu stark in der Verdauung engagiert ist und zu wenig Kraft für die Gedankentätigkeit übrigbleibt – hier gibt es natürlich große individuelle Unterschiede und jeder muss das für sich richtige Maß herausfinden –, so wird umgekehrt beim Verzehr stark denaturierter und mit Nahrungsmittelzusätzen ergänzter Nahrung der Ätherleib zu wenig beansprucht. Dadurch wird er »bequem«, was sich dann in Form des »geistesschwachen« materialistischen Denkens bemerkbar macht, welches nur das reflektieren kann, was die Sinne abbilden. Ein solches Denken hat es schwer, sich seiner eigenen Natur als geistig belebender, ätherischer Kraft bewusst zu werden.

Ein *meditatives Denken*, das sich von der Sinnesanschauung lösen und in die ätherische geistige Natur des Denkens als des inneren Lebenszusammenhanges der Welt eindringen kann, wird unterstützt von einem durch die Verdauungsarbeit aktivierten ätherischen Organismus. Das heißt nicht, dass nicht auch ein mit denaturierter Kost aufgewachsener Mensch zur geistigen Aktivität hingelangen kann, es heißt dies nur, dass es für einen solchen Menschen bedeutend mehr Anstrengung erfordert und – wie man an der gesamten westlichen Kultur sieht – auch bedeutend schwerer und nicht die Regel ist. Unter diesem Aspekt kommt der Ernährung im Kindesalter die größte Bedeutung zu. Denn die Verdauungsorgane und mit ihnen die höheren Wesensglieder des Menschen (Ätherleib, Astralleib, Ich-Organisation) müssen ja im Laufe von Wachstum und Entwicklung ihre Arbeit erst lernen. Werden sie in diesem Sinne in den ersten Lebensjahren »gut erzogen«, durch geeignete Nahrung angeregt und gepflegt, so lernt auch – wenn eine entsprechende Erziehung der Seelen- und Geisteskräfte damit parallel geht, das Denken sich ebenfalls aktiv zu betätigen und die Bewusstseinsinhalte zu »verdauen« und zu »verarbeiten«. In der Kindheit gilt, dass die gesund angeregte körperliche Verdauung das sich entwickelnde, aktive Gedankenleben unterstützt. Im Erwachsenenleben zeigt sich, dass rege geistige Tätigkeit und »meditatives« Verdauen wichtiger Weltzusammenhänge für die Gesunderhaltung des Körpers immer wichtiger werden als nur das Essen. Hier gilt insbesondere: »Der Mensch lebt nicht vom Brot allein.« Daher ist es – um diesen Zusammenhang von Ernährung und Bewusstsein schon für das kleine Kind erlebbar zu machen – eine nicht nur schöne, sondern auch heilsame Gewohnheit, vor dem Essen zu singen oder zu beten. Auf diese Weise kann das einander Entsprechen und Ergänzen von geistiger und naturgegebener Ernährung erlebbar gemacht werden (vgl. das Kapitel über religiöse Erziehung, S. 525 ff.).

Nachstehende Skizze möge diesen Tatbestand noch einmal zusammenfassen:

Ätherischer Organismus in der Kindheit

Die Metamorphose der Wachstumskräfte in Gedankenkräfte steht noch am Anfang.

Der Anteil ätherischer Kräfte, der Wachstum und Regeneration besorgt, überwiegt.

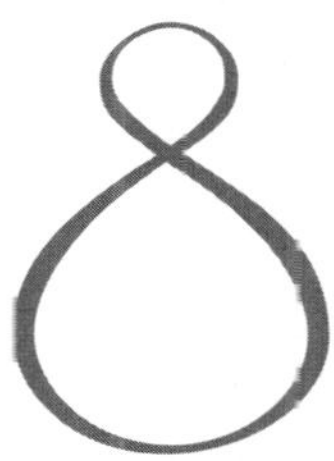

bewusstes Gedankenleben

unbewusstes Körperleben

Ätherischer Organismus des alten Menschen

Der Anteil ätherischer Kräfte, die leibfrei der Gedankentätigkeit zur Verfügung stehen, überwiegt.

Kein Wachstum mehr, abnehmende Regenerationstätigkeit.

bewusstes Gedankenleben

unbewusstes Körperleben

Zum Problem der gentechnisch veränderten Nahrung

Es ist hier nicht der Ort, die Bedeutung der biologischen und insbesondere der *biologisch-dynamischen Landwirtschaft* gebührend zu würdigen. Es soll jedoch auf die unschätzbare Leistung hingewiesen werden, die diese neue Gruppe von Agrarpionieren weltweit vollbringt, indem sie der sich von der Natur immer mehr emanzipierenden Agrarchemie und Agrartechnik ganz bewusst den Gedanken eines naturgemäßen, auf Bodenregeneration und Heilung hinorientierten Landbaus an die Seite stellt. Auch wenn immer wieder behauptet wird, dass ohne den Einsatz der genetisch und chemisch manipulierten Monokulturen das Welternährungsproblem nicht zu lösen sei, muss dem doch entgegengehalten werden, dass trotz dieser nun schon seit Jahrzehnten immer wieder wiederholten Propaganda die Wirklichkeit die ist, dass immer noch etwa drei Viertel der gesamten Weltbevölkerung ernährungsmäßig unter dem Existenzminimum leben und dass dieses vor achtzig Jahren keinesfalls schlimmer war. Hinzu kommt, dass durch die Art der heutigen Entwicklungshilfe vielfach die Bauern vor Ort ihr Land verlassen und es an Großgrundbesitzer abgeben oder aber ihre Anbauflächen für solche Pflanzen nutzen, die ihnen mehr Gewinn bringen, nicht aber den Bedarf an Grundnahrungsmitteln in der Bevölkerung decken helfen. Allerdings verdanken wir dieser Großtechnisierung der Landwirtschaft, dass immer mehr Menschen sich Beschäftigungen zuwenden können, die ihnen lieber sind als die Arbeit an der Erde. Und da dies zu den Emanzipationsbestrebungen des modernen Menschen gehört, ist diese Entwicklung vorerst nicht aufzuhalten.

Unser Anliegen ist es, darauf aufmerksam zu machen, dass Kinder Nahrungsmittel brauchen, die aus einem ökologisch wertvollem Anbau stammen und so über ätherische Kräfte verfügen und im Falle artgerechter Tierhaltung auch über eine Eiweißqualität, die einem mit der Natur in Einklang lebenden Tier gedient hat. So relativ unproblematisch es ist, wenn ein Erwachsener mit gut ausgebildetem Stoffwechsel sich weitgehend unabhängig von der Art seiner Ernährung fühlt und tatsächlich »alles verdauen kann«, so gilt doch für Kinder, deren Organismus noch in Bildung begriffen ist und die den Verdauungsvorgang an dem, was sie essen, erst lernen und daran auch ihre Organfunktionen ausbilden, dass hier eine größtmögliche Sorgfalt auf die Auswahl und Zubereitung der Nahrungsmittel vonnöten ist, auch wenn dies zeitlich und finanziell mit einem größeren Aufwand verbunden ist. Er zahlt sich in Form von Gesundheit für das spätere Leben des Kindes aus. Doch nicht nur in Form von Gesundheit – auch in Form von Bewusstheit (vgl. S. 349 ff.).

In diesem Zusammenhang sei auch auf die seit Ende der siebziger Jahre in Kultur genommenen gentechnisch veränderten Nahrungsmittel eingegangen. Es sind dies neben den mit gentechnisch manipulierten Mikroorganismen versetzen Milch- und Gärprodukten insbesondere Mais, Soja, Reis und einige Getreidesorten, die jedoch zur Zeit noch nicht – bzw. erst anfänglich – in Europa angeboten werden. Auf der quantitativen Ebene wird das Für und Wider gentechnischer Nahrungsmittel sicher nicht befriedigend entschieden werden können. Denn hier kann man mit Hilfe genetischer Manipulation sogar höhere Stoffkonzentrationen bestimmter Aromen oder Eiweiß-Stoffe nachweisen, als dies bei natürlich gezogenen Pflanzen der Fall ist. Schaut man jedoch darauf hin, was es für den ätherischen Organismus der Pflanzen bedeutet, wenn ihr Erbgut, als Träger der ätherischen Kräfte, künstlich manipuliert wird, so ergeben sich andere Kriterien für die Beurteilung. Denn eines zeigt sich bei allen gentechnisch veränderten Mikroorganismen und höher organisierten Lebewesen: Die Fortpflanzungsfähigkeit und damit die Keimkraft, damit aber auch die ätherische Stabilität lassen nach. Daher können sich die gentechnisch veränderten Organismen nur dadurch halten, dass unausgesetzt an Neuzüchtungen (aus gesunden Wildformen!) gearbeitet wird. Das heißt, die gentechnisch veränderten Organismen lassen sich nicht über mehrere Generationen »weitervererben«, sondern es müssen diese veränderten Organismen immer wieder neu »hergestellt« werden. Auch diese Nahrung wird zwar dem gesunden Erwachsenen – hoffentlich – nicht merklich schaden, er wird sie genau so verdauen können, wie er vieles verdauen kann. Kinder jedoch sollten aus dem oben genanntem Grund *keine* genetisch manipulierte Nahrung zu sich nehmen.

Je intensiver die Nachfrage nach artgerecht gezogenen Nahrungsmitteln ist, umso mehr wird auch eine Landwirtschaft und Bodenpflege unterstützt, die zukunftsorientiert und heilsam ist – für Mensch *und* Natur. Dies gilt nicht nur für pflanzliche Nahrungsmittel, sondern insbesondere für solche tierischer Herkunft. Auch hier hat der Verbraucher das letzte Wort. Es ist zu hoffen, dass die BSE-Krise nachhaltig dazu beiträgt, eine Wende in der Agrarpolitik anzustoßen. (Zur BSE-Krise bzw. zum Rinderwahnsinn siehe die sehr informative Schrift: Nikolai Fuchs/Christian Hiss: *BSE, Hat der Wahn einen Sinn? Ideen für die Wende*, Heidelberg 2001.)

Kindliche Entwicklung und soziales Umfeld

Das Sehenlernen

In dem Kapitel »Eindrücke nach der Entbindung« (S. 263) haben wir bereits den suchenden Blick des Neugeborenen kennengelernt, der kaum eine Richtung halten und nicht fixieren kann. Im Laufe der folgenden Wochen werden die Zeiten des Augenöffnens immer länger. Meistens bei und nach dem Stillen folgt das Kind mit seinem Schauen dem Kopf der Mutter. Es ist aber auch zu beobachten, dass die Augen wiederholt eine Richtung aufsuchen, ohne dass dort etwas Bestimmtes zu sehen wäre. Im Gegenteil, meist ist es ein Stück Wand oder Tuch in weitem Abstand, das keine Auffälligkeiten bietet. Versucht man das Köpfchen abzuwenden, bleiben die Augenachsen so lange wie irgend möglich in der eingeschlagenen Richtung. An diesem angeborenen Reflex, den man das »Puppenaugen-Phänomen« nennt, wird deutlich, wie der Säugling das Richtungssehen erlernt. Es ist ein Übergang von der ganz ungerichteten schwimmenden Bewegung der Augäpfel beim Schlafenden oder Frühgeborenen hin zur Bindung der Sehachsen an die Umgebung. Schiebt man seinen eigenen Kopf in die Blickrichtung, so schaut das Kind zunächst durch einen hindurch, vom Gegenständlichen noch unbeeindruckt. Dann erst wird es auf diesen Kopf aufmerksam und reagiert mit Blick, Atmungsbeschleunigung und äußerer Bewegung. Die Augen beginnen den Kopf festzuhalten, und wenn man ihn jetzt langsam bewegt, so folgt ihm das Kind mit seinen Augen. Verharrt man jedoch in Ruhe, wie das die Mutter zu tun pflegt (weil sie fühlt, dass das Kind ihren Anblick gleichsam mit den Augen »trinkt«), so kann man sein eigenes Spiegelbild in den

Pupillen des Kindes ein wenig nach unten gerückt wahrnehmen. Das heißt, das Kind schaut nicht scharf begrenzt Kopf, Auge, Nase oder Mund an, sondern nach oben oder seitlich ein wenig an den Grenzen des Kopfes vorbei.

Das Erstaunliche ist, dass es dabei seelischen Anteil nimmt an dem, was es da sieht. Bei der Mutter reagiert es ruhig und freudig aufmerksam. Bei unsicheren, übermüdeten oder gehetzten Menschen wird es unruhig, oder es huscht ein missmutig-ängstliches Zucken über seine Mundpartie. Obwohl das Kind noch keine deutlich bestimmte Sinneswahrnehmung hat, »sieht« es doch etwas: Es nimmt den Seelenzustand des Erwachsenen wahr. Das lässt sich auch beobachten, wenn man an die Wiege des schlafenden Kindes tritt und plötzlich bemerkt, wie ein (meist einseitiges) feines Lächeln über das Gesicht des Kindes huscht. Da kann man sich dann des Eindrucks nicht erwehren, dass das Kind auch noch im Schlaf bei geschlossenen Augen etwas wahrnimmt.

Richtungssehen und *Wahrnehmen des Seelenzustandes* treten also zur gleichen Zeit auf, noch bevor eine echte gegenständliche Wahrnehmung möglich ist. So kann man sich auch fragen, ob das Kind nicht auch etwas rein Seelisch-Geistiges wahrnehmen kann, was unserem bereits auf das Gegenständliche völlig fixierten Blick verborgen ist. Durch diesen Gedanken kann verständlich werden, warum noch die Maler des Mittelalters edle Wesenszüge der Menschen ins Bild gebracht haben, indem sie um den Kopf von Engeln, Madonnen und Heiligen einen Heiligenschein malten. Als in der Sprechstunde einmal eine Mutter fragte: »Warum schaut er denn immer an meinen Augen vorbei über den Kopf?«, da überraschte und befriedigte die Antwort: »Er interessiert sich zur Zeit dafür, wie Ihr Heiligenschein aussieht.« In dem angedeuteten Zusammenhang wird auch nachvollziehbar, warum Kinder dieses Alters sich für Glitzerndes, Helles und Rotleuchtendes besonders interessieren. Diese Gegenstände strahlen farblich etwas aus, das dem Eindruck ähnlich ist, den das Kind hat, wenn es einen hell gestimmten Menschen wahrnimmt.

Nach einigen Wochen, meist in der fünften, tritt das erwartete erste bewusste Lächeln auf. Es ist das strahlende Lächeln des Kindes, das die Augen der Mutter gefunden hat. Vom Umkreis-Schauen hat sich der Übergang vollzogen zum Blick in die Augen, in die zentral gelegenen Pupillen.

Das bedeutet aber nichts anderes, als dass das Kind jetzt im sinnlich-gegenständlichen Bereich die Stelle gefunden hat, wo sich im Irdischen das Seelisch-Geistige unmittelbar zeigt. Keiner, der das beobachtet, kann sich dem Glücksgefühl entziehen, das in diesem Sich-gegenseitig-Finden von Seele zu Seele durch den Blick zum Ausdruck kommt. Es spielt sich ein Vorgang ab, den man übersetzen kann in die Worte: Du bist da – ich bin da – wir sind da. Eine wesentliche Grundbedingung menschlicher Existenz verankert sich: das Suchen und Wahrnehmen des anderen Menschen. Im Wahrnehmen der Mutter und des Vaters entzündete sich das Lächeln. Ihr Blick wird fortan immer wieder aufgesucht. Das Kind ist auch in späteren Jahren nicht zufrieden, wenn es nicht wenigstens einmal am Tag den verstehenden, liebevollen Blick der Mutter oder des Vaters auf sich ruhen gefühlt hat. Es kann auch in der Schule sich nicht weiter entfalten, wenn es keinen Lehrer findet, der es mit echtem Interesse anschaut.

Gleichzeitig mit dieser zwischenmenschlichen Erfahrung beginnt das Kind nun auch, anderem seine Aufmerksamkeit zu schenken. Da wandert »etwas Helles« vorüber, wenn man auf dem Arm am Fenster vorbei getragen wird. Da tritt plötzlich »ein Bewegliches« ins Blickfeld, das schlagartig verschwindet, wenn man sich freut, und wiederkehrt, wenn man ruhig bleibt. Und auf einmal kommt »ein zweites Bewegliches« hinzu, und vielleicht kommt in der Bewegung der beiden jetzt eine Tastwahrnehmung zustande, indem die eine kleine Hand die andere berührt. Jetzt tasten sich die eigenen Hände untereinander und geraten ins unwillkürliche Spiel, das in seiner täglichen Wiederkehr durch das Beschauen Ordnung erhält und die Selbstwahrnehmung verstärkt. Im Tasten um den Mund beim Trinken und im Erleben der liebevollen

Hände und Arme der Mutter wird das Selbsterleben am anderen geweckt. Der Blick hat ebenfalls einen deutlich tastenden Charakter. Zunehmend ordnet er die Eindrücke und das Bewegungsspiel der Hände. Und hier wird schon wichtig, *was* das Kind alles zu sehen bekommt.

Es ist nicht gleichgültig, ob die Inhalte der Wahrnehmungen übereinstimmen oder nicht: So hat ein Plüschmondgesicht nichts mit einem Glockenspiel zu tun, und das Material einer Zelluloid-Rassel nichts mit den Geräuschen darin und den Bildern darauf. Dagegen bleibt ein Holzstäbchen dasselbe, wenn es auch einmal klingt. Das Kind nimmt in dieser Hinsicht Wahrheit und Unwahrheit hin und freut sich daran. Was der Erwachsene nicht unterscheiden konnte, wird es später auch nur schwer erkennen können. Zweifel in den Gewährscharakter des sinnlich Gegebenen wird so veranlagt. Sinneseindrücke werden zu unwesentlichen oder täuschenden Bildern herabgewürdigt. Gerade weil die Eindrücke in diesem Alter noch tief ins Unbewusste sinken, sollte man auf diese Zusammenhänge größten Wert legen (vgl. auch S. 292 ff.).

Etwa mit fünf Monaten unterscheidet das Kind dann bekannte von unbekannten Gesichtern. Von nun an bekommen Brillen und Haartrachten und die daraus sprechenden Stimmen Verbindlichkeit. An dem vertrauten Gesicht kann sich das Kind finden, an dem eines Unbekannten nicht. Es beginnt zu fremdeln. Der Fremde jedoch kann gerade an dieser Scheu des Kindes Wesentliches beobachten: Die Abwehr des Säuglings in Form von Missmut, Hinwendung zur Mutter oder spontanem Geschrei ist abhängig vom Abstand zum Fremden und zur Mutter. Ein Kind toleriert vielleicht den Fremden in 1 m Entfernung gerade noch, wenn es bei der Mutter auf dem Arm sitzt, nicht aber mehr bei 80 cm Abstand. Ist die Entfernung des Kindes zur Mutter jedoch weiter, zum Beispiel auf der Wickelkommode, so wächst der Raum, in dem das Kind den Fremden nicht mehr ertragen will. Setzt sich der Unbekannte hin oder lässt die Mutter das Kind sich aufsetzen, so verkleinert sich der Abstand wieder. Lenkt der Fremde das Kind ab und beginnt zu spielen, so wird der Abstand noch kleiner, weil durch Tätigkeit Vertrauen entsteht.

Sagt die Mutter jedoch z.B. ab dem zweiten Lebensjahr: »Du brauchst keine Angst vor dem Mann zu haben« – so versteht das Kind vielleicht inhaltlich die Worte, wird jedoch aufmerksam, dass dieser da doch ein Fremder ist, und zieht sich zurück. Manchmal gelingt es auch, den »Fremdel-Raum« kurz zu durchbrechen, indem man das Kind einfach auf den Arm nimmt, das heißt ihm das Zurückschlüpfen in frühere Entwicklungsstadien gewährt (Regression).

Für unsere Betrachtung ist wichtig, dass der Sehraum des Kindes eine ganz lebendige Struktur hat, die sich je nach Sympathie oder Antipathie des Kindes dehnen oder einengen kann und ganz entscheidend von der führenden Kraft der Mutter abhängt. Hinzu kommt, dass seine Grenzen sich mit der Wachheit des Kindes dehnen und mit Müdigkeit einengen können. Sie weiten sich auch bei isolierten und kräftigen Farbeindrücken oder anderen Sinnesreizen; so erkennt das Kind seinen Vater, wenn dieser allein zur Tür hereinkommt, in einer Menschengruppe jedoch erst, wenn er auf das Kind zukommt. Man sieht daran auch, dass Aufmerksamkeit und Interesse nicht durch eine Vielfalt an Eindrücken geschult werden, sondern durch das Wahrnehmen einzelner überschaubarer Vorgänge.

Zum Abschluss sei noch eine Erfahrung geschildert, die an jedem Kind zu einem bestimmten Zeitpunkt gemacht werden kann. Wir haben bisher das Augenmerk auf den suchenden und findenden Blick des Kindes gerichtet. Es kommt aber auch der Zeitpunkt, an dem es den Blick bewusst abwendet. Den Übergang hierzu kennzeichnet die Freude am Versteckspiel, wo das kleine Kind wirklich meint, der andere sei weg, wenn die Augen geschlossen oder verdeckt werden. Oder aber, wenn ihm vor Freude, Mutter oder Vater zu sehen, die Seele förmlich überläuft und es den Blick nicht halten kann. Eines Tages aber ist es soweit, dass das Kind seinen Blick aus Scham abwendet. Das Auftauchen eines Erwachsenen kann zur Mahnung werden, dass etwas getan wurde, was vielleicht nicht in Ordnung war. Der abgewandte Blick wird so zum Ausdruck des Schämens, des Gefühls, sich ausgeschlossen zu haben. Und dieses Gefühl ist eine Kraft, die behutsamer Pflege bedarf. Ist es doch das Ich selbst, das sich der Folgen seines Tuns schämt und diesen Fehler gern wieder gutmachen würde. Auch im späteren Leben ist Schamröte immer das Zeichen dafür, dass das Ich sich vor dem Blick des anderen verbergen möchte und in seinem So-Sein jetzt nicht gesehen werden will.[59] Jeder, der mit Kindern zu tun hatte, weiß, wie viel man da als Erwachsener falsch machen kann: in der einen Richtung, wo man dem Leben des Kindes alles Schwere, aber auch alle Verbindlichkeiten nehmen will und im Extremfall Schamlosigkeit zum pädagogischen Ziel wird; oder in der anderen Richtung, wo die Persönlichkeit des Kindes zwischen die Mühlsteine dogmatisierter Moralvorstellungen richterlich auftretender Eltern gerät.

Der hier skizzierte »Seh-Raum« und »Fremdel-Raum« sind Teilaspekte des kindlichen »Seelenraums«. In diesem erlebt es sich schon bewusst. Er ist in »Ausdehnung« und »Zusammenziehung« deshalb auch von der jeweiligen Gemütsverfassung und Aufmerksamkeit des Kindes abhängig.

Bewegungsentwicklung und Gehenlernen

Bereits im Mutterleib hat sich das Kind unablässig bewegt. Schon die Befruchtung war ein Geschehen gewesen, bei dem ein sich langsam bewegendes Ei von der blitzschnellen Samenzelle getroffen wurde und mit ihr in eins verschmolz. Und dann folgte ein Strömen, Drehen, Ein- und Ausstülpen, ein Sich-Gliedern und Sich-Verbinden, ein Differenzieren, ein Aufeinanderzu- und Auseinanderwachsen oder sogar Wiederauflösen zugunsten neuer Strukturen der Organe. Vor der Geburt spricht man daher von *Wachstums- und Bildebewegungen* des Organismus. Nach der Geburt setzt sich dieses zunächst fort. Das Kind wächst ja weiter. Das äußere Bewegungsspiel löst sich jedoch von Woche zu Woche mehr von den angeborenen, durch die Organe allein bestimmten Bewegungsformen ab (s. Abb. 31–53).

Bei einer ärztlichen Untersuchung lassen sich unter anderem folgende *Haltungen und reflexartigen Bewegungen* beobachten: Zunächst hält das Neugeborene, wenn es in Ruhe auf der Seite liegt, alle Gelenke in leichter lockerer Beugung (Abb. 31). Das ganze Kind sieht noch ein wenig zusammengerollt aus. Arme und Beine sind angewinkelt, die Hände locker geschlossen. Berührt man seine Wangen mit dem Finger, so dreht sich das Köpfchen nach dem Reiz und versucht an ihm zu saugen. Dreht man in Rückenlage den Kopf des Kindes nach einer Seite, so kann es den gleichseitigen Arm auf der Unterlage seitwärts strecken, den gegenseitigen Arm in Kopfhöhe anwinkeln, aber nicht von der Unterlage abheben. Lässt man das Kind in Bauchlage auf der Hand schweben, so hängt der Kopf oft noch unterhalb der waagerechten Rückenlinie. Dreht man es in der Luft in Seitenlage, so beugt sich das obere Bein stärker als das untere. Lässt man die Fußsohlen eine Unterlage oder eine Wand berühren, so streckt es den weiter vorn liegenden Fuß von sich weg und beugt den hinteren, sodass nach Wiederholung auf der anderen Seite der Eindruck eines Schreitens entsteht. Legt man das Kind auf den Bauch, so befreit es seine Nase durch Kopfanheben und Seitwärtsdrehen des Kopfes (Abb. 32). Lässt man in Rückenlage den Kopf ein wenig nach hinten fallen, so fahren die Arme auseinander und ruckartig wieder leicht grabschend zusammen. Schlägt man auf die Unterlage in Nähe des Kopfes, so fahren die Arme nach außen auf die Unterlage. Hebt man das Kind an, so gehen im Halbdunkel die Augen auf. Legt man seine Finger in die Hand des Kindes, so schließt sich die Faust darum und kann nicht loslassen. Lässt man das Kind im Warmen nackt auf einer Unterlage liegen, so macht es abwechselnde Strampelbewegungen und ausfahrende Bewegungen, die zunächst keine sinnvolle Zuordnung gestatten. Schaut man genauer hin, so erscheinen im Bewegungsspiel Rudimente des Vierfüßlerganges.

Erst etwa mit zweieinhalb Monaten beginnen die meisten dieser angeborenen Reflexe zugunsten von *Willkürbewegungen* zu verschwinden. Das Kind fängt jetzt von sich aus an, die Faust zu schließen, zu saugen, den Kopf zu heben (Abb. 33 und 34), es hört auf, automatisch zu schreiten, es strampelt weiterhin abwechselnd, die ausfahrenden Bewegungen verschwinden jedoch. Der Verlust der angeborenen Leistungen bedeutet einen wesentlichen Schritt, was im Vergleich der *Entwicklung von Mensch und Tier* deutlich wird: Das Tier hat die Möglichkeit, aus dem Schreitreflex heraus bald nach der Geburt das Laufen zu lernen. Ein Füllen kann bereits zwei Stunden nach der Geburt mit der Herde mithalten. Der Mensch ist als Säugling noch im Aufbau seines Gehirnes und übrigen Leibes tätig und unterzieht sich einem mühevollen Aufrichte- und Lauflernvorgang, der ihn ein Jahr lang voll in Anspruch nimmt. Allerdings steht er dann schließlich auch »auf eigenen Füßen« und lenkt seine Schritte dahin, wohin er will. Er muss nicht blind seinen organgebundenen Neigungen, das heißt seiner Triebnatur folgen. Vergleicht man die Entwicklung der Tiere untereinander, so tritt ein Gesetz deutlich zutage: Je schneller sich ein Tier entwickelt, umso organgebundener und weniger »gelernt« sind alle seine Fähigkeiten. Je langsamer dies geschieht, umso mehr können die Tiere in ihrer Entwicklungs- und Prägezeit die Spielbreite ihrer Möglichkeiten durch Lernprozesse noch erweitern.

Da der Mensch alles selbst lernen muss, was ihn »zum Menschen macht«, erstreckt sich seine Freiheit auch auf all diese Eigenschaften. Sein persönlicher »Spielraum« an Möglichkeiten erweitert sich mit jeder neuen Fähigkeit. Deswegen reift in einzigartiger Zurückhaltung gegenüber den Tieren der Mensch körperlich über sechzehn bis zwanzig Jahre hin. Auf diese Weise ist lebenslanges Lernen und Entwicklung zur Freiheit möglich. Von daher ist auch verständlich, dass ein zu langes Verweilen der angeborenen Reflexmuster eine Entwicklungsstörung kennzeichnet und der Arzt aufgerufen ist, diese so früh wie möglich zu erkennen.

Mit drei Monaten kann das Kind bereits den Kopf halten, es hat die *»Kopfkontrolle«*. Es kann in Bauchlage seinen Kopf und die Schultern etwas von der Unterlage hochstützen (Abb. 35 und 36). Von Monat zu Monat kommt das Kind mit dem Kopf höher von der Unterlage weg und benutzt nacheinander Unterarme und die geschlossenen Hände zum Abstützen (Abb. 37). Schließlich öffnet es im sechsten Monat auch die Fäuste und stützt mit gestreckten Armen Kopf und Oberkörper hoch. So »steht« es als »Kopffüßler« auf den Händen. Einen Nachklang dieser Stützfunktion der Arme kann auch der Erwachsene noch an sich bemerken, wenn er sich im dunklen Raum oder beim Blinde-Kuh-Spiel mit vorgestreckten Händen tastend bewegt.

Auf dem Rücken liegend erscheinen mit drei Monaten die Hände vorne im Blickfeld und lernen im Laufe der nächsten drei Monate das *Greifen* (Abb. 38). Dabei wird alles Bewegliche zum Munde geführt und geprüft. Während das Greifen langsam ausreift vom einfachen Faustschluss über den Pinzettengriff zum gerundeten Greifen mit dem gegenüberstehenden Daumen, erobert sich das Kind den vor ihm liegenden Raum. An den Abwehrbewegungen kann man sehen, wie weit es schon von seinem Leib Besitz ergriffen hat. Während ein drei Monate altes Kind seinen Kopf nicht mehr gern anfassen lässt, reagiert ein halbjähriges mit Wegschieben, wenn man an seinen Brustkorb fasst. Ganz ähnlich dringt auch die Aufrichtetendenz vom Kopf abwärts durch den Körper (Abb. 39 und 40). Man hat diesen Vorgang deutlich vor sich, wenn man sieht, wie eine Mutter ihr Kind trägt: Beim Neugeborenen stützt sie den Kopf, beim drei Monate alten Säugling die Schultergegend. Das Halbjährige trägt sie so, dass die zweite Hand nur noch die Mitte des Rückens umfasst, mit acht Monaten braucht sie nur noch Becken und Beine zu stützen und mit elf bis dreizehn Monaten trägt sie das Kind einarmig in sitzender Haltung und hat den anderen Arm frei, etwas anderes zu tun. Etwa mit zehn Monaten lernen die Kinder kerzengerade auf der Unterlage zu sitzen (Abb. 43 und 44). Nun sind sie sitzreif geworden. Vorher saßen sie noch nach vorne gebeugt und hatten den Kopf über der Mitte des Stützdreieckes aus Füßen und Becken.

Die anfänglich überwiegende ***Beugehaltung*** des Säuglings ist im Alter von fünf bis sechs Monaten einer zunehmenden Freude am Sich-Strecken gewichen. Das Kind liegt jetzt gern auf dem Rücken, Arme und Beine werden gestreckt, beim Strampeln schlagen beide Beine gleichzeitig auf die Unterlage. Auch der Kopf folgt beim Hochziehen streng der Symmetrieebene. Diese jetzt auftretende ***Strecktendenz*** ermöglicht das Sich-Öffnen zur Umwelt und darf nicht mit dem Sich-Aufrichten verwechselt werden. Die Aufrichtekraft ist, wie bereits geschildert, zu diesem Zeitpunkt von oben erst bis in Hände, Rückenmitte und Beckennähe eingedrungen. Das Strecken dagegen durchdringt den ganzen Körper. Man kann es daran erkennen, dass die Kinder die Beine auch gegen eine Decke strecken und außer Hopsimpulsen noch keine Stehbereitschaft zeigen.

Weder das sich beugende Abschließen noch das Strecken und Öffnen tragen die Impulse für freie menschliche Fortbewegung in sich. Diese verdankt das Kind einer dritten Bewegungsgestalt, die vom dritten Monat an erkennbar wird und sich der von oben her einziehenden Aufrichtekraft verbindet. Es ist dies die ***Drehbewegung im Rumpfbereich***, die ein Sich-wenden-Können einleitet.

Die Hände sind im ***Sitzen*** mit zehn Monaten ganz frei geworden zum Spielen. Das überwiegende Greifen wechselt jetzt auch mit bewusstem Loslassen und später dem Wegwerfen ab. Nur die Füße sind noch nicht »Eigentum« und dürfen ohne weiteres angefasst werden. Über das Knien auf einem Bein folgt bald das Hochziehen an Gitterstäben oder Möbeln zum angelehnten Stand (Abb. 45). Jammervoll erscheinen die wenigen Wochen, in denen das Hochziehen zum ***Stand*** gelingt, nicht aber das Wiederhinsetzen.

In diesem Alter hat sich eine erste, noch unvollkommene Fortbewegungsart entwickelt: das ***Rollen, Robben, Schieben*** in Bauchlage oder im Sitzen oder das ***Krabbeln*** (Abb. 41 und 42). Welche

Formen das Kind zunächst wählt, hängt von der ersten erfolgreichen Fortbewegung ab, die dann erst einmal beibehalten wird. Sie wird auch von der Bodenbeschaffenheit mitbestimmt. In diesen individuellen Prozess des Laufenlernens schieben sich künstliche Fortbewegungshilfen wie »Gehfrei«, Wippen und Ähnliches störend herein. Wir empfehlen ihren Gebrauch nicht, weil dem Kind dadurch ein Bewegungsspielraum erschlossen wird, den es sich nicht selbst errungen hat und der seine Eigenaktivität beeinträchtigt. Außerdem treten bei wochenlangem Gebrauch dieser Geräte auch Probleme auf wie zum Beispiel die Neigung zu Spitzfußhaltung und Zehengang, welche über Monate ein normales Auftreten und Abrollen des Fußes verhindern.

Es gibt Kinder, die das Krabbeln erst nach dem Laufen lernen, andere, die nicht robben, und dann wieder solche, die mit zehn Monaten so laufen wie ein anderes erst mit eineinhalb Jahren. Dabei taucht oft die Frage auf, was denn »besser« sei. Dies wollen und können wir nicht allgemein beantworten, weil wir Menschen uns gerade dadurch vom Tier unterscheiden, dass wir eine persönliche Entwicklung durchmachen, die in leiblicher und seelisch-geistiger Hinsicht immer pendelt zwischen einem Zufrüh und Zuspät. Das Richtige zum rechten Zeitpunkt zu tun ist höchste Lebenskunst, und jeder Mensch bewegt sich bewusst oder unbewusst auf dieses Ziel zu. Frühreife ist oft mit einem Mangel an innerer Freiheit verbunden. Der Mensch ist stärker durch die bei ihm veranlagten Begabungen geprägt und lebt diese unter Umständen aus, ohne sich viel Neues dazu zu erwerben. Spätentwickler haben ihre Fähigkeiten in Geduld und mühevoller Arbeit errungen, können aber freier damit umgehen. Sie zeigen oft mehr Verständnis für Probleme anderer. Die Spielbreite für das Laufenlernen von zehn bis achtzehn Monaten ist jedenfalls »normal«.

Nach dem Laufenlernen gilt es noch eine Reihe anderer Aufgaben zu bewältigen, so das Treppensteigen, Hüpfen, Springen und vieles mehr (Abb. 46–53). Auch der Gang selbst macht noch viele Veränderungen durch, bis aus dem breitbeinig-patschigen Gang des Kleinkindes der schmalspurig federnd abrollende des Neunjährigen geworden ist. Alle diese Bewegungsformen werden ebenso wie der aufrechte Gang durch Nachahmung gelernt. Keine dieser Willkürbewegungen ist eine angeborene Fähigkeit. Daraus ergibt sich auch, wie man die Bewegungsentwicklung des Kindes fördern kann: durch ein gutes Vorbild. Ob wir uns hektisch bewegen oder träge, ob wir hart auftreten oder weich – all das wird vom Kind wahrgenommen, verarbeitet und nachgeahmt. Das Kind nimmt dabei auch die sich in den Bewegungen äußernde Seelenhaltung des Erwachsenen wahr und lernt so, seine eigenen Seelenregungen ebenfalls im Bewegungsspiel zu äußern (s. S. 414 f.).

Empfohlene Literatur:

Largo, Remo H.: *Babyjahre*. München/Zürich 2000.

Kipp, Friedrich A.: *Die Evolution des Menschen im Hinblick auf seine lange Jugendzeit*. Stuttgart [2]1991.

Das Sprechenlernen

Schon Neugeborene lassen in ihren lautlichen Äußerungen und dem Geschrei Unterschiede erkennen, die auf die Art ihres Empfindens deuten: Hunger, Schmerz, Müdigkeit, Schwäche, Verlassenheit. Die ersten vom Kind spielerisch einsetzbaren Lautbildungen erscheinen wie zufällig mit etwa acht bis zehn Wochen, bald nach dem ersten bewussten Lächeln. Es sind dies feine Ausatmungstönchen, vermischt mit kehligen Gaumenspeichellauten. Das Kind bemerkt sie im eigenen Zuhören und strebt nach Wiederholung. Diese zarten Laute entstehen nur bei guter Stimmung, so nach dem Füttern und Wickeln, nie aber bei Heimkindern.[60] Die Mutter ist beseligt und versucht unwillkürlich, diese »Gliiij« oder »Grriij« nachzumachen. Das wiederum bringt das Kind in lebhaftes Erstaunen, und es entsteht ein Zwiegespräch, das mit kleinen Variationen sich täglich wiederholt (Abb. 54 und 55). Im vierten Monat hört diese Art der Lautbildung auf. Oft entsteht nun eine Pause, in der das Kind bloß zuhört.

Etwa mit einem halben Jahr werden andere Töne angeschlagen: Kräftige Stimmlaute »da – ba – la«, eher trompetend und mit Lippenlauten durchsetzt, das rhythmisch-symmetrische Strampeln des Kindes begleitend. Sie sind reine freudige Selbstdarstellung und führen von allein zu keiner Sprachentwicklung. Dazu ist nötig, dass in der Umgebung des Kindes gesprochen wird. Diesem Vorbild entnimmt das Kind dann im Laufe der nächsten Monate Lautbildungen und kommt so allmählich in das Sprechen hinein. Dabei zeigt sich, dass es von Anfang an »in ganzen Sätzen« spricht und Zusammenhänge meint, wenn es zum Beispiel »Mama« artikuliert. Denn das heißt: »Mama, komm«, »Mama, wo bist du«, »Mama, ich will auf den Arm« und vieles mehr. »Auto«, »Wauwau« sind ebenfalls ganze Satz- und Handlungszusammenhänge. Immer mehr Worte werden ergriffen und enthalten noch unsichtbar vom Kind mitgemeinte Tätigkeiten und Eigenschaften. Diese treten nach und nach in Zwei- und Dreiwortsätzen auf: »Papa Auto«, »Suppe heiß«, »Mama Hause gehen«.

Hierzu ein Beispiel:
Ein Eineinhalbjähriges, das gern mit der Mutter einkaufen gegangen wäre, wurde belehrt: »Da kannst du nicht mit – in der Stadt ist es laut, da sind viele Menschen, viele Autos, es pufft, stinkt und knallt.« Die große Schwester soll solange auf das Geschwisterchen aufpassen. Am Abend berichtet sie der Mutter, dass die Kleine im Laufe des Nachmittags einige Male gesagt habe: »Mama Tadt puff, tink, nall.« Auch solche Wortbildungen wie »Lulom« aus Luftballon und »Lilo« aus Lieselotte zeigen, dass es immer Ganzheiten sind, die die Kinder nachahmend zum Ausdruck bringen.

Machen die Erwachsenen die Sprechversuche nach und beginnen sie mit den Kindern in »Babysprache« zu sprechen, so nehmen sie ihnen das Vorbild. Das Kind wird dadurch auf die Einzellautbildungen fixiert. Sprechen die Erwachsenen dagegen so in Gegenwart des Kindes, wie sie es auch sonst unter sich zu tun pflegen, so hat das Kind reiche Möglichkeit, sich in alle Nuancen der Muttersprache hineinzuhören. Meist fällt das Sprechen des ersten Wortes in den Anfang des zweiten Lebensjahres. Auffällig ist dabei, dass die Kinder aus Lehrer- oder Akademikerfamilien oft relativ spät anfangen zu sprechen. Wahrscheinlich können sie sich zunächst nicht in den großen Wortschatz der Eltern hineinfinden. Nach einigen Monaten haben sie aber den Rückstand aufgeholt und behalten dann meist zeitlebens einen Vorsprung an Wortgewandtheit und Ausdrucksvermögen. Haben die Eltern einen geringen Wortschatz, so kann das Kind zunächst nicht mehr Worte lernen, als es das Vorbild hergibt. Diese Kinder fangen oft früher an zu sprechen, ihr Wortschatz bleibt vorerst begrenzt. Diesen Nachteil können sie erst im Schulalter durch entsprechende Anregungen ausgleichen. Schwer zu korrigieren ist jedoch, wenn die Sprache der Erwachsenen in irgendeiner Form gekünstelt, überformt oder verfremdet ist und etwas Betuliches, Gehobenes, Forsches, Gewähltes oder sonst »Falsches« an sich hat. Die Empfindung, dass einem sprachlich etwas vorgemacht wird, was nicht durch die betreffende Persönlichkeit auch innerlich gelebt wird, gräbt sich in die Seele des Kindes ein und verdirbt den feinen Sinn für Wahres und Unwahres im Ausdruck.

So ist es auch mit Stimmungen und Gefühlen, die das Sprechen der Erwachsenen begleiten. Sie schwingen gleichsam in der Sprache mit und müssen vom Kinde mitverarbeitet werden. Es erfasst die Gesinnung, mit der gesprochen wird, auch schon, bevor es den Inhalt einzelner Worte versteht. Es erlebt Freude oder Ernst, Kälte, Schärfe oder Milde im Ausdruck unmittelbar und lebt nachahmend darin, auch wenn es nicht im Einzelnen versteht, worum es geht.

Das Sprechenlernen bedarf normalerweise keiner Übung. Auch das Korrigieren falsch ausgesprochener Worte sollte vermieden werden. Sprache will immer etwas Unmittelbares ausdrücken. Unterbreche ich den Sprachfluss durch eine Korrektur, so zerstöre ich diese Unmittelbarkeit. Das einzige, was Kinder aus solchem Ver-

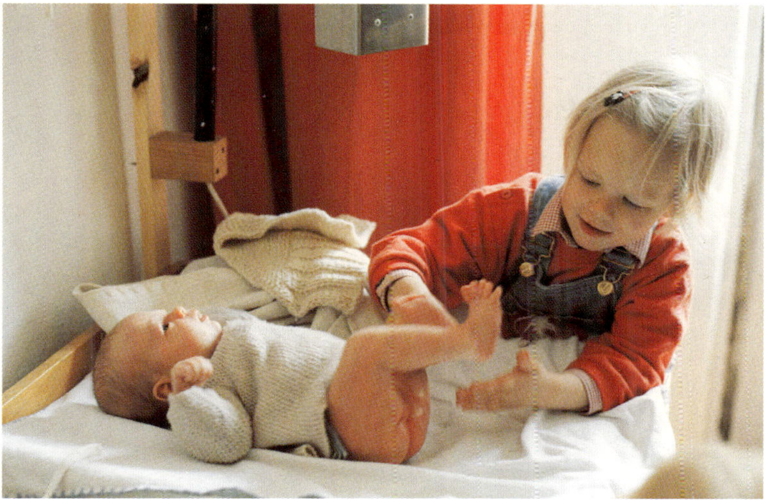

Abb. 31 und 32: Im Alter von sechs Wochen sind die Gliedmaßen noch locker gebeugt wie beim Neugeborenen – auch der Kopf will in Bauchlage von Anfang an nach oben.

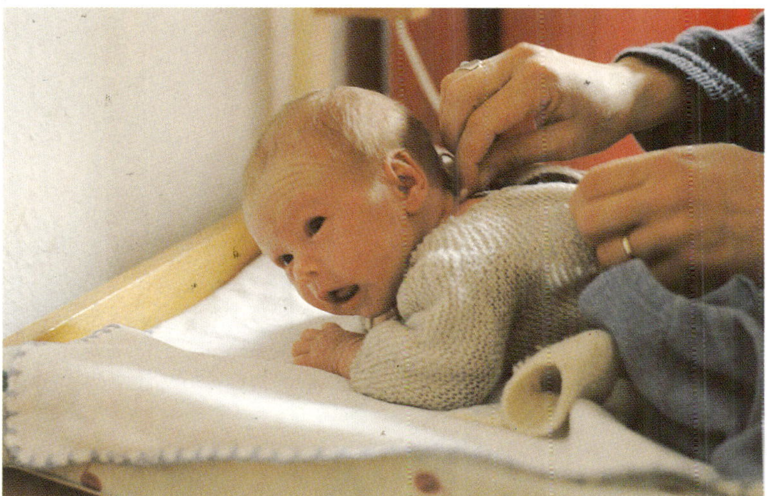

Abb. 33 und 34: Im Alter von acht Wochen ist beim Kopfheben die Stirne schon nicht mehr gerunzelt, die Ellenbogen sind noch fest an der Unterlage, die Hände locker geschlossen.

Abb. 35 und 36: Drei Monate: In Rückenlage beginnt das Spiel mit den Händen, die Beine liegen locker gestreckt. In Bauchlage werden die Hände zu Stützorganen.

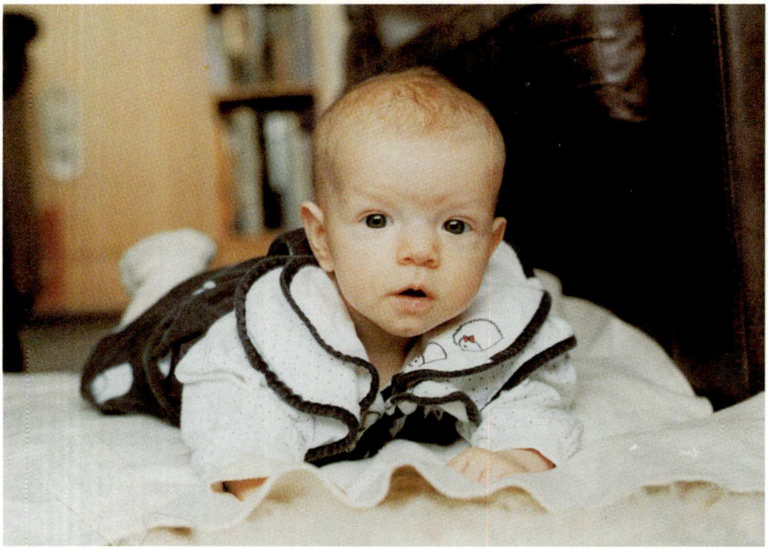

Abb. 37: Der Blick erreicht die Horizontale, ein Ellenbogen löst sich von der Unterlage (vier Monate).

Abb. 38: Mit etwa fünf Monaten ist dann schon eine Hand frei zum Greifen.

Abb. 39: »Ellenbogenstand«: Drehen und Robben werden angebahnt (etwa fünf Monate).

Abb. 40: Mit gespreizten Händen und gestreckten Armen wird der Kopf gestützt (sechs Monate).

Abb. 41 und 42: Das Krabbelalter (um den zehnten, zwölften Monat).

Abb. 43 und 44: Im Sitzen sind nun beide Hände frei zum Greifen und Spielen (etwa zehn Monate).

Abb. 45: Ein Jahr: Im gestützten Stehen ist zwar schon vieles möglich, aber eine Hand muss immer noch für sicheren Halt sorgen.

Abb. 46 und 47: Nichts ist mehr sicher. Jetzt fängt die Kunst des Erziehens an: Das Interesse bestätigen, ein Unglück aber durch Ablenken und Sichern verhindern.

Abb. 48: Die ersten Schritte: ein Balanceakt – und sehr viel Freude!

Bewegungsentwicklung am Ziel

Abb. 50

Abb. 49

Abb. 51: Einbeinig trepp-ab (zwei Jahre).

Und so geht es weiter …

Abb. 52: Die ganze Gestalt folgt jetzt der Absicht im Spiel.

Abb. 53: Mit Vertrauen wächst der Mut – auch zum Fliegen.

Abb. 54: Das erste Zwiegespräch im »riijj« und »griijj«-Lautieren, sich hören, die Mama hören und wieder lautieren – mit voller Aufmerksamkeit.

Abb. 55: Das Zeigen kommt vor dem Sprechen, beides ist dem Menschen vorbehalten.

halten lernen, ist, ihren Eltern später ebenfalls ins Wort zu fallen. Warum soll ein Kind nicht einige Jahre lang »Löbe« oder »Staugsauber«, »Pogramm« oder »kreblich« sagen? Dem Erwachsenen bleibt es unbenommen, selbst diese Worte und Laute besonders schön auszusprechen, und er kann sicher sein, dass sein Kind mit vierzehn Jahren diese Fehler nicht mehr machen wird...

Vorübergehend zeigt fast jedes Kind Ansätze zum Stottern, wenn sein Mitteilungsdrang größer wird als seine Ausdrucksmöglichkeit. Geduld und Nicht-Beachten helfen darüber hinweg. Liegen deutliche Sprachfehler vor wie Lispeln, Stammeln und Stottern, so ist es ganz besonders wichtig, dass nicht im Vorschulalter schon einseitig trainiert oder geübt wird. Denn durch vorzeitiges Bewusstmachen des Sprechvorganges wird der Prozess der Nachahmung gestört. Das beste Mittel in dieser Zeit, das in allen Fällen günstig wirkt, ist, in Gegenwart des Kindes gut und deutlich und vor allem *langsam* genug zu sprechen. Auch wecken Kinderlieder, lustige Verse und Reime und das Vorlesen oder besser Erzählen von Märchen die Freude am Sprachklang und an den eigenen Ausdrucksmöglichkeiten. (Literaturempfehlung s. S. 371.)

Hinzu kommt der weitverbreitete Irrtum, dass ein Sprachfehler nur durch Sprachübungen zu korrigieren wäre. Vielmehr geht, wie wir gesehen haben, die Bewegungsentwicklung dem Sprechenlernen voraus. Sprache kann als eine Art Metamorphose der Körperbewegungen aufgefasst werden. Der Kehlkopf vollführt im Kleinen die gleichen Bewegungen, die der Körper im Großen ausführt. Deshalb wird man bei allen Sprachstörungen auch gröbere oder feinere Störungen in der Bewegungsentwicklung bemerken können. Gelingt es, an diesen zu arbeiten und Geschicklichkeiten nachzuholen durch bestimmte Spiele wie Ballwerfen, Stelzenlaufen, Balancieren, Perlenaufziehen und Ähnliches, so stellt man verblüfft fest, dass auch die Problemlaute plötzlich besser artikuliert werden können. Besonders günstig wirkt hier auch Kleinkinder-Eurythmie (s. S. 514 f.).

Mit einem sprachgestörten Kind wird also nur etwas intensiver das getan, was jedem Kind für seine Sprachentwicklung guttut. Erst im Schulalter sind die Kinder meist so weit, dass sie selbst an den bis dahin noch verbliebenen Sprachstörungen arbeiten wollen. Zu diesem Zeitpunkt können dann auch bestimmte Sprachübungen und Trainingsprogramme problemlos eingesetzt werden.

Zum Schluss möchten wir noch auf die Frage nach dem Zweisprachig-Aufwachsen eingehen. In Argentinien zum Beispiel wachsen viele Kinder auf, bei denen ein Elternteil deutsch, der andere spanisch spricht. Das Kind kann also nicht in eine Muttersprache hineinwachsen, sondern hört von Anfang an zwei. Solche Kinder lernen etwas später sprechen, vermischen zunächst die Worte beider Sprachen und lernen dann erstaunlich rasch, sich in beiden getrennt auszudrücken. Später werden sie um ihre souveränen Sprachkenntnisse beneidet, da ihnen auch das Neuhinzulernen anderer Sprachen oft leichter fällt. Fragt man sie jedoch im Erwachsenenalter, ob sie bei ihren eigenen Kindern auch wieder so verfahren würden, dann sagen sie häufig: »Nein – mein Kind soll *eine* Muttersprache haben, es soll in die Landessprache hineinwachsen und die andere erst dann hinzulernen, wenn es in dieser sicher ist.« Einer von diesen, der über eine gute Selbstbeobachtung verfügt, setzte dann noch (in etwa) hinzu: »Ich fühle mich in keiner der beiden Sprachen ganz zu Hause. Ich träume zum Beispiel auf spanisch, ich denke auf deutsch und spreche, was der Situation angemessen ist.« Da sich das Denken ganz wesentlich an der Sprache orientiert, wie das folgende Kapitel zeigen wird, empfehlen auch wir, das Kind zunächst (das heißt mindestens so lange, bis es zu sich »Ich« sagt) in *einer* Sprache leben zu lassen. Denn jeder Sprache wohnt durch Satzbau und Grammatik eine spezifische »Sprachlogik« inne, die auf das Denken und seine innere Sicherheit Einfluss hat. Die Identifikation mit einem solchen logischen Gerüst erweist sich als eine Art »Stütze« beim Denkenlernen und trägt dadurch zur Persönlichkeitsstärkung bei.

In der Praxis ist das einsprachige Aufwachsen in solcher Lebenssituation gar nicht so leicht durchzuführen. Daher sei einiges zur

Anregung genannt: Sind ältere Geschwister oder Freunde im Hause, die häufiger auch die andere Sprache sprechen, so achte man darauf, dass sie das kleine Geschwisterchen trotzdem immer in der Landessprache anreden. Dann wird das bloße Hören der anderen Sprache sich nicht allzu störend in diese Entwicklung einmischen. Entscheidend ist, dass alles, was dem Kind direkt gesagt wird, in der einen Sprache geschieht. Das Gleiche gilt, wenn zu Hause deutsch gesprochen wird, auf der Straße oder mit Besuchern dagegen spanisch. Denn glücklicherweise hat die Muttersprache für das Kind Verbindlichkeit und wird zum Vorbild genommen. Ist jedoch die spanisch sprechende Haushaltshilfe die Hauptbezugsperson, so sollten Mutter und Vater ihr Kind in den Stunden des Zusammenseins ebenfalls in dieser Sprache anreden, selbst wenn sie diese nicht ganz sicher beherrschen.

Empfohlene Literatur:

Arndt, Marga, Singer, Waltraud (Hrsg.): *Das ist der Daumen Knuddeldick... Fingerspiele und Rätsel.* Ravensburg 1997.

Baur, Alfred, Schaller, Erwin: *Das Fingertheater.* Schaffhausen 1980.

Enzensberger, Hans-Magnus: *Allerleirauh. Viele schöne Kinderreime.* Frankfurt 1974.

Fink, Dagmar (Hrsg.): *Das Häschen Schnuppernäschen und der böse Bock. Märchen und Gedichte.* Stuttgart ²1995.

Garff, Marianne: *Es plaudert der Bach.* Basel ¹⁰1996.

Keller, Liane: *Ammenmärchen europäischer Völker.* Stuttgart 1994.

Lenz, Friedel: *Mahle, mahle Grützchen.* Freiburg ⁷1992.

Pausenwang, Elfriede: *Die Unzertrennlichen. Neue Fingerspiele.* Band 1-3, München 1993/4.

Das Denkenlernen

Was ist Denken? Es ist die Fähigkeit, durch die wir Zusammenhang, Sinn und Ordnung in alles hereinbringen können, was wir erleben. Auch unser Unterscheiden zwischen »Sinnlichem« und »Nichtsinnlichem« oder »Übersinnlichem« beruht auf der Erfahrung, dass wir einerseits verstehen können, was wir sehen, und andererseits auch das, was wir »nicht sehen« – zum Beispiel die Mathematik, die wir nur begrifflich fassen können. Unser Gedankenleben ist ein Beziehungsgefüge, mit dem wir alles erfassen können und durch das wir uns selbst eingegliedert fühlen in den Zusammenhang der Welt. Denn wenn wir Gedanken verwirklichen, so erleben wir uns als Mitgestalter der Lebensverhältnisse und ordnen unser Tun in einen größeren Zusammenhang ein. Wir fühlen etwas von der Weltgesetzlichkeit in uns und erfahren, wie wir uns immer freier und eigenständiger in dieser bewegen können. Im Folgenden seien charakteristische Stufen des Denkens so geschildert, wie sie der Erwachsene am Kind erleben kann.

Die »leibgebundene« Intelligenz

Lange bevor ein Kind »weiß«, dass es ein Klötzchen in der Hand hat, geht es mit ihm um. Die Fähigkeit, Sinnzusammenhänge herzustellen, ist noch kein abstrakt-gedanklicher Vorgang, sondern reine unmittelbare Sinneserfahrung. Das Kind betastet, beschaut, beschmeckt, belauscht das Klötzchen, macht seine Erfahrungen damit in Bezug auf Gewicht, Greifbarkeit, Fallneigung, Rollfähigkeit und Beständigkeit. Oft kann man beobachten, wie das Kind es auch absichtlich aus dem Blickfeld lässt und dann nicht müde wird, es immer wieder zu »finden«. In diesem Tun seiner Hände und Sinne erlebt es freudig die »Dauer«, die sogenannte Ding-Konstanz. Wenn wir uns als Erwachsene von diesem Klötzchen einen Begriff bilden wollen, so beschreiben wir es nach Lage, Form, Beständigkeit, Art, Verhältnis zur Umgebung, zu uns selbst usw. Wir fassen *gedanklich*, was das Kind *sinnlich* erlebt. Wir Erwachsene können Sinnliches und Begriffliches trennen und aufeinander beziehen. Für uns zerfällt die Welt in »Ich« und »Du«, »Mein« und »Dein« – Begriffe, die vom Kinde noch nicht unterschieden werden können, da es sich immer in das Geschehen tätig einbezogen fühlt. Das Kind erlebt Sinnliches und Begriffliches noch ungetrennt. Hier liegt der Schlüssel zum Verständnis des kleinkindlichen Seelenlebens: Was wir als abstrakte Gedankentätigkeit getrennt von der Sinnestätigkeit handhaben können, ist beim Kind noch verbunden in ein und demselben Erlebnisvollzug. Daher sind auch Töne, Gerüche und Geschmackswahrnehmungen in der Kindheit so unvergleichlich viel intensiver und »wirklichkeitsgesättigter« als später. Wir spüren unseren Kindheitserinnerungen diesen besonderen Charakter noch an – sie sind von anderer Intensität als Erinnerungen späterer Zeit. Auch das Besondere der kindlichen Nachahmungsfähigkeit wird für diese leibgerichtete Einheit von Sinneswahrnehmung und Denken verständlich. Der ganze Leib des Kindes passt sich jeder Feinheit des Wahrzunehmenden an und vollzieht das sinnlich Erlebte in intelligentester Weise mit und nach. Auch bleibt von diesem Vorgang eine Erinnerung zurück. Lange nachdem die Mutter zum Beispiel die Rührbewegung im Kochtopf vollführt hat, kann das Kind sie immer noch spielerisch wiederholen. Eine Mutter berichtete uns, wie ihr fünfzehn Monate alter Sohn, im Laufstall sitzend, mit einem Mal sein Spiel unterbrach und die Hände faltete, so wie es jeden Abend beim Gebet mit den Eltern gemacht wurde. Er verblieb einige Augenblicke in dieser Haltung und wandte sein Interesse dann wieder einem Gegenstand zu.

So lässt sich die Nachahmungsfähigkeit als Ergebnis des Zusammenwirkens von drei Komponenten verstehen: Mit Hilfe der *Wahrnehmungen* wird ein Vorgang als solcher erfasst. Das darin noch mitlebende *Denken* – das heißt die Fähigkeit, Sinn und Zusammenhang der einzelnen Wahrnehmungen unmittelbar zu erfassen – befähigt den Leib, diesen Vorgang in intelligenter Weise so mitzuvollziehen, dass der Mitvollzug anschließend zum selbstständigen Nachvollzug werden kann. Das heißt, die neu gelernte Geschicklichkeit bleibt als *»körperliche Erinnerung«* bestehen. Die hohe Übereinstimmung des Nachgeahmten mit dem Vorbild ist der Universalität des Gedankens in ihnen zuzuschreiben. Unvollkommenheiten hängen allenfalls an Einseitigkeiten der Wahrnehmung und der Begrenzung durch das noch ungeübte körperliche Instrument. Im Zusammenhang mit der Nachahmung nur von »motorischer Intelligenz« zu sprechen, ist irreführend. Es gibt nur *eine* Intelligenz, die als Weltgesetzlichkeit in allem ist. Diese wirkt jedoch im ersten Lebensjahr ausschließlich körperbezogen. Sie gestaltet durch den tätigen Mitvollzug des Kindes zugleich am Wachstum und Aufbau des Leibes und der Sinnesorgane mit.

Erster Schritt in der Denkentwicklung ist also das unmittelbare Wahrnehmen des Intelligenten, des »Sinnvollen« an den Gegenständen und Handlungen in der Umgebung.

Es liegt Handlungs- und Tatsachenlogik vor, wenn wir einen Deckel auf den Topf tun oder die Türe öffnen, wenn jemand hinaus will, wenn wir die Dinge an den Ort legen, wo sie hingehören, das Fenster schließen, wenn es regnet, putzen, wenn es schmutzig ist usw. Da das Kind tätig wahrnimmt, fühlt es sich immer unmittelbar in das Geschehen einbezogen und noch nicht distanziert wie der sachlich urteilende Erwachsene. So kann es »spielend« im Tätigsein den Sinngehalt seiner Umgebung nachahmen.

In dem Maße, wie sich die Denktätigkeit aus dieser leibgerichteten Aktivität löst und »abstrakt« wird, das heißt seelisch-innerlich erlebbar, klingt dann auch die Fähigkeit zur Nachahmung ab. Bis dahin sind jedoch die größten Leistungen vollbracht worden: das Erlernen des Gehens, Sprechens und Denkens. Man überlege sich nur einmal, was geschehen würde, wenn die Kinder bei der Geburt schon denken und allen geforderten Lern- und Anpassungsvorgängen gegenüber kritisch fragen könnten: Will ich das denn überhaupt lernen? Sie wären sicher nicht in der Lage, auf willkürliche Weise ihren Körper in so intuitiv intelligenter Weise den Vorgängen des Gehens und Sprechens anzupassen und sich diese Fähigkeiten »einzuverleiben«. Andererseits wird durch die

Intensität, mit der Kinder Sinn und Unsinn der Handlungen, Gegenstände und Vorgänge wahrnehmen, auch das Ausmaß der Verantwortung deutlich, das den tätigen Erwachsenen für die frühe Intelligenzentwicklung der Kinder zukommt.

Einfluss der Sprache auf das Denken

Mit dem Beginn des Sprechenlernens erfolgt ein neuer Schritt in der Entwicklung des Denkens. Auch hier leben die Kinder zunächst noch im schöpferischen Nachvollzug und können den durch die Laute und Worte vermittelten Gedankeninhalt nicht direkt erfassen. Sprechen als tätiger Erlebnisvollzug und Bedenken als rein innerliche Aktivität lösen sich erst langsam voneinander los. Hierzu ein Beispiel:

Ein Kind sammelt Stöckchen auf dem nassen Parkweg. Plötzlich bleibt es stehen, weil sich da ein »Stöckchen« am Boden bewegt. Nachdenklich stellt es fest: »Das is kein Tock.« Das Bezeichnen und Unterscheiden geht von der Wahrnehmung, vom Leben selbst aus. Es ist jetzt aber schon möglich, im beginnenden rein seelisch-geistigen »Innenleben« nach dem Wort zu suchen. Dass das hier ein Regenwurm ist, wird vom Kind empfunden, obwohl es ihn noch nicht benennen kann. In dieser Phase der Gedankenentwicklung tritt zwischen das unmittelbare Sinnerleben in der Wahrnehmung während der ersten Zeit und das spätere rein gedankliche Verstehen das Benennen durch Wort und Satzbildungen. In dieser Zwischenphase beginnt die ganze Umgebung des Kindes plötzlich zu »sprechen«: Das Klötzchen rollt fort, der Stab klingt, die Türe quietscht und macht »wumm«, wenn der Wind plötzlich durch die Wohnung weht. Das Wasser gluckst im Abfluss und ist einfach weg. Alles scheint auf seine bestimmte Art zu leben und etwas zu sagen. Diese Art, »physiognomisch«, das heißt alles wie sprechend zu erleben, setzt sich auch noch in den nächsten Jahren fort in der spezifisch kindlichen Phantasietätigkeit: Die Schnürstiefel vom Großvater sehen aus wie der lange Mann aus der Nachbarschaft mit dem griesgrämigen Gesicht, und der Ofen im Dunklen bewegt sich bedrohlich. Die Äpfel können freundlich lachen, Birnen manchmal sehr komisch dreinschauen. Das geschnittene Brot verwandelt sich in einen Igel oder in ein Haus. Der grüne, halbovale Klotz im Spielzimmer ist einmal eine Kanne, dann ein Auto, dann wieder ein Kirchturm, in dem es »dong-dong« macht. Wird geflüstert, so ist alles noch geheimnisvoller. Da kann man noch genauer hören, was die Dinge einem mitteilen. Auch die Finger können sich unterhalten und sich Geschichten erzählen.

In dieser Zeit können Worte auch zaubern: Wenn die Kleinen nach dem Abendbrot am Tisch verharren und das Zubettgehen immer noch einmal um fünf Minuten hinausziehen möchten, so hilft oft ein geflüstertes »komm wir spielen Taxe«, und schon sitzt der eine auf der Schulter, und ab geht's um Tische und Stühle ins Bad. Und der Nächste kann kaum erwarten, auch taxifahren zu dürfen. Zu dem unmittelbaren Sinnerfassen durch die Wahrnehmung tritt jetzt das Sinnerfassen durch Benennen und Ausdrücken hinzu und löst in zunehmendem Maß ersteres ab. Damit hat sich der zweite Schritt in der Entwicklung des Denkens vollzogen.

Erstes Aufblitzen reiner Gedankentätigkeit

Im vorangehenden Abschnitt ist deutlich geworden, dass es sich bei den geschilderten Schritten in der Denkentwicklung nicht etwa um Phasen handelt, die getrennt voneinander anfangen und aufhören. Vielmehr handelt es sich um Akzente, die zwar nacheinander auftreten, aber in den folgenden Jahren noch weiter wirken. Nur kommt eben jeweils ein neues Element hinzu, wodurch das Vorangegangene nicht mehr ausschließlich und dadurch besonders stark wirkt. Kennzeichnend für das erste Aufblitzen reiner – abstrakter – Gedankentätigkeit ist die Geburt der Erinnerungsfähigkeit. Im zweiten Lebensjahr empfindet sich das Kind noch als Teil seiner Umgebung. Es sagt von sich »Anja« oder »Florian«, so, wie es von der Mutter genannt wird. Stößt es sich an einer Tischkante, so empfindet es den Schmerz dort, wo es sich gestoßen hat, und haut bisweilen sogar zurück. Trägt man das weinende Kind in ein Nebenzimmer, wo dieser Tisch aus dem Blickfeld verschwunden ist, versiegen die Tränen rasch. Lässt man es »den bösen Tisch« kurz darauf erneut sehen, so fängt das Kind oft spontan wieder zu weinen an. Die Erinnerung haftet noch an der sinnlichen Wahrnehmung der Gegenstände, da das Denken sich seiner selbst noch nicht bewusst ist und noch in jeder Sinneswahrnehmung, wie eingangs geschildert, konkret »mitlebt«. Man kann deswegen in diesem Alter noch von einem »Lokalgedächtnis« sprechen. Mit dem Aufleuchten des Ich-Bewusstseins jedoch beginnt das Erinnerungsvermögen sich von der Sinneswahrnehmung zu lösen und etwas selbstständiges Seelisches zu werden. Dieser Moment wird von den Kindern vielfach in einem freudigen Schreck empfunden. Er tritt oft im Zusammenhang mit einer plötzlichen Verlassenheit, einer besonders eindrücklichen Sinneswahrnehmung oder aber im Zusammenhang mit einer Verneinung auf, durch die das Gefühl, sich von der Umwelt zu unterscheiden, verstärkt wird. So kommt der zweieinvierteljährige Christian in die Küche, wo die Mutter gerade beim Kochen ist. Er fasst den leeren Korb neben dem Herd mit beiden Händen und will ihn wegtragen. Die Mutter sagt: »Lass ihn stehen, der Vater braucht ihn gleich.« Christian setzt den Korb auf den Boden ab und erwidert, sich stramm aufrichtend: »Nein, Ich! – und Vater bringen!« Dieses erste Ich-Erlebnis kennzeichnet auch den Augenblick, in welchem das Kind zu unterscheiden beginnt zwischen sich und der Umgebung. Jetzt beruhigt es sich nicht mehr mit dem Wahrnehmen und Benennen aller Dinge, sondern möchte in Ergänzung zu dem Gesehenen auch noch die im eigenen Inneren erzeugte Gedankentätigkeit hinzufügen. Das leidenschaftliche »Warum?«-Fragen dieses Alters unterstützt diesen Vorgang. Das Kind möchte jetzt immer wieder und wieder in Wort und Gedanke wiederholen, was es äußerlich wahrgenommen hat.

In drei Schritten sehen wir, wie sich das Erleben von Sinnzusammenhängen verinnerlicht. Zuerst wird es im Handlungsvollzug erfasst und unwillkürlich nachgeahmt und dadurch »verstanden«.

Dann wird der Sinn des benennenden und Zusammenhänge schaffenden Wortes erfasst. Zuletzt taucht die Fähigkeit direkter innerer Einsichtnahme auf: Man nennt sich nicht mehr so, wie die anderen einen nennen, sondern erfasst den Gedanken des eigenen Selbst unmittelbar. Dass dies Folge eigener Gedankentätigkeit ist, geht aus der Tatsache hervor, dass die Erinnerung als rein gedankliches Innenerlebnis mit dem ersten »Ich«-Sagen beginnt. Es ist auch interessant, dass die »Babysprache«, das heißt die Worthaufensätze des zweiten und dritten Lebensjahres innerhalb weniger Wochen sich wandeln und mit dem Ich-Sagen zugleich auch die Grammatik als logisches Gerüst der Sprache rasch gelernt wird. Von nun an wächst das Beziehungsgefüge der Gedanken von Jahr zu Jahr und macht mit dem Zahnwechsel (s. S. 388) und der Pubertät noch weitere Metamorphosen durch, bis es schließlich das reife begriffliche Abstraktionsvermögen des Erwachsenen erreicht (s. S. 423 ff.).

Was so als Beziehungsgefüge der Gedanken sich immer weiter differenziert und ausbildet, verdankt der Mensch den für das körperliche Wachstum nicht mehr benötigten, von der Arbeit am Körper schrittweise befreiten Kräften seiner Lebensorganisation (Ätherleib; s. S. 191). Diesen Zusammenhang aufgedeckt zu haben ist eines der für Pädagogik und Medizin folgenreichsten Forschungsergebnisse Rudolf Steiners. In seinem gemeinsam mit der Ärztin Ita Wegman verfassten Buch »Grundlegendes für eine Erweiterung der Heilkunst …« schreibt er: »Es ist von der allergrößten Bedeutung zu wissen, dass die gewöhnlichen Denkkräfte des Menschen die verfeinerten Gestaltungs- und Wachstumskräfte sind. Im Gestalten und Wachsen des menschlichen Organismus offenbart sich ein Geistiges. Denn dieses Geistige erscheint dann im Lebensverlaufe als die geistige Denkkraft.« Der Mensch denkt mit den gleichen Kräften, mit denen er wächst und sich regeneriert. Wir werden auf diesen Tatbestand immer wieder zu sprechen kommen, da er von weitreichender pädagogischer und medizinischer Bedeutung ist. Es wird dadurch auch verständlich, warum das Denken erst mit Abschluss des Wachstums voll verantwortlich gehandhabt werden kann und »mündig« wird. Auch wird verständlich, dass Menschen, die gelernt haben, gedanklich schöpferisch zu sein, bis ins hohe Alter an geistiger Regsamkeit zunehmen können. Das ist möglich, weil aus dem alternden Organismus immer neue, für diesen nicht mehr benötigte Regenerationskräfte frei werden (vgl. S. 351 und 426 f.). Im Tode hebt sich dann auch der bis zuletzt noch verbliebene Rest der Lebenskräfte als Gedankenkraft aus dem Leib heraus und stellt in einzigartiger Bilderfülle und Klarheit alle bewussten und »vergessenen« Erinnerungen vor den Betroffenen hin. Dieser »Lebensrückblick«, in Bildern ablaufend, wird auch von Menschen geschildert, die dem Tode einmal schon nahe waren und eine Lockerung ihrer Lebens- beziehungsweise Gedankenorganisation erlebten. (Vgl. auch die entsprechenden Schilderungen bei Kübler-Ross, Hampe, Moody, Ritchie, Steiner.)

Je kleiner die Kinder sind, umso enger ist das Denken also noch mit den Wachstumskräften des Leibes verbunden. Daher wird das Denken auch noch nicht so abstrakt erlebt wie später. Es ist viel »lebendiger«, bildsamer und phantasiereicher als beim Erwachsenen. Es wird aus diesem Grunde am besten gepflegt und gefördert durch das Erzählen von Märchen. Trocken-abstrakte Sprach- und Denkspiele dagegen sind nicht passend. Hinzu kommt, dass in den Märchen – besonders in denen der Brüder Grimm – Entwicklungsverläufe geschildert werden, die den Idealen der Menschheitsentwicklung entsprechen und große Lebens- und Gedankenzusammenhänge umfassen. Im Kampf mit dem Bösen wird das Gute gefunden. Bildungs- und Umbildungsprozesse spielen sich ab. Auch sprechen die Märchenbilder für sich, bedürfen keiner »Erklärung« und arbeiten im Gemüt der Kinder weiter. Wer in seiner Kindheit viele Märchen hören konnte, dem wird es als Erwachsener leichter fallen, die Idee der Ich-Entwicklung und Selbsterziehung zu erfassen. Er findet den Weg des Königssohnes durch Abenteuer hindurch, zur Hochzeit mit der Prinzessin in sich selbst wieder als die Suche nach seinem höheren Wesen, mit dem sich zu vereinigen das Ziel der inneren Entwicklung ist.

Warum Comics das Denkvermögen nicht fördern, sondern vielmehr korrumpieren, ist an anderer Stelle ausgeführt (vgl. S. 581 f.).

Wer oft dieselben Märchen erzählt, weiß mit der Zeit ganz genau, welche Wahrheiten in ihnen verborgen sind. Manche Inhalte erscheinen nur solange »grausam«, wie die Bildnatur der hier zugrunde liegenden Gedanken nicht durchschaut wird. Kleine Kinder sind in dieser Hinsicht unbefangener und nehmen den »Kampf mit dem Drachen« einfach als Prüfung hin, die auf dem Weg zum Guten zu bestehen ist. Angst kann dabei nur dann entstehen, wenn die Märchen dramatisierend vorgetragen werden. Ruhig erzählt fühlt sich das Kind in den geschilderten Ereignissen seelisch »zu Hause«. Denn sie stellen *Realitäten des Seelenlebens* dar, in dem das Böse und dessen Überwindung einen wesentlichen Bereich ausmachen. Diesen zu verneinen oder zu überspielen ist der Entwicklung nicht dienlich, wohl aber jede Hilfe, diesen Bereich handhaben zu lernen und zu beherrschen. Aus diesem Grunde können wir das Argument nicht gelten lassen, Märchen wegen der darin vorkommenden Grausamkeiten Kindern vorzuenthalten. Allerdings empfehlen wir nur solche Geschichten, in denen das Gute siegt. Den tragischen Ausgang einer Entwicklungskrise kann das Kind erst verstehen, wenn sein Seelenleben eine entsprechende Reife erlangt hat. Viele Andersen-Märchen sind daher für Kinder nicht geeignet.

Empfohlene Literatur:

Dietz, Karl-Martin und Messmer, Barbara (Hrsg.): *Grenzen erweitern – Wirklichkeit erfahren. Perspektiven anthroposophischer Forschung*. Stuttgart 1998.

König, Karl: *Die ersten drei Jahre des Kindes*. TB, Stuttgart [10]1997.

Kübler-Ross, Elisabeth: *Interviews mit Sterbenden*. Stuttgart [17]1989.

Moody, Raymond A.: *Leben nach dem Tod. Die Erforschung einer unerklärlichen Erfahrung*. Reinbek [5]1997.

Piaget, Jean: *Das Erwachen der Intelligenz beim Kinde*. Ges.Werke I, Stuttgart 1975.

Ritchie, George G./Sherrill, Elizabeth: *Rückkehr von morgen*. Marburg [23]1994.

Steiner, Rudolf: *Die Erziehung des Kindes vom Gesichtspunkte der Geisteswissenschaft*. Einzelausgabe, Dornach 1992.

–: *Der Tod als Lebenswandlung*. GA 182, Dornach [4]1996.

Gehen-, Sprechen-, Denkenlernen – Entwicklungsschritte in der Kindheit und im Erwachsenenalter

Wer im Erwachsenenalter die Etappen der kindlichen Entwicklung durch Gehen-, Sprechen- und Denkenlernen hindurch verfolgt, der kann nachdenklich werden. Bild um Bild vollzieht sich vor seinen Augen menschliche Entwicklung. Was sieht er?

- Das Kind richtet sich auf, stellt sich auf seine eigenen Füße und beginnt nach und nach seine Schritte selbst zu lenken. Es lernt, sein Bewegungsspiel zu beherrschen und zum Ausdruck seines eigenen Willens zu machen.
- Das Kind beginnt zu sprechen. Es ist in dieser Zeit – bevor es zu sich »Ich« sagt und damit das selbstbewusste Denken beginnt – außerstande zu lügen. Sprechenlernen heißt, zunächst einmal ausschließlich die Wahrheit zu sagen.
- Das Kind fängt an, selbst zu denken. Es erlebt zunächst im Sprechen der Namen von Dingen und Menschen das Unterscheiden. Und es bemerkt zum ersten Mal im Ich-Sagen, dass es selbst eine Person ist. Die Freude darüber blitzt den Zweieinhalb- bis Vierjährigen nur so aus den Augen. Von diesem Zeitpunkt an zieht sich dann auch das Erinnerungsvermögen wie ein roter Faden durch die ganze folgende Biographie – das selbstständige gedankliche Innenleben hat begonnen.

Angesichts dieser Tatsachen können viele Fragen auftauchen:

Was wird eigentlich im späteren Leben aus diesem Entwurf menschlicher Entwicklung? Wer sagt später noch so strahlend zu sich »Ich«? Wer weiß so sicher, wer er ist, wie das kleine Kind es zu wissen scheint? Sind wir nicht oft ganz erfüllt von dem, was wir gerade nicht als zu uns gehörig empfinden, womit wir uns nicht identifizieren können? Leben wir in unserem Bewusstsein tatsächlich ein selbstbewusstes inneres Leben? Spiegeln wir nicht viel öfter lediglich die äußeren Verhältnisse wider und sind froh, unser Leben einigermaßen zu bewältigen? Oder: Wo ist der Wahrheitssinn geblieben? Wieviel Verlogenheit versteckt sich hinter Phrasen, Höflichkeiten und Konventionen? Wer will beispielsweise wirklich wissen, wie es dem anderen geht, wenn er fragt: Wie geht es dir? Oder: Wer steht als Erwachsener auf eigenen Füßen? Wer fühlt sich nicht fremdbestimmt, uneins mit seinem Schicksal, oder hat den Eindruck, die eigenen Schritte nicht wirklich selber so lenken zu dürfen, wie er es möchte?

Im Johannes-Evangelium steht das Wort: »Ich bin der Weg und die Wahrheit und das Leben« (Johannes 14,6). Am kleinen Kind erleben wir die Realität dieses Wortes durch die Etappen seiner Entwicklung hindurch bis zum »Ich-bin«-Sagen.

In dem Moment, wo allerdings das Ich-Bewusstsein aufleuchtet, beginnt sich die Krise anzubahnen, die dann im späteren Leben früher oder später als Existenzkrise auftritt: Ich kenne meinen Weg nicht, ich weiß nicht recht, was ich eigentlich will. Oder: Ich erlebe mich in einer sozialen Welt voller Unwahrheiten und Kompromisse. Oder: Ich weiß, was ich alles nicht bin, wer aber bin ich – wirklich?

Wer diese Existenzkrise durchlebt und siegreich daraus hervorgeht, blickt auf sie zurück als auf seine eigentliche Ich-Geburt. Das heißt, er bezeichnet sie als das, was man in der Literatur so oft als zweite Geburt geschildert findet und was im Johannes-Evangelium in der nächtlichen Unterredung zwischen Christus und Nikodemus (Johannes 3,1–21) dargestellt wird. Dieser innere Sieg, diese zweite Geburt, ist dadurch gekennzeichnet, dass der bewusste Anschluss gefunden wird an das Wesen des Christus. Im Kindesalter hat seine Kraft unbewusst im Kind gewirkt und ihm die Fähigkeit geschenkt, auf eigenen Füßen zu stehen und gehen zu dürfen, die Wahrheit aussprechen zu lernen und selbst ein geistiges Innenleben zu haben. Gehen, Sprechen und Denken sind Grundlage jeder persönlichen und allgemein menschlichen Wesensäußerung. Hat man im späteren Leben bewusst den Anschluss an diese Kräfte vollzogen, die in der eigenen Kindheit unbewusst wirkten, so hat man zugleich drei Motive für seine innere Entwicklung gefunden:

- Sein Schicksal als den eigenen Lebensweg zu bejahen und aus ihm zu lernen, was nur immer der eigenen Entwicklung dienen kann.
- Nach Wahrheit im mitmenschlichen, sozialen Leben zu suchen und im Inneren keine Kompromisse zu machen. Dies ist umso wichtiger, als gerade das äußere Leben sehr oft von uns Anpassungsfähigkeit und Kompromissbereitschaft fordert.
- Für sein inneres Leben, seine innere seelische und geistige Entwicklung Sorge zu tragen und die Verantwortung mitzuübernehmen.

Rudolf Steiner betonte immer wieder in seinen Vorträgen: Auch der Weiseste kann vom Kinde lernen. Blickt man auf die kindliche Entwicklung, so kann man das bewahrheitet finden. Denn die höchsten Ideale menschlicher Entwicklung vollziehen sich hier gleichsam im Naturbild vor aller Augen. Was das Kind unbewusst leiblich tut und erlebt, es wird zur höchsten moralischen Kraft, wenn es der Erwachsene bewusst handhaben lernt.

Zur Frage nach der Spielgruppe

Für viele Mütter, die nur ein Kind haben, taucht die Frage auf, wie sie die Isolation überwinden können, in der sie stehen. Oft ist damit auch die andere Frage verbunden, wie sich ihr Kind wohl sozial eingliedern und behaupten lernen wird, wenn es in der Einzelsituation groß wird. Hier scheint die Spielgruppe für Säuglinge und Kleinkinder eine entscheidende Hilfe zu sein. Die Mütter haben dort Gelegenheit, sich über ihre Probleme zu unterhalten, sich bei deren Bewältigung gegenseitig zu helfen und sich auch zeitlich zu entlasten. Die Kinder finden Spielgenossen.

Wenn die Eltern bei diesen Treffen sich etwas Gemeinsames vornehmen wie Backen, Weben, Singen oder Musizieren, so entsteht darüber hinaus eine für die Kinder anregende, geschäftige Atmosphäre. Weniger anregend ist es für sie, wenn die Erwachsenen lediglich beaufsichtigend im Hintergrund sitzen und Kaffee trinken, stricken und sich unterhalten.

Die Ausbildung sozialer Fähigkeiten bedarf jedoch noch anderer Voraussetzungen, als sie durch die Spielgruppe gegeben sind. Um menschliche Beziehungen eingehen und pflegen zu lernen, brauchen die Kinder ein Vorbild, und das können ihnen Babys und Kleinkinder nicht geben. Beginnt doch die Fähigkeit, eine konstante Ich-Du-Beziehung aufzunehmen, erst etwa mit dem dritten Lebensjahr, wenn das Kind zu sich »Ich« sagt. Vor diesem Zeitpunkt ist daher das Zusammenleben mit wenigen oder einer konstanten Bezugsperson in vertrautem täglichem Umgang die beste Förderung sozialer Verbindlichkeit. Auch eine feste Wohngemeinschaft kann in dieser Hinsicht mehr leisten als eine Spielgruppe.

Hinzu kommt jedoch das Problem, dass immer mehr Eltern oder Alleinerziehende sich ihren Kleinkindern gegenüber hilflos, ja fremd fühlen. Entsprechend wächst fast lawinenartig die Nachfrage nach einer pädagogischen Anleitung oder aber Aufbewahrung der Kinder. Bedenkt man die rapide Abnahme der Kinderzahl, die Zunahme der alten Menschen und dann die Tatsache, dass immer mehr Kinder beziehungsarm aufwachsen, dann gibt dies Anlass zu großer Sorge bezüglich der Entwicklung sozialer Fähigkeiten, die die Menschen später brauchen. Um hier weiter zu kommen, entstehen an manchen Orten aus der Waldorf-Kindergartenbewegung sogenannte Elternschulen, die den Eltern zusammen mit den Kindern Anregungen und Anleitungen geben, wie sie den Entwicklungsbedürfnissen ihrer Kinder gerecht werden können. Die Kinder brauchen eine Pädagogik, die, soweit es irgend möglich ist, Bedingungen schafft, wo liebevolles Interesse, anregende Tätigkeiten und konstante menschliche Beziehungen wirksam werden können. Andererseits kann dies als Auftrag dieser Kinder verstanden werden, dass Erwachsene sich über die Familienschranken hinweg mit liebevoller Intensität solcher Kinder annehmen und so die Bedingungen für späteres gegenseitiges Verstehen und Wertschätzen herstellen.[61]

Spielend die Welt erleben, erforschen, bearbeiten

Abb. 56

Abb. 57

Abb. 58

Abb. 59

Abb. 60

Abb. 61

Abb. 62

Abb. 63

Abb. 64

Abb. 65

Abb. 66

Abb. 67

Abb. 68

Abb. 69

Abb. 70

Abb. 71

Abb. 72

Abb. 73

Abb. 74

Abb. 75

Abb. 76

Abb. 77

Abb. 78

Kindergarten – Kindertagesstätte – Frühförderung

Nach dem Kindergartengesetz wird die Aufnahme von Kindern ab vollendetem drittem Lebensjahr öffentlich gefördert. Seitens der Eltern besteht häufig der Wunsch, schon vorher einen Betreuungsplatz zu finden. Hierfür kommen Kindertagesstätten oder Krippen in Frage.[62] Obwohl die Fremdunterbringung von Kindern unter drei Jahren immer einen Kompromiss darstellt, ist sie aus beruflichen oder anderen Gründen oft unumgänglich. Bewährte Alternativen wären zwar alternierende Berufsausübung seitens der Eltern oder Zusammenschluss zweier Mütter zur Versorgung ihrer Kinder oder eine in die Wohnung kommende Frau, die für das Kind sorgt und gleichzeitig den Haushalt führt. Vielleicht auch eine Familie mit Kindern, die noch »Kapazitäten« frei hat, oder schließlich eine Tagesmutter, der das Kind gebracht wird. Nicht immer lassen sich jedoch solche Lösungen finden, und dann bildet die Kindertagesstätte oder die Kinderkrippe für die Kleinen die Vorstufe zur Kindergartenzeit. Bringen Kinder aus dieser Zeit Schäden mit, weil sie keine zureichende Förderung ihrer Entwicklung erfahren haben, kann die Kindergartenzeit manches noch ausgleichen helfen. Auch ist sehr zu begrüßen, dass gegenwärtig an vielseitigen Konzepten zur Frühförderung in den ersten drei Lebensjahren gearbeitet wird und auch reiche Angebote bestehen für heilpädagogische Einzelförderung.

Wenn die Mutter ganztags zu Hause sein kann, lautet die Frage anders: *Wann* soll mein Kind in den Kindergarten, und *warum* soll es überhaupt dorthin? Die Antwort hierauf kann nur individuell gesucht werden. In einer günstigen Umgebung mit einem Elternteil zu Hause und anderen Kindern zum Spielen in der Nähe ist der Kindergartenbesuch ganz sicher nicht notwendig. Ob er dennoch zu empfehlen ist, hängt vom Tageslauf zu Hause ab, von den pädagogischen Möglichkeiten der Eltern, vom Konzept des in Frage kommenden Kindergartens und nicht zuletzt von der Persönlichkeit der Kindergärtnerin. Ein volltechnisierter Haushalt spricht zum Beispiel für den Kindergarten, wenn dort gebacken, gewaschen und gekocht wird. Medien oder skurrile Figuren oder intellektuelle Frühtrainingsprogramme im Kindergarten würden dagegen für den Verbleib zu Hause sprechen. Wir empfehlen den Kindergartenbesuch wiederum, wenn sich im Gespräch mit den Eltern herausstellt, dass der Tag zu Hause sehr unrhythmisch verläuft, oder aber, wenn eine gespannte Atmosphäre herrscht. Oft gelingt es in solchen Fällen dann auch, dass die Eltern im Gespräch mit der Kindergärtnerin Anregungen bekommen, in welcher Art sich vielleicht die häusliche Umgebung kindgerechter verändern lässt.

Liegt bei dem Kind eine Krankheit oder Behinderung vor oder ist es vielleicht noch nicht »trocken«, so sehen wir darin keinen Grund, es nicht in den Kindergarten zu schicken. Hier ist natürlich vorher ein ausführliches Gespräch mit der Kindergärtnerin und eventuell auch mit dem Kinderarzt nötig. Gerade in sozialer Hinsicht ist die Integration eines behinderten oder kranken Kindes in den Kindergarten außerordentlich wichtig. Nicht nur für das betroffene Kind, sondern auch für die gesunden Kinder, die so lernen, aufeinander Rücksicht zu nehmen und miteinander umzugehen.

Wann ist mein Kind »kindergartenreif«?

- Reif für den Besuch des Kindergartens ist das Kind, wenn es selbstständige Gänge unternehmen kann; wenn es zum Beispiel von sich aus schon einmal von zu Hause weggelaufen ist und wieder zurückgefunden hat, oder wenn es von einem Spielkameraden aus allein nach Hause gehen möchte und nicht wartet, bis es abgeholt wird. Solange ein Kind noch stark am »Rockzipfel« hängt, ist dieser Zeitpunkt noch nicht gekommen. Allerdings muss sich in solchen Fällen die Mutter prüfen, ob sie nicht selbst durch ihr Verhalten verhindert, dass das Kind diese notwendige Selbstständigkeit erreicht.

• Ein weiteres Merkmal der Kindergartenreife ist gegeben, wenn Märchen und Geschichten von Anfang bis Ende angehört werden können. Darin zeigt sich, dass das Vorstellungsleben jetzt durch das Wort direkt lenkbar geworden ist und die Kinder infolgedessen auch innerhalb der Gruppe Aufforderungen nachkommen können.

Unserer Erfahrung nach sind diese beiden Zeichen der Kindergartenreife zumeist im Alter von dreieinhalb Jahren zu beobachten. Lassen sie sich mit vier Jahren noch nicht feststellen, so ist es sinnvoll, dies einmal mit dem Kinderarzt zu besprechen. (Zu den inhaltlichen Gestaltungsmöglichkeiten der Kindergartenzeit s. S. 412 ff.)

Ist mein Kind schulreif?

Das Einschulungsalter liegt in den meisten Ländern zwischen fünf und sieben Jahren. Es gibt bestimmte Reifezeichen, die dafür sprechen, Kinder möglichst erst mit sieben Jahren einzuschulen.

Der Gestaltwandel

Vom Kleinkind- bis zum Schulkindalter vollzieht sich ein eindrucksvoller Gestaltwandel. Das Verhältnis von Kopfgröße zu Rumpf- und Gliedmaßengröße ist beim Kleinkind deutlich zugunsten des Kopfes verschoben. Der ganze Habitus ist rundlich, die Gliedmaßen sind kurz, im zweiten Lebensjahr besteht sogar noch das physiologische O-Bein. Die Finger sind kurz und unter rundlichen Fettpölsterchen verborgen (sog. Patschhände). Der Rumpf besitzt noch keine Taille, der Rippenwinkel über dem Magen ist breit, und der Bauch wölbt sich nach vorn, als ob er im Rumpf noch nicht genügend Platz hätte. Ganz anders das Schulkind. Arme und Beine haben sich gestreckt, das Kind kann jetzt mit den Fingerspitzen seiner linken Hand das rechte Ohr berühren und umgekehrt. Zwischen Brustraum und Bauchraum zeichnet sich die Taille ab, der Rippenwinkel über dem Magen verläuft nun im spitzen Winkel, der Bauch ist eingezogen. Kopf, Rumpf und Gliedmaßen sind auf dem Wege zur Erwachsenenproportion, welche jedoch erst durch den nächsten großen Gestaltwandel während der Pubertätszeit erreicht wird.

Beginn des Zahnwechsels

Das Auftreten des ersten bleibenden Backenzahnes oder eines der Schneidezähne kündigt an, dass der Zahnschmelz dieser Zähne als härteste Substanz des Körpers fertig gebildet ist und die zahnbildende Tätigkeit des Organismus zu Ende geht. Dieser Tatbestand wird in der Pädagogik wenig beachtet. Wie schon erwähnt, wird von der anthroposophischen Geisteswissenschaft die Frage beantwortet, was mit den organbildenden Tätigkeiten geschieht, nachdem ein Organ beziehungsweise eine Körpersubstanz fertig ausgebildet ist. Diese Kräfte werden danach zwar noch für die Regenerationstätigkeit und zur Organerhaltung benötigt, im Übrigen dienen sie aber der Bildung von Gedanken (vgl. S. 378). Für den Zahnschmelz jedoch gilt etwas anderes. Denn er besitzt keine Möglichkeit zur Regeneration, wie wir aus leidvollen Zahnarztbesuchen wissen. Die aus der Schmelzkronenentwicklung freiwerdenden Gestaltungskräfte stehen am Ende ganz und gar dem Ich für seine Denktätigkeit zur Verfügung. Es ist dies aber eine Gestaltungskraft, die – da sie keine Regeneration mehr zu besorgen hat – vom leiblichen ganz losgelöst, das heißt abstrakt (= abgezogen) tätig ist. Dadurch tritt für die Gedankenentwicklung erstmals die Möglichkeit der reinen Abstraktion auf. Es ist der Grund gelegt für das Bilden von Begriffen und klar umrissenen Vorstellungen, wie sie das Kind im Laufe seiner schulischen Entwicklung handhaben lernt. Es veranlagt sich dadurch die Möglichkeit zum geistigen »Biss«, zum präzisen Erfassen (»Zubeißen«) einer Sache.

Das Schulkind-Denken

Im Kapitel über das Denkenlernen (S. 381 ff.) haben wir gesehen, dass das kleine Kind zunächst ein Lokalgedächtnis besitzt. Dann orientiert es sich stark an den Wiederholungen im sprachlichen und Gewohnheitsbereich. Und erst hierauf entwickelt sich die Form des Erinnerns, die ganz im Innern erlebt wird und das Kind befähigt, ohne Anregung von außen rein in Gedanken das Gedächtnis beziehungsweise das Wiedererinnern zu betätigen. Diese letztere Form ist eine von der sinnlichen Wirklichkeit losgelöste Erinnerungsfähigkeit, die den Beginn des Abstraktionsvermögens anzeigt. Der auftretende *Lerneifer* zeigt an, dass im Denken diese Kräfte jetzt neu zur Verfügung stehen. Das Kind ist daher in der Lage, unabhängig von bestimmten Situationen, Erinnerungen willkürlich zu lenken. Es kann das auch auf gezielte Fragen hin. So kann es eine Geschichte wiedergeben, die vor einigen Tagen im Kindergarten erzählt worden ist.

Charakteristischerweise tritt die *Nachahmungsfähigkeit* zu diesem Zeitpunkt zurück. Sie war vorher Ausdruck dafür, dass das Kind überwiegend nur im Nachvollzug »begreifen« konnte. In diesem Zusammenhang soll auf die kindliche Nachahmung etwas näher eingegangen werden. Im Einzelnen verständlich wird dieses komplexe Geschehen nämlich erst, wenn man das Denken als metamorphosierte Wachstumstätigkeit mit einbezieht. Je mehr Wachstumskraft noch bei der Ausdifferenzierung der Organstrukturen des Körpers tätig ist, umso besser kann das Kind nachahmen. Denn das Vermögen des Körpers, über die Sinneswahrnehmung unmittelbar einen Vorgang zu erfassen und selbst gleich mit- und nachzuvollziehen, ist die Leistung seiner noch körperlich wirksamen Intelligenz. Wenn das Kind viel Sinnloses und Chaotisches nachahmen muss oder häufig abgebrochene, unzusammenhängende Handlungen erleben muss, so hat das dem entsprechende Folgen für seine leibliche Entwicklung (vgl. S. 381 ff.), denn jedes Organ reift nur dann in der richtigen Weise aus, wenn es ihm gemäß beansprucht wird. Das

Ende dieser äußerst prägbaren und bildsamen Phase ist mit dem Abnehmen der Nachahmungsfähigkeit zum Zeitpunkt der Schulreife gekommen. Die Metamorphose der Wachstumskräfte in Gedankenkräfte ist mit dem oben genannten Zahnwechsel in ein entscheidendes Stadium ihres Vollzuges eingetreten. Es muss jetzt in bewusste Lernvorgänge übergeführt werden, was vorher durch die Nachahmungsfähigkeit unbewusst geschehen konnte.

Soziale Schulreife

Ist ein Kind in der Lage, sich in die große Gemeinschaft einer Klasse einzuordnen, so hat es die soziale Schulreife erlangt. Hierzu gehört, dass es die Interessen der anderen und seine eigenen mit Hilfe des Lehrers in Einklang bringen lernt und auf Aufforderung hin »ganz Ohr« sein und Arme und Beine willkürlich zur Ruhe bringen kann. Nicht mehr die Nachahmung allein ist jetzt stimulierender Impuls für die Eigentätigkeit des Kindes, sondern das Hinhören auf das, was der Lehrer sagt. Das heißt, der Wille des Kindes lässt sich zunehmend durch das Wort des Erwachsenen leiten, die instinktive, an die Nachahmung gebundene Aktivität tritt zurück. – Im Allgemeinen tritt die soziale Reife später auf als die intellektuelle. Meist wird sie erst im Laufe des zweiten Schuljahres voll erworben.

Geschicklichkeit und sprachliche Ausdrucksfähigkeit

Oft sind diese Fähigkeiten noch nicht genügend ausgebildet. Entweder, weil die Kinder in Bezug auf diese Eigenschaften ihren eigenen Entwicklungsverlauf haben oder weil die Erziehung nicht genügend Anregungen hierfür geben konnte. Meist ist das Schulkind jedoch in der Lage, Geschichten in ganzen Sätzen nachzuerzählen, sämtliche Laute zu beherrschen und zu singen. Im Gespräch kann es differenziert zum Ausdruck bringen, was es sagen will.

Was die körperliche Geschicklichkeit betrifft, so kann es oft schon einen Ball einhändig in die Luft werfen und beidhändig wieder auffangen, balancieren, Ein-Bein-Hüpfen nach rechts, links, vorwärts, rückwärts und seitwärts durchführen, auf Zehen gehen und stehen sowie geschickt mit den Fingern feinere Tätigkeiten ausführen (z. B. Strohsterne basteln, Fingerweben, Perlen auffädeln und Ähnliches). Ebenso beherrscht es die wichtigsten Alltagstätigkeiten im Haushalt wie Tischdecken, Abwaschen und Abtrocknen und anderes. Auch kann es sich selbstständig an- und ausziehen, kleinere Haken und Knöpfe schließen und öffnen sowie sich die Schuhe binden.

Die Entscheidung gegen die Einschulung wird sicher nie vom Fehlen eines dieser Reifezeichen abhängen. Vielmehr machen sich die Eltern in Zweifelsfällen mit dem Arzt oder Schulpsychologen ein Bild vom körperlichen und seelischen Gesamtzustand des Kindes und entscheiden dann gemeinsam. Dabei sollte auch der soziale Gesichtspunkt berücksichtigt werden, dass ein Klassenältester oder -jüngster ganz verschiedenen Erfahrungen ausgesetzt ist. Eine Teilleistungsschwäche oder Behinderung sollte nicht davon abhalten, das Kind möglichst gleichaltrig mit den anderen einzuschulen.

Auf keinen Fall empfehlen wir den Eltern, vor der Aufnahmesprechstunde in der Schule mit ihren Kindern zu trainieren. Das Ergebnis ist oft eine völlige Blockade vor dem Lehrer oder Arzt, der die Schulreife feststellen möchte. Auch sollte die Einschulung nie nur vom Ergebnis eines so genannten Intelligenztestes abhängig gemacht werden. Liefert dieser doch nur einen Ausschnitt aus einem Spektrum von Fähigkeiten, die erst in ihrer Gesamtheit wirklicher Ausdruck des Kindes und seiner Möglichkeiten sind. Diese weiterzuentwickeln und, wo nötig, rechtzeitig Fördermaßnahmen einzuleiten, ist wichtigste Aufgabe der Schule.

Empfohlene Literatur:

Glöckler, Michaela (Hrsg.): *Gesundheit und Schule*. Dornach 1998.

Largo, Remo H.: *Kinderjahre. Die Individualität des Kindes als erzieherische Herausforderung*. München/Zürich 1999.

Köhler, Henning: *Von traurigen und ängstlichen Kindern. Grundlagen einer spirituellen Erziehungspraxis*. Stuttgart [5]1995.

»Familie werden« – Wie sind Kind, Mutter und Vater verbunden?

Die Worte »Mutter« und »Vater« und »Kind« haben stets eine doppelte Bedeutung gehabt, eine natürliche und eine ideelle. Zunächst ist es das Kind, das die Mutter zur Mutter macht und den Vater zum Vater – durch Zeugung, Empfängnis, Schwangerschaft und Geburt. Dabei erlebt die Frau das Mutterwerden als überwiegend körperlichen Vorgang, in dem das Kind von ihr Besitz ergreift und sich in ihr entwickelt. Der Mann hingegen, der den Prozess zwar physisch impulsiert hat, erlebt das Vaterwerden überwiegend seelisch. Ihm kommt die wahrnehmende, Schwangerschaft und Geburt begleitende Rolle zu. Daraus ergibt sich sinnvollerweise, dass er helfend zur Verfügung stehen kann, nicht nur in den Wochen und Monaten nach der Entbindung, sondern darüber hinaus, um für die äußere Existenzgrundlage der sich entwickelnden Familie zu sorgen. Dies trifft beim Vater auf eine instinktive Neigung. Er freut sich, für Schutz, Sicherheit und Bedürftigkeiten von Mutter und Kind etwas zu unternehmen. Er ist verletzt, wenn er an derlei Taten gehindert wird oder seine Bestrebungen nicht ernst genommen werden. Das spezifisch Väterliche liegt in der Fähigkeit, für Mutter und Kind äußerlich und innerlich dazusein, sie wahrzunehmen und in seinem Bewusstsein zu tragen. Daraus entspringt das tiefe Zugehörigkeitsgefühl, in dem Mutter und Kind sich seelisch geborgen fühlen können.

In diesem durch das väterliche Interesse eröffneten Seelenraum können sich die spezifischen Fähigkeiten der Mutter am wirksamsten entfalten: sie liegen in der liebegetragenen Bereitschaft und Offenheit, mit Geduld und Freude die unendlich vielen immer wiederkehrenden Handlungen zu besorgen, die das Aufwachsen des

Kindes in der ersten Zeit erfordert. Den materiellen Sorgen möglichst enthoben, kann sie sich dem Kind frei zur Verfügung stellen. Das geht bis zu dem Zeitpunkt, an dem das Kind von sich aus die Neigung entwickelt, regelmäßig für Stunden am Tag in andere Lebensräume einzutauchen, das heißt kindergartenreif wird. Bis dahin hat es im Fall der intakten Dreierbeziehung prägend in sich aufgenommen, wie zwei grundverschiedene erwachsene Menschen miteinander und mit ihm selbst umgehen – Menschwerdung ermöglichend.

In Anerkennung der spezifischen Entwicklungsbedürfnisse des kleinen Kindes gibt es in Deutschland, abgesehen vom Mutterschaftsurlaub (sechs Wochen vor bis acht Wochen nach der Entbindung), einen Erziehungsurlaub für Mutter oder Vater bis zu drei Jahren. In dieser Zeit besteht Kündigungsschutz aus Erziehungsgründen, und in den ersten beiden Jahren wird noch eine Ausgleichszahlung – je nach Familieneinkommen – gewährt.

Wir möchten darauf hinweisen, dass das Muttersein, das heißt für Kinder leiblich und seelisch rund um die Uhr da zu sein, ein vollgültiger Beruf ist. Es wäre richtig, wenn er auch eine finanzielle Anerkennung aus öffentlichen Mitteln erfahren würde! Kinder danken es ihren Eltern mit Gesundheit und Lebensfreude, wenn sie – insbesondere in der Vorschulzeit – ein wirkliches Zuhause haben – einen Lebensraum, wo man sie wahrnimmt und Zeit für sie hat und die Mutter nicht etwas anderes arbeiten *muss*, um Geld zu verdienen.

So empfehlen wir diesen Erziehungsurlaub im Interesse des Kindes wenn irgend möglich. *Was in den ersten drei Jahren beim Kind aufgebaut werden kann an Erleben von Geborgenheit, Vertrauen und konstanter Beziehung, ist durch nichts zu ersetzen.*

Auch dann, wenn die Eltern diese Aufgaben untereinander mehr oder weniger austauschen, bleibt doch eine idealistische Grundgeste dieser Dreiheit bestehen: Im Mittelpunkt das Kind, das alles ganz selbstverständlich beansprucht und nimmt, und an seiner Seite die Eltern, die seine Entwicklung begleiten, sich über seine Fortschritte freuen und die Liebe und Zutraulichkeit des Kindes als Gegengabe empfangen.

Damit ist an die ideelle Seite des Mutter- und Vaterseins gerührt: Ganz selbstverständlich lebt das Kind geborgen und in vollstem Vertrauen zu den Eltern. Mutter und Vater aber stehen wie Stellvertreter dessen, was in allen Religionen als das Göttlich-Väterliche und -Mütterliche neben dem immer Werdenden verehrt wurde und was im Christentum als Trinität seine höchste Benennung hat. Wer als Kind die rückhaltlose liebevolle Bejahung seines Wesens – so wie es ist – erlebt hat und die Bemühung um das rein Menschliche, Wahre und Gute, schaut gerne auf seine Kindheit zurück, auch wenn materielle Armut und Not geherrscht haben. Jacques Lusseyran beschrieb in seiner Biographie die Liebe seiner Eltern zu ihm – dem blinden Kind – als die »magische Rüstung«, die, wenn sie einmal angelegt ist, Schutz verleiht für das ganze Leben.

Welche Konsequenzen können sich aus einer solchen Betrachtung für die Alltagsprobleme ergeben? Denn es ist kein Geheimnis, dass wir als Eltern nur selten diesem Ideal nahe kommen. Von den Fragen, Problemen oder Situationshintergründen, die in eine Kindersprechstunde ragen, seien hier einige immer wiederkehrende genannt.

Zum Rollentausch

Wenn beide einverstanden sind, ist der Rollentausch nicht problematisch. Denn der Vater kann die mütterlichen Funktionen in hohem Maß erlernen, ebenso wie die Frau im Berufsleben stehen kann. In Familien, in denen die Mutter die Verdienende ist, ist es schön zu sehen, wie beide Eltern versuchen, ihre naturgegebenen und neu erworbenen Fähigkeiten optimal aufeinander abzustimmen. Schwieriger ist es, wenn dies durch Kündigung der väterlichen Arbeitsstelle erzwungenermaßen entsteht. Hier bedarf es einer großen Anstrengung, der Resignation zu entgehen, noch mehr, wenn auch die Mutter keine Arbeit findet. Wenn es dennoch gelingt, eine positive Lebenshaltung zu bewahren, die Kontakte zu befreundeten Familien erst recht zu pflegen und sich für andere nützlich zu machen, wirkt ein solcher Versuch umso stärker auch auf die Kinder vorbildhaft.

Allein erziehen

Die selbstbewusste alleinerziehende Mutter hat nach unserer Erfahrung selten Probleme, die beim Kinderarzt landen. Sie vertritt Mutter und Vater in einer Person und schafft sich ein soziales Umfeld, in dem das Kind findet, was es braucht. Schwierig wird es, wenn die Mutter Erwartungen an das Kind hat, die dieses nicht erfüllen kann, oder Erziehungsprinzipien, die keinen Ausgleich durch den Partner finden. So ist es für das Kind vielfach am besten, wenn die getrennt lebenden Eltern doch freundschaftlichen Kontakt pflegen oder aber andere feste Bindungen bestehen, die hier ausgleichend wirken können.

Ganz anders, aber am häufigsten vorkommend, liegt die Situation, wenn Mutter und Kind oder Kinder vom Vater verlassen werden. Ganz sicher hat sie das nie gewollt, sondern sich gerade die Gemeinsamkeit in der Erziehung der Kinder gewünscht. Meist dauert es mindestens zwei Jahre, bis sich die äußeren Verhältnisse für Mutter und Kinder wieder geordnet haben und die innere Verletzung etwas verheilt ist. Oft ist dann aber auch zu beobachten, wie die Mutter selbstständiger und freier wird, was auch wieder positiv auf die Kinder zurückwirkt.

Wenn die Mutter arbeiten will

Eine Beispiel: Während einer Allgemeinuntersuchung eines knapp einjährigen Kindes fragt die Mutter mit einem Mal verzweifelt, was denn für das Kind in den ersten Lebensjahren wichtiger sei: die konstante Bezugsperson oder eine glückliche, zufriedene Mutter.

Der Arzt versteht nicht gleich den Zusammenhang. Die Mutter erläutert: Sie habe ihr Studium abgebrochen, als das Kind unterwegs gewesen sei, und jetzt halte sie es einfach nicht mehr aus. Sie habe es eigentlich richtig machen und für das Kind ganz da sein wollen. Jetzt aber merke sie, dass sie auf dem Wege in die Depression sei. Sie sehe einfach nicht ein, warum für ihren Mann das Leben selbstverständlich weitergehe, auf sie aber, wenn sie etwas für ihre Ausbildung tun wolle, von Seiten ihrer Umgebung moralischer Druck ausgeübt würde mit dem Vorwurf, dass sie ja nur ihren Pflichten als Mutter ausweichen wolle.

Damit ist an eines jener vielen Mutterschicksale gerührt, die ganz individuell zu betrachten und zu bewältigen sind und die doch alle die gleichen Fragen aufwerfen: Wie wird man seiner Aufgabe als Mutter gerecht, auch wenn man selbst nicht in der Lage ist, die volle Verantwortung zu übernehmen? Die Tragik vieler junger Mütter liegt heute auch darin, dass sie zunächst gern ihre Aufgabe in Angriff nehmen, jedoch dann merken, dass sie der Enge und Beschränktheit des häuslichen Kreises nicht gewachsen sind. Meist ist der Vater dann beruflich stark eingespannt und Verwandte, die entlasten könnten, wohnen weit weg. Andererseits hängt es mit der Oberflächlichkeit des heutigen Erziehungs- und Bildungslebens zusammen, wenn das Schöne und Belebende einer inneren Vertiefung und das Pflegen kultureller Werte gar nicht bekannt sind oder gesucht werden. In Situationen, wo an Rollentausch nicht zu denken ist oder wo er nicht gewollt wird, ist daher nach Auswegen und Hilfen zu suchen, wie sie im Abschnitt über die Spielgruppe angedeutet sind (s. S. 383).

In einer solchen Situation können aber auch ganz grundsätzliche Fragen bewusst werden: Warum bin ich eigentlich unzufrieden mit meiner Lebenslage? Liegt das vielleicht nur daran, dass ich mich nicht frei und mit eigenem Willen dazu entschließen konnte? Lässt sich das vielleicht nachholen? Es wäre für einen selbst, aber auch für die Kinder erlösend, wenn an die Stelle der Resignation aktive Auseinandersetzung treten würde. Eine Mutter empfand in einer solchen Situation, wie gut es war, dass sie die Familie öffnen konnte zur Nachbarschaft, zu Freunden und Großeltern oder anderen älteren Menschen, die großelterliche Funktionen übernehmen konnten – ohne Angst, dass diese Menschen dann auch die Unvollkommenheiten im eigenen Haushalt wahrnahmen. Ist so etwas gelungen, dann können auch alte Wünsche wieder aufgegriffen werden wie zum Beispiel eine Fremdsprache zu erlernen oder Gitarre zu spielen, auch wenn es täglich nur eine Viertelstunde ist. Auch für die Kinder ist es ein großer Gewinn, die Mutter auf diese Weise einmal ganz mit einer Tätigkeit beschäftigt zu sehen, die mit ihnen nichts zu tun hat. Spätestens wenn alle Kinder in die Schule gehen, werden auch außerhäusliche Initiativen der Mutter breiteren Raum einnehmen. Schauen wir auf die bisher angesprochenen Probleme, so wird erkennbar, dass wichtigste Hilfsreserven im Freundeskreis und in der Verwandtschaft liegen, wenn es zu Problemen kommt.

Adoptiv- und Pflegekinder

Zunächst einige Beispiele:

- Ein Ehepaar mit zwei eigenen Kindern meldet sich beim Jugendamt, ein drittes zu adoptieren, das – wie sie sagen – auch behindert sein darf. Sie erklären sich schon vor der Geburt eines solchen Kindes, dessen junge Mutter es nicht hätte versorgen können, zur Adoption bereit. Dieses Kind bedarf in den ersten zwei Lebensjahren mehrerer größerer Operationen, um überhaupt zu überleben. Die Adoptiveltern begleiten es mit Selbstverständlichkeit durch alle Krankenhausaufenthalte und sonstige Schwierigkeiten bis an die Grenze ihrer Kräfte. Dann entwickelt sich das Kind als fröhlicher, völlig integrierter Mensch in Familie und Schule, trotz seiner Behinderung.[63]
- Ein anderes Ehepaar entschließt sich, nachdem die eigenen Kinder älter geworden sind, Kinder aus Heimen und sozial schwierigen Situationen in Pflege zu nehmen, unter ihnen auch schwer

körperlich behinderte und solche mit fortschreitenden Krankheiten. Unter ihren Händen tauen die Kinder gleichsam auf, werden fröhlich, entwickeln sich und sind geborgen auch dann, wenn die medizinischen Möglichkeiten nicht weiter helfen können.

- Nach jahrelangem Warten gelingt es einem Ehepaar in mittlerem Alter endlich, ein Neugeborenes von einer adoptionswilligen Mutter zu bekommen und so eine Familie zu gründen. Nach einiger Zeit stellt sich heraus, dass das Kind eine schwere angeborene Stoffwechselerkrankung hat. Betreuung und Pflege des Kindes, wiederholte Krankenhausaufenthalte greifen tief in Leben und Schicksal der betroffenen Eltern ein. In dem hier geschilderten Fall hat es zur Vertiefung der Beziehung beigetragen.

- Es gibt aber auch tragische Situationen: Der einzige Sohn wohlhabender Eltern stirbt bei einem Verkehrsunfall. Die Eltern haben die Möglichkeit, rasch einen gleichaltrigen Jungen aus einem Kinderheim zu adoptieren. Dieser neue Sohn kann jedoch die entstandene Lücke nicht ausfüllen. Die Beziehung entwickelt sich so schwierig, dass die Adoptiveltern ihn wieder abgeben müssen.

Wenn ein Pflege- oder Adoptivkind in der Kindersprechstunde vorgestellt wird, so lebt hier oft – ausgesprochen oder unausgesprochen – die Frage: Was ist dies für ein Schicksal? Wie nimmt es sich auf dem Hintergrund wiederholter Erdenleben aus? Auch wenn eine solche Frage nicht direkt zu beantworten ist, so ergibt doch die Beobachtung der Lebensverhältnisse Anhaltspunkte für mögliche Deutungen. Dabei ist es interessant zu sehen, dass die Bindungen innerhalb der Familie mit Adoptivkindern in ähnlicher Weise grundverschieden sind, wie dies auch bei Familien mit eigenen Kindern zu beobachten ist: Da gibt es die unkomplizierten Beziehungen, wo Eltern und Kinder sich ziemlich selbstverständlich zusammenfinden und die Beziehung von Dankbarkeit und Liebe geprägt ist. Daneben gibt es »das schwarze Schaf«, wo das Kind von Anfang an den Erwartungen der Eltern nicht entspricht bis dahin, dass es früh von zu Hause weggeht oder später sagt, es habe sich bei seinen Eltern immer wie ein Fremdling gefühlt. Schicksalsbelastungen aus einem früheren Erdenleben finden so einerseits ihre Fortsetzung in diesem Leben oder haben die Chance, durch Erziehung und Pflege ein gutes Stück verwandelt und ausgeglichen zu werden. Dabei gilt für Adoptiveltern sowie für Pflegeeltern insbesondere dieser Doppelaspekt des Schicksals: dass einerseits so tiefe Beziehungen wie die zwischen Adoptiv- oder Pflegeeltern und Kind ihre Veranlagung schon in komplizierten Schicksalen früherer Erdenleben haben oder aber jetzt der Ausgangspunkt sind für Schicksalskonstellationen, die in die Zukunft weisen und gleichsam ein Sich-Kennenlernen bedeuten für eine in einem späteren Leben zu erfüllende gemeinsame Aufgabe.

Wie kommt es zum »harmonischen Familienleben«?

Das grundlegende Element hierfür ist die gegenseitige Anerkennung. In einer harmonischen Familiensituation lebt die Anerkennung auch unausgesprochen. Wie ist es aber bei Unzufriedenheiten mit dem anderen? Hier fängt erst die reale Aufgabe an. Oft brauchen Ehepaare viele Jahre, bis sie merken: Jeder von uns kann nicht den Partner, sondern nur sich selbst erziehen. Für den Mann, wenn er der Verdienende ist, mag die Anerkennung zu Hause nicht so wichtig erscheinen, da er sie vielleicht in seinem Beruf bekommt. Für die Frau ist sie eine Lebensbedingung, solange sie fast ausnahmslos für die Familie lebt. Dies wird vom Ehemann oft nicht zureichend erkannt. Denn Anerkennen heißt, *das Positive immer wieder bemerken* – auch wenn sich Schwächen oder Gewohnheit in den Vordergrund schieben. Erst dann kann die Wärme und Atmosphäre entstehen, die stärkend wirkt und auch zur Selbstkorrektur motivieren kann.

Muttersein ist ein vollgültiger Beruf

Zum Schluss sei noch auf die Frage eingegangen, was zu tun ist, um dem Muttersein die allgemeine Anerkennung als einem vollgültigen Beruf zu verschaffen.

Ein erster Schritt in diese Richtung wäre die praxisnahe Ausbildung aller Schülerinnen und Schüler in die Grundlagen des Umgangs mit Säuglingen und Kleinkindern. Ein zweiter Schritt wäre die Einkommenssicherung jeder Mutter während der ersten drei Lebensjahre ihrer Kinder, so dass diese nicht weggegeben werden müssen. Und in den Familien sollte es selbstverständlich sein, dass die Mutter Finanzminister ist.

Schließlich müssen wie in jedem Beruf Arbeit und Freizeit auch für die Mutter abwechseln. Es gibt viele, die das gar nicht wollen, aber für die Entwicklung und Bewältigung der mütterlichen Arbeit ist es von unschätzbarem Wert, zwischendurch auch Besinnungspausen einlegen zu können, die sie frei und unabhängig von den Wünschen anderer gestalten kann. Das kann entweder so aussehen, dass die Mutter jeden Tag eine Stunde hat, in der sie sich einmal ganz zurückzieht und ihr Mann oder eine andere Person währenddessen für die Kinder und den Haushalt sorgt. Es kann aber auch sein, dass ein Abend in der Woche oder ein Nachmittag oder ein ganzes Wochenende pro Monat, ja dass ihr vierzehn Tage im Jahr gehören. Welche Lösung für die jeweilige Mutter die beste ist, hängt von ihrer Konstitution und ihren Interessen ab, aber natürlich auch von der beruflichen Situation des Ehepartners.

Wenn Kinder zeitweise weggegeben werden müssen

Für Säuglinge und Kleinkinder ist wichtig, dass in Abwesenheit der Mutter sich in aller Regel nicht gleichzeitig Wohnplatz und Hauptbezugsperson ändern. Hat man zum Beispiel ein acht Monate altes Kind in Pflege genommen, weil die Mutter dringend Erholungsurlaub braucht, so merkt man deutlich, dass dieser Wechsel des Milieus und der Menschen vom Kind stark erlebt wird. Es dauert etwa eine Woche, bis der Säugling sich an die neue Mama und ihre Umgebung einigermaßen gewöhnt hat und mit sich und der Welt wieder so zufrieden ist wie zuvor. Kommt dann die eigene Mutter wieder, so wird sie vom Kinde zunächst nicht gleich angenommen. Es dauert wiederum eine ganze Weile, bis es in die alten Verhältnisse zurückgefunden hat. Da das Kind noch kein abstraktes Erinnerungsvermögen besitzt, fehlt ihm auch das Wissen von der eigenen Identität. Dieses Bewusstsein erwacht erst mit dem Ich-Sagen und wird von da an zum roten Faden im Gedanken- und Erinnerungsleben. Das Kind ist daher darauf angewiesen, im täglichen Begegnen und Wahrnehmen durch mindestens einen vertrauten Menschen und durch immer wieder die gleichen Gegenständen der häuslichen Umgebung eine Bewusstseinskontinuität zu erleben. Das eigene Selbst kann in diesem Alter nur an der Berührung mit der Welt, das heißt durch die Sinneswahrnehmung, erlebt werden. Je dauerhafter und stabiler diese Selbsterfahrung an der Umgebung ist, umso stärker entwickelt sich daran das Selbstgefühl. Unterbrechungen, Milieuwechsel und längere Krankenhausaufenthalte der Mutter können sich störend auf die Persönlichkeitsentwicklung auswirken mit Tendenz zu existenzieller Unsicherheit und zu mangelndem Selbst- und Weltvertrauen, wenn nicht eine beherzte Ersatzmutter einspringt, die das Kind so lange in den Kreis ihrer eigenen aufnimmt. Dasselbe gilt bei eigener Krankheit des Kindes mit längeren Abwesenheiten von zu Hause, wenn nicht die Mutter oder ein nächster Angehöriger mit im Krankenhaus aufgenommen wird.

Die menschliche Beziehung

Ist der Mensch das Produkt aus Vererbung und Milieu, und prägt ihn das eine mehr als das andere? Diese Frage wird immer wieder neu gestellt und unter Laien ebenso engagiert besprochen wie unter Fachleuten. Genetik, Soziologie, Kinderpsychiatrie, Sozialpädiatrie und andere Wissensgebiete bringen durch weitere Forschungsergebnisse immer wieder neue Anregungen dazu. In jüngster Zeit wurde ein Buch aus dem Amerikanischen ins Deutsche übersetzt, das den bemerkenswerten Titel trägt: »Warum Geschwister so verschieden sind«. Der Verhaltensgenetiker Robert Plomin und die Entwicklungspsychologin Judy Dunn[64] fassen ihre Forschungen zu dieser Thematik dahingehend zusammen, dass sie sagen: Wenn Vererbung und Milieu die allein bestimmenden Faktoren wären, so müssten Geschwister einander viel ähnlicher sein. Sie fanden heraus, dass es noch etwas Drittes gibt, das die Entwicklung entscheidend beeinflusst: die persönliche Beziehung des Kindes zu den Menschen und Dingen seiner Umgebung. Denn durch diese ganz individuelle Beziehung wird entschieden, ob und wie stark der Einfluss eines Ereignisses oder eines Menschen auf ein bestimmtes Kind ist. Schon zwei Kinder aus derselben Familie erleben diese sehr unterschiedlich bis dahin, dass später eines die Mutter als überaus fürsorglich beschreibt und das andere sich von Anfang an als nicht geliebt und immer zurückgesetzt erlebt hat. Aus der Sicht der Mutter war die Behandlung jedoch gleich.

Im Kapitel über die Kinderkrankheiten (s. S. 145 ff.) haben wir darüber hinaus deutlich zu machen versucht, wie auch das Kind selbst an seinem Erbgut arbeitet, um sich den Leib passender zu machen. Vererbung und Milieu geraten unter Berücksichtigung dieses Gedankens in ein neues Licht: Sie werden zu Arbeitsfeldern des Kindes, deren es bedarf, um sich seinen Fähigkeiten gemäß zu verkörpern. So gesehen, kann die selektive Verwirklichung bestimmter, im Erbgut veranlagter Merkmale auch nicht mehr nur als Ausdruck eines genetischen Zufalls gewertet werden. Dass das erste Kind in einer Familie Merkmalsträger in Bezug auf Locken wird, das zweite glatte Haare bekommt und beim dritten gar der schüttere Haarwuchs des Großvaters erscheint, wäre demnach nicht »Zufall«, sondern vom Kind vorgeburtlich »geplant«. Das vorgeburtlich bereits vorhandene tätige Menschen-Wesen trifft selbst die Entscheidung für ein bestimmtes Elternpaar und dafür, welches Erbgut für seine Persönlichkeitsentfaltung in Frage kommt (vgl. auch S. 223 ff.).

Ein Ähnliches gilt für den Umgang mit den Milieu-Faktoren oder Umwelteinflüssen. Das eine Kind nimmt begierig alles auf, was seine schon früh in Erscheinung tretende Musikalität fördern kann. Ein anderes zeigt dagegen ein besonderes Interesse für alles Technische. Damit ist wieder an die Frage der Wiederverkörperung gerührt. Woher kommen denn die so außerordentlich verschiedenen »Startbedingungen« – die Fähigkeit, einmal zielstrebig und aktiv sich das Notwendige anzueignen und ein anderes Mal sich mehr passiv den Eindrücken hinzugeben und sich formen zu lassen? Wer mit dieser Frage Kinder im Laufe ihrer Entwicklung beobachtet, merkt nur zu deutlich, dass der Mensch seinen Lebensweg nicht als unbeschriebenes Blatt beginnt. Fähigkeiten und Schwächen, Zielsetzungen und Krankheitsdispositionen ragen als Ertrag aus früheren Erdenleben in dieses hinein.

Aus Vererbung und Milieu wird ergriffen, wozu eine Verwandtschaft besteht, anderes wird gleichsam »übersehen« oder muss umgearbeitet werden. Die Aufgabe von Erziehung und bewusster Milieugestaltung liegt nun darin, diesen Prozess des Ergreifens richtig zu lenken – vor einem Zuviel, Zuwenig, Zufrüh und Zuspät zu schützen. Andererseits hat Erziehung auch zu verhindern, dass sich nur entwickelt, wozu das Kind disponiert ist. Der Ertrag eines Erdenlebens liegt nicht nur im Ausleben bestimmter »mitgebrachter« Begabungen, sondern in einer Steigerung, Erweiterung und Weiterentwicklung der Persönlichkeit. Die unbegrenzte Möglichkeit zu lernen liegt genauso im Wesen des Menschen begründet wie das Risiko stehenzubleiben. Die Eigenaktivität des Kindes bedarf der fördernden, helfenden Einflüsse aus dem sozialen Umfeld. Durch ungünstige Bedingungen können sein Wille gelähmt und sein Lebensziel gefährdet werden. Es mag bestürzen, wie groß die Möglichkeit ist, Entwicklung zu behindern und zu fördern – aber es ist so. Denn die Natur bildet den Menschen nicht »von selbst« fertig. Er ist auf die bewusste Hilfe der Erwachsenen angewiesen und lässt sich von ihnen weiterprägen. Diese Entwicklungsoffenheit und -störbarkeit hängt mit der geistigen Natur des Menschen zusammen, die ihn zu einem selbstentscheidenden freien Wesen macht. Freiheit ist ohne Labilität und Unsicherheit, ohne Wahl- und Irrtumsmöglichkeit nicht denkbar. Sie zu fördern und nicht zu missbrauchen ist die große Aufgabe der Erziehung und Selbsterziehung.

Wohnprojekte

In so mancher Großstadt übersteigt heute die Zahl alleinerziehender Mütter und Väter bereits die 50 %-Grenze. Umso mehr ist es zu begrüßen, dass gegenwärtig – zum Teil mit öffentlicher Förderung – Wohnprojekte entstehen, die ihr Vorbild an der Großfamilie früherer Prägung nehmen. Allein in Hamburg sind seit Beginn der achtziger Jahre über sechzig Wohngruppenprojekte entstanden. Hier schließen sich Menschen zusammen – oft wird auch gemeinsam gebaut –, die eines verbindet: Sie wollen eine sozial aufmerksame Nachbarschaft und mitmenschliche Verbindlichkeit mit Alleinsein und individueller Lebensgestaltung verbinden. Und so finden sich alleinstehende Frauen, junge Familien, Wohngemeinschaften, Behinderte, junge und alte Menschen zusammen, verwalten ihre Wohnhäuser selbst und sind auch bereit, Menschen in ihre Wohnprojekte zu integrieren, die sonst auf dem Wohnungsmarkt Schwierigkeiten haben würden. Wohnprojekte dieser Art bieten für die aufwachsenden Kinder ein reiches Feld sozialer Erfahrung und gewährleisten doch eine ungestörte Eltern-Kind-Beziehung, da jeder in dieser Wohngemeinschaft selbst das Maß an Gemeinsamkeit und Für-sich-Sein bestimmt.[65]

Empfohlene Literatur:

Pflug, Christine (Hrsg.): *Allein oder gemeinsam. Lebensformen heute*. Stuttgart 1999.

Gesundheit durch Erziehung

Die Liebe herrscht nicht,
aber sie bildet, und das ist mehr.

Goethe im »Märchen«

Gesundheit durch Erziehung

Kinder erwarten Erziehung. Sie ahmen uns nach, fragen viel und machen gerne mit, wenn wir etwas tun. Sie sind dankbar für Geborgenheit, Fröhlichkeit und eine klare Linie, wie der Tag ablaufen soll. Wie aber kann diese Zeit, in der das Körperwachstum sowie die seelische und geistige Entwicklung bis zur Mündigkeit hin stattfinden, so begleitet werden, dass eine möglichst stabile Gesundheit die Folge ist? Welches sind hierfür die geeigneten Leitgedanken und Vorgehensweisen? Lassen sich die Ideale der Menschlichkeit: Wahrhaftigkeit für das Erkennen, Liebe für die Pflege des Beziehungslebens, Freiheit für den Handlungsbereich für die Erziehungspraxis und Gesundheitsvorsorge fruchtbar machen? Oder haben die Kriege des 20. Jahrhunderts, die Verzweiflungen des täglichen Lebens und der Kulturpessimismus angesichts der fortschreitenden Umweltzerstörung diese Ideale irgendwie überholt, in den Schatten gestellt, fragwürdig gemacht?

Die Antwort geben die Kinder selbst. Sie zeigen durch ihr ganzes Verhalten, in wie hohem Maß in ihnen diese Ideale veranlagt sind. Sie sind es, die uns gerade im ersten Lebensjahr, ja im Säuglingsalter schon, strahlend und voller Vertrauen anschauen. Sie sind es, die uns all unser Versagen und Fehlverhalten verzeihen und die, je kleiner sie sind, immer wieder voller Erwartung auf uns zukommen. Und sind sie es nicht auch, die immer offen und ehrlich mit uns sind, liebebereit und hoffnungsvoll?

Eine ***Erziehung zur Freiheit*** braucht vor allem die Berücksichtigung des »richtigen Zeitpunkts«. Was zu früh kommt, trifft das Kind unreif und damit auch unfähig, mit dem Neuen eigenständig umzugehen, es wird konditioniert anstatt befähigt. Was zu spät kommt, trifft nicht mehr die momentane Interessenlage, so dass die volle Wertschätzung des zu Lernenden nicht gelingt. Abhängigkeit oder Gleichgültigkeit als zwei Formen möglicher Unfreiheit im Umgang mit sich selbst sind die Folge. Altersentsprechende Erziehung ist damit die Grundvoraussetzung einer *gesunden körperlichen Entwicklung*.

Erziehung zur Liebefähigkeit basiert auf der Pflege eines reichen Beziehungslebens: zu Menschen, zur Umwelt, zu Dingen und Ereignissen. Dabei spielt der Umgang mit Ja und Nein, mit Erlauben und Verbieten eine entscheidende Rolle. Denn zur Liebefähigkeit gehört auch der Respekt für die Lebenssituation der anderen und damit auch die Möglichkeit, ein Nein positiv zu akzeptieren. Wieviele Beziehungen im späteren Leben kranken daran, dass der Umgang mit dem Ja und Nein, mit den Sympathien und Antipathien, mit der Akzeptanz von Versagenszuständen und Fehlern als zum Leben gehörig nicht gelernt wurde? So signalisiert z.B. ein Satz wie: »Bitte lass mich jetzt in Ruhe« nur selten echten Liebesentzug – vielmehr besagt er, dass ich dem anderen gerade jetzt meine Liebe dadurch zeigen kann, dass ich ihn tatsächlich in Ruhe lasse. Eine so auf Menschenverständnis und Toleranz hin orientierte Erziehung ist zugleich Grundbedingung eines *gesunden Seelenlebens*.

Wer daran arbeitet, das, was er denkt und fühlt, in Übereinstimmung zu bringen mit dem, was er tatsächlich auch tut, *fördert eine* ***Erziehung zur Wahrhaftigkeit***. Nicht darauf kommt es an, dass ich möglichst gut erscheine und einen möglichst ansprechenden Eindruck auf andere Menschen mache, sondern darauf, dass ich wirklich so bin, wie ich erscheine. Das Wecken von Aufmerksamkeit für das, was da ist, Pflege der Sinnesfunktionen und Anregen eigener Überlegungen sind hierbei entscheidende Hilfen. Damit wird an den Voraussetzungen der *geistigen Gesundheit* gearbeitet.

Erziehung und körperliche Gesundheit

Bei allem, was wir vom Säuglingsalter an durch die gesamte Wachstumsperiode hindurch mit den Kindern und Jugendlichen vornehmen, gilt es zu fragen: Welchen Einfluss hat diese Tätigkeit auf die körperliche Entwicklung? Fördert sie Wachstum und Reifung der Vorgänge, die gerade in diesem Lebensalter an der Reihe sind, oder behindert sie diese? Nachfolgendes Schaubild zeigt die wichtigsten Reifephasen der Organsysteme: das Nervensystem und die Sinnesorgane, Kreislaufsystem und Atmung als rhythmische Funktionssysteme sowie das Stoffwechsel-Gliedmaßensystem einschließlich der Fortpflanzungsorgane. Nervensystem und Sinnesorgane brauchen die ersten acht bis zehn Lebensjahre, um ihre volle Funktionstüchtigkeit zu erreichen, auch wenn selbstverständlich im Bereich des zentralen Nervensystems zeitlebens noch eine gewisse Prägbarkeit (Plastizität) im Bereich der feineren Vernetzungsstrukturen erhalten bleibt. Es folgt dann in der nächsten Entwicklungsetappe bis zum 14., 16. Lebensjahr hin die Ausreifung der rhythmischen Funktionen, wohingegen die volle Funktionstüchtigkeit des Stoffwechsel- und Skelettsystems erst mit dem Ausgewachsensein um das 20., 22. Lebensjahr herum eintritt (siehe Grafik nächste Seite). Eine Erziehung, die die körperliche Entwicklung fördern will, muss daher fragen, auf welche Weise diese schrittweisen Reifungsprozesse des Körpers unterstützt werden können.

Wie einfach ist es, am Verhalten des Kindes im ersten Lebensjahr abzulesen, was dieses jetzt gerade für seine Entwicklung braucht: Wenn es uns anlächelt, wird uns warm ums Herz und wir lächeln spontan zurück. Unsere Freude wiederum verstärkt die seinige und bringt den kleinen Körper in strampelnde Erregung. Wenn es schreit, so macht es deutlich, dass es Sehnsucht nach Beziehung, nach Dialog, nach Nahrung oder Beschäftigung hat. Und es reagiert gestillt und befriedigt, sobald wir das Richtige getroffen haben. Später ist es dann schon nicht mehr so einfach. Interessiert greift das Kind nach allem, was es umgibt, und kann zunächst die

Aufbau- und Abbauvorgänge im menschlichen Organismus und die ihnen entsprechenden Reifungsschritte des Gedankenlebens

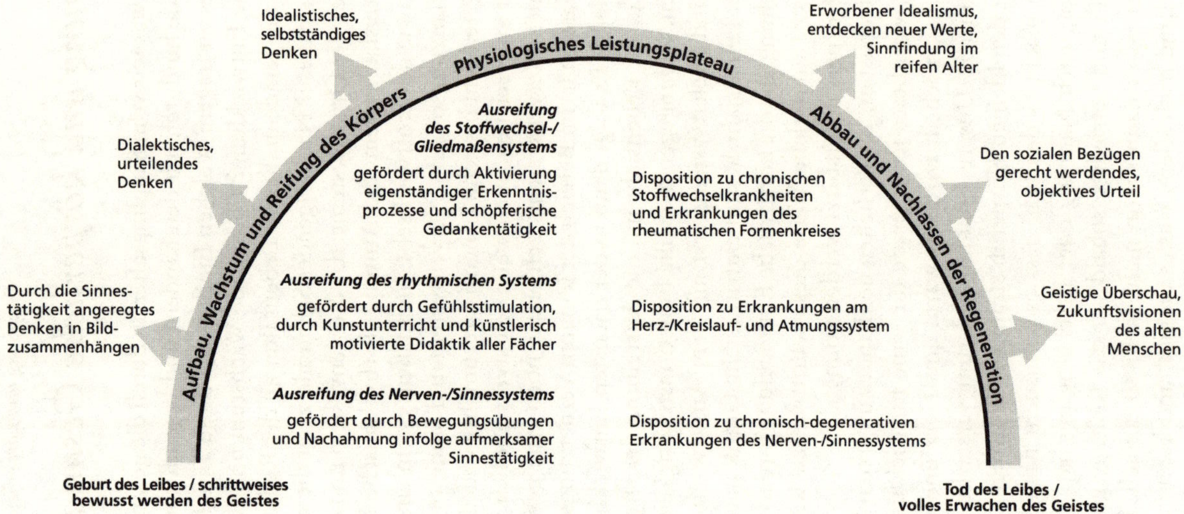

Mit den Pfeilen ist das Freiwerden der für Wachstum, Entwicklung und Regeneration im Alter nicht mehr benötigten Lebenstätigkeit für das Denken gekennzeichnet. Im Sterben tritt der ätherische Organismus ganz als lebendiger Gedankenorganismus aus dem zerfallenden physischen Leib heraus.

Gefährlichkeit einer Kerzenflamme oder einer scharfen Messerschneide nicht erkennen. Auch wenn es fasziniert auf ein buntflimmerndes Fernsehbild zukrabbelt, bedeutet es noch lange nicht, dass das Anschauen dieser hektisch über den Schirm sich bewegenden Farbmuster die jetzt für dieses Alter hilfreiche Anregung seiner Wahrnehmungsfunktionen ist.

Spätestens hier wird nur allzu deutlich, dass der Erwachsene die Verantwortung für die Milieu- und Umgebungsgestaltung des Kindes hat. Denn dessen Spontanverhalten zeigt: Ich bin offen für alles und bereit zum Kennenlernen und Mitmachen. Woran also kann sich der Erwachsene orientieren? Wie lernt er, das Hinderliche vom Förderlichen zu unterscheiden und einen Maßstab zu gewinnen, mit dessen Hilfe immer wieder neu beurteilt werden kann, was und wieviel jetzt für das Kind »dran« ist? Angesichts dieser Frage ist der Blick auf die Gesetze der körperlichen Entwicklung die wichtigste Orientierung.

Wir müssen zunächst fragen: Welche Tätigkeiten fördern Ausreifung und Vernetzung der zentralnervösen Strukturen im Gehirn mit den Sinnesorganen, den inneren Organen und dem gesamten Bewegungsapparat am besten? Die Antwort ist einfach: Eigenaktivität in möglichst sinnvoller, geschickter, koordinierter Form.

Die Erfahrung zeigt, dass z. B. bei einem hirngeschädigten Säugling eine wirksame Therapie darin besteht, in Form spezieller Gymnastik bis hin zur Säuglingsheileurythmie gesunde Bewegungsmuster zu üben. So kann auch verständlich werden, dass die Anregung zu geschickten und angemessenen Tätigkeiten in der Grob- und Feinmotorik zugleich die beste Intelligenzförderung ist. Es ist dadurch aber auch ein *Grundgesetz körperlicher Reifung* angesprochen: *Jedes Organ entwickelt sich am besten durch adäquate Inanspruchnahme seiner Funktion.*

Um zu verdeutlichen, wie dies konkret aussehen kann, sei ein Blick in den Alltag eines Kindergartens geworfen, der auf der Grundlage der Waldorfpädagogik entwicklungsorientiert arbeitet (siehe weiterführende Literatur S. 425).

Die Kindergartenzeit

Die Kinder treffen innerhalb der ersten Stunde nach Öffnung des Kindergartens ein. Ein Kleines wird von Hand zu Hand direkt übergeben, die Älteren laufen ihren Müttern bereits davon, einige kommen allein oder in kleinen Gruppen schon ganz selbstbewusst zur offenen Tür herein. Nachdem sie den Mantel ausgezogen haben und in die Hausschuhe geschlüpft sind, begrüßen sie ihre Kindergärtnerin, die sie meist bei einer bestimmten Arbeit antreffen. Während die Kleinsten sich gern in ihrer Nähe aufhalten – zuschauend oder mithelfend –, finden sich die Ältesten zielstrebig zum gemeinsamen Spiel zusammen. Da werden Tische und Ständer aufeinandergebaut, mit Tüchern verhängt und als Wohnung eingerichtet. Ein anderes Mal werden daraus Feuerwehr-, Müll- oder Notarztwagen, vielleicht auch ein Überseedampfer. Die vier- bis fünfjährigen Kinder holen sich gern Pferd und Kutsche oder bauen einen Zug, in dem sie Steine, Tannenzapfen und anderes transportieren. Gerne wickeln und füttern sie auch ihre Puppenkinder und tragen sie spazieren. Mit Tüchern und Schleiern verkleiden sie sich als Mutter, Krankenschwester oder Postbote. Es ist ein emsiges, vielseitiges Tun und Treiben in dieser ersten Zeit am Morgen. Die Kindergärtnerin ist dabei der ruhende Pol. Obwohl sie selbst etwas arbeitet, nimmt sie dennoch an allem Geschehen ringsum interessiert Anteil. Sie sorgt dafür, dass das Leben dieser »Großfamilie« geordnet und anregend verlaufen kann, ohne jedoch selbst eingreifen zu müssen. Aus der Vielzahl möglicher Alltagstätigkeiten wählt sie diejenigen aus, die einfach und überschaubar sind und von den Kindern gerne nachgeahmt werden: Waschen, Brot backen, Frühstück vorbereiten usw. Mitunter verlässt sie auch ihren Arbeitsplatz, um bei einer kleinen Gruppe den Puppengeburtstag mitzufeiern oder weil sie vielleicht eingeladen wird, eine Überfahrt auf dem Fährschiff mitzumachen, oder weil ein Kind ihren Zuspruch braucht.

Konfliktsituationen oder das Auftreten stereotyper Verhaltensweisen lassen sie aufmerksam werden und sich dem betreffenden

Kinde zuwenden. Nähert sich das Ende der Spielzeit, so fängt die Kindergärtnerin an, ihren eigenen Arbeitsbereich aufzuräumen. Das wird von einigen Kindern bemerkt, die daraufhin anfangen, ebenfalls aufzuräumen. Bis sich auch die letzten in dieses muntere Treiben hineingefunden haben, können mitunter sieben bis zehn Minuten vergangen sein. Nachdem der Gruppenraum auch noch gefegt worden ist und die Kinder im Waschraum waren, versammeln sie sich nun zum gemeinsamen rhythmischen Spiel: Verse in Verbindung mit Bewegungsspielen, Lieder und Singspiele. Inhaltlich orientiert sich das Geschehen meist am Jahreslauf und den jeweils typischen Tätigkeiten der Bauern oder an den zugehörigen Naturereignissen. Auch die Inhalte der christlichen Jahresfeste nehmen einen breiten Raum ein und bilden Höhepunkte im Kindergartenalltag. Da über längere Zeit täglich die gleichen Singspiele und Lieder wiederholt werden, erwerben sich die Kinder dabei wie von selbst einen reichen Vers- und Liederschatz. In einigen Kindergärten geht diesem rhythmischen Spiel ein sogenannter Morgenkreis voraus, in dem gemeinsam ein Spruch oder Gebet gesprochen und ein Morgenlied gesungen wird. Im Anschluss an diese gemeinsame Tätigkeit folgt das Frühstück. Es besteht aus Brot, Müsli oder anderen Getreidegerichten; dazu Obst oder Möhren und Tee.

Nun folgt wieder eine Zeit, in der die Kinder aus eigener Initiative spielen können. Meistens geschieht dies im Garten, im Sand oder – wenn möglich – im Park oder auf einem kleinen Spaziergang. Zum Abschluss des Vormittages versammeln sich die Kinder noch einmal in lockerer Runde zum Märchenhören. Die Kleinen lieben und brauchen es, nahe bei der Kindergärtnerin sitzen zu dürfen. Ihr Erzählen ist nicht dramatisch-emotional, sondern sachlich-liebevoll darstellend, schlicht erzählend. Dadurch werden die oft dramatischen Szenen als Bilder aufgenommen und nicht als bedrohliche oder faszinierende Handlungen.

Es ist zu spüren, wie sie jedes Wort und jeden Satz, den sie sagt, liebt. Sie erlaubt sich auch keinerlei Variationen beim Erzählen. Die

Kinder würden es merken und korrigieren, da sie über längere Zeit hindurch jeden Tag dasselbe vertraute Märchen hören. Meist werden die Märchen der Brüder Grimm gewählt. In Stil, Aufbau und Inhalt eignen sie sich ganz besonders gut dazu, Phantasie und Gefühl des kindlichen Seelenlebens anzuregen und zu bereichern (siehe S. 379).

Der Tagesablauf gliedert sich also in zwei größere Zeitspannen, in denen sich die Kinder ihrem Alter entsprechend betätigen können. Dabei werden die Anregungen in Form eines reichen Angebotes an Spielmaterial sowie durch das Vorbild der Erzieherin gegeben, die sich ähnlich wie die Mutter zu Hause im Wechsel mit allen möglichen nützlichen Haushaltstätigkeiten beschäftigt. Außer Frühstück machen, Brot backen, Wäsche waschen gehören dazu auch stopfen, bügeln, Spielzeugpflege oder künstlerische Tätigkeiten wie das Malen mit Wasserfarben und anderes. *Durch dieses breite Angebot wird erreicht, dass jedes Kind zu »seiner Zeit« und »auf seine Weise« für sein Nachahmungsbedürfnis das findet, was seiner Entwicklung gerade gemäß ist.* Es bleibt also dem Kinde überlassen, was, wie und ob es etwas nachahmen will. Zwei kürzere Zeiten sind dann dem gemeinsamen Tun gewidmet (rhythmisches Spiel und Frühstück sowie das Märchenerzählen). Der Wechsel zwischen dem Freispiel und dem gemeinsamen Tun ist wie ein großes zweimaliges Ein- und Ausatmen.

Ein solcher Tagesablauf im Kindergarten erfordert eine gute Zusammenarbeit mit den Eltern. Zum Beispiel gibt es immer wieder Vorbehalte den Märchen gegenüber. Diese werden als grausam oder »moralin« empfunden. Daher ist es gut, dass die Eltern selber sich von den Erziehern im Rahmen eines Elternabends in diese Märchenwelt einführen lassen und auch die notwendige ruhig-epische Erzählweise, in liebevoll warmem Ton gehalten, erleben. Die meisten Märchen – insbesondere der Brüder Grimm – bringen menschliche Schwächen und Stärken in differenzierten Bildern zum Ausdruck. Das Böse erscheint nur, um letztlich dem Guten zum Sieg zu verhelfen und dazu beizutragen, dass tieferliegende menschliche Eigenschaften zur Entwicklung kommen, z. B. Bescheidenheit, Freundlichkeit, Ausdauer, Ehrlichkeit, Tapferkeit und Treue.

Kinder, die zu Hause viel fernsehen und wenig Gelegenheit zu schöpferischer Eigentätigkeit haben, fallen oft schon im Freispiel dadurch auf, dass sie nicht richtig mitmachen können und lieber zuschauen oder – je nach Temperament – Chaos anrichten. Oft dauert es ein halbes Jahr, bis auch diese Kinder sich einigermaßen unbefangen und offen in das Leben der Gruppe integrieren können und nicht durch »päng, päng« oder andere aus dem Fernsehen übernommene Gesten und Manierismen stören. Wer sein Kind jedoch einige Zeit einer solchen Kindergartenpraxis anvertraut hat, wird bemerken, wie es gekräftigt nach Hause kommt. Auch bringt es manche Anregungen mit, die im Familienalltag Änderungen hervorrufen. So verlangen einige Kinder zu Hause, dass jetzt vor dem Essen auch gebetet wird. Andere möchten mit den Geschwistern oder Eltern noch einmal das Singspiel machen oder das Lieblingsmärchen hören.

Diese Kindergartenpädagogik ist an den Lebensbedürfnissen des Vorschulalters abgelesen:

Morgens möchte sich das Kind zunächst seine Umwelt erobern. Dabei steigen in ihm die Ereignisse des letzten Tages oder auch der letzten Woche wieder auf, und es freut sich, diese im Spiel noch einmal nachvollziehen und dadurch vertiefen zu können. *Ein Kind dieses Alters begnügt sich nie mit einer einmaligen Erfahrung. Es will diese gerne weitermachen, sie wiederholen, sich mit ihr verbinden.* Dadurch wird ganz von selbst sein Wille, seine Handlungsfähigkeit, gestärkt, so wie der Muskel durch tägliches Üben kräftiger wird. Und diese Willenserziehung ist es auch, auf die der ganze Tageslauf im Kindergarten hinorientiert ist. Der Wille aber bedarf immer wiederkehrender Anregungen von außen. Wie sehr das Kind darauf angewiesen ist und danach verlangt, zeigt sein Bedürfnis, nachzuahmen. Dabei tut es dies umso lieber, je mehr die Erzieherin mit ihrer Arbeit identifiziert ist. Ihr Anliegen ist, den Ablauf des Tages so zu gestalten, dass die Kinder dazu kommen, alle ihre Sinne und Aktivitätsmöglichkeiten gebrauchen zu lernen.

Entscheidend ist dabei jedoch, dass alles in einer Atmosphäre freudiger Geschäftigkeit geschieht; dass die Kinder *in freier Weise* ihren Spielraum ergreifen dürfen und das ordnende Element durch die Erzieherin nie lähmend oder eine Tätigkeit gewaltsam abbrechend zur Geltung gebracht wird. Ist ein Kind gerade mit Feuereifer in ein Spiel versunken und soll jetzt gefrühstückt werden, dann muss es der Erzieherin gelingen, das Kind den Übergang aus seiner »Arbeit« zum gemeinsamen Essen finden zu lassen. Das ist ein besonders heikler Punkt. Wer kennt nicht das »Maulen« und quengelnde Jammern, wenn ein Kind vom Spiel weggeholt wird, weil man »Wichtigeres« oder Notwendiges mit ihm vorhat. Das Kind erlebt sich da am freudigsten, wo es von sich aus tätig sein darf. Dabei hat es die Erzieherin leichter, weil sie bereits mit der entstandenen Gewohnheit in der Gruppe rechnen kann. Für einige reicht schon das beginnende Aufräumen oder Klappern mit den Tassen als Signal, dass jetzt bald etwas anderes kommt. Zuhause ist das ungleich schwerer, weil die Notwendigkeiten individueller durchzusetzen sind. Umso wichtiger sind die vorbereitenden Signale einige Minuten vor Abschluss des Spiels wie zum Beispiel: »Du hast ja eine schöne Burg gebaut! Sitzen die da drinnen schon beim Essen? Bei uns gibt es jetzt auch gleich was, ich ruf dich ganz bald.« Ohne Einsicht in solche Gesetze kindlichen Tätigseins kann viel geschadet werden. Das Freiheitserleben gründet sich im späteren Leben auf die Art und Weise, wie man als Kind seinen Tätigkeitsdrang hat ausleben dürfen, seinen »Spielraum« in freier Weise hat nützen können. Wird die Willenstätigkeit durch die Erwachsenen immer wieder jäh unterbrochen oder durch Korrekturen und Zurechtweisungen abgelehnt, so wirkt sich das störend auf die Willensentfaltung und die damit einhergehende körperliche Reifung aus. Beim fröhlichen Tätigsein vollziehen sich die physiologischen Prozesse in gesunder Weise, wohingegen sie beim frustrierten Kind geradezu ins »Stocken« geraten. Diese Tatsache kann gar nicht

Sinneserfahrung und Sinnespflege zuhause, in Kindergarten und Schule

Abb. 79: Alle Sinne wirken zusammen und entwickeln sich in lebendiger Wechselbeziehung. Das Kind ist ganz offen – wie *ein* großes, in sich differenziertes Sinnesorgan. Auch wenn beim Wahrnehmen und Beobachten immer ein Sinn besonders aktiviert wird, zeigen doch alle Abbildungen, wie sehr auch die anderen Sinnesfunktionen an der Gesamtwahrnehmung mit beteiligt sind (sensomotorische Integration).

Abb. 80

Abb. 81

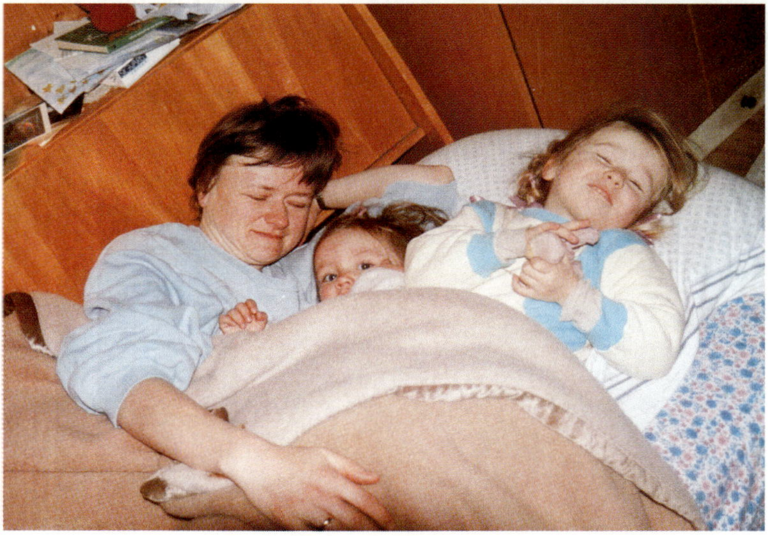

Abb. 82

Abb. 83

Abb. 84

Abb. 85

Abb. 86

Abb. 87

Gleichgewicht

Abb. 88

Abb. 89 a und b

Riechen

Abb. 90

Abb. 91

Schmecken

Abb. 92

Abb. 93

Sehen, Beobachten

Abb. 94

Abb. 95

Wärme und Kälte

Abb. 96

Abb. 97

Abb. 98

Abb. 99

Abb. 100

Abb. 101

Abb. 102

Abb. 103

Abb. 104

ernst genug genommen werden. Lebt doch der Mensch ein Leben lang mit den Körperfunktionen und Organen, wie sie sich – angeregt durch die tätige Inanspruchnahme – ausgestaltet haben.

Je kleiner die Kinder sind und je unreifer der Organismus und insbesondere das Nervensystem, um so störanfälliger ist deren Entwicklung. *Die tiefgreifendsten Förderungen oder Schädigungen erfolgen daher auch in den ersten drei Lebensjahren.*[66] Aus diesem Grunde raten wir auch, Kinder – wenn irgend möglich – erst nach Ablauf des dritten Lebensjahres aus dem Haus zu geben. Ist ein früheres Weggeben jedoch unvermeidlich, so muss die Tagesmutter oder der Kinderkrippenplatz sorgfältig ausgesucht werden. Geht es doch nicht nur um ein »Gut-Aufgehoben-Sein«, sondern insbesondere auch um Förderung und Entwicklung, um »Inkarnation«, das heißt ein tätiges sich Identifizieren- und Ergreifen-Lernen des eigenen Körpers. Erfreulicherweise hat sich auch die Waldorfpädagogik in den letzten zwei Jahrzehnten den Erziehungsfragen für die ersten Lebensjahre verstärkt zugewandt.

Helle Heckmann hat hierüber eine Broschüre mit hilfreichen Anregungen für die Praxis veröffentlicht.[67]

Angesichts der Fülle von Spielzeugangeboten für die Vorschulzeit empfehlen wir, stets die Frage zu stellen: Fördert es die Eigenaktivität? Das zu sehr Vorgefertigte und mechanisch Perfekte prägt sich dem ungeschützten nachahmungsbereiten Organismus ein und legt Phantasie und schöpferische Eigentätigkeit lahm. Wenn ein zehnjähriges Kind z.B. mit Legosteinen baut, so wird ihm das nicht schaden. Wenn ein fünfjähriges jedoch die genormten Teilchen ineinanderdrückt und keine Möglichkeit hat, aus dem vorgelegten Schema auszubrechen, wird seiner Phantasie ein entscheidender Spielraum genommen. Abgesehen davon wirkt noch die durch das Material bedingte Lüge schädigend: Die Legosteine ermöglichen Konstruktionen, die dem Gleichgewichtssinn widersprechen und ihn daher in seiner Entwicklung stören. Da, wo Bauklotzbauten aus statischen Gründen längst eingestürzt wären und dem Kind gezeigt hätten, dass es mit dem Material und dessen Gewicht noch nicht richtig umgegangen ist, halten die Legosteine aufgrund der Druckhaftung noch fest und verfälschen die Sinneswahrnehmung.

Angesichts der heute angebotenen Computerspiele, ferngesteuerten Autos und Eisenbahnen wird hingegen deutlich, dass das Kind im Umgang mit ihnen nur fasziniert beobachten, kombinieren und bedienen lernt. Dies sind jedoch Funktionen, die erst in einem späteren Lebensalter entwicklungsfördernd sind. In der aktivitätsorientierten Prägephase des Körpers sind sie – da zur falschen Zeit – lähmend für die Eigentätigkeits- und Willensentwicklung.

Zusammenfassung:

Die wesentlichsten Fördermaßnahmen im Vorschulalter:

- Anregung von Initiative und Eigenaktivität durch Vorbild im Tun.
- Sinnespflege durch altersgemäße Anregungen der verschiedenen Sinnestätigkeiten (vgl. S. 299 ff.)
- Veranlagen guter Gewohnheiten durch regelmäßiges Tun, durch Einrichtung kleiner Rituale am Morgen, beim Essen, am Abend vor dem Schlafengehen.
- Rhythmische Gestaltung des Tages-, Wochen-, Monats- und Jahreslaufes (vgl. S. 217 ff.)
- Regelmäßige Zeiten ungeteilter Aufmerksamkeit für das Kind: zum Beispiel beim Aufstehen und Zubettgehen und dann hin und wieder während des Tages.
- Überwiegend »nonverbaler« Erziehungsstil, das heißt, die Handlung sagt mehr aus für das Nachahmungsbedürfnis des Kindes als viele Worte.
- Einfache Gegenstände zum Spielen, die der Phantasie breiten Raum lassen und zu immer neuen Gestaltungsmöglichkeiten anregen.
- Möglichkeiten, der Natur zu begegnen.
- Vermeiden von Multimedia-Angeboten und technischem Spielzeug.

- Auch wenn der Tag sonst mit vielen Pflichten angespannt verläuft – das Kind im Bewusstsein haben, »in Gedanken tragen, mitnehmen«. Dies ist besonders für den Elternteil wichtig, der wenig zu Hause ist. Solche inneren Bedingungen helfen, dass auch der äußere Kontakt beim Wiedersehen schnell wieder »da« ist.

Das Schulalter bis zur Pubertät

In diesem Zeitraum reifen – wie auf Seite 411 dargestellt – insbesondere Atmung und Herz-Kreislauftätigkeit zur vollen Erwachsenenkapazität heran, die etwa um das 16. Lebensjahr erreicht wird. Auch hier stellt sich die Frage, welche Tätigkeiten, welche Lernvorgänge Aufbau und Funktion dieser rhythmischen Organe unterstützen. Auch hier ist sinnvolle körperliche Betätigung sicher gefragt. Ein Spezifikum ist es jedoch nicht. *Alles, was das Gefühlsleben betrifft, wirkt vielmehr unmittelbar und sehr spezifisch, Rhythmus und Qualität von Atmung und Herzschlag modifizierend.* Erleichterung, Freude, gespannte Erwartung wirken anregend, lassen das Herz klopfen, die Atmung geht leicht und eher schnell. Hingegen wirken verlangsamend bis hin zum »Stocken« der Atmung oder des Herzschlages Langeweile, Lustlosigkeit, Trostlosigkeit, Schreck, Depression, während Angst und Unruhe rasch beschleunigend auf den Herzschlag wirken und die Atmung unregelmäßig werden lassen.

Interessanterweise lässt in diesem Alter die spontane Begabung, unbefangen nachzuahmen, wie sie für die Kleinkind- und Vorschulzeit typisch ist, rapide nach. Zunehmend wird nur noch das getan, wozu man Lust hat, wofür man gefühlsmäßig motiviert ist.

So werden auch insbesondere »langweilige Dinge« wie Aufräumen oder Tischabräumen – wenn hier nicht gute Gewohnheiten veranlagt wurden – nur noch ausgeführt, wenn man dem Erwachsenen damit speziell eine Freude machen möchte. Auch wird alles im Umkreis danach beurteilt, ob es einem gefällt oder nicht, nach Sympathie und Antipathie – nach Gefühlen. Diese altersentsprechende Begabung und Neigung, alles gefühlsmäßig – ästhetisch, nach persönlichem Geschmack – zu beurteilen, gilt es nun pädagogisch so zu nutzen wie im vorigen Entwicklungsabschnitt die spontane Bewegungsbegabung und Nachahmungsbereitschaft. Es geschieht dies insbesondere durch künstlerische Betätigung in jeder Form: Bewegung, Musik, Sprache, Gesang, Malen, Modellieren und Werken. Hier kann sich das Gefühlsleben mit seinen Sympathien und Antipathien, im Spannungsfeld von schön und hässlich, gelungen und nicht gelungen, ausleben. Wohingegen, wenn diese künstlerischen Anregungen fehlen, das Urteil nach Sympathie und Antipathie auf intellektueller Ebene und im Beurteilen der Handlungen anderer Menschen geübt wird, was zu unangenehmen Anspruchshaltungen und der Neigung zum Nörgeln und Kritisieren führt.

Die stimulierende Wirkung von Kunst auf das Gefühlsleben geschieht auf zweierlei Weise: durch das Wahrnehmen von Kunst und das Selber-tätig-Sein. Wird mit voller Aufmerksamkeit und Konzentration an einem Musikstück geübt oder entsteht in der eigenen Auseinandersetzung mit der Farbe ein Bild, so kommen diese beiden Tätigkeiten in harmonische Wechselwirkung und steigern sich gegenseitig.

Ein Blick in den Alltag des Unterstufenunterrichtes an einer Waldorfschule möge sowohl das Gesagte verdeutlichen als auch dazu anregen, diese entwicklungsfördernden Erziehungsprinzipien auch zu Hause oder im Rahmen des Unterrichts anderer Schultypen anzuwenden.

Ein Beispiel aus dem Rechenunterricht der 3. Klasse. Es werden die Primzahlen behandelt. Der Lehrer könnte nun zu den Schülern sagen: »Eine Primzahl ist eine Zahl, die nur durch 1 und durch sich selbst teilbar ist.« Da ist die Sache begrifflich gefasst. Er kann aber auch sagen: »Primzahlen sind einsame Bettler unter den Zahlen. Es sind die Ärmsten der Armen. Sie haben niemanden auf der Welt als nur sich selbst allein. Deshalb können sie sich auch nur durch sich selbst teilen, weil sie mit keiner anderen Zahl befreundet sind und ihr etwas mitteilen können.« Primzahlen sind »Bettlerzahlen«. Das

Beispiel zeigt, dass sich das Prinzip des künstlerisch gehandhabten Unterrichts auch auf die natur- und geisteswissenschaftlichen Fächer anwenden lässt und nicht nur auf den Kunstunterricht.

Das Wort »man sieht nur mit dem Herzen gut« hat für dieses Lebensalter richtunggebende Bedeutung. Das bedingt aber zugleich, dass der Lehrer seinen Unterricht nicht nur an üblichen Schulbüchern orientieren kann. Er muss eigene Fragen mit einbringen, Aktuelles aufgreifen und Erlebnisbezüge zu den Schülern herstellen, die real vor ihm sitzen und Jahr für Jahr wieder anders sind. Auch muss er sich selbst für seinen Unterrichtsgegenstand immer wieder neu begeistern können. Ein so arbeitender Lehrer wird mit Selbstverständlichkeit von den Schülern angenommen. Er wird für sie zur »geliebten Autorität«. Dadurch gewinnt das sich entwickelnde und in Sympathie und Antipathie hin- und herschwankende Gefühlsleben einen festen Bezugspunkt. Wenn die Kinder wenigstens zu *einer* Lehrerpersönlichkeit mit solch liebegetragenem Vertrauen aufblicken können, festigt sich in ihrem Erleben auch ein gesundes Selbstgefühl.[68]

Es ist dies insbesondere dann von Wichtigkeit, wenn die Beziehungen im familiären Bereich Defizite aufweisen. Solche Defizite wirken sich in erster Linie auf das Gefühlsleben aus und mit ihm auch auf das in Bildung begriffene Selbstwertgefühl. Dieses braucht zu seiner Stabilisierung das Erlebnis persönlicher Anerkennung, wie es nur durch tragfähige, vertrauensvolle Beziehungen vermittelt werden kann.

Auf solchem Hintergrund gesehen gibt es für diesen Entwicklungszeitraum nichts Problematischeres als einen langweiligen Unterricht. Wird doch dadurch die Beziehungslosigkeit geprobt! Das nach Nahrung verlangende Empfindungsleben blickt gleichsam ins Leere. Der Verstand bekommt ungefähr mit, worum es geht, das Herz aber bleibt unbeteiligt. Eine Spaltung im Seelenleben wird veranlagt: Gefühl und Gedanke gehen getrennte Wege.

Wir möchten am Ende dieses Abschnittes noch auf einen besonderen Wendepunkt der kindlichen Entwicklung hinweisen. Er liegt im zehnten Lebensjahr. Rudolf Steiner nannte diesen Zeitpunkt den »Rubikon der kindlichen Entwicklung«. So wie Caesar den Rubikon überschritt und die Rückkehr unmöglich machte, so lassen die Kinder zwischen dem neunten und zehnten Geburtstag zu einem oft von den Eltern genau bemerkten Zeitpunkt ihre Kindheit unwiederbringlich hinter sich. Wer die Gelegenheit hat, in einer dritten oder vierten Schulklasse zu hospitieren, kann den Schülern die damit eintretende Veränderung direkt ansehen. Das zunächst noch unbekümmerte und hell um sich blickende Kind wirkt mit einem Mal ernster, in sich gekehrter, den Lehrer wie leise prüfend. Es empfindet erstmals mit ganzer Vehemenz, dass es gar nicht so selbstverständlich in die Welt eingebettet ist und zu Vater und Mutter gehört, wie es das bisher erlebt hat. Es ist, als ob es jetzt erstmals die Einsamkeit des eigenen Schicksals ahnt, das man nur selbst erfüllen kann. Manche Kinder fragen in diesem Alter auch angelegentlich nach ihrer Herkunft. Dabei geht es ihnen nicht um »Aufklärung«, sondern vielmehr um die genauen Umstände der Geburt. Sie möchten herausfinden, ob sie vielleicht in Wirklichkeit Findelkinder sind bzw. vertauscht wurden. Zu dem Gedanken des eigenen Selbst, der mit dem »Ich«-Sagen im dritten Lebensjahr aufgetaucht ist, tritt jetzt das gefühlsmäßige Erleben dieses eigenen Selbst. Dieses aber wird in seiner Besonderheit und Andersartigkeit gegenüber Vater und Mutter erlebt, wodurch auch ein starkes Einsamkeitsgefühl auftreten kann. So prüfen die Schüler jetzt auch viel genauer, von wem sie sich »etwas sagen lassen« und wer wirklich vertrauenswürdig ist. Ungerechtigkeiten werden jetzt stärker erlebt als vorher und auch nicht mehr so leicht vergeben und verziehen wie früher. Damit erwacht auch das Gewissen als innere Distanz zur Beurteilung von Gut und Böse, Schön und Hässlich.

Zusammenfassung der wichtigsten Fördermaßnahmen:

- Gesprächskultur – auch teilnehmen lassen an interessanten Gesprächen Erwachsener.
- Mit inneren Fragen leben:
  - Wann war unser letztes Gespräch?
  - Wann hatte ich Zeit, Interesse?
  - Bemerkte ich das Anerkennenswerte – lobe ich genug oder bringe ich leichter zum Ausdruck, was mich stört?
  - Lasse ich Fehler zu und wie?
- Beziehungspflege, künstlerische Gestaltung des Unterrichts.
- Klare Führung in Grundsatzfragen im Tagesablauf unter Einbeziehung der Wünsche der Kinder.
- Künstlerische Betätigung, insbesondere Erlernen von Musikinstrumenten.
- Medienkonsum in Absprache und so wenig wie möglich. Gemeinsame Verarbeitung des Erlebten im Gespräch.

Die Schulzeit nach der Pubertät

Wer einmal einen Jugendlichen beobachtet hat, dem »ein Licht aufgegangen ist«, der sich selbst etwas klar machen konnte, der wirklich etwas verstanden hat, sieht, wie dies unmittelbar und im wahrsten Sinne des Wortes »aufrichtend« auf ihn wirkt. Wer Gelegenheit hat, in einer Oberstufenklasse zu hospitieren, kann dies täglich erleben. Wenn gute Fragen gestellt werden, sitzen die Schüler, die sich am Unterrichtsgespräch beteiligen, in aufrechter Position oder zumindest in angeregt angespannter Körperhaltung – auch wenn sie sich zurücklehnen oder den Kopf in die Hand stützen. Wohingegen diejenigen, die nicht »einsteigen«, eher schlaff sind und alle Viere von sich strecken oder den Kopf auf der Bank oder auf dem Arm gelagert haben.

Gedankliche Arbeit führt keinesfalls nur zu einer Betätigung des Nervensystems, sondern bringt das gesamte Soffwechsel- und Gliedmaßensystem von innen her in begleitende Anspannung und

Regsamkeit. Umso deprimierender ist es daher, wenn man Jugendliche auf der Straße gehen sieht und Haltung und Bewegungsspiel verraten, dass kein richtungsweisender Gedanke, kein begeisterungswürdiges Ideal hilft, die Schwere des Körpers zu überwinden. So wie sich Drogenabhängige schon von weitem am Gang erkennen, so gilt dies auch für idealistisch gestimmte und motivierte Jugendliche. Man sieht es an der Bewegung, am Blick, an der ganzen Körperhaltung, ob sie im Leben etwas vorhaben und Probleme gerne anpacken oder ob sie im Laufe von Kindheit und Jugend ein solch teilnahmsvolles und einsatzbereites Verhältnis zur Welt nicht entwickeln konnten.

Körperhaltung und Lebenshaltung entsprechen einander. *Letztlich richten wir uns innerlich auf* und nicht nur aufgrund unserer muskulären Kompetenz. Und nicht jeder, der stehen kann, steht wirklich – das heißt auch geistig – auf eigenen Füßen.

Gute Fragestellungen und ein dialogischer Unterricht fördern das wissenschaftliche Vermögen, regen zum Experimentieren an und verhelfen zu der notwendigen Eigenständigkeit. Gute Ideen treten jetzt immer mehr an die Stelle von Vorbild und Autorität. Wichtig wird der Erwachsene, der einen versteht. Der Jugendliche interessiert sich zunehmend für das, was ihn bei seinen eigenen Überlegungen unterstützt und anregt. Er ist jetzt auch fähig, von Menschen zu lernen, die ihm antipathisch sind, er lernt, das Persönliche vom Sachlichen zu trennen. Auch widersetzt er sich jetzt bewusst vielem, was ihm vorher vertraut war, und sucht seinen eigenen Weg.

Das eigenständige Denken, das sich jetzt entwickelt, hilft ihm, sich von unliebsamen Ereignissen zu distanzieren. Er muss diese nicht mehr so ungeschützt miterleben geschweige denn nachahmen wie früher. Dafür kann er jetzt stundenlang debattieren, philosophieren und sich während eines langweiligen Unterrichtes seine eigenen, ihn interessierenden und beglückenden Gedanken machen. Viele gute Einfälle, Gedichte und Zeichnungen sind gerade während solcher Stunden entstanden! Das ist etwas ganz anderes als das lustlose Herumschmieren und Kritzeln auf Bänken in früheren Jahren.

Das Ziel einer solchen Erziehung wurde einmal von dem Pädagogen Michael Bauer so formuliert: »Der Erzieher kann nur wachrufen, ermuntern, zur Antwort auffordern; er kann da nichts erzeugen noch erzwingen. Viele erzieherische Maßnahmen haben nur den Wert, dass sie Hindernisse beseitigen und den Weg erhellen. Hätte der Erzieher nur darin Erfolg, dürfte er nicht zufrieden sein. Er darf es erst, wenn im Innern des Zöglings gleichsam ein zweiter Erzieher entstanden ist, der den ersten Erzieher überflüssig macht.«[69]

Zusammenfassung

- Fragekultur
- Freund- und Begleitersein
- Wachsendes Freiheitsbewusstsein und Selbständigkeit respektieren
- »Familienrat« halten. Verabredungen gemeinsam treffen und deren Erfolg/Misserfolg begutachten und weitere Vorgehensweisen beraten
- Sich über das »ganz Andere« freuen lernen
- Vertrauen riskieren und signalisieren: Ich stehe zu dir und bin gespannt, was dein Leben bringen wird.

Weiterführende Literatur:

Arbeitsmaterial aus den Waldorfkindergärten. Siehe Literaturverzeichnis. S. 647.
Bönsch, Manfred: *Die beste Schule für mein Kind.* TB, Freiburg 1994.
Carlgren, Frans: *Erziehung zur Freiheit.* Stuttgart ^{8}1996.
Glöckler, Michaela (Hrsg.): *Gesundheit und Schule.* Dornach 1998.
Kügelgen, Helmut von (Hrsg.): *Plan und Praxis des Waldorfkindergartens.* Stuttgart ^{11}1991.
Lindenberg, Christoph: *Waldorfschulen: Angstfrei lernen, selbstbewusst handeln.* TB, Reinbek 1988.
Schad, Wolfgang: *Erziehung ist Kunst.* Stuttgart ^{3}1994.
Steiner, Rudolf: *Die gesunde Entwickelung des Menschenwesens.* GA 303, Dornach ^{4}1987.

Erziehung als Präventivmedizin

Lebensvorgänge und Denktätigkeit

Im ersten und zweiten Teil dieses Buches wurde verschiedentlich auf die geisteswissenschaftliche Entdeckung Steiners hingewiesen, dass die geheimnisvolle Tätigkeit, die wir Denken nennen, der selben Quelle entstammt wie die Lebensvorgänge und damit auch die Regenerations- und Heilungsvorgänge des Organismus (vgl. S. 378).

Die typischen Entwicklungsschritte, die das menschliche Denken im Laufe von Kindheit und Jugend bis zur Mündigkeit durchmacht, stimmen mit den Reifungsschritten der Wachstums- und Entwicklungvorgänge des Körpers überein. So wie das unmittelbar an die Sinneseindrücke angeschlossene Gedanken- und Phantasieleben der Kinder korreliert mit den Reifungsschritten insbesondere des Nervensystems und der Sinnesorgane, so steht das sich daran anschließende urteilende Denken in unmittelbarem Zusammenhang mit der Ausreifung der rhythmischen Körperfunktionen. Was ist denn Urteilen anderes, als ein rhythmisches Abwägen und Bewegen von Gedanken und Fragestellungen? Und schließlich tritt die Selbstständigkeit im Denken und Urteilen sowie das schöpferische Denken in den Jahren zutage, in denen auch Stoffwechsel- und Skelettsystem ihre Endausreifung erfahren.

Im letzten Lebensdrittel aber, wenn die Regenerationsfähigkeit des Organismus nachlässt und Prozessen der Involution Platz macht, treten beim gesund alternden Menschen neue geistige Entwicklungsmöglichkeiten auf: Indem die Leistungsfähigkeit des Stoffwechsel- und Gliedmaßensystems nachlässt, können die dadurch »eingesparten« Regenerationskräfte als neue schöpferische

Gedankenmöglichkeiten in Erscheinung treten. Entsprechendes gilt für die Regenerationskräfte, die aus den alternden Organsystemen der rhythmischen Funktionsordnung und des Nerven-Sinnessystems frei werden. So entwickelt sich das, was wir Altersweisheit nennen, als neuer Idealismus, als reifes Urteilsvermögen und als reges, bilderreiches Innenleben.

Eine solche Betrachtung des Zusammenhangs körperlicher und geistiger Entwicklungs- und Wachstumsvorgänge führt zu einer neuen Auffassung von Erziehung als Gesundheitsvorsorge, als Präventivmedizin. Denn je mehr Kinder und Jugendliche Anregungen erhalten, die ein gesundes Wachstum der Organsysteme unterstützen, umso wirksamer wird vorzeitigen Verschleiß- und vermeidbaren Krankheitszuständen vorgebeugt. Einem solchen Ziel sind alle pädagogischen Hinweise in diesem Buch gewidmet.

Wenn von der physiologischen Anregung der Organfunktionen durch altersgerechte Erziehung die Rede ist, liegt auch die Frage nahe, was geschieht, wenn diese versäumt wird. Wenn Nerven-Sinnes-System, rhythmisches System und Stoffwechsel-Gliedmaßen-System unphysiologisch beansprucht werden, müsste dies dann nicht zu Krankheitsdispositionen in der zweiten Lebenshälfte führen? Diese These erfährt dadurch eine Unterstützung, dass in der Behandlung der drei genannten Formen chronischer Erkrankungen im Alter (vgl. Grafik S. 410) Therapieformen sich bewähren, die einen direkten Bezug zu den in der entsprechenden Aufbauzeit des Organismus empfohlenen pädagogischen Ratschlägen haben. So hat sich beispielsweise in der Behandlung rheumatischer Erkrankungen und klimakterischer Beschwerden sehr bewährt, in Form einer Biographieberatung oder Psychotherapie Fragen zu bearbeiten wie: Was ist der Sinn meines Lebens? Welche Ideale habe ich noch oder kann sie mir mit ganz neuen Möglichkeiten aufgrund meiner jetzigen Erfahrungen wieder erringen? Auf die Prognose gerade dieser genannten Stoffwechselerkrankungen und Erkrankungen des Bewegungsapparates wirkt es sich besonders günstig aus, die Wende zum Älterwerden bewusst zu vollziehen und sich gerade für diesen letzten Lebensabschnitt neue Fragen zu stellen und eine neue Lebensmotivation zu erarbeiten. Wer in diesem Alter wieder eigenständig fragen lernt, dem geht es entschieden besser als demjenigen, der nur auf die medikamentöse Therapie vertraut und ansonsten alles beim Alten lässt. Was also in der Jugend hilft, diese Organfunktionen aufzubauen und besser »zu ergreifen« hilft im Alter, sie zu regenerieren und zu erhalten.

Entsprechend gilt dies auch für die Begleitbehandlung der Funktionsstörungen im Bereich des rhythmischen Systems. Gerade bei Herzrhythmusstörungen oder einem stattgehabten Infarkt geht die Lebensberatung in erster Linie dahin, auf Ruhepunkte im Laufe des Tages zu achten und Entspannen zu lernen. Der Umgang mit dem Gefühlsleben wird neu zur Aufgabe. Hierbei bewährt sich ganz besonders der Einsatz künstlerischer Therapien (Malen, Musik, Sprachgestaltung, Eurythmie). Dabei werden bestimmte Übungen wie hilfreiche Begleiter für das weitere Leben beibehalten und oft bis zum Lebensende treu durchgeführt, weil ihre wohltätige Wirkung auf die Funktionen des rhythmischen Systems und des damit verbundenen Gefühlslebens erlebt wird. Die Fähigkeiten, sich zu entspannen und flexibler zu verhalten, erfahren Unterstützung.

Für den dritten Formenkreis chronischer Alterserkrankungen ist wiederum – entsprechend der Vorschulzeit – das Aufschauen zu den großen Vorbildern hilfreich. Diese heißen natürlich jetzt nicht mehr Mutter und Vater, an denen man sich orientiert, sondern es sind die großen Wahrheiten der Religion und Kunst, der Märchen und Mythen, die großen Wahrbilder der Schöpfung und Menschheitsentwicklung. Werden sie jetzt entdeckt oder wieder neu ins Bewusstsein gerufen, so können sie das seelisch-geistige Leben des alten Menschen so anregen und auch beruhigen und konsolidieren, dass der Betreffende mit den nachlassenden geistigen Möglichkeiten länger in selbstbewusster Weise arbeiten und leben kann, als dies ohne solche Verrichtungen und Übungen möglich wäre.

Die Zusammenhänge zwischen Erziehungseinflüssen und der gesundheitlichen Verfassung im späteren Leben gehen aber noch weiter. Was ist die Folge, wenn ein Kind mit einem jähzornigen Elternteil oder Lehrer aufwächst und immer wieder jäh erstarrt bei einem Wutausbruch? Der kindliche Kreislauf zentralisiert und es wird blass. Was bedeutet es aber, wenn solche Gefäßverkrampfungen infolge Kreislaufzentralisierung immer wieder auftreten und viel zu wenig ausgeglichen werden durch die entsprechenden Gegenerfahrungen des liebevollen Angenommenseins, des Ausatmenkönnens, des Fehlermachendürfens, des Geholfenbekommens? Es bleibt eine feine Disposition zurück zu arterieller Minderdurchblutung bei einem so »einseitig erzogenen« Kreislaufsystem. Und so kann man oft erleben, wie seelisch Funktionelles bei den Erwachsenen sich bei den Kindern in körperlich Funktionelles umsetzt und Probleme, die die Erwachsenen im Seelischen haben, bei Kindern als körperliche Krankheitsdispositionen wieder erscheinen. So ist es auch recht häufig, dass Kinder, die stottern, einen Elternteil haben, der die Tendenz zum Stottern hat, indem er beispielsweise zu schnell und etwas atemlos spricht, doch selbst kein eigentliches Stottern entwickelt hat. Damit wird aber auch deutlich, wie Krankheitsfragen mit Schicksalsfragen und Entwicklungsfragen zusammenhängen und dass die Fähigkeit zur Selbsterziehung Grundlage für jedes gesundheitsfördernde Erziehungsverhalten ist. Für eine solche Einsicht Verständnis zu wecken und die Motivation zur Selbstentwicklung zu stärken – dafür sind diese Ausführungen gedacht. Selbst wenn manches aus der Luft gegriffen erscheinen mag, ist es doch anregend, über solche möglichen Zusammenhänge nachzudenken und – im Zweifelsfall – das erzieherische Verhalten daran auszurichten. Steiner hat darüber hinaus in seinen Vorträgen zur Pädagogik eine Vielzahl möglicher Zusammenhänge aufgezeigt, die Erziehungsformen und gesundheitliche Disposition im späteren Leben miteinander in Beziehung setzen. Einige Beispiele[70] mögen dies verdeutlichen:

Erziehungseinflüsse	*Auswirkungen im späteren Leben*
Erfahrungen der Freude, der Zuwendung, des Glücks und der Liebe	Physischer Leib bleibt länger plastisch-beweglich, leichtes In-Beziehung-Kommen mit Menschen und der Umwelt
Staunen und bewundern	Die Welt lieben
Das Leben schön finden, aus Liebe zur Autorität etwas annehmen können	Lebensgrundzufriedenheit, am Leben etwas haben können
Aufnehmen religiöser Bilder, religiöser Stimmung	Neigung zu religiöser Toleranz und menschenfreundlichem Verhalten
Beten lernen in der Kindheit	Segnen können im Alter
Die Art und Weise, wie man spielen lernt	Art und Weise, wie man sich zum Leben stellt und mit ihm und seinen Verhältnissen umgeht
Kennen- und liebenlernen der Pflanzenwelt	Neigung zu lebendigen beweglichen Begriffen
Kennen- und liebenlernen der Tierwelt	Kräftigung des Willens
Von den Rätseln der Welt angezogen sein, vieles als Frage hegen	Gesundes Verhältnis zum Machtproblem und zur Erotik
Erziehung zu Weltinteresse	Immer stärker werdendes Interesse für Menschen
Vom Leben lernen	Innerer Halt im Leben
Materialistische Erziehung	Nachlassen des Interesses an der Welt
Aufnehmen mathematischer Gesetzmäßigkeiten ohne Gemütsbeteiligung	Disposition zum Materialismus

Erziehung zu einer kritisch-skeptischen Lebenseinstellung (fehlender Idealismus)	Disposition zu seelischer Zermürbtheit
Abstrakter Grammatikunterricht	Disposition zu funktionellen Magen-/Darmerkrankungen
Intellektuelle Überforderung und Gedächtnisüberlastung in den ersten Schuljahren	Neigung zu Sklerose und vorzeitiger Abbau im Bereich des Nervensystems
Zu frühes Kritisieren- und Urteilenlernen	Neigung zu lieblosem, hartem Urteil
Unkünstlerischer, einseitig intellektueller Unterricht	Disposition zu Rhythmusstörungen, insbesondere zu verstärkter Einatmung hin; verschobener Atemrhythmus mit entsprechender Disposition zu Engegefühlen und asthmatischen Beschwerden
Oberflächliches, »rasch verstandenes« Wissen	Neigung zu frühem seelischen Altern, da man nichts tiefergehendes mehr zu verarbeiten hat
Fehlen einer tragenden Beziehung (fehlen einer geliebten Autorität)	Disposition, im Leben einen Knick zu bekommen, nicht die Kraft zu finden, sich selbst zu helfen
Ungestörtes Nachahmungsverhalten	Freier, offener Wechselverkehr mit der Umwelt, offener Charakter
Selbstständige Wahrheitssuche	Mut und Initiative

Kind und Technik

Technik und die Multimedia-Kultur begeistern und beschäftigen die Erwachsenen und dementsprechend auch die Kinder. Ein entwicklungsfreundlicher Umgang mit dieser Welt gelingt,

- ***wenn die Bedeutung der Technik für die Geschichte der Menschheit gesehen wird.*** Beginnend mit der industriellen Revolution in England in der Mitte des 18. Jahrhunderts kam die Umstellung von der Handarbeit auf die maschinelle Produktion. Grundlage hierfür war die Entwicklung der Dampfmaschine, gefolgt von Generationen von Verbrennungsmotoren.

Mit der großtechnischen Nutzung der Elektrizität und der Elektrifizierung der Haushalte kam zu den kleiner und handlicher werdenden Maschinen noch die Fülle der Messinstrumente hinzu. Es ist kaum vorstellbar, in welch kurzem Zeitraum sich die Nutzung der Elektrizität global ausgebreitet hat, wenn man bedenkt, dass die Glühbirne, durch Heinrich Göbel 1854 erfunden und von Thomas Edison weiter optimiert, erst 1879 zum wirtschaftlichen Erfolg geführt wurde. Die Erfindung des Kinematographen (Filmaufnahmeapparat) sowie des Kohlekörnermikrophons fällt in denselben Zeitraum. Nach dem zweiten Weltkrieg setzt dann die dritte große technische Revolution ein. Maschinen werden entwickelt, die Intelligenzarbeit übernehmen können: die Informations- und Computersysteme. Damit sind menschlicher Wille beziehungsweise Arbeitskraft auf körperlicher, seelischer und geistiger Ebene entlastet beziehungsweise auf dem Weg in die Arbeitslosigkeit. Und so hat diese dreifache technische Revolution große Schübe von Massenarbeitslosigkeit mit sich gebracht. Dadurch sind aber auch – neben Armut – geradezu epidemische Erscheinungen von Sinnlosigkeitserleben, Resignation und Depression aufgetreten. Millionen von Menschen erleben sich dadurch nicht mehr sinnvoll tätig in das gesellschaftliche Leben integriert.

Das Problem, das mit der technischen Entwicklung entstanden

ist, ist die Konfrontation mit der Zweck- und Sinnbestimmung des eigenen Wollens, des Umgangs mit den eigenen Fähigkeiten. Denn Arbeit bedeutet immer auch Entwicklung von Fähigkeiten und ein damit verbundenes Sinnerlebnis. Daraus ergibt sich für den Umgang mit Technik in der Erziehung eine ***goldene Regel:*** *Soweit als möglich die Arbeit selber machen und erleben, bevor sie an die Maschine abgegeben wird.* So wie auch im Laufe der Geschichte die Übernahme menschlicher Arbeit durch Maschinen erst sukzessive erfolgt ist, so ist es auch für die Entwicklung der Kinder und Jugendlichen notwendig, dass sie die verschiedenen Bereiche menschlicher Arbeit und Befähigung selbst kennen und entwickeln lernen, ehe sie sich dies alles durch die entsprechenden Maschinen abnehmen lassen. Es lähmt das schöpferische Vermögen, wenn man von den Maschinen alles und von sich selbst nicht viel zu erwarten hat. Auch erzieht es zu Anspruchshaltungen und Undankbarkeit, wenn man selbst keinen Maßstab gewonnen hat für dasjenige, was einem durch die maschinellen Leistungen an eigener Arbeit erspart wird.

• ***wenn Sie Ihrem Kind die Möglichkeit geben, im Laufe seiner Entwicklung die technisch-kulturelle Revolution nachzuerleben.*** Leben Sie ihm vor, dass es nicht selbstverständlich ist, dass jederzeit warmes Wasser aus der Leitung kommt und Licht sowie Energie in beliebiger Menge per Knopfdruck verfügbar sind. Ermöglichen Sie Urlaubserfahrungen auf einem abgelegenen Bauernhof oder beim Camping beziehungsweise Urlaub in zivilisationsferner Umgebung, wo die Wäsche noch von Hand gewaschen werden muss, Wasser über dem Feuer oder mit Hilfe eines Gaskochers erwärmt wird, so dass man den Segen technischer Errungenschaften wirklich schätzen lernt.

Gönnen Sie Ihrem Kind, so viel wie möglich erst selbst zu tun, bevor die Arbeit von entsprechenden Apparaten übernommen wird.

Ermöglichen Sie Ihrem Kind, singen zu lernen, zu malen, zu gestalten, zu tanzen und Theater zu spielen, bevor die ganze Welt der

Bilder, Farben und Töne durch die optischen und akustischen Medien das Kind mit Eindrücken überschütten und sein eigenes schöpferisches Vermögen lahmzulegen drohen.

Beraten Sie sich mit den Lehrern, dass der Rechencomputer in der Schule erst dann eingeführt wird, wenn die Fähigkeiten im Bereich der Grundrechenarten und insbesondere des Kopfrechnens bis zu einem gewissen Grade entwickelt sind.

Warum sollte der Computer benützt werden und zum ständigen Begleiter der Schüler geworden sein, bevor man die Arbeiten kennen und schätzen gelernt hat, die er übernimmt, und weiss, wie er funktioniert?

Leben Sie einen Umgang mit Energie und Technik vor, die dem Kind erlebbar macht, dass die Ressourcen nicht unbegrenzt sind und der Einsatz technischer Möglichkeiten nur da geschehen sollte, wo er tatsächlich gebraucht wird und sinnvoll ist.

• ***wenn Natur, Mensch und soziales Umfeld nicht mit Maschinen verwechselt werden.*** Zur Technik gehören Perfektion und Optimierung. Defekte werden repariert, unbrauchbar gewordene oder alte Modelle verschrottet. Wird das so an der Technik geschulte Verhalten auf Mensch und Natur übertragen, so treten Probleme auf. Diese werden noch dadurch verschärft, dass Kinder und Erwachsene sich im Umgang mit »ihrem Computer« oder »ihrem Tamagochi« über viele Stunden des Tages sehr persönlich beschäftigen. Was Menschen in der Begegnung miteinander oft vermissen – volle Aufmerksamkeit, Interesse für die Reaktionen, Fragen, Nöte und Sorgen des Anderen –, wird mit einer bestürzenden Selbstverständlichkeit den Computern zugewendet. Je mehr seelischer Umgang dieser Art mit den Maschinen gepflegt wird, die so reagieren, wie man es erwartet, oder die, nachdem man einige Korrekturen vorgenommen hat, den Erwartungen entsprechen, desto stärker wird dadurch ein Verhalten eingeübt, welches anderen Menschen gegenüber und insbesondere der Natur gegenüber versagt. Denn diese reagieren nicht im vorgelegten Schema, sondern aus ihren eigenen Lebens- und Entwicklungsbedingungen heraus.

Menschliches Zusammenleben erfordert die Fähigkeit, auch Fehler und Fehlverhalten anzunehmen, selbst wenn diese nicht »rasch behebbar« sind, sondern man mit ihnen erst einmal leben lernen muss. Offen zu sein für Lernprozesse, für Neues, Unerwartetes – das ist es, worauf es ankommt. Das seelisch so enge Zusammenleben mit den Möglichkeiten der Technik fördert unbewusst ein distanziertes Verhalten zur Umwelt, so dass es nicht verwunderlich ist, wenn es im Umgang mit anderen Menschen und auf der sogenannten Beziehungsebene immer weniger »klappt« beziehungsweise »funktioniert«.

Clifford Stoll – Astronom und Spezialist für Datenschutz und Computersicherheit – hat in seinen Büchern »Kuckucksei«, »Die Wüste Internet« und »Warum Computer nichts im Klassenzimmer zu suchen haben« sein Doppelbekenntnis abgelegt: *Für* einen sachgemäßen Umgang mit dem PC im Jugend- und Erwachsenenalter und *gegen* einen Gebrauch in Kindergarten und Unterstufe der Schule und zuhause. Denn in dieser Zeit kommt dem Aufbau und der Pflege menschlicher Beziehungen höchste Priorität zu. Zuhause spielen Ruhe und Frieden, Nachdenklichkeit und Wärme eine Rolle – Qualitäten also, die einem nicht primär einfallen, wenn man an Home-Computer denkt.

Wie lernt man »Erziehen«?

Wir beginnen mit drei unterschiedlichen Szenen aus dem Erfahrungsbereich der kinderärztlichen Sprechstunde, die verschiedene erzieherische Grundhaltungen zeigen. Dabei steht hier »Mutter« für den jeweils begleitenden Erziehungsverantwortlichen:

1. »Setz dich da schön hin und sei ruhig!« Mutter und Arzt wollen ins Gespräch kommen. Der vier Jahre alte Sprößling beginnt, sich im Zimmer herumzutummeln, am Instrumententisch zu spielen und das Telefon zu benutzen. Dabei reagiert die Mutter so, als wenn sie einen Stab mit Fangnetz in der Hand hätte, manchmal schon, bevor das Kind sich überhaupt rührt: »Bleib da – lass die Finger weg – das gehört dem Herrn Doktor – lässt du wohl die Lampe in Ruhe? – Muss ich dich auf den Schoß nehmen?! – Willst du einen Klaps haben?!«

2. Ein anderes Kind beginnt während des Gespräches seine Mutter in alle möglichen Fragen zu verwickeln. Es interessiert sich für ein Wandbild, das Michael im Kampf mit dem Drachen zeigt. Es spielt sich folgender Dialog ab:
Kind: »Mama, wer ist das auf dem Bild?«
Mutter: »Ein Mann, der tötet ein Tier.«
Kind: »Warum kommt da Feuer raus?«
Mutter: »Weißt du, das soll ein Drache sein.«
Kind: »Mama, warum hat der sowas um den Kopf?«
Mutter: »Weißt du, der Maler, wollte den Leuten zeigen, dass das ein lieber Mann ist, deshalb hat er ihm die gelbe Scheibe um den Kopf gemalt.«
Pause.

Mutter: »Und, Herr Doktor, dann kann sie abends einfach nicht im Bett bleiben.«
Kind: »Mama, hat der Mann Flügel? Das ist doch kein Vooogel!«
Mutter: »Das soll ein Engel sein.«
Kind: »Mama, es gibt doch keinen Teufel?«
Mutter: »Nein, das weißt du doch. Lässt du mich jetzt mal mit dem Doktor reden?«
Kind: »Mama, ich will trinken.«
Bekommt die Flasche.
Mutter: »Und sie will nichts zu Mittag essen. Ich zwinge sie auch nicht.«
Kind: »Aber Mama, Pommes hast du gesagt, esse ich immer gern. Mama, ich will einen Keks.«
Bekommt die ganze Keksschachtel.
Mutter: »Aber das gibt es nur einmal in der Woche. Und sonst rührt sie nichts an.«
Arzt: »Aber irgend etwas muss sie doch essen. Was magst du denn?«
Kind: »Marmelade.«
Mutter: »Ja, da kann sie ein halbes Glas nur so auslöffeln.«
Arzt: »Und Sie lassen das so einfach zu?«
Mutter: »Ja, darf man ihr das wehren? Ich dachte, die Kinder wüssten, was sie brauchen.«

3. Das dritte Kind spielt zunächst für sich. Nach einiger Zeit beginnt es, das Zimmer ein wenig zu erkunden, um dann leise drängend die Mutter etwas zu fragen. Anschließend spielt es wieder ruhig weiter. Das Gespräch mit dem Arzt wird dadurch nicht merklich gestört.

Was sagen die Beispiele über Wahrnehmen und Gestalten des »Seelenraums« der Beziehung?

Im ersten Beispiel tritt uns eine erzieherische Haltung entgegen, die meint, das Gute durch Ermahnungen und Zurechtweisungen

erzielen zu können. Im zweiten Beispiel dagegen stellt sich der Erzieher willenlos und entscheidungslos dem Kind zur Verfügung. Im ersten Fall kann der kindliche Wille nicht gedeihen, weil er keine eigenen Erfahrungen machen darf. Im zweiten Fall kann er es nicht, weil der »Erzieherwille« nicht als notwendiger Widerstand in Erscheinung tritt.
Es stehen sich zwei entgegengesetzte Haltungen gegenüber: das Autorität beanspruchende Prinzip – meist unwillkürlich von den Eltern aus der eigenen Kindheit übernommen – und die antiautoritäre Tendenz, das »laissez faire«. Beide Male erhält der »Seelenraum« um Mutter und Kind eine ganz bestimmte Struktur. Im ersten Beispiel hängt die Mutter gleichsam an dem Kind und stülpt ihm ihre Mahnungen über in dem Moment, wo es eine Eigenregung zeigen möchte. Im extremen Fall kann die erste Situation so hart werden, dass dem Kind nur noch die Flucht in ängstliche Anpassung oder aggressive Provokationen bleibt. Im zweiten Beispiel fließt die Mutter gleichsam seelisch aus in Richtung Kind, wobei dieses vergeblich nach einem Widerstand sucht. Als letzte Konsequenz solch grenzenloser Weichheit entstehen beim Kind Unruhe, Unsicherheit, Orientierungslosigkeit, Quengelei, Störlust – die Suche nach einem Vorbild.

Nun zur dritten Situation: Dieses Kind lässt sich zunächst da nieder, wo es sich am meisten angezogen fühlt. Nach einiger Zeit spürt es, dass die Erwachsenen mit ihrer Konzentration ganz woanders sind. Deshalb kommt es zur Mutter und versucht durch eine Frage festzustellen, ob es auch noch »mit dazu gehört«. Die Mutter geht darauf ein oder nimmt es – wortlos – kurz in den Arm, bis Gelegenheit ist, ihm die Antwort zuzuflüstern. Daraufhin ist das Kind »gesättigt« und spielt wieder eine Zeitlang alleine. Je nach Müdigkeit schaltet es sich in kürzeren oder längeren Abständen wieder ein, nach einiger Zeit auch probeweise beim Arzt, und versichert sich so der Tatsache, dass es in den zwischen Arzt und Mutter entstandenen Seelenraum mit hereingehört. Hier atmet etwas zwischen dem Kind und den Erwachsenen. Worte wie »du sollst nicht, bitte lass mich, du darfst nicht« sind nicht nötig. Auch keine langen Erklärungen, weil das Kind Vertrauen hat. Offenbar gilt hier das Wort der Mutter. Sie hat ihr Kind auch nicht in besonderer Weise auf den Arztbesuch »vorbereitet«.

Die drei Beispiele haben natürlich eine Vorgeschichte. Wie sind die Kinder in den ersten Lebensjahren erzogen worden? Die letztgenannte Mutter hatte ein Gespür für die seelischen Bedürfnisse des Kindes im zweiten und dritten Lebensjahr. Sie war offen, ging auf das Kind ein und bot Widerstand, wenn es nötig war. Bei den vielen kleinen Prüfungen im zweiten Lebensjahr verzettelte sie sich nicht bei der Arbeit durch ständiges Mahnen, Verbieten und Nachlaufen. Sie gab dem Kind einen interessanten Gegenstand in die Hand und stellte es in den Laufstall. Sie hatte auch ein Gefühl für Hunger und Müdigkeit des Kindes, für Zuwendung und Eigentätigkeit. Wenn etwas verboten werden musste, so sagte sie es wahrscheinlich nur ein- oder zweimal. Hatte es das Kind dann immer noch nicht »verstanden«, so fühlte es sich sanft an einen anderen Platz versetzt, von dem aus es die Mutter genauso gut sehen konnte, die geliebte Steckdose aber nicht mehr zu erreichen war. Ihre Handlungen waren geprägt von »Tatsachenlogik« und Entscheidungsfreude. Die gesprochenen Worte waren dazu nur die Begleitung. Das Kind ist in einer Atmosphäre aufgewachsen, in der es sich als zugehörigen Teil empfinden konnte und in der Worte und Handlungen zusammenstimmten. In den Seelenraum der Mutter war der des Kindes immer eingeschlossen. Mit zunehmender Selbstständigkeit konnte es sich seinen eigenen Raum gestalten, noch mehr oder weniger von dem der Mutter überlagert. Musste die Mutter Widerstand bieten, so geschah es nicht aus der Emotion, sondern aus der Überschau der Verhältnisse. Das Kind erlebte dies als etwas Geheimnisvolles, Wertvolles, was zum Erwachsenen gehört. Einmal von der Mutter ganz aufgenommen zu sein, wenn es Schutz und Nähe suchte, sie dann aber auch wieder im Nein-Sagen sich gegenübergestellt zu finden – dieser Wechsel zwischen Hingabe und verstärkter Selbstempfindung legte den Grund für ein gesundes Selbstbewusstsein. Auch wurde das Kind nie vor Entscheidungen gestellt, die die Mutter weit besser überschauen und fällen konnte.

Wir dürfen annehmen, dass auch diese Mutter sich oft Gedanken gemacht hat, ob sie jeweils »richtig« entschieden hat. Dem Kind teilte sich jedoch diese Unsicherheit nicht mit. Wenn sie handelte, tat sie es jeweils so sicher und gut, wie sie es eben in diesem Moment konnte.

Was kann eine Mutter tun, wenn sie merkt, dass sie die Fähigkeiten der zuletzt genannten Mutter noch nicht besitzt? Dass sie manches »falsch« gemacht hat? Wenn sie nicht weiß, was sie in einer bestimmten Situation sagen oder tun soll und Angst hat, das Kind könnte missraten? Hier hilft es, sich zunächst an bewährte Hinweise zu halten:

- *Gesprochene Worte und getane Handlungen gelten.* Darin sind auch die anderen Familienmitglieder eingeschlossen. Wird also etwas verboten, so ist es tatsächlich verboten und kann nicht durch Quengelei und Aufbegehren außer Kraft gesetzt werden.
- *Die eigene Arbeit ernst nehmen:* sich das Sinnvolle – auch an scheinbar unbedeutenden Tätigkeiten – klarmachen und sich nicht durch alles Mögliche ablenken lassen. Mit der Initiative nicht stets in erster Linie auf das Kind gerichtet sein, sondern immer wieder auch auf etwas, was einem selbst wesentlich ist und Freude macht. Die eigene Identität pflegen und die des Kindes achten.
- *Abendliche Rückschau auf die Tagesereignisse:* Wie war das Kind heute? Was hat es erlebt? Entsprach das Erzieherverhalten seinem augenblicklichen Stadium? Wo steht das Kind in seiner Entwicklung? Was hat es hinter sich, was steht ihm bevor? Was erwartet es von mir?

Hat man die Möglichkeit, mit dem Ehepartner diese Hinweise und pädagogischen Haltungen zu besprechen, so kann man auch verabreden, sich hin und wieder abends gegenseitig aufmerksam zu machen, wenn Worte und Handlungen nicht miteinander übereingestimmt haben. Oder wenn eine Drohung vielleicht ausgesprochen war, anschließend aber nicht wahrgemacht wurde. Herrscht in Erziehungsvorstellungen Einigkeit, so ist das für das Kind ein Glück. Es gibt kaum etwas, das den Erziehungsprozess mehr stört, als wenn Kind und Erziehungsfragen zum Streitobjekt werden.

Beispiele aus dem Erziehungsalltag einer größeren Familie:

- Das »Zanken«

Normalerweise erziehen sich Kinder in einer größeren Familie am besten gegenseitig – ohne dass der Erwachsene eingreift. Daher weiß eine erfahrene Mutter, dass sie weniger nach ihren Kindern schauen muss, wenn sie kleine Zänkereien hört, als wenn es mäuschenstill wird. Manchmal kann sie dann gerade noch eine Überschwemmung oder ähnliches Unheil verhüten. Wenn aber im Kinderzimmer ein Sturm ausgebrochen ist mit umfallenden Stühlen und lautem Geschrei, dann geht die Mutter ebenfalls hin. Die Kinder können in diesem Moment nicht anders ausdrücken, was sie sagen wollen: Komm, hilf uns, wir finden allein die Lösung nicht! Jetzt steht die Mutter ruhig in der Tür, schaut sich die Bescherung an und überlegt:

Sind die Kinder vom langen Spielen müde? Passen sie bei diesem Spiel vielleicht nicht zusammen? Wem kann man jetzt was zumuten?

Ein Kind stürzt weinend auf sie zu. Das andere sagt schnell: »Ich hab' sie nicht gehauen.« Die Älteste ruft wütend: »Ich darf nicht einmal bestimmen, was es zu essen geben soll, wenn doch meine Puppe Geburtstag hat. Und jetzt will die Anja einfach nicht zur Einladung kommen!« Zornig weinend will sie weglaufen.

Schimpfen würde in dieser Situation nicht helfen – die Kinder schämen sich auch so. Auch keine Fragen zum Konflikt – das Geschrei würde nur noch lauter. Beruhigend wirkt jedoch die Frage: »Wie alt ist denn deine Puppe geworden? Drei Jahre? Dann kann es doch schon mehrere Gänge zum Essen geben! Was wolltest du denn kochen ...?« Das Spiel bekommt so wieder eine neue Richtung, und die Kinder lernen, wie man auch die Wünsche der anderen berücksichtigen kann. »Ihr zwei helft mir jetzt beim Abendbrotmachen, die anderen räumen das Zimmer wieder so auf, dass wir nachher eine schöne Geschichte vorlesen können – und passt auf, dass die Puppen solange noch ruhig spielen, damit sie nicht zu müde zum Zuhören sind.« Hier werden die Kampfhähne getrennt, das Spiel beendet, Aufgaben verteilt und der Blick auf das gerichtet, was folgen wird. Wenn abends noch eines der Kinder schmollt, hilft die Frage: »Seid ihr euch wieder gut?« Wenn das offensichtlich nicht der Fall ist, reichen meist ein paar geflüsterte Worte – für alle anderen unhörbar: »Du, in den Schlaf nehmen wir den Ärger nicht mit. Darf ich der Anja sagen, dass du sie ganz da drinnen schon wieder lieb hast?« Und wenn sie es noch nicht weiß, so weiß es doch die Mutter und flüstert es der Anja ins Ohr.

- Neid

Die zehnjährige Sarah hat sich zum Nachtisch wieder einmal mit Geschick den größten Apfel von der Schale genommen. Der dreizehnjährige Thomas sieht es missbilligend, sagt aber nichts. Die zwölfjährige Kathrin bemerkt jedoch in anklagendem Ton: »Immer nimmt sie sich den größten weg, und ihr erlaubt das einfach, das finde ich so ungerecht!« Der Vater fragt: »Wer soll ihn denn dann haben?« Schweigen. Kathrin: »Du zum Beispiel oder ... die Mama, oder immer abwechselnd.« Vater: »Die kleineren Äpfel schmecken manchmal besser. Aber eines muss ich sagen: Gestern hat die Sarah ohne zu maulen den Riesenmittagsabwasch ganz alleine gemacht – gönnst du ihr den großen Apfel heute mal?«

Mit dieser Episode ist das vielschichtige Problem von Eifersucht und Neid nur von einer Seite her angedeutet. Gerade unter Menschen, die sich eigentlich lieb haben, kann es mit besonderer Heftigkeit auftreten.

Hier hilft es, sich klarzumachen, dass alles, was man neidet, etwas ist, wovon man meint, dass man selbst oder ein anderer es mehr verdient hätte. Man gönnt es dem Betreffenden also nicht. Das gesteht man sich natürlich nicht gern ein, weshalb statt dessen im Bewusstsein eine moralisch klingende Rechtfertigung auftaucht, zum Beispiel in Form des Gerechtigkeitsgedankens. Es wird also nicht von Neiden oder Gönnen gesprochen, sondern davon, dass etwas ungerecht oder gerecht sei. In dieser Maskierung verstecken sich Neid und Missgunst in einer scheinbar berechtigten Kritik.[71] Wer diesen Zusammenhang jedoch durchschaut, wird so manchen Streit und manches abfällige Kritisieren vermeiden oder neutralisieren können.

Die Kinder erleben dabei, dass es im Leben keine allgemeingültigen Moralprinzipien gibt, sondern vielmehr individuelle Situationen, in denen jedes Mal wieder neu nach dem richtigen Verhalten gesucht werden muss. In unserer kleinen Szene am Tisch könnte das so aussehen: Das Kind darf an den folgenden Tagen den schönsten Apfel aussuchen und ihn dann jeweils dem geben, der ihn seiner Meinung nach an diesem Tag haben soll. Oder es darf eine Zeitlang selbst den Nachtisch austeilen. Kränkend wirkt jedoch, wenn es sich nur moralisch verurteilt sieht und nicht empfinden darf, dass die Freude am schönen, großen Apfel auch durchaus berechtigt war. Bloßstellungen ohne Möglichkeit einer tätigen Korrektur wirken auf die Dauer verunsichernd und haben eine Schwächung des Selbstbewusstseins zur Folge und der Freude an sich selbst. Wird jedoch ein solches Ereignis zum Anlass genommen, eine neue Aufmerksamkeit oder sonstige Fähigkeit zu wecken, so wirkt dies stärkend.

- »Ordnung« halten

Eine Mutter geht unter, wenn sie diejenige ist, die von morgens bis abends die im Familienalltag anfallende Unordnung stets wieder in Ordnung verwandeln will. Hier gibt es nur eins: Von Anfang an gemeinsam aufräumen und die Kinder am eigenen Vorbild erleben lassen, *wie schön es ist, wenn alles wieder an seinen Platz darf und »wieder nach Hause kommt«*. Wird dann früh die Gelegenheit zum

Mitmachen geboten und schrittweise die Verantwortung für dieses und jenes übertragen, dann sind die Kinder auch stolz darauf, jetzt selbst das Notwendige zu tun – insbesondere, wenn es auch immer und immer wieder von den Erwachsenen bemerkt und anerkannt wird –, auch wenn nicht immer alles so perfekt ist, wie es sein könnte.

Dabei können ein paar kleine Regeln helfen, diesen Prozess der Übernahme von Verantwortung zu unterstützen:

- Essen gibt es, wenn der Schulranzen neben dem Schreibtisch und nicht in einer Ecke in Türnähe auf dem Boden liegt ...
- ... wenn die Jacke in der Garderobe aufgehängt ist
- ... wenn die Hände gewaschen sind.
- Die Kinder dürfen im Wochen- oder Monatsrhythmus selber bestimmen, wer welches kleine Amt im Haushalt hat.
- Mutter und Vater vergessen nicht, dass Aufräumen gleichzusetzen ist mit Selbsterziehungsarbeit, die am besten durch Anerkennung und liebevolles Beobachten belohnt wird.
- Nicht zu oft fragen: »Hast du schon ...«, »Du wolltest doch noch ...« und vor allem zum richtigen Zeitpunkt fragen, so dass diese Fragen nicht als »Strafe« erscheinen, wenn das Kind sich ohnehin gerade daneben benommen hat, sondern dann, wenn es in guter Stimmung ist.
- Von Zeit zu Zeit die betreffende Arbeit auch ganz bewusst wieder einmal selber tun, wenn dadurch eine Kumulation von Erinnern, Ermahnen, Zurechtweisen usw. verhindert werden kann – oder einfach nur zur Überraschung, aus Freude.
- Im Schulalter kann auch das gemeinsame Aufräumen nach dem Abendbrot eine gute Gewohnheit werden, wo jeder noch rasch tut, was eben noch zu tun ist.
- Und vor allem: Nicht meinen, dieses Problem könnte »gelöst« werden. Mit dem Grad von »Ordnung« zufrieden sein, den man jeweils erreichen kann, ist entscheidend. Soll doch die Ordnung dem Leben dienen und nicht das Leben der Ordnung!

Fragen der Willenserziehung

Wir möchten zunächst auf einige Grundfragen der Willenserziehung eingehen und dann das große Thema von Strafe und Belohnung ansprechen.

Allgemeine Gesichtspunkte

Beim Menschen geht nichts »von selbst«

Menschen entwickeln und benehmen sich aufgrund ihrer körperlichen Veranlagung nicht »automatisch« intelligent und menschenwürdig. Bei allem bedarf es zusätzlicher Lernprozesse durch Nachahmung, Erkennen, Erleben und Handeln. Der Mensch ist dem Tier gegenüber instinktärmer – weswegen er auch den Umgang mit Essen und Schlafen erlernen und in Form von tragenden Gewohnheiten einüben und zeitlebens pflegen muss (vgl. S. 412 ff.). So brauchen Willensbildung und Entwicklung die Herausforderung von innen oder außen, den Widerstand, das Erleben an der Grenze – um daran die eigenen Kräfte zu erproben und neue Fähigkeiten zu erwerben.

»Bewusste Wiederholung stärkt den Willen«

So knapp hat Rudolf Steiner einmal in einem pädagogischen Vortrag die Grundmaxime jeder Willenserziehung geschildert. Gerade das, was dem Intellekt so schnell langweilig wird: die Wiederholung –, ist für den Willen die Grundlage seiner Stabilität. Der gute Pianist weiß, wie schon das Unterlassen von bestimmten Fingerübungen an ein, zwei oder drei Tagen sein Spielvermögen insgesamt beeinträchtigt. Wohingegen jede Wiederholung Verstärkung bedeutet. Bei der Willenserziehung kommt es gerade nicht auf das Einmalige an, sondern auf die Treue zu den vielen kleinen Schritten, an deren Ende dann die gewünschte Fähigkeit steht. So hat es auch keinen Sinn, einmal sein Augenmerk auf die Willenserziehung zu lenken und dann die vielen guten Regeln, die man eingeführt hat, bald wieder schleifen zu lassen. Da gilt: Weniger ist mehr. Lieber wenige Dinge konsequent durch Jahre hindurch üben, als längere Zeit das Leben so vor sich hingehen zu lassen und dann plötzlich innerhalb weniger Wochen zu versuchen, alles Mögliche umzukrempeln. Nichts schwächt den Willen mehr, als sich etwas vorzunehmen oder es kurzfristig zu tun, um es hernach wieder fallen zu lassen. Wer dies öfters erlebt hat, fängt an, an sich zu zweifeln, und traut sich dann auch später bestimmte Dinge gar nicht mehr zu. Wie wichtig jedoch ist die Erfahrung: Ich kann, was ich will – ich habe schon vieles gelernt und werde auch dieses lernen.

Enscheidungsfreude und Konzentrationsvermögen

Entscheidungen zu treffen, ist für viele Menschen schwierig. Kinder brauchen aber auch hier ein nachahmenswertes Vorbild, sonst ergeht es ihnen später ebenso. Hier hilft nur, sich klar zu machen, dass im Zweifelsfall jede Entscheidung besser ist als keine. Das heißt, man probiert die eine mögliche Lösung des Problems aus und sieht dann, ob man richtig entschieden hat oder wie man diese Entscheidung zur richtigen machen kann. Und wenn es wirklich falsch war, so ist eben wieder neu Handlungsbedarf. Fehler einzusehen und aus ihnen zu lernen ist ebenfalls sehr nachahmenswert. Für Kinder ist es eine Wohltat, entscheidungsfreudige und selbstbewusste Erwachsene zu erleben und nicht zu früh Entscheidungen treffen zu müssen, deren Tragweite sie noch nicht überschauen können. Stellt jedoch eine Sechsjährige beim Einkauf mit der Mutter ein Nutella-Glas in den Einkaufswagen mit den Worten: »Kein Gefackle, Mama!«, so kann sie sich freuen – hier reicht die Überschau schon aus …

Haben Kinder Gelegenheit, konzentriert arbeitende Erwachsene wahrzunehmen oder gemeinsam etwas sorgfältig zu beobachten, so ist solches Vorbild zugleich der beste Wegweiser für die Entwicklung des eigenen Konzentrationsvermögens. Auch ist es wichtig, Geschenke so auszupacken und anzuschauen, dass dies nicht nur ein oberflächliches Registrieren, sondern ein wirkliches »Annehmen« ist. So hat es sich auch bewährt, wenn Kinder viel auf einmal geschenkt bekommen (Geburtstag, Weihnachten), das Auspacken nicht auf einmal zu machen, sondern nur so viel, wie auch verdaut werden kann, und das eine oder andere auf den Abend oder sogar die folgenden Tage zu verschieben.

Aggressive Handlungen

Kinder im Vorschul- und ersten Schulalter begegnen sich aufgrund ihres altersentsprechenden Bewegungs- und Tätigkeitsdranges oft auch körperlich, indem sie einander drängeln, schubsen, sich kneifen, Spielsachen wegnehmen oder Ähnliches. Was wir das sogenannte Aggressionspotential oder auch die Angriffsbereitschaft nennen, ist nichts anderes als das auf körperlicher Ebene noch nicht beherrschte, noch nicht genügend auf bestimmte Handlungen gerichtete Willensvermögen des Kindes. Willens- und Aggressionspotential sind identisch. Aggressivität ist nichts anderes als der noch nicht genügend gelenkte und gesteuerte Wille. Daher ist es besonders wichtig, unruhige, zur Aggressivität neigende Kinder genügend häufig und auch genügend ausdauernd in körperliche Tätigkeiten zu bringen. Hierfür war früher, wo noch viele Kinder auf dem Lande lebten, viel eher Raum und Möglichkeit gegeben, als dies heute in unseren weitverzweigten Stadtkulturen der Fall ist. Daher bedarf es oft richtiggehender Überlegungen oder auch der Zusammenarbeit mehrerer Elternhäuser, um hier Abhilfe zu schaffen und den Kindern genügend Gelegenheit für körperliche Tätigkeit in Haus, Garten oder in handwerklichen Bereichen zu geben. Dabei sei eines nicht vergessen: das ganz normale Gehen. Wie vielen Kindern konnte schon dadurch für ihr Willensvermögen und ihre Konzentrationsfähigkeit geholfen werden, dass man sie täglich einen etwa halbstündigen Schulweg machen ließ. Sie sehen auf diesem Weg immer die gleichen Dinge, lernen so, einen bestimmten Weg in wechselnden Jahreszeiten immer wieder neu zu erleben. Teils die selben, teils immer wieder andere Menschen treffend, geschieht so eine tägliche Willensübung – eine Übung in Wiederholung, im Sehen des Gleichen, immer wieder auf andere Art, und zugleich ist es eine körperliche Betätigung, die zu den gesündesten gehört, die es gibt. Im Zeitalter, in dem die Kinder mit dem Auto oder öffentlichen Verkehrsmitteln in die Schule gefahren werden, ist das regelmäßige Gehen für viele Kinder eine Seltenheit geworden, sehr zum Nachteil für die körperliche Stabilität und Willenserziehung.

Ein zweites wichtiges Element zur Erziehung insbesondere aggressiver Kinder ist, genügend Wert auf kultiviertes, deutliches Sprechen zu legen – beim Erzählen, Sich-Unterhalten und beim Vorlesen. Sich verbal auseinandersetzen, sich streiten und wieder vertragen sind beste Mittel, um angestaute Aggressionen abzubauen (vgl. S. 571 f.).

Ruhe und Besonnenheit

Wer Menschen beobachtet, die vor großen körperlichen oder künstlerischen Leistungen stehen, sieht, wie sie sich »zusammennehmen«, konzentrieren und ganz ruhig werden. Und je größer die Sammlung und Ruhe vor dem Start, umso größer die Chance, wirklich die ganze Kraft und alle Geschicklichkeit in die zu vollbringende Leistung hineinzustecken. Wie wohltätig ist es für ein Kind, von klein auf Menschen in seiner Umgebung zu haben, die in bestimmten Momenten Ruhe ausstrahlen können oder auch einmal still und konzentriert dasitzen, etwas lesen, beobachten. Manchmal kann dieser Eindruck für ein Kind so stark sein, dass es gar nicht wagt, den Erwachsenen anzusprechen, sondern sich dann im Umkreis zu schaffen macht in der Hoffnung, dass man es bemerkt. Wer ständig von einem zum anderen hetzt, nichts in Ruhe fertigmacht, kann für Konzentration und Ruhe kein Vorbild sein. Zur Geschäftigkeit gehört auch die Pause, zur Anspannung auch die Entspannung. Und wie schön, wenn in solchen Momenten auch einmal gemeinsam mit dem Kind ein Sonnenuntergang angeschaut oder ein Vogel beobachtet werden kann.

Anstelle der Konditionierung durch Belohnung und Strafe: die Liebe zur Handlung selbst

Belohnung und Strafe konditionieren – denn man sucht die Bedingungen gern wieder auf, wo man etwas Angenehmes erlebt oder bekommen hat, und meidet das Gegenteil. Damit macht man sich aber zugleich auch abhängig von der Beurteilung, dem Lob oder dem Tadel seiner Umgebung. Eine Erziehung zur Freiheit muss hier anders vorgehen. Da ist es entscheidend, das Handlungsleben der Kinder daraufhin anzuschauen und zu begleiten, ob genügend Anlass gegeben ist, dass möglichst jede noch so kleine Handlung aus innerem Antrieb, das heißt aus einem Sinnbezug heraus vorgenommen wird, den das Kind in sich selbst erlebt: als Nachahmungsfreude, als etwas, das gebraucht wird.

Dass nur diejenige Tat eine wirklich freiwillige sein kann, die man aus Liebe vollzieht, hat Rudolf Steiner oft betont. Handlungen, die der Angst enspringen oder der Erwartung von Belohnung, geschehen in Abhängigkeit. Die sogenannte Willensfreiheit kann sich nur entwickeln, wenn die Kinder lernen, das, was sie tun, aus sich heraus und vor allem gerne zu tun.[72]

Die Etappen der Willensentwicklung

Ein Blick auf die Stadien der kindlichen Entwicklung zeigt, dass hier im Kleinen verläuft, was sich in der Menschheitsentwicklung im Großen abgespielt hat. Im Altertum empfand sich der Großteil der Menschen noch von äußeren Autoritäten gelenkt. Am Übergang von den alttestamentlichen Geboten im Sinne eines »Du sollst …« zu dem christlichen freiwilligen Erfüllen eines einzigen »Gebotes« (Joh. 13,34) ist der Wandel im menschlichen Selbstverständnis deutlich zu sehen. Besonders anschaulich wird dieser Übergang im Gleichnis von der Ehebrecherin (Joh. 8, 1-11). Von Männern vor Gericht gezerrt, wird die Ehebrecherin Jesus vorgestellt mit der Frage, ob sie für ihr Vergehen im Sinne des Moses gesteinigt werden soll oder nicht. Jesus fordert die Ankläger auf, dem äußeren Gesetz nur zu folgen, wenn das eigene Innere damit übereinstimmt: »Wer unter euch ohne Sünde ist, der werfe den ersten Stein auf sie.« Darauf ziehen sich die Umstehenden einer nach dem anderen betroffen zurück. Als Jesus mit der Frau allein ist, entlässt er sie freundlich mit einer Aufforderung für ihre persönliche Willenserziehung.

So lässt sich der Wille des Kindes in der *Vorschulzeit* noch durch Vorbild und Nachahmung von außen anregen und weitgehend leiten. In der *Schulzeit* ist die Sympathie oder Antipathie mit dem Erwachsenen entscheidend dafür, ob das Kind tut, was es lernen oder machen soll oder nicht. Durch Liebe oder Hass und Angst lässt sich das Kind am leichtesten zu Handlungen bewegen. Gefühle – nicht mehr nur Vorbilder – sind es, die jetzt zu den entscheidenden Motivationen werden. Erst im *Jugendalter* wird der Heranwachsende so weit unabhängig von seiner Umgebung, dass er fähig ist, sich selbst durch eigene innere gedankliche Einsicht leiten zu lassen und selbst zu bestimmen und zu begründen, was er tut und lässt. Solange Kinder in ihrem Handlungsvermögen noch abhängig sind von Vorbild und von Lust und Unlust, sind sie noch nicht mündig, das heißt noch nicht »willensreif«. Daher brauchen sie in dieser Zeit tatsächlich die – möglichst liebevolle – Hilfe von außen.

Fühlen und Denken müssen erst eine bestimmte Reife erlangt haben, um den eigenen Willen motivieren und lenken zu können. Damit ist aber auch dem Erzieher die Richtung gewiesen: sich »auf Zeit« als eine Art Stellvertreter der Persönlichkeit des Kindes zu fühlen. Herrschbedürfnis, das Verlangen absoluten Gehorsams, Drohungen im Sinne von: »Warte nur, bis ich komme...«, sind genau so unangebracht wie die Haltung, sich vom Kind lieber tyrannisieren zu lassen als es »fremdzubestimmen«. Deshalb sieht Willenserziehung in den einzelnen Epochen der Kindheit auch ganz verschieden aus – je nach dem Reifegrad der kindlichen Persönlichkeit. Was aber ist eine sachbezogene »Strafe« und »Belohnung«? Wie schafft man es, nicht zu konditionieren durch Lob und Tadel, sondern den eigenen Antrieb zu unterstützen und die Liebe zur Handlung zu fördern?

Das Spannungsfeld von Strafe und Belohnung

Trifft der Wille des Kindes auf eine von den Eltern gezogene Grenze, bäumt er sich auf, provoziert und erlebt sich schmerzhaft in Opposition und im fehlenden Einklang mit den Erwachsenen. Schauen wir jedoch dem kindlichen Tätigkeitsdrang zu oder erlauben etwas, was sonst verboten ist, so kann er sich frei entfalten, und die Kinder sind zufrieden, »da sie ihren Willen bekommen« haben. Nachgeben und Widerstand bieten, versprechen, bitten, ablenken und drohen – wie vieles spielt sich nicht im Spannungsfeld dieser Extreme ab!

Wie lernt man aber als Erzieher, sich in diesem Spannungsfeld zum Wohl des Kindes zu bewegen? Einige Fragen und Beispiele mögen es verdeutlichen:

»Mein Kind hat mich bestohlen.« (4 Jahre alt)

»Er ist so aggressiv, dass mir schon ein paarmal die Hand ausgerutscht ist. Wird er dadurch seelischen Schaden leiden?« (2 1/2 Jahre)

»Ein Fünfjähriger sagt genau so sicher wie sein älterer Bruder: Ich war's nicht!« In diesem Fall weiss die Mutter genau, dass er lügt. Was tun?

»Ich finde, man soll Kinder täglich loben oder belohnen – das stärkt ihr Selbstwertgefühl.«

»Ohne jede Rücksicht stellt der Vierzehnjährige seine CD-Anlage auf volle Lautstärke.«

»Warum hilft sie mir nicht ein bisschen im Haushalt – alles lässt sie herumliegen, was habe ich nur falsch gemacht?« (13 Jahre)

»Er ist so faul und lustlos geworden. Was soll ich nur mit ihm anfangen?« (15 Jahre)

Ein anderes Kind hat im Zorn eine Fensterscheibe durchgetreten. (8 Jahre)

Ein knapp Dreijähriger untersucht trotz Verbot eine besonders schöne Blumenvase, und jetzt liegt sie in Scherben.

Schon zweimal ist laut zum Essen gerufen worden. Ein Kind fehlt am Esstisch.

»Bei uns gibt es oft Streit um den Nachtisch, dabei bekommen doch alle genug davon.«

Solche und ähnliche Aussagen werden in der Sprechstunde vorgebracht mit der Frage: »Wie handeln wir angemessen und situationsgerecht?«

Überall im Leben – ob unter Kindern oder Erwachsenen – stoßen unterschiedliche Intentionen aufeinander. Wer hat wem etwas zu sagen? Wer muss sich nach wem richten? Wer hat die Macht? Es ist eine der sensibelsten Fragen des modernen Lebens überhaupt, da im Zeitalter der Gleichberechtigung und Mitbestimmung immer mehr Bewusstsein entsteht für das Freiheitsbedürfnis und die Selbstbestimmung jedes Einzelnen.[73] Und dennoch: das Leben ist voll von Grenzerfahrungen, Aufgaben, Notwendigkeiten. Jeder Einzelne lebt in einem Umfeld – sei es in Familie, Beruf, Spiel, Freizeit – und muss lernen, mit seinem Willen und seinem Handlungsvermögen sozialverträglich umzugehen.

Beispiele zum Strafen

Im Vorschulalter

Wenn Mamas Lieblingsvase durch Unachtsamkeit kaputt gegangen ist, lernt der Dreijährige am besten dadurch erleben, »was er getan hat«, wenn er sieht und nachahmend mitempfindet, wie sie jetzt traurig ist und schweigend die Scherben zusammensucht und das

Ganze in Ordnung bringt. In diesem Alter muss sich die Mutter aber auch sagen, dass Verbote wie: »das darfst du nicht anfassen, das könnte kaputt gehen«, nicht altersgerecht sind. So kostbare Vasen sollten nicht in Reichweite des Kindes stehen. Denn was die Mutter schätzt und gerne anfasst, möchte auch das Kind gerne »haben«. Ist es jedoch nicht erreichbar, so wählt es in seiner Phantasie einen Ersatz und spielt dann mit ihm als der kostbaren Vase.

Im Vorschulalter ist *nonverbale Erziehung* angesagt. Es wirkt das am besten, was *getan* wird. Die Vase so hinstellen, dass nichts passieren kann bedeutet: das darfst du nicht anfassen. Tatsachen-Logik – nicht erklärte Logik – sind hier gefragt. Und je eindeutiger und sicherer der Erwachsene handelt (und nicht redet und sich endlos wiederholt), umso weniger wird ein Kind dieses Alters selbst argumentieren und provozieren. Es lernt vielmehr durch die Nachahmung der sachbezogenen und sinnvollen Handlungen selbst geschickt und sachdienlich tätig zu sein. So lassen sich auch die anderen genannten Problemfragen dieses Alters angehen.

Der Vierjährige, der Geld aus der Schublade nimmt, tut es meist, weil er die Mutter so oft dabei beobachtet hat. Es handelt sich hier also um Nachahmung und nicht etwa um Stehlen. Ähnliches gilt für das »Stehlen« von Spielsachen. Das Kind hat in diesem Alter noch nicht gelernt, dass die Welt ihm nicht ganz gehört. In solchen Fällen muss eben ein Erwachsener zugegen sein, wenn das Kind nach Hause gehen will, und helfen, die Spielsachen der Freunde noch alle an Ort und Stelle zu verstauen.

Wie begegnet man aber der Situation, wenn Kinder beim Essen herumschmieren und lachend über Tisch und Stühle klettern, obwohl die Mutter sie »zur Ordnung« ruft? Auch hier liegt das Problem bereits in der Tatsache, dass das Wort der Mutter nicht mehr gilt. Wahrscheinlich ist es zu oft vorgekommen, dass die Eltern bei anderen Unarten am Ende doch immer – lachend oder erlahmend – nachgegeben haben. Vielleicht liegt es auch daran, dass einer der Ehepartner dem anderen öfters zugerufen hat: »Ach, lass ihn doch machen.« Einer solchen Situation kann man nur Herr werden, wenn die Ursache für dieses Verhalten in der eigenen Inkonsequenz erkannt wird und entsprechende Schlüsse daraus gezogen werden.

Und wenn ein Fünfjähriger lügt? Er weiss doch genau, dass er es war. Hier wird der Erwachsene zunächst seine Betroffenheit zum Ausdruck bringen. Er wird sich aber auch klarmachen, dass das Kind es *eigentlich nicht gewesen sein will.* Und diese Einsicht will das Kind auch am Erwachsenen, an der Art, wie er reagiert, erleben. Es braucht den klaren vertrauenden Blick *und* das Durchschauen der Lüge für seine weitere Entwicklung.

Eltern, denen die Hand häufiger ausrutscht, werden sich sagen: Wenn ich mich gehenlasse, so tue ich eigentlich dasselbe wie mein tobendes und provozierendes Kind.

Man wird sich energisch vornehmen, dem Kind ruhig und bestimmt die nötigen Grenzen zu setzen, es aber nicht schutzlos den eigenen Emotionen und Affekten auszusetzen, die immer nachteilig auf die Entwicklung des Kindes wirken. Jeder Schreck setzt sich bis in die vegetativen Funktionen seiner Organe hinein fort (vgl. S. 268 ff.). Außerdem hat das Kind etwas ganz Unnachahmenswertes erlebt, was in keinem Verhältnis steht zu den Tatsachen, um die es ging. Bei nächster Gelegenheit wird es die Eltern nachahmen und ein kleineres, schwächeres Kind schlagen. Das Unrecht, das ihm widerfahren ist, wird es »weitergeben«. Später, als Erwachsener, wird es sich vielleicht fragen, warum bei ihm die Hand so locker sitzt.

Im Schulalter

Hier kann man das Kind schon selbst mitüberlegen lassen, auf welche Weise ein angerichteter Schaden wieder gutgemacht werden kann. »Ins Gewissen zu reden« ist dabei nur sinnvoll, wenn das Innenerleben des Kindes so weit entwickelt ist, dass es seine persönliche Gewissensstimme empfindet. Das ist selten vor dem zehnten Lebensjahr der Fall (vgl. S. 422 ff.). Außerdem bildet sich das Gewissen gerade durch die Art und Weise, wie Lebenserfahrungen in Glück und Pech, Schaden und Nutzen verarbeitet werden. Nicht »Moralpredigten« sind es, die das Gewissen wecken, sondern die Begegnung mit der Wirklichkeit, mit Tatsachen.

Was hat beispielsweise ein Kind davon, wenn es wegen einer Frechheit dem Lehrer gegenüber hundertmal schreiben muss: »Ich habe mich heute unmöglich benommen«? Dass es »unmöglich« war, hat das Kind gemerkt oder schon vorher gewusst. Es ist doch viel wichtiger für den Lehrer, herauszufinden, warum das Kind provoziert hat und damit auf sich aufmerksam machte. Vielleicht fühlte es sich nicht wohl? Hat es Probleme zu Hause? Anstelle der Strafarbeit wäre vielleicht ein Gespräch mit dem Schüler oder ein Hausbesuch die wirklich hilfreiche Maßnahme. Hier sollte der Lehrer die leise Stimme seines Gewissens befragen und das laute schnelle Vorurteil »frecher Schüler« als pädagogisch wertlos abbauen.

Im Falle der von einem Achtjährigen eingetretenen Scheibe setzt man zunächst gemeinsam ein Stück Pappe oder einen Vorhang ein, wodurch der Schaden vorläufig – aber noch sichtbar – behoben ist. Es wird erlebt, dass man nicht mehr hindurchschauen kann. Auch hier wird sich die Mutter überlegen, welches die Voraussetzungen waren, unter denen das Unglück geschah, und prüfen, was sie hätte anders machen können. Dann wird die neue Scheibe möglichst im Beisein des Kindes eingesetzt. Es kann auf diese Weise erleben, wie viel Aufwand und Arbeit eine solche Angelegenheit mit sich bringt.

Dann das häufiger vorkommende Ereignis: Das Mittagessen ist angekündigt und trotzdem fehlt ein Kind beim Essen. Erhitzt vom schnellen Laufen kommt es mit einer Viertelstunde Verspätung an und berichtet atemlos, dass es unbedingt das Völkerballspiel noch habe zu Ende spielen wollen. Das ist eine andere Situation, als wenn sich die Kinder bereits daran gewöhnt haben, dass die Mutter häufig zum Essen ruft und dann doch jeder kommt, wann er Lust hat, da ihre Worte offenbar bei den Kindern kein großes Gewicht haben. Im ersten genannten Fall hat das Kind durch die Art seiner Erzählung zum Ausdruck gebracht, dass es deutlich weiss, dass es eigentlich pünktlich zum Essen hätte zu Hause sein müssen. Es wollte aber unbedingt das Spiel zu Ende machen. Das ist verständlich. Daher könnte hier die Lösung so aussehen, dass die Mutter einfach sagt: »Schön, dass du doch noch kommst. Ich dachte schon, wir müssen ohne dich essen.« Ist jedoch durch häufige Inkonsequenz der Erwachsenen das Thema schon »ausgeleiert«, so ist es nötig, gemeinsam einen neuen Anfang mit der Bildung guter Gewohnheiten zu machen. Und wenn es dann – nach neuerlicher Verabredung – wieder geschieht, muss vielleicht gesagt werden: »Iss jetzt bitte in der Küche, wir sind schon fast fertig. Morgen fangen wir dann wieder gemeinsam an.« – Eine andere Möglichkeit ist, pünktlich mit den anderen Kindern zu beginnen und das verspätete Kind freundlich, aber mit wenig Worten in die Runde zu integrieren, während ansonsten möglichst interessant von etwas anderem gesprochen wird.

Im Jugendalter

Jetzt wird »Strafe« oder »der gerechte Ausgleich« zunehmend zu etwas, das die Jugendlichen sich selbst auferlegen sollten.

Hierbei kommt den Erwachsenen eine mehr beratende und helfende Funktion zu. Es geht jetzt darum, die Handlungen sinnvoll den Erfordernissen der Umgebung einzufügen, sich seine Lern- und Arbeitsziele selbst zu setzen und dabei zu erproben. Stellt der Vierzehnjährige seine CD-Anlage auf volle Lautstärke, so ist dies Provokation – oder aber Gedankenlosigkeit. Denn er weiß, dass Zimmerlautstärke die Verabredung war. Jetzt gilt es, freundlich darauf aufmerksam zu machen, dass es zu laut ist. Ist er uneinsichtig und provoziert weiter, so wird angekündigt, dass hierüber nochmals gesprochen werden muss, und man lässt es im Augenblick auf sich beruhen. Wichtig ist, dass er, wenn das Problem »im Familienrat« dann zur Sprache kommt, die Möglichkeit hat, selber an der neuen Regelung mitzuarbeiten. Ist die Situation schon insgesamt sehr verfahren, sodass kaum mehr etwas richtig vereinbart und eingehalten werden kann, so gelingt eine Bearbeitung der anstehenden Probleme nur mit Hilfe eines neutralen Dritten oder eines Familientherapeuten.

Die Dreizehnjährige, die zuhause alles herumliegen lässt, darf dies in ihrem eigenen Zimmer tun, nicht jedoch in der Wohnung. Auch hier ist es nötig, klare Absprachen zu treffen, die von Zeit zu Zeit kontrolliert, aufgefrischt oder optimiert werden. »Strafe« ist in diesem Alter die persönliche Einsicht und Korrektur des eigenen Verhaltens, »Belohnung« hingegen Freude und Dankbarkeit der Umgebung, dass »es klappt«. Gerade Jugendliche brauchen Lob und Anerkennung für sogenannte Selbstverständlichkeiten – auch wenn es nur ein Lächeln ist oder ein kleines Zeichen, dass man ihr Bemühen wahrgenommen hat.

Sind z.B. Gewalttätigkeiten vorgekommen, so überlegt man gemeinsam, welche Freude oder Hilfe dem Geschädigten zukommen soll. Wurde etwas gestohlen oder beschädigt, so ist der Rückgabemodus und die Wiedergutmachung gefragt. Immer aber sind solche Vorkommnisse auch Signale, dass der Jugendliche das Gespräch, den engeren Kontakt vermisst oder Enttäuschungen mit sich herumträgt, die er nicht verarbeiten kann. So ist es bisweilen auch nötig, nach jemandem zu suchen, der einmal mit ihm sprechen könnte. Denn öfter sind die Eltern hierfür nicht mehr unbedingt die »Richtigen«.

Beispiele zum »Belohnen«

• »Wenn wir auf dem Gipfel angekommen sind, gibt es einen Saft!« Hier wirkt bei der Wanderung eine Vorstellung beschwingend auf die ermüdeten Glieder der Familie. Diese Art von Belohnung hat auch tatsächlich etwas mit der vorangegangenen Anstrengung zu tun und entspricht nicht zuletzt auch der Freude, ein Ziel erreicht zu haben.

• »Wenn du schnell ins Bett gehst, gibt's noch eine Geschichte.« Auch das stimmt, weil es sonst zu spät ist zum Vorlesen.

• »Wenn du mir noch das Brot besorgst, darfst du dir auch ein

Eis kaufen.« Hier besteht kein Zusammenhang zwischen der Tat und der Belohnung.

Schon etwas anders ist es, wenn sich die Situation folgendermaßen darstellt: »Hol mir bitte noch das Brot vom Bäcker.« Marion fällt es sichtlich schwer, sich von ihren Puppen zu trennen. Als sie wiederkommt, erlebt sie die Freude der Mutter über eine geleistete Hilfe. Vielleicht findet sie auch an ihrer Puppe ein neues rotes Schleifchen im Haar.

• Wie steht es mit dem Loben? Durch Bestätigung und Lob fühlt sich das Kind in seiner Persönlichkeit gestärkt. Im Erleben der Freude darüber, dass etwas gelungen ist, erfährt es etwas über die Wirkung seiner Handlung. Betontes und übertriebenes Loben ruft beim Kind dagegen unbewusst ein leises Erstaunen darüber hervor, dass es sich so lobenswert verhalten hat. Es hätte also auch anders handeln können, als es selbstverständlich getan hat. Dem Kind wird seine Tat als etwas Besonderes gegenübergestellt, während es selbst ganz damit verbunden war. Das bewirkt eine Distanzierung, die im Vorschulalter besonders ungünstig ist.

• Wenn Kinder einen dringenden Wunsch haben, sollte dieser immer ernst genommen werden. Das kann einmal so aussehen, dass der Gegenstand rasch benötigt – zum Beispiel ein Scharnier für eine Tür an der Bude – und deshalb bald gekauft wird. Ein anderes Mal wird man auf den Geburtstag verweisen oder auf Weihnachten, weil »wir es da vielleicht schaffen können«. Ein drittes Mal wird man eine Metamorphose des Wunsches anstreben. So können aus einer heißersehnten Pistole ein neuer Ball oder eine Zielscheibe mit Wurfpfeilen werden. Es liegt jedoch nicht im Wesen eines bestimmten Wunsches, dass seine Erfüllung zur »Belohnung« oder seine Nichterfüllung zur »Strafe« gemacht wird.

• Ist »Geldverdienen« eine angemessene Belohnung? Wird Geschirrspülen, Aufräumen, Einkaufen und Ähnliches mit Geld honoriert, so erziehen wir die Kinder – so unpopulär das klingt – zu einer sozialen Fehlhaltung, nämlich zu der Ansicht, dass man nicht primär deshalb arbeitet, um den anderen zu helfen und ihnen eine

Freude zu machen, sondern um des eigenen materiellen Vorteils willen. Meist erfüllen sich die Kinder dann von »ihrem Geld« Wünsche, von denen sie annehmen müssen, dass diese von den Eltern nicht ernst genommen oder nicht erfüllt würden. Die Folge davon ist, dass ein Kind unbewusst von der Gesinnung durchdrungen wird, wie jeder letztlich doch sich selbst der nächste ist, wenn es um die Erfüllung persönlicher Anliegen geht, und dass von den anderen diesbezüglich nicht viel zu erwarten ist. Erfährt das Kind jedoch, dass seine eigenen Bedürfnisse und Wünsche von den Eltern wahrgenommen werden und die eigene Arbeit den anderen nützlich ist, so wird der Grund gelegt zu einer anderen Sozialauffassung: Wir dienen den anderen mit unserer Arbeit, und die anderen wiederum interessieren sich für unsere Lebensbedürfnisse. Unsere heute noch so ganz auf das Ausleben des Egoismus gegründete Lebenseinstellung könnte auf diesem Wege langsam in eine brüderliche Gesinnung im Sozialen übergeführt werden.

Etwas Anderes ist es natürlich, wenn z.B. auf eine größere Anschaffung hin »gespart« werden muss. Hier das Kind mit einzubeziehen und Bewusstsein zu wecken, dass Geld »verdient« werden muss, um etwas kaufen zu können, ist etwa vom zehnten/elften Lebensjahr an durchaus eine wichtige Überlegung und Erfahrung. Ab diesem Zeitpunkt kann dann auch »Geldverdienen« mit einer Arbeit verbunden werden, die das Kind vorher gerne bzw. den anderen zuliebe – ohne an Geld zu denken – getan hat. Dass Arbeit freiwillig getan und dennoch bezahlt werden kann, ist ein wichtiges Paradox, mit dem wir leben lernen müssen. Nur so wird es gelingen, seine Arbeitskraft nicht wie eine Ware zu verkaufen. Dann wird es auch leichter fallen, sich z. B. bei eintretender Arbeitslosigkeit nach sinnvollen Einsatzmöglichkeiten umzusehen und sein Selbstwertgefühl nicht primär an das finanzielle Einkommen zu binden.

Unsachgemäßes Belohnen führt zu einer selbstbezogenen Lebenseinstellung. Man tut die Dinge nicht mehr um ihrer selbst willen, sondern in erster Linie, weil man Anerkennung, Ehre oder finanziellen Gewinn davon hat.

Unsachgemäße Bestrafung führt zu der Einstellung, dass Fehlverhalten und Fehlermachen als solche schlecht beziehungsweise »böse« sind – dass man normalerweise »lieb zu sein hat« und keine Fehler macht. Aus Erfahrung zu lernen, an Fehlern und Unvollkommenheiten zu arbeiten, ja Fehler machen zu *dürfen* wird nicht als spezifisch menschlich erlebt. Man ist bestrebt, einen Schein von Unfehlbarkeit und moralischer Vollkommenheit um sich herum aufzubauen, der zur Fassade werden muss, da Lernen und Menschwerden ohne Fehler, Versagen, Irrtümer nicht möglich ist.

Schlafstörungen und andere Sorgen

In dieses Kapitel sind häufig auftauchende Fragen von Eltern aufgenommen, die ein eigentümliches Verhalten oder eine Störung der Lebensbedürfnisse oder -funktionen ihres Kindes betreffen. Oft sind hier im Zusammenhang mit der genauen Diagnosestellung ausführliche Gespräche mit dem Haus- oder Kinderarzt notwendig – manchmal ist auch die Überweisung zum Kinder- und Jugendpsychiater angezeigt. Immer wieder reicht jedoch auch schon ein Hinweis für Verstehen und pädagogische Behandlung aus.

Schlafprobleme

Durchschlafstörungen

Hierzu einige Beispiele:

- Ein Säugling von neun Monaten wacht nachts zwischen 23 und 1 Uhr regelmäßig auf und jammert unglücklich. Durch nichts ist er in seinem Bettchen zu beruhigen. Ganz gegen die Prinzipien der Eltern wird er schließlich ins Bett der Mutter genommen, wo er ruhig weiterschläft. Eines Tages fällt den Eltern zufällig auf, dass das Bettchen an der Außenwand des Hauses steht und zwischen dem Köpfchen des Kindes und der Wand sich nur die Gitterstäbe des Bettes befinden. Schon in der ersten Nacht, in der ein Schleier über Kopf und Bettchen gehängt wird, schläft das Kind ruhig durch. Ursache des Aufwachens war die an der Außenwand herabsinkende kühle Luft gewesen, die am Köpfchen entlang gestrichen war.

• Ein Säugling von mehreren Monaten wird jede Nacht Punkt 23.12 Uhr unruhig und schläft nach etwa dreißig Sekunden wieder fest und tief. Es dauerte einige Zeit, bis die Eltern das Geräusch des hoch oben am Himmel ganz leise brummenden Linienflugzeuges als Ursache erkannten.

• Ein Kleinkind schläft immer bei geschlossener Tür. Die Eltern sind tief befriedigt über diese pädagogische Leistung. Eines Tages erschallt jedoch ein dumpfer Hupenton im Schornstein, verursacht durch einen heftigen Windstoß. Es klingt ähnlich wie das Nebelhorn eines Ozeanriesen, und das Kind wacht davon auf, schreit herzzerreißend und will von da an nicht mehr im Dunkeln und schon gar nicht bei geschlossener Türe schlafen.

• Ein Säugling schreit im Zimmer der Eltern jede Nacht und ist auch im Bett der Mutter noch so unruhig, dass keiner schlafen kann. Es werden stundenlange Riten vollzogen mit Trinken, Singen, Spielen usw. Der Erfolg ist stets nur von kurzer Dauer, dann geht das Theater wieder von vorne los. Schließlich wird der Säugling in höchster Not wieder ins Zimmer des älteren Brüderchens geschoben. Denn um dessen Schlaf zu schonen, hatten die Eltern den Säugling vorsorglich in ihr eigenes Zimmer genommen, da der Ältere beim Aufwachen immer zu den Eltern herübergelaufen war. Merkwürdigerweise war von dieser Nacht an Ruhe im Haus. Beide Kinder schliefen tief, und keines wachte mehr auf.

• Man kann zuweilen erleben, dass Säuglinge und Kleinkinder die Augen öffnen, wenn Vater oder Mutter auf Zehenspitzen noch einmal leise ins Zimmer kommen. Dieselben Kinder können tief und selig weiterschlafen, wenn neben ihnen ein Geschwisterkind lauthals schreit. Von dem Säugling, der im Schlaf die Mundwinkel zu einem kurzen Lächeln verzieht, haben wir schon berichtet. Man kann auch erleben, wie ein schreiendes Kleinkind sich einfach dadurch beruhigt, dass man ihm innerlich Raum gibt und nicht ängstlich ist, ebenso wie sich die Unruhe steigern kann, wenn man selbst von Rastlosigkeit und sich im Kreise drehenden Gedanken gefangen ist.

Mögliche Ursachen

Die Beispiele zeigen die Vielfalt kindlicher Schlafstörungen und machen auch deutlich, wie verschieden die Ursachen sein können. Wir möchten daher eine Reihe von Gesichtspunkten anführen, die die Mutter im konkreten Einzelfall überprüfen kann und deren Beobachtung auch nachher für den Arzt und seine Beurteilung wichtig sein können.

Wie ist das Allgemeinbefinden des Kindes am Tage und in der Nacht? Bestehen Blähungen, Verstopfung, Schwitzen, Frieren, Neid, Eifersucht, Missmut oder ähnliches?

Wie ist das Befinden der Mutter? Bestehen Übermüdung, Unzufriedenheit, Nicht-Anerkennung durch andere, Berufstätigkeit, Freudlosigkeit, allgemeine Überforderung, Probleme mit den Schwiegereltern, Hausgenossen, Nachbarn, oder aber Zukunftssorgen oder Angstzustände?

Wie ist die Umgebung des Kindes: das Bett, die Geräusche, die Wohnung, Radio und Fernsehen, das Spielzeug? (Vgl. die entsprechenden Kapitel.)

Lag vorübergehend ein konkretes Bedürfnis vor (z. B. während einer Krankheit in das Bett der Mutter zu dürfen), und ist jetzt eine tyrannische Gewohnheit daraus geworden?

Zur Erläuterung der genannten Gesichtspunkte seien noch einige Beispiele angeführt:

Möglicherweise bestand die Abendmahlzeit aus blähenden, zellulosehaltigen Nahrungsmitteln. Oder das Kind hatte in warmer Jahreszeit noch ein Wollhäubchen auf dem Kopf. Oder das jüngere Geschwisterchen lernt eben laufen (ein typischer Moment, wo Eifersuchtsgefühle auftreten können). Auch ständiges Ermahnen und Verbieten tagsüber kann zu nächtlicher Unruhe führen. Das kommt zum Beispiel in Wohnungen vor, in denen kein Geschrei ertönen darf, weil sonst die Kündigung droht.

Sind die Eltern im Durchdenken dieser verschiedenen Gesichtspunkte dahinter gekommen, woran es liegen könnte, dass ihr Kind nicht durchschläft, so ist die nächste Frage, was nun zu tun ist.

Was ist zu tun?

Hierzu einige Empfehlungen:

- Die für die Eltern meist unerwartete, aber wichtigste Regel bei allen andauernden Schlafstörungen ist die: *Der Schlaf der Mutter ist heilig.* Sie selbst und gegebenenfalls der Vater müssen Sorge tragen, dass sie ausgeschlafen ist. Sonst kann sie nicht die 16 bis 18 Stunden täglicher Arbeit immer wieder mit Geduld und Interesse durchstehen. Um das Kind braucht man sich dabei am wenigsten zu sorgen. Es kann das Schlafdefizit im allgemeinen leicht wieder ausgleichen.
- Die Mutter sollte so wenig wie möglich nachts aufstehen. Sie kann vielleicht das Bett des Kindes neben das eigene stellen und so bei nächtlicher Unruhe die Hand durch die Gitterstäbe hinüber legen. Die meisten Kinder haben dann schon »genug Mama« und schlafen wieder ein. Wenn neben dem eigenen Bett nicht genügend Platz für das Kinderbett ist und man das Schlafzimmermobiliar nicht umstellen kann, nimmt man eine gute Matratze mit ins Kinderzimmer und richtet sich dort häuslich ein. Unpraktisch ist jedoch ein offenes Kinderbett, aus dem die kleinen leicht Kinder heraus können. Von diesem Aktionsradius aus ist Tyrannei viel leichter möglich. Die ins Bett gereichte Hand ist bis zu etwa zwölf Monaten eine gute Lösung. Dann wirkt besser folgendes Verhalten: Das Kind sieht im schummerigen Licht der Straßen- oder Flurbeleuchtung die Mutter im Bett liegen wie einen Stein, äußerlich total ruhig und entspannt und so gut es geht auch innerlich. Sie hat nur einmal gesagt: »Schlaf schön, Mama schläft auch«, und dann hat sie nicht mehr geantwortet. Das Kind nimmt nach fünf Minuten sein Däumchen, legt sich wieder hin und schläft ein. Da es ein nachahmendes Wesen ist, bleibt ihm gar nichts anderes übrig. Anders, wenn die Mutter bei jedem Mucks aus den Federn schnellt und zum Kind geht. Diese Wahrnehmung lässt das Kind wie einen Bolzen im Bett stehen und alle gewohnten Ansprüche stellen.
- Ins eigene Bett sollte man das Kind nur als letzten Ausweg nehmen, vorausgesetzt, dass man selbst dabei schlafen kann. Diese

Ausnahme ist auch im Krankheitsfall sinnvoll, dann aber besser mit Ausquartierung des anderen Elternteiles.

• Wichtig bei jeder Maßnahme ist, dass sie nur von einem Elternteil durchgeführt wird. Die Unruhe steigert sich im Quadrat, wenn zwei Erwachsene im Schlaf gestört sind und ihre Vorstellungen, was jetzt zu tun sei, sich noch aneinander reiben.

• Etwa mit achtzehn Monaten, zu Beginn der Sprachentwicklung, lernen die Kinder intuitiv, den Sinn der elterlichen Maßnahmen zu erfassen und die Bedeutung einer Grenzziehung rasch zu erkennen. Vorher ist ihnen das nicht möglich. Hierzu sei ein Beispiel angeführt. Ein Kind hatte mit eineinviertel Jahren eine schlimme Krankheit und seither die Gewohnheit, jede Nacht die Mutter mit Geschrei ein- bis zweimal zu sich zu rufen. Aus einem ursprünglichen Bedürfnis wie Durst bei Fieber oder krankheitsbedingtem Missbefinden wurde eine Gewohnheit: Aufwachen und Schreien. Hierbei ist wichtig zu wissen, dass Kinder nachts ruhig einmal ganz oder fast aufwachen können – das ist normal und hat mit Schlafstörungen nichts zu tun. Einige nehmen den Daumen und schlafen weiter, andere drehen sich nur um, die dritten singen sich in den Schlaf, und nur das vierte hat die Gewohnheit, die Mutter sehen zu müssen zum Hochnehmen, Flaschereichen, Küsschengeben, Liedchensingen und zu anderen Spielchen! Wenn sich das aber über drei bis fünf Monate jede Nacht wiederholt, ist die Mutter mit ihrer Kraft am Ende. Sie kann keine Nacht mehr durchschlafen und geht schließlich zum Arzt. Der rät folgendes: Das Entgegenkommen kann darin bestehen, eine Türe zu öffnen, etwas Licht anzulassen oder abends im Bett der Mutter einschlafen zu dürfen, oder darin, dass die Mutter neben dem Kind auf einer Matratze schläft oder dass das Kind auf einer Matratze neben dem mütterlichen Bett schläft. Stört das Kind aber darüber hinaus den Schlaf der Mutter, dann kommt die einmalige liebevolle und bedeutsame Warnung: »Schlaf schön, Mama will auch schlafen.« Und danach: »Mama muss dich sonst herüberstellen« oder entsprechend dem gemachten Entgegenkommen: »Mama muss sonst die Türe zumachen.«

Selbst wenn das Kind die Worte ihrem Inhalt nach nicht versteht, empfindet es doch unmittelbar die Gesinnung, die dahinter steht. Deswegen ist es so entscheidend, dass die Mutter auch unerbittlich meint, was sie jetzt sagt. Gelingt dies auf Anhieb, so haben Mutter und Kind Glück. Gelingt dies nicht, so muss das ohrenbetäubende Geschrei über das hinausgeschobene Bett in Kauf genommen und durchgehalten werden. Aus der täglichen Erfahrung wissen wir, dass für viele Mütter hier eine Art Weltanschauung zusammenbricht. Will man doch für das Kind immer nur das Schönste, Liebste und Beste. Die Realität zeigt aber, dass diese Kinder immer unglücklicher, unleidlicher und unzufriedener werden, weil sie nirgends einem Halt und Willen begegnen. Ändert die Mutter nun ihre Einstellung und bringt Handlungsvernunft in die Mutter-Kind-Beziehung herein, so wird das Bedürfnis des Kindes nach einer klaren Grenze befriedigt. Ohne vorübergehende heilsame Krise ist das meist unmöglich. Da der Erfolg jedoch bald am Kinde ablesbar wird, lohnt es sich, sie durchzustehen.

- Wichtigste Regel für die Durchführung der genannten Maßnahmen ist: durch Taten zu sprechen, nicht zu bitten, zu erklären oder zu drohen. Oft ist jedoch den betroffenen Erwachsenen ein solches Vorgehen so fremd, dass sie ohne ein Gespräch mit dem Kinderarzt den Sinn dieser Maßnahme und ihre Wichtigkeit nicht einsehen. Das ist auch dann nötig, wenn die Ehepartner sich nicht einig sind oder einer von beiden sagt: »Das halte ich nicht durch.« Hier lautet der Rat: »Derjenige mit den schwächeren Nerven muss vierzehn Tage Urlaub nehmen und wegfahren.«

Nehmen wir an, das Bettchen steht inzwischen in der Küche, weil sonst andere zu sehr gestört werden. Da geht das Drama folgendermaßen weiter: Die Mutter hört das Gebrüll. Fünf Minuten muss sie es aushalten, höchstens zehn Minuten darf sie es aushalten. Nach dieser peinvollen Wartezeit ist das eine Kind schon ruhig, ein anderes brüllt noch. In jedem Fall öffnet man jetzt ruhig die Tür und fragt freundlich: »Ist es gut? Dann komm«, und stellt die alten Verhältnisse wieder her. Wenn das Kind aber erst recht schreit, so sagt man: »Wenn es gut ist, komme ich wieder«, und schließt die Türe. Nach weiteren fünf Minuten wiederholt man dasselbe, egal ob das Kind brüllt oder still ist. Diese Versöhnungsbereitschaft ist wichtig. War man bisher immer inkonsequent, indem man etwas anderes tat als das, was man sagte, so dauert das Leiden länger. Nach zwei Wiederholungen hat jedoch das eineinhalbjährige Kind meist verstanden, dass es so nicht mehr weiterkommt. Manchmal muss man sich aber noch neben das Bett stellen und das Geschrei ein wenig ertragen. Wichtig ist, dass die Reaktion des Erwachsenen jetzt ruhig und bedacht und ganz anders ist als sonst. Es folgt kein »beruhigender« Redeschwall, kein verzweifeltes »ach Kind«, kein Auf-den-Arm-Nehmen, kein Küsschen – vielleicht ein paar ruhig gesummte Töne, vielleicht ein leise gesprochener Liedertext. Nützt dies alles in fünf Minuten nichts, dann muss man wieder hinaus, und das Ganze geht noch einmal von vorn los. Die Atmosphäre kribbelt vor Intensität, weil man den Punkt erreichen will, wo das erlösende »jetzt ist es gut« gesprochen werden kann.

Die ganze Stimmung ist zwar von Anfang an durch Versöhnungsbereitschaft getragen, an keiner Stelle aber lässt man ab von der Grenze, die aus sachlichen und vernünftigen Gründen notwendig ist. In der nächsten Nacht genügt schon ein freundlicher Zuruf, dann herrscht meist Ruhe. Allerdings sollte man sicher sein, dass das Kind nicht gerade zum Zeitpunkt dieser Gewohnheitsänderung einen Infekt ausbrütet und deshalb schreit. Es hat auch keinen Sinn, die Türe zu schließen, wenn das Kind die Türe aufmachen kann. Man muss mit Bedacht zuschließen oder einen Besenstiel für die Türklinke bereithalten.

• Die Unsitte, nachts zu trinken zu geben, erschwert die Situation. Da hilft es, die gewohnte Flasche Tee einfach hinzustellen, sie dem Kind aber nicht mehr zu geben. Oft verschläft es dann das Trinken, wenn der »Sklave« die Flasche nicht mehr reicht. Man kann auch den Zuckergehalt langsam auf null Prozent senken, es hat den gleichen Erfolg. Oder man erklärt eines Tages freudig:

»Und ab heute brauchst du auch nachts deine Flasche nicht mehr und hast statt dessen dieses Zwerglein, das dir dann eine Geschichte erzählt, wenn du aufwachst«, oder so ähnlich. Es gibt gestrickte Gnome und Zwerge aus Wolle. Sie sind besonders geeignete Schlafgenossen in diesem Alter; sie können auch bei Krankheiten trösten und bisweilen sogar zum Ersatz für die bisher notwendige Nähe der Mutter werden.[74]

Einschlafstörungen und das beliebte »Theater machen«

Viele Einschlafstörungen sind so zu bewerten wie die nächtliche Tyrannei. Das heißt, die Kinder haben die abendliche Gewohnheit, Theater zu machen. Die Behandlung ist dieselbe: Durch eine neue Art abendlicher Zuwendung wird eine Basis für das Ziehen einer wohltuenden Grenze geschaffen.

Beispiele hierfür:

- Ein blaues Tuch wird an der Wand oder über das Bett gespannt mit ein paar Goldsternen als »Sternenhimmel«.
- Ein neuer Schlafgeselle erscheint – vielleicht in Form des schon vorgestellten Zwergleins – der Gute Nacht wünscht.
- Bei Kerzenschein wird ein Lied gesungen oder ein Stückchen auf der Kinderharfe oder Kantele gespielt oder auf der Flöte geblasen.
- Wird das Genannte schon allabendlich gemacht, so müssen diese Gewohnheiten vielleicht verlassen und es muss etwas Schönes, ganz Neues angefangen werden, das Freude macht und sogar etwas Zeit kosten darf. Auch eine kleine Geschichte gemeinsam mit den Eltern auf dem Sofa – wobei das Kind schon den etwas Größeren spielen darf – ist immer ein sehr willkommenes Geschehen. Dann aber entschieden ins Bett!
- Wenn das Kind zum ersten Mal aufsteht und wieder herauskommt, legt man es ruhig wieder hinein und kündigt das Türe-Schließen an. Beim zweiten Mal wird die Türe dann ebenso ruhig tatsächlich geschlossen. Kinder, die das Licht selber anmachen, hindert man durch das Abschalten der Sicherung daran. Der Rolladen

sollte allerdings etwas Licht von draußen ins Zimmer lassen. Das Fünf-Minuten-Warten wird ebenso durchgeführt wie bei den Durchschlafstörungen. Die Tür geht endgültig erst dann wieder auf, wenn das Kind im Bett bleibt.

- Kinder sind klug: Am zweiten Abend akzeptieren sie die neue Grenze. Diese Maßnahmen misslingen eigentlich nur dann – und das ist für die Kinder eine tiefe Enttäuschung, wenn die Eltern die Konsequenz nicht ziehen, weil sie nicht den Mut dazu haben.
- Eine andere Form der chronischen Einschlafstörungen ist nervös bedingt. Die Kinder haben sich in die Vorstellung verrannt, nicht einschlafen zu können. Verschiedene Ursachen spielen eine Rolle: Übermüdung, heißes Wetter, Aufregungen, Mutters Weggehen, Ferienbeginn. Helfen kann hier ein Lied oder etwas von Mutters Sachen, zum Beispiel ihre gestrickte Wolljacke oder die Wolldecke vom Bett der Eltern. Liebevolles nochmaliges Zudecken und Haarestreicheln: Das Kind spürt Geborgenheit. Zuweilen ist es sogar das Beste, es noch einmal ein bisschen ins Wohnzimmer kommen zu lassen. Es darf zum Beispiel allein noch ein Bilderbuch anschauen. Man sagt ihm vielleicht: »Wenn du müde bist, gehst du einfach ins Bett.« Unterhalten darf man sich natürlich nicht mit ihm, man ist sichtlich anderen Dingen zugewandt. Die Langeweile und der Stolz, selbst zu wissen, wann man müde ist, treiben das Kind dann meist bald ins Bett.

Nächtliche Angstzustände

Nächtliches Aufschreien kann unterschiedliche Gründe haben. Beim sechs bis achtzehn Monate alten Kind denkt man als Arzt zuerst an andere Ursachen als beim Dreijährigen. Für die Eltern gilt deshalb beim erstmaligen Auftreten dieses Symptoms: nachschauen, ob das Kind dabei ganz wach ist oder im Traum schreit. Im letzten Fall streichelt man es oder weckt es vorsichtig auf. Dann prüft man, ob es Schmerzen (praller Bauch), Fieber oder Luftnot durch die Nase hat. Schließlich fragt man sich, ob am Tage ein Schreckerlebnis vorgefallen oder einem eine besondere Schreckhaftigkeit am Kind aufgefallen ist. Aus der eigenen Beurteilung der festgestellten Symptome ergibt sich, ob man den Arzt aufsuchen muss (s. unter den entsprechenden Kapiteln im 1. Teil). Treten Unruhe, Angst und Schreien nachts öfter auf, so spricht man von »Pavor nocturnus«, das heißt nächtlicher Angst. Die Kinder schreien im Schlaf auf oder wälzen sich stöhnend im Bett und können nicht sofort aufwachen, aber auch nicht ruhig weiterschlafen. Auch hier fahndet man nach besonderen Tagesereignissen, fragt sich, ob blähende Speisen gegessen wurden oder ob sich vielleicht die Unruhe in einem Vier-Wochen-Rhythmus äußert, der dann auf einen Zusammenhang mit den Mondphasen deutet. Meistens lässt sich hier mit Medikamenten anthroposophischer oder homöopathischer Herkunft gut Abhilfe schaffen.

Nachtwandeln (Somnambulismus)

Dieses häufig vollmondabhängige Geschehen spielt sich im Schlaf ab und kann bekanntlich gefährlich werden, wenn der Nachtwandler dabei aufwacht. Auch dieses Symptom spricht auf Medikamente der genannten Therapierichtungen an. Psychopharmaka sind hier wie auch bei den nächtlichen Angstzuständen nicht nötig.

»Mein Kind isst nichts«

Einige Szenen aus der Kindersprechstunde:

- Ein munter blickender Dreijähriger wird hereingeführt. Die Mutter sagt: »Er isst absolut nichts.« »Ja, was isst er denn?« Mutter: »Nichts! Er rührt nichts an, was ich ihm anbiete. Nur Milch könnte er den ganzen Tag trinken und Joghurt essen!« Die nähere Befragung bringt an den Tag, dass der Kleine außer der Milch noch ein paar Süßigkeiten nebenher verzehrt. Trotzdem hat die Mutter recht: Er isst nichts von dem, was die Mutter zubereitet hat.

Lösung des Problems: Milchprodukte werden mehr als eine Woche ganz weggelassen, dann pro Tag höchstens zwei Becher Milch oder Joghurt gereicht, aber keine Schleckereien zwischen den Mahlzeiten und keine süßen Getränke. Dann wacht der Appetit für anderes auf.

• Eine andere Mutter berichtet von ihrem Jungen dasselbe, nur trinkt er keine Milch. Das genauere Befragen ergibt, dass er doch etwas Quark, Ei oder Fleisch zu sich nimmt, außerdem Eis, Limonade und ähnliche Schleckereien in regelmäßigen Abständen. Bei Tisch rührt er dann nur wenig von der Hauptmahlzeit an.

Lösung des Problems: Zwischen den Mahlzeiten werden keine Naschereien mehr erlaubt und es wird nur bei Tisch gegessen. Dabei ist es wichtig, dem Essverhalten des Kindes keine Beachtung zu schenken und sich möglichst angeregt bei gutem Appetit zu unterhalten.

• Jetzt kommt das schmächtige dünne Mädchen mit den feinen Gesichtszügen und zarten Händen herein. Hier erkundigt sich der Arzt noch nach einigen anderen Dingen wie dem Geburtsgewicht und dem Habitus der Eltern im selben Alter. Das Kind isst von allem nur ein Häppchen, und die gute Kalbsknochenbrühe der Oma lehnt es ganz ab.

Lösung des Problems: Hier sollte ein Land- oder Gebirgsaufenthalt möglichst mit anderen Kindern angestrebt werden. Entscheidend ist, dass die Mutter dann »loslässt« und dem Kind selbst überlässt, wieviel es essen will. Niemand sollte dabei irgendeine Erwartung hegen. Dann kommt der Appetit durch frische Luft und Nachahmung. Dem Kind wird keinerlei besondere Aufmerksamkeit geschenkt. Später zu Hause wird es zwar wieder nicht viel mehr essen als vordem, aber die Atmosphäre wird entspannter sein.

• Nun kommt eine Mutter mit einem etwas steif wirkenden, missmutig dreinschauenden Jungen. Er will vieles nicht so, wie sie es von ihm erwartet. Essen tut er natürlich auch nicht.

Hierbei wird die Lösung wahrscheinlich erst im Laufe einiger Gespräche mit der Mutter unter vier Augen zu finden sein. Geht es doch um die Einsicht, dass die Kinder nicht dazu da sind, Lieblingsvorstellungen der Eltern zu verwirklichen, sondern am besten gedeihen, wenn sie sich an dem Verhalten der Eltern selbst orientieren dürfen und nicht unablässigen Fragen, Ermahnungen, Erklärungen und Bitten ausgesetzt sind.

• Jetzt kommt ein Kind, das absolut nichts mag – außer rotem Traubensaft und einer ganz bestimmten Art von Keksen. *Es ist nicht heilbar*, solange die Mutter sich nicht in Ruhe mit an den Tisch setzen kann und selber gern isst, was sie gekocht hat. Sie muss einen anderen Weg finden, auf ihre schlanke Linie zu achten. Manche dieser Probleme sind dadurch verständlich, dass die Mütter überlastet sind, die Kinder sie voll beanspruchen und ihre Arbeit meist nicht anerkannt wird. Den Kopf da frei zu halten, mit Liebe das Essen zu kochen, Schleckereien zwischendurch zu unterbinden, dennoch möglichst allen Ansprüchen gerecht zu werden und immer bei guter Laune bleiben – das ist leichter gesagt als getan.

Zum Trost noch ein Blick in das Paradies, von dem auch Kinderärzte träumen: Die durstig nach Hause kommenden Kinder nehmen ein Glas vom bereitstehenden ungesüßten Tee, bis das Essen fertig ist. Die auf dem Schulweg geschenkten Bonbons und ausgetauschten Süßigkeiten werden in einer hübschen Büchse gesammelt. Wenn sie voll ist, wird sie gegen einen Lederball oder etwas ähnlich Nützliches eingetauscht. Zu Hause läuft natürlich kein Radio, wenn sie kommen, damit die Ruhe gegeben ist, sich gegenseitig zu begrüßen und das Neueste zu erzählen. Dadurch kann die Mutter die Stimmung, in der die Kinder gerade sind, besser wahrnehmen. Vor der gemeinsam begonnenen Mahlzeit wird ein Tischgebet gesprochen oder ein Lied gesungen, anschließend gibt man sich im Kreis die Hände und wünscht einen guten Appetit oder eine gesegnete Mahlzeit. Jetzt erst geht es los. Man freut sich aufs Essen, fragt die anderen etwas, neckt sich gegenseitig. Vom Essen selbst wird kaum gesprochen. Jeder isst, soviel er mag, in der Regel von allem etwas. Jedes Kind hat *eine* Speise, von der es nie essen muss. Was sonst noch schwerfällt, wird klein zerdrückt und unter das andere gemischt. Oder es gilt die von allen akzeptierte Regel: Drei Löffel werden von allem gegessen, was auf den Tisch kommt. Das Gespräch ist meist so interessant, dass alle bis zum Schluss sitzen bleiben. Dann gibt man sich vielleicht noch einmal die Hände und sagt das schwedische »Tack för maten« – »Dank für das Essen«.

Bettnässen

Tritt noch nach dem vierten Lebensjahr Bettnässen auf, ist eine ärztliche Untersuchung und Beratung nötig. Es können konstitutionelle, organische und psychische Ursachen vorliegen. Wir besprechen an dieser Stelle Maßnahmen, die hilfreich sind, nachdem eine organische Ursache ausgeschlossen worden ist. In diesen Fällen ist das Bettnässen ein Symptom, das den Eltern sagt: »Ich will noch einmal klein und behütet sein und gewickelt werden.«

Zunächst sucht man nach auslösenden Schocks, Eifersuchtskonstellationen, Krankheitsfolgen und Ähnlichem. Sind diese Fragen abgeklärt, so lohnt sich zunächst meist der Versuch, dem Kind in seinem Bedürfnis nach mehr Schutz und Geborgenheit entgegenzukommen. Es darf vorübergehend tatsächlich noch einmal »klein« und »behütet« sein. Dabei werden Gewohnheiten aus der früheren Kindheit bewusst wieder aufgegriffen. Währenddessen versucht man, den Tagesablauf konsequenter und regelmäßiger zu gestalten und das betreffende Kind mehr als sonst im Bewusstsein zu haben. Das auslösende Problem als solches wird im Vorschulalter noch nicht direkt angesprochen. Der Erwachsene bemüht sich jedoch gleichzeitig um eine Lösung des Konfliktes.

Wenn ein jüngeres Geschwisterkind geboren ist oder gerade laufen gelernt hat und dies Anlass für geringere Beachtung wurde, so nimmt man das ältere Kind einmal besonders fest in die Arme und lässt es so ganz dicht an der Freude über dieses Ereignis teilnehmen. Auch zeigt man ihm, dass die Eltern stolz darauf sind, dass es schon so groß ist. Dem älteren Kind wird jetzt also nicht etwa auch ein Fläschchen gegeben, sondern es bekommt einen neuen Becher oder ein neues Essbesteck geschenkt – ohne Kommentar. Ist es gewöhnt, kleine Geschichten zu hören, so können auch Erzählungen erfunden werden, die gleichnishaft für das Bettnässen sind, z. B. von dem Gewittersturzbach oder der Quelle oder der Flut, die von Menschenhand unter Mithilfe eines kleinen Kindes gebändigt werden müssen. Es kann auch die Schilderung sein vom Abflussbrett eines Forellenteiches, das von einem alten Mann regelmäßig gewartet wird, bis ihm eines Tages ein kleiner Junge dabei hilft oder ihm die Arbeit abnimmt, und so weiter.

Verurteilung und Ablehnung des Einnässens verstärkt das Bedürfnis des Kindes nach mehr Zuwendung. Das hat eine Verschlechterung der Symptomatik zur Folge, ebenso wenn Prügel und kalte Abwaschungen zur Abschreckung angewendet werden. Hat man sich jedoch durch Entgegenkommen und Bejahung der Problematik den Zugang zum Kind verschafft, so kann das Symptom im wahrsten Sinne des Wortes »weggepflegt« werden. Hierzu seien einige Beispiele gegeben. Wenn das Kind regelmäßig nachts um 22.30 und morgens um 6 Uhr einnässt, so wird der »letzte Bach« vor dem Zubettgehen abends durch eigene Anwesenheit »gepflegt«. Man lässt ihn »schön« und »groß« sein. Nachher achtet man etwa ein bis zwei Stunden nach dem Einschlafen auf Unruhe, und wenn man das Gefühl hat, dass die Blase des Kindes voll sein könnte, so trägt man es aufs Klo und lässt es im Sitzen seinen Bach machen. Ein leiser wohlwollender Zuspruch gehört dazu. Genauso verfährt man morgens um 6 Uhr, wenn dies den Schlaf nicht sonderlich beeinträchtigt. Das Kind wird dann leise zum Bach geweckt – man muss also vor ihm aufwachen. Dadurch hat man einen Teil der »Verantwortung« wieder auf sich genommen und muss später dann abspüren, wann dieser Teil an das Kind zurückgegeben werden kann. Nicht geeignet für diese Methode sind Kinder, die auch nachts zwischendurch einnässen oder beim Aufweckversuch sich wehren und schreien. Auch bei Kindern, die ganz tief weiterschlafen und von dem Bach gar nichts merken, ist die Wirkung zweifelhaft. Dabei ist individuell zu entscheiden, ob nachts erst einmal wieder gewickelt werden muss oder ob die Gummiunterlage reicht.

Eine konsequente Führung des Tageslaufes wirkt sich auf die Konstitution des Kindes wohltätig und stärkend aus. Zunächst erfolgt eine Regulierung der Ess- und Trinkgewohnheiten. Wer nicht bereit ist, »von oben« einen Rhythmus einzuhalten, kann nicht verlangen, dass dieser sich »unten« einstellt. Eine Behandlung des Bettnässens von Dauer- oder »Freistil«-Trinkern ist sinnlos. Hier ist die erste Maßnahme zunächst einmal, nur noch zu den Mahlzeiten – unter Mengenkontrolle also – zu trinken.

Wichtig ist warme Kleidung in Form von schafwollenen Schlüpfern oder ebensolchen Unter- oder Strumpfhosen. Sie sind je nach Jahreszeit dünner oder dicker und sollten möglichst hoch hinaufreichen. Werden die Füße einmal länger kalt und nass, so behandelt man sie mit einem heißen Fußbad und anschließenden Massageöleinreibungen. Günstig wirkt auch eine morgendliche kräftige Einreibung der Beine, zum Beispiel mit Johanniskrautöl. Schließlich wird darauf geachtet, ob das Kind genügend nachahmenswerte Tätigkeiten zu sehen bekommt, die es zur Weiterentwicklung anregen. Das Gefühl des »Leerlaufes« fördert ein Zurückfallen in frühere Entwicklungsstadien. Andere Auslöser wie Streitereien zu Hause, Berufstätigkeit beider Eltern, Ehescheidungskonflikte und anderes machen meist das Gespräch mit dem Psychologen oder Kinderarzt nötig.

Bei dem Tag- und Nacht-Einnässen sind, wenn organische Ursachen ausgeschlossen sind, dieselben Maßnahmen zu ergreifen, nur dass man eben auch tagsüber einen »inneren Wecker« stellen muss. Das normale Trockenwerden wird nicht anders begleitet. Ohne darüber zu sprechen, führt man neue Gewohnheiten ein. Zu bestimmten Zeiten geht es eben aufs Klo oder auf den Topf.

Das »feuchte Höschen« im Gegensatz zum nassen ist auch abklärungsbedürftig. Oft ist es allerdings nur ein Zeichen der Unachtsamkeit. In solchen Fällen wird der Klogang so oft wie möglich begleitet. Dabei achtet man darauf, dass das letzte Tröpfchen kommt. Allerdings darf diese Art der Zuwendung vom Kind nicht zu sehr genossen werden.

Sind die Kinder sieben bis acht Jahre alt, so kann man schon anders vorgehen. Sie sind gemäß der Schulreife so weit, dass sie gern auf vertrauenerweckende oder verehrte Erwachsene wie Lehrer, Paten, Ärzte usw. hören. Eine direkte Ermahnung würde sie allerdings noch überfordern. Bewährt hat sich hier eine kleine Geschichte, in der das Einnässen direkt erwähnt wird und die von der betreffenden Vertrauensperson zu erzählen ist. Sie lautet etwa so: »Jedes Kind hat nachts neben sich ein unsichtbares Zwerglein auf der Schulter (oder ein Vögelchen oder eine kleine Fee, je nachdem), das wacht, während du schläfst, und dir dann heimlich ins Ohr ruft: Wach auf, du willst doch aufs Klo gehen. Aber du liegst da und hörst einfach nichts. Dabei will es dir so gerne helfen. Du musst wirklich einmal aufpassen, ob du es in der Nacht nicht doch vielleicht hören kannst. Dann wachst du auf und gehst leise aufs Klo. Du musst es dir nur abends ganz fest vornehmen vor dem Einschlafen. Die Mutter erinnert dich beim Gutenachtsagen daran.« Mutter oder Vater erhalten also von dem, der die Geschichte erzählt hat, den Auftrag, dem Kind abends noch geheimnisvoll ins Ohr zu flüstern: »Denk an das Zwerglein, dass du es auch hörst!« Es hat sich nicht bewährt, Mutter oder Vater diese Geschichte erzählen zu lassen.

Einer solchen Erzählung liegt die Wahrheit zugrunde, dass das Kind ja eigentlich nicht mehr einnässen will. Das Zwerglein, die Fee oder der Vogel werden zum Bild für die noch schwache Intention des Kindes, das Aufwachen zu bewirken. Wirkt dieses Bild auf das Bewusstsein des Kindes und wird es jeden Abend daran erinnert, so kann es diese noch zu schwache Intention stärken und tatsächlich das Aufwachen erleichtern. Wir halten es in diesem Alter für zu früh, die Kinder unmittelbar zu ermahnen.

Der »Appell an das Gewissen« gehört erst in die Zeit nach dem zehnten Lebensjahr. Dann ist es günstiger, die Durchführung der Behandlung einem Dritten zu überlassen, am besten dem Arzt. Manchmal ist auch ein vorübergehender Milieuwechsel zu empfehlen, der das Kind zusätzlich noch auf sich selbst stellt und sein Selbstgefühl verstärkt. Je nach Reife und Konstitution des Kindes kann die Blase direkt durch Belastung trainiert werden. Gut ist es, wenn die Kinder ihren Ess- und Trinkplan jetzt selber aufstellen.

Die Methode der Klingelmatratze kann zwar Erfolg haben, meist aber nur in Verbindung mit dem aufwachenden Elternteil, der sich um den Klogang freundlich kümmert.

Einkoten

Nicht das verschmierte Höschen bei verstopften oder unachtsamen Kindern, sondern das bewusste Absetzen des Stuhles in die Hose oder in eine Ecke der Wohnung ist mit Einkoten gemeint. Das oft verschmierte Höschen bedarf nur der humorvollen Achtsamkeit seitens der Eltern sowie des Zusammenstimmens von Tages- und Stuhlrhythmik. Dem echten Einkoten (Enkopresis) werden nur wenige Leser dieses Buches selbst begegnet sein. Vielleicht, dass einmal in der Folge turbulenter menschlicher Situationen das Kind sich da einen Ausweg suchte oder seine Eltern auf die Probe stellte oder Angst vor einem ungewohnten Klo oder Töpfchen hatte. Diese Dinge sind leicht erklärbar und korrigierbar. Wenn aber das Symptom des Einkotens sich über Wochen und Monate hinzieht, ist das immer ein Zeichen der Resignation – des Kindes und auch seiner Eltern. Ohne fremde Hilfe ist jetzt meist nichts mehr zu machen. Wer solches im Umkreis der Familie miterlebt, kann versuchen, durch seine Beziehung zu den Eltern den Gang zu Erziehungsberatungsstelle, Kinderpsychiater oder Kinderarzt zu erleichtern.

Daumenlutschen

Zieht man einem zweijährigen lutschenden Kind den Daumen aus dem Mund, so merkt man sofort, was los ist: Wie an einer unsichtbaren Feder hängend schnappt der Daumen zurück. Hält man ihn jedoch draußen fest, so wacht das Kind unliebsam aus seiner Träumerei auf. Es bemerkt jetzt erst den Störenfried und quittiert die unfreundliche Öffnung seines in sich geschlossenen Magnetfeldes mit Unwillen! Hört es jedoch ein verlockendes Geräusch wie das Griesbreiauskratzen in der Küche oder das Richten des Sportwagens zum Spazierengehen, so kommt der Daumen schnell von selbst hervor. Jetzt würde er mit derselben Kraft abgewehrt werden, mit der er vorher angezogen wurde.

Lutschen bedeutet sich abschirmen von der Umwelt, ganz behaglich bei sich sein. Nun führt bekanntlich penetrantes Lutschen zur Deformierung des Kiefers. Aus diesem Grunde werden vielfach Schnuller mit besonderer Form empfohlen. Wir raten vom Schnuller ab, weil er die Kinder auch da zum Lutschen verleitet, wo sie es von sich aus gar nicht getan hätten. Der um den Hals gehängte Schnuller wird als Beruhigungsmittel, Nahrungsvorbote und zur Selbstbeschäftigung missbraucht. Abgesehen davon hat der Daumen den Vorteil, dass sich seine Oberfläche selbst erneuert, er weniger pilzanfällig und immer greifbar ist, jedoch nie im Mund behalten wird, wenn das Kind aktiv wird und spielen will.

Wer sich dennoch zum Schnuller entschließt, sollte ihn nicht mit festen Bändern, sondern mit einem dünnen Hutgummi um den Hals befestigen.

Noch ein Wort zum Lutschkiefer: Er bildet sich glücklicherweise oft von selbst wieder zurück, wenn die bleibenden Zähne kommen und das Kind langsam zu lutschen aufhört. Kieferdeformierungen können jedenfalls nicht nur beim Gebrauch des Daumens oder anderer Finger auftreten. Wir haben sie auch bei der Schnullerverwendung gesehen.

Der eine oder andere Leser wird jetzt sicher fragen: Soll man demnach gar nichts gegen das Daumenlutschen unternehmen? Beim Lutschen vor dem Einschlafen bejahen wir das. Im Übrigen gilt es, Geduld zu haben. Es gibt Kinder, die mit etwa fünf Jahren von einem Tag auf den anderen sagen: »Ich lutsche jetzt nimmer«, und es auch durchhalten. Eine Mutter beobachtete sogar, wie im Schlaf das Ärmchen jetzt immer wieder wegzuckte. Wenn dagegen etwa im Alter von drei Jahren eine Schrunde am Finger entstanden ist, kann ein Verband helfen, das Lutschen schon früher abzugewöhnen: Das »Wehweh« wird in Salbe und Mull gebettet, der Daumen und das Handgelenk verbunden und zuletzt verschwindet die ganze Hand noch in einem Taschentuchsäckchen. Jetzt schaut das Kind verwundert auf seine neue Gliedmaße, und die Eltern bestätigen durch ihre Freude, dass alles in bester Ordnung ist. Der Verband wird täglich gewechselt und erst nach einer Woche wieder weggelassen. Bis dahin hat sich das Kind das Lutschen oft abgewöhnt. Pflaster sind nicht erlaubt, da sie verschluckt werden können!

Das Lutschen ist ein Aufrechterhalten eines früheren Entwicklungszustandes, dem des Saugens an der Brust. Weder Verbote noch Verherrlichung des Lutschens sind daher dem Symptom angemessen. Wer spürt, dass das Kind eine Verstärkung seiner Selbstwahrnehmung braucht, wird ihm dabei helfen, sei es durch liebevolles Streicheln über den Kopf beim Einschlafen oder durch Wekken seines tätigen Interesses an der Umgebung.

Nägelknabbern und -knibbeln

Nägelknabbern ist eine Aktivität mit Hilfe der Zähne, das Fingerknibbeln eine mit den eigenen Fingern. Diese Symptome haben mit Kalkmangel nichts zu tun. Sie gehören zu den vielen nervösen oder gewohnheitsmäßigen Bewegungen in Folge von seelischem Druck, Spannungszuständen, Verlegenheit, Langeweile oder Müdigkeit. Kinder können sich das abgewöhnen, wenn sie es selbst wollen, aber nie aufgrund elterlicher Ermahnungen, die eher solche Störungen verschlimmern. Was Eltern tun können, ist, zunächst einmal darauf zu achten, wieviel Forderndes, Spannungsgeladenes im eigenen Verhalten dem Kinde gegenüber liegt oder ob ihm vielleicht zu wenig Anregungen für sinnvolle Tätigkeiten gegeben werden. Sehr interessant ist es für das Kind, wenn es eine schöne große Nagelfeile und ein feines Hautscherchen geschenkt bekommt und ihm gezeigt wird, wie man jeden Morgen seine Fingernägel mit der Nagelfeile peinlich genau von allen überschüssigen Häkchen, Häutchen und Rauhigkeiten befreit. Anschließend werden die Nägel dann gut eingefettet. Trockene, juckende Häutchen sind der häufigste Anlass dafür, den Nagel zur lindernden Befeuchtung in den Mund zu nehmen. Fällt dieser Anreiz weg, so verschwindet die Gewohnheit bald oder gerät in bewusste Kontrolle. Natürlich eignet sich dieses Verfahren nur für ältere Kinder.

Harmlose Zwänge

Fast jedes Kind läuft eine Zeitlang *nur* auf dem Bordstein, auf dem Steinpflaster *nur* in den Feldern oder auf den Linien, so wie es sich gerade die Regel gegeben hat. Wenn es sich aber nicht mehr bewegen kann, ohne bestimmte Regeln einzuhalten und das Auslassen Angst erzeugt, spricht man von einem echten Zwang. Beobachtet man zum Beispiel im Schulalter einen Händewaschzwang, einen Drehzwang um die eigene Achse oder einen Zählzwang, so ist ein Gang zum Kinderpsychiater oder Kinderarzt nötig. Alle Gewohnheiten und regelmäßigen Bewegungswiederholungen haben die Tendenz, zwanghaft zu werden. Dies tritt jedoch nur ein, wenn sich die Bewegung oder Handlung aus dem Sinnzusammenhang mit der Umwelt herauslöst und nur noch um ihrer selbst willen ausgeführt wird. Hier gilt es nach pädagogischen oder auch medikamentösen Wegen zu suchen, um das Ich des Kindes zu stärken. Dadurch fällt ihm dann auch die Kontrolle seiner Bewegungen wieder leichter.

Kissenklopfen und Schaukeln

Viele Kinder wiegen sich durch regelmäßige Bewegungen in den Schlaf. Dieses kann sich auch beim Aufwachen in zwanghafter Weise wiederholen. Verstärkt kommt diese Symptomatik bei geistig behinderten, hirnorganisch kranken oder vernachlässigten Kindern vor. Es wird dadurch die Selbstwahrnehmung verstärkt, ähnlich wie beim Lutschen oder Onanieren. Allerdings ist sie hierbei noch betont durch den selbstgewählten Rhythmus, der Entspannung bewirkt und die Kinder in einen tranceähnlichen Zustand versetzen kann. In die Kindersprechstunde kommen wegen dieser Symptomatik jedoch meist Eltern, deren Kinder weder vernachlässigt noch geistig behindert sind. Zur Lösung der aus irgendeinem Grund aufgetretenen inneren Spannung trägt bei, vor dem Einschlafen etwas Ruhiges zu singen und den unruheerfüllten Kopf besonders im Stirnbereich wiederholt und sanft zu streicheln. Dabei hat es keinen Sinn, mit einem baldigen Erfolg zu rechnen. Denn dass das Kind auf Spannungszustände so reagiert und nicht anders, ist immer auch konstitutionell mitbedingt. Manchmal erweist sich auch die Gabe eines geeigneten Konstitutionsmittels aus der homöopathischen oder anthroposophischen Therapierichtung über längere Zeit als hilfreich. Im Schulalter oder noch später verliert sich das Symptom in den meisten Fällen von selbst.

Kindliche Tics und Bewegungsunruhe

Unter einem Tic verstehen die Mediziner wiederholt einschießende unwillkürliche Bewegungsrudimente wie Blinzeln, Grimassieren, Räuspern, Kopfschütteln, Schulterhochheben u.a. Die Betroffenen spüren dabei häufig etwas wie eine kurze Spannung vor der Entladung. Bei Konzentrationszunahme verliert sich die Spannung, bei Entspannung schießt sie dafür umso mehr wieder ein. Fühlt man sich beobachtet, so verstärkt sich die Störung ebenfalls. Gefördert wird sie durch Überbeanspruchung der Sinne und durch seelische Belastungen, die vom Kinde oder seiner Umgebung nicht verarbeitet werden können. Unbeachtet verschwinden diese Tics oft von allein.

Seltener und nicht so leicht erkennbar findet man manchmal eine feine allgemeine ticartige Unruhe, die alle Bewegungen durchdringt und das Kind ungeschickt erscheinen läßt. Diese Kinder werden zu Hause oder in der Schule oft bloßgestellt wegen ihrer Ungeschicklichkeit, schlechterer Schrift oder Verhaltensstörungen.

Damit nicht zu verwechseln, aber diese Erscheinungen manchmal überlagernd, sind unwillkürliche Bewegungselemente aufgrund von regelmäßigem audiovisuellen Medienkonsum. Das Grimassieren hat hier fratzenhaften Charakter, in den Bewegungen sind deutlicher bestimmte typische Abwehr- und Angriffshaltungen, die bekannten »Peng, Peng«-Gesten oder witzig erscheinende Schnalz- und Grunzlaute wahrzunehmen. Sie sind Teile von Erlebnisabläufen, die automatischen Charakter angenommen haben. – Die Phantasie dieser Kinder ist mit festen Bildern besetzt, die sich in Bewegung umsetzen. Dieses Verhalten wird allerdings von Eltern nicht als Störung erkannt. Ohne ihre Mithilfe ist jedoch gegen den diagnostizierbaren Fernseh-, Comic- oder Horrorkonsum nichts zu machen.

Ohne einen erfahrenen Arzt lassen sich diese Bewegungsstörungen untereinander und vom hyperkinetischen Syndrom (s. S. 492) oft nicht abgrenzen. Tatsächlich bestehen auch fließende Übergänge, insbesondere bei Kindern, die schon in den ersten Lebensjahren ferngesehen haben (vgl. auch S. 569). Hier findet man Kinder, die ohne Regung blitzartig und absichtlich empfindliche Gegenstände mit grober Kraft zerbrechen. Sie können neue Gegenstände nur auf ihre primitivsten Eigenschaften zu Ende prüfen, das heißt auf Härte, Zerbrechlichkeit, Eignung als Wurfgeschoss oder Hammer. Die Dinge »sprechen« hier nicht mehr zum Kind. Es kann sich mit Hilfe seiner Sinne und Bewegungen nicht sachgemäß zu ihnen in Beziehung setzen. Das kann so weit gehen, dass diese Kinder gewissermaßen an einem vorbeileben und kein Kontakt oder nur eine ganz oberflächliche Beziehung möglich ist. Dabei kann durchaus der Eindruck einer Konversation entstehen, weil unter Umständen etliche Fragen vom Kind gestellt werden. Für die Antwort ist es aber schon nicht mehr offen. Man hat den Eindruck, dass man dem Ich als dem Mittelpunkt des Kindes nicht begegnet. Ärztlicherseits spricht man hier von autistischen Zügen, ohne dass dabei ein Autismus im psychiatrischen Sinne vorliegt. Häufig finden sich bei diesen Kindern auch Sprachentwicklungsstörungen.

Hat sich ein Arzt aufgrund des Gespräches, seiner Beobachtungen und weiterer Untersuchungen ein Bild von den Faktoren gemacht, die bei dem einzelnen Kinde die Unruhe bestimmen, so kann eine Therapie erarbeitet werden. Unabhängig von der mehr neurologischen, das heißt organisch-körperlichen, oder der mehr seelischen Natur der Störung sind in allen genannten Fällen die folgenden pädagogischen Maßnahmen hilfreich:

- Ein geordneter Tageslauf mit Wechsel von Bewegungsanregungen und vermehrt beschaulicher Tätigkeit. Regelmäßige Schlafens-, Wach- und Essenszeiten. Innerlichkeit, Konzentration und Aufmerksamkeit können entstehen, wenn sich der Bewegungsdrang nach außen geordnet ausleben darf in Bewegungsspielen mit rhythmischen Klopf-, Stampf- und Singeinlagen. Sinnvoll sind Eurythmie und Heileurythmie, insbesondere bei den Tics. Hilfreich erweist sich auch nach dem Toben und Spielen das Erzählen von Geschichten mit klaren, in der Phantasie noch nicht fixierten Bildern. So kommen in das unruhige Innenleben Formen der Elemente herein, die beruhigend wirken.
- Ständiges Beachten, Ansprechen und Ermahnen verstärkt die Unruhe. Hilfreich ist, sich zu fragen, warum das Kind gerade so sein muss und nicht anders sein kann. Dann können aus eigener ruhiger Überschau Lösungen gefunden werden.
- Ausschluss aller Medien – Radio, Cassetten, Märchenplatten, Fernsehen, Video – und Bildhefte. Statt dessen täglich gestaltetes Spielen, z.B. im Kindergarten konstruktives, begleitetes Freispiel,

Schatten-, Kasperle- oder Marionettentheater (siehe Literaturempfehlung). Bei solchen Spielen dürfen besetze Bildvorstellungen langsam absinken zugunsten solcher Bilder, die die eigene Phantasie aufbauen und keinen Zwang auf sie ausüben, sondern anregen.

Empfohlene Literatur:

Kischnik, Rudolf / Haren, Wil van: *Der Plumpsack geht rum*. Stuttgart [2]1993.
Werkbücher für Kinder, Eltern und Erzieher. Siehe Literaturverzeichnis S. 656.

Onanieren

Onanieren im Kindesalter ist ebenfalls ein Symptom und stellt für sich genommen keine Störung oder »Perversität« dar.

Manchmal ist abheilendes Wundsein der auslösende Faktor im Säuglingsalter, zuweilen tritt es auch als »Entdeckung« auf und schwindet nach einiger Zeit wieder. Das Kind wird auf die Seite gelegt und ihm ein geliebter Gegenstand in die Hand gegeben.

Manchmal bemerkt man beim älteren Säugling oder Kleinkind beim Einschlafen ein rhythmisches Reiben oder Schaukeln im Becken- und Oberschenkelbereich mit oder ohne Kissen oder Puppe zwischen den Beinen. Die Kinder wirken wie weggetreten oder sind schon im Halbschlaf, zuletzt manchmal in Schweiß gebadet. Bevor man unbedacht sorgenvoll versucht gegenzusteuern, ist es besser, sich einmal mit dem Kinderarzt zu unterhalten. Auf jeden Fall achtet man tags darauf, dass das Kind im spontanen Spiel körperlich ermüdet, dass man es öfters auf den Arm nimmt und vielleicht beim Spazierengehen zeitweise auf den Schultern trägt. Tritt das Onanieren beim älteren Kind gewohnheitsmäßig und exzessiv auf, so sollte ähnlich wie beim Schaukeln und anhaltenden Daumenlutschen auf auslösende oder verstärkende Umgebungseinflüsse geachtet werden: z.B. Ablehnung, fehlende Freundschaften, Langeweile, zu strenge oder beengende Erziehungselemente oder seelischer Druck. Ziel ist die Wiederherstellung des seelischen Gleichgewichtes. Das Wecken neuer Interessen lenkt die Aufmerksamkeit vom eigenen Körper ab. Bewährt haben sich auch körperliche Anstrengungen durch Spiel und Wandern, das Vermeiden intellektueller Überforderung und das abendliche Vorlesen, welches das Kind an den Rand des Schlafes bringt.

Frechheit

Diese Zeilen möchten den kleinen und größeren Frechdächsen helfen, Verständnis bei den Menschen ihrer Umgebung zu finden. Frechheit hat nichts mit Aggressivität zu tun. Wenn Kinder beginnen, sich etwas einfallen zu lassen – beispielsweise beim Nachbarn das Gartentörchen auszuhängen und einige hundert Meter weiter abzusetzen; oder aber die Klingeln fremder Leute auszuprobieren und aus sicherer Entfernung zuzuschauen, welches Gesicht die jetzt machen; oder einmal in die Zuckerdose Salz zu tun und umgekehrt, oder gar sich deftige Aprilscherze zu überlegen – so ist dies ein Zeichen von Intelligenz und Handlungsbereitschaft, also ein Beweis für eine gewisse Stärke ihres Ich. Es ist Ausdruck der Vorstufe einer Fähigkeit, die später im Erwachsenenalter hoch gepriesen wird: des Humors. Selbstverständlich sind die hier gemeinten Frechheiten nicht zu verwechseln mit sadistischen, zerstörerischen, bösartig erscheinenden Handlungen, die immer Ausdruck desolater Erziehungssituationen sind.

Glücklich ist das Kind, das in seiner Umgebung Erwachsene findet, die selbst einmal ihren Schabernack getrieben haben. Sie begegnen nämlich einer Spitzbübigkeit mit Verständnis, das spürbar bleibt, auch wenn der Erwachsene bei echten Grenzüberschreitungen eingreifen muss. Streiche sind Ausdruck dafür, dass beim Kind Überschusskräfte vorliegen, dass Intelligenz am Werk ist und Aktivitätsbedürfnisse da sind, die noch keinen sinnvollen Gegenstand zur Betätigung gefunden haben. Im späteren Leben werden daraus

Einsatzbereitschaft, Umsicht und hilfreiches Verständnis für die großen und kleinen, komischen oder ernsten Versagenszustände des Alltags.

Fettsucht

Beim Kinderarzt taucht das Dicksein als Problem hauptsächlich in zwei Varianten auf, die beispielhaft so aussehen können:

- Das etwa zweijährige Kind mit dem Gewicht eines Vier- bis Fünfjährigen isst gerne und gut, trinkt viel und besitzt mindestens einen Elternteil mit der gleichen Konstitution. In diesem Fall hat meist nur der Kinderarzt ein Problem, weil seine Vorstellungen von äußerer Beweglichkeit und unbeschwertem Atmen sowie seine Sorge um Herz, Kreislauf und beschwerdefreies späteres Leben nicht gefragt sind. Wird das Kind aber wegen dieser Fettsucht vorgestellt, hängt es an den Eltern, ob sie sich selbst konsequent einer Abmagerungskur unterziehen wollen, und das ist so gut wie nie der Fall. Gegenbeispiele von Dauer würden wir begrüßen.
- Ein für sein Alter großes und sehr korpulentes Schulkind im Alter von etwa zehn bis dreizehn Jahren – in der Mehrzahl sind es Jungen – wird vorgestellt, weil es in der Klasse gehänselt wird. Die Teilnahme am Sport ist nur noch teilweise möglich, auf Bewegung wird auch kein großer Wert gelegt, es bestehen deutliche Rückzugstendenzen, beim Jungen meist an den Computer. Häufig ist man dann erstaunt über die Fixigkeit oder auch innere Gespanntheit, mit der diese Kinder einem antworten.

Zuerst wird oft die Frage gestellt, ob etwas mit den Drüsen oder Hormonen nicht in Ordnung sei. Ärztlicherseits kann diese Sorge meist – schon an der leichten Übergröße erkennbar – als unbegründet aufgelöst werden. Vielfach sind diese Kinder seelisch empfindsam und leicht verletzlich. Sorgfältig muss deshalb nach Problemen und Konflikten zu Hause oder in der Schule gesucht werden. Oft ist dann eine kinderpsychiatrische Behandlung angezeigt.

Alles hängt davon ab, ob in den einfachen Fällen der selbstständige Wille des Kindes aktiviert werden kann. Wenn ein ähnlich konstituierter Arzt dann begeistert von seiner jährlichen Müller-Kur spricht, bei der er nur Wasser und trockene Brötchen zu sich nimmt und sich dabei wie neugeboren fühlt, kann das auf die Kinder schon einen Eindruck machen. Allerdings ist dabei eine ärztliche Kontrolle unbedingt notwendig. Aber auch einfache diätetische Beratungen und regelmäßige Kontrollen können etwas erreichen. Es werden Ziele verabredet – zum Beispiel zwei bis drei Kilogramm in zwei bis drei Wochen abzunehmen aus eigenem Antrieb –, die Fortsetzung der Beratungen wird dann von deren Erfüllung abhängig gemacht, neue Initiativen werden angeregt. So können sich Mädchen selbst ein Sommerkleid nähen oder ein Junge fängt an, Posaune zu spielen. Über das Essen sollte ansonsten nicht mehr gesprochen werden.

Schwimmen wird gelegentlich empfohlen, fördert aber sehr den Appetit. Sinnvoller wäre in Gruppen mit gleich Motivierten eine leichte Gymnastik, noch besser Eurythmie oder eine Ausbildung der Sprache (Sprachgestaltung), da sie gleichzeitig die seelische Konstitution stärken.

Selten bietet sich die Gelegenheit, dass kinderärztlicherseits die Behandlung länger als ein halbes Jahr verfolgt werden kann. Manchmal bleibt das Gefühl zurück: hier hat es einen Ruck gegeben, dieses Mädchen oder auch dieser Junge wird zwar nicht ein Normalgewicht erreichen, aber sich selbst unter Kontrolle halten. Oft bleibt der Eindruck, dass man auf die Lebensumstände nicht genügend Einfluss hat. Befriedigendere Lösungsansätze bieten sich im sozialen Umfeld, in Kindergärten und Schulen oder Freundeskreisen, schon bevor die Symptome ausgeprägt aufgetreten sind: eine natürliche Anerkennung und Bestätigung, das Wecken und Fördern von Anlagen, die im familiären oder schulischen Bereich keinen Platz finden können, das Hinführen zu sozialem Verhalten gegenüber anderen hilfsbedürftigeren Kindern.

Magersucht (Anorexia nervosa)

Bei der Magersucht handelt es sich um eine seelisch bedingte Essstörung mit verzerrt-fixierten Vorstellungen über Nahrungsaufnahme, Angst vor Gewichtszunahme und fehlender Krankheitseinsicht. Die Körperwahrnehmung ist gestört. Diese Krankheit tritt nur in der heutigen industrialisierten Welt auf, betrifft ganz überwiegend Mädchen und junge Frauen, selten, aber zunehmend, auch Jungen. Begleitend zur extremen Abmagerung bleibt die Regelblutung aus, und meist liegt auch eine Obstipation vor. Es überrascht die Neigung zu körperlicher Hochleistung und schulischem Ehrgeiz, oft ein Drang zum Füttern anderer und zur Kochkunst. Die Patientinnen wirken insgesamt beherrscht von einem Zwang. Ihre Gedanken kreisen unausweichlich um Essen und Kalorien, Gewicht und Figur – oft jedoch auch um Reinheit und Versündigung. Dabei bilden sich Strategien aus, die zu körperlichem Abbau und zur Störung ihrer Entwicklung führen, bis hin zur gelegentlich lebensbedrohlichen Abmagerung.

Übereinstimmend fehlt bei vielen dieser Kinder die Trotzphase im Kleinkindalter und eine erfolgreiche Selbstfindung nach dem sogenannten Rubikon im zehnten Lebensjahr (s. S. 422). Eine typisierbare Eltern-Kind-Beziehung oder Geschwisterkonstellation findet sich nicht. Es kann wie bei anderen seelischen Störungen in der Kindheit ein Zusammenhang mit frühen Gewalterlebnissen bestehen.

Diese Krankheit gibt trotz vieler psychologischer und sozialer Deutungsversuche immer wieder neue Rätsel auf. Sie wirkt wie ein tief verankerter Trieb, die Weiterentwicklung zur verantwortlichen Persönlichkeit abzubrechen. Das Alter der Mädchen macht verständlich, dass man die Krankheit früher meist auf die Geschlechtsreife bezog, verdeckt aber die Tatsache, dass das Haus des Leibes als ganzes vom Zweifel befallen ist. Therapeutisch liegt hier eine große, aber schwere Aufgabe vor mit dem Ziel, die Lebensgrundlagen des physischen Leibes wieder aufzubauen. Es werden neben

Sondenernährung und Infusionsbehandlungen – wenn nötig – sowie anthroposophischen und naturheilkundlichen Medikamenten äußere Anwendungen in Form von Wickeln und Einreibungen durchgeführt, die Lebens-, Tast- und Wärmesinn (s. S. 603 ff.) anregen und kräftigen. Hinzu kommt bald auch künstlerische Therapie in Form von Malen, Heileurythmie oder Musiktherapie hinzu, später Sprachgestaltung und Bothmergymnastik. Der Reifung der Persönlichkeit und Öffnung für die soziale Umgebung dienen psychotherapeutische Einzel- und Familiengespräche.

Empfohlene Literatur

Bissegger, Monica u.a.: *Die Behandlung von Magersucht. Ein integrativer Therapieansatz*. Stuttgart 1998. (Dieser Behandlungsansatz wurde in der psychosomatischen Abteilung der Filderklinik bei Stuttgart entwickelt.)

Bockemühl, Johannes: *Krankhafte Störungen der Eßgewohnheiten. Magersucht und Freßsucht*. Merkblatt 129, Verein für Anthroposophisches Heilwesen, Bad Liebenzell 1987.

Köhler, Henning: *Die stille Sehnsucht nach Heimkehr. Zum menschenkundlichen Verständnis der Pubertätsmagersucht*. Stuttgart ²1995.

Angst

Fast jeder staunt über Kleinkinder, die völlig unbesorgt eine Leiter hinaufklettern oder an einer Kante stehen ohne jede Angst. Das kann sich schlagartig ändern, wenn sie zum Beispiel von einem schrecklichen Traum oder einem lauten Krach aufwachen, ihnen womöglich wiederholt ein Schmerz zugefügt wird oder sie einer Misshandlung zusehen müssen, am meisten aber, wenn sie verlassen wurden oder sich verlassen fühlen. Dann zieht die Angst sichtbar ein und begleitet sie von da an als Frage und Aufgabe.

Es gibt Kinder und auch Erwachsene, die solche Erlebnisse benutzen, um daran stark zu werden, und andere, die damit ihre Angst zunächst nähren müssen. Menschen, die konstitutionell mehr zum Nachdenken, Vorplanen, Erklären und zur inneren Distanz von den Dingen neigen, sind in der Regel ängstlicher als die Ausprobierer, die mit Herz, Sinn und Hand zugreifen.

Natürlich wirken wir als Erwachsene auf die Kinder so, wie wir sind, und nicht, wie wir gerne wären. Hierzu ein Beispiel aus der Sprechstunde. Vorsorgliche Bemerkungen wie: »Du brauchst keine Angst vor dem Doktor zu haben« wecken mehr Ängste, als sie beruhigen, da die Mutter Angst hat, das Kind könnte vor dem Arzt Angst haben. Der Arzt hingegen hat keine Chance, sich mit dem Kind zu verbünden und unmittelbar mit den Hantierungen auch die nötigen beruhigenden Erklärungen des Verlaufs einer Untersuchung zu geben. Am schwersten haben es in solchen Situationen Heimkinder. Die meisten von ihnen geraten in eine existentielle Panik bei Blutabnahmen oder besonderen Untersuchungen. Dies zeigt die Verletzung der Entwicklung ihres natürlichen Selbstbewusstseins durch den Mangel an menschlicher Zuwendung, den sie in den ersten Lebensjahren erfahren haben.

Die Behandlung von Ängsten ist eine der großen Aufgaben der Psychiatrie, Psychotherapie, ja der gesamten Medizin, aber auch der Seelsorge. Sie alle wirken durch das Gespräch, das Verstehen und die Zeit, manchmal auch durch Medikamente. Hier können nur einige Anregungen zum Umgang mit der Angst bei Kindern und bei einem selbst gegeben werden:

- Bei Angst vor Gewitter: das Kind auf den Arm nehmen, den Blitzen zuschauen, den Donner kommentieren, je nach Lautstärke. Wenn das Kind ruhiger wird, die Blitze als »Schau wie hell« und später »Schau wie schön« kommentieren, im Maße, wie man das selbst erleben kann. Jenseits von neun Jahren verstehen Kinder schon den Satz: »Der Blitz, den ich höre, hat nicht bei mir eingeschlagen.« Das Beruhigende ist daran weniger die Logik als die Tatsache, dass jemand das Wahrgenommene ruhig kommentiert.

- Angst vor dem Blutabnehmen: Die beste Vorbereitung ist, wenn die Mutter sagt oder zu erkennen gibt: »Ich halte dich und der Doktor sagt uns, was er macht.« Damit hat sie die Führung im

Raum an den Arzt abgegeben, das Kind fühlt sich körperlich geborgen und kann sich auf den »Handlungsbevollmächtigten« einlassen.

• Die vorgestellte Angst: »Der schwarze Mann« oder der »dunkle Keller« sind meist durch dumme Reden oder aufgeschnappte Äußerungen anderer entstanden. Natürlich gilt das auch für Ausdrücke wie »wasserscheu« oder »schwindelig« oder »ängstlich«. In nachdenklichen Kinderköpfen wuchern solche Gedanken wie die Pilze, schwinden aber auch mit großem Stolz, wenn in Abwesenheit der so redenden Personen ein berechtigtes Vertrauen erweckender Mensch einen in dunkle Räume, ins Wasser und an Abgründe führt.

Allgemein gilt: Angst zuzulassen und zu akzeptieren ist der erste Schritt zu ihrer Überwindung. Körperliche Nähe und Zeit und ein kurzes sachgemäßes Wort helfen, nicht aber lange Reden. Das Interesse von den angstbesetzten Vorstellungen weg zum Wahrnehmbaren und Verstehbaren zu lenken, hilft weiter. Aufmerksam werden darauf, dass die Anwesenheit von Kindern einem selbst die Möglichkeit gibt, mutiger zu werden. Fördern, dass das Kind Menschen kennenlernt, die keine Angst haben oder mit ihrer Angst umgehen können.

Empfohlene Literatur:

Glöckler, Michaela: *Vom Umgang mit der Angst.* Stuttgart [2]1993.

Schulprobleme

Lernschwierigkeiten und Schulprobleme belasten Kinder, Eltern und Lehrer. Daher führen die individuellen und sozialen Probleme oft auch zum Kinderpsychiater oder zum Psychologen. Wie lassen sich die Kinder verstehen, die aufgrund ihrer leiblichen und seelischen Verfassung besondere Schwierigkeiten haben? Wie kann man ihnen helfen? Einige häufige Probleme sowie grundsätzliche therapeutische Möglichkeiten seien hier angesprochen.

Konstitutionelle Bewegungsunruhe ***(hyperkinetisches Syndrom)*** *Aktivitäts- und Aufmerksamkeitsstörung* ***(ADD = Attention Deficit Disorder)***

Jeder kennt Kinder, die unruhig und getrieben wirken, unvermittelt impulsiv handeln, oft schwer anzusprechen sind und schon auf kleine oder vermeintliche Störungen aggressiv reagieren. Sie haben es schwer, ihre Vorstellungen aneinander zu reihen. Ihre überschießenden Sympathie- und Antipathiekundgebungen stoßen immer wieder auf Unverständnis – so wie ihre oft destruktiven Handlungsweisen. Die betroffenen Kinder haben bei aller Vielfalt ihrer Symptome eines gemeinsam: Es fehlt ihnen die Fähigkeit der Aufmerksamkeit und der Impulskontrolle. Daher auch der Name Aktivitäts- und Aufmerksamkeitsstörung. Dabei sind es prächtige Kinder! Körperlich oft gut gebaut, kräftig, kaum ermüdbar und stets unternehmungslustig, wenden sie sich mit großem Interesse und kaum irritierbarer Aktivitätsbereitschaft allem zu, was in ihrem Umkreis vor sich geht. Was sie jedoch nicht können, ist, ihr Interesse und ihre Aktivitätsbereitschaft so zu strukturieren, dass sie damit zu sinnvollen Leistungen und anerkannten Handlungsweisen kommen können. Und eben dieses gilt es zu lernen.

Früher wurden diese Kinder als »Zappelphilipp« bezeichnet und oft als unartig ausgegrenzt. Heute herrscht Einigkeit darüber, dass es sich um eine konstitutionelle Störung handelt, für die man weder Kinder noch Eltern moralisch verantworlich machen kann. Vielmehr geht es nur um eines: Verstehen der besonderen Situation und helfen.

Die konstitutionelle Bewegungsunruhe kommt familiär gehäuft vor. Dabei äußert sie sich bei Jungen überwiegend in Form der überschießenden körperlichen Aktivitätsbereitschaft, wohingegen sie sich bei Mädchen mehr innerlich in Form von Gedankenchaos und seelischen Unruhezuständen äußert.

Manchmal wird die Bewegungsunruhe noch kompliziert durch andere Störungen wie »minimale Hirnschädigung« oder Teilleistungsstörungen wie Legasthenie, isolierte Rechenschwächen, Schwierigkeiten, gezielt zuzuhören, wenn mehrere sprechen, oder überhaupt Gehörtes zu verstehen. So ist zunächst eine gründliche Untersuchung und Diagnosestellung erforderlich, wie sie vom Kinderpsychiater oder Kinderarzt vorgenommen wird.

Blickt man vom Gesichtspunkt der anthroposophischen Menschenkunde auf diesen Symptomenkomplex, so fällt auf, dass es hier um die Herrschaft des Ich über sein Seelenleben geht: Aufmerksamkeit und Konzentration, Gefühlsbalance und Handlungsbereitschaft sind zu wenig kontrolliert.

Zur *Therapie* sind deshalb folgende Fragen zu beantworten:

• Wer hat oder erwirbt sich die Fähigkeit und Kraft, das Kind zu verstehen, sich einzufühlen und für es einzustehen?

• Findet sich eine erfahrene Therapeutin – oder ein entsprechender Therapeut – im heilpädagogischen Arbeitsbereich, die auf die Individualität des Kindes eingehen können und Lehrern und Eltern Hilfestellungen geben? Denn oft stehen geeigneten Therapien zu weite Wege entgegen, Berufstätigkeit, Geldmangel sowie Zeit- und Kraftprobleme, und es hängt alles davon ab, inwiefern die Selbsthilfe gelingt.

- Wie können symptomverstärkende Faktoren im Alltagsleben reduziert und wo möglich abgestellt werden?

Greift man zur inzwischen weltweit praktizierten Therapie mit Psychostimulantien wie z.B. mit Methylphenidat (Ritalin)? Diese Medikamente bewirken in kleiner Dosierung bei den meisten hyperaktiven Kindern eine Beruhigung und steigern ihre Aufmerksamkeit für einige Stunden. Diese Wirkung ist die der Amphetamingruppe (leistungssteigernde »Wachmacher«, die auch als Appetitzügler bekannt sind) und – in schwächerer Form – des Bohnenkaffees. Berichte begeisterter Kinder, Eltern und Lehrer liegen vor, da sich unter der Einnahme die schulische und häusliche Situation vieler Kinder schlagartig verbessert hat.

Aus den USA wird berichtet, dass 10 % aller Jungen mit Methylphenidat behandelt werden, in Mexiko-City sind es 30 % und in Deutschland wird eine ständige Zunahme des Gebrauchs verzeichnet. Dies kann deutlich machen, dass die heutigen Lebensformen augenscheinlich diese Veranlagung fördern.

Wir empfehlen dieses Krankheitsbild in dreifacher Hinsicht ursächlich zu behandeln:

1. Reduzierung und – wo immer möglich – Ausschaltung von symptomverstärkenden Umwelteinflüssen.
2. Heilpädagogische Förderung und individuelle Schulung des Kindes zur Stärkung des Ich in seiner Kontrollfunktion.
3. Medikamentöse Behandlung mit anthroposophischen oder homöopathischen Konstitutionsmitteln und/oder vorübergehend auch mit Ritalin.

Im Folgenden werden Hilfs- und Fördermöglichkeiten genannt, die je nach Einzelfall, Möglichkeit und Notwendigkeit zur Anwendung gebracht werden können.

• Das ***begleitende Gespräch*** zwischen allen an der Erziehung und Behandlung des Kindes beteiligten Personen, das heißt Eltern, Erzieher, Lehrer, Arzt, Therapeut einschließlich anderer relevanter Bezugspersonen. In dem Gespräch trägt jeder sein Bild von diesem Kind und dessen Begabungen und Möglichkeiten vor. Das Bild wird dann abgerundet durch eine möglichst exakte Charakteristik der Lernbehinderungen und Schwierigkeiten, aber auch der Fähigkeiten und Stärken. Dann werden Teilziele und ein Fernziel der Behandlung ins Auge gefasst. Nach den Möglichkeiten der Teilnehmer werden auch die Aufgaben verteilt, eventuell noch Helfer hinzugezogen und regelmäßige Gesprächswiederholungen verabredet. Entscheidend ist, dass mit dem Kind ganz konkrete Absprachen getroffen werden, wie diese oder jene besondere Schwierigkeit zu meistern ist, indem man mit ihm gemeinsam eine Strategie überlegt, die auch Spaß macht und zu Erfolgserlebnissen führt.[75]

• ***Rhythmus im Tageslauf:*** Die Kinder brauchen von außen gute Zeitstrukturen für jeden Tag der Woche. Die Erwachsenen müssen wissen, was täglich, was periodisch geschieht, wer wann zuständig ist. Wie werden die ersten Minuten nach dem Aufwachen und die letzten vor dem Einschlafen gestaltet?

Insbesondere der Moment des Gute-Nacht-Sagens sollte zu einem Höhepunkt des Tages werden. Das Kind hört eine kurze Geschichte, ein Lied wird gesungen, ein paar rückblickende Worte zum Tag werden ausgetauscht – was ist gewesen, was wird morgen sein? –, am besten ruhig betrachtend und in einer Stimmung, die den Tag gut sein lässt. Zum Abschluss ein Lied, ein schöner Spruch oder ein Gebet. So kann das Kind sowohl die Tageserlebnisse als auch die genossene Nahrung besser »verdauen«. Die Begrüßung am nächsten Morgen wird dann auch eher mit der nötigen Leichtigkeit und humorvollen Wärme gelingen, die Sicherheit ausstrahlt, dass man den Aufbruch zur Schule schaffen wird …

• ***Ausreichend körperliche Betätigung:*** Unruhige Kinder brauchen einen Schulweg! Wenn sie 20 – 30 Minuten gelaufen sind, haben sie in der Schule erst einmal das Bedürfnis zu sitzen. Eine größere Freude können sie dem Lehrer fast nicht machen. Auch die Nachmittage zuhause müssen genügend Gelegenheit bieten für körperliche Tätigkeit: wenn dies zuhause nicht möglich ist, dann beim Nachbarn oder auf einem in der Nähe gelegenen Bauernhof. Gartenarbeit, Holz sägen, Helfen mit dem Bollerwagen, Einkaufen, Handwerkliches und Basteln oder aber organisierte Halbtageswanderungen, als Elterninitiative seitens der Schule oder privat zu Hause organisiert.

- ***Striktes Medienverbot:*** Fernsehen, Video, Walkman, CDs sollten aus dem häuslichen Umkreis des Kindes verschwinden. Denn der frühe und häufige Konsum verursacht schon bei konstitutionell gesunden Kindern deutliche Schäden, die sich als Störungen der Aufmerksamkeit, des Zuhörenkönnens, des innerlichen Auffassens und Herstellens von Zusammenhängen bemerkbar machen. Daher kann der Gebrauch der Medien bei von motorischer Unruhe betroffenen Kindern deutlich zu Symptomverstärkung und damit zur Verschlechterung der Gesamtsituation beitragen. Wenn dann vom elften, zwölften Lebensjahr an hin und wieder gemeinsam Sendungen oder Filme ausgesucht werden, so sollten die Sendungen auch gemeinsam gesehen und anschließend im Gespräch verarbeitet werden.
- ***Gestaltung der Wohnung:*** Empfohlen wird, alles wegzuräumen, was man nicht unbedingt braucht. Gut ist, als Geschirr schwere Keramikbecher und Krüge zu benutzen, die nicht so leicht umfallen können. Anstatt Kerzen in Leuchtern (die umfallen und ausgepustet werden) lieber Laternen mit Teelichtern verwenden. Ein Hocker unter dem Tisch hilft, dass die Füsse fest auf etwas stehen können. Kleine Zimmer mit schließbaren Türen sind besser als große offene Koch-Wohn-Spielbereiche. Beim Helfen in Werkstatt und Küche kann das Kind auf einem Hocker stehen, damit es mehr Bewusstsein für seinen Standort bekommt.
- ***Ernährung:*** Phosphate, Geschmacksverstärker, Farbstoffe und Konservierungsmittel werden in Verbindung mit einer Reihe möglicher Nahrungsmittel-Allergien als Symptomverstärker ange-

Nachahmung – Spiel und Arbeit »wie die Großen«: So bilden sich Fähigkeiten

Abb. 105

Abb. 106

Abb. 107

Abb. 108

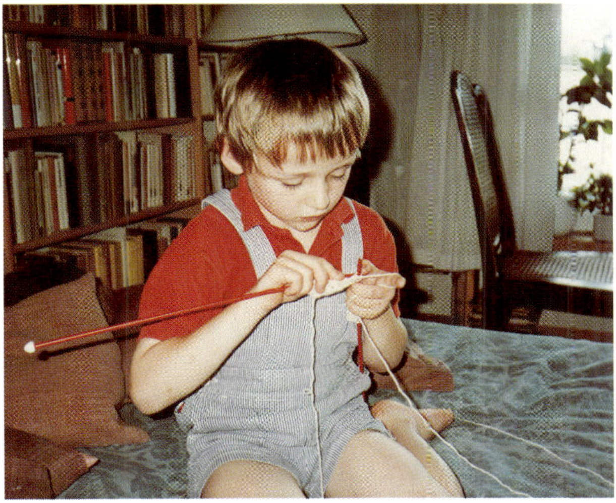

Abb. 109

Abb. 110

Abb. 111

Abb. 112

Abb. 113

Abb. 114

Abb. 115

Abb. 116

Abb. 117

Abb. 118

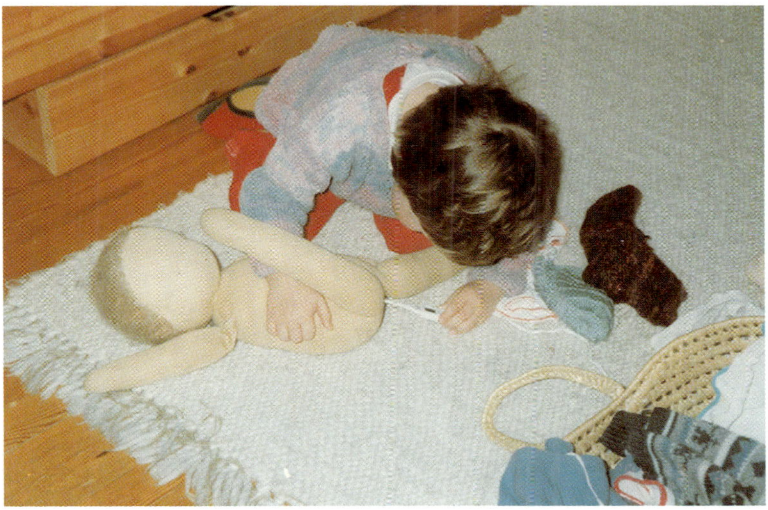

Abb. 119

Abb. 120: Es wird mehr gesehen und nachgeahmt, als uns manchmal lieb ist …

schuldigt. Wir raten zu keiner speziellen phosphatreduzierten Diät – nicht zuletzt, weil gerade so lebenswichtige Nahrungsmittel wie Milch und Nüsse Phosphat enthalten –, empfehlen jedoch eine gesunde Ernährung auf Getreidebasis (einschließlich Dinkel, Hirse, Buchweizen, Quinoa) mit ausreichend Salat und Obst. Vegetarische Kost bzw. sparsamer Fleischkonsum sollte bevorzugt werden. Alle als Symptomverstärker verdächtigen Nahrungsmittel werden erst einmal weggelassen und dann einzeln in kleiner, zuerst unwahrnehmbarer Menge in anderen Speisen versteckt in zweitägigen Abständen dargeboten. So werden sie langsam gesteigert, bis Unruhe auftritt. Dann bleibt man bei dieser Menge und beobachtet, ob sich das Kind daran gewöhnt – immer mit dem Ziel vor Augen, dass es möglichst abwechslungsreich essen darf. (Dies wird eintreten!) Auf keinen Fall sollte das Ausprobieren der Nahrungsverträglichkeit durch irgendwelche obskuren Tests ersetzt werden. Das gilt auch für Süßigkeiten, zunächst in Form von Rosinen und anderen Trockenfrüchten, ferner gutem Honig, etwas Vollrohrzukker oder sogar weißem Zucker, wenn sie zum leichten Süßen von Joghurt und anderem benutzt werden.

Nicht zu empfehlen sind jedoch die gekauften vorgesüßten Produkte, da sie sämtlich übersüßt sind, ferner erfahrungsgemäß Kakao und kakaohaltige Süßigkeiten. Sollte das Kind einmal nach einer selbstgemachten Süßspeise besonders unruhig geworden sein, so ist es besser zu sagen: »Das probieren wir übermorgen noch einmal aus«, als diesen Versuch gleich abzubrechen. Dann hat das Kind Gelegenheit zu zeigen, ob es gegen seine Unruhe angehen kann. Andererseits sollten Belastungsversuche nicht vor der Schule gemacht werden, weil das dem Kinde Enttäuschungen bereitet. Ein erfahrener Kinderpsychiater hat den Schulkindern morgens eine Tasse Kaffee empfohlen. Auch diese hatte – ähnlich wie die medikamentöse Therapie mit Ritalin – eine beruhigende Wirkung und außerdem den psychologischen Effekt, dass sich die Kinder von den Eltern anerkannt und verstanden fühlten.

Zusammengefasst: Eine vertretbare vielseitige, möglichst chemiefreie Kost einschließlich Getränken in regelmäßigen Abständen über den Tag verteilt.

• ***Sinnespflege:*** Damit sind die zwölf Sinnesfunktionen gemeint, wie sie in diesem Buch beschrieben werden (s. S. 299 ff.). Besonders in Betracht kommen die körperbezogenen Sinne wie Tast-, Gleichgewicht-, Eigenbewegungs- und Lebenssinn, Letzterer besonders unter dem Gesichtspunkt des Rhythmus für die Einschlaf- und Aufwachsituation und dem der Ernährung. Alle im weiteren besprochenen Therapien und pädagogischen Maßnahmen schließen diese Sinnespflege umfassend mit ein.

• ***Je nach Art des Kindergartens*** können für die Eltern erhebliche Entlastungen erzielt werden. Je größer die Gruppe und je kleiner der Personalschlüssel können jedoch Schwierigkeiten auftreten, die zu ersten Ausgrenzungen führen. Für die weitere Entwicklung dieser Kinder kann es von großem Wert sein, wenn das oben genannte Gespräch schon in dieser Zeit stattfindet und entsprechende Konsequenzen gezogen werden.

• ***In der Schule*** treten die Probleme dann noch viel deutlicher auf. Kleinklassen oder die Bildung von Kleingruppen in größeren Klassen können eine große Hilfe sein. Man muss den Lehrern zugute halten, dass ein bis zwei hyperkinetische Kinder in einer Großklasse einen geordneten Unterricht sprengen können. Auch hier ist wieder das konstruktive Gespräch zwischen Angehörigen und Lehrern möglichst vor dem Auftreten der Probleme zur gegenseitigen Vertrauensbildung wichtig. Zum Beispiel weiß man, dass ein unruhiges Kind auf einem Pferderücken ganz ruhig und aufmerksam wird, weil es unbewusst balancieren muss. So kann ein ganz unkonventionelles Angebot eines großen Gymnastikballes oder eines Barhockers als »Sitzplatz« in der Klasse ein hilfreiches Angebot darstellen. Wenn der Lehrer oder das Kind selbst merkt, dass es unruhig wird, darf es eine Zeitlang darauf sitzen und von dort aus zuhören. Geschickt eingefädelt erhält die Klasse so das Signal, dass eine solche Unruhe bei diesem Kind ein Naturereignis ist, an dem man sich nicht weiter aufhält. Das Kind hingegen bekommt das Vertrauen, dass der Lehrer ihm helfen will. Diese und ganz andere Hilfestellungen können aber nur gedeihen, wenn ein guter Kontakt zwischen allen gebildet wurde. Auf die Wichtigkeit eines Schulweges haben wir schon hingewiesen.

Besondere Therapieformen und Maßnahmen:

• *Sensorische Integrationstherapie und/oder Krankengymnastik* ist immer dann angezeigt, wenn Wahrnehmungs- und Handlungsseite des Kindes nicht sinnvoll zusammen stimmen.

• *Ergotherapie* (Beschäftigungs- und Arbeitstherapie) fängt im eigenen Zimmer mit Mutter oder Vater beim Malen, Kneten, Flechten an, kann sich fortsetzen im einfachsten Fingerweben oder Arbeiten mit stumpfer Stopfnadel. Wo eine Werkstatt ist, möchte man hämmern, mit Keilen Hölzer spalten und vor allem sägen lernen (mit väterlicher Führung der Säge). Sind solche Förderungen zu Hause nicht möglich, können sie als Ergotherapie auch außerhalb gesucht werden.

• *Heilpädagogische und Verhaltenstherapie*
Zu den Therapieformen, die auch nur ein- bis zweimal wöchentlich stattfinden können, zählen die Behandlungen bei niedergelassenen Heilpädagogen oder verhaltenstherapeutisch orientierten Psychologen. Sie zählen in erfahrener Hand und bei langfristiger Durchführung zu den erfolgreichen Therapien.

• *Singen und Musiktherapie*
Ebenso kann beim Singen eine Kraft kultiviert werden, die ungepflegt einer unbeherrschten Gefühlswelt anheimfällt. In der Musiktherapie nach Nordoff/Robbins wird versucht, die momentanen Regungen eines Kindes in Musik auszudrücken und ihm so halbbewusst zu vermitteln, dass es verstanden und begleitet wird. Dadurch können zum Beispiel die Aufmerksamkeit angeregt und häusliche Probleme gemildert werden (Auskunft: Institut für Musiktherapie, Universität Witten/Herdecke, Alfred Herrhausen Str. 50, Tel. 02302/926782)

- *Erzählen und Sprachpflege.* Dem Alter und Fassungsvermögen des Kindes angepasst kann eine tägliche Erzähl»stunde« segensvoll wirken. Meist wird man vorlesen mit natürlicher, nicht dramatisierender, sondern teilnahmsvoll-ruhiger Stimme (s. S. 380).

- *Rhythmische Massage* nach Ita Wegman kann helfen, dass sich das Kind in seinem Körper wohlfühlt und ihn besser durchdringt.

- *Bothmergymnastik.* Diese Gymnastikform ist zwar noch wenig bekannt, aber zur Entwicklung eines guten Körpergefühles ausgezeichnet geeignet. Sie entstand in der ersten Waldorfschule und wurde unter therapeutischen Gesichtspunkten unter anderem für unruhige Kinder und Jugendliche mit Essstörungen weiterentwickelt. (Nachweis in der Graf Bothmer Schule in Stuttgart, Tel. 0711/486949).

- *Heileurythmie* ist auf S. 514 beschrieben. Sie vermag, angepasst an die kindlichen Erlebnisweisen, körperliche und seelische Bewegung in der dort beschriebenen Weise zu stärken, damit das Kind sich selber findet.

- *Einreibungen, Wickel und Bäder*

Äußere Anwendungen können dem Kind in verschiedenster Weise helfen bei sekundär aufgetretenen Befindlichkeitsstörungen oder als zusätzliche anregende oder beruhigende Maßnahmen. Verordnet werden sie in der Regel von erfahrenen Ärzten oder Therapeuten.

Empfohlene Literatur:

Hallowell, Edward M. / Ratey, John J.: *Zwanghaft zerstreut. ADD – die Unfähigkeit, aufmerksam zu sein.* TB, Reinbek 1997.

Neuhaus, Cordula: *Das hyperaktive Kind und seine Probleme.* Ravensburg 1996.

Zum Umgang mit der Linkshändigkeit

In den vergangenen Jahrzehnten ist man üblicherweise dazu übergegangen, Linkshänder in der Schule von Anfang an links schreiben zu lassen. In manchen Schulen jedoch – insbesondere den Waldorfschulen – wird auch heute noch der Versuch gemacht, Linkshänder das Schreiben mit der rechten Hand zu lehren. Die Gründe hierfür liegen zum einen darin, den Linksorientierten einen zusätzlichen Freiheitsgrad zu verschaffen, indem sie auch mit der rechten Hand geschickter werden. Zum anderen beruhen sie auf einem vertieften Verständnis der Linkshändigkeit, auf das wir hier zu sprechen kommen wollen. Warum früher das Schreibenlernen mit der rechten Hand für Linkshänder oft traumatisch war und seelische Störungen wie Nervosität, Unruhe, Schul- und Versagensängste bis hin zu Ideenflucht und Stottern mit sich brachte, liegt auf der Hand: Das Kind erlebte seine linke Hand diskriminiert, und außerdem stand das Schreibenlernen unter Zeitdruck und Erfolgszwang. Davon darf natürlich in der Schule keine Rede sein. Vielmehr gilt es, mit Geduld und liebevoller Zuwendung dem Kind das Schreibenlernen mit der rechten Hand zu ermöglichen, so dass es stolz darauf ist, »so wie die anderen« schreiben zu können. Allerdings hat ein solcher Versuch eine unabdingbare Voraussetzung: Eltern, Lehrer und das Kind müssen sich einig sein, so dass es dem Kind – trotz aller Mühe – auch Freude macht, da es der Zuwendung und der Anerkennung der Erwachsenen für seine Mühe sicher sein kann. Warum sich ein solcher Schreiblernversuch empfiehlt, anstatt den Kindern nur einfach »freie Hand« zu lassen, sei im Folgenden näher begründet.

Welche Zusammenhänge bestehen mit dem Sprachzentrum?

Bekanntlich kreuzen sich die Nervenbahnen vom Körper kommend etwa in der Höhe des Eintritts in den Schädel (so genannte Pyramidenbahnkreuzung). Deshalb muss bei einer Verletzung der einen Schädelseite eine Lähmung oder eine Empfindungsstörung auf der anderen Seite auftreten. Neue Untersuchungsverfahren konnten unbestritten zeigen, dass die beiden Hirnhälften beim gesunden Erwachsenen unterschiedliche Funktionen repräsentieren. So steht die linke Hirnhemisphäre mehr dem logisch abstrakten, analysierenden Denken, die rechte Hemisphäre hingegen mehr dem synthetischen, bildbezogenen Denken zur Verfügung. Für die Sprache bildet sich im Laufe der Kleinkindzeit ein charakteristisches Zentrum in der linken Hemisphäre. Was lange nur vermutet, inzwischen aber durch mehrere Untersuchungsergebnisse übereinstimmend bestätigt wurde, ist die Tatsache, dass sich die Bildung dieses Sprachzentrums *mehrheitlich auch beim Linkshänder auf der linken Hirnseite vollzieht*. Nur etwa 12 – 15 % der Linkshänder haben ihr Sprachzentrum ausschließlich in der rechten Hemisphäre. Etwa 50 % haben es in der linken, die übrigen zirka 35 % haben ihre Sprachrepräsentation rechts und links. Darüber hinaus weiß man heute, dass auch noch später im Leben, beim Erlernen neuer Sprachen, weitere Sprachzentren entstehen können.

Aus den Ergebnissen physiologischer und psychologischer Untersuchungen sowie aus Statistiken an Hirnoperierten lässt sich erkennen, dass das Gehirn am Anfang des Lebens stärker beidseitig geprägt wird, dann aber zunehmend einseitige und regionale Prägungen und Festlegungen bestimmter »Zentren« erfolgen. Dabei sind viele dieser späteren Festlegungen im Gehirn rechts oder links schon vorgeprägt (zum Beispiel Raumorientierung rechts – Zeitprozesse, analytisches Erfassen links). *Für das Schreiben gilt nun, dass es keine solche vorgebildete Prägung eines Zentrums gibt, sondern sich die Repräsentation des Schreibvorgangs im Gehirn erst mit dem Lernen des Schreibens ausbildet und darüber hinaus auch nicht zur Prägung eines bestimmten Hirnareals als eines »Schreibzentrums« führt. Vielmehr sind verschiedene Zentren beim Schreibenlernen aktiv. Insofern gibt es von neurophysiologischer Seite keinen Einwand dagegen, dass linkshändig veranlagte Kinder rechts Schreibversuche machen dürfen.*

Beachten der Qualitäten von Rechts und Links

Dass Rechts und Links nicht einfach austauschbar sind, sondern jeweils eigene Qualitäten besitzen, war schon in alten Kulturen bekannt. Delaware-Indianer bevorzugten bei bestimmten Verrichtungen die linke Hand, zum Beispiel wenn sie den ovalen Pfad, auf dem die Tänzer die beiden Feuer umkreisen, mit Truthahnschwingen fegten, »denn die Linke ist heilig, die Rechte unheilig.»[76]

Lao-Tse sagte: »Ist der Weise daheim, dann schätzt er die Linke, braucht er die Waffen, dann schätzt er die Rechte. Waffen sind Unglückswerkzeuge, nicht des Weisen Werkzeuge ... Erfreuliche Handlungen bevorzugen die Linke, schmerzliche Handlungen bevorzugen die Rechte.«

Im alten China wurde die linke Schulter für eine fröhliche Zeremonie entblößt, die rechte in Erwartung einer Strafe. Beim Grüßen verbargen die Knaben die rechte Hand unter der linken, die Mädchen die linke Hand unter der rechten. Im Sudan erfolgt die Differenzierung nach Rechts und Links im Sinne von Männlich-Weiblich. Tätigkeiten, die als weiblich angesehen wurden, nahm man mit der linken Hand vor, als männlich angesehene Aktivitäten jedoch mit der rechten. Geschenke wurden beidhändig gekreuzt überreicht.

Schaut man daraufhin einmal an, welche Organe des Menschen mit ihren spezifischen Funktionen rechts und links im Körper ihre typische Lage haben, so zeigen auch sie deutliche Qualitätsunterschiede an. Die mehr rechtsbetont liegenden Organe Lunge (sie hat rechts drei Lappen, links nur zwei) und Leber stellen die für den Organismus notwendigen Außenbeziehungen her, die Lunge für die Luft, die Leber für das nährstoffreiche Blut aus dem Darm, in das die Nahrungsmittel aufgenommen werden. Die linksliegenden Organe Herz und Milz dienen hingegen dem Kreislauf und seiner Versorgung aller Organe. So gesehen entspricht es den Gegebenheiten unseres Organismus mehr, wenn eine so stark dem äußeren Verkehr dienende und im späteren Leben mehr automatisch ablaufende Tätigkeit wie die des Schreibens mit der rechten Hand geschieht. Denn das Schreiben ist den physiologischen Tätigkeiten der rechten Körperhälfte ähnlicher als denen der linken. Entsprechend sinnvoll ist es daher auch, dass das Fingerspiel bei Geige und Cello mit der linken Hand gelernt wird. Denn diese Tätigkeit ist mehr dem Hören und Verinnerlichen zugeneigt und geht »zu Herzen«.

Regelmäßiges Üben stärkt den Willen

Jede bewusst vorgenommene Wiederholung einer Handlung, und sei sie noch so klein, stärkt den Willen. So ist das Schreiben für jedes Kind eine Willensübung, für das linkshändige Kind ist sie es jedoch in besonderem Maß. Mehr als das rechtsseitig veranlagte muss es ein leises Unbehagen vor der Ausführung mit seiner rechten Hand überwinden. Umso größer ist jedoch dann auch der Erfolg – nicht nur für das Schreibenlernen, sondern für die Willenserziehung. Um dem Kind das Üben zu erleichtern, ist es hilfreich, die Formen der Buchstaben aus einem Bild zu entwickeln, dann mit Hand und Arm zunächst auf Packpapier zu gestalten, dann erst an der Tafel und schließlich groß auf einer ganzen Heftseite, so dass der ganze Körper des Kindes noch an der Bewegung beteiligt ist. Begleitet man dann das Kind beim immer kleiner werdenden Schreiben mit Verständnis, Liebe und Humor, dann strengt es sich dem Lehrer und den Eltern zuliebe an, und das Üben macht trotz aller Mühe Freude. Die durch solchen Übvorgang erfolgte Willensstärkung führt dann oft auch zu einer Besserung anderer Probleme wie Ungeschicklichkeit oder Unaufmerksamkeit. Selbstkontrolle und Selbstvertrauen haben durch den Übvorgang des Schreibens mit der rechten Hand eine Stärkung erfahren.

Der Schicksalsaspekt

Ein Linkshänder bringt andere Aufgaben und Qualitäten mit ins Leben als ein Rechtshänder.

Rudolf Steiner hat darauf aufmerksam gemacht, dass sich Linkshändigkeit als Folgezustand eines früheren Erdenlebens ergeben kann, in dem der betreffende Mensch sich körperlich und seelisch stark verausgabt hat. Das kann im nächsten Erdenleben dazu führen, dass die rechte Körperseite weniger kräftig ausgebildet ist als die linke. Unter diesem Gesichtspunkt erscheint die Dominanz der linksseitigen Qualitäten als Möglichkeit, im jetzigen Erdenleben mehr Innerlichkeit, Sensibilität und Bewusstheit auszubilden. Der Erziehung käme dann die Aufgabe zu, die so veranlagte Entwicklungsmöglichkeit zu stützen und dafür zu sorgen, dass die Kräfte der rechten Seite eine zusätzliche Stärkung erfahren. Hinzu kommt, dass es für die linke Seite besser ist, wenn sie fähigkeitsorientiert eingesetzt wird, das heißt, den Qualitäten der linken Seite entsprechend, nicht zum Schreiben, sondern zum Beispiel zum Geigenspiel. Wird das Schreiben mit der rechten Hand ausgeführt, so wird damit die Seite des Körpers in eine Tätigkeit versetzt, für die sie veranlagt ist: nämlich zum lebensnahen, umweltbezogenen Zupacken und weniger zum sensiblen Begleiten dessen, was geschieht.

Da die Waldorfpädagogik die geisteswissenschaftlichen Forschungsergebnisse Rudolf Steiners berücksichtigt, ist es verständlich, warum den Eltern geraten wird, für ihr Kind den Schreib-Versuch mit der rechten Hand zu erlauben. Alles andere jedoch wie Malen, Nähen, Schneiden darf mit der linken Hand erfolgen, wenn das Kind es will. Denn diese Tätigkeiten verlaufen zeitlebens bewusstseinsnäher und werden später nicht so unbewusst-automatisch gehandhabt wie das Schreiben. *Unser Anliegen ist es, deutlich zu machen, dass wir* ***keine Umstellung*** *von links auf rechts anraten und damit auch keine Dominanzänderung. Vielmehr wird lediglich das Schreibenlernen mit der rechten Hand empfohlen, wo dies sinnvoll erscheint und von den Beteiligten gewollt wird.* Dies erscheint aufgrund der heutigen Erkenntnisse der Dominanz- und Hirnforschung durchaus auch naturwissenschaftlich begründet.

Empfehlung zur individuellen Entscheidung

Wir empfehlen, ohne vorgefasste Meinung für jedes Kind eine individuelle Lösung zu suchen, die seinen Möglichkeiten entspricht. Dazu einige Beispiele: In einer Klasse wurden von der Lehrerin fünf Linkshänder festgestellt. Alle wurden einzeln untersucht, und es wurde mit den Eltern beschlossen, probeweise das Schreiben mit der rechten Hand zu üben. Interessant war, dass ein Junge nach Gebrauch, Geschicklichkeit und Kraft ein eindeutiger Rechtshänder war. Ausgerechnet er blieb konstant bei der linken Hand für das Schreiben und wollte den Versuch des Rechtsschreibens nicht fortsetzen. Bei den anderen gab es keine Probleme, rechts schreiben zu lernen, auch später nicht, und sie waren zufrieden mit ihrer Situation.

Ein neunjähriger Junge war Klassenkasper geworden. Bei der Untersuchung stellte sich heraus, dass er zwar mit der linken Hand schrieb, aber nicht besonders schön. Der Versuch, die rechte Hand zu benützen, ergab kein wesentlich schlechteres Ergebnis. Nach entsprechender Beratung wurde beschlossen, dass der Junge die nächsten Sommerferien dazu benutzen sollte, rechts schreiben zu lernen. Der Versuch gelang, und im Herbst darauf schwand auch seine Außenseiterposition in der Klasse.

Wie wichtig es bisweilen sein kann, auch die Kinder voll in die Entscheidung miteinzubeziehen, macht folgendes Beispiel deutlich: Bei der Einschulungsuntersuchung eines linkshändigen Erstklässlers sagt die Mutter, dass sie Wert darauf lege, dass ihr Kind in der Schule mit der linken Hand schreiben dürfe. Sie selbst sei auch Linkshänderin, und man habe sie seinerzeit zum Schreiben mit der rechten Hand gezwungen, was für sie zeitlebens traumatisch geblieben sei. Der Vater – wie sich im Laufe des Gespräches herausstellt, ebenfalls ein Linkshänder – sagt auf Befragen, dass für ihn das Schreibenlernen mit der rechten Hand kein Problem gewesen sei und er eigentlich durchaus dafür wäre, dass sein Sohn auch rechts schreiben lernt. Er wolle aber diese Sache nicht zum Streitfall werden lassen und habe sich daher der Meinung seiner Frau angeschlossen. Die Lehrerin fragt nun die Eltern, ob sie das Kind unter vier Augen fragen dürfe, wie es in der Schule schreiben lernen möchte. Die Eltern blicken sich an und zeigen sich einverstanden. Daraufhin fragt die Lehrerin den Kleinen: »Möchtest du so schreiben lernen wie die Mama oder so wie der Papa?« Daraufhin der Kleine prompt: »Wie der Papa ...« Und es gelang – auch zur vollen Zufriedenheit der Mutter, die jetzt erlebte, dass das Schreibenlernen eines Linkshänders mit der rechten Hand auch ganz anders erfolgen kann als damals in ihrer eigenen Kindheit.

Wird das Schreibenlernen mit der rechten Hand als ein spannender Versuch angesehen und dem Arbeitsrhythmus des Kindes angepasst, so kann dies, wie schon angedeutet, auch andere Probleme des Kindes mitglätten. Natürlich wird verabredet, wie lange man den Versuch macht und wann man sich zwischenzeitlich über das Ergebnis und Ergehen ausspricht. Selbstverständlich wird dabei nur das Schreiben und – im Falle der Waldorfschule – auch das Formenzeichnen rechts geübt. In allen anderen Tätigkeiten, zum Beispiel beim Malen, bleibt das Kind unbeeinflusst.

Praktische Hilfen

Die folgenden Gesichtspunkte können helfen, den Vorgang des Schreibenlernens mit der rechten Hand für Linkshänder zu erleichtern:

- Einigkeit von Eltern und Lehrern ist Voraussetzung für den Erfolg. Nur so erlebt das Kind die gleichbleibende unterstützende und motivierende Haltung der Erwachsenen bei seinen Bemühungen.
- Ist der Lehrer praktizierender Linkshänder, so schreibt auch er in den ersten Schuljahren, wenn die Nachahmung der Kinder noch stark ist, in Gegenwart der Kinder mit der rechten Hand an die Tafel, um durch sein Vorbild zu helfen.
- Genügend Zeit lassen! Das wird besonders an staatlichen Schulen nur nach individueller Rücksprache mit dem Lehrer möglich sein. In den Waldorfschulen sollte es kein Problem sein, da Schreiben und Lesen ohnehin viel langsamer eingeführt werden. Das erwähnte Großschreiben der einzelnen Buchstaben sollte von denen, die es mit dem Schreiben schwer haben, in der Schule und zu Hause auf dem Boden auf Packpapier möglich sein. In der Regel

wird man nach etwa drei bis fünf Monaten des Übens entscheiden, ob der Schreibversuch rechts erfolgreich war und die rechte Hand endgültig »die Schreibhand« wird.

- Ist der Entschluss zwischen Eltern und Lehrer gereift, den Rechtsschreibeversuch eines linkshändigen Kindes als »gescheitert« zu beenden, so sollten beide voll dahinterstehen und dem Kind jede Möglichkeit bieten, das Schreiben mit der linken Hand möglichst entspannt nach den hierfür erarbeiteten Erfahrungen zu lernen (s. Literatur).
- Auf Verhaltensänderungen achten und sorfältig prüfen, ob diese mit dem Schreibenlernen zu tun haben oder mit Beziehungsstörungen wie zum Beispiel Angst vor Nachbarskindern, Freundschaftsverlust oder Eheproblemen der Eltern.
- Für alle Kinder sind während der Zeit des Schreibenlernens Formenzeichnen und Eurythmie eine wertvolle Unterstützung. Bei besonderer Ungeschicklichkeit können noch Geschicklichkeits- und Aufmerksamkeitsübungen hinzukommen, die für Beidhänder und Linkshänder die Praxis und Konzentration auf die rechte Seite fördern, zum Beispiel das Verfolgen mit dem Blick eines lustigen Gegenstandes, der den rechten Arm »hinunterkrabbelt«.
- Keine Belohnungen materieller Art versprechen. Die wirkliche Belohnung ist die Freude der Erwachsenen an den kleinen Fortschritten und der Stolz des Kindes, wenn es merkt, dass es vorwärts kommt. Werden materielle Belohnungen versprochen, so gewöhnt sich das Kind daran, nicht aus Freude am Tun, aus Liebe zur Sache zu arbeiten, sondern in Abhängigkeit von Belohnung. Auch kann man dem Kind ein kostbares Steinchen oder eine schöne Muschel schenken, die es während des Schreibens in der linken Hand festhalten kann, um nicht aus Versehen den Stift von rechts nach links wandern zu lassen. Hierzu ein Beispiel: Ein linksdominanter Erstklässler war zunächst gar nicht erbaut davon, dass er rechts schreiben sollte. Eltern und Lehrer berieten noch einmal darüber und entschlossen sich, doch gemeinsam zu ihrer Vereinbarung zu stehen. Der Junge bekam vom Lehrer einen schönen Stein zum

Festhalten für die linke Hand. Nach einer Woche erhielt der erstaunte Lehrer den Stein mit den Worten zurück: »Ich denke jetzt selbst daran, Du kannst den Stein wiederhaben.«

- Wer sich im späteren Lebensalter dazu entschließt, das Schreiben mit der rechten Hand zu lernen, der unternimmt dies am besten in den Sommerferien. Wenn Schüler dies wollen, so raten wir, sich ein schönes Heft bzw. Buch mit leeren Seiten zu kaufen und jeden Tag etwas mehr hineinzuschreiben an Tagebuchaufzeichnungen, Dichtungen und sonstigen Texten, die ihnen gefallen.

Empfohlene Literatur:

Bishop, D.V. M.: *Handedness and Developmental Disorders.* Oxford 1990.

Glöckler, Michaela (Hrsg.): *Das Schulkind. Gemeinsame Aufgaben von Arzt und Lehrer.* Dornach ³1998.

– *Gesundheit und Schule.* Dornach 1998.

Popper, Karl R. / Eccles, J. C.: *Das Ich und sein Gehirn.* München / Zürich ⁶1996.

Ullmann, Johannes F.: *Psychologie der Lateralität.* Bern 1974.

Zur Linkshändigkeit. Schriftenreihe zur Heileurythmie-Ausbildung, Heft 5. Heileurythmie-Ausbildung, Heubergstraße 15, 70188 Stuttgart.

Zum Problem der Lese- und Rechtschreibschwäche (LRS oder Legasthenie)

Unter Schreib-/Leseschwäche wird heute die isolierte Lernstörung dieser Fähigkeiten verstanden bei sonst normal intelligenten Kindern. Etwa 3–8 % der Kinder sind davon betroffen. Eltern und Lehrer sind aufgerufen, sich nach wirksamer Hilfe umzusehen, da sonst für die Kinder ein unzumutbarer Leidensweg beginnt. Es sei der Versuch gemacht, einige Gesichtspunkte zum Verstehen und Lindern dieser Störungen aufzuzeigen.

Die Buchstabenschrift zu lernen, fordert vom Kind die Fähigkeit und Bereitschaft, aus den Worten, die es als Ganzheit kennt, einzelne Laute herauszulesen, das heißt das Wort zu zerstückeln. Statt seinem Sinn zu lauschen, soll jetzt nur noch einem Teil des Wortklangs die Aufmerksamkeit zugewendet werden. Gleichzeitig wird eine zweite Abstraktion verlangt: zu glauben, ein bildloses Zeichen sei der Laut selbst. Man mache sich einmal klar, was es für Kinder bedeutet, die bisher ein Bilderbuch mühelos auf dem Kopf »lesen« konnten, wenn sie jetzt mit folgenden nichts-»sagenden« und qualitativ ganz gleichen Zeichen konfrontiert werden:

d b
q p

Diese abstrakten Zeichen aus Geraden und Bögen bekommen ihren Sinn nur durch eine ganz bestimmte Lage zu einem selbst. Nicht einmal aussprechen kann man sie, ohne dass ihnen noch ein Vokal angehängt wird. Aus solchen ungenauen Dingen nun wieder Worte entstehen zu lassen, ist eine »undurchschaubare Kunst«. Warum schreibt man das Wort »echt« nicht mit ä, warum hört man »legn« und schreibt »legen«? Wenn ich g alleine ausspreche, wird ja auch kein »e« dahinter geschrieben.

Aus diesen Andeutungen mag hervorgehen, wodurch etliche der Unsicherheiten und Störungen auftreten können. Kinder, die ein Zeichen noch als Bild sehen, werden Schwierigkeiten bekommen. Ebenso Kinder, die die Aussagen des Lehrers zu wörtlich nehmen, erst recht, wenn ihnen gesagt wird, »schreibe es so, wie du es hörst oder sprichst«, und sie das dann glauben. Deutlich wird schon hier, dass ein zeitlich weit gespannter Rahmen für das Schreiben- und Lesenlernen sicher kindgemäß ist. Aber auch der Wunsch taucht auf, dass der Lehrer doch möglichst ein Schriftgelehrter in dem Sinne sein möge, dass er die Fallstricke für Legastheniker kennt und das Schreiben in sicheren Etappen aufbaut, die ja in der Lautanalyse erforscht sind.

Es kann auffallen, wie manche Kinder das Schreiben und Lesen wie von alleine lernen und alle Ausnahmen der Regeln wie im Spiel verarbeiten. Sie machen den Eindruck, als ob sie das Schreiben nur wieder erinnern müssten. Bei anderen dagegen fällt eine Welt zusammen, weil sie bisher keine oder nur gering erscheinende Orientierungsschwierigkeiten hatten und überall mitmachen konnten, während ihnen jetzt plötzlich etwas abverlangt wird, das für sie undurchschaubar bleibt. Einige Zeit schreiben sie dann noch nach Gesetzen, die Kenner der Legasthenie als Versuche besonders guten Zuhörens identifizieren können. Später treten immer stärkere Deformierungen der schriftlichen Wortgestalt auf, woran die zunehmende Resignation des Kindes erkannt wird. Oft stellen sich zu diesem Zeitpunkt vegetative Symptome ein wie Blässe, Krankheitsanfälligkeit, Müdigkeit, Schlappheit, Schlafstörungen, Bauchweh, Einnässen, Aggressionen. Ja, es finden sich auch schwere organische Krankheiten in der Liste derjenigen, die als unerkannte Legastheniker in ärztliche Behandlung kommen. Gerade bei diesen Kindern mit organischen Krankheiten wird leicht übersehen, dass eine Rechtschreibschwäche ursächlich zugrunde liegen oder verschlechternd eine Rolle spielen kann. Aber auch die vegetativen und seelischen Symptome zeigen deutlich an, dass der Zustand jetzt Krankheitswert hat. Wichtig ist, dass man bei allen diesen Symptomen auch an eine Schreib-/Leseschwäche denkt und entsprechende Proben macht. Dabei genügt es natürlich nicht, sich nur auf die Verwechslungen von d und b oder p und q zu stützen. Schwieriger ist es, die anderen inzwischen eingetretenen Leistungsmängel hinsichtlich ihres Ursprungs zu bewerten. Hier ist eine eingehende Diagnostik und anschließende individuelle Förderung notwendig. Die Schreibfehler des Kindes müssen genau analysiert werden, aber auch seine allgemeine Orientierungsfähigkeit, die Körperbeherrschung, Gestaltwahrnehmung und Sprachaufnahme- und Sprechfähigkeit. Danach wird die Therapie jeweils individuell geplant. Sobald sich das Kind durch die Therapie auf gutem Wege erlebt und erste Fortschritte sichtbar werden, wächst sein Vertrauen, und die vegetativen Symptome verschwinden bald. Für den Erfolg des Schrift- und Leseunterrichtes müssen längere Zeiträume vorgesehen werden, bei früher Erkennung und ganzheitlicher Betreuung ein bis zwei Jahre, sonst meist länger. Für schwere Fälle ist die Kontaktnahme mit einem Institut für Legastheniker-Therapie zu empfehlen. Zusätzlich ist eine sensomotorische Integrationstherapie und/oder Heileurythmie hilfreich, um die Voraussetzung für eine erfolgreiche Behandlung zu verbessern. Immer ist jedoch eine enge Zusammenarbeit zwischen dem Therapeuten, den Lehrern und Eltern notwendig.

Vorbeugend wirksam ist, was wir im Kapitel »Kindliche Entwicklung und soziales Umfeld« sowie in dem Kapitel über »Erziehung und Gesundheit« für die Vorschulzeit ausgeführt haben – insbesondere auf dem Gebiet der Sinnespflege, der Bewegungs- und Sprachförderung. Kleinkinder, die ungeschickt wirken, verschlafen oder sprachlich zurück sind, können bezüglich ihrer Sinnestätigkeiten und der Gedächtnisbildung gefördert werden. Die Gestaltung des Tages- und Jahreslaufes, wie zum Beispiel in einem Waldorfkindergarten, kann dafür als Vorbild gelten. Durch solche Anregungen wird die notwendige Metamorphose der Wachstumskräfte in Gedankenkräfte unterstützt (siehe S. 378 ff.), die für alles denkerische Tun Voraussetzung ist und bei der Legasthenie unregelmäßig verläuft. In den ersten Schuljahren sind für Kinder mit Orientierungsstörungen in Raum, Zeit und Bewusstsein Maßnahmen zu empfehlen, die vom Lehrer oder Therapeuten im Schulzusammenhang ausgeführt werden können:

- Wahrnehmungsübungen: Es werden geformte Gegenstände gemeinsam angeschaut und beschrieben. Dafür können auch Bilder, Pflanzen oder Steine genommen werden.
- Das Laufen von Formen und deren Spiegelbild auf dem Fußboden.

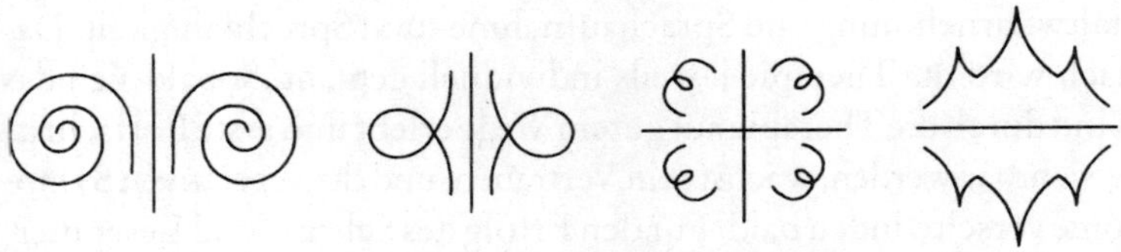

Beispiele für Symmetrie-Übungen zum Laufen oder Zeichnen.
Vgl. auch Kranich, E.-M. / Jünemann, M.: »Formenzeichnen«, Stuttgart [2]1992.

- Zeichnen der Formen mit dem Fuß (Stifte zwischen die Zehen nehmen und auf hellem Einwickelpapier schreiben – am besten mit Wachsmalstiften oder sogenannten Dickies).
- Beschreiben der Formen mit der Hand in der Luft bei geschlossenen Augen.
- Zeichnen der Formen aus dem Gedächtnis am nächsten Tag aufs Papier, nachdem der ganze Vorgang real und in der Erinnerung mit dem Kinde wiederholt wurde.
- Wiederholen aller Schritte (mit Ausnahme der Symmetrieübungen) am Beispiel der Buchstabenformen.
- Aufbauende Übungen im Schreiben von Gehörtem, beginnend mit einfachsten Silben. Spielerisches, aber systematisches Übergehen in mehrsilbige, lautgetreue Worte und erst später in Worte, die nur durch Regeln richtig geschrieben werden können.
- Später kurze regelmäßige Diktate mit lautgetreuen Worten, die möglichst wenig Misserfolgserlebnisse erzeugen.
- Heileurythmische Behandlung.

Im Umgang mit lese-/rechtschreibschwachen Kindern sollte freudiger Optimismus verbreitet werden. Denn oft werden die vorhandenen Probleme dadurch noch vertieft, dass die Kinder unter ihren Versagenszuständen leiden und nicht genügend moralische Unterstützung erfahren bzw. resignierende Erwachsene erleben. In leichteren Fällen von Legasthenie kann ein kompletter Ausgleich erzielt werden. Bei schweren Fällen kann durch spezielle Förderung und systematisches Üben eine deutliche Besserung der Symptome eintreten, wodurch die Integration des Kindes in den Lese- und Schreibprozess weitgehend ermöglicht wird. (Zur Rechenschwäche s. Anm. 77.)

Empfohlene Literatur:

Defersdorf, Roswitha: *Ach, so geht das!* Freiburg 1993.
Firnhaber, Mechthild: *Legasthenie und andere Wahrnehmungsstörungen.* Frankfurt a. M. 1997.

Zur Wirkensweise der Heileurythmie

In der von Rudolf Steiner in den Jahren 1911 bis 1924 begründeten und weiter entwickelten Bewegungskunst Eurythmie werden die Elemente von Sprache und Musik in spezifischen Bewegungsformen gehandhabt.

Grundlage dafür ist ein genaues Erfassen der einzelnen Sprach-, Laut- und Tonqualitäten. Die Vokale und Konsonanten werden ebenso wie die Töne und Tonintervalle von der Prim bis zur Oktave in ihrem Zusammenhang mit der menschlichen Gestalt studiert. Denn die Bewegungen, die den Lauten und Tönen entsprechen, sind die gleichen, die auch während der Embryonalentwicklung zu beobachten sind: im Wachsen und Innehalten, Aussprossen und Einstülpen, Erweitern und Konzentrieren, Umschließen und Abstoßen, Berühren und Durchformen, in der Proportionenbildung sowie in den Strömungsformen der Blut-und Gewebeflüssigkeit.

Mit den sich daran orientierenden Grundgesten der Eurythmie ist der Reichtum aller Bewegungstendenzen des menschlichen Organismus erschlossen, aber auch derjenige in der belebten und unbelebten Natur. Denn wir finden diese Gesten in den verschiedenen Wuchsformen der Pflanzen und Tiere und im Bewegungsspiel an Grenzflächen zwischen den Medien des Festen, Flüssigen und Gasförmigen wieder. Aus diesem Grunde kann man die Eurythmie eine »sichtbare Ursprache« nennen, in der Natur und Mensch ihre Botschaften durch Gesten aussprechen. Dadurch ist sie auch eine Schulungsmöglichkeit, um sich in die Gestaltung und das Werden der sichtbaren Natur einzuleben, indem jede Form als zur Ruhe gekommene Bewegung aufgefasst und so in ihrer Bildung zum Ausdruck gebracht werden kann.

In der *Kunsteurythmie* werden Gedichte, Erzählungen und dramatische Werke sowie ein- und mehrstimmige Musikstücke bis hin zu ganzen Orchesterwerken einstudiert und auf der Bühne in Einzeldarstellungen und im Ensemble aufgeführt.

In der *pädagogischen Eurythmie* lernt der Schüler vom Kindergartenalter an bis zum zwölften Schuljahr sich zunächst geschickt im Raum zu orientieren und zu bewegen. Im Einüben künstlerischer Werke lernt er dann seine Bewegungen so zu gestalten, dass er seelische Erlebnisse in vielfältigster Weise ausdrücken kann. Außerdem erfährt er beim gemeinsamen Tun mit den anderen, dass eine große künstlerische Darstellung nur gelingt, wenn er seinen Beitrag selbstlos dem Ganzen einfügen kann. Dadurch werden in hohem Maße auch soziale Fähigkeiten gefördert.

In der *Heileurythmie* werden bestimmte Laut- und Toneurythmie-Übungen so erarbeitet, dass sie durch wiederholtes Ausführen die Aufbautätigkeiten des Körpers anregen und krankmachenden Veränderungen entgegenwirken. Geschwindigkeit und Intensität der einzelnen Übungen werden so gewählt, dass sie die zu schwachen oder überschießenden Bilde-Impulse des Organismus entsprechend fördern oder zügeln. Ebenso können harmonisierende, anregende, konzentrationsfördernde oder beruhigende Übungen gemacht werden. Bei Teilleistungsstörungen sind jeweils bestimmte Geschicklichkeits-, Raumorientierungs- und Symmetrie-Übungen hilfreich. Auch Bewegungsstörungen, Taubheit und Blindheit können durch Heileurythmie mitbehandelt werden, indem das Kind seinen Körper seelisch besser zu durchdringen lernt. Die Verordnung erfolgt durch den Arzt in Zusammenarbeit mit dem Lehrer und dem Heileurythmisten.

Empfohlene Literatur:

Bardt, Sylvia: *Eurythmie als menschenbildende Kraft. Erfahrungen aus der pädagogischen Praxis.* Stuttgart 1998.

Horny, Ilse: *Der Weg ist das Ziel. Lebensstufen im Geiste der Eurythmie und deren gestaltende Kraft bei den Hochfesten des Jahreskreises.* Basel 1993.

Pals, Lea van der: *Was ist Eurythmie?* Dornach [5]1994.

Veit, Wolfgang: *Eurythmie.* Stuttgart 1985.

Erkennen und Pflegen des kindlichen Temperamentes

Die vier Temperamente

Temperare heißt »mischen«. Die Lehre von der »richtigen Mischung« der Körpersäfte und den damit verbundenen Seeleneigenschaften ist durch Hippokrates aus der antiken Medizin überliefert. In der neueren Zeit verlor sie diagnostisch und therapeutisch zunehmend an Bedeutung. Erst Steiner hat sie wieder neu in die Pädagogik eingeführt und ihre Bedeutung für ein vertieftes Verständnis des Leib-Seele-Zusammenhangs aufgezeigt.[78]

Da die konstitutionellen Gegebenheiten im Kindesalter bis zu einem gewissen Grad noch wandelbar sind, liegt hier ein dankbares Feld vor, auf dem mit pädagogischen Mitteln therapeutische Wirkungen erzielt werden können. Diese haben zum Ziel, den Umgang mit dem Temperament zu erleichtern. Wie verschieden Temperamente unsere Reaktionen und unser Verhalten prägen, zeigt in humorvoller Weise folgendes Gedicht:

Die vier Temperamente und der Stein im Weg

Leicht springt über den Stein der Sanguiniker keck und mit Anmut,
Stolpert er trotzdem darob, macht er sich wenig daraus.
Grimmig stößt ihn beiseit des Cholerikers kräftiger Fußtritt,
Und sein funkelndes Aug' freut sich des guten Erfolgs.
Kommt das Phlegma daher, so hemmt es gemäßigt die Schritte:
»Gehst du mir nicht aus dem Weg, gehe ich eben herum.«
Aber grübelnd vor ihm bleibt der Melancholiker stehen,
Unzufried'nen Gesichts über sein ewiges Pech.

Heinrich Peitmann

Temperament und Konstitution

Im menschlichen Organismus wirken das Feste, Flüssige und Luftförmige mit der Wärme als viertem Element zusammen (vgl. Seite 191). Die Art des Zusammenwirkens dieser »vier Elemente« hat auch einen bedeutenden Einfluss auf das seelische Erleben. Dieses ist eher schwerblütig und traurig gestimmt, wenn konstitutionell die Eigentümlichkeiten des festen Aggregatzustandes überwiegen. Umgekehrt ist es zu Heiterkeit und Frohsinn veranlagt, wenn die luftförmige Funktionsordnung vorherrscht. Wenn jedoch die Eigenheit des flüssigen Elementes hervortritt, erleben wir uns eher ruhig und ausgeglichen. Beim Überwiegen der Wärmeeigenschaften jedoch sind wir am liebsten initiativ und tätig.

Es ist Steiners Verdienst, durch die Einführung der vier Wesensglieder in die Betrachtung des Leib-Seele-Zusammenhangs die Brücke geschlagen zu haben zwischen der alten »Elementen- und Säftelehre« der hippokratischen Medizin und der modernen natur- und geisteswissenschaftlich orientierten Medizin und Pädagogik:

Temperament	*Element / Aggregatzustand*	*Wesensglied*
cholerisch	Wärme	Ich-Organisation
sanguinisch	Luft	Seelenorganismus (Astralleib)
phlegmatisch	Wasser	Lebensorganismus (Ätherleib)
melancholisch	feste Erde	physischer Leib

Das cholerische Temperament

Entsprechend der im Organismus dominierenden Wärmetätigkeit wirkt der Choleriker leicht gestaut und stets ein wenig »wie unter Druck« stehend. Historischer Prototyp dieses Temperamentes ist Napoleon: eine gedrungene Gestalt mit imposantem Kopf, kurzem Nacken und im Verhältnis zu dem langen Rumpf relativ kurzen Gliedmaßen. Der Gang des Cholerikers ist resolut und dynamisch, meist tritt er kräftig mit der Ferse auf. Initiative, idealistischer Einsatz und Durchhaltevermögen sind ihm eigen, ebenso Wahrheitsliebe, Begeisterungsfähigkeit, Pünktlichkeit – aber auch leichte Erregbarkeit, wenn etwas nicht so läuft, wie es geplant war. Selbstverständlich können all diese Eigenschaften sich ins Negative verkehren, wenn sich der betreffende Mensch nicht für ein idealistisches, sondern für ein eigennütziges Ziel einsetzt. Dann treten leicht rücksichtsloses Verhalten, Sturheit und Geltungsbedürfnis in den Vordergrund. Es ist verständlich, dass so zielbewusste Menschen im beruflichen Leben häufig in führenden Positionen anzutreffen sind.

Cholerische Kinder sind recht anstrengend. Sie fallen durch Zornanfälle oder dramatische emotionelle Ausbrüche auf, können toben, um sich schlagen und bisweilen tatsächlich versuchen, »mit dem Kopf durch die Wand« zu gehen. Sie können sich aber auch vorbildlich für besondere Aufgaben, für andere Kinder oder für die Wiedergutmachung von Fehlern einsetzen. In der Schule sind sie stets anregend. Meist sind sie die »Zugpferde« beim Unterrichtsgespräch, kommen ungern zu spät, freuen sich, wenn sie vom Lehrer »drangenommen« werden und der Klasse etwas zeigen dürfen. Allerdings sind sie auch anspruchsvoll und lassen sich keinesfalls alles bieten oder sagen.

Das sanguinische Temperament

Der Sanguiniker fühlt sich erst dann richtig wohl, wenn er einen menschlichen Umkreis hat. Er ist offen und hat für alles, was um ihn herum vorgeht, Interesse. Sein Urteil ist selten prinzipiell; auch trägt er normalerweise nichts nach und ist außerordentlich kontaktfreudig. Sanguinische Kinder erkennt man daran, dass sie ständig in Bewegung sind und sich leicht verausgaben. Das führt dazu, dass sie nachts oft mehr Schlaf brauchen und auch mittags bis ins Schulalter hinein einer Pause bedürfen.

Als Schüler erfreut sich der Sanguiniker allgemeiner Beliebtheit, weil ihm leicht etwas Lustiges einfällt. Auch im Erwachsenenalter schätzt man das Anregende seiner Unterhaltung und freut sich, dass er einen gleich beim Namen kennt. Zur Gefahr wird dieses Temperament dann, wenn das Fröhliche ins Unverbindliche abgleitet und der oberflächliche »Hans Dampf in allen Gassen« in den Vordergrund rückt.

Konstitutionell ist der Sanguiniker meist von schlankem Wuchs, leichtem, feingliedrigem Knochenbau, neigt zu lockigem kräftigem Haarwuchs, beweglicher Mimik und Gestik. Sein Gang ist eher hüpfend und zehenbetont. Der Volksmund nennt ihn »Luftikus«.

Das phlegmatische Temperament

Wer überwiegend die Seeleneigenschaften des Phlegmatikers besitzt, hat die Fähigkeit, in schwierigen Situationen die Ruhe zu bewahren und da ausgleichend zu wirken, wo zum Beispiel der Choleriker längst die Tür hinter sich zugeknallt hätte. Ohne die Geduld dieser Menschen, ihre Treue, Ausgeglichenheit und Gewohnheitsliebe sowie ihre Genauigkeit in der Ausführung von Arbeiten könnte eine Gemeinschaft von Menschen nicht existieren. Unter den Phlegmatikern finden sich ideale Mütter und Lehrer: Sie sind der ruhende Pol, im Wesen nicht aggressiv, stets um Ausgleich bemüht und außerordentlich verlässlich. Im Kindesalter erkennt man den Phlegmatiker zuweilen an den staunenden Augen, mit denen er in die Welt blickt. Mitten im Trubel kann er stillvergnügt dasitzen, besonders dann, wenn er etwas zum Essen entdeckt hat und es nun genüsslich verzehrt. Er lässt sich nicht aus der Reserve locken und schon gar nicht durch einen Kommandoton, mit dem man ihn endlich einmal auf Trab bringen will. Angesichts solcher Zumutungen wird er erst recht gemütlich. Er kann seinen Lehrer leicht zur Verzweiflung bringen, wenn er zum Beispiel seinen Füllhalter erst dann aufschraubt, wenn die anderen schon fünf Sätze geschrieben haben. Es liegt auf der Hand, dass dieses Temperament zur Gefahr wird, wenn Ruhe in Langweiligkeit, Gewohnheitsliebe in Pedanterie und Spießertum ausarten.

Konstitutionell ist der Phlegmatiker von harmonischen Proportionen, solange die Sympathie für gutes Essen ihn nicht pummelig werden lässt. Sein Gang ist gemächlich mit solider Sohlenabrollung. Seine negativen Eigenheiten werden in der Umgangssprache gern als »zähflüssig« oder »tranig« bezeichnet.

Das melancholische Temperament

Bereits im Kindesalter fallen die ausdrucksvollen Augen in dem oft schmalen Gesicht des Melancholikers auf. Erlebnisse und Begegnungen wirken lange bei ihm nach, und er kann noch am Abend über etwas weinen, das ihm am Vormittag begegnet ist. Als Schüler und Jugendlicher fühlt er sich oft unverstanden und unerkannt. Er selbst nimmt lebhaften Anteil an allem tragischen Geschehen und leidet besonders in einer Umgebung, die von Oberflächlichkeit und Unverbindlichkeit geprägt ist. Im Erwachsenenalter treten Tiefsinn, Ernsthaftigkeit und die Fähigkeit mitzuleiden positiv hervor. Zur Gefahr wird die Melancholie dann, wenn Selbstbezug, Selbstbespiegelung und nörgelnde Kritiksucht sich und anderen gegenüber in den Vordergrund treten oder wenn der Gerechtigkeitssinn in neidisches Vergleichen abgleitet.

Konstitutionell finden wir beim Melancholiker meist einen schlanken hohen Wuchs, oft verbunden mit einer leichten allgemeinen Bindegewebsschwäche, die den Eindruck des Sich-hängen-Lassens oder einer »schlechten Haltung« unterstützt. Der Kopf ist oft besonders schön geformt mit tiefliegenden Augen. Der Gang kann fest und gemessen, aber auch schwerfällig sein.

Schon aus dieser knappen Charakteristik der Temperamente wird deutlich, dass es von der Ich-Aktivität des einzelnen Menschen abhängt, ob das Temperament bei ihm als besondere Begabung hervortritt oder zur Gefahr wird. Daher muss das Ziel der pädagogischen Behandlung die Stärkung eben dieser Ich-Funktion sein. Das wird erreicht, indem dem Kind Gelegenheit geboten wird, den Umgang mit seinem Temperament zu üben, um es auf diese Weise vom Ich aus beherrschen zu lernen. Mit »Harmonisierung« eines einseitigen Temperamentes ist also niemals »Nivellierung« gemeint, sondern vielmehr die Fähigkeit, damit umzugehen.

Zur pädagogischen Behandlung

Die Erfahrung zeigt, dass es nichts nützt, wenn versucht wird, einen Phlegmatiker anzutreiben oder einem Choleriker Einhalt zu gebieten, indem man ihm bedeutet, er solle nicht so wild sein. Ebensowenig wird es gelingen, einen Sanguiniker durch Ermahnungen zur Aufmerksamkeit zu bringen oder einen Melancholiker mit Späßen aufzuheitern. Vielmehr wird genau das Gegenteil des Gewünschten eintreten: Bei einem Ansporn wird der Phlegmatiker in noch tiefere Ruhe versinken, der Choleriker wird durch die Zurechtweisung erst recht ärgerlich werden, der Melancholiker sich ganz verschließen und der Sanguiniker nach wenigen Minuten wieder genauso unruhig sein wie zuvor. Im Umgang mit dem kindlichen Temperament gilt vielmehr das therapeutische Simileprinzip, dass Gleiches durch Gleiches geheilt werden kann. Das heißt für die Schulpraxis, dass die Sitzordnung der Kinder nach folgenden Gesichtspunkten vorgenommen werden kann: Es werden die Kinder nebeneinandergesetzt, die dasselbe einseitig hervorstechende Temperament besitzen. Da können sich die Choleriker nun gegenseitig knuffen, müssen ihre Kräfte aneinander messen und erhalten dadurch Gelegenheit, ihr Temperament langsam, aber sicher aneinander abzuschleifen. Sie erleben dabei unbewusst die Einseitigkeit und das Ergänzungsbedürftige ihres eigenen Wesens in der Auseinandersetzung mit dem anderen. Etwas Ähnliches geschieht mit den Phlegmatikern. Sitzen sie nebeneinander, so öden sie sich bald gegenseitig an und werden durch ein leises Unbehagen schließlich wacher und aktiver. Das hat zur Folge, dass sie anfangen, sich gegenseitig anzuregen oder mehr nach den anderen Kindern zu schauen. Die Melancholiker freuen sich, einen Nebensitzer zu haben, von dem sie sich verstanden fühlen. Dadurch werden sie im Innern friedvoller und nach außen hin entsprechend aufgeschlossener. Sie sind besonders darauf angewiesen, einen Freund zu finden, dem sie ihr Inneres anvertrauen können und der sie versteht.

Die Sanguiniker jedoch fangen bald an, sich gegenseitig auf die Nerven zu gehen. Das damit verbundene Missbehagen aneinander bringt sie etwas mehr zu sich und macht sie dadurch konzentrierter.

Gelingt es dem Lehrer außerdem noch, seinen Unterricht entsprechend den Temperamentsbegabungen der Schüler zu gestalten, alle Temperamente wirklich anzusprechen und am Unterrichtsgeschehen zu beteiligen, so werden diese Eigenschaften gepflegt. Rudolf Steiner hat in der Lehrerausbildung großen Wert darauf gelegt, dass sich der Pädagoge durch Selbsterziehung eine gewisse Handhabung aller vier Temperamente aneignet. Denn um mit einem Choleriker zurechtzukommen, muss er selbst in der Lage sein, kräftig in Erscheinung zu treten – ebenso wie er fähig sein muss, sich im nächsten Augenblick auf den Lebensrhythmus und das Lebensgefühl eines Phlegmatikers einzustellen.

Es seien nun noch einige spezielle Förderungsmöglichkeiten genannt, die dem Ich des Kindes helfen können, von seinem Temperament aktiv Besitz zu ergreifen.

Die Entwicklung des *Cholerikers* wird unterstützt, wenn ihm von den Taten großer Menschen so erzählt wird, dass er Achtung vor ihren Leistungen gewinnt und sie schätzen lernt. Ebenso sinnvoll ist es, ihm schwierige Aufgaben anzuvertrauen, die seine Kräfte voll in Anspruch nehmen. Auch ist es hilfreich, gerade ihn ein Solo-Instrument lernen zu lassen, denn dadurch wird seine Tendenz zu Ehrgeiz und Geltungsbedürfnis so eingesetzt, dass etwas Schönes für andere Menschen dabei herauskommt. Das Grundprinzip der Förderung ist deutlich: Positives Ergreifen der vorhandenen Möglichkeiten, keine Unterdrückung und Dämpfung der überschießenden Kräfte! Ließe man sie brachliegen, so würden sie die Kinder zu »Dummheiten« verleiten.

Gelingt es dem Erzieher, den Freund oder Kameraden eines *Phlegmatikers* für ein bestimmtes Vorhaben zu gewinnen, dann wird dieser aus Liebe zu seinem Freund eher in Bewegung geraten, als wenn man ihn direkt anspricht. Das Klavier ist für ihn ein ideales Instrument: Die Töne sind bereits potentiell vorhanden und müssen nur noch angeschlagen werden. Außerdem kommt man damit seinem Bedürfnis nach Harmonie und Ganzheit durch Tonfülle und Zusammenklang entgegen. Gelingt es, ihn dann noch davon zu überzeugen, dass er kräftig genug ist, ohne Zwischenmahlzeiten auszukommen, so ist viel gewonnen!

Der Flüchtigkeit des *Sanguinikers* kann man durch Vorwürfe, Drohungen und Schimpfen nicht beikommen. Vieles gelingt jedoch, wenn er aus Liebe zu einem Erwachsenen bei einer Sache bleibt. So braucht gerade er besonders viel persönliche Zuwendung, Verständnis und Interesse für seine Schwierigkeiten, die ihm ja meist aus seiner Flüchtigkeit erwachsen. Kann er zum Beispiel im Schulorchester ein Blasinstrument spielen, so kommt man seinen Fähigkeiten entgegen. Da er Freude an verschiedenen Aktivitäten hat und leicht Übersicht gewinnt, kann man ihm gut verschiedene Tätigkeiten zumuten. Bei der Ernährung ist zu beachten, dass er nicht zuviel Süßigkeiten bekommt. Dadurch würde er noch unruhiger werden.

Dem *Melancholiker* tut es gut, wenn man ihm Schicksale anderer Menschen so erzählt, dass er tiefen inneren Anteil daran nehmen kann und erlebt, wie schwer es auch andere Menschen im Leben haben. Für ihn sind diejenigen ideale Erzieher, die selbst viel im Leben durchgemacht haben. Seiner von Einsamkeit geprägten Seelenstimmung tut es wohl, wenn er singen darf – am besten solistisch. Da kann er seine Gefühle nach außen wenden und sich seelisch weiten. Auch das Erlernen eines Streichinstrumentes ist für ihn förderlich. Im Gegensatz zum Sanguiniker sollte bei ihm das Süße in der Nahrung durchaus regelmäßig vorkommen. Seine stets etwas »säuerliche« oder »bittere« Grundstimmung dem Leben gegenüber erfährt so einen gewissen Ausgleich. Zuviel schwer verdauliche Nahrungsmittel würden ihn hingegen besonders belasten.

Wird die Temperamentsbehandlung auf Elternabenden besprochen, so wird oft gefragt, ob man denn als Erwachsener auch noch an seinem Temperament arbeiten könne. Diese Frage ist eindeutig mit ja zu beantworten – auch wenn eine konstitutionelle Veränderung nicht mehr in dem Maß erzielt werden kann wie bei dem noch nicht ausgewachsenen Kind. Ein Choleriker kann, wenn er nach einem Wutausbruch um Verzeihung bittet, sagen: »Du weißt doch, dass ich es nicht so meine, wie es herauskommt. Ich hatte mich einfach nicht mehr in der Hand.« Ein Phlegmatiker kann selbstbewusst bemerken: »Nun mach mal schön langsam – bei mir geht das eben nicht so schnell.« Beide Beispiele zeigen, wie das Ich sich seiner einseitigen Wesensäußerung bewusst geworden ist und nun daran zu arbeiten beginnt. Ziel der Selbsterziehung wird auch hier nie sein, etwa auf Cholerik oder Phlegma zu verzichten oder sie bewusst zu unterdrücken. Ziel ist vielmehr auch hier, mit den Temperamentseigenschaften so umgehen zu lernen, dass sie im positiven Sinne wirksam werden.

Empfohlene Literatur:

Heydebrand, Caroline v.: *Vom Seelenwesen des Kindes*. Stuttgart [11]1991.
Lipps, Peter: *Temperamente und Pädagogik*. Stuttgart 1998.
Sixel, Detlef: *Rudolf Steiner über die Temperamente*. Dornach 1990.
Steiner, Rudolf: *Das Geheimnis der menschlichen Temperamente*. Basel [8]1989.

Warum brauchen Kinder eine religiöse Erziehung?

Das kleine Kind ist religiös

Kinder bringen ein bedingungsloses Vertrauen mit auf die Welt, das an Intensität nur mit tiefster religiöser Hingabe zu vergleichen ist. Es kann sich dies z. B. bei der Allgemeinuntersuchung eines drei Monate alten Säuglings zeigen. Das Kind liegt ausgepackt auf dem Wickeltisch, die Mutter steht daneben und wartet darauf, dass der Arzt nun der Reihe nach prüft, ob »alles in Ordnung ist«. Er möchte gerade beginnen, als er bemerkt, wie ihn das Kind mit seinen wohl ausgeschlafenen Augen ansieht. Er fühlt, wie ihm dieser Blick in sein Innerstes geht – wohin schaut das Kind? Wem will es begegnen?[79] Wie kommt es, dass es so lange, so unverwandt, so offen einem fremden Erwachsenen in die Augen schauen kann? Wo begegnet uns im späteren Leben ein solcher Blick? Es geschieht in Momenten, wo wir uns einem anderen Menschen gegenüber ganz öffnen. Der Säugling dagegen ist jedem Menschen gegenüber so aufgeschlossen. Was zuerst im Blick erscheint, wird dann in den folgenden Lebensjahren auch im übrigen Verhalten sichtbar: ein unbefangenes Zugehen auf die Welt, ein hingebungsvolles Aufnehmen und Nachahmen alles dessen, was im Umkreis geschieht. Daraus spricht ein tief berührendes »Urvertrauen« und die grenzenlose Erwartung, dass der Erwachsene alles für einen tun wird, was nötig ist. Wir alle haben in unserer frühen Kindheit eine solche Zeit uneingeschränkter Hingabe erlebt, ein solches Urvertrauen gehabt. Im späteren Leben taucht ein derartiges Verhältnis zur Welt erst wieder als die errungene Charaktereigenschaft auf, sich ganz mit einer Sache verbinden zu können, sich an eine Aufgabe »hinzugeben«, oder als bewusste religiöser Hinwendung zu Gott und den Engelwelten. Kommt man mit Eltern darüber ins Gespräch, dass die kleinen Kinder sich so verhalten, als sei die Welt durch und durch gut, vertrauenswürdig und nachahmenswert und eigentlich »göttlich«, so wird oft eingewendet: »Muss man aber nicht dem Kind möglichst bald klarmachen, dass das nicht stimmt? Dass die Welt nicht heil ist, dass man sich schützen, auseinandersetzen und wehren muss?« Die Frage beantwortet sich von selbst, wenn man den Blick auf die erwartungsfrohen Kinderaugen richtet. Sie sind selbst die Antwort: Das »Augenöffnen« für Not und Unheil der Welt kann erst dann sinnvoll sein, wenn dem Kind auch die Kräfte für die Bewältigung solcher Probleme erwachsen sind. Ein verfrühtes »Augenöffnen« führt zu Unsicherheit und Schwachheit, zu später nur schwer überwindbaren Zweifeln am Sinn der eigenen Existenz. Die Frage der Eltern müsste eigentlich lauten: Was können wir tun, damit dieses Urvertrauen in die Welt nicht enttäuscht wird? Damit das Kind spürt, dass in seinem Umkreis Erwachsene sind, die sich darum bemühen, dass die Welt – auch – »gut« ist? Was können wir tun, damit es so weit gestärkt wird im Lauf seiner Entwicklung, dass es dann mit dem Unguten im Leben ebenfalls fertig werden kann?

Nur in der Kindheit gibt es die Mutter und den Vater, die »wie im Paradies« alles für einen tun, für alles sorgen, was man braucht, die einen einfach lieben, weil man da ist. Im späteren Leben ist ein solches Verhältnis zu einem anderen Menschen nur selten gegeben. Als Sehnsucht liegt es aber in jedem verborgen. Diese Sehnsucht kann sich im Laufe des Lebens als Maßstab erweisen für die Ausbildung einer Liebefähigkeit, die vom Schenken geprägt ist. Je mehr Eindrücke wir dem Kind vermitteln, die sein Urvertrauen nicht enttäuschen, desto mehr kann sich diese Lebensqualität in Form von Erfahrungen befestigen und für später inneres Ziel und Seelenstärkung sein.

Angesichts einer solchen Betrachtung wird häufig eingewendet, dass das Vorgebrachte zwar einleuchtend klingt, dass es jedoch in der gegenwärtigen Zeit schwer ist, Existenzvertrauen zu haben. Gewalt und Angst, soziale Unsicherheiten und Kriegsgefahren, Umweltzerstörung, radioaktive Verseuchung weiter Erdgebiete und persönliche Misserfolge stellen sich als existenzielle Bedrohung dar. Genauso unbezweifelbar wie diese Gefährdungen ist aber auch die Erfahrung, dass mit jedem Kinderblick etwas in unser Leben hereinschaut, das noch von anderen Lebensrealitäten kündet und an die Frage rührt, woher wir geistig stammen.

Religiosität so gesehen ist etwas, das *wir* von den kleinen Kindern *lernen* können. Erlebnisse im Umgang mit ihnen rühren an eine religiöse Gestimmtheit, die allgemein menschlich ist. Warum ist uns aber der bewusste Zugang zu dieser Welt so erschwert? Selbst heute, wo sich die Sehnsucht der Menschheit nach realer Verbindung mit der geistigen Welt wieder viel deutlicher artikuliert und viel Literatur zu esoterischen Fragen erschienen ist?

Wie kann der Erwachsene wieder zu einem Verstehen und Erleben der geistigen Welt kommen?

Das unmittelbare Verstehen und Für-wahr-halten-Können religiöser Überlieferungen hört in dem Maße auf, als das kritische, auf die sinnlichen Gegebenheiten gerichtete Gedankenleben vorzuherrschen beginnt. Viele Menschen hören zu dem Zeitpunkt auf zu beten, wenn sie nicht mehr wissen, an wen sich dieses Gebet eigentlich richtet, das heißt in dem Augenblick, wo sie anfangen selbstständig zu denken und nicht mehr einfach hinnehmen, was Autoritäten sagen. Das Ersterben des religiösen Bewusstseins in unserer Gegenwart ist eine Folge des modernen Denk- und Erkenntnislebens. Daher kann ein neues religiöses Bewusstsein nur durch Vertiefung und Weiterentwicklung eben dieses Denk- und Erkenntnislebens wachgerufen werden.

Hierzu möchten wir einen Ansatzpunkt nennen und dabei an etwas anknüpfen, das wir in dem Kapitel über das Denkenlernen bereits angesprochen haben (s. S. 372 ff.). Durch das Denken können alle Gesetzmäßigkeiten gefunden werden, nach denen sich die natürliche Welt gestaltet und verhält. Dass wir so »nach«-denken können, setzt eine bereits gewordene Welt, das heißt eine Schöpfung voraus. Diese »nachgedachten« Gedanken führen zur Erkenntnis der Naturgesetze, zugleich aber auch zu der Frage nach dem, der das von uns Nachgedachte schöpferisch vorgedacht hat. Denn wir erleben deutlich, wie schattenhaft sich unsere Reflexionen neben den in der Naturschöpfung *unmittelbar wirksamen Gedanken* ausnehmen. Wir werden aufmerksam darauf, dass bei uns Menschen das Denken und das Realisieren einer Handlung auseinanderfallen. In der Natur dagegen wirken die Gedanken als Gesetzmäßigkeiten unmittelbar tätig. Diesem Auseinanderfallen von Denken und Handeln in der menschlichen Natur verdanken wir die Möglichkeit freier Entscheidung im Denken und Handeln. Wir werden durch unsere Gedanken – auch die besten – nicht zu einer Handlung gezwungen. Denken und Wollen können getrennt gehandhabt werden, sind nicht wie im Naturgeschehen direkt aneinander gebunden bzw. »eins«.

Dass viele Gedanken sich auf Realitäten in der Natur draußen beziehen in Form von Naturgesetzen, ist uns selbstverständlich. Dass aber auch alle anderen Gedanken bis hin zu unseren Idealen sich ebenfalls auf »etwas« beziehen, bedenken wir weniger. Jeder Gedanke bezieht sich auf etwas, das geistig, seelisch oder sinnlich in der Welt vorhanden ist. Das Denken ist ein lebendiges Netz von Beziehungen. Es entstammt – wie ausgeführt – unserem Lebensorganismus (s. S. 378) und ist Ausdruck des Lebens- und Daseinszusammenhanges. Wenn wir also etwas denken, berühren wir ätherisch, das heißt rein geistig, das entsprechende Natur- oder Geistwesen. Wenn wir selber aber einen Gedanken – in Form eines Lebensideals – verwirklichen wollen, gehen wir zugleich eine innige Beziehung zu dem Wesen ein, auf das sich dieses Ideal als Gedanke bezieht.

Wenn Paulus sagt: »Nicht ich, sondern der Christus in mir« (Gal. 2, 20), so deutet er auf diese Tatsache hin. So unterweist Jesus auch seine Jünger: »Daran wird man erkennen, dass ihr meine Jünger seid, dass ihr Liebe untereinander habt« (Joh. 13, 3), und: »Wo zwei in meinem Namen zusammen sind, da bin ich mitten unter ihnen« (Matth. 18, 20). Von sich selber sagt er: »Ich und der Vater sind eins« (Joh. 10, 30), und: »Ich tue den Willen dessen, der mich gesandt hat« (Joh. 6, 38). Das zeigt, dass sich in der geistigen Welt die Dinge und Wesen nicht so voneinander trennen lassen, wie das in der sinnlichen Welt der Fall ist. Hier gilt, dass ein Wesen im anderen leben und sich durch ein anderes offenbaren kann. Diese Tatsache kennen wir aus dem täglichen Leben nur, wenn wir einen Menschen zu lieben beginnen und das Verbundensein mit ihm als innere lichtvolle Wärme erleben, die Kraft gibt und das eigene Wesen bereichert. Diese Erfahrung lässt sich nun aber bewusst erweitern auf das Zusammenleben mit höheren geistigen Wesen, zu denen wir denkend und wollend in Beziehung treten, wenn wir uns mit dem Ideal identifizieren, das Ausdruck ihres Wesens ist.

Es ist uns Menschen also gegeben, uns mit einem Wesen so zu verbinden, dass es durch uns selbst, durch das eigene Wollen hindurch wirken kann, bzw. dass wir ihm mit unserem Handeln dienen. Rudolf Steiner hatte die Fähigkeit, die geistige Natur des Denkens wieder zu entdecken und es durch meditatives Üben weiterzubilden zum Wahrnehmungsorgan für die übersinnliche Welt.[80] Durch seine ausführlichen Schilderungen der Evolution von Erde und Mensch[81] und des Lebens zwischen Tod und neuer Geburt im Zusammenhang mit den Wesen der höheren Hierarchien und Gott kann sich heute jeder denkend in die geistige Welt einleben.

Lernt der Erwachsene sich durch sein Denken mit der übersinnlichen Welt zu verbinden, so stellt sich bei ihm ganz von selbst eine religiöse Lebenshaltung ein. Er lernt neu Vertrauen und Dankbarkeit gegenüber der eigenen Existenz zu haben und seine Entwicklung im Einklang mit den Gesetzen dieser Welt in die Hand zu nehmen. Er erlebt, dass sein eigenes Wesen genauso ewig und unzerstörbar ist, wie die Gedanken es sind.

Es gibt gegenwärtig viele Menschen, die der Meinung sind, dass man Kindern eine religiöse Erziehung vorenthalten solle, um sie nicht zu manipulieren und dadurch unfrei zu machen. Wer jedoch in der Kindheit nicht Qualitäten wie Verehrung, Ehrfurcht und Andacht erleben durfte, ist dadurch zu Unfreiheit in Bezug auf das Religiöse erzogen worden. Er weiß nicht, dass ihm wesentliche menschliche Kräfte fehlen, und wird das möglicherweise später als Mangel an Idealismus bitter empfinden. Wem es gelingt, sich in ein undogmatisches und selbstständiges Verhältnis zu den Inhalten religiöser Überlieferung zu bringen, der wird in ihnen immer neue Anregungen für seine innere Entwicklung finden. Er wird aber auch auf Kinder die Sicherheit und Ruhe ausstrahlen, die sie brauchen, und sie anspruchslos an seinem eigenen religiösen Leben Anteil nehmen lassen. Toleranz und Gedankenfreiheit werden so in Zukunft Begleiterscheinungen des religiösen Lebens werden können. Auf dieser Basis werden auch die Kirchen und die verschiedenen Religionsbekenntnisse sich untereinander verstehen und anerkennen lernen.[82]

Religiöse Erziehung in der Praxis

Da das Kind sich der Sinneswelt gegenüber so offen und »religiös« verhält und zu einem rein seelischen religiösen Suchen noch nicht in der Lage ist, müssen ihm die Realitäten der übersinnlichen Welt in sinnlicher Form erlebbar gemacht werden. Dabei spielen die Jahresfeste und das »Abendritual« vor dem Einschlafen eine besonders wichtige Rolle.

Die Jahresfeste

Anders als bei Geburtstagen und Familienfesten wird bei den Jahresfesten etwas gefeiert, das vielen Menschen gemeinsam ist, etwas, das über das Persönliche hinausweist.

Wie aber bekommen wir selbst wieder Ansatzpunkte, die Jahresfeste ernst zu nehmen und zu herausragenden Ereignissen im Jahreslauf zu machen?

An *Weihnachten* wird die Erwartung und Freude gefeiert, dass wir Menschen die Möglichkeit der Ich-Geburt und damit der individuellen Entwicklung geschenkt bekommen haben. Wie gestalten wir dies mit den Kindern so, dass sie in sinnlich erlebbarer Form dieses Erwartungs- und Freudeelement erfahren? An *Ostern* feiern wir die Möglichkeit der Verwandlung, unseren Weg, der durch viele »Stirb- und Werde«-Momente führt. *Pfingsten* ist das Fest brüderlicher Verbundenheit aller Menschen über die Erde hin. *Johanni* das Fest der Reinigung und Gewissensprägung, der »Sinnesänderung«. Da das *Michael-Fest* noch weniger bekannt ist – meist mehr als Erntedankfest im Herbst gefeiert wird –, möchten wir es als Beispiel einer möglichen Festgestaltung mit Kindern ausführlicher schildern. Weitere Anregungen zur Gestaltung dieses und der anderen Jahresfeste finden sich in den Literaturhinweisen auf S. 537.

Das Michaeli-Fest findet am 29. September, dem Michaelstag, statt. Der Blick auf die Natur zeigt Herbstbeginn. Die Blätter färben sich bunt und beginnen zu fallen. In den Blattachseln kann man jedoch bereits die Knospen entdecken für die Blätterfülle des nächsten Jahres.

In der Apokalypse des Johannes wird vom Kampf Michaels mit dem Drachen berichtet (Offb. 12,7), ein Motiv, das in vielen Sagen und Legenden eine Rolle spielt und die Auseinandersetzung mit dem Bösen in der Welt schildert. Wie kann nun der für diesen Kampf mit dem Bösen so nötige innere Mut für die Kinder erlebbar gemacht werden? Und wie kann man ihnen das Hoffnungsvolle, das sich in dem im herbstlichen Blätterfall verborgenen Knospen anzeigt, anschaulich vermitteln?

Wir schildern eine von vielen Möglichkeiten. Am 29. September lädt die Familie Freunde und Verwandte zu einem »Mutprobenfest« im Garten ein. Kinder verschiedenen Alters kommen mit den sie begleitenden Erwachsenen oder Jugendlichen dort zusammen und finden Geräte aufgestellt, an denen sie ihren Mut selbst unter Beweis stellen können: eine hohe Leiter, eine Wippe, einen Sack oder Trog, in den blind zu greifen ist und dessen Inhalt dann geraten werden muss; Schnittlauch, Muscheln, Schlamm und ähnliche Dinge befinden sich darin. Für die Größeren bedeuten diese Proben schon eine deutliche Überwindung, bei den Kleinen, die alles nachmachen, bleibt es eher eine Mutprobe für die Mütter. – Ein einfaches Puppenspiel, in dem die St. Georgs-Legende aufgeführt wird, und das Singen von Herbst- und St. Michaels-Liedern tragen zur Festlichkeit der Stimmung bei. Es gehört zu diesem Fest, dass die Mutproben jedes Jahr andere sind. Mit dem Älterwerden der Kinder können auch die Aufgaben schwerer werden: Ein Baum muss erstiegen werden, eine schwierige Waldwanderung hinter einem verborgenen Waldhornbläser her wird unternommen. Dabei haben die Kinder vielleicht im Wald einen versteckt liegenden Koffer zu suchen, in dem sich Verkleidungsstücke für einen Sankt Michael und einen Drachen befinden. So kostümiert kommen sie dann nach Hause zurück und können den kleineren ein improvisiertes Michaels-Spiel zum Inhalt des gesungenen Liedes vorführen.

Das Beispiel zeigt, worauf es ankommt: Die Inhalte der religiösen Offenbarung werden in Bildform so gestaltet, dass die Kinder Erlebnisse und Tätigkeiten damit verbinden können.

Kinder aus Familien, die die Jahresfeste entsprechend pflegen, erscheinen kräftiger und harmonischer entwickelt und stellen sich vertrauensvoller in die Welt als Kinder aus einem Umkreis, in dem nur konventionell ohne innere Überzeugung oder gar nicht gefeiert wird.

Entscheidend für das Feiern ist jedoch, dass die Erwachsenen nicht nur einfach für die Kinder etwas »veranstalten«, sondern dass sie sich selbst innerlich um das Motiv des Festes bemühen. Geschieht dies auch nur in Ansätzen, so ist dem äußeren Rahmen die tragende Stimmung schon gegeben, ohne die kein wirkliches Fest stattfinden kann. Wichtig ist dann, dass dieser äußere Rahmen in

Form von bestimmten Liedern, Evangelieninhalten und Festesgewohnheiten in jedem Jahr derselbe ist. Kinder lieben und brauchen solche wiederkehrenden Bräuche für die Pflege ihres Gedächtnisvermögens und ihres Willens (vgl. S. 445).

Das Abendgebet

Ein anderes tragendes Motiv in der religiösen Erziehung des kleinen Kindes ist die Pflege des Übergangs zwischen Wachen und Schlafen. Hier kann durch ein Lied und insbesondere durch ein Gebet eine Stimmung der Andacht erzeugt werden, die die Seele des Kindes zur Ruhe kommen lässt und für einige Augenblicke aus dem Alltagsleben heraushebt. Kinder lieben solche Momente, auch wenn sie den Wortinhalt der Gebete noch gar nicht verstehen. Hierfür seien zwei Beispiele genannt von einem zwei- und einem zweieinhalbjährigen Jungen, mit denen die Eltern jeweils am Abend folgendes Gebet sprachen:

Vom Kopf bis zum Fuß
Bin ich Gottes Bild,
Vom Herzen bis in die Hände
Fühl' ich Gottes Hauch.
Sprech' ich mit dem Mund,
Folg' ich Gottes Willen.
Wenn ich Gott erblick'
Überall, in Mutter, Vater,
In allen lieben Menschen,
In Tier und Blume,
In Baum und Stein,
gibt Furcht mir nichts,
Nur Liebe zu allem,
Was um mich ist.

Rudolf Steiner

Bei dem zweieinhalbjährigen kleinen Jakob, der gerade »ich« sagen gelernt hatte, wuchs die Begeisterung beim Mitsprechen dieses Gebetes zusehends von Zeile zu Zeile. Ab dem Moment, in welchem Vater und Mutter angesprochen werden, sagte er nach jedem Wort »ich auch« und war erst zufrieden, als die Eltern am Ende des Gebetes noch einmal bestätigten: »Ja, und in Jakob auch.«

Der zweijährige Gunther liebte es, die Zeilen nachzusprechen, die die Eltern langsam vorsagten. Nur die Zeile mit der Furcht ließ er immer aus. Dafür wiederholte er die vorangehenden Zeilen, wo von Pflanzen und Tieren die Rede war, gleich zweimal: »Tier und Bume, Tier und Bume, Baum und Teine, Baum und Teine ... « Am Ende war er so beglückt, dass er regelmäßig im Bett aufsprang und sich mit den Worten »schön ist das« freudig in die Kissen warf.

Das heißt aber nicht, dass man erst mit den Kindern beten kann, wenn sie zu sprechen beginnen. In dem auf S. 537 genannten Büchlein »Gebete für Mütter und Kinder« sind auch für die allererste Lebenszeit Worte enthalten, die der Erwachsene für das Kind sprechen kann. Auch findet man dort eine Reihe möglicher Tischgebete.

Der Schutzengel

Zu wissen, dass jeder Mensch von seinem Schutzengel begleitet wird und insbesondere jedes Kind von ihm behütet wird, kann in vielen Lebenslagen eine große Hilfe sein.[83] Oft wird eingewendet, dass ja doch ständig Unfälle und Grausamkeiten geschehen – warum schützt denn da der Engel nicht? Hier kann nur entgegnet werden, dass täglich ungezählte Wunder geschehen, durch die Unfälle und Grausamkeiten von den Menschen ferngehalten werden. Der Schutzengel lässt nur die Ereignisse an den Menschen herankommen, an denen dieser zu lernen und zu wachsen in der Lage ist und die in der Weisheit seiner Schicksalsführung begründet liegen. Dies immer mehr zu empfinden kann zu einer dankbaren Grundstimmung dem Leben gegenüber führen:

Du Weisheit meines höhern Ich,
die über mir den Fittich spreitet
und mich vom Anfang her geleitet,
wie es am besten war für mich,

wenn Unmut oft mich anfocht: nun –
es war der Unmut eines Knaben!
Des Mannes reife Blicke haben
die Kraft, voll Dank auf Dir zu ruhn.

CHRISTIAN MORGENSTERN[84]

Vom Umgang mit dem Tod

Ein echtes Fragen nach den vergänglichen und unvergänglichen Aspekten der eigenen Existenz und damit ein Mitempfinden dessen, was Tod bedeutet, beginnt erst in der Vorpubertät mit dem 9./10. Lebensjahr, oft auch erst später. Es sei an folgendem Beispiel verdeutlicht.

In einer Familie mit fünf Kindern ist die Großmutter gestorben. Ernst berichtet der Vater von den letzten Ereignissen im Krankenhaus. Alle hören gespannt zu. Die unterschiedliche Teilnahme der Kinder lässt deutlich erkennen, welchen Reifegrad das seelische Leben schon erreicht hat. Während das Vierjährige bald darauf wieder im Sandkasten sitzt und selbstvergessen spielt, hat die Neunjährige wach alles beobachtet und deutlich gemerkt, dass sie nicht in derselben Weise traurig sein kann wie die Großen. Sie versteht zwar tief im Innern, dass die Großmutter nun nicht mehr wiederkommt und gestorben ist, kann aber diesem Erleben noch wenig seelischen Ausdruck verleihen. Ganz anders die Zwölfjährige! Sie erinnert sich im Zuge der Erzählungen auch an ihre letzte Begegnung, die sie mit der Großmutter hatte. Es war während einer Krankheit gewesen, als diese ihr den Rücken mit Kölnisch Wasser abgerieben hatte. Nun, wo sie daran denkt, kommen ihr die

Tränen in die Augen. Die Großmutter würde nie wiederkommen, um ihr bei einer Krankheit Gesellschaft zu leisten. Wohin war die Großmutter gegangen? Das Unerbittliche und doch auch Erhabene des Todes wird zum tagelang noch nachklingenden seelischen Erlebnis. Sie empfindet dieser übermächtigen Realität gegenüber Bangigkeit und Zuversicht zugleich.

Kinder sind Realisten, und die nehmen die Welt und auch das Ereignis des Todes zunächst so, wie sie sind. Es liegt am Verhalten der Erwachsenen und ihrer Gefühlsäußerungen, ob die Begegnung mit dem Tod etwas Dramatisches an sich hat oder nicht. Wenn der Tod eines geliebten Menschen mit den Kindern zum Beispiel als dessen »Himmelsgeburtstag« gefeiert wird, lernen sie etwas Wesentliches. Sie erleben, dass das Wesen eines Menschen eine sichtbare und eine unsichtbare Daseinsform hat. Sie lernen, dass man an Verstorbene denken, deren Ziele und Eigenschaften erinnern, ja sich an ihnen freuen kann. Sie erfahren im regelmäßigen Feiern solcher Himmelsgeburtstage, dass die geistige Welt mit all ihren Wesen in die sichtbare hineinragt.

In einer Familie mit sechs Kindern war ein Kind früh verstorben. Sein Himmelsgeburtstag war immer ein besonderes Fest, an dem die ganze Familie etwas Schönes unternahm. Auch der Gang zum Grab hatte nichts Bedrückendes an sich. Man pflegte es, sagte ein Gebet und sang ein Lied. Beim Essen wurden dann Geschichten aus seiner kurzen Lebenszeit erzählt, und es war nicht erschreckend, dass die Mutter manchmal zu Tränen gerührt war. Kann das Ereignis des Todes als etwas zum Leben Dazugehöriges, Feierlich-Ernstes und doch auch Heiter-Zuversichtliches erlebt werden, so kommt dadurch ein weiteres Element echter Frömmigkeit in den Alltag herein, das zur religiösen Erziehung Wesentliches beiträgt.

Welche Hilfen gibt es nun aber, wenn ein Kind nicht nur den Tod in seiner Umgebung erlebt, sondern selbst durch eine schwere Krankheit oder einen Unfall mit dem eigenen Tod konfrontiert wird? Die Reaktionen des Kindes sind je nach Lebensalter sehr verschieden. Im Kapitel über die chronischen Erkrankungen (s. S.

174 ff.) wurden schon einige Beispiele genannt. Je nüchterner und sachlicher der Erwachsene dem Kind angesichts der Realität des Todes begegnen kann, umso besser ist dies für die Betroffenen. Die Kinder spüren ja doch die Sorge, den Schmerz und die Angst der Erwachsenen und erleben bedrückt, dass man ihnen etwas Wesentliches vorenthält. Christoph Tautz und Manfred Grüttgen haben in dem Buch »Eltern berichten über die Krebserkrankung ihrer Kinder« ergreifende Darstellungen von krebskranken Kindern gesammelt, die vielen Eltern eine Hilfe sein können. Ebenso empfehlenswert ist das Buch von Arie Boogert »Beim Sterben von Kindern«, das wesentliche Texte und Mitteilungen der Anthroposophie über das Sterben und das Begleiten von sterbenden Kindern enthält.

Rudolf Steiner hat einmal auf die Frage, welchen Sinn ein früher Tod im Kindesalter haben könne, geantwortet, dass, wenn Kinder im jungen Alter sterben, sie dadurch Frömmigkeit in die Familie bringen. Das ist, unabhängig von den Hintergründen eines solchen Schicksals, eine immer wieder zu beobachtende Erfahrung: Das sterbende Kind lässt Eltern und Geschwister zurück, die durch dieses Ereignis ganz neu wachgerüttelt werden für die Frage nach dem Sinn des Lebens, nach der ewigen Existenz des Menschen und nach der Bedeutung des Todes für das Leben.

Empfohlene Literatur:

Barz, Brigitte: *Feiern der Jahresfeste mit Kindern.* Stuttgart [6]1996.
Boogert, Arie: *Beim Sterben von Kindern.* Stuttgart [2]1997.
Glöckler, Michaela: *Die Heilkraft der Religion.* Stuttgart 1997.
– *Elternsprechstunde* (Kap. »Engel«). Stuttgart [2]1991.
Johanson, Irene: *Geschichten zu den Jahresfesten.* Stuttgart [4]1995.
Schilling, Karen von: *Der Tod meines Kindes.* Stuttgart [2]1992.
Schroeder, Hans-Werner: *Mensch und Engel.* Stuttgart [5]1998.
Steiner, Rudolf: *Gebete für Mütter und Kinder.* Dornach 1994.
Tautz, Christoph / Grüttgen, Manfred (Hrsg.): *»Die Gegenwart eures Todes könnte die Zukunft des Lebens retten.« Eltern berichten über die Krebskrankheit ihrer Kinder.* Stuttgart 1990.

Aufklärung

Aufklärung im engeren Sinn bezieht sich auf den Umgang mit der Geschlechtlichkeit. Aufklärung im weiteren Sinne umfasst jedoch alle Bereiche gesellschaftlichen Lebens und hat stets das Ziel, Gefahren vorzubeugen und mögliches Unheil abzuwenden. So reichen aufklärende Gespräche an all die Gebiete heran, die dem gewöhnlichen Tagesablauf entzogen sind: Gewaltdelikte, Prostitution, sexueller Missbrauch, Drogen, Kriminalität, Sekten, Satans- und Hexenvereinigungen. Hinzu kommen die Schreckensmeldungen aus Zeitungen und Illustrierten, einprägsame Bilder von Hunger und Not, über die Kinder und Jugendliche Aufklärung verlangen. Wie kann denn so etwas geschehen? Wieso ist das in der heutigen Zeit möglich? Warum greifen hier der Staat, die Kirche, all die vielen vernünftigen Menschen in einer Stadt nicht ein? Wie kommt es, dass angesichts dieser Zustände die Menschen einfach ihrer Arbeit nachgehen und so tun, als ob nichts wäre? Auch die immer weiter auseinanderklaffende Schere von reich und arm – wie kann man damit zurechtkommen?

Das, was letztlich aufklärend wirkt, ist die Art und Weise, wie der Erwachsene selbst mit den geschilderten problematischen Sachverhalten zurechtkommt, wie er darüber spricht, dem Kind oder Jugendlichen deutlich macht, dass man als Mensch mit diesen Dingen umgehen lernen muss, dass es Perspektiven gibt, wie dies verarbeitet werden kann, und auch wie man selber dazu steht und lernt, seinen eigenen Beitrag für eine positive Veränderung der Zustände zu leisten. – Dadurch sieht der Jugendliche klarer. Gerade heute, wo sich immer mehr Kinder und Jugendliche selbst aufklären aufgrund der vorhandenen Sachbücher, einschlägigen

Darstellungen in Illustrierten, umfangreichen Angeboten in Form von Videos, Fernsehsendungen und Ähnlichem und nicht zuletzt auch durch Gespräche in ihren Cliquen, wächst die innere Frage, ja oft auch die große innere Not, mit dem Gehörten und Gelesenen zurechtzukommen, Maßstäbe für die Beurteilung kennenzulernen und zu hören und zu erleben, wie Erwachsene, von denen man etwas hält, mit diesen Fragen umgehen. Wie oft aber wagen Kinder und Jugendliche von sich aus nicht, diese Themen anzusprechen. Zum einen fehlt häufig das sprachliche Ausdrucksvermögen, zum anderen fürchten sie sich auch, so problematische Themen anzuschneiden in der Meinung, diese seien bei den Erwachsenen tabu oder sie würden nicht interessieren, »wären kein Thema«. Denn wo im Familienalltag oder im Ablauf des Unterrichts in der Schule ist denn wirklich Raum, dass Lebensfragen dieser Art mit der gebotenen Gründlichkeit und Sorgfalt besprochen werden können? Zur Aufklärung gehört eben nicht nur ein bestimmtes Wissen, sondern vor allem die persönliche Verarbeitung dieses Wissens.

Und so können gerade die Themenkreise, die unter die Überschrift Aufklärung fallen, viel dazu beitragen, ein ehrliches und wirklich partnerschaftlich-persönliches Gesprächsklima zwischen Kindern und Erwachsenen zu schaffen. Sind doch alle sogenannten Aufklärungsfragen von der Art, dass auch Erwachsene davon betroffen sind und nicht sagen können, sie hätten das Problem gelöst. Es sind tiefgreifende Lebensfragen, die insbesondere mit den Schattenseiten der menschlichen Existenz zusammenhängen, mit all den Bereichen, wo das Gute, Menschliche scheinbar ohnmächtig wird und versagt und wo infolgedessen Maßnahmen ergriffen werden müssen, vorzubeugen, sich zu schützen und entsprechend auch anderen, die in Gefahr sind, zu helfen. So begrüßenswert es ist, dass es immer weniger Tabus in der Gesellschaft gibt und die problematischen Seiten der menschlichen Existenz immer offener angesprochen und auch dokumentiert werden, so birgt dies doch auch die große Gefahr, dass insbesondere Kinder und Jugendliche dieser Informationsflut nicht gewachsen sind. Sie werden mit Dingen konfrontiert, die ihre Lebenszuversicht untergraben und dazu beitragen, den Sinn des Lebens infrage zu stellen.

Freiheit und Verantwortung

Liest man zum Beispiel das Gesetz zum Schutz der Jugend in der Öffentlichkeit,[85] so ist man eigentlich angenehm berührt davon, wie weitgehend hier der Gesetzgeber versucht hat, Rahmenbedingungen zu schaffen, die ein möglichst ungefährdetes Aufwachsen garantieren sollen. Der Blick in die Lebenswirklichkeit und die tatsächliche Handhabung dieses und anderer Jugendschutzgesetze zeigt jedoch, wie schwer es ist, die Kontrolle dieser Bestimmungen durchzuführen, und dass es nicht zuletzt die häuslichen Bedingungen selbst sind – die Freiheit der Privatsphäre –, mit deren Hilfe diese Rahmenschutzbedingungen unterlaufen werden.

Insbesondere gilt dies für die Droge Nummer 1, den Alkohol, den Zugriff auf Videos und jugendgefährdende Fernsehprogramme mit ihren nicht endenden Ketten an Grausamkeit, Horror, Gewalt und sexuellem Missbrauch. Es ist also vielfach gar nicht zu vermeiden, dass Kinder und Jugendliche damit in einem Alter konfrontiert werden, in dem dies nicht verarbeitet werden kann. Hinzu kommt selbstverständlich der ohnehin interessante Reiz des Verbotenen, Abwegigen, Besonderen, weswegen es hin und wieder auch aus pädagogischen Gründen nötig ist, einmal gemeinsam mit dem Jugendlichen etwas »Verbotenes« anzuschauen oder durchzusprechen, damit ihm die Faszination genommen ist und es nicht zur Abstumpfung menschlicher Regungen, sondern im Gegenteil zur Verschärfung des Verantwortungsgefühls beitragen kann.

Damit sind nun auch die beiden wichtigsten Stichworte gefallen, die für den Umgang mit dem Gefährlichen und Verbotenen richtungsweisend sind: Freiheit und Verantwortung. Goethe hat diesen beiden Begriffen sein Drama »Faust« gewidmet. Im ersten Teil des

»Faust« dominiert das Freiheitsbewusstsein: Faust hat alles studiert – bis hin zur Theologie, Philosophie. All diese Studien konnten ihm jedoch nicht die Frage beantworten, wer er denn wirklich selber ist und was Sinn und Wahrheit des Lebens sind. Mitten in dieser Krise der Selbsterkenntnis wird ihm deutlich, dass er zu den tieferen Wahrheiten des Lebens und seiner eigenen Entwicklung nur kommen kann, wenn er bereit ist, das Böse als Bestandteil seiner Entwicklung, seiner eigenen Existenz anzuerkennen. Dichterisch wird dies so dargestellt, dass er sich mit seinem eigenen Blut nun bewusst dem Teufel verschreibt. Damit ist künstlerisch zum Ausdruck gebracht, dass Faust erlebt, wie an seinem Blut auch die Kraft des Bösen Anteil hat, in seinem Willen diese böse Macht ebenso da ist wie die Möglichkeit zum Guten.

Die Entwicklung zur Freiheit als dem Inbegriff menschlicher Würde ist – so sehr man dies auch wünschen möchte – ohne die bewusste Auseinandersetzung mit dem Bösen nicht möglich. Und so ist in dieser Tatsache auch die Grundlage gegeben, die für jedes Aufklärungsgespräch den Hintergrund abgeben sollte und es letztlich auch immer wieder neu möglich macht, das Problematische zu verstehen und zu verzeihen. Kann es doch niemals darum gehen, dass ein Mensch dem anderen vorschreibt, was man darf oder nicht darf, sondern letztlich nur darum, wofür man menschlich Verantwortung übernehmen kann und was man tatsächlich überschaut.

Sexualität als Gestaltungselement in der menschlichen Beziehung

Es mag verwundern, warum in früheren Jahrhunderten und alten Kulturen gerade der Bereich der geschlechtlichen Liebe Heiligung und Behütung durch die religiösen Sitten und Gewohnheiten erfahren hat. Wer jedoch heute erlebt, wie schwer ein menschenwürdiger Umgang mit der Sexualität zu erreichen ist, den wundert es nicht, warum strenge Sittenregeln und Ehevorschriften die entscheidenden Hilfen waren, mit diesem Bereich menschlicher Beziehungsgestaltung sozialverträglich umzugehen. Und da in früheren Jahrhunderten das Bewusstsein des Einzelmenschen von sich selbst als einer Individualität gegenüber der Zugehörigkeit zu einem bestimmten Familien-, Stammes- oder Volkszusammenhang zurücktrat, wurden solche Reglementierungen des geschlechtlichen Lebens als Teil der ohnehin geltenden Sozialordnung in der Großfamilie angenommen. Es wurde dies nicht als Eingriff in die persönliche Freiheit empfunden, so wie dies heute mit Selbstverständlichkeit der Fall sein würde.

Inzwischen hat sich die Menschenliebe immer mehr aus den Blutszusammenhängen und familiären Gruppenzugehörigkeiten herausentwickelt. Der kulturhistorische Verzicht auf Polygamie (Vielehe) trug dazu bei, die Sexualität immer weniger gattungshaft auszuleben, sondern sie vielmehr in der Individualisierung und Hinwendung zu *einem* Mann beziehungsweise *einer* Frau zu etwas ganz Persönlich-Menschlichem zu machen. Daher gilt heute auch, dass das, was zwei Menschen miteinander verbindet über soziale, rassische und ideologische Schranken hinweg, nur von diesen beiden persönlich und sozial verantwortet werden kann. Es entzieht sich schlechterdings Beurteilungskriterien von außen, auch dann, wenn es gegen – noch – geltende allgemeine Normen und ethische Wertsetzungen zu verstoßen scheint.

Eine auf das Individuelle begründete Moralität kann den »Sündenbegriff« nur da ansetzen, wo in der Beziehung zweier Menschen die Gebote der Mitmenschlichkeit verletzt sind, das heißt wenn unwahrhaftig, lieblos oder nicht freilassend mit dem Anderen umgegangen wird. Menschliche Beziehungen haben Dauer. Selbst wenn wir sie abbrechen, wissen wir doch ganz genau, dass damit nicht das Ende dieser Beziehung gekommen ist. Denn auch eine abgebrochene Beziehung geht mit uns, das Bild des Menschen, mit dem wir einmal verbunden waren, lässt sich nicht mehr auslöschen. Was wir mit ihm erlebt haben, gehört zu uns und wird bleiben. Dies zu wissen ist sehr weitreichend. Es kann daran auch deutlich werden, dass die Beziehung immer das Umfassendere ist: Die Sexualität kann zwar eingebettet sein in eine menschliche Beziehung, doch ist die menschliche Beziehung nicht von ihr abhängig. So gibt es auch nichts, was man in eine Ehe oder Partnerschaft nicht einschließen könnte – so wie es auch sicherlich nichts gibt, was man nicht zum Anlass nehmen kann, sich wieder zu trennen. Letztlich entscheidet über die Fruchtbarkeit einer menschlichen Beziehung, wie groß das gegenseitige Interesse für einander wirklich ist. Schon dieser elementare Tatbestand kann deutlich machen, dass »ausschließliche« Beziehungen immer nur auf Zeit gelingen können, da jeder Mensch letztlich doch beides braucht: die freie Entwicklungsmöglichkeit für sich selbst und die Beziehung zum Anderen. Daher sind die Beziehungen am fruchtbarsten und dauerhaftesten, die alles mit einschließen können, was dem Partner begegnet, ihn trifft und womit er sich auseinanderzusetzen hat. Wachsen Kinder in einem solch »einschließenden«, von liebevollem Interesse für den Anderen und die Welt und deren Probleme geprägten Beziehungsnetz auf, sind die besten Voraussetzungen dafür gegeben, auch den menschenwürdigen Umgang mit der Sexualität zu lernen.

Körperliche und geistige Produktivität

Wir gebrauchen dieselben Worte, wenn wir Vorgänge bei der körperlichen Vereinigung der Geschlechter und wenn wir Zustände geistiger Produktivität beschreiben wollen. So können wir von gegenseitiger geistiger Befruchtung, Anregung, Stimulierung sprechen bis dahin, dass wir mit einem bestimmten Gedanken oder einer Idee schwanger gehen, sie ausreifen lassen und eines Tages die Geburt ansteht. Es hängt diese Tatsache mit dem Faktum zusammen, auf das wir in diesem Buch schon an verschiedenen Stellen eingegangen sind: mit der Entsprechung zwischen der Lebenstätigkeit des Organismus und der Gedankentätigkeit, von Rudolf Steiner das Gesetz der Metamorphose der Wachstums- und Regenerationskräfte in Gedankenkräfte genannt (vgl. S. 378).

Welche Konsequenzen hat dies für ein Verständnis des Unterschiedes von Mann und Frau in körperlicher und geistiger Hinsicht? Was Mann und Frau in körperlicher Hinsicht unterscheidet, sind die primären und sekundären Geschlechtsorgane beziehungsweise -merkmale. Dabei ist interessant zu wissen, dass während der Embryonalentwicklung ein männlicher und ein weiblicher Fötus in den ersten sieben Wochen völlig gleich aussehen. Beide haben noch eine zwittrige, das heißt eine die männlichen *und* weiblichen Merkmale umfassende Anlage der Geschlechtsorgane. Etwa von der siebten Woche an bildet sich dann das entgegengesetzte Geschlecht wieder zurück, interessanterweise zum gleichen Zeitpunkt, zu dem auch die Großhirnbläschen aussprossen, aufgrund derer dann die Entwicklung des Gehirns als Grundlage der Denktätigkeit vor sich geht. Damit ist deutlich, dass potentiell sowohl der Mann als auch die Frau von den veranlagten Wachstumskräften her die Möglichkeit der Zweigeschlechtlichkeit besitzt. Daher kann ja auch zeitlebens bei Mann und Frau durch entsprechende Hormongaben die körperliche Ausbildung der sekundären Geschlechtsmerkmale stimuliert werden bis dahin, dass eine Frau, die höhere Testosterondosen einnimmt, den Stimmbruch erleidet, den männlichen Behaarungstyp entwickelt sowie die Wachstumszunahme im Bereich der Muskulatur auf Kosten des typisch weiblichen Fettansatzes. Entsprechend kann auch der Mann infolge von Oestrogen femininisieren.

Damit ist aber auch klar zum Ausdruck gebracht, dass diejenigen ätherischen Bildekräfte, die die Fortpflanzungsorgane aufbauen und zeitlebens unterhalten und versorgen, dem jeweils anderen Geschlecht – leibfrei – für die Denktätigkeit zur Verfügung stehen. Was also bei der männlichen Fortpflanzungstätigkeit das sprühende, nach außen gerichtete, mit Bezug auf Intensität, Häufigkeit und Menge stark variable Geschehen der Samenbildung und deren Ejakulation ist, müsste bei der Frau als deren

Grunddisposition des Denkens erscheinen. Ist dies nicht tatsächlich so? Ihr Gedankenleben verläuft in der Regel sprühender, unsteter als das des Mannes, hingegen oft überraschend, anregend und stimulierend. Die Freude an der Abwechslung, die Offenheit gegenüber neuen Einfällen, die Bereitschaft, Neues aufzunehmen oder aber etwas gründlich Besprochenes am nächsten Tag doch noch einmal zu hinterfragen und wieder in anderem Licht zu sehen, ist typisch für das weibliche Denken. Hingegen es für das Denken des Mannes charakteristisch ist, dass es der Dynamik der weiblichen Fortpflanzungsorgane und ihrer Funktionalität entspricht. So wie hier mit schöner Regelmäßigkeit, ganz vom Organismus selbst gesteuert und der Willkür, beziehungsweise äußeren Einflüssen entzogen, Monat für Monat eine Eizelle heranreift und demgemäß auch die Schleimhaut der Gebärmutter vorbereitet wird, diesem Ei zur Einnistung zu verhelfen, falls eine Befruchtung eintritt – so vollzieht sich der Grundgestus männlichen Denkens. Kontinuität, Ruhe, eine gewisse Abgeschlossenheit und Zuverlässigkeit sind charakteristisch.

Das Denken des Mannes ist dazu veranlagt, mit einer gewissen Systematik und Gediegenheit sowie einer relativen Unabhängigkeit von äußeren Einflüssen – und daher auch abstrakter – abzulaufen. So ist es auch typisch, dass die großen philosophischen Werke der Weltliteratur fast ausnahmslos von Männern geschrieben sind. Es liegt ihnen, Gedanken zur Reife zu bringen und zu ganzen Gebäuden beziehungsweise organismushaften Zusammenhängen auszugestalten. Allerdings ist damit auch ein stärkeres Abgeschlossensein des männlichen Seelenlebens von der Umgebung verbunden. Der Mann lässt sich nicht so rasch emotionell erregen und reagiert insgesamt träger und bedachter. Leiblich und seelisch stehen sich die Geschlechter also polar gegenüber und können sich dadurch auf vielfache Weise anregen und ausgleichen. Auch können Mann und Frau bis zu einem gewissen Grade die typische Art des Anderen, zu denken, im Laufe des Lebens erlernen.

In geistiger Hinsicht jedoch sind Mann und Frau jeweils vollmenschlich. Das Ich, als übergeschlechtlicher geistiger Wesenskern des Menschen, lebt in seiner körperlich-männlichen und seelisch-weiblichen Konstitution oder aber in der körperlich-weiblichen und seelisch-männlichen. Je freier es mit diesen Gegebenheiten umgehen lernt, umso mehr erhält sein Tun den Charakter des Persönlichen und zugleich Allgemein-Menschlichen.

Im Gespräch mit Kindern und Jugendlichen

Blick in eine große Familie

Die Geschwister sind fünf, acht, zehn und elf Jahre alt, als das Jüngste erwartet wird. Viele Gespräche drehen sich um das neue Kind. Ob es ein Brüderchen oder ein Schwesterchen wird, welchen Namen es haben wird, wann man zum ersten Mal mit ihm spazierenfahren darf und vieles mehr. Alle Geschwister wissen, dass das erwartete Kind im Leibe der Mutter ganz gut eingepackt und geschützt heranwächst und erst geboren wird, wenn es ganz fertig ist. Dennoch sind die Fragen höchst unterschiedlich, die die einzelnen Geschwister an diesen Vorgang knüpfen. Und hier liegt bereits ein erstes wichtiges Moment für alle Aufklärungsgespräche: Man antwortet nur auf die Fragen, die wirklich vom Kinde gestellt werden und die es interessieren. Denn was ungefragt erklärt wird, erweist sich meist als seelischer Ballast und stört Gedanken und Empfindungen, die für das Kind mit der Frage nach seiner Herkunft verbunden sind. In unserem Fall will die Älteste ganz genau wissen, auf welche Weise denn das Kind aus dem Leib der Mutter herauskommen kann, wenn es fertig ist, und auch, wieso es denn so plötzlich anfangen konnte zu wachsen. Das Jüngste interessiert sich dagegen ausschließlich dafür, wie es im Himmel aussieht und was die Seele alles macht, bis der Körper fertig ist, in dem sie leben will. Organische Einzelheiten sind nicht gefragt. Das Achtjährige ist fasziniert von dem

Gedanken, dass es auch Zwillinge sein könnten. Ansonsten fragt es nichts Besonderes. Die Mutter hört jedoch, wie beim Puppenspiel zusammen mit dem jüngsten Geschwisterchen vieles aus den Gesprächen wieder auftaucht. Da wird fast täglich geheiratet oder ein Kind zur Welt gebracht. Natürlich sind es oft Zwillinge …

Der Zehnjährige zeigte seiner Mutter eines Tages verstohlen einen Zettel, den er aus der Schule mitgebracht hatte. Darauf war eine obszöne Zeichnung und ein entsprechendes Gedicht. Die Mutter sagt ruhig: »So etwas finde ich gar nicht schön. Es ist gut, dass du es mir gezeigt hast, aber jetzt würde ich diesen Zettel gern wegwerfen.« Damit war der Fall erledigt. Das Kind hatte erlebt, dass die Mutter kein Theater gemacht hatte wie die Lehrerin, die rot geworden war und die ganze Klasse zum Nachsitzen bei einem anderen Lehrer bestellt hatte. Die Erleichterung darüber war sehr groß. Er wusste nun, dass das etwas war, das man meidet wie andere Dinge auch, die einem nicht gefallen, und dass das Theater in der Schule nicht nötig gewesen wäre. Beim Abendbrot erzählt dann der Vater, wie Mutter und er sich kennengelernt haben und wie sie sich darauf gefreut hätten, viele Kinder zu bekommen.

Doktorspiele im Kindergartenalter

Ein Fünfjähriger hat entdeckt, dass es Aufsehen erregt, wenn er anderen Kindern seinen Penis zeigt. Oder: Eine entsetzte Mutter berichtet: »Stellen Sie sich vor, als ich neulich in das Zimmer meines Jungen hereinkam, da hatte er sich auf seine Spielkameradin von nebenan gelegt und mir stolz verkündet: Wir spielen gerade Mann und Frau im Bett.« Meist handelt es sich bei diesen Spielen um Kinder zwischen vier und acht Jahren, also solchen, die sich im Nachahmungsalter befinden. Wenn Berichte dieser Art auftauchen, so fragen wir die Eltern zuerst nach möglichen Vorbildern für dieses Verhalten in Video, Fernsehen oder täglicher Umgebung. Meist zeigt sich dann, dass die Kinder weder sexuell frühreif, noch »verdorben« sind, sondern dass sie schlicht und einfach aufnehmen, spielen und nachahmen, was sie in ihrer Umgebung wahrnehmen. Deswegen ist der wichtigste Bestandteil der sogenannten Sexualerziehung das Vorbild der Erwachsenen – das heißt die Art und Weise, wie sie selbst über die entsprechenden Themen reden und sich in menschlichen Beziehungen verhalten. Sind nun Dinge wie die oben erwähnten vorgekommen, kann man ihnen entweder so begegnen, wie es die im vorigen Abschnitt genannte Mutter mit ihrem Zehnjährigen getan hatte. Oder man behandelt sie mit Nichtbeachtung bzw. mit Humor. Eins ist jedenfalls sicher: Je mehr Beachtung die Erwachsenen diesem Treiben schenken, umso häufiger wird es reproduziert. Denn die Kinder genießen es, wenn sie die Aufmerksamkeit der Erwachsenen erregen. Erreichen sie dieses Ziel nicht durch positive Verhaltensweisen oder einfach durch ihr So-Sein, so suchen sie sich durch diese und andere Provokationen die Beachtung seitens der Erwachsenen zu erzwingen.

Welche Funktion hat der »Klapperstorch«?

Die Geschichte vom Storch ist dann angebracht, wenn man ein Bild sucht für die noch unverkörperte Seele, die zur Erde kommen möchte. Da es sich hierbei nicht um sinnliche Tatsachen handelt, reicht die an der Sinnenwelt orientierte Sprache nicht hin, die Vorgänge des vorgeburtlichen Lebens angemessen zu beschreiben. Daher hat man sie im Volkstum in Bildern erzählt, die die Menschen früher noch unmittelbar verstehen konnten und in ihren Mythen und Sagen weiter vermittelten. Greift der Erwachsene heute wiederum zu solchen Bildern, um sich dem noch nicht intellektuellen Bewusstsein des Kindes besser verständlich zu machen, so ist das höchst sinnvoll, wenn er für sich selbst den Wahrheitsgehalt dieser Bilder gedanklich erarbeitet hat. Wer selber das Bild des Storches nicht »lesen« kann, sollte auch nicht von ihm sprechen. Besser ist es, in solch einem Fall ehrlich zu sagen, dass man über das vorgeburtliche Leben des Menschen nichts weiß. Vielleicht kennt man jemanden, den man bitten könnte, dem Kinde etwas davon zu erzählen. Unbewiesen stünde die Behauptung da, dass es eine solche vorgeburtliche Existenz gar nicht gibt. Sicher ist nur, dass man die körperlose seelisch-geistige Existenz nicht sehen kann. Man kann sich ihr jedoch gedanklich und empfindungsmäßig zuwenden.[86] Bleibt man im Aufklärungsgespräch auf der rein biologischen Ebene stehen, so hat das für das Kind etwas Bedrückendes, da es spürt, dass das doch nicht die volle Wahrheit sein kann. Oder aber es nimmt die Einzelheiten zur Kenntnis, ohne innerlich viel damit anfangen zu können. Die Neugier ist zwar zunächst gestillt, die Frage nach der Herkunft jedoch nicht recht beantwortet.

Heikle Fragen

Wird der Gebrauch der Pille und anderer Empfängnisverhütungsmethoden besprochen, so ist es wichtig, dass der Jugendliche spürt, dass ihm die damit verbundenen Fragen nach den Ebenen menschlicher Beziehung und der Verantwortung für den Anderen niemand abnehmen kann. (Will er zum Beispiel, dass die sechzehnjährige Freundin ihren Körper hormonell manipuliert, oder möchte er sie so lieben, dass es nicht nötig ist?) Auch ist es unumgänglich, auf das Leben vor der Geburt und die Abtreibungsfrage einzugehen.

Es ist aber auch zu erleben, dass Kinder und Jugendliche sich hierüber schon längst aufgeklärt haben und über idealistische, oft sehr zarte Liebeserfahrungen verfügen, die sie in krassem Widerspruch erleben zu dem, was in den meisten Illustrierten zu lesen ist. Umso mehr sind sie dann beruhigt, wenn der Erwachsene ganz ehrlich Stellung bezieht.

Ein Sechzehnjähriger fragte beispielsweise im Biologie-Unterricht so nebenbei beim Verlassen der Klasse die Lehrerin: »Sagen Sie mal, ist das eigentlich gut für den Organismus der Frau, wenn sie die Pille nimmt?« »Nein«, war die kurze Antwort. »Hm – so – Danke« – das Gespräch war beendet. Genaue Erklärungen finden sich in jedem entsprechenden Buch. Entscheidend für den Jugendlichen war hier die Wertung der Tatsachen durch einen geschätzten Menschen.

Allerdings taucht angesichts der widersprüchlichen Ansichten über die Sexualität bei vielen Jugendlichen die geheime Frage auf, ob sie denn wirklich »ganz normal« seien. Insbesondere dann, wenn unter den befreundeten Altersgenossen feste Partnerschaften bestehen und auch bekannt ist, dass intime Beziehungen stattfinden. Sie wollen wissen, ob es unnormal ist, wenn sie in ihrem Alter noch nicht das Bedürfnis nach der vollen geschlechtlichen Vereinigung haben, sondern die Liebe mehr seelisch-erotisch oder geistig-idealisiert erleben. Wir haben in Einzelgesprächen mit sechzehn- bis achtzehnjährigen Jugendlichen wiederholt erlebt, dass diese tief befriedigt waren, für ganz »normal« angesehen zu werden, auch wenn sie noch keinen Geschlechtsverkehr hatten.

Gibt es die kindliche Sexualität?

Hierüber gehen die Ansichten auseinander. Unsere Erfahrung ist, dass hier die Nachahmung eine große Rolle spielt. Rein biologisch setzt die Reifung der Keimdrüsen im neunten/zehnten Lebensjahr ein und mit ihr die sexuelle Entwicklung. Davor ist das Kind ganz umweltoffen und verlangt nach »Körpererleben« in umfassendem Sinn und nicht speziell mit Bezug auf die später deutlicher erlebten erogenen Zonen. Es will als »ganzes Kind« geliebt sein und nicht sexuell stimuliert werden. Wird dies jedoch durch Aufmerksamkeit und Vorbild seitens des Erwachsenen oder älterer Kinder provoziert, so löst es sich auch wieder, wenn dem daraus entspringenden Verhalten nicht sonderliche Aufmerksamkeit geschenkt wird und man den Kontakt mit entsprechenden Spielkameraden reduziert oder besser begleitet. Anders ist es, wenn das Kind alleingelassen ist, sich langweilt oder Angst hat. Es wird das Bedürfnis nach verstärkter Selbstwahrnehmung dann zwar in der Regel durch Daumenlutschen (s. S. 478) oder Essen befriedigt. Es kann jedoch auch Anlass werden zu exzessivem Onanieren (s. S. 484).

Zur Homosexualität

Wer Homosexualität gleichsetzt mit abwegig, pervers, krankhaft, unnormal, kann sicher sein, dass er hier einem menschenverachtenden Vorurteil aufsitzt, für das es in der Wirklichkeit keine Belege gibt. Denn weder lässt es sich statistisch belegen, dass unter heterosexuellen Menschen weniger sexuelle Ausbeutung, weniger Kriminalität, weniger Perversionen im Umgang der Geschlechter miteinander und weniger krankhafte Neigungen vorkommen als bei homosexuellen Männern und Frauen, noch findet diese negative Beurteilung Bestätigung durch die tägliche Lebenserfahrung, die bis hin zur Begegnung mit so begnadeten Künstlern wie dem Schauspieler und Regisseur Gustav Gründgens, dem Dichter Oscar Wilde oder dem Komponisten Peter Tschaikowski und anderen bedeutenden Gestalten des Kultur- und Geisteslebens reichen kann.

Selbstverständlich entspricht es den Gegebenheiten der Natur, dass der männliche und weibliche Organismus sich beim Geschlechtsakt komplementär ergänzen und dass die gleichgeschlechtliche Liebe, so gesehen, unfruchtbar und damit »unnatürlich« ist – wenn man davon ausgeht, dass sexuelle Betätigung ausschließlich der Zeugung dient. Dies ist jedoch beim Menschen nicht der Fall, was schon daraus hervorgeht, dass die sexuelle Anziehung nicht wie bei den meisten Tieren an von der Natur vorgegebene Brunftzeiten gebunden ist, sondern unabhängig ist von den empfänglichen Tagen der Frau. Körperliche Zärtlichkeit und Liebe sind vielmehr in unterschiedlicher Intensität und Ausprägung tragende Elemente menschlicher Beziehungsgestaltung. Was hier körperlich, seelisch und geistig erlebt wird, ist sehr individuell und entzieht sich »der Norm«.

So sollte auch das Problem der Pädophilie und der Verführung Minderjähriger nicht assoziativ in Beziehung gebracht werden mit der Homosexualität. Denn spätestens seitdem das Thema des sexuellen Missbrauchs von Kindern und Jugendlichen weltweit zur Diskussion gekommen ist, kann gesagt werden, dass gerade Verführung und Missbrauch Minderjähriger in erster Linie die Domäne heterosexueller Männer und Frauen darstellt und kein Spezifikum für die homosexuellen Lebensformen ist. Und so möchten wir empfehlen, auch auf diesem Gebiet sachliche Aufklärung vorzunehmen. Das gilt insbesondere für die Schule, wo Lehrer durch kleine Bemerkungen bei den zwei, drei betroffenen Schülerinnen oder Schülern in ihrer Klasse ein Gefühl des Angenommenseins und Verstandenwerdens erzeugen können, indem sie beispielsweise bei der Schilderung eines Dichters oder einer historischen Persönlichkeit nicht verschweigen, dass diese homosexuell gewesen sind. Die Art, wie darauf – wenn auch nur kurz – eingegangen wird, kann bei den betroffenen Schülern für ein ganzes Leben einen entscheidenden positiven Akzent setzen. Fühlen sie sich doch durch eine solche Bemerkung in ihrem »Anderssein« angenommen.

Sexueller Missbrauch

Auch diese Thematik muss gegenwärtig zunehmend in Aufklärungsgespräche einbezogen werden, da Kinder und Jugendliche in Zeitschriften und Medien sowie durch Gespräche untereinander vieles darüber erfahren, was sie für sich selbst nur schwer verarbeiten und einordnen können. Dabei ist entscheidend, dass gerade in diesem Bereich das notwendige Unrechtsbewusstsein entwickelt werden kann. Denn spätestens hier wird deutlich, dass Sexualität nicht nur eine naturgegebene Möglichkeit des Menschen ist, dass Sexualität nicht nur mit Liebe und Beziehungsgestaltung zu tun hat, dass Sexualität nicht nur Privatsache jedes Einzelnen ist, in die ihm niemand hereinreden darf, sondern zu einer echten Gefährdung für den Betroffenen und seine Opfer werden und Abhängigkeit erzeugen kann wie eine Droge.

Wenn Kinder und Jugendliche Fragen bezüglich des sexuellen Missbrauchs stellen, ist es zunächst einmal entscheidend, ihnen zu bestätigen, dass dies in allen Bevölkerungsschichten vorkommen kann, wobei die Ursache eine tiefgreifende Störung in der Persönlichkeitsreifung des Täters darstellt. Diese Reifungs- beziehungsweise Entwicklungsstörung bezieht sich primär auf das Willens- und Gefühlsleben (Störungen im Bereich der Sinnesentwicklung im Vorschulalter, vgl. S. 268 ff. und 299 ff.) sowie Störungen in der emotionellen Reifung während des Schulalters (vgl. S. 419 f.), nicht jedoch im Bereich der Intelligenzentwicklung.

Entscheidend ist aber auch, dass der Erwachsene, das heißt insbesondere Eltern und Erzieher sich selbst hinreichend darüber aufklären, woran man erkennen kann, dass Missbrauch stattfindet. Denn sie sind mit vielen Kindern und Jugendlichen zusammen und können durch ihr Interesse und ihre Beobachtungsfähigkeit einem betroffenen Kind oder Jugendlichen helfen. Daher möchten wir hier einige wichtige Gesichtspunkte zusammenstellen und im Übrigen auf die angeführte Literatur (S. 559 f.) verweisen.

Zum Begriff des Missbrauchs:

Die Beziehung zum Erwachsenen und Kind wird zum Missbrauch,

- wenn der Erwachsene bei seinen Handlungen das Ziel hat, sexuell erregt zu werden, ganz gleich, auf welchem Wege er dieses Ziel erreicht;
- wenn dem Kind keine Möglichkeit bleibt, sich gegen diesen Vorgang zu wehren;
- wenn im Bewusstsein des Kindes das Gefühl entsteht, benützt zu werden;
- wenn dem Kind die Möglichkeit genommen wird, sich über das Erlebte mit jemandem zu unterhalten und dadurch Hilfe zu bekommen.

Missbraucht wird nicht nur der Körper des Kindes, sondern vor allem sein Vertrauen und die Zuneigung, die es dem missbrauchenden Erwachsenen (meist dem nah vertrauten Menschen bis hin zu den eigenen Eltern) entgegenbringt, so dass es sich nun hin- und hergerissen fühlt zwischen der Zuneigung, die es erwidern möchte, und dem deutlichen Empfinden, dass jetzt etwas Unrechtes geschieht.

Mögliche Symptome bei betroffenen Kindern:

Körperliche Symptome:
Verletzungen (selten) im Genitalbereich, Bisswunden beziehungsweise Blutergüsse an der Brust, am Unterleib, am Gesäß oder im Bereich der Oberschenkel. Wiederholte Entzündungen an den Geschlechtsorganen, Blutflecken in der Unterwäsche.

Mögliche Verhaltensauffälligkeiten:
Spielen sexueller Verhaltensweisen und Benützen entsprechender Ausdrücke, weibliche Posen zeigen oder masturbieren, sexuelle Handgriffe gegenüber Kindern oder Erwachsenen ausüben, übertriebenes Schämen, sich nicht ausziehen lassen wollen. Bei Säuglingen und Kleinkindern außergewöhnliche Schwierigkeiten beim Windelnwechseln und später autoaggressives Verhalten wie Haare ausreißen, Nägel kauen, schnippeln, Selbstmordversuche, Suchtverhalten, Malen und Zeichnen entsprechender Kinderbilder zu Hause und im Kindergarten, direkte sprachliche Äußerungen, die je nach dem erworbenen Vokabular des Kindes teilweise recht eindeutig sind, teilweise aber auch bildhaft oder situationell geprägt. So sollte der Erwachsene immer hellhörig sein, wenn Kinder erwähnen, dass sie nachts von einem dunklen Geist merkwürdig angefasst worden sind oder ein Lehrer sich komisch benommen hat beziehungsweise das Kind plötzlich sagt, es möchte da oder dort, zu diesem oder jenem Menschen nicht mehr hin.

Psychosomatische Symptome:
Neigung zu Kopfschmerz, Appetitlosigkeit, Erbrechen, Schlaflosigkeit, Einnässen, Einkoten, nächtliche Angst- und Erstickungsanfälle, Asthma, Sprach- und Sehstörungen sowie Konzentrationsstörungen.

Seelische Symptome:
Minderwertigkeitsgefühle, starke Selbstzweifel, allgemeine Angstzustände, Kontakt- und Beziehungsschwierigkeiten, Neigung zum Sich-Zurückziehen oder aber zu distanzlosem Verhalten und unge-

niertem Zugehen auch auf Fremde, Scham- und Schuldgefühle, Leistungsabfall oder extreme Leistungsmotivation, Hilflosigkeit oder extremes Machtstreben, Auftreten psychischer Krankheiten, Depressionen, Phobien.

Die Liste dieser Symptome macht deutlich, dass es sich hier bis auf wenige Ausnahmen um unspezifische Anzeichen handelt, die auch bei anderen Konflikten, denen ein Kind ausgesetzt sein kann (wie beispielsweise der Ehescheidungskonflikt, der Tod eines nahen Freundes, das Erlebthaben einer extremen Grausamkeit oder eines anderen Traumas), zu beobachten sind. Aus diesem Grunde raten wir dringend dazu, zwar sorgfältig zu beobachten, jedoch nicht selbst den Versuch zu machen, mit dem betroffenen Kind über den eventuellen Missbrauch zu sprechen, sondern sich, bevor irgendetwas unternommen wird, über mögliche Vorgehensweisen und erste Schritte von Fachleuten beraten zu lassen. Familienberatungsstellen, Sozial- und Gesundheitsämter sowie erfahrene Kinder- und Jugendpsychiater können und sollten erste Anlaufstelle bei einem gegebenen Verdacht sein. Denn es muss unter allen Umständen verhindert werden, dass durch Verdächtigung und unprofessionelle Aufklärungsversuche dem betroffenen Kind noch zusätzliches Leid beschert wird.

Ist das Triebleben von Natur aus genetisch vorbestimmt?

Aufgrund unserer Kenntnisse über Vererbung und Genetik sowie der Manipulierbarkeit von Körperfunktionen durch Medikamente herrscht heute ein stark verbreitetes Empfinden, dass unser seelisches Erleben vom Körper ganz und gar bestimmt sei. Man traut dem im Körper und seinen Funktionen tätigen übersinnlichen Menschenwesen nicht viel zu. Erst wer einmal versucht und erlebt hat, in wie hohem Maß er körperliche und seelische Zustände des Missbehagens bis zur manifesten Störung durch Selbsterziehung beeinflussen kann, sieht dies grundsätzlich anders. Er wird immer fragen: Welche Tätigkeiten regen vom Seelisch-Geistigen aus die Wachstums- und Bildungsprozesse des Körpers mit seiner Instinkt-, Trieb- und Begierdeveranlagung in gesunder Weise an?

Bezüglich des genetischen Erklärungsmodells und seiner Fragwürdigkeit wurde in der Magazin-Beilage der Basler Zeitung (5. Juli 1997) ein eindrucksvolles Gegenbeispiel gegeben. Es wurde dort berichtet von Reginald und Ronald Kray, die – eineiige Zwillingsbrüder – in den fünfziger und sechziger Jahren mit ihrer skrupellosen kriminellen Tätigkeit in der Londoner Unterwelt geherrscht haben. Obwohl sie eineiige Zwillinge sind und damit *gleiches* Erbgut haben, ist Reginald heterosexuell, wohingegen Ronald schon früh seine homosexuelle Neigung entdeckt und lebenslang ausgelebt hat.

Rudolf Steiner hat im 8. Vortrag der »Allgemeinen Menschenkunde«[87] für die Lehrer die Willensentwicklung in ihrer Beziehung zum menschlichen Leib und den Wesensgliedern differenziert dargestellt. Er zeigt, wie das ***Instinktverhalten*** des Menschen direkt an den physischen Leib und damit insbesondere an die Sinnesorgane gebunden ist. Pflege und Förderung adäquater Sinneserlebnisse sind damit *die wesentlichen Anregungen* für die Entwicklung eines gesunden Instinktlebens (s. S. 268 ff.).

So wie das Instinktleben auf dem Umgang mit dem physischen Leib basiert, so das ***Triebleben*** auf Erleben und Handhabung des Ätherleibes. Die körperlichen Triebe, die sich in Wachstum, Entwicklung und Funktion der Organe darleben, setzen sich, infolge der Metamorphose der Wachstumskräfte in Gedankenkräfte, als Lern- und Wissenstrieb ins Seelische hinein fort (s. S. 378). Wird das Weltinteresse des Kindes und sein Lerneifer nur mit abstrakten Wissensinhalten und nützlichen Informationen ausgestattet, so daß es nicht zu einem lebensvollen Verstehen der Wirklichkeit kommt, sondern nur zu einem oberflächlichen Bescheidwissen, wendet sich das in Entwicklung begriffene Gefühlsleben von dieser Art des Gedankenlebens ab und sucht Ersatzbefriedigungen. Statt Leitbildern und Leitgedanken, die zu Wirklichkeiten hinführen, sucht das

Kind nun einseitigen Anschluss an die Erlebniswelt der leibgebundenen Sinne, wodurch das Gefühlsleben auf der kindlichen Stufe des Haftens an den Sinnesempfindungen verbleibt und im Laufe des Älterwerdens nicht den Anschluss an die Gedankentätigkeit findet. Infolgedessen kann es nicht zur Kraft der Motivation und Begeisterung für ideelle Ziele und Werte werden. Damit erfährt das Triebleben eine Verarmung im seelisch-geistigen Bereich und eine Verstärkung nach der körperlichen Seite hin.

Das ***Begierdeleben*** ist gegenüber dem Instinkt- und Triebleben deutlich bewusster. Es hat zu seinem Träger den Astralleib oder Seelenorganismus (s. S. 191). So wie das Sinnesleben ganz vom physischen Leib abhängt, so das Denken vom Ätherleib und das Gefühlsleben vom Astralleib. Beim Vorschulkind ist das Seelenleben insgesamt noch nicht nach Denken, Fühlen und Wollen klar differenziert. Denken, Fühlen und Wollen bilden im Nachahmungsalter noch eine unlösbare Einheit. Erst allmählich kommt es zu einer Emanzipation des Denkens vom Fühlen und des Fühlens vom Wollen. Insbesondere die Loslösung des Gefühls- vom Willensleben ist Hauptaufgabe der Erziehung im Schulalter, wobei es zugleich um die Differenzierung des Genusslebens geht. In der Vorschulzeit überwiegt bei allen kindlichen Erlebnissen noch ganz das Selbsterleben und Selbstgenießen an der Welt. »Entdecken«, »probieren«, »haben« und »genießen« sind die typisch kindlichen Erlebnisformen, auf die auch die moderne Werbepsychologie treffsicher zielt. Auf diese kindlichen Erlebnisformen gründet sich der gesunde Egoismus und Selbstbezug, die ihre Prägezeit in dieser frühen Kindheit haben und sich hier unmündig-unschuldig darleben können. Bleibt jedoch dieses infantile, leibgebundene und damit egozentrische Gefühlsleben bestehen, so ist damit der Grund gelegt für viele spätere Entwicklungskrisen, insbesondere die vielfältigen Beziehungskrisen. Wer nicht gelernt hat, mit dem Anderen mitzufühlen und ihn genauso ernst zu nehmen wie sich selbst, dessen Gefühlsleben trägt eine stark körperorientierte und damit sentimentale Prägung und verharrt im Subjektiven und der Gefahr chronischen Selbstmitleids. Wird jedoch mit den Mitteln der Erziehung daran gearbeitet, das Gefühlsleben von seiner Körpergebundenheit loszulösen und den Gedanken über Welt und Leben zuzuwenden, so bedeutet dies zugleich auch eine Loslösung von seiner Verhaftung mit dem leibgebundenen Willensleben (vgl. S. 423 ff.). Nur so kann sich das Begierdeleben in das bewusste, leibfreie Seelenleben mit seinen »Lernbegierden« und Befriedigungen hineinverwandeln und damit auch der Selbstbeherrschung zugänglich werden. Ein an die orientierende Kraft guter Gedanken angeschlossenes Gefühlsleben kann auch verzichten. Ein auf kleinkindhafte Art am Willensleben haftendes Gefühlsleben ist der Selbstbeherrschung kaum zugänglich. Daher ist in solchen Fällen Therapie bzw. Konditionierung nötig, wenn sich daran noch etwas ändern soll.

Therapeutische Möglichkeiten für das Opfer

Kernproblem bei der Schädigung durch sexuellen Missbrauch ist die Beeinträchtigung der in Entwicklung begriffenen Ich-Funktion des Kindes. Auf körperlicher Ebene ist die natürliche Identifikation mit dem eigenen Körper durch den Missbrauch gestört bis dahin, dass das Kind seinen Leib hasst. Aber auch im eigenen Seelenleben fühlt sich das kindliche Selbst nicht mehr zu Hause, da es die eigene Beteiligung an dem Geschehen, seine Sehnsucht nach Nähe und Angenommen-Sein und seinen Ekel vor dem, was immer wieder geschieht und geschehen ist, für sich selbst nicht klären und verarbeiten kann. Selbstachtung, Selbstvertrauen und Selbstbewusstsein konnten sich nicht aufbauen, da die Grenze, an der dies im Verkehr mit den Menschen geschieht, gewaltsam und wiederholentlich durchbrochen worden ist. Auf der geistigen Ebene kann es zu schweren Identitätsproblemen kommen mit der Gefahr der Entwicklung einer Persönlichkeitsstörung bis hin zur Tendenz einer Persönlichkeitsspaltung. Daher sollte sich die Erziehung zu Hause und in der Schule – unabhängig von jeder beim Einzelfall angezeigten Familien- oder Psychotherapie – in erster Linie darauf konzentrieren, diesen Kern der Persönlichkeit zu stärken. Gelingt es, ihn anzusprechen, die Eigenaktivität des Kindes in allen Bereichen so weit wie möglich anzuregen und zu bestätigen, so ist viel zur Heilung getan.

Die Erfahrung insbesondere im Umgang mit Müttern, deren Kinder sexuell missbraucht wurden, zeigt, dass nicht nur das Kind oder die Kinder Hilfe brauchen, sondern auch die betroffene Mutter. Angst und Sorge, welche Schäden das Kind aus diesen Erlebnissen nun mit ins Leben nimmt, beherrschen die Situation. Hinzu kommen die Schuldgefühle, dass sie ihr Kind nicht hat schützen können. Hier gilt es zunächst, sich klarzumachen, dass auch die Angst ein Faktor ist, der die Entwicklung der Kinder ungünstig beeinflusst. Es ist entscheidend, dass der betroffenen Mutter bewusst wird, dass sie sich – auch ihrem Kind zuliebe – helfen lassen muss, mit Schuld, Enttäuschung, Zorn, Wut, Schmerz und Trauer umgehen zu lernen und sich zu erarbeiten, was durch die Worte Schicksalsvertrauen, Verstehen und Verzeihen charakterisiert ist. Nichts gibt es im Menschenleben, das nicht ins Gute herein bearbeitet und verwandelt werden kann. Jeder Fehler, aber auch jedes Trauma sind nie *nur* schlimm oder katastrophal, sondern können immer *auch* Ausgangspunkte für ein neues, viel bewussteres Erfassen des Lebens und der Entwicklung sein.

Empfohlene Literatur:

Aeppli, Willi: *Sinnesorganismus – Sinnesverlust – Sinnespflege.* Aktualisierte Neuausgabe, Stuttgart 1997.

Bass, Ellen / Davis, Laura: *Trotz allem – Wege zur Selbstheilung für sexuell missbrauchte Frauen.* Orlanda Frauenverlag, Berlin 1992.

Das Ministerium für Arbeit, Gesundheit und Soziales des Landes Nordrhein-Westfalen gibt folgende 2 Broschüren kostenlos ab:

1. *Sexueller Missbrauch von Kindern.* Expertise zum 5. Jugendbericht der Landesregierung NRW.
2. *Was stimmt da nicht? Sexueller Missbrauch: Wahrnehmen und Handeln.*

Drewes, Detlef: Strategien der Täter und sexuelle Gewalt gegen Kinder. *Kinder- und Jugendarzt*, 31. Jg. 2000, Nr. 5

Glöckler, Michaela: *Elternfragen heute.* Stuttgart 1992.

–: *Die männliche und weibliche Konstitution. Medizinisch-menschenkundliche Aspekte zur Ehe.* Stuttgart ²1989.

König, Karl: *Sinnesentwicklung und Leiberfahrung.* Stuttgart ⁴1995.

Lautmann, Rüdiger (Hrsg.): *Homosexualität. Handbuch der Theorie- und Forschungsgeschichte.* Frankfurt / New York 1993.

Leber, Stefan / Schad, Wolfgang / Suchantke, Andreas: *Die Geschlechtlichkeit des Menschen: Gesichtspunkte zu ihrer pädagogischen Behandlung.* Stuttgart ²1989.

Schad, Wolfgang: Die Scham als Entwicklungsraum des Menschen. In *Erziehung ist Kunst.* Stuttgart ³1994.

Sucht verstehen – Drogen meiden

Warum der Griff nach der Droge?

Warum greifen Erwachsene, Jugendliche und zunehmend auch Kinder zur Droge? Wie kommt es, dass Stoffe eingenommen werden, von denen man sicher weiß, dass sie den Körper schädigen und das Leben verkürzen? Bei Kindern und Jugendlichen sind es meist Neugierde oder soziale Gründe, die dazu führen. Man möchte nicht durch Ablehnen der Droge seinen Freund verlieren oder aus der Gruppe ausgeschlossen werden. Oft sind es aber auch schon klar umschriebene persönliche Motive, wie wir sie auch in der Erwachsenenwelt jeden Alters finden:

- ***Flucht*** aus einer unbehaglich gewordenen Welt, Flucht aus einem ungemütlichen, von Streit und Ehekrach erfüllten häuslichen Milieu, vor Sorgen und Problemen in der Schule oder am Arbeitsplatz;
- ***Angst*** zu versagen – in einer Beziehung, im Beruf, in der Schule;
- ***Sehnsucht*** nach Wärme, Licht, Freude, Harmonie, nach Nähe und Geborgenheit in einer Gemeinschaft, wo man endlich findet, was einem in Kindheit und Jugend versagt wurde; aber auch die Sehnsucht nach spiritueller Erfahrung;
- ***Neugier*** auf das Besondere, Gefährliche, Abenteuerliche – der Wunsch, vom Leben »echt etwas zu haben«.

All diese Sehnsüchte, Hoffnungen, Wünsche – sie sind so verständlich wie das Menschenleben selbst. Ja man kann sagen, wer ohne sie leben wollte, lebt im Grunde nicht. Die Frage ist nur, ob es gelingt, durch Erziehung und Entwicklung der eigenen seelischen und geistigen Fähigkeiten die Möglichkeit zu veranlagen, diese Sehnsüchte und Wünsche durch innere Arbeit und eigene Aktivität zu befriedigen und nicht durch passiven Konsum und das Sich-Stimulieren mit Substanzen.

Unser Anliegen ist es, deutlich zu machen, *wie verständlich, ja wie selbstverständlich* das Drogenproblem zu unserer heutigen Lebenswelt gehört, da Emanzipation und Isolierung den Einzelnen schon vom Kindesalter an mit sich selbst und seiner Einsamkeit konfrontieren. Es ist dies schlichtweg nicht auszuhalten, wenn nicht eine Strategie zur Überwindung der quälenden Begleiterscheinungen gefunden wird. Daher stellt das Drogenproblem *die Herausforderung* dar für die Erziehung im 21. Jahrhundert. Es gilt die Erlebnisse zu verstehen, die durch die verschiedenen Drogen vermittelt werden, und dann zu fragen, wie die verschiedenen Erlebnisse auf gesunden Erziehungs- und Entwicklungswegen erreicht werden können.

Daher seien zunächst die wichtigsten Erlebnisse und Erfahrungen zusammengestellt, die durch die verschiedenen Drogen ausgelöst werden:

Alkohol

Erhoffte Erlebnisqualität und Fähigkeit: Gemeinschaftsbildung, frei miteinander sprechen können, die Alltagssorgen hinter sich lassen, einmal so richtig fröhlich sein und locker lassen, Feststimmung erzeugen, Trost in der Einsamkeit.

Einige Folgeschäden: Hirnschäden, Lebererkrankungen, Nierenschäden, Muskelzittern, erhöhter Blutdruck, Schlafstörungen, Schwitzen, Nervenlähmungen, Bauchspeicheldrüsenerkrankungen, Alkoholembryopathie bzw. Schädigung des Kindes im Mutterleib.

Nikotin

Erhoffte Erlebnisqualität und Fähigkeit: Konzentrationsvermögen, Beruhigung, Abstand bekommen, noch einmal neu an eine

Sache herangehen, eine kurze wirkliche Pause machen und ganz zu sich kommen, nicht aus Nervosität etwas essen oder trinken und damit unnötige Kalorien aufnehmen, gemütliches Zusammensitzen und interessante Gespräche führen, das Schlafbedürfnis herabsetzen, länger wachbleiben können.

Einige gesundheitliche Folgeschäden: Herzbeschwerden, Kopfschmerzen, Erkrankungen der Atmungsorgane, erhöhtes Krebsrisiko, Mangeldurchblutung der Gliedmaßen.

Opium und sein wichtigster Bestandteil Morphium (Morpheus = Gott des Schlafs) sowie Heroin und andere Opiate

Erhoffte Erlebnisqualität und Fähigkeit: Tiefe Ruhe, trotz Schmerzen und Sorgen entspannt und warm schlafen können, sich frei und leicht außerkörperlich erleben, als gedankenleicht dahin schwebendes Wesen, das einswerden kann mit Licht und Farbe und Wesen im Umkreis. Sehnsucht nach ewiger Ruhe und Schlaf, Dunkelheit, Erlöschen des Bewusstseins in wohliger Wärme. »Im Paradies sein«, sich wie nach dem Tod in einer geistigen Welt erleben, euphorische Freude und Seligkeit, ohne sich durch die Schwere des Körpers oder alltägliche Sorgen behindert zu fühlen. Den Flash ersehnen, der einem blitzartig aus der Enge des Lebens befreit, des täglichen Grau und Einerlei, des trägen bürgerlichen Gedankenlebens.

Einige gesundheitliche Folgeschäden: Schwächung des Verdauungssystems, Hemmung der Sexualfunktionen, Muskelkrämpfe, blasse Haut, Abmagern, Steif- und Ungelenkwerden der Gelenke und Gliedmaßen, schlussendlich Ruin aller Körperfunktionen / Kräfteverfall, Hepatitis-Infektion.

Cannabis und seine Verarbeitungsprodukte Marihuana und Haschisch (aus der weiblichen Hanf-Pflanze)

Erhoffte Erlebnisqualität und Fähigkeit: Relativierung aller Realitäten, endlich einmal ganz und gar über den Zwängen des Alltags stehen mit seinen Gewohnheiten, Verpflichtungen, Terminen, Stress und Ärger, sich high erleben, am Lachkick erfreuen, sich glücklich und frei und ungebunden fühlen. Gedanken, Gefühle und Sinneswahrnehmungen, auch Raum und Zeit neu und ganz anders als im Alltagsleben erfahren. Viele Eindrücke erscheinen elementarer, aus ihren gewohnten Zusammenhängen herausgenommen, in neuer Perspektive oder auch enorm vereinzelt und vergrössert. Sich bewusst im Traumzustand zwischen Wachen und Schlafen erleben.

Einige gesundheitliche Folgeschäden: Fahruntüchtigkeit, verminderte Konzentration und Lernfähigkeit, geringere Anzahl von Samenzellen im Sperma, Unregelmäßigkeiten im weiblichen Zyklus, Entwicklungsstörungen bei Ungeborenen, Schwächung des Immunsystems, Antriebsarmut.

LSD / Mutterkornalkaloide

Erhoffte Erlebnisqualität und Fähigkeit: Außerkörperliche Erfahrungen, farbige Visionen und Halluzinationen, Licht und Wärme erleben, Erleben des Lebensrückblicks, Auftauchen längst vergangener Erfahrungen und Erinnerungen, ganz bei sich und doch aus sich heraus in einer anderen Welt sein.

Einige gesundheitliche Folgeschäden: vorübergehende psychotische Zustände, Wahnideen, Nieren-/Leberschäden, Unberechenbarkeit der Sinneseindrücke, Flashbacks[88].

Kokain und Amphetamine

Erhoffte Erlebnisqualität und Fähigkeit: Sich stark und fähig und vor allem außergewöhnlich klar denkend und intelligent erleben, Sehnsucht nach geistiger Anstrengung und Aufregung, nach dem ganz Besonderen des eigenen Auftrags, grandioses Selbstwertgefühl und Überheblichkeit gegenüber allen anderen, orgiastisches Glückseligkeitsgefühl, körperlich unbegrenzt leistungsfähig sein, normale Grenzen des Müdigkeitserlebens überspielen können, wach und stark sein.

Einige gesundheitliche Folgeschäden: Reizbarkeit, Ruhelosigkeit, Gehetztheit, Kopfschmerzen, Herzrasen, Angst, Schlaflosigkeit, Bauchkrämpfe, Schwindelgefühle.

Ecstasy (XTC) und Designer-Drogen (Kombinationen von Amphetaminen, Ephedrinen, Koffein auf Grundlage des Öls der Muskatnuss (Safrol-Öl))

Erhoffte Erlebnisqualität und Fähigkeit: Änderung im Gefühlsleben, sich öffnen können, Gefühle zeigen können, Verminderung der Angst, verstärkte Gesprächs- und Beziehungsbereitschaft. Intuitiv erleben, wie es dem Anderen geht, abbauen von Hemmungen in jeder Beziehung. Sich total outen – die Gefühle dem Anderen zeigen, so wie sie sind – ganz hemmungslos und direkt.

Einige gesundheitliche Folgeschäden: Desorientiertheit, Halluzinationen, Angstgefühle, Depressionen, Ausgepumptsein, Schlaflosigkeit, Herzklopfen.

Für alle Drogen gilt als gemeinsamer gesundheitlicher Folgeschaden: Vorzeitiges Altern, zunehmender Ich-Verlust, das heißt Störungen der Ich-Funktion und Selbstkontrolle auf körperlicher, seelischer und geistiger Ebene.

Vorbeugung und Therapie

»Anstelle des Ich« heißt das sehr lesenswerte Buch des holländischen Drogentherapeuten und Psychologen Ron Dunselman, in dem er in differenzierter Weise die körperlichen, seelischen und geistigen Wirkungen der Drogen beschreibt. Es ist wirklich so – wie auch aus obiger tabellarischer Übersicht hervorgehen kann –, dass die jeweilige Droge anstelle des Ich tritt, indem sie eigene Aktivität ersetzt und bestimmte Erlebnisse und Erfahrungen vermittelt, ohne dass man die dafür nötige Entwicklungsarbeit selbst hätte leisten müssen. Auch die Psychotherapie kämpft mit diesem

Problem. Wieviel leichter ist es doch, ein Schlafmittel oder eine Beruhigungspille zu nehmen, als beispielsweise beten zu lernen oder einen meditativen Weg zu beschreiten, durch den die Seele ihren Ruhepunkt finden lernt. Oder aber durch Meditation dahin zu gelangen, dass einem die Natur wieder geistdurchdrungen erscheint, das eigene Gedanken- und Gefühlsleben farbiger und realer wird. Wieviel leichter ist es, Tabletten zu nehmen, die einen abschirmen und etwas euphorisieren, anstatt notwendige Übungen in Selbsterziehung und innerer Stabilisierung vorzunehmen, um die Lebensumstände besser auszuhalten! Andererseits ist es auch immer wieder erstaunlich zu sehen, welches Ausmaß an Leid manche Menschen zu tragen bereit sind und woran sie innerlich arbeiten, und wie rasch unter Umständen ein anderer – weil es ihm unerträglich wird – nach der Droge greift.

Wenn nun im Folgenden einige Gesichtspunkte zur Vorbeugung und zur Therapie genannt werden sollen, so geschieht dies in dem Bewusstsein, dass all dies nur Sinn hat, wenn zu dem Betroffenen ein echter tragfähiger menschlicher Kontakt aufgebaut werden kann. Kann doch der Mensch allen Versuchungen widerstehen, wenn er es sich selbst oder einem anderen Menschen ernsthaft versprochen hat, wenn er vom Ich aus die Herrschaft in seinem Denken, Fühlen und Wollen anstrebt. Dabei sind sicher diejenigen die begabtesten Helfer und Therapeuten, die aus ihrem eigenen Leben Situationen kennen, in denen sie nahe daran waren, nach der Droge zu greifen, oder sie auch vorübergehend genommen haben, um dann wieder davon loszukommen aufgrund der Erfahrung, dass dies kein weiterführender Weg ist. Drogenkonsum und -abhängigkeit sind – wenn nicht wirksam eingegriffen wird – der Weg in Krankheit und zunehmende Ausschaltung des Ich. Die Anzeichen dafür sind Schwächung und Ausschaltung des Willens, Aushöhlung des Gefühlslebens und die Untergrabung einer geordneten Gedankentätigkeit. Damit verbunden sind die oben angeführten körperlichen Schädigungen.

Da Orientierungslosigkeit, Zweifel, Hassgefühle gegenüber Ungerechtigkeit und Schlechtigkeit der Welt sowie existenzielle Angst und Sorgen weltweit zunehmen und auch vor Jugendlichen und Kindern nicht Halt machen, ist es verständlich, dass etwa jeder Dritte bis Fünfte weltweit Alkohol konsumiert und jeder Zehnte bis Fünfzehnte gefährdet ist, unter entsprechendem innerem oder äußerem Druck auch nach anderen Drogen zu greifen. So ist auch verständlich, dass immer mehr Stimmen nach der Legalisierung der Drogen rufen und den Umgang damit in die Verantwortung des Einzelnen legen wollen. Denn wie will man wirksam verbieten, was immer mehr Menschen als normal ansehen, weil sie es »brauchen«? In einer Zeit, in der die gesellschaftlichen Kräfte und auch die religiösen Traditionen nicht mehr als tragfähig empfunden werden und neue innere Tragekräfte und persönliche Stabilität noch nicht zureichend entwickelt sind, muss es zu solchen krisenhaften Erscheinungen kommen, wie wir sie gegenwärtig erleben. Doch anstatt hier aufzugeben und das Kranke für gesund zu erklären, möchten wir zu der Motivation beitragen, *alles* nur irgend Mögliche dafür einzusetzen, dass anstelle der Droge das aktive Menschen-Ich treten kann, das sich und seiner Mitwelt auf dem Entwicklungsweg weiterhilft.

Alkohol- und drogenabhängige Kinder und Jugendliche sind oft empfindsamer als andere. Sie sind empfänglich für das Schöne und Idealistische – neigen daher auch oft zum Revolutionären. Sie sind jedoch den Härten des alltäglichen Lebens nicht genügend gewachsen. Sie weichen Problemen entweder aus oder versuchen sie gewaltsam zu lösen – es fällt ihnen schwer, sich Tag für Tag damit auseinanderzusetzen, bis sie wirklich verarbeitet sind.

Entsprechend ist die Therapie nur mit großer individueller Anstrengung der Betroffenen und ihrer meist neu zu wählenden Umgebung erfolgversprechend. Wir können hier nur die wichtigsten Elemente einer Suchtprophylaxe in der Erziehung anführen.

- Stillen in der Säuglingszeit statt Flaschenernährung.
- Liebevolles Interesse für jeden Entwicklungsschritt des Kindes (s. S. 407).

- Sinnespflege
- Pflege guter Gewohnheiten im Tagesablauf bis hin zu regelmäßigen Mahlzeiten. Stillen des Süßigkeitsbedürfnisses bei den Hauptmahlzeiten und nicht andauernd je nach Lust und zu jeder Zeit (vgl. das Kapitel über die Ernährung, S. 306 ff.).
- Guter Mittelweg zwischen Strenge und Nachgiebigkeit in der Erziehung. Klare Grenzziehungen, in denen sich das Kind sicher fühlen kann (vgl. das Kapitel »Strafe und Belohnung« S. 451).
- Stärkung der eigenen Phantasie durch Märchenerzählen und Vorlesen guter Geschichten, Sagen und Lebensberichte, statt passiven Konsums an vorgefertigten Bildern (vgl. das folgende Kapitel »Multimedia«).
- Undogmatische religiöse Erziehung.

Empfohlene Literatur:

Dunselman, Ron: *An Stelle des Ich. Rauschdrogen und ihre Wirkung*. Stuttgart 1997.

Julien, Robert M.: *Drogen und Psychopharmaka*. Heidelberg 1997.

Koob, Olaf: *Drogensprechstunde. Ein pädagogisch-therapeutischer Ratgeber*. Stuttgart [2]1992.

Vogt, Felicitas: *Drogensucht – Weckruf unserer Zeit*. Merkblatt des Vereins für Anthroposophisches Heilwesen, Bad Liebenzell 1998.

Vogt, Felicitas: *Sucht hat viele Gesichter. Warum der Griff nach Drogen? Verstehen – vorbeugen – behandeln.* aethera. Stuttgart 2000.

Multimedia und die Kinder

Fernsehen, Videos, Videotext, Videoclips, CD-Player und Tonkassetten sowie der Computer, verbunden mit Telefon und Fax und E-Mail/Internet erfahren durch ihre gegenseitige Vernetzung und ihr technisches Zusammenwachsen zunehmende Attraktivität. In vielen Haushalten stehen sie im Zentrum des Privatlebens und der Hobbies. Und da ist es eine undankbare Aufgabe zu sagen:

> *Lasst eure Kinder so weit wie irgend möglich medienfrei ihre Kindheit erleben! Lasst sie Natur und Menschenleben in der Umgebung und auf Reisen so wahrnehmen, wie sie wirklich sind, damit eine echte Beziehung aufgebaut werden kann, die dann ein Leben lang trägt. Unterhaltet euch mit euren Kindern, spielt mit ihnen, lasst nicht zu, dass Maschinen die liebsten Freunde und Begleiter eurer Kinder werden!*

Warum ist Fernsehen »nichts für Kinder«?

Warum schädigt gerade das Medium Fernsehen die Entwicklung des Nervensystems und der Sinnesorgane so nachhaltig? Einige Hinweise mögen die Schädigungen verständlich machen:

Unphysiologischer Sehvorgang und Desintegration der Sinnestätigkeiten

Beim Fernsehschauen sind die Augen starr auf den Bildschirm gerichtet, während das Bild sich dort bewegt. Diese Tatsache macht man sich in den Augenkliniken therapeutisch zunutze, indem man Patienten nach Augenoperationen mehrere Stunden Fernsehen verordnet, weil dies die *einzige* Möglichkeit ist, die Muskeln der Augen wirklich ganz in Ruhe zu halten. Die Ruhigstellung der Muskulatur ist eine wichtige Unterstützung für die Heilung eines operierten Muskels. Was aber, wenn weltweit unzählige Kinder täglich zwischen dem dritten und zwölften Lebensjahr vier bis sechs Stunden fernsehen? In der Zeit, in der körperliche Eigenaktivität und Bewegung die wichtigsten entwicklungsfördernden Vorgänge sind (vgl. S. 411), sitzt das Kind in der typischen muskelstarren faszinierten Haltung vor dem Bildschirm, da sich die reglose Haltung der Augenmuskeln auf die gesamte Körpermuskulatur überträgt. Der Sehvorgang aber läuft abnorm ab, da beim normalen Sehen sich die Augenmuskeln äußerst differenziert bewegen und den Gegenstand der Betrachtung »abwandern«. Außerdem stimmt keine Farbe, keine Proportion mit der Wirklichkeit überein, Räumliches wird auf die Fläche projiziert. Nur zwei Sinne können miteinander kommunizieren: Auge und Ohr, während die anderen Sinne kaum stimuliert werden und die Desintegration ihrer Funktionen dadurch gefördert wird.

Auf passive Rezeption hin stimulierte zentralnervöse Verarbeitung

Die Verarbeitung der Bildschirmeindrücke im Gehirn geschieht nicht in der Weise, wie dies beim *normalen, aktiven Sehvorgang* der Fall ist, bei dem die Augen ständig beobachtend in Bewegung sind und die feinsten Farbabstufungen und die wirklichen Gegenstände mit allen Sinnen wahrnehmen. Auch übersteigt der Informationsfluss, der vom Bildschirm geliefert wird, bei weitem die Möglichkeit des Kindes, das Angebotene aufzunehmen und selbstständig zu verarbeiten. Es nimmt einmal dieses, einmal jenes auf und kann oft für sich den Zusammenhang zwischen den wahrgenommenen Bildern und den aufgefassten Sätzen nicht herstellen. Das Gehirn wird angeregt zu bruchstückhaften, assoziativen Gedankenabläufen und insgesamt zur passiven Aufnahme des Gesehenen, weil für ein eigenaktives Wahrnehmen kein Raum ist. Daher werden die noch im Werden begriffenen feinen Nervenschaltungen des Gehirns in ihrer Durchstrukturierung so angeregt, dass sich das Gehirn zu einem Instrument passiver und assoziativer Gedankentätigkeit ausbildet. Es ist zu einem aktiven, eigenschöpferischen Denken wenig geeignet.

Förderung aggressiv-unruhigen Verhaltens

Nach dem Fernsehkonsum kommt es zu einer ebenso unnatürlichen Bewegungsunruhe, wie es während des Zuschauens zu einer unnatürlichen Bewegungsruhe gekommen war. Es hängt nicht in erster Linie mit dem Inhalt der gesehenen Sendung zusammen (ob sie grausam, blödsinnig oder sinnvoll war), sondern mit dieser Art erzwungener Bewegungsruhe vor dem Bildschirm, dass die Kinder eine Zeitlang nach dem Fernsehkonsum nichts Rechtes mit sich anzufangen wissen, zur Aggressivität neigen, übellaunig sind und provozierend. Die möglicherweise problematischen Inhalte der Sendung haben hierbei nur verstärkende Wirkung.

Weitere Symptome und Erfahrungen in der Kindersprechstunde:

- Regelmäßig fernsehende Kinder fallen gegenüber anderen in der Sprechstunde dadurch auf, dass sie
  - anderen Menschen mit wenig Distanz und Achtung entgegentreten,
  - es schwer haben, einen persönlichen Kontakt zu knüpfen,
  - gerne grimassieren und einem kaum in die Augen sehen,
  - oft oberflächlich oder stereotyp antworten und ihr Interesse an den Gegenständen nicht sehr tief geht,
  - weniger lesen und lieber auf Bilddarstellungen ausweichen, meist auf Comics und Non-Books,
  - das Gelesene und Gesehene kaum aktiv verarbeiten,
  - konzentrationsschwächer sind.
- Die Neigung zur Alkohol-, Medikamenten- und Drogenabhängigkeit wird gefördert, da die Kinder sich daran gewöhnen, Anregungen und Seeleninhalte ohne eigene Anstrengung zu gewinnen; sozusagen auf Knopfdruck.

- Die Willensentwicklung wird zentral gestört, weil die Kinder reglos vor dem Bildschirm sitzen und sich nicht wie sonst aktiv und nachahmend betätigen können.
- Die Sprachentwicklung bleibt nachgewiesenermaßen deutlich zurück.[89]

Es gibt jetzt Hefte, in denen Eltern beraten werden, welche Sendungen für welches Alter geeignet oder nicht geeignet sind. Schaut man die empfohlenen Titel und Beschreibungen an, so bestehen die meisten dieser Sendungen aus phantastischen, wirklichkeitsfremden Darstellungen, deren Bilder sich karikaturhaft-distanzierend in die Seele des Kindes eingraben, bevor es mit Menschen und der Natur in reale Beziehungen getreten ist.

So schlimm kann es doch nicht sein ... oder doch?

Oft wird eingewendet:

- Ich kann da nichts machen – Fernsehen gehört heutzutage in den Alltag einer normalen Familie. Auch brauche ich die Fernsehstunden meiner Kinder, um einmal ungestört meine eigenen Angelegenheiten zu besorgen. Und: So schlimm kann es doch nicht sein ...
- Wieso gibt es denn dann Schulfernsehen, Kinder-PC und Kinderprogramme?
- Es ist doch besser, zu Hause fernzusehen als beim Nachbarn ...
- Man muss doch orientiert sein, und die Kinder wollen mitreden können ...

Wir können hier nur entgegnen: Ihre Kinder werden es Ihnen später danken, dass sie zur Eigenaktivität und einem gesunden Selbstbewusstsein erzogen wurden. Dass sie gelernt haben, die Medien da einzusetzen, wo sie es brauchen und wollen, und nicht von ihnen abhängig sind. Und: dass ihr Seelenraum nicht besetzt ist von all den Karikaturen und Pseudoerfahrungen der virtuellen Welt.

Erwähnt sei auch die neurophysiologische Tatsache, dass ein

sechs Jahre altes Kind erst zwei Drittel der Größe eines erwachsenen Gehirns erreicht hat, jedoch fünf- bis siebenmal mehr Nervenverbindungen zwischen den Neuronen als das Gehirn eines 18 Monate alten Kindes oder eines Erwachsenen besitzt. Das Gehirn eines sechs- bis siebenjährigen Kindes hat eine Kapazität für Tausende und Abertausende von Dendriten-Verbindungen zwischen den verschiedenen Neuronen. Im Alter von 10 bis 11 Jahren verlieren die Kinder einen Großteil dieser neuronalen Verbindungsmasse wieder. Ein Enzym wird gebildet in den Nervenzellen des Gehirns, das alle nur wenig myelinierten Nervenverbindungen wieder auflöst.[90] Das heißt, dass zu dieser Zeit die Grundreifung des Nervensystems abgeschlossen ist und nicht »aktivierte« bzw. durch vielfältige Tätigkeiten gereifte Nervenverbindungen wieder verschwinden.

Fernsehfrei erzogene Kinder sind beliebte Spielkameraden

Was fördert die Entwicklung zur Selbstständigkeit mehr: sich nicht zu unterscheiden von den anderen, ganz »in« zu sein, oder aber Mut zu entwickeln und zu sagen: »Wir sehen zu Hause nicht fern, wir spielen lieber«? Fernseh- und videofrei erzogene Kinder sind beliebte Spielkameraden und werden gerne eingeladen, weil die eigenen Kinder dann nicht so viel fernsehen.

- Vielleicht freut sich der Nachbar sogar, wenn seine Kinder zu Ihnen zum Spielen eingeladen werden, und geht auf die Bitte, auch umgekehrt die Kinder bei sich nicht fernsehen zu lassen, ein.
- Was versäumen die Kinder, wenn sie Natur und Mensch und das soziale Leben nicht als Karikatur und Trickfilm kennen, dafür aber aus eigenem Erleben oder Erzählungen, zu denen sie sich ihre eigenen Bilder und Gedanken machen durften? Spiel, körperliche Bewegung und als Ausgleich ein Märchen erzählt zu bekommen, das erweckt im Kinde Fähigkeiten, die für das ganze Leben von bleibendem Wert sind.

- Und: Wer finanziert und fördert die Unterhaltungsindustrie – auf Kosten Ihrer Kinder?

Wie sag ich 's meinem Kinde?

Wenn der Fernseher aus der Wohnung verschwunden ist oder noch nicht angeschafft wurde, muss von Zeit zu Zeit Überzeugungsarbeit bei den Kindern geleistet werden. Hier ein Beispiel, bei dem das Vorbildliche nicht die Art der Argumentation, sondern die eindeutige und entschiedene Haltung der Mutter ist:

Anna: »Warum haben wir keinen Fernsehapparat?«

Mutter: »Weil wir gar keine Zeit zum Gucken haben.«

Anna: »Aber ich hätte doch Zeit. Die Kinder in der Schule und auf der Straße erzählen oft lustige Sachen, und der Florian durfte schon zwei Mal bei seinem Freund etwas sehen.«

Mutter: »Ich möchte aber nicht, dass du jetzt auch schon damit anfängst.«

Anna: »Warum denn nicht?«

Mutter: »Weil diese Fernsehsachen die Phantasie kaputtmachen und für Kinder genauso schädlich sind wie Zigaretten und Alkohol. Das bekommen auch nur die Großen, denen es nicht mehr so viel ausmacht.«

Anna: »Aber warum erlauben es dann die anderen Leute ihren Kindern?«

Mutter: »Weil sie das nicht so genau wissen. Ich würde mich freuen, wenn du mir zuliebe nicht bei deiner Freundin fernsiehst, sondern damit wartest, bis du zwölf Jahre alt bist wie der Florian, als er es zum ersten Mal durfte.«

Je sicherer sich die Eltern ihrer Sache sind, um so eher nehmen ihnen die Kinder das ab. Glauben Mutter oder Vater jedoch, dass den Kindern etwas entgeht, wenn sie »nicht mitreden können«, dann entstehen endlose Diskussionen und nicht zuletzt auch unnötige Kompromisse.

Ideal ist es, wenn das Fernsehen als Medium erst eine Rolle

spielt, wenn die Willens- und Gefühlsentwicklung zum Abschluss gekommen ist, also ab dem dreizehnten bis fünfzehnten Lebensjahr. Bis zu dem »Rubikon« des zehnten Lebensjahres sollte es jedoch auf alle Fälle tabu sein (vgl. hierzu S. 422). Dazwischen liegt ein Ermessensspielraum, der den individuellen Gegebenheiten entsprechend gestaltet werden kann.

Medienpädagogik

Wie lernen Kinder, mit dem Fernsehen – als Prototyp optisch-akustischer Medien – umzugehen? Wenn Eltern anfangen, ihre Kinder fernsehen zu lassen, so ist das Allerwichtigste, dass sie selbst mitschauen. Nur so ist gewährleistet, dass bewusst an- und abgeschaltet wird. Auch dass die Sendungen gemeinsam ausgesucht werden und verabredet wird, wie lange, was und warum gesehen wird, ist entscheidend, um den selbstständigen Umgang zu lernen. Das Gesehene kann dann im Gespräch verarbeitet und so wenigstens im Nachhinein das passiv Aufgenommene noch einmal aktiviert werden. Ab dem zwölften Jahr sollten Eltern zumindest noch wissen – und sich erzählen lassen –, was ihre Kinder sehen. Denn auch jetzt ist öfter noch Verarbeitungshilfe sinnvoll und/oder nötig.

Nach der Pubertät sieht es dann schon anders aus. Haben die Jugendlichen bis dahin genügend andere Anregungen bekommen, so wird das Fernsehen keine sonderliche Faszination auf sie ausüben, und sie werden eher fernsehmündige Menschen werden.

Die Erwachsenen sollten die von ihnen benützten Medien in einem Zimmer aufstellen, das für die Kinder nicht ohne weiteres zugänglich ist. Kinder akzeptieren es, dass es Dinge gibt, die eben nur »für Erwachsene« sind.

Viele Stellungnahmen von pädagogischer und medizinischer Seite gehen davon aus, dass man die bestehenden Verhältnisse als Gegebenheiten in etwa anerkennen müsse, dass man sie lediglich in ihren Extremen zu korrigieren habe und weiterem Anwachsen Einhalt gebieten müsse. Diese Einstellung nützt keinem Kinde. Sie führt nur zur Verschleierung des Problems, und es bleibt bei den Gewohnheiten mit allen ihren Folgen.

Wir können uns daran erinnern, dass in den letzten dreißig Jahren die bedeutenden Initiativen zur Behebung von Missständen von Laien getragen wurden und nur aufgrund ihres energischen Einsatzes Erfolg hatten: z. B. die Stillbewegung und die Umweltschutzbewegung. So wird auch dieser Zivilisationseinfluss nur mit Hilfe derjenigen bewältigt werden können, die sich durch eigene Einsicht zu Konsequenzen entschließen.

Es ist zu hoffen, dass die Bücher, Vorträge und Workshops des amerikanischen Computerspezialisten und Internet-Vaters Clifford Stoll vielleicht den Beginn einer derartigen Volksbewegung für einen menschenwürdigen Umgang mit der Multimediakulutur markieren. Einige seiner aufrüttelnden Aussagen möchten wir hier wörtlich wiedergeben:[91]

»Der Computer verändert das Umfeld des Klassenzimmers. Man kann leicht voraussehen, dass die Kinder ihre Computer lieben und es sich im Kindergarten immer mehr wie in einer Spielhölle anhört und es auch so aussieht. Die Maschinen rücken in den Mittelpunkt des Interesses und verdrängen Knetmasse, Kreide – und Lehrer. (...)

Irgendwann nimmt man an, der Computer sei ›gut‹, weil er interaktiv ist und keine Werbeblöcke hat, dagegen ist Fernsehen ›schlecht‹, weil es passiv ist und viel Werbung zeigt. Im Großen und Ganzen sind auch Videos ›gut‹, weil sie keine Werbung enthalten. Ich meine, dass das für ein Kind keinen entscheidenden Unterschied macht. Alle drei Medien haben den großen bunten Bildschirm, alle drei zeigen die Lieblingshelden in temporeichen Clips und sorgen für viele Stunden geistiger Aufregung bei geringster Muskelanstrengung.

Nehmen wir an, wir wollten Wahrnehmungsstörungen fördern. Ich kann mir keinen besseren Weg vorstellen, als Jugendlichen schnelle Videoclips vorzusetzen oder Computerspiele mit Autorennen, mit Kämpfen zwischen Raumschiffen, Schießereien und viel Explosionslärm, grelle Farben und unzusammenhängende Informationen aus verschiedenen Quellen, postmoderne Medien mit Hyperlinks statt einfach erzählter Geschichten. Oder man regt sie an, Turtle-Grafics-Programme zu schreiben, statt richtige Schildkröten anzufassen. Kurz: Man sperre sie in ein elektronisches Klassenzimmer!

Es sei unbestritten, dass Multimedia-Systeme optisch anregende Bilder liefern. Fast jede Software für Kinder trägt den Stempel ›aufregend‹. Aber der Mangel an Aufregung ist kein Grundproblem von Kindern; eher sind sie mit Fernsehen, Video und Nintendo zu vielen bewegten Bildern ausgesetzt. Zeigen Sie mir ein Computerprogramm, das zum ruhigen Nachdenken anregt! (...)

Es gibt auch viele Computerprogramme mit Inhalten, die auf überzeugende Weise pädagogisch aufgemacht sind und auf billige Gags verzichten. Die machtvolle Parole des Mediums heißt aber trotz allem: Wir bringen den Kindern bei, die Welt mit dem Computer zu erforschen – und nicht mit Händen und Füßen oder mit der Vorstellungskraft. (...)

Ich kann mir kaum einen weniger geeigneten Platz für Computer vorstellen als Kindergärten und Vorschulen. Was ein Dreijähriger am meisten braucht, ist Liebe, persönliche Zuwendung und vor allem Fürsorge. Vier- und Fünfjährige müssen ihre sozialen Fähigkeiten entwickeln: Wie kann man miteinander auskommen? Wir sollten mit realen Gegenständen spielen, nicht mit virtuellen Bildern. (...)

Für Rechner und Computer sind alle Fehler trivial: Wenn ein Schüler eine falsche Antwort bekommt, wird er den Fehler typischerweise mit ›Oh, da habe ich wohl die falsche Taste gedrückt‹ abtun, statt versuchen herauszubekommen, ob er einen falschen Weg eingeschlagen hat, um die Aufgabe zu lösen. Wenn ein Schüler einen Fehler macht, wird ein guter Mathematiklehrer von ihm alle Aufzeichnungen sehen wollen, um nachvollziehen zu können, ob er die Aufgabe nicht verstanden oder nur falsch gerechnet hat. Der

Lehrer wird eine gute Note geben, wenn der Lösungsweg richtig und nur ein Rechenfehler unterlaufen war. Er wird also den Weg zur Lösung bewerten und nicht das Ergebnis. Wenn man aber einen Taschenrechner benützt, gibt es keine Spur des Rechenablaufes und keine Auskunft darüber, welcher Fehler unterlaufen ist. Kein Lehrer kann dann weiterhelfen. (...)

Wie wirken sich Computer auf den mathematischen Unterricht aus? In den letzten 15 Jahren ist an den Universitätsseminaren die Zahl der Hilfskurse für Mathematik erstaunlich gewachsen. Die Anfänge der Algebra, früher Stoff für die Siebt- und Achtklässler, werden jetzt an der Universität unterrichtet. Zwei Drittel der Studienanfänger schreiben sich in Kurse ein, die eigentlich an die High School gehören. (...)

In den Dreißigerjahren dachte man, durch die Elektrifizierung auf dem Land könne man die Familienbetriebe in der Landwirtschaft erhalten. Nach drei Jahrzehnten intensiver Bemühungen waren alle Bauernhöfe an das Stromnetz angeschlossen. Und wo sind die Familienbetriebe geblieben? Es gibt sie nicht mehr!

In den Fünfzigerjahren wurde das Fernsehen als ein Segen für die Bildung gepriesen. Es würde die besten Lehrer in die Klassenzimmer und selbst den ärmsten Familien ins Haus bringen. Das klappte ursprünglich auch, weil die Regierung viel Geld in Fernsehsender und Unterrichtsprogramme steckte. Aber wie sah der große Segen für die Bildung aus, den man vorausgesagt hatte?

In den frühen Achtzigerjahren wurde auf geschickte Weise die Botschaft verkündet, dass Kommunikations-Satelliten durch die weltweite Verbreitung der Programme zu einer vereinten Welt führen würden – vielleicht einer unter MTV vereinten Welt? Auch heute noch erzählen uns die Fortschrittsfanatiker, dass die Welt immer kleiner wird: durch Reisen, durch Kommunikation und durch den Markt. Als Beweis für den kleingewordenen Globus führen sie McDonaldsfilialen in Paris, Moskau und Peking an oder dass auf den T-Shirts von Teenagern in Nairobi das Logo von Coca-Cola prangt. Dabei sind wir aber mit keiner fremden Kultur vertrauter geworden. Was wirklich immer kleiner geworden ist, ist der Ausschnitt, den wir Amerikaner von der Welt wahrnehmen: Wir können keine Fremdsprachen, wir weigern uns, Nachrichten aus dem Ausland zu lesen, und uns fehlen die Grundlagen, um fremde Kulturen zu verstehen. Natürlich nehmen wir andere Kulturen wahr: Ganz ohne Anstrengung im Fernsehen oder mit einem flüchtigen Blick durch das Schlüsselloch des Internets. Das bringt Bilder ins Haus, trägt aber nicht dazu bei, etwas zu verstehen. Anstatt die Welt wirklich kleiner zu machen, rückt das oberflächliche elektronische Informationssystem fremde Kulturen nur in größere Ferne. (...)

Was für Jobs wird es im Jahr 2100 geben? Was für eine Überraschung: Es sind fast dieselben wie heute. Es gibt Zahnärzte, Lastwagenfahrer, Chirurgen, Ballett-Tänzer, Verkäufer, Entertainer und Schullehrer. In hundert Jahren wird es immer noch Leinwandstars, Leichenbestatter, Gärtner, Forstbeamte und Polizeikommissare geben. Dazu Rechtsanwälte und Politiker – obwohl wir uns etwas anderes erträumen könnten. Das Merkwürdige an all diesen Berufen ist, dass man für keinen von ihnen Computer braucht. Ein Zahnarzt muss vor allem Zähne in Ordnung bringen und erhalten – und das mit so wenig Schmerzen für den Patienten wie möglich. Diese Fähigkeit kann man nicht von einer Web-Site herunterladen. Wer würde schon zu einem Zahnarzt gehen, der seine ›Erfahrungen‹ mit Wurzelkanälen von einer Multimedia-CD-Rom hat? (...)

Glaubwürdigkeit und die Fähigkeit, Vertrauen zu vermitteln, konnte man noch nie aus dem Internet beziehen, und auch in hundert Jahren wird man die Fähigkeit, mit Leuten umzugehen, nicht am Computer lernen können. Ganz im Gegenteil: Die Stunden, die man im Internet surft, sind Stunden, in denen unsere Fähigkeiten, mit anderen umzugehen, eher verkümmern. Wer eine Welt mit voneinander isolierten Menschen will und eine Gesellschaft, in der die Menschen nicht miteinander auskommen, für den ist es das

Beste, die Kinder in den Cyberspace abzuschieben und ihnen zu sagen, sie sollen nur noch elektronisch miteinander Kontakt aufnehmen.

Empfohlene Literatur:

Buddemeier, Heinz: *Illusion und Manipulation. Die Wirkung von Film und Fernsehen auf Individuum und Gesellschaft.* Stuttgart [2]1996.
Buermann, Uwe: *Techno, Internet, Cyberspace.* TB, Stuttgart 1998.
Glogauer, Werner: *Die neuen Medien verändern die Kindheit.* Weinheim [3]1995.
Neuschütz, Karin: *Lieber spielen als fernsehen!* Stuttgart (z. Zt. vergriffen).
Patzlaff, Rainer: *Medienmagie oder die Herrschaft über die Sinne.* Stuttgart 1992.
Postman, Neil: *Das Verschwinden der Kindheit.* Frankfurt a. M. [9]1996.
Stoll, Clifford: *Warum Computer nichts im Klassenzimmer zu suchen haben und andere High-Tech-Ketzereien.* Frankfurt 2001.
Wedde, Horst F. (Hrsg.): *Cyber Space. Virtual Reality.* Stuttgart 1996.

Auch Computerspiele sind nicht harmlos

Wenn ein zehnjähriges Mädchen beim Computerspiel darauf kommt, einen Drachen in der Wüste zu kitzeln, so wird das von den Herstellern als »kreativer Einfall« gelobt. Inhalte der meisten Computerspiele sind: Fußball, Krieg, Science Fiction, Verbrecherjagd, Autofahren und Ähnliches. Gemeinsam ist ihnen, dass Menschen- und Weltbegegnung reduziert werden auf Aktion und Reaktion; dass Handlungen und auch die sogenannte Kreativität nur im vorgelegten Schema, in den vom Computer vorgegebenen Grenzen möglich sind. Welche positiven Lerneffekte treten dabei auf? Wachsamkeit und Reaktionsbereitschaft werden zweifellos gefördert, aber an welchen Inhalten? Ist es sinnvoll, dies zum Beispiel an einem außerirdischen Angriff auf unseren Planeten zu üben, oder daran, Verbrecher zur Strecke zu bringen? Das Kind oder der Jugendliche werden in eine illusionäre, verzerrte Welt eingespannt, die mit der tatsächlichen Umwelt nur wenig übereinstimmt. Überheblichkeit, Manipulierfreudigkeit, Zynismus und der Spaß am Sich-

Lustigmachen werden provoziert. Es werden in einseitiger Weise intelligente Reaktionen mobil gemacht und dabei eng an die visuellen Erscheinungen gekoppelt. Die phantasievolle, schöpferische – da noch nicht gegenständlich fixierte oder bildlich festgelegte –, rein aus dem Inneren aufsteigende Intelligenz wird nicht gefördert, sondern unterdrückt. In einem Milieu von genüßlicher Distanz zum Objekt, einer spöttisch-gaghaften Szenerie oder einer solchen faszinierender Grausamkeiten oder spannungsgeladener Wettkämpfe kann sie sich nicht entfalten. Sie braucht Momente der Stille, des Zuhörens, des Bewegens von Eindrücken im Innern, um zu entstehen.

Comics und die Welt der Bilder

Comics prägen die Vorstellungswelt der Kinder. Lässt man sie im Wartezimmer ein Bild malen, solange man sich mit der Mutter bespricht, so ist die Armut und Stereotypie dieser Produkte erschütternd. Umrandete Wolken, wohlbekannte Fratzen und Schemata tauchen auf ohne sonderliche Originalität. Diese Kinder können sich auch beim Märchenerzählen nicht mehr ihre eigenen Bilder machen, sondern es tauchen vorgefertigte Karikaturismen auf. Warum lassen sich Kinder von diesen Bilderfolgen so faszinieren, und zwar schon lange, bevor sie die dazugehörigen Blasen mit dem Schriftinhalt verstehen können? Weil ihr eigenes Denken noch nicht zum Bildlos-Abstrakten neigt, sondern ein durch die Bilder der Wahrnehmungswelt gesättigtes Bilder-Denken ist. So fühlen sie sich von allen Bildern angezogen und schauen auch in jedem Buch zuerst nach den Bildern. Und so, wie sie intensiv die Bilder der Umwelt in sich aufnehmen, so haben sie auch eine besondere Affinität zu diesen in bunten Farben und scharfen Umrissen sich anbietenden Gestaltungen. Diese lassen jedoch die Seele nicht frei wie die Sinneseindrücke sonst. Vielmehr fesseln sie das Vorstellungsvermögen in ihrer Abgeschlossenheit und Suggestivkraft.

Ein Erwachsener kann sich von Comics und Fernsehbildern mit Hilfe seines abstrakten Denkvermögens leichter distanzieren, sie eher von sich abschütteln – ein Kind kann das nicht.

Seine Phantasieentwicklung wird gelähmt und belastet, genauso wie seine Gemütsentwicklung. Hinzu kommt, dass oft ideelle Inhalte, die moralisch wertvoll sind, mit den Karikaturen verbunden werden. Dadurch werden auch Ideale und reine Begriffe an solche Bildvorstellungen fixiert.

Warum gehören Zeichentrickfilme und Comics zu den meistgesehenen und -gelesenen Erzeugnissen?

Fragt man Jugendliche, warum sie das gerne sehen, so sagen sie: »Dabei kann ich so schön entspannen«, oder: »Das ist so blöd, da kann man einmal richtig lachen«, oder: »Man weiß genau, dass das alles nicht ernst ist, und doch ist man total engagiert und abgelenkt« und Ähnliches.

Schaut man auf Ablauf und Inhalt dieser Trickfilme und entsprechender Comic-Literatur, so fällt auf, dass drei Gebiete ganz im Vordergrund stehen:

- ***Darstellung verborgener Wünsche, Phantasien und Ängste***, Neigungen zur Grausamkeit, Bereitschaft zu spotten, Zynismus aller Art. Die Helden, die sich gegenseitig jagen, übervorteilen, zerstören, überfallen oder sich lieben und helfen, sind zumeist tierähnliche Gestalten wie zum Beispiel Alf oder Bully oder Maus und Elefant, Katze und Hund, Hunde und Hühner oder Ähnliches. Es ist, als komme hier die noch nicht vermenschlichte und ins Bewusstsein heraufgehobene Triebnatur des Menschen in einer Art karikierter Selbsterkenntnis zur Darstellung. Auch was man in der Psychologie das Doppelgängererlebnis nennt, wird hier wie instinktiv gesucht: die Begegnung mit dem niederen Selbst.[92]

- ***Hereinholen einer nicht sinnlichen Wirklichkeit:*** Weder Bewegungsabläufe, noch Sprache, noch Farbe, noch Größenverhältnisse der Darstellungen entsprechen der Wirklichkeit, die sich den Sinnen darbietet – ganz abgesehen davon, dass die Helden meistens extraterrestrisch zu Hause sind und entweder von einem bekannten oder einem unbekannten Planeten auf die Erde versetzt werden. Als ob sich hier die unbewusste Sehnsucht der Menschheit nach einem Überschreiten der Schwelle zur geistigen Welt und einem Verlassen der Sinneswelt Bahn brechen würde und sich eine Karikatur ihrer selbst schaffen wollte, um wenigstens so die Menschen aufmerksam zu machen auf diese andere Dimension des Daseins.

• ***Die reale Beziehung zum »Geist der Technik«*** (vgl. S. 432 ff.): In den verschiedenen Kapiteln dieses Buches, wo über das Denken und seine Beziehung zur Wirklichkeit gesprochen wurde (vgl. S. 528), wurde wiederholt darauf hingewiesen, dass es keinen Gedanken gibt, der sich nicht auf eine Realität bezöge. So muss auch hier gefragt werden, worauf sich diese Ausgeburten menschlicher Phantasie real beziehen. Schaut man sich die Handlungsabläufe von Zeichentrickfilmen an, so findet man in den Bewegungsabläufen, in dem zumeist außerordentlich abgehackten und abrupten Bewegungsspiel sowie den dazugehörigen Geräuschen eine getreue Wiedergabe technischer Abläufe, nur eben jetzt auf die Bildabläufe übertragen. »Klick«, »Boing«, »Paff«, abgehackte Bewegungsmuster, unnatürliches Ineinanderschnappen von Wesen oder Sachen weisen darauf hin, dass dasjenige, was hier als phantasievolle Bildgestalt ins Bewusstsein drängt und von den – erwachsenen – Karikaturisten und Zeichnern zur Darstellung gebracht wird, einer Wirklichkeit entspricht, die Rudolf Steiner den Bereich der Elementarwesen nennt, die in der von Menschen geschaffenen technischen Kultur wirksam sind, so wie die aus alten Märchen und Sagen bekannten Elementarwesen (Elfen, Sylphen, Undinen und Salamander) in den Naturreichen ihr Wesen entfalten. Rudolf Steiner beschreibt nun, wie der Mensch, der tagsüber sein Denken in erster Linie an der technischen Kultur und am Materialismus orientiert, nachts den Zusammenhang mit den höheren Geistwesen (Engel,

Erzengel und Zeitgeister) verliert und unter den Einfluss dieser Elementarwesen gerät, die ihn dann inspirieren können. Hingegen führt ein an geistigen Entwicklungszielen orientiertes idealistisches Denken zur nächtlichen Begegnung mit den Engelwesen, eine liebevolle, an der Wahrheit orientierte Sprache zur Begegnung mit den Erzengeln und ein am Ideal des Guten orientiertes Handeln zur Begegnung mit dem Zeitgeist.[93] Es geht heute darum, der legitimen Sehnsucht nach einem bewussten Überschreiten der Schwelle zur geistigen Welt durch aktive geistige Schulung nachzukommen und im Zusammenhang damit Selbsterkenntnis und Selbsterziehung zu üben, die dazu führen, die unbewussten Instinkte, Triebe und Neigungen so ins Bewusstsein zu heben, dass sie verwandelt und vermenschlicht werden können.

Empfohlene Literatur:

Steiner, Rudolf: *Geistige Zusammenhänge in der Gestaltung des menschlichen Organismus.* GA 218, Dornach ³1992.

–: *Die menschliche Seele in ihrem Zusammenhang mit göttlich-geistigen Individualitäten.* GA 224, Dornach ³1992.

Überforderung der Sinne – Erziehung zur Oberflächlichkeit

Beispiele:

• Ein Kind schaut durch die Scheiben des Panoramakinderwagens. Da schieben sich Eindrücke über Eindrücke hin, ohne dass die Aufmerksamkeit irgendwo verweilen kann. Es geschieht ein Training zur Unaufmerksamkeit.

• Was geschieht, wenn das Kind auf dem Spaziergang überwiegend das Gesicht der Mutter sieht, weil es in einem entsprechend gebauten Kinderwagen sitzt? Ist das langweilig? Es kann in aller Ruhe die Feinheiten des mütterlichen Mienenspiels aufnehmen, ihr

Lächeln, ihre Überlegungen, ihre Freude, wenn sie etwas Schönes sieht usw. Hier kann es den Zusammenhang der Wahrnehmungen herstellen, denn es handelt sich immer um ein und dieselbe Mutter, die gesehen wird und die die Kontinuität in den wechselnden Inhalten der Wahrnehmungen darstellt.

- Die Mutter lässt das Radio laufen oder legt für den sechs Monate alten Säugling eine Schallplatte auf (so empfohlen in der »Babyschule«, Rowohlt-Verlag). Kann das Kind zwischen der Musik und der wahrnehmbaren Wirklichkeit seiner Umgebung einen Zusammenhang herstellen?

Im ersten und dritten Beispiel fallen die Sinneseindrücke auseinander, weil das Kind sich nicht selbst bewegt und auch keinen eigenen Bezugspunkt für die Fülle der Einzelwahrnehmungen hat. Wenn die Mutter im Nachbarzimmer klappert oder ein Lied singt, so erlebt das Kind den Zusammenhang dessen, was durch Arbeit und seelische Regung geschieht. *Es kommt nicht auf die Menge der Sinneseindrücke an, sondern darauf, dass sie einen wahren Zusammenhang haben.* Beim Betrachten der kindlichen Entwicklung haben wir schon hervorgehoben, dass das Kind seine Aufmerksamkeit leichter auf einen hervorgehobenen Gegenstand richten kann – zum Beispiel auf den allein eintretenden Vater – als auf eine Fülle gleichzeitiger Eindrücke, noch dazu, wenn diese auf unruhigem Hintergrund wie dem Kaufhausmilieu erlebt werden. In diesem Fall verwischen sich die Eindrücke, und die einzelne Wahrnehmung wird unwichtig. Das Erleben ermüdet stark, und es entsteht eine abschirmende Grenze nach draußen: Das Kind nimmt sein Däumchen, oder aber es schläft ein. Das ist dann zwar ein Schutz, jedoch hat das Kind im Schlaf unbewusst aufzuarbeiten, was es im Wachzustand aufgenommen hat, und das war ein verschwommenes Erleben.

Die auf diese Weise bewirkte Schulung zur Oberflächlichkeit und Wertminderung der einzelnen Sinneseindrücke setzt sich in den Sprech- und Denkbereich hinein fort. Die Dinge bekommen nicht mehr einen Namen, in dem sich etwas vom Wesen der Sache ausspricht, sondern eine Bezeichnung wie ein angeklebtes Etikett. Durch diese Entfremdung von der Wirklichkeit erlahmt das Interesse an der Welt. Das Kind neigt mehr dazu, die Dinge auf ihren Lustgewinn hin zu betrachten. Das Denken dient immer ausschließlicher der Befriedigung persönlicher Wünsche. Reklame und Propaganda richten sich danach – leider mit wachsendem Erfolg.

Intellektuelles Frühtraining

Eine weitverbreitete Gepflogenheit ist das intellektuelle Frühtraining geworden, das inzwischen auch den Spielzeugmarkt erobert hat. Da breite Schichten der Bevölkerung in einer starken Wissenschaftsgläubigkeit leben, werden solche Angebote gern als »neuester Wissensstand« von Pädagogik und Psychologie kritiklos in das kindliche Leben eingeschleust. Diese Tendenzen finden wir in den Anfängen schon in der Fröbelschen Spielmethode: Fröbel wollte mit seinem Angebot an Spielmaterial im Kindergarten die Kreativität fördern. Er stellte richtig fest, dass das Kind zunächst Ganzheiten versteht und von dort zur Erkenntnis des Einzelteiles fortschreitet. So gab er zuerst eine Kugel, dann einen Würfel und schließlich einen aus acht gleichen Teilwürfeln bestehenden Würfel. Damit ist die Richtung schon erkennbar: Das Kind soll zum logisch-mathematischen Denken erzogen werden. Dem Kind bleibt jedoch nur übrig, herauszuholen, was der Erwachsene an Gedanken in den Würfel hineingelegt hat. Entsprechend ist es auch, wenn »Erkenntnisformen« (Zahlenreihen) oder »Schönheitsformen« (Sternmuster und Ordensmuster) oder »Lebensformen« (Möbel) zusammengelegt werden sollen. Es ist ersichtlich, wie hier aus einer abstrakten Vorstellung ein angebliches Fördermaterial an das Kind herangebracht wird, das den eigentlichen Zweck der Aktion vereitelt. Ist doch Kreativität niemals in Anbindung an ein vorgelegtes Schema zu erreichen!

So wie durch Sinnesreizüberflutung der wahrgenommenen Welt

ihre Tiefe genommen und durch Comics und Fernsehbilder das Denken in illusionäre Bereiche geführt wird, so wird durch logisches Frühtraining die Welt der nur durch reine Gedankenarbeit zu erschließenden Begriffe in unsachgemäßer Weise an die Sinneswahrnehmung gebunden. Hier geschieht eine dreifache Irreführung des menschlichen Bewusstseins in aller Öffentlichkeit. Millionen von Kindern tragen die Folgen in Form von Sinnlosigkeitsgefühlen und Wirklichkeitsverlust ins spätere Leben.

Umweltgifte und Umweltschutz

Zu den Schadstoffen

Unter der Überschrift »Das neue Gesicht der Kinderkrankheiten« schreiben Needleman/Landrigan:[94] »Die Kinderheilkunde hat sich in der Praxis in den letzten zwanzig Jahren kontinuierlich verändert. Ihr Schwerpunkt liegt heute auf der sogenannten ›neuen Morbidität‹. Damit ist gemeint, dass sich die Erkrankungen, unter denen Kinder am häufigsten leiden, von kurzen, einfachen Infektionen zu schwierigen, chronischen und die Lebensqualität beeinträchtigenden Krankheiten verschiedenster Ursache hin verschoben haben. (...) Einige dieser Krankheiten werden zumindest teilweise von Umweltfaktoren mitverursacht. Luftschadstoffe verschlimmern eindeutig Asthma und andere Atemwegserkrankungen, möglicherweise lösen sie sie auch aus. Metalle, Lösungsmittel, Pestizide und andere Nervengifte schädigen das zentrale Nervensystem; sie tragen so zu verschiedensten Lernschwächen, Konzentrations- und Verhaltensstörungen bei. (...) Die Furcht vor umweltbedingten Gesundheitsproblemen wächst, aber es gibt immer noch sehr viele Zweifel, ob diese Risiken wirklich existieren. Eltern, die etwas unternehmen, um ihre Kinder vor unnötigen Kontakten mit Pestiziden, Metallen, Asbest oder Strahlung zu bewahren, stoßen bei Behörden, Ärzten, manchmal auch bei anderen Eltern auf Unglauben oder sie werden belächelt.«

Knapper kann das Problem Umweltgifte und die Aufgabe Umweltschutz nicht charakterisiert werden. Vor allem ist deutlich, dass die Umwelt jeden Einzelnen betrifft – ganz gleich welche Hautfarbe er hat oder welche soziale Stellung er innehat, Kinder und Greise atmen die gleiche Luft, trinken das Wasser einer bestimmten Region, nehmen täglich mit der Nahrung Anteil an den Lebensbedingungen der Natur und deren Veränderungen durch Menschenhand.

Umso begrüßenswerter und begeisternder ist es, dass sich – aufgrund individueller Initiativen von Laien und Fachleuten – weltumspannende Umweltschutzorganisationen gebildet haben und zunehmend konstruktive Gesprächspartner von Behörden und Unternehmern werden, um das Ausmaß der Schäden in vertretbarem Rahmen halten zu können. Und so hoffen wir mit diesen Ausführungen auch dazu beizutragen, dass das Bewusstsein für unsere Mitbetroffenheit und Mitbeteiligung so schnell wie möglich wächst und damit auch die einzige Chance, mit den Umweltschäden fertig zu werden: dass möglichst viele Menschen aktiv an ihrer Begrenzung mitarbeiten.

Denn wir Menschen sind nicht nur die Verursacher der Umweltschäden und die möglichen Umweltschützer, sondern wir Menschen sind auch diejenigen Lebewesen, die mit den Umweltgiften im Vergleich zu Pflanze und Tier noch am besten zurechtkommen. Das gewaltige Artensterben, das in der Pflanzenwelt und bei den Tieren schon zum Verschwinden Tausender von Arten geführt hat, geschieht jetzt in einer Zeit, in der die Menschheit auf der Erde die bisher größte Bevölkerungsexplosion erlebt.

Auch wenn die Krankheiten und Schädigungsmöglichkeiten des Menschen zunehmen, ist es doch ebenso eine Tatsache, dass er erstaunlich gute Überlebens- und Anpassungsmöglichkeiten besitzt. Dies trägt ja auch so massiv dazu bei, dass die Umweltschäden für das Hier und Jetzt, für die momentane Gegenwart, oft leichtfertig verharmlost werden. Im Einzelfall sind diese Schädigungen meist nur schwer nachzuweisen, da es sich um Langzeitwirkungen wechselnder Konzentrationen unterschiedlicher Stoffe – noch dazu in ihrem Zusammenwirken – handelt. So leicht nachzuweisen wie eine Bleivergiftung, ein durch Tabakrauchen verursachtes Bronchialkarzinom oder aber die Verstärkung asthmatischer Beschwerden durch Schadstoffe in der Luft sind nicht alle körperlichen und

Verhaltensprobleme, die insbesondere im Kindes- und Jugendalter auftreten. Außerdem kommt das Tröstliche hinzu: dass die schädigenden Einflüsse umso besser verkraftet werden, je mehr Erziehung und elterliche Zuwendung das Kind stabilisieren und anregen.

Eine das Immunsystem stärkende Erziehung, die die Eigenaktivität fördert, ist ein wirksamer Umweltschutz »von innen«. Und so gibt es neben der Aufgabe, alles zu tun, um mit den äußeren Umweltschäden fertigzuwerden und die demokratischen Möglichkeiten jedes Einzelnen möglichst hierfür miteinzusetzen, immer auch noch die Möglichkeit, von der seelisch-geistigen Umwelt aus gesundend und damit regulierend zu wirken.

Empfohlene Literatur:

Needleman, Herbert L. / Landrigan, Philip J.: *Umweltgifte: So schützen Sie Ihr Kind. Belastungen erkennen, verringern, vermeiden.* Stuttgart 1996.

Rapp, Doris J. M.D.: *Is this your child's world? Is your child allergic to schools? How the school environment may be making your child: hyperactive, asthmatic, disruptive? Prone to colds and learning disabilities and what you can do to help.* New York 1996.

Zur radioaktiven Umweltbelastung

Unter *künstlicher Radioaktivität* wird die Eigenschaft natürlicherweise nicht radioaktiver Stoffe verstanden, durch Beschuss mit energiereichen Strahlen (in der Regel Neutronen) in einen radioaktiven, unstabilen Zustand überzugehen. Geschieht dies, so können Stoffe, die auch sonst im Organismus eine Funktion haben, als radioaktiv gewordene zusätzlich noch eine lebensfeindliche Wirkung entfalten. Bekanntestes Beispiel ist das in der Schilddrüse gespeicherte radioaktive Jod oder Strontium 90, das in den Knochen eingelagert wird.

Durch die Atombombenversuche, das Hiroshima-Ereignis und die sogenannte friedliche Nutzung der Kernenergie hat die radioaktive Kontaminierung (von lateinisch contaminatio = Befleckung) unseres Lebensraumes weiter zugenommen, obgleich gottlob die oberirdischen Atombombenversuche inzwischen eingestellt worden sind. Die Halbwertzeit der radioaktiven Stoffe reicht von 8 Tagen (Jod 131) über 33 Jahre (Cäsium 137) bis 24 390 Jahre (Plutonium 239). Gerade letzteres gehört zu den allergiftigsten radioaktiven Zwischenprodukten, die es gibt. Als Aerosol aus der Luft aufgenommen, führt es schon in Mengen von 1/1000 g zu Lungenkrebs, wobei festzuhalten ist, dass das Plutonium erst im Zusammenhang mit den Kernspaltungsexperimenten entstanden und in der Natur vorher praktisch nicht vorgekommen ist.

Demgegenüber hat die geringe, aber kontinuierlich wirksame kosmische Höhenstrahlung die Lebewesen auf der Erde über große Zeiträume begleitet und ihr Werden – langsam – beeinflusst.

Wieviel Radioaktivität der Einzelne verträgt, ist verschieden. Kinder sind jedoch wesentlich empfindlicher als Erwachsene. Hauptangriffsort ist die Zelle selbst, deren Stoffwechsel durch direkte Strahlungsschädigung des Erbguts beeinträchtigt wird bis zur krebsigen Entartung und Produktion neuer Stoffe. Eine für Mensch und Tier mit Sicherheit unwirksame Strahlendosis gibt es nach derzeitiger Erkenntnis nicht, denn es liegt im Wesen dieser Strahlung, dass sie die Materie instabil macht und die Lebenskräfte (Regenerationsfähigkeit, Aufbauvorgänge) der Organismen schwächt und bei längerer Einwirkung langfristig schädigt.

In diesem Zusammenhang ist es wichtig zu wissen, dass die Gewebe des Organismus mit intensiver Zellteilung besonders empfindlich sind, z. B. Darmschleimhaut, Knochenmark, Keimdrüsen, wogegen das Gehirn weitgehend unempfindlich ist. Das Kind und vor allem der Embryo als wachsende Organismen sind besonders gefährdet.

Möglichkeiten, den Schädigungen durch Radioaktivität entgegenzuwirken

Auch wenn – außer durch radikalen Kernergie-Stop – das Problem der radioaktiven Umweltbelastung nicht nachhaltig gelöst werden kann, ist es doch wichtig, auf Möglichkeiten zu schauen, den Schädigungen durch ionisierende Strahlen entgegenzuwirken. Wichtigste Hilfe ist dabei, ein Verständnis zu entwickeln für das Wesen der Regenerations- und Aufbauvorgänge im lebendigen Organismus. Wir haben dies an verschiedenen Stellen dieses Buches darzustellen versucht. Der Ätherleib als Träger der Denk- und Wachstumsvorgänge kann seiner Natur nach also von zwei Seiten unterstützt und gestärkt werden: von seiner Naturseite (Regeneration und Wachstum) und von seiner »Kulturseite« her (Denktätigkeit).

Was über die Pflege des Rhythmus und der Gewohnheiten in der Kindheit dargestellt wurde, erweist sich hierbei als sehr wirksam; ebenso die Pflege der Sinneseindrücke, die Ernährung und religiöse Erziehung.

Besonders hervorgehoben sei jedoch die Eurythmie, weil sie wie keine andere Maßnahme den Ätherleib unmittelbar vom Ich aus aktiviert (vgl. S. 514). Die Tatsache der Strahlung im Körper lässt sich hierdurch zwar nicht direkt beeinflussen, wohl aber indirekt, indem den Zerstörungsprozessen eine gestärkte Regenerationsfähigkeit des Organismus entgegengesetzt wird. Bis in die Lebensvorgänge einzelner Zellen hinein läuft im Organismus alles in Rhythmen ab, und diese können durch die genannten Maßnahmen unterstützt und angeregt werden. Was die Ernährung betrifft, so kann – abgesehen von der Wahl möglichst gering strahlenbelasteter Nahrungsmittel – versucht werden, durch entsprechende Kombination der Nahrungsmittel unter dem Gesichtspunkt der allseitigen Anregung des Organismus diesen in seiner Lebenstätigkeit zu unterstützen.

Die Auseinandersetzung mit den unsichtbaren Atomkräften macht es nötig, sich ebenso intensiv um eine Auseinandersetzung mit den unsichtbaren Geisteskräften zu bemühen, zu denen auch die ätherischen Bildekräfte gehören.

Empfohlene Literatur:

Bockemühl, Jochen (Hrsg.): *Erscheinungsformen des Ätherischen. Wege zum Erfahren des Lebendigen in Natur und Mensch.* Stuttgart [2]1985.

Die Drei Sonderheft zum Problem der Kernenergie und der radioaktiven Schädigung von Mensch und Umwelt. Stuttgart, Juli 1986.

Wer sich mit den Opfern von Tschernobyl solidarisieren und aktiv mithelfen möchte, dass insbesondere die Kranken besser versorgt werden, sei es durch Medikamente, Erholungs-, Klinikaufenthalte, Patenschaften oder Spenden, der kann sich z.B. an folgende Adresse wenden: Evangel. Studentengemeinde, Informationsstelle Tschernobyl, Breul 43, 48143 Münster, Tel. (02 51) 48 32 24 / 25.

Alliance for Childhood

Anstelle eines Nachworts

Die Welt der Kinder und Erwachsenen hat sich in den letzten Jahrzehnten des zwanzigsten Jahrhunderts besonders dramatisch verändert. Der durch Computer vernetzte Lebensraum Erde wurde zur Alltagserfahrung. Pragmatisch-wirtschaftliches Denken erfasst bald alle Arbeitsbereiche, und Worte wie Qualitätssicherung und Reorganisation tragen ebenso dazu bei, wie die Erforschung der molekularen Strukturen des menschlichen Erbgutes und die vielen offenen ethischen Fragen.

So begeisternd der Aufbruch in neue Wissensbereiche und technische Vorgehensweisen ist, so liegen doch die Möglichkeiten des Missbrauchs von Wissen und Machbarkeit ebenso brennend und offen zutage. Hier können auch Rechtsvorschriften nicht nachhaltig schützen – hier hilft nur die Stärkung der menschlichen Persönlichkeit und ihres Bewusstseins von Wert und Würde menschlicher Existenz und Entwicklung. Das Wort von Novalis: »Nach innen geht der geheimnisvolle Weg«, gewinnt in dem Maß Aktualität, in dem grundlegende Sicherheiten des Lebens und tragende Werte im äußeren Leben schwinden.

Es gehört aber auch zu den neuen Denk- und Empfindungsqualitäten, dass immer mehr Menschen die Tatsache nicht mehr hinnehmen können, dass trotz aller Versprechungen seitens Wissenschaft, Politik und Wirtschaft auch heute noch dreiviertel der Menschheit unterhalb des Existenzminimums leben müssen und das Recht der Kinder auf Angenommensein, Nahrung, Kleidung und Schulbildung kaum umsetzbar ist. So schließen sich immer wieder Menschen zu Initiativen zusammen – in den großen nichtstaatlichen Organisationen bis hin zu Schulklassen –, die mitbauen wollen an einem weltweiten Netzwerk praktischer Hilfeleistung und Patenschaften in Indien, Afrika, Südamerika, dem Osten Europas und in Asien fördern.

Aus diesem Erleben heraus hat sich im Februar 1999 in New York, London und Stuttgart die weltweit tätige Alliance for Childhood (Bündnis zum Schutz der Kindheit) begründet. Sie versteht sich als freier Zusammenschluss von Menschen, Institutionen und Organisationen, die sich gemeinsam und verstärkt für den Schutz der Kindheit und das Recht auf Kindheit einsetzen wollen. Wer sich über diese Initiative und Möglichkeiten der Mitarbeit näher informieren möchte, wende sich in der Schweiz c/o Bettina Mertens, Morgentalweg 29, CH 8620 Wetzikon, und in Deutschland an das Partner-Office Alliance for Childhood, c/o Internationale Vereinigung der Waldorfkindergärten e.V., J. Flinspach, Heubergstr. 18, 70188 Stuttgart.[1]

Anhang

Äußere Anwendungen in der häuslichen Krankenpflege

Von Petra Lange

Diese Anleitungen sind zusammengestellt nach einem Merkblatt der Initiative zur Förderung des anthroposophischen Heilwesens, Auf dem Schnee 48 b, 58313 Herdecke, Arbeitsgruppe im Verein für Anthroposophisches Heilwesen, 75378 Bad Liebenzell. In der vorliegenden Auflage wurden sie von Frau Petra Lange vollständig überarbeitet. Von ihr erschien ferner das ausführlichere und sehr zu empfehlende Taschenbuch: »Hausmittel für Kinder. Naturgemäß vorbeugen und heilen«, Rowohlt TB 980, Reinbek ²1987. – Für die ganze Familie zu empfehlen ist auch von Otto Wolff »Die naturgemäße Hausapotheke – Praktischer Ratgeber für Gesundheit und Krankheit«, Stuttgart ⁵1996.

Sämtliche in diesem Abschnitt genannten Substanzen und Präparate sind in der anschließenden Liste mit ihren apothekenüblichen Namen aufgeführt.

Allgemeines

Jeder Wickel besteht aus mindestens zwei Tüchern, dem Innentuch aus Seide, Leinen oder Baumwolle und dem etwas größeren Außentuch, am besten aus Wolle (Bezugsquelle S. 635).

Seidentücher:	besonders gut geeignet sind Tücher aus Bouretteseide
Leinen:	z. B. aus einem Geschirrtuch
Baumwolle:	Mullwindeln, Moltontücher, Taschentücher
Wolle:	Schals aus weicher Schurwolle (z. B. selbstgestrickt aus Merinowolle, Rippenstrick 1 re / 1 li), Schurwoll-Webpelz, unversponnene, gekämmte Schafwolle

Bei wollempfindlichen Kindern kann man das Wolltuch in ein dünnes Baumwoll- oder Seidentuch einschlagen, damit nichts »kratzt«.

Wahl des Wickeltuchs

für feuchte Wickel und Kompressen:	dickere Tücher aus Leinen, Molton oder dicke Mullwindeln, auch doppelt gelegte Bouretteseidentücher.
für Ölwickel und Salbentücher:	dünnere Tücher aus Bouretteseide, dünne Mullwindeln oder Taschentücher.
für Quarkwickel:	unbedingt erforderlich ist ein gut saugendes Zwischentuch (Molton oder unversponnene Wolle). Vorsicht: Quark verfilzt Wolltücher.

Die Wickeltücher werden möglichst faltenfrei angelegt und recht straff befestigt. Außentücher aus Webpelz oder einem gestrickten Schal sind besonders leicht zu handhaben. Das Kind kann sich dann bewegen, ohne dass der Wickel ins Rutschen gerät.

Kamillensäckchen auf das Ohr

- ***bei Ohrenschmerzen***

Eine Handvoll trockener Kamillenblüten wird in ein dünnes Tuch eingebunden. Dieses Säckchen wird kurz durchgeknetet, damit es weicher anliegt, und zwischen zwei Tellern erhitzt, die wie ein Deckel über einen Topf mit kochendem Wasser gelegt werden. So bleiben die ätherischen Öle am besten erhalten, und das Säckchen wird nicht nass.

Das gut durchgewärmte Säckchen wird auf das Ohr gelegt, mit etwas Watte oder unversponnener Rohwolle bedeckt und mit einem Wollschal oder einer Mütze sicher befestigt.

Dauer: mindestens 30 Minuten oder über Nacht.

Kamillensäckchen duften angenehm und sind bei den Kindern sehr beliebt. Das Säckchen muss erneuert werden, wenn der Duft nachlässt (etwa nach 4 – 5 Behandlungen).

Zwiebelsäckchen auf das Ohr

- ***bei starken Ohrenschmerzen***

Eine mittelgroße Zwiebel wird fein gehackt und in ein dünnes Tuch so eingebunden, dass eine fingerdicke Rolle entsteht. Das Säckchen sollte etwa körperwarm auf das Ohr und auch hinter das Ohr gelegt werden. Es kann mit Watte oder unversponnener Schafwolle bedeckt werden, um überschüssigen Zwiebelsaft aufzunehmen. Es wird mit einem Wollschal, einem Kopftuch oder einer dünnen Wollmütze befestigt.

Dauer: 30 Minuten oder länger, je nach Hautverträglichkeit, auch mehrmals täglich.

Sehr intensiv wirkt eine wiederholte Behandlung tagsüber: 30 Minuten ein Zwiebelsäckchen auflegen, dann 1 – 2 Stunden Pause.

Wiederholung des Vorgangs bis zum Abend. Zwiebelsäckchen wirken zuverlässig schmerzlindernd und entzündungshemmend.

Tip: Besonders geeignet als »Innentuch« ist ein Trikotschlauchverband (Stülpa oder Tg-Fingerverband), in den die Zwiebel eingefüllt wird. Auch bei unruhigen Kindern rieseln dann keine Zwiebelwürfel ins Bett.

Halswickel mit Eukalyptuspaste

- ***bei Lymphknotenentzündung***

Eukalyptuspaste wird auf ein Bouretteseidentuch oder ein Baumwolltuch gestrichen, das den Hals in seiner Länge gut bedeckt, aber etwas kürzer ist als der Halsumfang, so dass es beim Anlegen auf beiden Seiten zweifingerbreit vor der Wirbelsäule abschließt. Ein gleichgroßes Tuch wird darauf gelegt (1). Der Wickel wird von den Seiten aus zur Mitte hin aufgerollt (2 + 3) und ca. 15 Min. zwischen zwei Tellern, wie S. 601 beschrieben, erhitzt.

Die Temperatur des Wickels wird an der Innenseite des eigenen Unterarms überprüft. Danach tupft man mit dem noch zusammengerollten Wickeltuch einige Male an den Hals des Kindes und legt den Wickel dann vom Kehlkopf aus möglichst faltenfrei an. Ein darübergelegtes Wolltuch hält den Wickel fest und verhindert ein schnelles Abkühlen.

Dauer: über Nacht.

Tip: Diese Wickelmethode weicht von der Herstellerempfehlung ab, hat sich aber besonders bei Kindern bewährt.

Halswickel mit Salben

Archangelikasalbe
Zwiebelsalbe

- ***bei Lymphknotenentzündung und Lymphknotenschwellung***

Die Salbe wird gut messerrückendick auf ein Baumwoll- oder Bouretteseidentuch aufgetragen, das so groß ist, dass es den Hals vollständig bedeckt, den Bereich um die Wirbelsäule aber ausspart.

Dieses Salbentuch wird direkt auf die Haut aufgelegt und mit einem Wolltuch straff befestigt. Das Salbentuch kann mehrmals verwendet werden. Es wird täglich soviel Salbe nachgestrichen, dass eine fettig glänzende Oberfläche entsteht.

Dauer: Der Wickel mit Archangelikasalbe kann über den Tag oder die Nacht liegenbleiben. Bei Hautreizung muss er früher abgenommen werden. Der Wickel mit Zwiebelsalbe bleibt über 1–2 Stunden angelegt, wenn keine Hautreizung auftritt.

Halswickel mit Zitronensaft, kühl

- ***bei akuter eitriger Angina mit hohem Fieber***

Eine halbe unbehandelte Zitrone, möglichst aus biologisch einwandfreiem Anbau, wird in einer kleinen Schüssel mit Wasser bedeckt, mehrfach eingeschnitten und mit dem Handballen kräftig ausgepreßt. Zitronen mit behandelter Schale presst man auf einer Zitruspresse aus und verdünnt den Saft mit Wasser.

Ein nicht zu dünnes Baumwoll- oder Bouretteseidentuch wird so gefaltet oder zugeschnitten, dass es den Hals vollständig bedeckt, den Bereich um die Wirbelsäule aber ausspart. Dieses Tuch wird von beiden Seiten her zur Mitte hin aufgerollt und in das Zitronenwasser getaucht. Das ausgewrungene Tuch wird vom Kehlkopf aus möglichst faltenfrei angelegt und mit einem Wollschal straff befestigt.

Dauer: eine Stunde oder länger, je nach Hautverträglichkeit.

Halswickel mit Zitronensaft, heiß

- ***bei leichteren Halsentzündungen, auch für heisere Lehrer***

Eine halbe unbehandelte Zitrone, möglichst aus biologisch einwandfreiem Anbau, wird in einer kleinen Schüssel mit sehr heißem Wasser bedeckt, mehrfach eingeschnitten und ausgepresst (mit einer Gabel festhalten, mit einem Becher ausdrücken). Zitronen mit behandelter Schale presst man auf einer Zitruspresse aus und verdünnt den Saft.

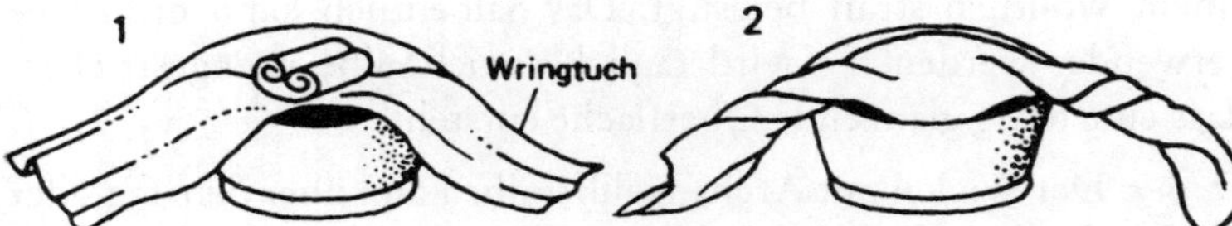

Ein nicht zu dünnes Tuch wird so gefaltet oder zugeschnitten, dass es den Hals vollständig bedeckt, den Bereich um die Wirbelsäule aber ausspart. Dieses Tuch wird von beiden Seiten her zur Mitte hin aufgerollt, in ein größeres Wringtuch gelegt und so in das heiße Zitronenwasser getaucht, dass die Zipfel trocken bleiben. Man fasst das Wringtuch an den Zipfeln an, legt es um den Wasserkran und wringt es kräftig aus. Je trockener es ist, desto verträglicher ist der heiße Wickel auf der Haut.

Das Wickeltuch wird aus dem Wringtuch genommen, vom Kehlkopf aus so heiß, wie es eben vertragen wird, möglichst faltenfrei angelegt und mit einem Wollschal straff befestigt.

Dauer: mindestens 5–10 Minuten.

Halswickel mit Zitronenscheiben

- ***bei Mandelentzündung***

Kräftiger wirksam, aber auch hautreizender als der Wickel mit Zitronensaft.

Eine unbehandelte Zitrone, möglichst aus biologisch einwandfreiem Anbau, wird in dünne Scheiben geschnitten, in ein nicht zu dickes Wickeltuch eingeschlagen und kräftig ausgedrückt.

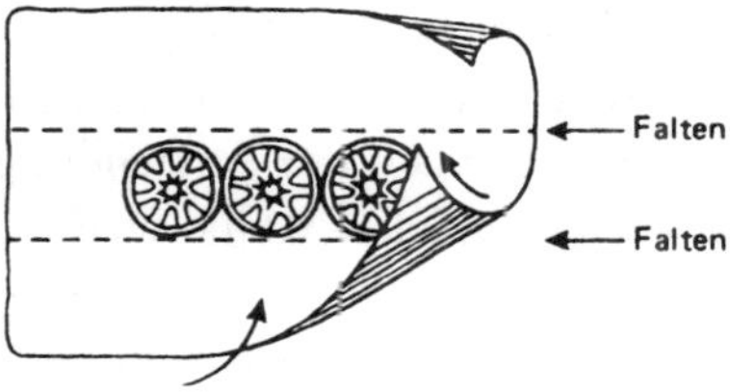

Der so vorbereitete Wickel wird angelegt und mit einem Wollschal straff befestigt. Auch bei diesem Wickel muss der Bereich der Wirbelsäule freibleiben.

Dauer: 20 Minuten oder länger, je nach Hautverträglichkeit. Der Wickel wird abgenommen, wenn er anfängt zu jucken.

Halswickel mit Magerquark

- ***bei Mandelentzündung (Angina tonsillaris)***

Der Quark wird auf ein Bouretteseiden- oder auf ein dünnes Baumwolltuch aufgetragen. Je nach Konstitution streicht man den Quark dünn oder dick auf, bei leicht frierenden Patienten eher dünn, sonst etwa fünf Millimeter dick. Das Tuch wird dann wie ein Päckchen so eingeschlagen, dass sich zwischen Quark und Haut nur eine Lage Stoff befindet.

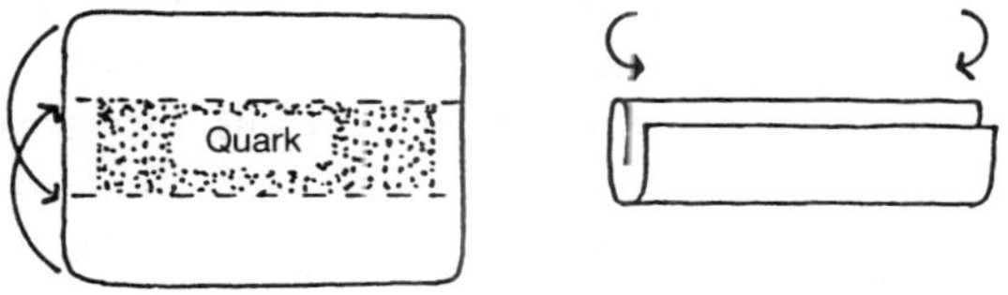

Die so vorbereitete Kompresse wird zwischen zwei nicht zu heißen Wärmflaschen auf Zimmertemperatur erwärmt und so an den Hals gelegt, dass der Bereich der Wirbelsäule ausgespart bleibt. Mit einem Baumwoll- oder Leinentuch wird die Kompresse faltenfrei befestigt. Es folgt eine Lage unversponnener Rohwolle, die man vorher in ein Tuch eingeschlagen hat. Die äußere Umhüllung bildet ein Wolltuch.

Dauer: Der Wickel wird so lange getragen, bis die Quarkschicht eingetrocknet ist (drei bis fünf Stunden).

Hinweis: Der Quarkwickel ist für Kuhmilchallergiker mit Ekzemneigung nicht geeignet. Nach der Anwendung soll der Hals eine Zeitlang bedeckt bleiben (Schal, Rollkragen).

Der Quark-Halswickel ist sehr beliebt bei Kindern, die mit dickem Hals, scheußlichem Geschmack und hohem Fieber im Bett liegen.

Brustwickel mit Senfmehl

Nur nach ärztlicher Anweisung!
- ***bei spastischer Bronchitis, Asthma und Lungenentzündung mit asthmaartiger Atmung***

Die Vorbereitung geschieht im warmen Zimmer.

Wolltuch und Zwischentuch legt man so ins Bett, dass der Rükken des Kindes später darauf zu liegen kommt. In der kühlen Jahreszeit sorgen eine Wollmütze und ein Pullover aus Naturfaser dafür, dass auch Kopf und Schulter bei der Anwendung des Wickels warm gehalten werden, denn das Kind wird mit dem angelegten Wickel ans offene Fenster getragen, damit es bei der starken Atemanregung durch den Wickel auch frische Luft hat.

Das gemahlene Senfmehl (Semen Sinapis pulv. gross.) wird in der Größe des zu behandelnden Bereichs messerrückendick in ein dünnes Tuch so eingeschlagen, wie es sich aus der Zeichnung ergibt. Das Senfmehl darf aus dem Tuch nicht herausrieseln.

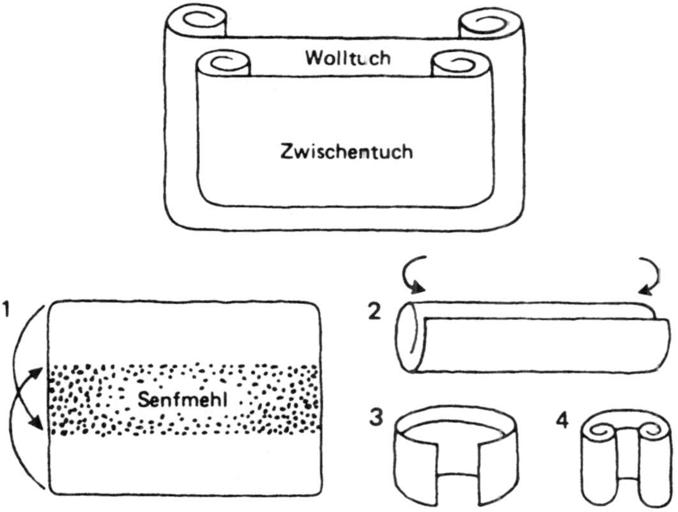

Senfmehlkompressen können entweder im Schulterblattbereich auf den Rücken aufgelegt werden oder auf die Brust. Die intensivste Wirkung erzielt ein rund um den Brustkorb angelegter Wickel.

Unmittelbar vor dem Anlegen wird das Senfmehltuch mit warmem Wasser (nicht über 38 °C) gründlich angefeuchtet. Ein kleineres Senfmehltuch kann man gut mit einem Wäschesprenger anfeuchten. Ein größeres Senfmehltuch rollt man von beiden Seiten zur Mitte hin auf, taucht es in lauwarmes Wasser und drückt es mit flacher Hand vorsichtig aus (nicht wringen!). Brustwarzen und Achselhöhlen des Patienten werden mit Vaseline und Watte geschützt.

Senfmehlkompressen werden faltenfrei auf den zu behandelnden Bereich gelegt und mit einem rund um den Oberkörper reichenden Baumwolltuch straff befestigt. Den Abschluss bildet ein ebenfalls recht straff angelegtes Wolltuch. Beim Anlegen sitzt das Kind im Bett, und das Wickeltuch wird von der Wirbelsäule her nach beiden Seiten faltenfrei über den Brustkorb nach vorne abgerollt. Dann wird das Kind nach hinten auf die vorbereiteten Tücher gelegt. Mit diesen wird der Wickel straff befestigt.

Über den Senfmehlwickel kommt der Pullover. Nach dem Anlegen des Wickels trägt man das warm angezogene oder in eine Dekke gehüllte Kind ans offene Fenster ins Nebenzimmer.

Kleine Kinder schreien meist, was der Lunge in dieser Situation nur guttut. Nach kurzer Zeit stellt sich ein brennend-warmes Gefühl am Brustkorb ein. Bis zur gewünschten Hautrötung dauert es im Allgemeinen etwa 4 Minuten. Zeigt sich nach dieser Zeit noch keine Rötung, verlängert man die Liegezeit des Wickels um jeweils 2 Minuten bis zu 8 Minuten und bricht dann ab.

Man entfernt den Wickel im warmen Bett, ölt den behandelten Bereich mit einem milden Pflanzenöl ein und achtet darauf, dass keine Senfmehlkrümel auf der Haut zurückbleiben.

Meist wird der Wickel einmal täglich in den Abendstunden angelegt, damit die Kinder ruhig einschlafen können. Neigt die Haut am nächsten Tag zu Pickeln oder ist sie noch gerötet, macht man nur einen Brustwickel mit Ölen und wiederholt die Senfmehlanwendung erst einen Tag später.

Der Senfmehlwickel ist eine kräftig wirksame Maßnahme, die sorgfältig gehandhabt werden muss. Keinesfalls Senföl verwenden!

Blasenbildungen können nur bei überempfindlicher Haut oder zu langer Liegezeit des Wickels auftreten.

Wenn keine Hautrötung aufgetreten ist, sollte man überprüfen, ob das Senfmehl etwa zu alt ist. Am stärksten wirkt unmittelbar vor der Anwendung gemahlener Senfsamen (Semen Sinapis). Senfsamen ist ölhaltig und hitzeempfindlich. Nicht in der Getreidemühle schroten! Überhitzen beim Schroten in der elektrischen Kaffeemühle vermeiden. Auch zu heißes Wasser beim Anfeuchten verhindert die Senfmehlwirkung.

Senfmehl ist nur einmal für einen Wickel zu verwenden.

Wenn man die gute Wirkung dieses Wickels einmal erlebt hat, macht man ihn gerne wieder und hilft dem Kind über die Minuten der brennenden Wärme hinweg.

Brustwickel mit Ingwer

- ***bei spastischer Bronchitis und festsitzendem Husten***

2 Teel. frisch geriebene Ingwerwurzel oder »Ingwermehl« werden mit 4 Esslöffel heißem Wasser, die man von 1/4 l abnimmt, in einer kleinen Schüssel gründlich angerührt und zugedeckt 10 Min. ziehen gelassen. Während dieser Zeit bereitet man die Wickeltücher vor:

Ein brustbreites Bouretteseiden- oder Baumwolltuch, das den Brustkorb des Kindes ganz umhüllt, wird von beiden Seiten zur Mitte hin aufgerollt und zum besseren Auswringen in ein größeres Tuch gelegt (s. Zeichnung S. 604).

Anschließend wird das restliche heiße Wasser über das angerührte Ingwermehl gegossen, das Wringtuch eingetaucht, an den Zipfeln gefasst, um einen Wasserkran gelegt und kräftig ausgewrungen.

Ins Bett des Kindes legt man das umhüllende Wolltuch. Das Kind setzt sich jetzt so ins Bett, dass man das Wickeltuch von der Wirbelsäule her nach beiden Seiten über den Brustkorb faltenfrei ausrollen kann. Dazu wird das Wickeltuch aus dem Wringtuch genommen und gut warm, aber nicht heiß angelegt. Dann legt sich das Kind auf das Wolltuch, mit dem man den Wickel straff befestigt.

Dauer: Bei der ersten Anwendung 5 Minuten. Bei guter Hautverträglichkeit steigert man die Wickelzeit um jeweils 3 Minuten bis zu maximal 20 Minuten.

Der behandelte Bereich wird im warmen Bett mit einem milden Pflanzenöl sanft eingerieben.

Die Ingwer-Wasser-Mischung ist nur einmal zu verwenden.

Fertig geriebener Ingwer ist unter der Bezeichnung Rhizoma Zingiberis pulvis in Apotheken erhältlich.

Brustwickel mit ätherischen Ölen

mit Lavendelöl 10 % oder Eukalyptusöl 10 % oder Latschenkiefernöl 10 %

- ***bei Bronchitis, spastischer Bronchitis, Pseudokrupp, Lungenentzündung, Keuchhusten***

Ein brustbreites und ganz um den Brustkorb herumreichendes dünnes Bouretteseidentuch oder Baumwolltuch wird auf der Heizung angewärmt. Tropfenweise gibt man 5–10 ml Öl darauf, das zuvor in einer sauberen Flasche (z. B. Arzneiflasche) im Wasserbad erwärmt wurde. Das Öltuch wird möglichst rasch vom Rücken aus um den Brustkorb gewickelt und mit einem Wollschal straff befestigt.

Bei ungeheizten Schlafzimmern hat sich folgende Methode bewährt: Das Wickeltuch wird tropfenweise mit dem Öl getränkt, bis es überall etwas Öl aufgenommen hat. Es wird von beiden Seiten zur Mitte hin aufgerollt, in etwas Aluminiumfolie eingeschlagen und im Bett des Kindes zwischen zwei Wärmflaschen erwärmt. Die Verwendung von Alufolie geschieht hier bewusst, da ätherische Öle bei der Verwendung von Plastiktüten Stoffe aus diesen herauslösen können. Das Anlegen des Öltuchs erfolgt vom Rücken aus, das umhüllende Wolltuch liegt im Bett bereit und wird so durch die Wärmflaschen gut miterwärmt.

Dauer: tagsüber mindestens eine halbe Stunde, besser aber nachts. Das ölgetränkte Tuch ist so lange wiederverwendbar, wie es gut duftet (14 Tage oder länger). Es wird nach jedem Gebrauch kühl und dunkel aufbewahrt, z. B. in einem gespülten Honigglas. Bei der Verwendung von Alufolie wird es in der Folie aufbewahrt. Vor jedem Anlegen wird es mit etwas neuem Öl aufgefrischt.

Brustwickel mit ätherischen Ölen, besonders der so angenehm duftende und beruhigende Lavendelölwickel, sind bei Eltern und Kindern gleichermaßen beliebt.

Brusteinreibung mit ätherischen Ölen

mit Lavendelöl 10 % oder Eukalyptusöl 10 %
oder Latschenkiefernöl 10 %

- ***als Alternative zum Brustwickel mit ätherischen Ölen***

Eine Einreibung verlangt ruhige, konzentriert durchgeführte Bewegungen mit warmen (!) Händen und wenig (!) Öl.

Man reibt den gesamten Brustkorb mit dem entsprechenden Öl ein und umhüllt ihn mit einem Wolltuch.

Brusteinreibung mit Dampfkompresse

- ***bei Bronchitis, spastischer Bronchitis, Pseudokrupp, Lungenentzündung und Keuchhusten***

Eine Einreibung verlangt ruhige, konzentriert durchgeführte Bewegungen mit warmen (!) Händen und wenig (!) Öl.

Man reibt den Brustkorb mit 10%igem Lavendelöl ein.

Die Wirkung der Brusteinreibung kann durch eine Dampfkompresse noch verstärkt werden.

Ein brustbreites Bouretteseiden- oder Baumwolltuch wird von beiden Seiten zur Mitte hin aufgerollt, in ein Wringtuch gelegt und mit heißem Wasser übergossen (s. Zeichnung S. 604). Man fasst das Wringtuch an den Zipfeln an, legt es um einen Wasserkran und wringt es kräftig aus. Je trockener, desto verträglicher ist die heiße Kompresse auf der Haut. Die Kompresse wird aus dem Wringtuch genommen, auf den eingeriebenen Hautbereich gelegt und mit einem Wolltuch eng umhüllt.

Dauer: Nach einer halben Stunde lockert man die Wollumhüllung etwas und zieht die Kompresse heraus. Die Wollumhüllung bleibt während der Nachruhe (eine Stunde) oder über Nacht liegen.

Brustwickel mit Schachtelhalmtee

- ***bei Bronchitis mit starker Verschleimung, aber ohne hohes Fieber***

Zur Herstellung des Tees wird eine Handvoll getrocknetes Schachtelhalmkraut mit 1/2 Liter kaltem Wasser übergossen, zum Sieden erhitzt und 10 Minuten lang gekocht. Dann lässt man den Tee zugedeckt 5 Minuten ziehen und bereitet in dieser Zeit die Wickeltücher vor.

Ergiebiger ist folgende Teezubereitung:
Eine Handvoll getrocknetes Schachtelhalmkraut wird mit 1/2 Liter Wasser 10 Stunden eingeweicht, dann 5 Minuten gekocht und weitere 5 Minuten zugedeckt ziehen gelassen.

Ein brustbreites Bouretteseiden- oder Baumwolltuch, das den Brustkorb des Kindes ganz umhüllt, wird von beiden Seiten zur Mitte hin aufgerollt und zum besseren Auswringen in ein größeres Tuch gelegt. Darüber wird der Tee durch ein Sieb gegossen (s. Zeichnung S. 604). Das größere Tuch wird an den Zipfeln gefasst, um einen Wasserkran gelegt und kräftig ausgewrungen. Je trockener, desto verträglicher ist die heiße Kompresse auf der Haut. Ins Bett des Kindes legt man das umhüllende Wolltuch. Das Kind setzt sich jetzt so ins Bett, dass man das Wickeltuch vom Rücken her beiderseits bis zum Brustbein faltenfrei ausrollen kann. Das Kind wird jetzt nach hinten auf das vorbereitete Wolltuch gelegt, dieses wird recht straff befestigt.

Dauer: Nach einer halben Stunde wird die Wollumhüllung etwas gelockert und das Wickeltuch rasch herausgezogen. Die Wollumhüllung bleibt während der Nachruhe (eine Stunde oder über Nacht) liegen, wenn die Haut nach dem Wickel die Wolle gut toleriert. Beginnt es zu jucken, entfernt man das Wolltuch und legt es z. B. über der Schlafanzugjacke wieder an. Diese Veränderung muss sehr rasch erfolgen, damit die Wärme nicht verlorengeht.

Brustwickel mit Magerquark

- ***bei Lungenentzündung und Rippenfellentzündung***

Der Magerquark wird kleinfingerdick auf ein Bouretteseiden- oder Baumwolltuch aufgetragen (s. Zeichnung S. 605). Die Größe des Wickeltuches richtet sich danach, ob der Magerquark als Kompresse nur auf den Brustbereich oder als Wickel rundherum angelegt werden soll. Auf einer nicht zu heißen Wärmflasche (Gerinnungsgefahr!) wird das Quarktuch solange gewärmt, bis die für die Haut bestimmte Seite handwarm geworden ist. Für einen Rundumwickel legt man das Außentuch (Wolle) und ein gut saugfähiges Zwischentuch ins Bett und das Quarktuch darauf. Auf die so vorbereitete Packung legt sich das Kind. Dann wird der Wickel von beiden Seiten her zum Brustbein angelegt, mit dem Zwischentuch straff befestigt und mit dem Außentuch umhüllt.

Hinweis: Bei den Quarkwickeln und -kompressen hat es sich bewährt, das Quarktuch mit unversponnener Rohwolle zu bedecken, die zuvor in ein Baumwolltuch eingeschlagen wird. Dieses Zwischentuch wärmt gut und saugt überschüssige Feuchtigkeit zuverlässig auf, so dass ein dünneres Außentuch, evt. ein Unterhemd, ausreicht. Außerdem wird so verhindert, dass der Quark ein Wolltuch verfilzt.

Dauer: Der Quarkwickel bleibt bis zum Eintrocknen der Quarkschicht liegen. Die Dauer hängt von der Dicke der Quarkschicht ab und ist von Patient zu Patient unterschiedlich (etwa 3 bis 8 Stunden).

Der Quarkwickel ist für Kuhmilchallergiker mit Ekzemneigung nicht geeignet.

Bauchkompressen

- ***bei bestimmten Formen von Bauchschmerzen und Erbrechen (Blinddarmverdacht ausschließen!)***
- ***bei Schlafstörungen***

Bauchwickel bieten ein gutes Übungsfeld für die Wickeltherapie, besonders als Hilfe beim Einschlafen sind sie beliebt. An ihnen erlebt man die wohltuende Verbindung von menschlicher Zuwendung und therapeutischer Wirksamkeit.

Bauchkompresse mit Schafgarbe

Zur Herstellung des Tees wird ca. eine Handvoll Schafgarbe mit etwa 1/2 l Wasser überbrüht und gut 10 Minuten zugedeckt ziehen gelassen.

In der Zwischenzeit wird ein Tuch in der erforderlichen Breite gefaltet und zum leichteren Auswringen in ein größeres Tuch gelegt (s. Zeichnung S. 604). Darüber wird der Tee durch ein Sieb gegossen. Das größere Tuch wird nun an den Zipfeln angefasst, um einen Wasserkran gelegt und kräftig ausgewrungen.

Die Kompresse wird aus dem Wringtuch genommen und so heiß wie möglich aufgelegt. Ein rund um den Körper reichendes, straff angelegtes Baumwoll- oder Leinentuch dient der Befestigung. Die äußere Umhüllung bildet ein Wolltuch. Die Tücher sollen die Kompresse weit überragen, damit an ihrem Rand keine Kältezone entstehen kann.

Eine darauf gelegte, nicht prall gefüllte Wärmflasche wird durch eine Schlafanzughose festgehalten. Die Kompresse kann eine Stunde liegenbleiben.

Andere Bauchkompressen

mit Kamille

Wie bei der Kompresse mit Schafgarbe verfahren.

mit Oxalis-Essenz

Ein Esslöffel Essenz auf ca. 1/4 l heißes Wasser.

mit Kümmelöl, Melissenöl

Ein dünnes Bouretteseiden- oder Baumwolltuch wird mit dem Öl getränkt, in Folie eingeschlagen und zwischen zwei Wärmflaschen erwärmt.

Miterwärmt wird eine Lage Rohwolle (ersatzweise Watte), die zuvor in Mull eingeschlagen wird, um das Fusseln zu verhindern.

Das Auflegen und Befestigen der Kompresse geschieht wie bei der Schafgarbenkompresse.

mit Kupfersalbe 0,4 %

Die Kupfersalbe wird dünn auf ein Tuch aufgestrichen, auf den zu behandelnden Bereich gelegt und, wie beim Schafgarbenwickel beschrieben, befestigt.

Das Salbentuch kann mehrmals verwendet werden. Zwei- bis dreimal pro Woche wird etwas neue Salbe aufgetragen.

Bauchkompresse, trocken

Ein gut erwärmtes, trockenes Tuch wird auf den Bauch gelegt und mit einem Wolltuch straff befestigt.

Leberkompresse

mit Schafgarbe

Diese Kompresse wird wie beim Bauchwickel beschrieben vorbereitet. Aufgelegt wird sie auf den Hautbereich, der über der Leber liegt (vom Nabel aus auf die rechte Seite bis zum Rücken hin).

Nierenkompresse

mit Kupfersalbe

- ***bei Asthma auf ärztliche Verordnung***

Die Kupfersalbe wird dünn und sehr glatt auf ein dünnes Bourette-seidentuch oder Baumwolltuch aufgestrichen. Man streicht nicht ganz bis zum Rand. Das Salbentuch wird dann auf den Nierenbereich gelegt und mit einem ganz um den Körper reichenden Wolltuch straff befestigt.

Dauer: Nach ärztlicher Verordnung. Die Haut anschließend mit warmem Wasser reinigen und gut abtrocknen.

Auf ärztliche Verordnung wird diese Kompresse evt. abwechselnd mit einem Argentumsalbentuch verwendet. Das Salbentuch mit Argentumsalbe wird wie das Kupfersalbentuch vorbereitet.

Kupfersalbe und Silbersalbe (Argentumsalbe) hinterlassen wie alle Metallsalben schwer entfernbare Flecken.

Blaseneinreibung mit Dampfkompresse

mit Eukalyptusöl 10 %

- ***Als erste Maßnahme bei Harnwegsinfekten***

Mit warmer (!) Hand und ruhigen Bewegungen reibt man wenig (!) 10%iges Eukalyptusöl im Bereich der Blase ein

Ein handtellergroßes Bouretteseiden- oder Baumwolltuch wird von beiden Seiten zur Mitte hin aufgerollt, in ein Wringtuch gelegt und mit heißem Wasser übergossen (s. Zeichnung S. 604). Man fasst das Wringtuch an den Zipfeln an, legt es um einen Wasserkran und wringt es kräftig aus. Je trockener, desto verträglicher ist die heiße Kompresse auf der Haut. Die Kompresse wird aus dem Wringtuch genommen, auf den eingeriebenen Hautbereich gelegt und mit einem Wolltuch oder etwas unversponnener Rohwolle bedeckt. Befestigt wird die Kompresse durch eine straff sitzende Unterhose.

Dauer: Nach einer halben Stunde zieht man das Kompressentuch aus der Umhüllung heraus. Die Wolle bleibt während der Nachruhe (eine Stunde) liegen.

Man wiederholt die Anwendung mehrfach am ersten und zweiten Tag des Infektes. Dann behandelt man mit Eukalyptusöl-Kompressen weiter.

Blasenkompresse

mit Eukalyptusöl 10 %

- ***bei Harnwegsinfekten als Anschlussbehandlung nach der Blaseneinreibung mit Dampfkompresse***

Ein handtellergroßes dünnes Bouretteseiden- oder Baumwolltuch wird auf der Heizung angewärmt. Tropfenweise gibt man ca. 5 ml Öl darauf, das zuvor in einer sauberen Flasche (z. B. Arzneiflasche) im Wasserbad erwärmt wurde. Das Öltuch wird gut warm auf den

Bereich der Blase aufgelegt und mit einem Wolltuch oder einer Lage unversponnener Rohwolle bedeckt. Darüber kommt eine Unterhose.

Man kann auch das Wickeltuch tropfenweise mit dem nicht erwärmten Öl tränken und das Tuch dann zwischen zwei Tellern erwärmen (s. S. 601).

Dauer: einmal täglich für mehrere Stunden, bis zum Abheilen oder darüber hinaus.

Das ölgetränkte Tuch ist so lange wiederverwendbar, wie es gut duftet (14 Tage oder länger). Es wird nach Gebrauch kühl und dunkel aufbewahrt, z. B. in einem gespülten Honigglas. Vor jedem Anlegen wird es mit etwas neuem Öl aufgefrischt.

Auf ärztliche Verordnung wird diese Kompresse abwechselnd mit einem ***Argentumsalbentuch*** verwendet.

Für das Argentumsalbentuch wird Argentum metallicum praeparatum 0,4 % (Weleda) dünn und sehr glatt auf ein dünnes Bouretteseidentuch oder Baumwolltuch aufgestrichen, auf den Bereich der Blase gelegt und mit einem Wolltuch oder etwas unversponnener Rohwolle bedeckt. Eine Unterhose befestigt die Kompresse. Die Haut wird nach der Anwendung mit warmem Wasser gereinigt und gut abgetrocknet.

Argentumsalbe hinterlässt wie alle Metallsalben schwer entfernbare Flecken.

Heiße Pulswickel mit Arnika-Essenz

- ***In der Zeit des Fieberanstiegs bei unruhigen Kindern, Übelkeit, Kopfschmerzen, bei Schüttelfrost***

Man braucht für diese Behandlung vier Tücher, mit denen man die Pulsstellen an Hand- und Fußgelenken gut umwickeln kann (Bouretteseiden- oder Baumwolltücher). Diese Tücher werden einzeln von beiden Seiten zur Mitte hin aufgerollt, jeweils zwei der Tuchrollen werden in ein Wringtuch gelegt (s. Zeichnung S. 604). Gemeinsam werden die beiden Wringtücher in einer Schüssel mit ca. 1/4 Liter sehr heißem Wasser mit Zusatz von einem Esslöffel Arnika-Essenz übergossen. Die Wringtücher werden nacheinander an den Zipfeln angefasst, um einen Wasserkran gelegt und kräftig ausgewrungen. Begonnen wird mit dem Wickeln beim Handpuls:

Ein Innentuch wird aus dem Wringtuch herausgenommen, um die Pulsstelle gelegt und mit einem Wolltuch straff befestigt. Dann folgt das zweite Handgelenk. Nacheinander wickelt man dann die Tücher aus dem zweiten Wringtuch um die Pulsstellen an den Fußgelenken.

Die Wickel können alle 10 Minuten erneuert werden, nach dreimaligem Wechsel pausiert man eine Stunde. Ist der Fieberanstieg vorüber (erkennbar an den heißgewordenen Gliedmaßen), werden die Tücher auf jeden Fall entfernt.

Kühle Wadenwickel

- ***Fiebersenkende Behandlung***

Bei kalten Füßen und/oder kalten Beinen dürfen keine kühlen Wadenwickel gemacht werden, auch wenn hohes Fieber besteht!

Für die Vorbereitung legt man ein dickes Baumwolltuch (z. B. Badetuch) als Matratzenschutz ins Bett. In eine Schüssel gibt man zwei bis drei Liter Wasser, das um einige Grade kühler sein sollte als die gemessene Körpertemperatur. Man kann dem Wasser einen Esslöffel Zitronensaft oder Obstessig zusetzen. Zwei Tücher, die vom Knöchel bis unter das Knie reichen und etwa eineinhalbmal um das Bein herum gewickelt werden können, werden aufgerollt und in das Wasser getaucht. Man drückt sie so kräftig aus, dass nichts mehr tropft, und legt sie an. Man umwickelt jedes Bein einzeln vom Knöchel bis zum Knie und befestigt das Tuch mit einem großen Wollstrumpf, einem Wollschal oder einem dicken Baumwolltuch. Wasserundurchlässige Tücher oder Folien werden nicht verwendet! Der Patient ist während der Behandlung zugedeckt, bei hohem Fieber nur mit einer leichten Decke oder einem Laken. Auch die gewickelten Beine gehören unter die Zudecke. Nach fünf bis zehn Minuten sind die Tücher durchwärmt und müssen erneuert werden. Nach dreimaligem Wechsel legt man eine halbstündige Pause ein. Werden die Füße während der Behandlung kalt, bricht man die Anwendung ab.

Kühle Wadenwickel sind eine zuverlässige fiebersenkende Behandlung. Für Eltern ist die Behandlung meist ein nächtliches Geschehen, deshalb hier noch einige Anregungen, die sich bewährt haben:

Legt man sich nicht nur zwei, sondern vier Tücher zurecht, so hat man beim Wechsel gleich ein frisches Tuch bereit. Man zieht das durchwärmte Tuch aus der Wickelpackung heraus, öffnet das Wolltuch und legt sofort ein frisches Tuch um das noch etwas feuchte Bein.

Leinentücher haben sich für die Wadenwickel besonders bewährt, sie sind nass etwas fester als trocken und rufen nicht das »Engegefühl« trocknender Baumwolltücher hervor.

Bei Kindern, die gar nicht gerne gewickelt werden, kann man eine Abreibung mit feucht-kühlen Tüchern im Wadenbereich durchführen. Dazu umhüllt man den Wadenbereich mit einem dickeren feuchten Tuch und reibt sacht mit ruhigen Bewegungen vom Knöchel zum Knie hinauf. Man wiederholt die Bewegung, bis das Tuch warm geworden ist. Das Tuch wird ausgewaschen, ausgedrückt und um das andere Bein gelegt. Man reibt auch dieses Bein mehrmals vom Knöchel bis zum Knie ab. Das nicht behandelte Bein liegt unter der Zudecke, auch der Bauchraum ist bedeckt.

Bei hohem Fieber und kalten Gliedmaßen kann ein Einlauf als fiebersenkende Behandlung durchgeführt werden.

Senfmehl-Fußbad

- ***Entzündungen im Nasen-, Nasennebenhöhlen- und Rachenbereich, »Polypen«, große Mandeln (Tonsillen), evt. bei Migräne***

Ein bis zwei Hände voll frisch gemahlenen Senfmehls werden in einen Eimer gegeben, der mit Wasser (37 – 39°) gefüllt ist. Dauer des Fußbades bis 10 Minuten. Abkühlen des Bades durch umgelegtes Badetuch vermeiden.

Das Bad darf nicht mit den Schleimhäuten in Berührung kommen. Die Hände sind deshalb gut zu waschen, und auch die Beine werden nach dem Bad gründlich abgespült.

Das Bad ruft eine starke Rötung der Haut hervor, die eventuell erst nach mehreren Bädern auftritt. Es darf in der Regel nur ein Bad pro Tag zur Anwendung kommen.

Zum Abschluss der Behandlung werden die Beine mit einem guten Körperöl eingerieben.

Senfmehlkompressen unter den Fußsohlen

Sie sind eine Alternative zum Senfmehlfußbad bei sehr unruhigen oder noch zu kleinen Kindern.

Für jede Kompresse werden ein bis zwei Esslöffel Senfmehl (Semen Sinapis pulv. gross.) in ein dünnes, dichtgewebtes Herrentaschentuch eingebunden. Die entstandenen Säckchen werden in lauwarmem Wasser gründlich angefeuchtet und dann ausgedrückt. Unter jede Fußsohle kommt ein Säckchen, es wird mit einem größeren Tuch oder einem Strumpf befestigt. Wenn die Fußsohle zu brennen beginnt, wird die Kompresse abgenommen.

Dauer: individuell verschieden, 3 Minuten bis maximal 15 Minuten. Die Haut rötet sich. Anschließend werden die Füße mit einem guten pflanzlichen Öl eingerieben. Warme Wollsocken darüber intensivieren die Wirkung.

Kühle Kompresse mit Arnika-Essenz

- ***bei Prellungen, Zerrungen, Verstauchungen***

Für diese Kompresse verdünnt man einen Esslöffel Essenz mit neun Esslöffeln Wasser und taucht ein dickeres Wickeltuch (doppelt gelegte Bouretteseide oder Molton) hinein. Das Tuch wird so ausgedrückt, dass nichts tropft, und auf den zu behandelnden Bereich möglichst glatt und faltenfrei aufgelegt. Befestigt wird die Kompresse mit einem Wolltuch oder einem dicken Baumwolltuch. Mit einem Löffel oder einem Kännchen gießt man so oft etwas von der verdünnten Essenz in den Wickel hinein, dass das Innentuch feucht bleibt.

Die Kompresse wird mindestens einmal täglich gewechselt. Für Patienten mit Arnika-Allergie ist sie nicht geeignet. Die Haut sollte bei Anwendung dieser Kompresse intakt sein.

Kompresse mit Magerquark

- ***bei Brustentzündung und Milchstau***
- ***bei Sonnenbrand, Prellungen, Zerrungen und Verstauchungen***

Magerquark wird gut messerrückendick auf ein dünnes Bouretteseiden- oder Baumwolltuch aufgetragen (s. Zeichnung S. 605). Die Größe des Wickeltuches richtet sich nach der Größe des zu behandelnden Bereiches. Bei Sonnenbrand, Prellungen, Zerrungen und Verstauchungen wird das Quarktuch kühl aufgelegt, bei Brustentzündung und Milchstau wird die Kompresse auf einer nicht zu heißen Wärmflasche solange gewärmt, bis die für die Haut bestimmte Seite handwarm geworden ist. Die Brustwarze bleibt frei, wenn die Kompresse auf die gestaute Stelle gelegt wird.

Zum Befestigen des Quarktuches nimmt man ein gut saugendes Baumwolltuch, besser noch ein Baumwolltuch, in das man eine Lage unversponnene Rohwolle eingeschlagen hat. Ein solches Zwischentuch saugt die überschüssige Feuchtigkeit zuverlässig auf, so dass ein dünneres Außentuch, z. B. ein Unterhemd, zum Befestigen ausreicht.

Dauer: Quark kann bis zum Eintrocknen liegen bleiben (je nach Quarkmenge 3 bis 8 Stunden, nur *Mager*quark trocknet ein).

Bei der Brustentzündung sollte der Wickel etwa 20 Minuten vor dem nächsten Stillen abgenommen werden, der Milchfluss wird durch eine sanfte Öleinreibung der Brust angeregt, die Brust dadurch auch wieder erwärmt.

Quarkkompressen sind für Kuhmilchallergiker mit Ekzemneigung nicht geeignet.

Kühle Kompresse mit Calendula-Essenz

- ***bei Schürfwunden, nässenden Wunden***

Für diese Kompresse verdünnt man einen Esslöffel Essenz mit neun Esslöffeln Wasser und taucht ein dickeres Wickeltuch (doppelt gelegte Bouretteseide oder Molton) hinein. Das Tuch wird so ausgedrückt, dass nichts tropft, und auf den zu behandelnden Bereich möglichst glatt und faltenfrei aufgelegt. Befestigt wird die Kompresse mit einem Wolltuch oder einem dicken Baumwolltuch. Mit einem Löffel oder einem Kännchen gießt man so oft etwas von der verdünnten Essenz in den Wickel hinein, dass das Innentuch feucht bleibt.

Die Kompresse wird stündlich gewechselt, man verwendet möglichst frisch gebügelte Innentücher. Nach einigen Stunden lässt man die Wunde an der Luft trocknen.

Mit dieser Kompresse lassen sich verklebte Verbände schmerzfrei lösen.

Kühle Kompresse mit Combudoron-Essenz®

- ***bei Sonnenbrand, Insektenstichen, Verbrennungen nach der Erstbehandlung***

Für diese Kompresse verdünnt man einen Esslöffel Essenz mit neun Esslöffeln Wasser und taucht ein dickeres Wickeltuch (doppelt gelegte Bouretteseide oder Molton) hinein. Das Tuch wird so ausgedrückt, dass nichts tropft, und auf den zu behandelnden Bereich glatt und faltenfrei aufgelegt. Befestigt wird die Kompresse mit einem Wolltuch oder dicken Baumwolltuch. Mit einem Löffel oder einem Kännchen gießt man so oft etwas von der verdünnten Essenz in den Wickel hinein, dass das Innentuch feucht bleibt.

Tip: Bei Verbrennungen oder Verbrühungen gut geeignet für einen schmerzarmen Transport zum Arzt.

Mit dieser Kompresse lassen sich verklebte Verbände schmerzfrei lösen.

Die Kompresse wird mindestens einmal täglich gewechselt, man verwendet bei defekter Haut ein frisch gebügeltes Innentuch (keimarm!). Patienten mit einer bekannten Arnika-Allergie müssen diese Kompresse vorsichtig anwenden.

Warme Ölkompresse

mit Calendula-Öl 10 %

- ***bei Mumps***

Ein gut handtellergroßes dünnes Bouretteseiden- oder Baumwolltuch wird auf der Heizung erwärmt. Tropfenweise gibt man ca. 5 ml Öl darauf, das zuvor in einer sauberen Flasche (z. B. Arzneiflasche) im Wasserbad erwärmt wurde. Es ist auch möglich, das Tuch tropfenweise mit dem nicht erwärmten Öl zu tränken und es zwischen zwei Tellern zu erwärmen (s. S. 601).

Das Tuch wird so warm, wie es vertragen wird, auf den geschwollenen Bereich aufgelegt, mit einem Kopftuch befestigt und einem Wollschal umhüllt. Unversponnene Rohwolle ist für diese Anwendung besonders geeignet, man legt eine Lage unter das Kopftuch.

Dauer: Mehrmals täglich jeweils eine halbe Stunde, oder über Nacht.

Das ölgetränkte Tuch ist so lange wiederverwendbar, wie es gut duftet (etwa 14 Tage). Es wird nach jedem Gebrauch kühl und dunkel aufbewahrt, z. B. in einem gespülten Honigglas.

Vor jedem Anlegen wird es mit etwas neuem Öl aufgefrischt.

Kompresse mit Schachtelhalmtee

- ***bei stark nässendem Ekzem***

Zur Herstellung des Tees wird eine Handvoll getrocknetes Schachtelhalmkraut mit 1 l kaltem Wasser übergossen, zum Sieden erhitzt und 10 Minuten lang gekocht. Dann lässt man den Tee zugedeckt 5 Minuten ziehen und bereitet in dieser Zeit die Wickeltücher vor. Ergiebiger ist folgende Teezubereitung:
Eine Handvoll getrocknetes Schachtelhalmkraut wird mit 1 Liter Wasser 10 Stunden eingeweicht, dann 5 Minuten gekocht und weitere 5 Minuten zugedeckt ziehen gelassen.

Ein Bouretteseiden- oder Baumwolltuch in der Größe des zu behandelnden Bereiches wird in den gut körperwarmen Tee getaucht, ausgedrückt und glatt und faltenfrei angelegt. Ein Wolltuch ist als Umhüllung in diesem Fall oft nicht möglich. Man befestigt den Wickel mit einem größeren Baumwolltuch, besser noch mit einer Lage unversponnener Rohwolle, die zuvor in ein Baumwolltuch eingeschlagen wurde, um den unmittelbaren Hautkontakt mit der Wolle zu vermeiden.

Dauer: mindestens eine halbe Stunde, bei längerem Liegenlassen muss das Innentuch evt. nachgetränkt werden (vorsichtig mit einem Teelöffel etwas Tee in die Wickelpackung geben).

Abwaschungen

als kräftigende Maßnahme für die körpereigene Abwehr, z. B. morgens mit Rosmarin-Bademilch® oder -Bad-Konzentrat®

Eine Abwaschung kann nur durchgeführt werden, wenn die Haut gut warm ist!

Die behandelten Körperteile werden sofort abgetrocknet und zugedeckt, Verdunstungskälte vermeiden!

Morgens hilft die Bettwärme der Nacht. Das Kind setzt sich auf und schlüpft aus dem Schlafanzug. Ins Bett wird ein großes

Badetuch oder Bettlaken gelegt. Darauf legt sich das Kind und wird eingehüllt und zugedeckt. In einer Waschschüssel mischt man einen Teel. Badezusatz mit etwa zwei Litern kühlem Wasser. Die Temperatur soll so sein, dass das Kind sie gerade noch als angenehm empfindet, nicht zu kalt! Ein Waschhandschuh (nicht ein Waschlappen) wird in das Wasser getaucht und so kräftig ausgedrückt, dass nichts tropft. Zuerst wäscht man das Gesicht ab, es genügen einige Striche von der Stirn zum Hals. Sorgfältig wird das Gesicht trockengetupft. Dann deckt man den linken Arm auf und wäscht mit dem aufgefrischten Waschhandschuh zügig von den Fingerspitzen bis hinauf zur Schulter. Der Arm wird sofort abgetrocknet und wieder unter das Zudeck gelegt. Der Waschhandschuh wird ausgewaschen und kräftig ausgedrückt, dann behandelt man den rechten Arm.

Das sorgfältig bis zum Hals zugedeckte Kind streckt nun ein Bein unter dem Zudeck hervor. Es wird in zügigen Strichen von den Zehenspitzen bis zur Hüfte abgewaschen (damit das Bett nicht feucht wird, kann man beim Abwaschen ein zusätzliches Handtuch als Schutz unterlegen), sofort abgetrocknet und zugedeckt. Man beendet die Abwaschung mit der Behandlung des anderen Beins. – Die ganze Behandlung dauert nicht länger als fünf Minuten. Anschließend ruht sich das gut zugedeckte Kind eine halbe Stunde lang aus.

Schwitzpackung

Eventuell vorausgehend kurzes warmes Bad mit ein paar Tropfen Zitrone.

Heißen Lindenblütentee trinken lassen. Eventuell Bademantel anziehen lassen. Im Bett bis über die Ohren sehr warm zudecken. Nach 1/2 bis 2 Stunden, wenn das Kind gut geschwitzt – und vielleicht geschlafen – hat, mit feuchtem kühlem Waschlappen abwaschen und Nachtzeug wechseln.

Dampfinhalationen

in entsprechendem Alter mit den notwendigen Vorsichtsmaßnahmen: Heißer Kamillentee in einem offenen breitbödigen Topf. Beide Hände des Kleinkindes nehmen und sich am schmalen Tisch gegenüber setzen, dazwischen der Topf. Noch sicherer: Den Topf ins Waschbecken stellen, den kühlen Waschbeckenrand mit einem Frottiertuch bedecken (zum Abstützen der Arme). Erst den Dampf sich im Spaß ins Gesicht blasen, später ein großes Badetuch als »Zirkuszelt« über beide Köpfe legen und dann um die Wette versuchen, durch die Nase ein- und den Mund auszuatmen. Bei größeren Kindern, die alleine mit dem Kopf unter dem Badetuch sitzen können, lassen Eieruhr und Taschenlampe die Zeit schneller vergehen. Wenn der Dampf nachlässt – nach 3 bis 5 Minuten –, hört man auf. Man cremt das Gesicht mit Calendula- oder Mercurialissalbe ein und lässt das Kind 1 Stunde lang im warmen Zimmer. Nochmals: Vorsicht vor Verbrühungen!

Bäder mit Zusätzen

mit Schachtelhalm

- ***regt den Stoffwechsel der Haut an***
- ***bei Nesselsucht***
- ***bei Ekzemen, besonders auch juckenden, auch bei chronischen Formen (bei Neurodermitis)***

50 g Schachtelhalmkraut (Herba Equiseti) mit 2–3 l kaltem Wasser übergießen
10 Std. ziehen lassen, danach zum Kochen bringen
10 Min. kochen, durch ein Sieb geben, dem Badewasser zusetzen.
Badedauer: 5–10 Min.
Badewassertemperatur: 35–36 °C
Bei Nesselsucht ist ein kühles Nachduschen oft angenehm. Abwandlung, wenn so viel Zeit nicht zur Verfügung steht: 100 g Schach-

telhalmkraut (Herba Equiseti) mit 2 l kaltem Wasser übergießen, zum Kochen bringen, 5 Min. kochen lassen, 15 Min. zugedeckt ziehen lassen, durch ein Sieb geben, dem Badewasser zusetzen.

Bäder mit Essenzen

Verwendet werden Essenzen der Firmen Wala und Weleda. Sie werden aus Frischpflanzen des biologisch-dynamisch geführten Heilpflanzenanbaus hergestellt.

Man setzt 1 Esslöffel Essenz dem Vollbad zu. Die Wassertemperatur liegt zwischen 35 und 37 °C, die Badedauer bei 5–10 Minuten.

Bäder mit Equisetum-Essenz

(hergestellt aus Schachtelhalm)

- ***bei Ekzemen, auch bei juckenden Ekzemen***
- ***bei schlecht heilenden Wunden***
- ***regt die Ausscheidung über die Niere an***

Bäder mit Meersalz

- ***bei »Polypen« und erhöhter Neigung zu Erkältungskrankheiten; nicht bei Fieber***

Meersalzbäder werden zwei- bis dreimal wöchentlich durchgeführt. Die Wassertemperatur beträgt dabei 35 °C, sie wird mit einem Thermometer überprüft! Nicht gleichzeitig Seife oder Shampoo verwenden! Anschließend nicht abduschen, nur kurz abtrocknen, besser in einen großen Bademantel hüllen und rasch ins Bett bringen. Unbedingt zur Behandlung dazu gehört eine ein- bis zweistündige Nachruhe!

Die verwendete Salzmenge richtet sich nach dem Alter des Kindes und wird im Laufe der Badekur gesteigert. Auch die Badedauer nimmt im Laufe der Behandlung zu.

Bei Kindern im Alter von drei bis zwölf Jahren beginnt man mit 3 kg Meersalz auf 200 l Badewasser (abgemessen z. B. mit einem 10-Liter-Eimer, nicht geschätzt). Die Badedauer der ersten vier Bäder beträgt 10 Minuten. Man steigert die Salzmenge beim 5. bis 8. Bad auf 4 kg für 200 l Badewasser und verlängert die Badedauer auf 15 Minuten. Vom 9. Bad an verwendet man 5 kg Meersalz für 200 l Badewasser, Badedauer nun 20 Minuten. Eine Badekur erstreckt sich über 14 Bäder.

Bei kleinen Kindern kann man versuchen, die Badekur in einer kleineren Badewanne durchzuführen, man braucht dann weniger Salz. Die Kinder müssen aber in dieser kleineren Wanne bequem liegen können, denn Meersalzbäder werden als Vollbad durchgeführt.

Einlauf

Mit Hilfe eines Irrigators, der in einer Apotheke oder in einem Sanitätsgeschäft gekauft werden kann, werden per Schlauch 300 – 800 ml Wasser oder warmer Kamillentee in den Darm gespült.

Das Kind liegt auf dem Rücken oder auf der Seite. Benutzt man ein festes Einsteckstück, so drückt man es 3–4 cm in den After wie ein Thermometer. Benutzt man ein so genanntes Darmrohr, d. h. einen vorne rundgeschlossenen Schlauch mit seitlicher Öffnung, so kann man ihn etwa 10 cm in den After stecken. Man fordert das Kind dabei auf, etwas gegenzudrücken. Wenn der Schlauch innen auf Widerstand stößt, zieht man ihn etwas zurück und schiebt in etwas anderer Richtung neu, bis es geht. Nach Öffnen des Ventils lässt man die Flüssigkeit in ca. 3 Minuten einlaufen. Das Kind soll versuchen, den After geschlossen zu halten, auch wenn man den Schlauch zieht. Danach erst bei starkem Stuhldrang – etwa nach 3 bis 5 Minuten – auf den Eimer oder aufs Klo setzen.

Eine Klistierspritze ist etwas leichter zu bedienen und deshalb üblich geworden. Sie leistet jedoch bei weitem nicht das, was man mit einem Irrigator erreicht.

»Engelskleidchen« für Ekzemkinder

Vgl.
S. 119

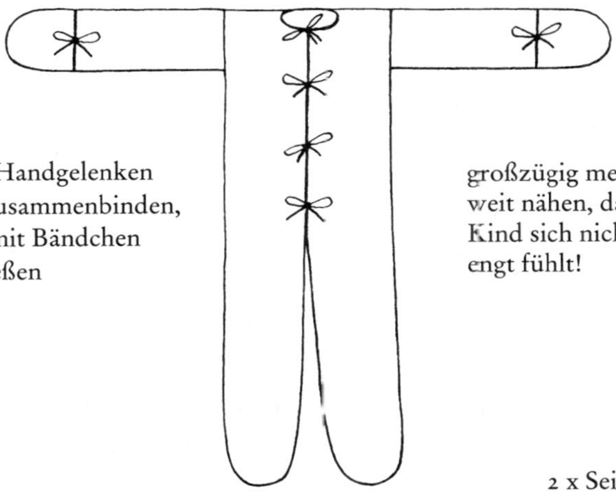

An den Handgelenken locker zusammenbinden, **hinten** mit Bändchen verschließen

großzügig messen und weit nähen, damit das Kind sich nicht eingeengt fühlt!

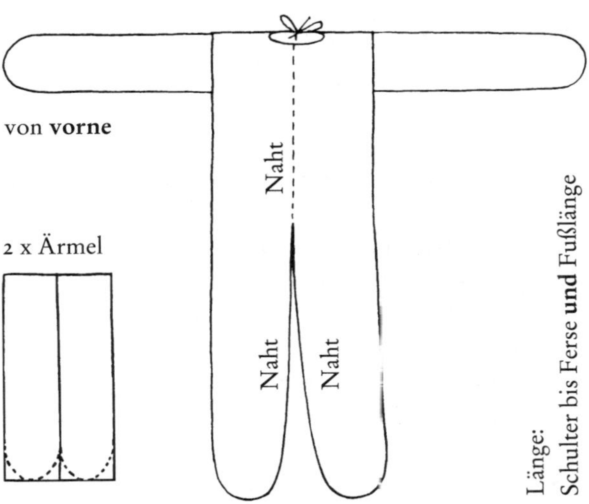

von **vorne**

2 x Ärmel

Rechtecke falten, zusammennähen

2 x Seitenteile mit Armschlitz

Länge: Schulter bis Ferse **und** Fußlänge

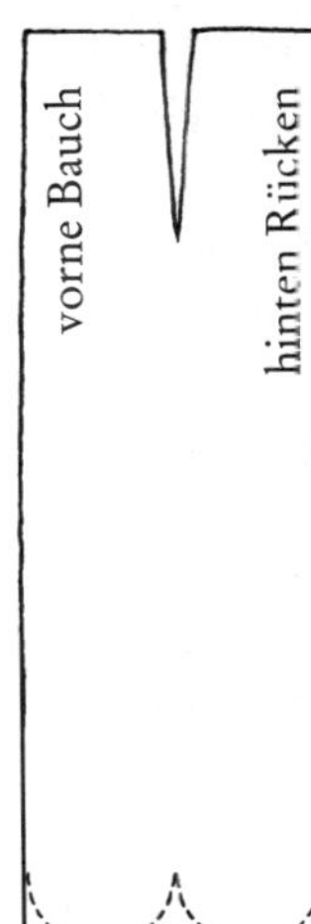

Naht vorne am Bauch, am Rücken offen

Strickanleitungen[95]

Windelhose

Material: 50 g naturbelassene Schafwolle (3fädig)
Stricknadel: Größe 2 1/2
Anschlag: 60 Maschen
Bündchen: 2 rechts, 2 links, 10 Reihen
Übrige Hose: 36 Reihen nur rechts gestrickt
56 Reihen 1 rechts, 1 links
36 Reihen nur rechts

Die einteilig gestrickte Hose seitlich zusammennähen vom Bündchen an bis zum Beginn der Reihen 1 rechts, 1 links.

Wollhemd / Wollpullunder

Material: wie bei der Windelhose oder etwas dünner oder Seide
Nadelstärke: 2 – 2 1/2
Anschlag: je 50 Maschen für das Vorder- und für das Rückenteil
Bündchen: 2 rechts, 2 links, 10 Reihen
Hauptteil: 40 – 50 Reihen nur rechts
Brust und Schulteranteil: 20 – 25 Reihen 2 rechts, 2 links
Zusammennähen: Seitlich mit Aussparung der Armlöcher und auf den Schultern mit Aussparung des Halsausschnittes.
Verwendung:
- direkt auf dem Leib zu tragen
- über dem Unterhemd zu tragen (bei sehr empfindlichen Kindern)

- über der Bluse als Pullunder, um den Rumpf gleichmäßig warm zu halten
- zum Befestigen und Warmhalten des Brust- oder Leibwickels während einer Krankheit
- unter oder über dem Nachthemd, um bei Losstrampeln oder Aufdecken einem Abkühlen vorzubeugen.

Käppchen

(stricken wie die Ferse beim Socken)

Material: Wolle oder Seide, kein Mohair oder Angora (Flusen dringen in Nase und Auge)
Nadelstärke: 2 – 2 1/2
Anschlag: 75 Maschen
10 Reihen 2 rechts, 2 links
ca. 25 Reihen glatt rechts
26. Reihe Maschenzahl dritteln,
Masche 50 und 51 zusammenstricken,
Strickzeug wenden, zurückstricken bis Masche 25,
Masche 25 und 26 zusammenstricken, dann Arbeit wieder wenden usw., bis die jeweils äußeren 25 Maschen verstrickt sind,
dann abketten,
Kordel drehen und durchziehen.

Woll- oder Seidenmützchen für das Neugeborene

Material: wie beim Wollpullunder
Nadelstärke: 2
Strickart: wie bei der Ferse einer Socke
Anschlag: entsprechend der Größe des Kopfes

Hersteller und Bezugsquellen (Auswahl)

Naturfasern:

Wollwäsche-Werkstatt Lehenhof
D-88693 Deggenhauser Tal 2, Tel. 07555/80136

Naturtextilien OHG
Rolf und Ursula Aßmus
Forststr. 35, D-74379 Ingersheim, Tel. 07142/97460, Fax 07142/974622

Maas Naturwaren GmbH
Postfach 5064, D-33278 Gütersloh, Tel. 01805/334011

Pentatonisch gestimmte Leiern und Flöten:

Choroi Musikinstrumente e. V.
Annener Berg 15, D-58454 Witten, Tel. 02302/64228

Troxler-Haus
Zum Alten Zollhaus 2, D-42281 Wuppertal, Tel. 0202/270530

Karl Schubert Werkstätten
Kurze Straße 31, D-70794 Filderstadt, Tel. 0711/7709129

Gärtner Atelier für Leierbau
Fritz Arnold Str. 18, D-78467 Konstanz, Tel. 07531/61785, Fax 07531/66187

Spielzeug

purpur – Kunst und Spiel
Hessenring 84, 61348 Bad Homburg, Tel. 0180/5000980

Stuten- und Ziegenmilchhöfe:

Im Umkreis von Herdecke:
- Gut Seklinghausen, 58019 Hagen-Dahl, Tel. 02337/1238;
- Ziegen- und Stutenmilchhof Quinke, 58332 Schwelm, Tel. 02336/15125;
- Gestüt Herrenstein, 48317 Drensteinfurt 2, Tel. 02387/326.

Im süddeutschen Raum:
- Kurgestüt Hoher Odenwald (Demeter), 69429 Waldbrunn-Mülben, Tel. 06274/242;
- Gestüt Sickinger Höhe, 66506 Maßweiler, Tel. 06334/5061.

Im norddeutschen Raum:
- Gestüt St. Georg Vennekath 2, 21401 Thomasburg, Tel. 05859/97810.

Tragetücher:

»Didymos«, Erika Hoffmann
Postfach 227, D-71602 Ludwigsburg
Tel. 07141/921024
Fax 07141/921026

»Avalon«, Sara Wingen
Holleweg 31, D-42653 Solingen, Tel. 0212/592319, Fax 0212/593710.

Wasserverdampfer:

Verdampfer 133, Boneco
Unterdorfstr. 83, CH-9443 Widnau

Zu beziehen z.B. durch
Alfred Kaut GmbH & Co.
Windhukstr. 88, D-42247 Wuppertal-Langenfeld, Tel. 0202/26820

Wickel (für Kinder von 0 – 6 Jahren):

»Kickels«, Cordula Paar
Vogelsangerstr. 47, 50823 Köln, Tel. und Fax 0221/5106272.

Gewichtstabelle

Ab 4. Lebenswoche	wöchentlich zwischen 150 und 250 g
Ab 4. Lebensmonat	wöchentlich zwischen 130 und 200 g
Ab 8. Lebensmonat	monatlich zwischen 250 und 400 g

Verdoppelung des Geburtsgewichtes meist im 5. Lebensmonat, Verdreifachung etwa mit 1 Jahr.

Orientierung in Länge und Gewicht

	Monatliche Zunahme in g etwa	Länge cm etwa	Gewicht kg etwa
Bei Geburt		50	3,4
Erste 4 Wochen	800		
Zweiter Monat	750		
5 Monate alt	600	64	7
9 Monate alt	400	70	9
1 Jahr alt	250	75	10
	Jährliche Zunahme in kg		
2 Jahre alt	2	87	12
3 Jahre alt	2	95	14
4 Jahre alt	2	103	16
5 Jahre alt	2	108	18
6 Jahre alt	3,5	116	21,5
7 Jahre alt	2,5	123	24
8 Jahre alt	3	130	27
9 Jahre alt	2,5	134	29,5

Bis zur beginnenden Pubertät etwa gleichbleibende Zunahmen, dann individuelle Wachstumsschübe und Gewichtszunahmen.

Substanzen, Heilpflanzen, Pflegemittel und Arzneien, die im Buch genannt sind

Vorbemerkung:
Diese Aufstellung ersetzt nicht ein Gespräch mit dem Hausarzt über den Bestand einer individuellen Hausapotheke. Auch sind unsere Erfahrungen nicht »gültiger« als die anderer Ärzte. Wie schon im Vorwort erwähnt, sollen unsere therapeutischen Hinweise in keinem Fall einen notwendigen Arztbesuch verzögern.

Zur Benutzung der Liste:
In der linken Spalte findet sich die apothekenübliche Bezeichnung und gegebenenfalls der Herstellername. Dass wir hauptsächlich Präparate der beiden großen anthroposophischen Arzneimittel-Firmen Weleda und WALA erwähnen, entspricht unserer Erfahrung und der von Freunden, insbesondere des Kollegen Soldner in München. Damit ist jedoch in keiner Weise gesagt, dass nicht andere Heilmittelfirmen ebenfalls hochwertige Arzneimittel herstellen.

Die Spalte rechts daneben enthält die deutschen Namen der Substanzen und gegebenenfalls die Zusammensetzung des Präparates. Die Angabe »in homöopathischer Zubereitung« heißt: die Ausgangssubstanz oder die aus ihr hergestellte Urtinktur wurde mehrfach einem homöopathischen Potenzierungsprozess unterworfen, was physikalisch gesehen mehrfachen Verdünnungen entspricht – hier in der Regel 2- bis 20mal hintereinander im Verhältnis 1 : 10 mit Wasser oder bei Verreibungen mit Milchzucker. Als giftig bekannte Substanzen sind in der vom Arzt gewählten Dosierung dann unbedenklich, können aber die erwünschte Wirkung im homöpathischen Sinne entfalten. Auf die Angabe der Potenzierungs»höhe« haben wir verzichtet. Auf den Originalpackungen ist sie vermerkt. Hochpotenzen im homöopathischen Sinne sind nicht dabei. Der Zusatz comp. = compositum heißt: zusammengesetzt.

Hinweise auf eine Verdünnung in der Anwendung bei Säuglingen und Kindern beziehen sich auf den Alkoholgehalt des Präparates, der dadurch auf eine vertretbare Konzentration unter 1 % herabgesetzt werden soll. (Mit so geringem Alkoholgehalt können diese Lösungen bald Ausfällungen zeigen oder sich bakteriell zersetzen; deshalb ist eine Vorabverdünnung größerer Mengen nicht sinnvoll.)

Die Präparate der beiden Firmen Weleda und WALA sind, soweit es sich nicht um Pflegemittel handelt, ärztlich verordnungsfähig und apothekenpflichtig.

Ganz rechts sind die Seitenzahlen vermerkt, auf denen die Substanzen oder Präparate erwähnt werden.

Tees zum Trinken oder für Umschläge

Apothekenbezeichnung, Hersteller	*Wirkbestandteile, ggf. Verdünnungshinweise*	*Seite*
Equiseti herba	Ackerschachtelhalmkraut	86, 97 f., 119, 138, 612, 626, 628 f.
Millefolium herba	Schafgarbenkraut	40, 45, 162, 167, 614, 616
Matricariae flos	Kamillenblüten	40, 102, 107–109, 159, 162, 507, 615
Tiliae flos	Lindenblüten	627
Levistici radix	Liebstöckelwurzel	31
Quercus cortex	Eichenrinde	97, 128
Salviae folium	Salbeiblätter	97, 128
Veronicae (officinalis) herba	Ehrenpreiskraut	97
Melissa ex herba	Melisse	40, 102, 132
Foeniculum vulg.	Fenchel	40, 105, 107

Äußerliche Anwendung für Kompressen, Wickel und Bäder:

Apothekenbezeichnung, Hersteller	*Wirkbestandteile, ggf. Verdünnungshinweise*	*Seite*
Equisetum arvense, äthanol. Decoct. 10 % * Weleda	Ackerschachtelhalmkraut	612
Equisetum-Essenz* WALA	Ackerschachtelhalmkraut	629
Rosmarin-Bademilch, Weleda	ätherisches Rosmarinöl	626
Rosmarin-Badkonzentrat, WALA	ätherisches Rosmarinöl	
Calendula-Essenz*, Weleda	Ringelblumen (blühendes Kraut)	50, 624
Calendula-Essenz*, WALA	Ringelblumen (Blütenstände)	
Arnica-Essenz *, Weleda	Bergwohlverleih (ganze Pflanze)	50, 70,
Arnica-Essenz*, WALA	Bergwohlverleih (Blütenstände) auch als Wundtuch	619, 622
Oxalis, Folium 20 % *, Weleda	Sauerklee-Blätter	45, 102, 615
Oxalis-Essenz*, WALA	Sauerklee-Pflanze	
Combudoron®, Flüssigkeit, Weleda	Arnica (ganze Pflanze), kleine Brennnessel (Kraut)	60, 134, 624
Combudoron®, Gelee, Weleda	dito	
Brandessenz*, WALA	Arnica-Blüten, Ringelblumen, kleine Brennnesseln (Kraut), Lebensbaum-Triebspitzen; spanische Fliege in homöopathischer Zubereitung	60, 624
Wund- und Brandgel, WALA	s. Brandessenz, dazu kolloidales Silber in homöopathischer Zubereitung	
Rhizoma Zingiberis, pulvis	»Ingwermehl« z.B. 200 - 400 g	95, 99, 609
Semen Sinapis (nigrae) pulvis gross.	»Senfmehl« z.B. 250 - 500 g (aus schwarzem Senf)	95, 97, 99, 606 ff., 621 f.

* Tinktur zum äußerlichen Gebrauch

… Öle, Insektenschutz, Zäpfchen:

…hnung,	*Wirkbestandteile, ggf. Verdünnungshinweise*	*Seite*
…puder, Weleda	Arnica (ganze Pflanze), Calendula (Kraut), Sonnenhut = Echinacea (ganze Pflanze), Quarz, Antimonspiegel (= Stibium met. präp.)	62, 122
Archangelica äthanol. Decoctum 10 %, Salbe, Weleda	Erzengelwurz (Wurzel)	36, 162, 603
Mercurialis Heilsalbe, WALA	Bingelkraut und Ringelblume (Kraut), Küchenzwiebel	131
Eucalyptus comp., Paste, Weleda	Eucalyptusöl; Bienenauszug und Tollkirschenauszug	36, 602
Argentum metallicum praeparatum 0,4 % Salbe, Weleda	Metallisches Silber als Spiegel	616, 618
Cuprum metallicum praeparatum 0,4 % Salbe, Weleda	Metallisches Kupfer als Spiegel	97, 615, 616
Kupfer-Salbe, rot, WALA	rotes Kupferoxid	97, 616
Bismutum/Stibium, Salbe, Weleda	Wismut 0,2 % / Antimonspiegel 0,2 %	137
Cepa 10 %, Salbe, Weleda	Küchenzwiebel	603
Heilsalbe, Weleda	Ringelblume (Kraut), Bingelkraut (ganze Pflanze), Perubalsam, Lärchenharz, Antimonspiegel	131
Zedan, SH	Walnuss-, Sesam-, Avocado-Öl, Zedernholz-, Eucalyptus-, Citronelle-, Minze-Öl, Anis und Nelken	134
Nasenbalsam mild, WALA	Berberitze, Schlehe, Silicium, Perubalsam	82

Goldgeist forte, Gerlach	Gesamtbestandteile: Pyrethrumextrakt 0,3 g (entspr. 75 mg Gesamtpyrethrine) mit n-Hexan* aus Blüten von Chrysanthemum cinerariaefolium gewonnen, Piperonylbutoxid 0,7 g, Chlorocresol 0,9 g, Diethylenglycol 40,0 ** Extraktionsmittel, im Endprodukt lt. Hersteller nicht mehr enthalten.*	135

Rp.	Equisetum arvense H 10 %,			119
	-Öl (Weleda)	50,0	Schachtelhalm-Ölauszug,	
	Aqua dest.	75,0	Wasser,	
	Eucerin. anhydric. ad.	200,0	Salbengrundlage	
Rp.	Decoct. aquos.			119
	Equiset. 10 %	100,0	Schachtelhalm-Auskochung,	
	Eucerin. anhydric. ad.	200,0	Salbengrundlage	
Rp.	Sulfur praep.	3,0	Schwefel,	127
	Kamillosan®	10,0	Kamillenblütenauszug,	
	Ol. Jecoris	30,0	Lebertran,	
	Zink. oxyd.	30,0	Zinkoxid,	
	Adip. lanae ad	100,0	Wollfett	
	Gegen Soor im Windelbereich.			
Rp.	Urtica dioica 10 % infus.	80	Brennessel	138
	Eucerin. anhydric. ad.	200,0	Salbengrundlage	

Lavendelöl 10 %, z.B. WALA und Weleda		85, 97, 127, 610 f.
Calendulaöl 10 %, z.B. WALA und Weleda		127, 162, 625
Kamilleninfusöl 10 %		40
Massageöl Weleda	mit Arnika	129
Melissenöl 10 %, 20,0 oder Kümmelöl 10 %, 20,0	*Für Baucheinreibungen, evt. 1 TL mit 2 TL Sonnenblumenöl verdünnen.*	40, 615
Eucalyptusöl 10 %, z.B. WALA	*bei empfindl. Haut verd. (s.o.)*	85, 610 f., 617
Latschenkiefernöl 10 %	*für Brustwickel*	610 f.
Malvenöl		85
Sonnenblumenöl		127

Apothekenbezeichnung, Hersteller	*Wirkbestandteile, ggf. Verdünnungshinweise*	*Seite*
Chamomilla comp., Zäpfchen, Weleda (für Säuglinge und Kleinkinder)	in homöopath. Zubereitung: Kamillenwurzel, Tollkirschenpflanze, Schlafmohn, Silberspiegel, Sonnenhut (Echinacea)-Urtinkturen	70
Aconitum/China comp. Zäpfchen für Kinder, WALA	in homöopath. Zubereitung: Eisenhutknolle, Zaunrübenwurzel, Wasserhanf, Chinarinde, Eucalyptusblätter	70
Viburcol, Zäpfchen, HEEL	in homöopath. Zubereitung: Kamille, Tollkirsche, Bittersüß, Breitwegerich, Küchenschelle, Calcium carbonicum Hahnemanni	70

Anwendungen im Mund:

Zum Pinseln, Tupfen oder Spülen bei Schleimhautentzündungen oder Soorbefall

Mundwasser, Weleda	Alkoholisch-wässrige Auszüge aus Ratanhia und Myrrhe; Mischung äther. Öle. In homöopath. Zubereitung: Flußspat, Argentum nitric., Rosskastanienrinde, Kieserit; *für Säuglinge und Kleinkinder 1 : 100 verdünnt anwenden.*	29, 127, 160
Mundbalsam flüssig, WALA	in homöopath. Zubereitung: Grauspießglanz (= Antimonit), Quarz, Tollkirschenkraut, Argentum nitric., Sonnenhutpflanze, äther. Rosenöl.	29, 127, 160
Ratanhia-Tinktur	*ca. 1 : 100 verdünnt anwenden.*	29, 127, 160
Echinacea comp., Mundspray, WALA	Sonnenhutkraut, Ringelblume, Salbei, Silbernitrat, Organpräparate	36
Bolus Eucalypti comp., Pulver, Weleda	Honigbiene, Tollkirsche, Eukalyptus	36, 154

Anwendungen am Auge:

Calendula D 4, Augentropfen, Weleda	Ringelblumenkraut in homöopath. Zubereitung	32, 33
Echinacea/Quarz comp., Einzeldosis- Augentropfen WALA	in homöopath. Zubereitung: Sonnenhutpflanze, met. Silber, Quarz, Tollkirsche (Kraut), ätherisches Rosenöl	33
Euphrasia-Einzeldosis-Augentropfen, WALA	Augentrostpflanze in homöopathischer Zubereitung	33
Gencydo® 0,1 %, Augentropfen, Weleda	Zitrone, Quitte	33, 88
Mercurialis-Einzeldosis-Augentropfen, WALA	in homöopath. Zubereitung: Bingelkrautpflanze, ätherisches Rosenöl	33

Arzneien zum Einnehmen:

Kephalodoron 5 % Tabletten, Weleda	Eisen mit Schwefel als Sulfat verbunden, Quarz	27
Ferrum/Sulfur comp. Kügelchen, WALA	in homöopath. Zubereitung: Eisen, Quarz, Schwefel	27
Levisticum Rh D 3; Dilution, Weleda	Liebstöckelwurzel Presssaft wässrig rhythmisiert	31
Erysidoron® I; alkoholische Tropfen, Weleda, rezeptpflichtig	Bienenauszug und Tollkirschenauszug in homöopath. Verdünnung; *für Säuglinge und Kleinkinder ca. 1 : 50 verdünnt anwenden.*	31
Apis/Levisticum D 3/D 4 Kügelchen, WALA	Bienenauszug, Liebstöckelwurzel in homöopath. Zubereitung	31
Apis/Belladonna cum Mercurio, Kügelchen, WALA	in homöopath. Zubereitung: Bienenauszug, Tollkirschenfrucht, Quecksilber	36, 160

Apothekenbezeichnung, Hersteller	*Wirkbestandteile, ggf. Verdünnungshinweise*	*Seite*
Zinnober comp., Pulvis, Weleda; rezeptpflichtig	in homöopath. Zubereitung: Bienengift, Tollkirschenpflanze, Zinnober	36, 156, 160
Allium/Cuprum sulfuricum comp.; alkoholische Lösung, Weleda	Knoblauch, Küchenzwiebel, Kupfersulfat in geringer homöopathischer Verdünnung; *für Kleinkinder und Kinder ca. 1 : 40 verdünnt anwenden.*	43
Quarz 50 %, Pulver, Weleda		43
Geum urbanum D3, äthanol. Decoct. Geum urbanum Rh D3, Weleda	Nelkenwurz (Wurzelstock mit Wurzeln)	106, 107
Geum urbanum e radice D 3, Ampullen, WALA	Nelkenwurz (Wurzelstock mit Wurzeln); als Trinkampulle verwendbar	106
Veratrum album D 6, Tropfen, Weleda	Weißer Germer, Wurzelstock mit Wurzeln	107
Birkenkohle comp., Kapseln, Weleda	Antimonit, Birkenkohle, Kamillenauszug (Wurzel)	107
Argentum metallicum praep. D 30, Tropfen, Weleda	metallisches Silber als Spiegel	156
Hepatodoron, Tabletten, Weleda	Erdbeerblätter, Weinblätter, trocken verarbeitet	167
Taraxacum Stanno cultum Rh D 3, Lösung, Weleda	Löwenzahn – mehrjährig mit Zinnlösung gegossen und kompostiert; Presssaft der blühenden Pflanze wässrig rhythmisiert.	167
Taraxacum e planta tota D 3, Kügelchen, WALA	Löwenzahn (ganze Pflanze)	167
Pulmonium-Hustensaft, WALA	Spitzwegerich, Fichte, Pestwurz	85

Lichenes comp., Sirup, Weleda	Isländisch Moos, Rentierflechte, Bartflechte, Honig, Anisöl	85
Hustenelixier, Weleda	Bittersüß, Anis, Thymian, Sonnentau, Brechwurzel, Küchenschelle u.a.	85

Vitamin-K_1-Rezept (in Holland): 257

Fytomenadon 25 mg
Arachidis Oleum 99,97 g
S. 1 × tgl. 3 Tr. (≈ 25 µg)

Vitamin-K_1-Rezept (in Deutschland): 257

Phytomenadion (Vit. K_1) 3,13 mg
Oleum amygdalarum ad 10,0 g
(2 Tropfen = 25 µg Phytomenadion)

(Zur Vorbeugung einer Vit. K-Mangelblutung bei gesunden vollgestillten Neugeborenen in Absprache mit dem Kinderarzt.)

Anwendung:
Ab dem ersten Lebenstag einmal tgl. 2 Tr. vor der Milchmahlzeit.

Hinweise:
Vitamin K_1 ölige Tropfen lichtgeschützt im Kühlschrank bei +2 bis +6°C aufbewahren. Nach Anbruch der Lösung 12 Wochen haltbar.
Danach verbleibende Restmenge verwerfen.
Apotheken können sich die Zubereitungsanweisung bestellen:
Gemeinschaftskrankenhaus, Apotheke, J. Rothermund
Gerhard-Kienle-Weg 4, 58313 Herdecke
Tel. 02330/62-3400, Fax 62-3991

Ampullen zur subkutanen Injektion:

Gencydo 0,1 % oder 1 % Ampullen, Weleda	Zitrone (Presssaft), Quitte (wässriger Auszug)	88
Citrus e fruct./Cydonia e fruct. D 2/2 Ampullen WALA	Zitrone, Quitte	88

Anmerkungen

1 Neue Partner zu diesem Bündnis sind jederzeit willkommen. Auskunft über Kontaktpersonen und Partner in aller Welt über: Internationale Vereinigung der Waldorfkindergärten e.V., Heubergstrasse 18, DE-70188 Stuttgart, Tel. ++49 711 92 57 40, Fax ++49 711 92 57 47.

2 Viren sind sehr kleine, nur im Elektronenmikroskop sichtbare Zellparasiten, die sich außerhalb einer lebenden Zelle nicht vermehren können.

3 Bakterien sind im Lichtmikroskop sichtbare »Kleinstlebewesen«, die auf organischem Nährboden gezüchtet werden können und im lebenden Organismus Eiterbildung anregen. Antibiotika wirken nur bei bakteriellen Entzündungen; Viren sprechen auf sie nicht an.

4 Aus nicht eindeutig erklärbaren Gründen schreien Säuglinge oft am späten Nachmittag bis in den Abend hinein, ohne dass sie Hunger haben oder müde sein können. Auch Schmerzäußerungen hören sich anders an. Allerdings können durch die beim Schreien in den Magen gedrückte Luft Bauchschmerzen entstehen. Das Tragen im Tragetuch ist das beste Beruhigungsmittel. – Eltern ohne Erfahrung sollten lernen, dass ein kleiner Säugling nicht zur Ruhe erzogen werden kann. Die meisten Hirnverletzungen dieses Alters stammen vom Schütteln des Kindes durch hilflos aufgebrachte Eltern.

5 Unter Smegma versteht man weiße, krümelige Beläge zwischen Vorhaut und Eichel aus abgestoßenen Epithelzellen.

6 Rösiger: Frühzeitige Entfernung von Zecken. *Der Kinderarzt* 1991; 22:279 nach: Niemand: *Praktikum der Hundeklinik*. Berlin 1972, S. 236.

7 Vgl. hierzu die Arbeiten von Jauck, Fr. in *Zeitschrift für Allgemeinmedizin*, Heft 3, 1985; sowie Hensel, H.: Die Funktion des Fiebers, in *Tempo Medical*, Nr. 5, März 1982.

8 Ader, Robert / Felten, David L. (Hrsg.): *Psychoneuroimmunology*. New York [2]1991; sowie Schulz, Karl H. / Kugler, Joachim / Schedlowski, Manfred: *Psychoneuroimmunologie. Ein interdisziplinäres Forschungsfeld*. Bern 1997.

9 Vgl. Heusser, Peter: Das zentrale Dogma nach Watson und Crick und seine Widerlegung durch die moderne Genetik, in *Verhandlungen der Naturf. Gesellschaft Basel*, Band 99, 1989, S. 1 – 14; sowie Wirz, Johannes/Lammerts, Edith (Hrsg): *The Future of DNA*, Dordrecht NL 1997.

10 Vgl. auch Hensel, H.: *Die Funktion des Fiebers*. Siehe Anm. 7.

11 »Milchschorf« ist die Übersetzung von »Crusta lactea«, was die gewellte Rahmschicht auf saurer Milch bezeichnet. Im übertragenen Sinn ist es ein borkiger Ausschlag. Ob er durch Milchaufnahme entsteht, ist damit noch nicht gesagt.

12 Leider gibt es noch keinen Verband, der bundesweit über Adressen von Stuten- bzw. Ziegenmilchhöfen verfügen würde. Einige Anschriften finden sich im Anhang auf S. 634 f. – Ansonsten ist es zu empfehlen, sich nach Haltung und Fütterung der Tiere zu erkundigen.

13 NeemAzal ist bei Trifolio-M GmbH, Sonnenstraße 22, 35633 Lahnau zu beziehen. Das Präparat hat ein Sicherheitsdatenblatt gemäß EG-Richtlinie vom 18. Januar 2000, es hat sich in Einzelbehandlungen bewährt, ist aber noch nicht studiengeprüft gegen Läuse.

14 Vgl. Witzenburg, B. C.: Masernsterblichkeit und Therapie; in *Beiträge zu einer Erweiterung der Heilkunst*, Jg. 28, Heft 3, S. 116, Stuttgart 1975.

15 Fanconi: *Lehrbuch der Pädiatrie*. Zürich 1960.

16 vergl. Goebel, Wolfgang: *Schutzimpfung selbst verantwortet,* Stuttgart 2001.

17 Vgl. auch Glöckler, Michaela: *Begabung und Behinderung. Praktische Hinweise für Erziehungs- und Schicksalsfragen*. Stuttgart 1997.

18 Auskunft: Heileurythmie-Ausbildung, Heubergstraße 15, D-70188 Stuttgart.

19 Steiner, Rudolf: *Meditative Betrachtungen und Anleitungen zur Vertiefung der Heilkunst*. GA 316, S. 119, Dornach 1987.

20 Eine Untersuchung in Bayern ergab, dass innerhalb eines Zeitraums von elf Jahren die Abnahme der Masernencephalitiden als Folge der Impfungen durch die Zunahme anderer Encephalitiden weit mehr als ausgeglichen wurde, sodass die Gesamtzahl der gemeldeten Hirnentzündungen leider zugenommen hat. – Siehe Windorfer / Grüneweg im Bundesgesetzblatt 3, Seite 87, 1993.

21 Siehe Steiner, Rudolf: *Die Philosphie der Freiheit*. GA 4, Dornach [16]1995.

22 Von Hygieia = griechische Göttin der Gesundheit.

23 Antonovsky, A.: *Salutogenese*. Tübingen 1997; Bartsch, H.H./Bengel, J. (Hrsg.): *Salutogenese in der Onkologie. Tumortherapie und Rehabilitation*. Freiburg / Basel 1997. (Lat. salus = gesund.)

24 Vgl. Glöckler, Michaela (Hrsg.): *Gesundheit und Schule*. Dornach 1998; sowie *Das Schulkind*. Dornach [3]1998.

25 von Alm, Johan. S. und Swartz, Jackie: *Atopy in children of families with an anthroposophic lifestyle*, »The Lancet«, Mai 1999, 353: 1485 – 88.

26 Maslow, Abraham H.: *Motivation und Persönlichkeit*, Hamburg 1999.

27 *Was erhält Menschen gesund? Antonovsky's Modell der Salutogenese – Diskussionsstand und Stellenwert. Forschung und Praxis der Gesundheitsförderung*, Band 6. Hrsg. Bundeszentrale für gesundheitliche Aufklärung, Köln 1998, Seite 35 ff.

28 Opp, Fingerle, Freytag (Hrsg.): *Was Kinder stärkt. Erziehung zwischen Risiko und Resilience*. München 1999.

29 Steiner, Rudolf: *Wahrspruchworte*. GA 40, Dornach [7]1991.

30 Steiner, Rudolf: Nervosität und Ichheit, Vortrag am 11. Januar 1912, in *Erfahrungen des Übersinnlichen. Die drei Wege der Seele zu Christus*. GA 143, Dornach [4]1994; sowie *Die Praktische Ausbildung des Denkens. Drei Vorträge*. TB Stuttgart 1998.

31 Endres, Klaus-Peter / Schad, Wolfgang: *Biologie des Mondes. Mondperiodik und Lebensrhythmen*. Stuttgart 1997. – Amelung, W. / Hildebrandt, G. (Hrsg.): *Balneologie und medizinische Klimatologie*. Berlin 1985. – Hildebrandt, G. / Moser, M. M. / Lehofer, M.: *Chronobiologie und Chronomedizin. Kurzgefasstes Lehr- und Arbeitsbuch*. Stuttgart 1998.

32 Vgl. auch die ausführliche Darstellung in Glöckler, Michaela (Hrsg.): *Gesundheit und Schule*. Dornach [3]1998.

33 Unter Pentatonik versteht man fünfstufige Tonleitern ohne Halbtöne, z. B. die Reihe d-e-g-a-h. Die Melodien haben einen leichten, offenen Charakter und können auf jedem Ton enden. In der Waldorfschul- und Heilpädagogik sind vor allem Flöten und Leiern bzw. Kinderharfen in Gebrauch. – Hersteller siehe S. 634.

34 Siehe Anm. 31.

35 Wir möchten in diesem Zusammenhang besonders auf den achtgliedrigen Pfad des Buddha hinweisen, wie ihn Rudolf in einer für den Menschen der Gegenwart geeigneten Form dargestellt hat. Er enthält für jeden Tag der Woche eine spezielle Übungsaufgabe: für den Samstag die besondere Pflege des Vorstellungslebens, den Sonntag die Arbeit am richtigen Urteil, den Montag die bewusste Pflege des Gesprächs und des Umgangs mit dem Wort, für den Dienstag die Aufmerksamkeit auf die Handlungsweisen (»die richtige Tat«), den Mittwoch das Finden des richtigen Standpunktes im Leben, den Donnerstag das richtige Einschätzen der eigenen Kraft- und Arbeitsmöglichkeiten und für den Freitag das Streben, möglichst viel vom Leben zu lernen. – Diese Übungen für die Tage der Woche sind abgedruckt in *Seelenübungen – Band I*, GA 267, Dornach 1997, sowie in *Anweisungen für eine esoterische Schulung*, Sonderausgabe, Dornach.

36 Siehe Anm. 22.

37 Vgl. hierzu Schad, Wolfgang: Zur Hygiene des Unterrichts, in *Erziehung ist Kunst. Pädagogik aus Anthroposophie*. Stuttgart [3]1994. – Siehe auch S. 421.

38 Bauer, Dietrich / Hoffmeister, Max / Görg, Hartmut: *Gespräche mit Ungeborenen. Kinder kündigen sich an*. Stuttgart [4]1994.

39 Steiner, Rudolf: Vortrag am 11. Oktober 1913, in *Okkulte Untersuchungen über das Leben zwischen Tod und neuer Geburt*. GA 140, Dornach [4]1990.

40 Miller, M. A. u.a.: Safety and Immunogenicity of PRP-T combined with DPT ..., *Pediatrics*, Vol. 95, no. 4, April 1995.

41 Es gibt seltene schwere Tetanus-Erkrankungen bei durch Impfungen hochimmunisierten Männern. Drei Fälle werden geschildert bei Crone, E. N. / Reder, A. T.: Severe tetanus in immunized patients with high anti-tetanus titers, *Neurology*, 42, S. 761 – 764, 1992.

42 In Deutschland vertreten diesen Standpunkt Prof. Dose, Kiel, als Epileptologe, Prof. Ehrengut, Hamburg, als Impfexperte und Prof. Keuth als ehemaliger Ordinarius für Kinderheilkunde.

43 Hartung, Kurt: Studie zur Epidemiologie der Pertussis-Erkrankungen in der Bundesrepublik 1976 – 1980, *Kinderarzt*, 13/12, 1982, S. 1847 – 1845. – Christie, Celia u. a.: The 1993 Epidemic of Pertussis in Cincinati: Resurgence of Desease in a Highly Immunized Population of Children, *New England Journal of Medicine* 331, 1994, S. 16 – 21.

44 Siehe Anm. 20 und Windorfer, A. / Kruse, M.: Zentralnervöse Infektionen im Kindesalter; in *Sozialpädiatrie* 15, 1993, S. 690.

45 Die Arbeitsgruppe für differenzierte Impfungen gibt den Ratgeber *Impfen* der Stiftung für Konsumentenschutz in jeweils aktualisierter Form heraus: Stiftung für Konsumentenschutz, Postfach, CH-3000 Bern 23, Tel. 031 307 40 40, Fax 031 372 00 27

46 Roos, A.: *Kulturzerfall und Zahnverderbnis*. Bern / Stuttgart 1962.

47 Iyengar, G. V.: *Elemental Composition of Human and Animal Milk, a Review*. Uppsala 1979.

48 Siehe auch das Werk von zur Linden, Wilhelm: *Geburt und Kindheit*. Frankfurt a. M. [13]1991.

49 Die Intensität der natürlichen Ultraviolettstrahlung nimmt mit der vierten Potenz der abnehmenden Wellenlänge zu; das heißt, der blaue Himmel enthält viel mehr Rachitis-vorbeugende Strahlung als der horizontnahe gelbe Himmel. Wir halten außerdem die Polarisierung des Himmelslichtes für bedeutungsvoll. Sie gibt bekanntlich den Bienen die Raumorientierung, auch bei bedeckter Sonne, und kann vom Menschen mit etwas Aufmerksamkeit als so genanntes Haidingersches Büschel ebenfalls wahrgenommen werden. Eine sonnenorientierte Struktur des ganzen Himmels hat sicher auf das Kind eine ganz andere Wirkung als eine nur blau leuchtende Fläche.

50 Im Gegensatz zur Geburtsgeschwulst, die nach ein bis zwei Tagen verschwindet, bildet sich der Bluterguss unter der Knochenhaut bei der Kopfgeschwulst, dem Kephalhämatom, erst nach einigen Wochen oder Monaten zurück.

51 Steiner, Rudolf: Die Erziehung des Kindes vom Gesichtspunkte der Geisteswissenschaft; in *Lucifer – Gnosis*, GA 34, Dornach [2]1987. – Auch als Einzelausgabe erhältlich, Dornach 1992.

52 Siehe Steiner, Rudolf: *Zur Sinneslehre*. 8 Vorträge, ausgewählt und herausgegeben von Christoph Lindenberg. Thementaschenbuch 3, Stuttgart [4]1994.

53 Buber, Martin: *Ich und Du*. Reclam, Stuttgart 1995.

54 Nähere Informationen im *Ernährungsrundbrief* Nr. 105/1998; Arbeitskreis für Ernährungsforschung e. V., Niddastr. 14, 61118 Bad Vilbel, Tel. 06101/521875 Fax 521886.

55 Thermogetreide ist durch sorgfältige Wärmebehandlung »vorgekochtes« Getreide; es ist gebrochen als Thermogrütze und gemahlen als Thermomehl erhältlich, zum Beispiel durch die Firma Bauck KG, 29571 Rosche-Stütensen, Tel. 05803/1004.

56 Siehe Anm. 12 und Bezugsquellen S. 634 f.

57 Der Verdacht, daß zwischem starkem Kartoffelgenuß in der Schwangerschaft und dem Auftreten von Mißbildungen an Hirn und Rücken ein Zusammenhang bestehe, fand tierexperimentelle Unterstützung, siehe dazu Renwick, J. H. et al.: Neural-Tube Defects Produced in Syrian Hamsters by Potatoe Glycalcaloids, *Teratology*, 30, 1984.

58 Grimm, Hans-Ulrich: *Die Suppe lügt*. Stuttgart ^{3}1997. Dieses Buch sollte man nur portionenweise und nicht während des Essens zu sich nehmen.

59 Schad, Wolfgang: Die Scham als Entwicklungsraum des Ich, in *Erziehung ist Kunst. Pädagogik aus Anthroposophie*. Stuttgart ^{3}1994.

60 Ruhrmann, G.: *Schritte in der kindlichen Sprachentwicklung*, Tübingen, Antrittsvorlesung am 25. Mai 1965.

61 Glöckler, Michaela (Hrsg.): *Die Würde des kleinen Kindes. Pflege und Erziehung in den ersten drei Lebensjahren.* Persephone Kongressband Nr. 2, – Bezugsadresse siehe Anm. 62.

62 Ein Verzeichnis der waldorfpädagogisch geführten Kindertagesstätten findet sich in: Michael Wächter (Hrsg.): *Die Würde des kleinen Kindes. Pflege und Erziehung in den ersten drei Lebensjahren*. Stuttgart 2000. Internationale Vereinigung der Waldorfkindergärten, Heubergstr. 11, D-70188 Stuttgart.

63 Bundesverband behinderter Pflegekinder e.V., Große Straße 100, 26871 Papenburg. Er vermittelt Informationsbroschüren und Listen von Kindern, die als Pflegekinder einen Platz suchen.

64 Dunn, Judy / Plomin, Robert: *Warum Geschwister so verschieden sind*. Stuttgart 1996.

65 Auskunftsstelle über Wohnprojekte und entsprechende Informationen: Wohnbund e.V., Kasseler Straße 1a, 60486 Frankfurt, Tel 069/776025.

66 Vgl. König, Karl: *Die ersten drei Jahre des Kindes. Erwerb des aufrechten Ganges – Erlernen der Muttersprache – Erwachen des Denkens*. TB Praxis Anthroposophie 29, Stuttgart ^{10}1997.

67 Heckmann, Helle: *Nokken, ein Garten für Kinder im Alter von ein bis sieben Jahren.* Studienheft der Internationalen Vereinigung der Waldorfkindergärten. Siehe Anm. 62.

68 Schad, Wolfgang: *Erziehung ist Kunst*, siehe Anm. 59; sowie Lindenberg, Christoph: *Waldorfschulen. Angstfrei lernen – Selbstbewusst handeln*. TB, Reinbek 1988.

69 Bauer, Michael: *Menschentum und Freiheit*. Stuttgart 1971.

70 Vgl. auch Glöckler, Michaela: *Begabung und Behinderung*. Stuttgart 1998. Eine vollständige Auflistung findet sich bei Rittersbacher, Karl: *Wirkungen der Schule im Lebenslauf. Ein Quellenbuch der Pädagogik Rudolf Steiners*. Basel 1975.

71 Vgl. hierzu auch Steiner, Rudolf: Vortrag am 26. November 1910, in *Wege und Ziele des geistigen Menschen. Lebensfragen im Lichte der Geisteswissenschaft*. GA 125, Dornach [2]1992.

72 Vgl. hierzu auch Steiner, Rudolf: *Die Philosophie der Freiheit*. GA 4, Dornach [16]1995.

73 Siehe hierzu Steiner, Rudolf: Geisteswissenschaft und soziale Frage, in *Lucifer – Gnosis*, GA 34, Dornach [2]1987 (auch als Einzelausgabe erhältlich); sowie *Die Kernpunkte der Sozialen Frage in den Lebensnotwendigkeiten der Gegenwart und Zukunft*, GA 23, Dornach [6]1976 (auch als Taschenbuch erhältlich).

74 Strickanleitung bei Picht, Johanna-Veronika: *Zwerge*. Arbeitsmaterial aus den Waldorfkindergärten 9, Stuttgart [4]1995

75 Vgl. dazu das sehr lesenswerte Buch von Hallowell, Edward M. / Ratey, John J.: *Zwanghaft zerstreut. ADD – die Unfähigkeit, aufmerksam zu sein*. TB, Reinbek 1997.

76 Zitiert nach Ullmann, J. F.: *Psychologie der Lateralität*. Bern 1974, S. 511.

77 Schuberth, Ernst: Rechenschwächen, in Glöckler, Michaela (Hrsg.): *Das Schulkind*. Dornach [3]1998.

78 Zum Thema Temperamente:
- Heydebrand, Caroline v.: *Vom Seelenwesen des Kindes*. Stuttgart [11]1991.
- Lipps, Peter: *Temperamente und Pädagogik. Eine Darstellung für den Unterricht an der Waldorfschule*. Stuttgart 1998.
- Sixel, Detlef: *Rudolf Steiner über die Temperamente*. Dornach 1990.
- Steiner, Rudolf: *Das Geheimnis der menschlichen Temperamente*. Basel [8]1989.

79 Man kann feststellen, dass die Kinder in solchen Augenblicken die Pupille des Betrachters fixieren, das heißt das »schwarze Loch«, wo es im Grunde gar nichts zu sehen gibt. Es ist dies jedoch die Stelle, wo der Mensch dem Ich des Anderen am unmittelbarsten begegnen kann.

80 Vgl. hierzu Steiner, Rudolf: *Wie erlangt man Erkenntnisse der höheren Welten?* GA 10, Dornach [24]1993.

81 Vgl. Steiner, Rudolf: *Die Geheimwissenschaft im Umriss*. GA 13, Dornach [30]1989.

82 Siehe auch Glöckler, Michaela: *Die Heilkraft der Religion. Erziehungsfragen – Spirituelle Gemeinschaftsbildung – Kultus*. Stuttgart 1997.

83 Schroeder, Hans-Werner: *Mensch und Engel. Die Wirklichkeit der Hierarchien.* Stuttgart [5]1998.

84 Morgenstern, Christian: *Wir fanden einen Pfad.* München 1986.

85 Gesetz zum Schutze der Jugend in der Öffentlichkeit. Fassung vom 28. 6. 1990. BGBl I, S. 1221.

86 Siehe Anm. 38.

87 Steiner, Rudolf: Vortrag am 29. August 1919, in *Allgemeine Menschenkunde als Grundlage der Pädagogik.* GA 293, Dornach [9]1992. In diesem Vortrag wird auch die vollständige Sinneslehre in Kürze abgehandelt.

88 Unter Flashback versteht man einen »Echorausch« ohne Drogeneinnahme; er tritt Wochen bis Monate nach dem letzten Drogengebrauch auf.

89 Auszug aus der Resolution der Deutschen Vereinigung für die Rehabilitation Behinderter e. V. über die Besorgniserregende Zunahme von Sprachentwicklungsstörungen bei Kindern ... vom 2. 12. 1994: »... Der interdisziplinär mit Experten der Medizin, Sonderpädagogik, Logopädie und Krankenkassenvertretern besetzte Arbeitsausschuss ›Hör-, Stimm- und Srachschäden‹ der Deutschen Vereinigung für die Rehabilitation Behinderter (Leiter Prof. Dr. M. Heinemann, Mainz) macht für diese Zunahme nicht organische Ursachen, sondern in erster Linie eine unzureichende sprachliche Anregung bei verändertem Kommunikationsverhalten in der Familie verantwortlich; zum Beispiel mehrstündiges tägliches Fernsehen, das, neben einer Reizüberflutung, vor allem das natürliche kommunikative Umfeld verschlechtert, die Integration von Sinneswahrnehmungen (Sehen, Hören, Fühlen) erschwert und dadurch die gesamte sprachlich-geistig-seelische Entwicklung des Kindes beeinträchtigt.« Weitergehende Auskünfte über die Geschäftsstelle der Deutschen Vereinigung für die Rehabilitation Behinderter e.V., Friedrich-Ebert-Anlage 9, 69117 Heidelberg, Tel. 06221/25485, Fax 06221/166009.

90 Pearce, Joseph Chilton: *Evolution's End: Claiming the Potential of Our Intelligence.* Harper, San Francisco 1992.

91 Clifford Stoll: *Warum Computer nichts im Klassenzinmmer zu tun haben und andere High-Tech-Ketzereien.* Frankfurt a.M. 2001, S. 81ff., 101ff., 108ff., 138 ff.

92 Eine besonders berühmte Darstellung dieses Doppelgänger-Problems findet sich in dem Roman *Das Bildnis des Dorian Gray* von Oscar Wilde.

93 Steiner, Rudolf: *Die menschliche Seele in ihrem Zusammenhang mit göttlich-geistigen Individualitäten. Die Verinnerlichung der Jahresfeste.* GA 224, Dornach [3]1992.

94 Needlemann, Herbert L. / Landrigan Philip J.: *Umweltgifte. So schützen Sie Ihr Kind. Belastungen erkennen, verringern, vermeiden.* Stuttgart 1996.

95 Bezugsquellen auf S. 634.

Literatur

Ader, Robert / Felten, David L. (Hrsg.): *Psychoneuroimmunology*. New York [2]1997.

Aeppli, Willi: *Sinnesorganismus, Sinnesverlust, Sinnespflege. Die Sinneslehre Rudolf Steiners in ihrer Bedeutung für die Erziehung*. Aktualisierte Neuausgabe, Stuttgart 1997.

Alm, J. S., Swartz, J. u.a.: *Atopy in children of families with an anthroposophic lifestyle*, »The Lancet«, Mai 1999, 353: 1485 – 88.

Altmann, Horst: *Giftpflanzen – Gifttiere*. München 1997.

Altmeier, Marianne: *Der kunsttherapeutische Prozess. Das Krankheitstypische und die individuelle Intention des Patienten am Beispiel von Rheuma und AIDS*. Stuttgart 1994.

Amelung, W. / Hildebrandt, G. (Hrsg.): *Balneologie und medizinische Klimatologie*. Berlin 1985.

Anthroposophische Kunsttherapie. Wissenschaftliche Grundlagen – Arbeitsansätze – Therapeutische Möglichkeiten. Stuttgart 2000. Bd. I: Golombeck, Evelyne: *Plastisch-Therapeutisches Gestalten*. Bd. II: Mees-Christeller, Eva / Denzinger, Inge / Altmaier, Marianne / Künstner, Heidi / Umfried, Heilgard / Frieling, Elke / Auer, Barbara: *Therapeutisches Zeichnen und Malen*. Bd. III: Felber, Rosmarie / Reinhold, Susanne / Stückert, Andrea: *Musiktherapie und Gesang*. Bd. IV: Denjean-van Stryk, Barbara / von Bonin, Dietrich: *Therapeutische Sprachgestaltung*.

Appel, Jürgen: *Unkrautregulierung ohne Herbizide*. Darmstadt 1982.

Arbeitsmaterial aus den Waldorfkindergärten. Herausgegeben von der Internationalen Vereinigung der Waldorfkindergärten. Verlag Freies Geistesleben, Stuttgart (Auswahl):

- *Spielzeug von Eltern selbstgemacht*. Von Freya Jaffke. [18]1996.
- *Getreidegerichte – einfach und schmackhaft. Anregungen und Rezepte*. Von Freya Jaffke. [10]1986.
- *Singspiele und Reigen für altersgemischte Gruppen*. Zusammengestellt von Suse König. [7]1994.
- *Kleine Märchen und Geschichten zum Erzählen und für Puppenspiele*. [9]1994.
- *Rhythmen und Reime*. [7]1995.
- *Puppenspiel. Anleitungen für die Einrichtung verschiedener Spielmöglichkeiten und die Herstellung einfacher Figuren*. Von Freya Jaffke. [3]1991.

– *Das kleine Kind und seine Bekleidung*. Von Juliane Endlich. 1995.
– *Handarbeit. Nähen, Sticken, Schneidern für Erwachsene und Kinder*. Von Freya Jaffke. 1996.
– *Hänschen Apfelkern. Kleine Märchen und Geschichten zum Erzählen und Spielen*. Gesammelt und bearbeitet von Bronja Zahlingen. [6]1991.
– *Zwerge. Wie man sie sieht, wie man sie macht, wie man mit ihnen umgeht.* Zusammengestellt von Johanna-Veronika Picht. [4]1995.
– *Tanzt und singt! Rhythmische Spiele im Jahreslauf*. Zusammengestellt von Freya Jaffke. [3]1991.
– *Das spielende Kind. Beobachtungen und Erfahrungen einer Kindergärtnerin.* Von Ingeborg Haller. [3]1991.
– *Spiel mit uns! Gesellige Spiele für Kinder von 3 bis 6 Jahren*. Von Freya Jaffke. [2]1991.
– *Spielen und arbeiten im Waldorfkindergarten*. Von Freya Jaffke. [2]1995.
– *Feste im Kindergarten und Elternhaus*. Von Freya Jaffke.
Teil 1: *Advent – Weihnachten – Drei Könige – Fasching*. [3]1997.
Teil 2: *Ostern – Pfingsten – Johanni – Michaeli – Laternenfest*. [2]1996.
– *Gestalten mit Holz für Kinder*. Von Freya Jaffke. 1995.
– *Laternenzeit*. Von Michaela Kronshage. 1998.

Arndt, Marga / Singer, Waltraud (Hrsg.): *Das ist der Daumen Knuddeldick ... Fingerspiele und Rätsel*. Ravensburg 1997.

Bachmann / Ewerbeck u. a. (Hrsg.): *Pädiatrie in Praxis und Klinik*. Band III, Stuttgart [2]1990.

Bardt, Sylvia: *Eurythmie als menschenbildende Kraft. Erfahrungen aus der pädagogischen Praxis*. Stuttgart 1998.

Bartsch, H. H. / Bengel, J. (Hrsg.): *Salutogenese in der Onkologie. Tumortherapie und Rehabilitation*. Freiburg / Basel 1997.

Barz, Brigitte: *Feiern der Jahresfeste mit Kindern. Für Eltern dargestellt*. Stuttgart [6]1996.

Bass, Ellen / Davis, Laura: *Trotz allem. Wege zur Selbstheilung für sexuell missbrauchte Frauen*. Orlanda Frauenverlag, Berlin 1992.

Bauer, Michael: *Menschentum und Freiheit*. Stuttgart 1971.

Bauer, Dietrich / Hoffmeister, Max / Görg, *Hartmut: Gespräche mit Ungeborenen. Kinder kündigen sich an*. Stuttgart [4]1994.

Baur, Alfred / Schaller, Erwin: *Das Fingertheater*. Schaffhausen 1980.

Bavastro, Paolo (Hrsg.): *Individualität und Ethik*. Stuttgart 1997.

Benkert, Brigitte: *Alles über Stillen*. Ravensburg 1995.

Bingel, Adolf: Wirkt das Diphterieheilserum bei der menschlichen Diphteriekrankheit spezifisch durch seinen Antitoxingehalt oder unspezifisch? in *DMW*, 28. Januar 1949.

Bishop, D. V. M.: *Handedness and Developmental Disorders*. Oxford 1990.

Bissegger, Monica u. a.: *Die Behandlung von Magersucht. Ein integrativer Therapieansatz*. Stuttgart 1998.

Bock, Emil: *Wiederholte Erdenleben. Die Wiederverkörperungsidee in der deutschen Geistesgeschichte*. Stuttgart [7]1996.

Bockemühl, Jochen (Hrsg.): *Erscheinungsformen des Ätherischen. Wege zum Erfahren des Lebendigen in Natur und Mensch*. Stuttgart [2]1985.

Bockemühl, Johannes: *Krankhafte Störungen der Essgewohnheiten. Magersucht und Fresssucht*. Merkblatt 129, Verein für Anthroposophisches Heilwesen, Bad Liebenzell 1987.

Bönsch, Manfred: *Die beste Schule für mein Kind*. TB, Freiburg 1994.

Boogert, Arie: *Beim Sterben von Kindern. Erfahrungen, Gedanken und Texte zum Rätsel des frühen Todes*. Stuttgart [2]1997.

Brand, Ingelid / Breitenbach, Erwin / Maisel, Vera: *Integrationsstörungen. Diagnose und Therapie im Erstunterricht*. Würzburg [6]1997.

Buber, Martin: *Ich und Du*. Reclam, Stuttgart 1995.

Buchheim, F. L. van u. a.: Therapy of acute Otitis media: Myringotomy, Antibiotics or neither? *Lancet*, 1981, S. 883.

Buddemeier, Heinz: *Illusion und Manipulation. Die Wirkung von Film und Fernsehen auf Individuum und Gesellschaft*. Stuttgart [2]1996.

Bühler, Walter: *Meditation als Heilkraft der Seele*. Merkblatt des Vereins für Anthroposophisches Heilwesen, Bad Liebenzell [7]1993.

Buermann, Uwe: *Techno, Internet, Cyberspace*. Jugend und Medien heute. Zum Verhältnis von Mensch und Maschine. TB, Stuttgart 1998.

Carlgren, Frans: *Erziehung zur Freiheit. Die Pädagogik Rudolf Steiners*. Stuttgart [8]1996.

Christie, Celia u. a.: The 1993 Epidemic of Pertussis in Cincinati: Resurgence of Desease in a Highly immunized Population of Children; in *New England journal of Medicine* 331, 1994, S. 16 – 21.

Covey, Stephen R.: *Die sieben Wege zur Effektivität*. Frankfurt / New York 1996.

Crone, E. N. / Reder, A. T.: Severe tetanus in immunized patients with high antitetanus titer; in *Neurology*, 42, 1992, S. 761 – 764.

Daub, Eveline: *Vorzeitige Wehentätigkeit. Ihre Behandlung mit pflanzlichen Substanzen*. Stuttgart 1989.

Defersdorf, Roswitha: *Ach, so geht das!* Freiburg 1993.

Denjean-van Stryk, Barbara: *Sprich, dass ich dich sehe. Die Sprache als Schulungsweg des Menschen in Kunst, Erziehung und Therapie* Stuttgart 1997.

Devold, Simon Flenn: Morten, 11 Jahre. Gespräche mit einem sterbenden Kind. Stuttgart 1998.

Dhom, Christel: *Zauberhafte Märchenwolle. Anleitungen zum künstlerischen Gestalten von Mobiles und Spielfiguren.* Stuttgart 1998.

Die Drei. Sonderheft zum Problem der Kernenergie und der radioaktiven Schädigung von Mensch und Umwelt. Stuttgart, Juli 1986.

Dietz, Karl-Martin und Messmer, Barbara (Hrsg.): *Grenzen erweitern – Wirklichkeit erfahren. Perspektiven anthroposophischer Forschung.* Stuttgart 1998.

Dittmann, Sieghart: *Atypische Impfverläufe nach Schutzimpfungen. Auswertung der 1946 – 1976 in der DDR erfassten anormalen Reaktionen und Komplikationen ...* Leipzig 1981.

Drewes, Detlef: Strategien der Täter und sexuelle Gewalt gegen Kinder. *Kinder- und Jugendarzt,* 31. Jg. 2000, Nr. 5

Dunn, Judy / Plomin, Robert: *Warum Geschwister so verschieden sind.* Stuttgart 1996.

Dunselman, Ron: *An Stelle des Ich. Rauschdrogen und ihre Wirkung.* Stuttgart 1997.

Enders, E. / Stahl, G. (Hrsg.): *Chemie in der Kindernahrung.* Landsberg/Lech 1995.

Endres, Klaus Peter / Schad, Wolfgang: *Biologie des Mondes. Mondperiodik und Lebensrhythmen.* Stuttgart 1997.

Enzensberger, Hans-Magnus: *Allerleirauh. Viele schöne Kinderreime.* Frankfurt 1974.

Exportinteressen gegen Muttermilch. Dokumentation der Arbeitsgruppe Dritte Welt, Bern. Reinbek 1976.

Fanconi: *Lehrbuch der Pädiatrie.* Zürich 1960.

Fink, Dagmar (Hrsg.): *Das Häschen Schnuppernäschen und der böse Bock. Märchen und Gedichte, neu erzählt und ausgewählt für Kinder von drei bis fünf Jahren.* Stuttgart ²1995.

Firnhaber, Mechthild: *Legasthenie und andere Wahrnehmungsstörungen.* Frankfurt 1997.

Freie Pädagogische Vereinigung, Bern: *Waldorfpädagogik in öffentlichen Schulen.* Freiburg ⁵1981.

Friese, K. H. u. a. in *HNO* 44, 1996, S. 462.

Garff, Marianne: *Es plaudert der Bach. Gedichte für Kinder.* Basel ¹⁰1996.

Glöckler, Michaela: *Begabung und Behinderung. Praktische Hinweise für Erziehungs- und Schicksalsfragen.* TB, Stuttgart 1997.

– (Hrsg.): *Das Schulkind. Gemeinsame Aufgaben von Arzt und Lehrer.* Dornach ³1998.

– *Die Heilkraft der Religion. Erziehungsfragen – Spirituelle Gemeinschaftsbildung – Kultus.* Stuttgart 1997.

– *Die männliche und weibliche Konstitution. Medizinisch-menschenkundliche Aspekte zur Ehe.* Stuttgart ²1989.

– *Elternfragen heute. Erziehung aus Verantwortung*. Stuttgart 1992.
– *Elternsprechstunde. Erziehung aus Verantwortung*. Stuttgart ²1991.
– (Hrsg.): *Gesundheit und Schule*. Dornach 1998.
– *Leben nach dem Tod*. Gesundheitspflege intitiativ, Band 16, Esslingen 1998.
– Fragen zur Organtransplantation. In *Medizin an der Schwelle. Erkenntnisringen, Liebe als Heilkraft, Schicksalsgestaltung*. Hrsg. von der Medizinischen Sektion am Goetheanum in Dornach / Michaela Glöckler, Dornach 1993.
– *Vom Umgang mit der Angst. Eine biographisch-menschenkundliche Studie*. Stuttgart ²1993.

Glöckler, Michaela / Denger, J. / Schmidt-Brabant, M.: *Sind wir überfordert? Schulungswege in Heilpädagogik und Sozialtherapie zwischen Selbstfindung und Dienst am anderen*. Dornach 1993.

Glöckler, Michaela / Schily, Otto / Debus, Michael: *Lebensschutz und Gewissensentscheidung. Diskussion über den § 218*. Stuttgart 1992.

Glogauer, Werner: *Die neuen Medien verändern die Kindheit. Nutzung und Auswirkungen des Fernsehens, der Videofilme, Computer- und Videospiele, der Werbung und Musikvideo-Clips*. Weinheim ³1995.

Goebel, Wolfgang: *Schutzimpfung selbst verantwortet*, Stuttgart 2001.

Grimm, Hans-Ulrich: *Die Suppe lügt*. Stuttgart ³1997.

Hallowell, Edward M. / Ratey, John J.: *Zwanghaft zerstreut. ADD – die Unfähigkeit, aufmerksam zu sein*. Hamburg 1998.

Hampe, Johann Christoph: *Sterben ist doch ganz anders. Erfahrungen mit dem eigenen Tod*. Gütersloh ⁴1995.

Hartung, Kurt: Studie zur Epidemiologie der Pertussis-Erkrankungen in der Bundesrepublik 1976 – 1980; in *Kinderarzt*, 13/12, 1982, S. 1847 – 1845.

Hassauer, Werner: *Die Geburt der Individualität. Menschwerdung und moderne Geburtshilfe*. Stuttgart ³1995.

Heckmann, Helle: *Nokken, ein Garten für Kinder im Alter von ein bis sieben Jahren*. Studienheft der Internationalen Vereinigung der Waldorfkindergärten, Heubergstr. 15, 70188 Stuttgart.

Heide, Paul von der: *Therapie mit seelisch-geistigen Mitteln*. Dornach 1997.

Hensel, H.: Die Funktion des Fiebers; in *Tempo Medical*, Nr. 5, März 1982.

Heusser, Peter: Das zentrale Dogma nach Watson und Crick und seine Widerlegung durch die moderne Genetik; in *Verh. der Naturf. Gesellschaft Basel*, Bd. 99, 1989.
– *The Future of DNA*. Dordrecht 1997.

Heydebrandt, Caroline von: *Vom Seelenwesen des Kindes*. Stuttgart ¹¹1991.

Hildebrandt, G. / Moser, M. / Lehofer, M.: *Chronobiologie und Chronomedizin. Kurzgefasstes Lehr- und Arbeitsbuch*. Stuttgart 1998.

Hoffmeister, Max: *Die übersinnliche Vorbereitung der Inkarnation*. Basel ²1991.

Holtzapfel, Walter: *Seelenpflege-bedürftige Kinder*. Dornach, Band I [5]1995, Band II [3]1995.

Horny, Ilse: *Der Weg ist das Ziel. Lebensstufen im Geiste der Eurythmie und deren gestaltende Kraft bei den Hochfesten des Jahreskreises*. Basel 1993.

Husemann, Armin J.: *Der musikalische Bau des Menschen. Entwurf einer plastisch-musikalischen Menschenkunde*. Stuttgart [3]1993.

Iyengar, G. V.: *Elemental Composition of Human and Animal Milk. A Review*. Uppsala 1979.

Johanson, Irene: *Geschichten zu den Jahresfesten. Für Kinder erzählt*. Stuttgart [4]1995.

Jonas, Hans: *Technik, Medizin und Ethik. Praxis des Prinzips Verantwotung*. Frankfurt a. M. 1987.

Jong, Vreni de: *Kinderernährung – gesund und lecker. Sämtliche Grundlagen und 750 Rezepte für die Vollwertküche in der Familie*. Stuttgart 1993.

Julien, Robert M.: *Drogen und Psychopharmaka*. Heidelberg 1997.

Keller, Liane: *Ammenmärchen europäischer Völker*. Stuttgart 1994.

Kipp, Friedrich: *Die Evolution des Menschen im Hinblick auf seine lange Jugendzeit*. Stuttgart [2]1991.

Kischnik, Rudolf / Haren, Wil van: *Der Plumpsack geht rum. 300 Kreis- und Bewegungsspiele für Kinder und Jugendliche*. Stuttgart [2]1993.

Köhler, Henning: *Die stille Sehnsucht nach Heimkehr. Zum menschenkundlichen Verständnis der Pubertätsmagersucht*. Stuttgart [2]1995.

– *Von traurigen und ängstlichen Kindern. Grundlagen einer spirituellen Erziehungspraxis*. Stuttgart [5]1995.

König, Karl: *Sinnesentwicklung und Leiberfahrung*. Stuttgart [4]1995.

– *Die ersten drei Jahre des Kindes. Erwerb des aufrechten Ganges – Erlernen der Muttersprache – Erwachen des Denkens*. TB, Stuttgart [10]1997.

König, Klaus: Richtlinien zur Verwendung von Fluor-Präparaten; in *Der Freie Zahnarzt*, Frankfurt a. M. 1984, Heft 5.

Koepf, Herbert H.: *Was ist biologisch-dynamischer Landbau?* Dornach [4]1985.

– Biologisch-dynamische Forschung. Methoden und Ergebnisse. Stuttgart 1997.

Koob, Olaf: *Drogensprechstunde. Ein pädagogisch-therapeutischer Ratgeber*. Stuttgart [2]1992.

Korselt, Trude: *Matthias – unser mongoloides Kind*. Stuttgart 1987.

Kranich, E.-M. / Jünemann, M.: *Formenzeichnen. Die Entwicklung des Formensinns in der Erziehung*. Stuttgart [2]1992.

Kübler-Ross, Elisabeth: *Interviews mit Sterbenden*. Stuttgart [17]1989.

Kügelgen, Helmut von (Hrsg.): *Plan und Praxis des Waldorfkindergartens. Beiträge zur Erziehung des Kindes im ersten Jahrsiebt*. Stuttgart [11]1991.

Kühne, Petra: *Ernährungssprechstunde. Grundlagen einer gesunden Lebensführung. Stuttgart* 1993.

La Leche League International: *Handbuch für die stillende Mutter.* Zürich [2]1990.

Lange, Petra: *Hausmittel für Kinder. Naturgemäß vorbeugen und heilen.* TB, Reinbek [2]1987.

Largo, Remo H.: *Babyjahre. Die frühkindliche Entwicklung aus biologischer Sicht.* München 2000.

– *Kinderjahre. Die Individualität des Kindes als erzieherische Herausforderung.* München/Zürich 1999.

Lautmann, Rüdiger (Hrsg.): *Homosexualität. Handbuch der Theorie- und Forschungsgeschichte.* Frankfurt / New York 1993.

Leber, Stefan / Schad, Wolfgang / Suchantke, Andreas: *Die Geschlechtlichkeit des Menschen. Gesichtspunkte zu ihrer pädagogischen Behandlung.* Stuttgart [2]1989.

Leboyer, Frédérik: *Geburt ohne Gewalt.* München [6]1990.

Leeuwen, Christa van / Maris, Bart. : *Schwangerschaftssprechstunde. Medizinische, seelische und geistige Aspekte von Schwangerschaft und Geburt.* Stuttgart 1995.

Lenz, Friedel: *Mahle, mahle Grützchen.* Freiburg [7]1992.

Lienhard, Alfred: *Impfen? Nutzen und Risiken für Kinder und Erwachsene.* TB, Zürich 1994.

Linden, Wilhelm zur: *Geburt und Kindheit.* Frankfurt a. M. [13]1991.

Lindenberg Christoph: *Waldorfschulen: Angstfrei lernen, selbstbewusst handeln.* TB, Reinbek 1988.

Lipps, Peter: *Temperamente und Pädagogik. Eine Darstellung für den Unterricht an der Waldorfschule.* Stuttgart 1998.

Lothrop, Hanna: *Das Stillbuch.* München [21]1996.

Lusseyran, Jacques: *Das wiedergefundene Licht.* Stuttgart [11]1994.

Maris, Bart (Hrsg.): *Die Schöpfung verbessern? Möglichkeiten und Abgründe der Gentechnik.* Stuttgart 1997.

Miller, M. A. u. a.: Safety and Immunogenicity of PRP-T combined with DPT ...; in *Pediatrics*, Vol. 95, no. 4, April 1995.

Mitchell, Ingrid: *Stillen.* Reinbek 1990.

Mohr, Christian: *Neurodermitis-Kinder.* Reinbek 1996.

Moody, Raymond A.: *Leben nach dem Tod. Die Erforschung einer unerklärlichen Erfahrung.* Reinbek [5]1997.

Morgenstern, Christian: *Wir fanden einen Pfad.* München 1986.

Needleman, Herbert L. / Landrigan, Philip J.: *Umweltgifte: So schützen Sie Ihr Kind.* Stuttgart 1996.

Neuhaus, Cordula: *Das hyperaktive Kind und seine Probleme.* Ravensburg 1996.

Nickel, Gisela: *Wenn mein Kind allergisch ist.* TB, Freiburg 1996.

Ott, Andreas: *Risiko plötzlicher Kindstod*. TB, Hamburg 1995.

Pals, Lea van der: *Was ist Eurythmie?* Dornach 51994

Patzlaff, Rainer: *Medienmagie oder die Herrschaft über die Sinne*. Stuttgart 1992.

Pausenwang, Elfriede: *Die Unzertrennlichen*. Neue Fingerspiele, Band 1 – 3. München 1993/4.

Pflug, Christine (Hrsg.): *Allein oder gemeinsam. Lebensformen heute*. Stuttgart 1999.

Piaget, Jean: *Das Erwachen der Intelligenz beim Kinde*. Gesammelte Werke I, Stuttgart [3]1991.

Pokorny, Ada: *Backen von Brot und Gebäck aus allen sieben Getreidearten mit dem Spezial-Backferment*. Arbeitskreis für Ernährungsforschung, Bad Liebenzell [4]1996.

Popper, Karl R. / Eccles, J. C.: *Das Ich und sein Gehirn*. München / Zürich [6]1996.

Postman, Neil: *Das Verschwinden der Kindheit*. TB Frankfurt a. M. [9]1996.

Quast, Ute / Thilo, Waltraud / Fescherak, Reinhard: I*mpfreaktionen. Bewertung und Differentialdiagnose*. Stuttgart 1993.

Rapp, Doris J. M. D.: *Is this your child's world? Is your child allergic to schools? How the school environment may be making your child: hyperactive, athmatic, disruptive? Prone the colds and learning disabilities and what you can do to help*. New York 1996.

Renwick, J. H. u. a.: Neural-Tube Defects Produced in Syrian Hamsters by Potatoe Glycalcaloids; in *Teratology*, 30, 1984.

Renzenbrink, Udo: *Zeitgemäße Getreide-Ernährung. Die Zubereitung aller Getreidearten mit Rezepten*. Dornach [5]1983.

Ritchie, George G.: *Mein Leben nach dem Sterben*. Stuttgart 1995,

Ritchie, George G. / Sherrill, Elizabeth: *Rückkehr von morgen*. Marburg [23]1994.

Rittersbacher, Karl: *Wirkungen der Schule im Lebenslauf. Ein Quellenbuch der Pädagogik Rudolf Steiners*. Basel 1975.

Schad, Wolfgang: *Erziehung ist Kunst. Pädagogik aus Anthroposophie*. Stuttgart [3]1994.

– Die Scham als Entwicklungsraum des Menschen. In *Erziehung ist Kunst*. Siehe oben.

– Zur Hygiene des Unterrichts. In *Erziehung ist Kunst*. Siehe oben.

Schilling, Karen von: *Der Tod meines Kindes. Leben lernen mit dem Schicksal*. Stuttgart [2]1992.

Schmidt, Kurt W.: *Therapieziel und Menschenbild. Zur ethischen Problematik therapeutischer Eingriffe und deren Zielsetzungen. Eine Auseinandersetzung aus evangelischer Sicht*. Münster 1996.

Schroeder, Hans-Werner: *Mensch und Engel. Die Wirklichkeit der Hierarchien.* Stuttgart [5]1998.

Schuberth, Ernst: Rechenschwächen. In Glöckler, Michaela (Hrsg.): *Das Schulkind.* Dornach [3]1998.

Schuh, Ursula: *Die Sinne trügen nicht. Goethes Kritik der Wahrnehmung als Antwort auf virtuelle Welten.* Stuttgart 1999.

Schultz, Joachim: *Rhythmen der Sterne.* Dornach [3]1985.

Schulz, Karl H. / Kugler, Joachim / Schedlowski, Manfred: *Psychoneuroimmunologie. Ein interdisziplinäres Forschungsfeld.* Bern 1997.

Shaheen, S. O. / Aaby, P. u. a.: Measles and Atopy in Guinea-Bissau; in *Lancet* 347, 1996, S. 1792 – 1796.

Sichtermann, Barbara: *Leben mit einem Neugeborenen. Ein Buch über das erste halbe Jahr.* TB, Frankfurt a. M. [19]1996.

Siebert, Wolfgang u. a. (Hrsg.): *Stillen – einst und heute.* München 1997.

Sixel, Detlef: *Rudolf Steiner über die Temperamente.* Dornach 1990.

Soldner, Georg / Stellmann, Michael: *Individuelle Pädiatrie.* Stuttgart 2001.

Steiner Rudolf (das Werk erscheint als Gesamtausgabe = GA im Rudolf Steiner Verlag, Dornach / Schweiz):

- *Allgemeine Menschenkunde als Grundlage der Pädagogik.* GA 293, [9]1992.
- *Anweisungen für eine esoterische Schulung.* Sonderausgabe.
- *Das Geheimnis der menschlichen Temperamente.* Basel [8]1989.
- *Der Tod als Lebenswandlung.* GA 182, [4]1996.
- *Die Erziehung des Kindes vom Gesichtspunkte der Geisteswissenschaft.* Einzelausgabe, Dornach 1992.
- *Die Geheimwissenschaft im Umriss.* GA 13, [30]1989.
- *Die gesunde Entwickelung des Menschenwesens. Eine Einführung in die anthroposophische Pädagogik und Didaktik.* GA 303, [4]1987.
- *Die Kernpunkte der Sozialen Frage in den Lebensnotwendigkeiten der Gegenwart und Zukunft.* GA 23, [6]1976. Auch als TB erhältlich.
- *Die menschliche Seele in ihrem Zusammenhang mit göttlich-geistigen Individualitäten. Die Verinnerlichung der Jahresfeste.* GA 224, [3]1992.
- *Die Offenbarungen des Karma.* GA 120, [8]1992.
- *Die Philosophie der Freiheit.* GA 4, [16]1995.
- *Die Praktische Ausbildung des Denkens. Drei Vorträge.* TB, Stuttgart 1998.
- *Gebete für Mütter und Kinder.* Mit einem Vortrag »Das Leben zwischen Geburt und dem Tode als Spiegelung des Lebens zwischen Tod und neuer Geburt«. Dornach 1994.
- Geisteswissenschaft und soziale Frage; in *Lucifer-Gnosis.* GA 34, [2]1987. Auch als Einzelausgabe erhältlich.
- *Geistige Zusammenhänge in der Gestaltung des menschlichen Organismus.* GA 218, [3]1992.

– Nervosität und Ichheit. Vortrag am 11. Januar 1912, in *Erfahrungen des Übersinnlichen. Die drei Wege der Seele zu Christus.* GA 143, [4]1994.
– *Okkulte Untersuchungen über das Leben zwischen Tod und neuer Geburt.* GA 140. [4]1990.
– *Theosophie. Einführung in übersinnliche Welterkenntnis und Menschenbestimmung.* GA 9, [31]1987.
– *Wahrspruchworte.* GA 40, [7]1991.
– *Wege und Ziele des geistigen Menschen. Lebensfragen im Lichte der Geisteswissenschaft.* GA 125, [2]1992.
– *Wie erlangt man Erkenntnisse der höheren Welten?* GA 10, [24]1993.
– *Zur Sinneslehre.* 8 Vorträge, ausgewählt und herausgegeben von Christoph Lindenberg. TB, Themen aus dem Gesamtwerk 3, Stuttgart [4]1994.
Stellmann, Michael: *Kinderkrankheiten natürlich behandeln.* München [3]1999.
Stoll, Clifford: *Kuckucksei.* Fischer-Taschenbuch, Frankfurt a.M. 1998.
– *Die Wüste Internet. Geisterfahrten auf der Datenautobahn.* Fischer-Taschenbuch, Frankfurt a.M. 1998.
– *Warum Computer nichts im Klassenzimmer zu suchen haben und andere High-Tech-Ketzereien.* Frankfurt a.M. 2001.
Straube, Martin: *AIDS-Sprechstunde. Ein medizinisch-therapeutischer Ratgeber.* Stuttgart 1996.
Strobel, Kornelia: *Frühgeborene brauchen Liebe. Was Eltern für ihr »Frühchen« tun können.* München [4]1997.

Tautz, Christoph / Grüttgen, Manfred (Hrsg.): *»Die Gegenwart eures Todes könnte die Zukunft des Lebens retten.« Eltern berichten über die Krebskrankheit ihrer Kinder.* Stuttgart 1990.
Totzeck, Helga: *Wer ist dieser Mensch? Sozialarbeit mit Schwerstbehinderten.* Stuttgart 1993.
Treichler, Markus: *Mensch – Kunst – Therapie. Anthropologische, medizinische und therapeutische Grundlagen der Kunsttherapien.* Stuttgart 1996.

Ullmann, Johannes F.: *Psychologie der Lateralität.* Bern 1974.

Veit, Wolfgang: *Eurythmie. Else Kling – ihr Wirken in einer neuen Bühnenkunst.* Stuttgart 1985.
Vogel, Christina: *Es ist wunderbar, leben zu dürfen. Der Lebensweg einer AIDS-kranken Mutter.* Basel 1992.
Vogt, Felicitas: *Drogensucht – Weckruf unserer Zeit.* Merkblatt des Vereins für Anthroposophisches Heilwesen, Bad Liebenzell 1998.
– *Sucht hat viele Gesichter. Warum der Griff nach Drogen? Verstehen – vorbeugen – behandeln.* aethera. Stuttgart 2000.

Warum ich. Aidskranke über sich selbst. Hrsg. von Margja Koster. Stuttgart 1993.

Wedde, Horst F. (Hrsg.): *Cyberspace – Virtual Reality. Fortschritt und Gefahr einer innovativen Technologie.* Stuttgart 1996.

Werkbücher für Kinder, Eltern und Erzieher. Verlag Freies Geistesleben, Stuttgart (Auswahl):

- *Wir spielen Schattentheater. Anregungen für eine einfache Bühne, kleine Szenen und drei Märchenspiele.* Von Erika Zimmermann. [4]1989.
- *Advent. Anregungen für die Vorweihnachtszeit.* Zusammengestellt von Freya Jaffke. [6]1991.
- *Bilderbücher mit beweglichen Figuren. Anregungen und Anleitungen zum Selbermachen.* Von Brunhild Müller. [5]1994.
- *Wir spielen Kasperletheater. Die Bedeutung des Kasperle-Spiels, die Herstellung von Puppen und Bühne und zehn kleine Szenen.* [4]1991.
- *Mit Kasperle durch das Jahr. Vier große Kasperle-Stücke.* Von A. Weissenberg-Seebohm. [3]1995.
- *Spielen mit Wasser und Luft.* Von Walter Kraul. [5]1996.
- *Spielen mit Feuer und Erde.* Von Walter Kraul. [4]1997.
- *Malen mit Wasserfarben.* Von Brunhild Müller. [5]1995
- *Gestalten mit farbiger Wolle.* Von Dagmar Schmidt und Freya Jaffke. [4]1996.

Wiersbitzky, Siegfried / Bruns, Roswitha: *Atypische Impfverläufe und aktuelle Impffragen. – Die pädiatrische Impfberatungsstelle.* Mainz 1995.

Windorfer A. / Kruse, M.: Zentralnervöse Infektionen im Kindesalter; in *Sozialpädiatrie*, 15, 1993.

Witzenburg, B. C.: Masernsterblichkeit und Therapie; in *Beiträge zu einer Erweiterung der Heilkunst*, Jg. 28, Heft 3, S. 116; Stuttgart 1975.

Wolff, Otto: *Die naturgemäße Hausapotheke. Praktischer Ratgeber für Gesundheit und Krankheit.* Stuttgart [5]1996.

Wolk-Gerche, Angelika: *Vom Wesen der Zwerge und wie man sie gestaltet.* Stuttgart 1998.

Zur Linkshändigkeit. *Schriftenreihe zur Heileurythmie-Ausbildung.* Heft 5. Heileurythmie-Ausbildung, Heubergstraße 15, 70188 Stuttgart.

Sachregister

Halbfette Seitenzahlen verweisen auf die Stellen, wo das jeweilige Thema ausführlicher dargestellt ist.

Bildnachweis

Abb. 44 und 90: Gerhard Bäuerle, Gärtringen

Abb. 1-5, 17, 20, 24, 28, 31 und 32, 35 und 36, 38 - 42, 45, 47, 51, 71, 84 - 85, 93, 103: Eckard Jonalik, Berlin

Abb. 6, 10 - 13, 15 und 16 aus Helmut Moll: Pädiatrische Krankheitsbilder – Farbatlas. 2., überarbeitete und erweiterte Auflage 1983, Georg Thieme Verlag, Stuttgart.

Abb. 7 und 8: Privatbesitz Dr. Helmut Moll.

Alle anderen Bilder stammen aus Privatbesitz. Den Eltern einen herzlichen Dank dafür!

MICHAELA GLÖCKLER

Elternsprechstunde

Erziehung aus Verantwortung
2. Auflage, 464 Seiten, gebunden

Dieses Buch ist ein vielseitiger pädagogischer Ratgeber, der sowohl auf Alltagssorgen eingeht als auch große Zusammenhänge darlegt, die ein Verständnis für das Einmalige einer jeden Biographie vermitteln. Dabei werden Themen aus dem Alltagsgeschehen ebenso behandelt wie Fragen nach den spirituellen Hintergründen der Phänomene: Welchen Sinn hat das Böse in der Entwicklung? Was gewinnen Medizin und Pädagogik durch Einbeziehung der Wiederverkörperungsidee? Wie sind Leib, Seele und Geist in Gesundheit und Krankheit verbunden? Zum Verständnis geistiger Behinderungen. Angst und Aggressivität. Der Vater in der Erziehung. Die alleinerziehende/berufstätige Mutter. Strafe, Belohnung, Gewissen. Altersentsprechendes Lernen. Und über allem: Erziehung zu Liebefähigkeit.

MICHAELA GLÖCKLER

Elternfragen heute

Erziehung aus Verantwortung
464 Seiten, gebunden

In diesem zweiten Band von Glöcklers Elternsprechstunde geht es um aktuelle Themen wie: Kinderwunsch in unserer Zeit, Seelenleben und Körperbau, Suche nach Identität, Sinneserfahrung und Sinnespflege bei Kindern und Erwachsenen, Willensstärkung für Kinder und Erwachsene, Geistesgegenwart und Entscheidungsfreude, Soziale Probleme – Erwartungen – Ansprüche, Sexueller Missbrauch, Tod und bedrohliche Krankheit – und insbesondere: Die Frage nach der geistigen Gesundheit und dem Schöpferischen im Menschen.

MONIKA KIEL-HINRICHSEN / RENATE KVISKE

Wackeln die Zähne – wackelt die Seele

Der Zahnwechsel.
Ein Handbuch für Eltern und Erziehende
160 Seiten, mit zahlreichen Abbildungen, kartoniert

Viele Eltern wissen aus eigener Erfahrung zu berichten, dass Kinder ungefähr ab sechseinhalb Jahren oft besonders schwierig sind und dass deutliche Veränderungen an und in ihnen vorgehen. All das sind Anzeichen dafür, dass diese Zeit von wesentlich tiefgreifenderen Entwicklungsschritten begleitet ist als nur dem äußerlich sichtbaren Hervortreten der bleibenden Zähne.
Die Waldorfpädagogin Monika Kiel-Hinrichsen und die Zahnärztin Renate Kviske möchten in diesem Buch sowohl aus pädagogischer als auch aus zahnmedizinischer Sicht ein tieferes Verständnis dafür bilden, was in den Kindern während des Übergangs ins zweite Jahrsiebt vor sich geht, und geben den Eltern mit Erziehungsratschlägen, Spielanleitungen und praktischen Tipps konkrete Hilfestellungen, damit sie ihren Kindern diesen Schritt in einen neuen Lebensabschnitt erleichtern können.